Catherine Merridale
Der Kreml

Catherine Merridale

DER KREML
Eine neue Geschichte Russlands

Aus dem Englischen
von Bernd Rullkötter

Lizenzausgabe
für die Wissenschaftliche Buchgesellschaft

ISBN 978-3-534-26455-1

Die englische Originalausgabe ist 2013 unter dem Titel
›The Red Fortress. The Secret Heart of Russia's History‹
bei Allen Lane/Penguin Books, London, erschienen.
© 2013 Catherine Merridale

Für die deutsche Ausgabe:
© S. Fischer Verlag GmbH, Frankfurt am Main 2014

Karten bearbeitet von Peter Palm, Berlin
Satz: Pinkuin Satz und Datentechnik, Berlin
Druck und Bindung: CPI books GmbH, Leck
Printed in Germany

www.wbg-wissenverbindet.de

Für Frank

Inhalt

Anmerkung zum Text 15
Einleitung 17
1 Grundsteine 29
2 Renaissance 62
3 Der Goldene Palast 99
4 Kremlenagrad 143
5 Ewiges Moskau 185
6 Klassische Ordnungen 227
7 Feuervogel 266
8 Nostalgie 308
9 Akropolis 350
10 Rote Festung 394
11 Kremnologie 437
12 Normalität 482

Anmerkungen 517
Weiterführende Literatur 591
Dank 607
Abkürzungsverzeichnis 610
Abbildungsnachweis 611
Register 612

1. Der Kreml unter Wassili III. 1505–1533

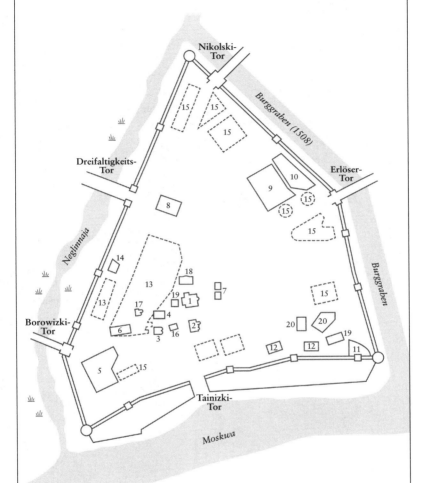

1 Entschlafens-Kathedrale
2 Erzengel-Kathedrale
3 Verkündigungs-Kathedrale
4 Facettenpalast
5 Residenz des Großfürsten
6 Residenz von Sofia Palaeolog
7 Kirchen (kurz danach durch den Glockenturm Iwan der Große vervollständigt)
8 Dreifaltigkeitskloster des heiligen Sergius
9 Tschudow-Kloster
10 Himmelfahrts-Frauenkloster
11 Gefängnis (auf dem früheren Beklemyschew-Gut)
12 Residenzen für die Verwendung durch religiöse Einrichtungen von außerhalb Moskaus
13 Palastbauten, darunter Unterkünfte und Dienstgebäude
14 Residenz für »Anton Frjasin«
15 Residenzen der Bojaren
16 Schatzkammer (mit Verbindung zur Verkündigungs-Kathedrale)
17 Kathedrale des Erlösers am Walde
18 Residenz des Metropoliten
19 Friedhöfe
20 Residenzen für die Brüder Iwans III.

2. Moskau und seine Nachbarn unter Iwan dem Schrecklichen, ca. 1550

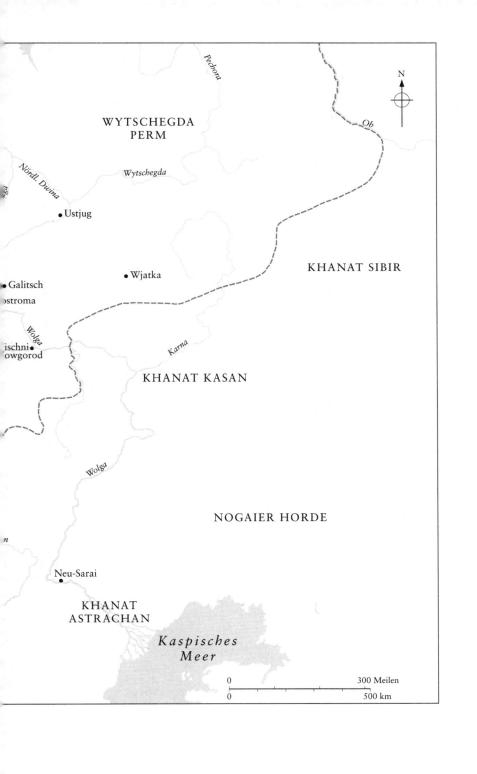

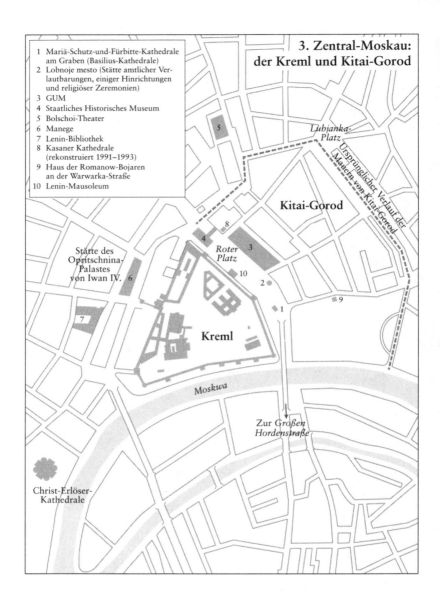

4. Plan des Kreml von 1903, einschließlich der Gebäude, die nach 1917 abgerissen wurden

1 Himmelfahrts-Frauenkloster
2 Tschudow-Kloster
3 Kleiner Nikolaus-Palast
4 Denkmal für Alexander II.
5 Kirche der heiligen Konstantin und Jelena
6 Kathedrale des Erlösers am Walde
7 Jegotows Rüstkammer
8 Entschlafens-Kathedrale
9 Glockenturm Iwan der Große
10 Erzengel-Kathedrale
11 Verkündigungs-Kathedrale
12 Senat
13 Arsenal
14 Dreifaltigkeits-Tor
15 Nikolski-Tor
16 Erlöser-Tor
17 Borowizki-Tor

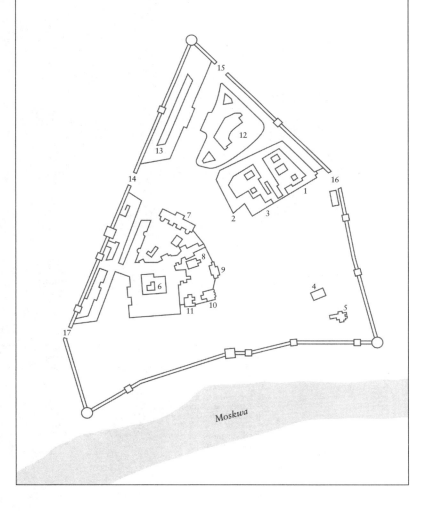

5. Der Kreml 2013

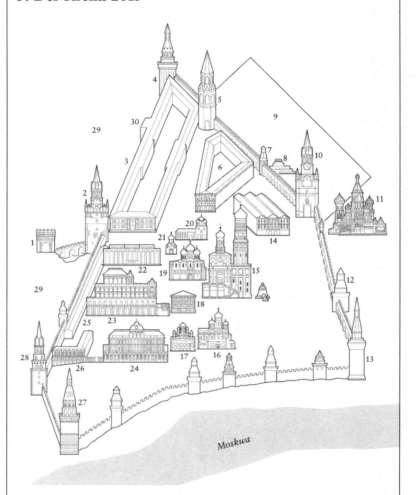

1 Kutafja-Turm und Torhaus
2 Dreifaltigkeits-Turm und Torhaus
3 Arsenal
4 Arsenal-Eckturm
5 Nikolski-Turm und Torhaus
6 Senat (Präsidentengebäude)
7 Senats-Turm
8 Lenin-Mausoleum
9 Roter Platz
10 Erlöser-Turm und Torhaus
11 Basilius-Kathedrale
12 Konstantin-und-Jelena-Turm
13 Beklemyschew-Turm
14 Verwaltungsblock 14
15 Glockenturm Iwan der Große
16 Erzengel-Kathedrale
17 Verkündigungs-Kathedrale
18 Facettenpalast
19 Entschlafens-Kathedrale
20 Palast des Patriarchen und Zwölf-Apostel-Kirche
21 Gewandniederlegungs-Kirche
22 Kongresspalast
23 Terem-Palast und Rote Treppe
24 Großen Kreml-Palast
25 Überreste der »Kommunistischen Straße« und des Poteschny-Palastes
26 Rüstkammer-Museum
27 Wodoswodnaja-Turm
28 Borowizki-Turm und Torhaus
29 Alexandergarten
30 Grab des Unbekannten Soldaten und Ewige Flamme

Anmerkung zum Text

Bis jetzt hat niemand ein allgemein akzeptiertes System zur Übertragung der kyrillischen Schrift in eine eindeutige lateinische Version gefunden. Hochschulexperten neigen dazu, exakte, doch recht hässlich anmutende Systeme zu benutzen, während sich alle anderen mit einem chaotischeren Verfahren zufriedengeben. In dieser Übersetzung erscheinen russische Eigennamen und Buchtitel in der gängigen Duden-Transkription. Abweichungen können dann auftreten, wenn sich im Deutschen eine andere Form eingebürgert hat (etwa »Trotzki« statt »Trozki«). Im Zusammenhang mit bibliographischen Angaben für nichtdeutsche Werke werden russische Namen aus der jeweiligen Fremdsprache übernommen.

Einleitung

Der Kreml ist eines der berühmtesten Bauwerke der Welt. Wenn Staaten Markenzeichen haben, dann ist das Russlands unzweifelhaft diese – vom Roten Platz her betrachtete – Festung. Jeder, der nach Moskau reist, will den Kreml sehen, und jeder Besucher scheint einen anderen Standpunkt zu haben. »Im Grunde freilich ist die einzige Gewähr der rechten Einsicht, Stellung gewählt zu haben, ehe man kommt«, schrieb der deutsche Philosoph Walter Benjamin. »Sehen kann gerade in Rußland nur der Entschiedene.« Im Jahr 1927 entschied er sich, hingerissen zu sein.[1] Hundert Jahre zuvor jedoch hatte ein Franzose, der Marquis de Custine, eine empörte Tirade gewählt. Für ihn war der Kreml eine »Stütze der Tyrannen«, ein »satanischer Bau«, »eine Wohnung, welche für das Wesen der Apokalypse paßt«. Er schloss: »Der Kreml zeugt, wie die Knochen gewisser Riesenthiere, von der Geschichte einer Welt, an der wir unwillkürlich noch zweifeln, selbst wenn wir die Trümmer derselben wiederfinden.«[2]

Die Stätte schlägt ausländische Besucher immer noch in ihren Bann. Wie der Zeitungskorrespondent Mark Frankland einmal klagte: »Es kann wenige andere Städte auf der Welt geben, wo das Gefühl, zum Zentrum getragen zu werden, ob man es will oder nicht, so stark ist wie hier.«[3] »Vergessen Sie nicht, dass Menschen in einige dieser Gebäude hineingingen und geblendet herauskamen«, erinnerte mich ein britischer Regierungsdolmetscher.[4] Allerdings kann sich kein Fremder, wenn es darum geht, dem Zauber des Ortes zu verfallen, mit den Russen selbst vergleichen. Der Kreml ist das Symbol ihrer nationalen Identität.[5] Seine Mauern mögen nicht in der Lage gewesen sein, den angreifenden Horden mongolischer Reiter standzuhalten, und sie wurden später von Polen und auch von Franzosen durchbrochen, aber die Zitadelle überdauerte, wie auch Russland. Die meisten Russen wissen, dass

Stalin hier, vor den Toren des Kreml, die frischen Einheiten der Roten Armee inspizierte, bevor sie 1941 abmarschierten, um zu kämpfen und zu sterben. Weniger als vier Jahre später, in stetem Frühsommerregen, blickten dieselben ikonenhaften Mauern und Türme erneut hinunter auf Reihe um Reihe marschierender Männer. Während sich Marschall Schukow abmühte, seinen ungestümen Vollblüter zu bändigen, wurden die Fahnen von 200 besiegten Naziregimentern auf die schimmernden Steine neben den Stufen des Lenin-Mausoleums geschleudert. Die zweite Hauptstadt des Landes, St. Petersburg, mag ein architektonisches Wunder sein, doch der Kreml ist Russlands Klagemauer.

Das Gebäude ist nicht demokratisch. Errichtet aus speziell gehärteten Ziegeln, waren die Mauern der roten Festung für den Krieg vorgesehen. Obwohl sie so elegant wirken, dass diese Tatsache verborgen bleibt, sind sie zudem außergewöhnlich dick – durchsetzt von einem Gewirr aus Treppen und Korridoren, das wie eine separate Stadt anmutet –, und an manchen Stellen erheben sie sich fast 20 Meter über die Umgebung. Die vier Haupttore bestehen aus alter russischer Eiche, aber ihre ehrwürdigen Eisenschlösser sind längst von den unbarmherzigen Systemen des Computerzeitalters verdrängt worden. Noch heute ist der Kreml ein Militärstützpunkt, der von einem »Kommandanten« geleitet wird, und sein unterirdisches Labyrinth aus Tunneln und Betriebszentralen ist darauf angelegt, einen Atomschlag zu überstehen. Es gibt keinen öffentlichen Zugang zum nordöstlichen Viertel, wo sich das Präsidentengebäude befindet. Donnerstags wird das gesamte Gelände gemäß einer Tradition aus der Ära des kommunistischen Politbüros geschlossen, und heutzutage riegelt man es außerdem beim ersten Anzeichen öffentlicher Unruhe ab. Gleichwohl blüht eine Schönheit der überweltlichsten Art in dieser bedrohlichen Atmosphäre. Die mit Turmspitzen versehene Silhouette des Kreml wird von seinen religiösen Bauten gekrönt, deren fesselndste sich wie Schmuckkästchen um einen einzelnen Platz gruppieren. An fast jedem Punkt dieser historischen Fläche richtet sich das Auge von den weißen Steinen hinauf zum Glanz bunter Fliesen und zu den Kaskaden vergoldeter Kuppeln, die noch weiter oben, zwischen den kreisenden Moskauer Krähen, zu einer glänzenden Folge orthodoxer Dreibalkenkreuze überleiten. Die höchsten

Türme, weiß und golden über der Stadt, sind kilometerweit sichtbar. Herrlich und tödlich, heilig und doch in sich gekehrt, ist die Festung wahrhaftig eine Verkörperung des legendären russischen Staates.

Ihr Zauber geht von ihrer scheinbaren Zeitlosigkeit aus. Die Geschichte ist überall. Die Mariä-Entschlafens-Kathedrale, das älteste und berühmteste heilige Gebäude, hat jede Krönung seit den Tagen Iwans des Schrecklichen erlebt. An der anderen Seite des Platzes, in der Erzengel-Michael-Kathedrale, können sich die meisten Besucher kaum zwischen den hüfthohen Särgen hindurchzwängen, welche die Überreste fast aller Moskauer Fürsten vom 14. bis zum 17. Jahrhundert enthalten. Unter dem letzten Zaren hatte eine nationalistische Hofverwaltung 46 der gemeißelten Steinsärge mit einheitlichen Bronzeverkleidungen überziehen lassen, so dass die düsteren Reihen den Eindruck einer ungebrochenen Erblinie verstärkten. Mittlerweile war den königlichen Kreml-Bestattungen durch die Verlegung der Hauptstadt nach St. Petersburg längst ein Ende gemacht worden, doch die Krönungen setzten sich bis 1896 fort, und jeder folgte ein Bankett. Der im 15. Jahrhundert errichtete Facettenpalast, in dem sich die Tischgäste im Widerschein von Diamanten und Gold versammelten, schmückt immer noch den westlichen Rand des Kathedralenplatzes. Der dahinter aufragende Große Palast ist eine Pastiche aus dem 19. Jahrhundert, aber wer sich an den bewaffneten Polizisten vorbeiwagt, erreicht die von stummen Steinlöwen bewachte Wendeltreppe, die zu den älteren königlichen Kammern und den sorgfältig gepflegten Kirchen hinaufführt. Wie Jerusalem, Rom oder Istanbul ist der Kreml ein Ort, an dem sich die Geschichte konzentriert und an dem jeder Stein mehrere Vergangenheiten zu repräsentieren scheint. Die Wirkung ist hypnotisch.

Außerdem ist der Kreml absichtlich so arrangiert worden. Seine gegenwärtige Erscheinung – vom Chaos seiner goldenen Dachverkleidung bis hin zu der überwältigenden Menge von Palästen und uralten Mauern – hat nichts Zufälliges an sich. Jemand entwarf diese Formen, um den besonderen Charakter der russischen Kultur zu feiern, und jemand anders billigte die Pläne, in einem Stil weiterzubauen, der auf historisch verwurzelte Macht hindeutet. Das allgegenwärtige Gold mag in der orthodoxen Ikonographie an die Ewigkeit erinnern, aber für die meisten von uns ist es eine imposante Widerspiegelung irdischen Reichtums. Von den Kirchen und abweisenden Toren bis hin zu den charakteristischen vertrauten Turmspitzen ist der Kreml nicht bloß der Wohnsitz der russischen Herrscher. Er ist auch ein Theater und ein Text, eine Galerie, welche die aktuelle Regierungspolitik zur Schau stellt und verkörpert. Dies – und die Inkongruenz seines Überlebens im Kern des modernen Moskau – ist seit langem das Geheimnis seiner Ausstrahlung.

Der Ort fasziniert mich, seit ich ihn vor drei Jahrzehnten zum ersten Mal besuchte, und seine Geschichte scheint eine immer tiefere Resonanz zu gewinnen. Zu einem Wendepunkt kam es 2007, gegen Ende der zweiten vierjährigen Präsidentschaft von Wladimir Putin, als sich die russische Presse mit dessen Zukunft zu beschäftigen begann. In wahrhaft erznationalistischem Stil versuchten seine Anhänger, eine verfassungswidrige dritte Amtszeit zu rechtfertigen, indem sie angebliche Lehren aus der Vergangenheit zogen. Sie argumentierten, die russische Nation habe ihren Bestand der Tatsache zu verdanken, dass sie speziellen Regeln folge. Das Volk habe am meisten zu leiden, wenn eine Schwäche im Herzen der Macht zu bemerken sei. Das nationale Genie habe eine einzigartige, schöpferische Gestalt, versicherten sie, und könne nur gedeihen, wenn es von einem starken, zentralisierten Staat beschützt werde. Beflissene Lehrbuchautoren ließen sich rechtzeitig historische Beweise einfallen. Von Peter dem Großen bis hin zu Stalin und vom engstirnigen Alexander III. bis hin zu Putin selbst zeige die Vergangenheit, warum Russland immer noch eine straff regierende Hand benötige. Sogar Zweiflern war bewusst, dass die Alternative Risiken in sich barg. Jeder Russe kannte sich mit schwachen Regierungen aus, denn der jüngste Fall war der von Boris Jelzins Präsidentschaft in den 1990er Jahren gewesen, einer Zeit der nationalen Erniedrigung und des verzweifelten menschlichen Elends. Dadurch fand die etatistische Botschaft willige Zuhörer. In einer Umfrage nach dem größten Namen der russischen Geschichte, die der Fernsehsender Rossija 2008 organisierte, setzte sich der unerbittlich reaktionäre Nikolaus I. sogleich an die Spitze, dicht gefolgt von Stalin.[6]

Das Ergebnis konnte Russlandbeobachter im Westen nicht überraschen. Im Gegenteil, es hatte etwas deprimierend Unvermeidliches an sich, als wäre das Land in der Tat auf ewig für die Tyrannei bestimmt. Ähnliches behaupten Außenstehende seit Jahrhunderten. »Der Fürst allein kontrolliert alles«, urteilte ein jesuitischer Gesandter in den 1580er Jahren. »Die Ehrerbietung, die dem Fürsten entgegengebracht wird, ist etwas, das sich kaum begreifen lässt.«[7] Mehrere Engländer, die unter der Herrschaft von Elisabeth I. und Jakob I. Bericht über Moskau erstatteten, schlossen sich dieser Meinung an.[8] Über 300 Jahre später, als die bolschewistische Revolution von 1917 in eine Diktatur umschlug, hielten Experten mehrere Theorien über den besonderen Weg Russlands bereit.[9] Genau das geschah auch, als die Reformen der Perestroika unter Gorbatschow stockten. Ein Politikwissenschaftler formulierte es damals folgendermaßen: »Zu viel Freiheit verursacht zahlreichen Russen Unbehagen.«[10] Solche Kommentare schmeicheln dem westlichen Vorurteil, weshalb es sich trotz so vieler umfassender Regimewechsel erhalten hat. Letzten Endes jedoch hat der Gedanke, dass Russland ein besonderes Schicksal beschieden sei, deshalb überlebt, weil er der russischen Regierung selbst zustatten kommt. Wie es in einem jüngeren Buch zu dem Thema bündig heißt: »Die etatistische Interpretation der russischen Geschichte liefert eine Rechtfertigung für Unverantwortlichkeit und eine Absolution für vergangene Verbrechen.«[11] Durch die Nutzung der Geschichte könne sich, mit den Worten eines anderen Autors, sogar die gegenwärtige Regierung »in die Traditionen der Vergangenheit einfügen«, womit der Staat selbst zum »Konzentrationspunkt des Gesellschafts- und Privatlebens [wird], gewissermaßen also auch zur höchsten Rechtfertigung für das Leben des Individuums«.[12]

Der Kreml ist der ideale Ort, um über all diese Dinge zu grübeln. Hier werden Mythen geboren, hier ist eine Bühne, auf welcher der russische Staat seine Macht und seine Ahnentafel vorführt. Aber die Festung ist ihrerseits auch eine Bühnenfigur. Ich machte mich daran, die Vergangenheit des Kreml zu erforschen, weil ich mehr über die Gegenwart wissen wollte, doch am Ende vertiefte ich mich in seine Biographie. Es ist eine Geschichte, in der Äußerlichkeit und Fabel häufig über Substanz triumphieren, doch handelt sie sehr wohl auch von realen Dingen. Während meiner Arbeit daran musste ich das, was Herrscher über sich selbst erzählen, reflektieren und daneben Themen meistern, die sich von der Ideologie hinter den Krönungsritualen bis hin zu den Feinheiten der christlich-orthodoxen Theologie spannten. Gleichzeitig las ich Texte über Uhrmechanismen, Kanonengießerei und über die technischen Details der Restaurierung von altem Putz. Diese Geschichte handelt von vielen Kulturen und von mindestens zwei Kontinenten. Bei ihrer Aufzeichnung habe ich die Grasflächen des Ostens betrachtet, um die Evolution der Heere zu verfolgen, deren Leben in der asiatischen Steppe begann, und ich habe auch versucht, die Reise durch Wälder und Sümpfe zu schildern, die so viele europäische Handwerker an den feierlichen, kalten, durch Rituale gefesselten Moskauer Hof brachte. Im Zusammenhang mit jeder Zerstörung des Kreml (er war nicht von so ewiger Dauer, wie es schien) habe ich herauszufinden versucht, wie seine Herren die Aufgabe des Wiederaufbaus und der neuerlichen Inbesitznahme einschätzten. Der französische Historiker Pierre Nora würde die Zitadelle sicherlich als »Erinnerungsort« bezeichnen, aber sie war daneben eine Stätte der Aktion und des Wandels, ein Theater, dessen Dramen auch dann von der Gegenwart handelten, wenn sie als Beschwörungen der Vergangenheit getarnt waren.

Ich stellte bald fest, dass der Gedanke der vorherbestimmten Kontinuität sehr alt war. Auch verstand ich, wie die vertrauten Geschichten ersonnen wurden. Seien es Mönche und Hofschreiber oder Sowjetpropagandisten und Putins bevorzugte Lehrbuchautoren – nichts ist ungewöhnlich daran, dass russische Höflinge ganze Kapitel der Vergangenheit umschreiben. In der Regel haben wir es mit dem kalkulierten Versuch zu tun, einer spezifischen Person historische Autorität zuzuordnen, denn der russische Staat, weit davon entfernt, eine stabile und kontinuierliche Führerschaft zu besitzen, hat in Wirklichkeit häufige Krisen im Herzen der Macht durchlitten. Von Fürsten und Zaren bis hin zu Generalsekretären und nicht gewählten Präsidenten können viele seiner Herrscher nur eine sehr dürftige Legitimation vorweisen. Deshalb haben ihre Höfe, um Chaos oder potentiellen Bürgerkrieg abzuwenden, darauf hingearbeitet, eine Reihe mehr oder minder überzeugender Nachfolgemythen zu schaffen. Manche stützen sich auf die Religion, andere auf den Willen des Volkes, doch die Geschichte bildet die Grundlage für fast alle Versionen. Die Berater Iwans des Schrecklichen gehörten zu den Fleißigsten, wenn sich die Aufgabe stellte, alte Aufzeichnungen zu revidieren – er wurde mit göttlicher Autorität und einem prächtigen Stammbaum ausgestattet –, und ihre Nachfahren im 17. Jahrhundert leisteten das Gleiche für die ersten Romanow-Zaren. Die Bolschewiki beriefen sich trotz ihrer modernisierenden Rhetorik auf den Segen eines Pantheons toter Helden; außerdem machten sie emsigen Gebrauch von den symbolischen Möglichkeiten des Kreml selbst. Im Lauf einer unablässigen Folge von Krisen waren die unmittelbaren Umstände so verworren, dass sich das Volk seinerseits bereit zeigte, selbst einen wenig überzeugenden Prätendenten willkommen zu heißen, solange es glaubte, dass er einem nostalgischen, geradezu märchenhaften Ideal entsprach. Das Leben war so mühselig und jede denkbare Zukunft so unsicher, dass sich auch der gewöhnlichste Bauer nach den Gewissheiten vergangener Zeiten sehnte. »Das höchste Gut in Moskowien war nicht Wissen, sondern Erinnerung«, meinte James Billington vor einem halben Jahrhundert. »Es gab keine höhere Berufungsinstanz in einem Disput als die der ›wichtigen guten und festen Erinnerung‹ der ältesten verfügbaren Amtsperson.«[13]

Aber Erinnerungen sind wandelbar, wie wir alle wissen. Der Kreml kann als Nachweis der Vergangenheit dienen, doch er ist auch ein religiöser Ort, und seine Gebäude galten einst als die heiligsten Stätten Moskaus. Die Rituale, die sich um sie herum bildeten, von Feiern der Göttlichen Liturgie bis hin zu Krönungen und königlichen Bestattungen, hatten ursprünglich den Zweck, eine zeitlose religiöse Wahrheit darzustellen. Doch bereits in der Epoche der Heiligen änderten sich die Zeremonien. Von Generation zu Generation nahm die Bedeutung der gleichen Worte und der gleichen Prozessionen jeweils eine radikal neue Form an. Auch die Gebäude blieben nicht unverändert stehen, und sie konnten die trügerischsten Zeugen von allen sein. Wenn eine Mauer neu gestrichen oder ein Palast abgerissen und wiederaufgebaut wurde, war es so, als hätte es die vorherige Konstruktion nie gegeben. Der Zyklus vertrauter Gebete und die Reihen Ikonen tragender Priester und Höflinge in goldenen Gewändern kehrten zurück, aber die Kulisse hatte sich so sehr verändert, dass sie ganz neue Ideen und (mangels eines besseren Begriffs) falsche Erinnerungen förderte. Auch bei den scheinbar so konkreten Gebäuden ist die einzige Vergangenheit das, was wir im jeweiligen Augenblick vor uns haben. Es war eine Lektion, aus der die Bolschewiki einen dramatischen Nutzen zogen, als sie die alten Kreml-Klöster 1929 zerstörten. Wie ich feststellen sollte, können nur wenige Menschen, selbst wenn sie Moskauer sind, heute sagen, wo die Gebäude standen. Manche bezweifeln sogar, dass sie je existierten, und kratzen sich den Kopf beim Anblick der alten Fotos, die den Sachverhalt bestätigen.

Mithin behandelt dieses Buch den Kreml über Jahrhunderte hinweg, aber es konzentriert sich durchaus auch auf den Kreml heute. Als ich mit der Arbeit begann, entdeckte ich rasch die Vorteile einer Beziehung – selbst einer unerwiderten – zur höchsten Elite Russlands. Obwohl das Forschungspersonal des Kreml unter Bedingungen arbeitet, die vermutlich schlechter sind als die jedes Universitätshistorikers außerhalb der Mauern, ist der allgemeine Rahmen spektakulär. Während ich vor den bewaffneten Wächtern am Borowizki-Tor mit meinem mühsam errungenen Passierschein aus Pappe wedelte und an Schlangen früh aufgestandener Touristen vorbeispazierte, erhielt ich eine Kostprobe des Überlegenheitsgefühls, das Fellows der Colleges von Oxford und Cambridge ohne Frage an jedem Arbeitstag genießen. Ich ließ den Moskauer Smog und Verkehrslärm hinter mir. Innerhalb der Mauern herrscht, bevor die Touristenführungen beginnen, eine angenehme Stille, und noch heute weht die Brise im Land des Dieselkraftstoffs und des Zigarettenqualms den subtilen Duft von Weihrauch heran. Die Bibliothek, auf die ich zusteuerte, lag hoch oben in einem Anbau an den Glockenturm Iwan der Große, was bedeutet, dass das Personal über keinen Zentimeter Freiraum verfügt, aber auch, dass die Menschenmengen weit entfernt bleiben.

Jedes Gefühl der Zugehörigkeit ist jedoch relativ, denn dies ist keine normale Forschungsstätte. Im Kreml sieht eine Besucherin das, was sie sehen soll. Verschlossene Türen erwarten selbst die hartnäckigsten

Gäste. Um dieses Buch schreiben zu können, musste ich viel weiter vordringen als in jenen Lesesaal im Turm. Die Spur führte mich nach Italien (die Heimat der Architekten, welche die Renaissance-Festung entwarfen) und zu Bibliotheken in den Vereinigten Staaten und Großbritannien. Wenn schriftliche Überlieferungen nicht genügten, machte ich Sachverständige ausfindig. Zu den ersten Interviewten gehörten einige der Politiker und Diplomaten, die den Kreml als Arbeitsplatz kannten. An einem surrealen Abend begegnete ich, Stunden nördlich von Stockholm, in einer einzigen Sitzung sechs früheren schwedischen Botschaftern in Moskau (»Sie sind wahrscheinlich zu dem Schluss gekommen, dass jeder männliche schwedische Erwachsene seiner Nation auf diese Weise zu dienen hat«, scherzte der Letzte, als ich mich verwundert zeigte). Ich sprach auch mit mehreren der Architekten und Restauratoren, die jeden Winkel der Gebäude kennen. Kunsthistoriker halfen mir, die Ikonen und Fresken zu würdigen. Spezialisten für unvertraute Geschichtsperioden beantworteten Fragen und schlugen neue Quellen vor. Bei meinen Pendelreisen zu der Moskauer Festung, die mehrere Jahre dauerten, konnte ich sogar einmal die selten sichtbaren Falken bewundern, die zur Tötung der Kreml-Krähen gehalten werden.

Vor allem eine Episode ist geeignet, die Aufregung der Jagd wiederzugeben, und für mich war es eine besondere Art der Einführung in die Thematik. Eine meiner am schwersten zu erfüllenden Ambitionen als Forscherin bestand darin, einen Blick hinter die offensichtlichen Fassaden zu werfen. Wie jeder Archäologe weiß, kann man eine Menge über eine Kultur – vornehmlich eine verschwiegene – erfahren, indem man die Dinge betrachtet, die sie wegwirft. Der Kreml bietet sich nicht für die Suche nach Müll an, doch einmal gelang es mir, das dortige Pendant einer Dachkammer zu betreten. Zu dieser unerwarteten Gelegenheit kam es, als eine Frau, die eine der Forschungsabteilungen des Kreml leitet, mir freundlicherweise eine private Führung durch den Palast anbot. Geplant war, alle vorhandenen Kirchen – und es gibt eine Menge davon – zu besichtigen.

Ich erschien früh an dem anberaumten Morgen, denn ich verbrachte gern ein paar Momente in der leeren Festung, um zuzusehen, wie das sanfte Herbstlicht über den alten Kalkstein hinwegglitt. Meine Führerin, deren Büro in einem Anbau der Mariä-Verkündigungs-Kathedrale lag, hatte ihre Vorbereitungen noch nicht ganz abgeschlossen, und wir plauderten, während sie bedächtig eine Auswahl aus einem Schlüsselkasten traf. Ich bestaunte jeden der Schlüssel, die sich auf ihrem Schreibtisch aufreihten, denn solche Werkzeuge hätten aus Meteoriten geschmiedet sein und von einem Drachen bewacht werden müssen. Manche waren lang und schwer, andere zierlich und die meisten so verschnörkelt, dass man sie kaum auf einer Hand balancieren konnte. Ich hatte jedoch keine Zeit, sie alle zu prüfen, bevor die Kuratorin aufhörte, in ihrem Schrank zu stöbern, und eine Kneifzange hervorholte. Wie sich zeigen sollte, hatte sie den Zweck, die schweren Siegel aufzubrechen, die den Inhalt der zahlreichen verborgenen Kammern des Palastes schützen.

Auf das erste derartige Siegel stießen wir am Kopf einer Treppe aus poliertem Marmor. Auf der anderen Seite eines Innenhofes, hinter einem glänzenden Parkettsee, gelangten wir zu einem Paar exquisit gefertigter und mit Gold beschlagener Tore und dann zu zwei – ebenfalls verschlossenen und versiegelten – massiven Holztüren. Die Aussichten schienen düster zu sein, aber die Zange riss das Wachs schnell ab, der lange Schlüssel drehte sich mit beruhigender Leichtigkeit, die Holztüren öffneten sich und ließen uns in eine Kirche des 17. Jahrhunderts mit Ikonen des Meisters Simon Uschakow ein. Die erste Überraschung war für mich, wie trübe und sogar klamm der Raum nach den glänzenden Kronleuchtern draußen zu sein schien. Wir fanden den Schalter für die Glühbirne, und in ihrem unversöhnlichen Licht wurde mir klar, warum die anfängliche Düsterkeit mich so sehr verblüfft hatte. Von russischen Kirchen erwartet man, dass sie funkeln und schimmern, doch diese wies nirgendwo Gold oder Silber auf; sogar die kostbaren Heiligenbilder hingen an einer primitiv wirkenden Ikonostase. Wie ich erfuhr, war das antike Silber, das den Schirm – ein eigenständiges Kunstwerk – einst geschmückt hatte, in Lenins Zeit entfernt und eingeschmolzen worden, vorgeblich um Brot für das Volk zu kaufen, aber in Wirklichkeit, damit sich die Regierung über Wasser halten konnte. Bei unserem Rundgang durch weitere Kirchen, vorbei an noch mehr einsamen Ikonostasen, durch unbeleuchtete und wegen ihrer Leere gespenstische Kammern, entdeckte ich, dass das gleiche Schicksal auch anderen Schätzen im Palast widerfahren war. Trotzdem gab es viel zu sehen. Mehrere Stunden lang schlängelten wir uns durch die Räume und machten einmal halt, um in den Wintergarten zu spähen, der früher Stalins Kino gewesen war.

Meine neue Freundin war großzügig, sowohl was ihre Zeit als auch was die Weitergabe ihrer Kenntnisse betraf, aber sie zögerte, bevor wir die letzte Treppe hinuntergingen. »Sagen Sie der Feuerwehr nichts davon«, murmelte sie. Der Korridor verengte sich; man hatte die Teppiche lange nicht erneuert. Wir waren unterwegs nach unten zu einer Kirche aus dem 14. Jahrhundert, die als verloren gegolten hatte, bis sie bei Bauarbeiten unter Zar Nikolaus I. wiederentdeckt worden war. Nach mehr als 600 Jahren (so viele Kriege, so viele Brände, so viele Sanierungsprojekte) ist von der Kirche selbst nicht mehr viel übrig (die Wände sind verputzt), aber trotzdem fiel noch einiges ins Auge. Am Korridor entlang und auf der Treppe standen Leitern, Farbdosen und sperrige Stapel zerbrochener Stühle. Eine zusammengerollte rote Fahne lehnte an einer Wand, ein vergoldeter Tisch war aus einer Themenausstellung gerettet worden, mit Tünche bespritzte Abdecktücher lagen auf dem Boden, und jemand hatte ein klobiges Radio zurückgelassen. Die Expedition durch den Palast von Nikolaus, Michail Romanow und Iwan dem Schrecklichen und zu den Renaissance-Fundamenten viel älterer Gemächer war nicht nur eine Rückkehr in der Zeit, was schließlich der Zweck von Wanderungen durch Gruften ist. Vielmehr erweckte sie den Eindruck, als wären mehrere abgelegte Versionen der Vergangenheit des Kreml in einer Zeitkapsel gesammelt und, Jahrzehnt um Jahrzehnt, in einem surrealen Raum zusammengeklappt worden.

Die russische Geschichte ist voll von Zerstörung und Wiederaufbau; das Land hat ein Übermaß an Wandel durchgemacht. Aus komplexen Gründen – nicht immer den gleichen – ist es dem Staat in allerlei unterschiedlichen Erscheinungsformen fast immer gelungen, sich den Vorrang gegenüber den Rechten des Volkes zu sichern. In jedem Krisenmoment sind entsprechende Entscheidungen getroffen worden, häufig im Kreml und stets von Personen, die kurzfristige Interessen zu verteidigen hatten. Nichts daran ist unvermeidlich, und die ungenutzten Alternativen belegen, wie bruchstückhaft die Schilderung ist. Wenn die heutigen russischen Führer über den mächtigen Staat und über die sogenannten Traditionen sprechen, die sie als »souveräne Demokratie« bezeichnen, treffen sie wiederum eine Wahl. Die Geschichte hat nichts damit zu tun, denn Präzedenzfälle können, wie jene rote Fahne und jene alten Stühle so nachdrücklich bestätigen, weggeworfen werden wie die Blumen der letzten Woche. Es gibt viele russische Vergangenheiten. Sobald seine versiegelten Türen geöffnet sind, braucht der Kreml nicht mehr die »Stütze der Tyrannen« zu sein, die Custine geißelte. In einer Kultur, welche die Geschichte kontrollieren möchte, ist er ein unbequemer Überlebender, ein herrlicher, bezaubernder und letztlich unbestechlicher Zeuge für das verborgene Herz des russischen Staates.

1 Grundsteine

Es vermittelt das Gefühl eines gerechten Gleichgewichts, die Geschichte einer ikonischen Festung mit einer wirklichen Ikone zu beginnen. Generationen von Künstlern haben im Kreml gearbeitet, womit wir unter zahlreichen potentiellen Bildern wählen können. Viele der besten wurden ursprünglich für die eigenen Kathedralen und Klöster des Kreml gemalt, darunter Werke von Meistern wie Theophanes dem Griechen und seinem brillanten, im 15. Jahrhundert wirkenden Schüler Andrej Rubljow. Unbeschwert, ewig, bindungslos blicken die heiligen Gesichter weiterhin aus einer goldenen Unendlichkeit in unsere frenetische Welt. In der Epoche, in der sie entstanden, gehörte die Zeit noch Gott, und sündige Menschen (jedenfalls solange sie der Botschaft glaubten, die von der Kunst der Ikonenmaler übermittelt wurde) konnten nur dann Erlösung finden, wenn sie ihre wenigen Jahre auf Erden dem Muster des Himmels anpassten. Doch Meditation und Reue waren nie der eigentliche Zweck des Kreml. Ein besseres Sinnbild seiner Gründungsgeschichte, in einem ganz anderen Stil, ist Simon Uschakows Meisterstück von 1668, *Pflanzung des Baumes der russischen Herrschaft*. Es war und ist ein heiliges Kunstwerk, aber es repräsentiert auch einen historischen Text.

Heutzutage findet die Botschaft der Ikone so viel Widerhall, dass man dem Original einen Ehrenplatz in der Moskauer Tretjakow-Galerie eingeräumt hat. Das Gemälde, obwohl von bescheidener Größe, hat eine ganze Wand für sich, und die sorgfältige Ausleuchtung des Goldes schafft eine Aura besonderer Ehrfurcht. Schon bevor man es anschaut, weiß man, dass es eine Kostbarkeit ist, doch der Aufbau des Bildes erweist sich als Überraschung. Auf den ersten Blick gibt die Ikone einen herkömmlichen Lebensbaum wieder, ein Motiv, das eher an Orientteppiche als an russische Malerei denken lässt.[1] Bei genauerer Betrachtung nimmt man tatsächlich den verästelten Baum wahr, aber die Frucht (oder die Blüte, denn dies ist eine Zauberpflanze) besteht aus Kameen, darunter ein großes Bild der Jungfrau und kleinere mancher herrschender Fürsten, Zaren und heiliger Männer Moskaus. Sie folgen aufeinander und schmücken Äste, die sich zum Himmelstor erheben. Wie im Tretjakow-Führer hilfreich erwähnt wird, ließ sich Uschakow von traditionellen Darstellungen der Genealogie Jesu Christi inspirieren.[2]

Noch interessanter ist das Bild, wenn man sich die Wurzeln des Baumes ansieht, denn hier wird die Vorstellungskraft von konkreten Gebäuden überlagert. Wie ein Rahmen innerhalb eines Rahmens ziehen sich die befestigten Mauern und Türme des Moskauer Kreml am unteren Teil des Gemäldes dahin, und hier findet man auch die historischen Hauptgestalten der Ikone. In einer Ecke – einem Impresario gleich, der eine überaus erfolgreiche Vorführung präsentiert – sieht man den unverkennbaren Alexej Michailowitsch Romanow (1645–1676), den Zaren zu Uschakows Zeit. Aber im Zentrum von allem befinden sich die beiden Männer, die den Baum gepflanzt haben und sich nun fürsorglich über ihr Werk beugen. Zur Linken, mit einer Art mittelalterlicher Gießkanne in der Hand, steht ein Priester, und gemalte Lettern teilen uns mit, dass wir es mit Peter, dem Oberhaupt der russischen Kirche des frühen 14. Jahrhunderts, zu tun haben. Zur Rechten, zuständig für die Pflanze selbst, sehen wir einen Fürsten, Iwan I., der Moskau 16 Jahre lang – von 1325 bis zu seinem Tod im Jahr 1341 – regierte.

Man benötigt ein paar historische Kenntnisse, um zu verstehen, was Uschakow erklären möchte. Unter anderem ist sein Gemälde ein politisches Manifest im Namen seines Zaren. Wie der Baum, will das Bild verdeutlichen, sind Alexej und seine Erben in der Vergangenheit Moskaus verwurzelt; und wie die frommen Zaren früherer Zeiten – vor allem wie der Gründer im Vordergrund – sind sie Teil einer kontinuierlichen Linie, die Russlands Boden stets gepflegt und entwickelt hat. Dies zu betonen war sinnvoll zu Alexejs Zeit, den er hatte den Thron erst als zweites Mitglied seiner Familie bestiegen. Anfang des 17. Jahrhunderts, während eines langwierigen Bürgerkriegs, hatte sich Russland beinahe aufgelöst. Als der Frieden 1613 schließlich wiederkehrte, hatte ein Bürgerrat das Land nach einem neuen Zaren absuchen müssen. Die Thronbesteigung von Alexejs Vater Michail Romanow war folglich kein so organischer Prozess, wie die Bilder der Ikone andeuten, und der recht verfallene Kreml, den er ererbte, ließ sich nicht mit der makellosen roten Festung auf dem Gemälde vergleichen. Der Pinsel des Künstlers löschte die Erinnerung an Aufruhr und Mord, und Uschakow drängte eine neue Generation zu glauben, dass die Geschichte Moskaus gesegnet sei. Sein Kreml war kein gewöhnlicher Ort, sondern stellte die Verbindung zwischen Russland und dem Himmel her und wurde von der Gottesmutter persönlich beschützt.

Aber die Gründungsszene enthält noch eine weitere Botschaft, und sie wird von der Pflanzung des Baumes übermittelt. Peter, das Oberhaupt der orthodoxen Kirche in Russland, und Iwan I., der gerade ernannte Fürst von Moskau, legten 1326 nämlich den ersten Stein einer neuen Kathedrale. Sie erscheint auf der Ikone als hoch aufragendes Gebäude mit erlesenen goldenen Kuppeln, doch die Detailgenauigkeit ist weniger wichtig als die Symbolik eines Aktes, der den Moment kennzeichnete, in dem Moskau, mit dem Kreml im Kern, seinen Anspruch geltend machte, die religiöse und politische Hauptstadt der russischen Welt zu sein. Damals war der Kreml weder prächtig noch ruhevoll; seine Mauern sahen aus wie ein Flickwerk aus Lehm und Bauholz, und seine Verteidigungsanlagen wurden durch giftige Sumpfflächen ergänzt. Die Welt um ihn herum befand sich im Krieg, und sein Fürst war nicht einmal der unbestrittene Souverän des russischen Volkes. Aber manche Bäume gedeihen auf kargen und sogar ausgetrockneten Böden. Als Uschakow eine Wurzel für seine symbolische Pflanze finden wollte, war es kein Fehler, die Zeremonie von 1326 zu wählen. Ironischerweise hatte sich der Fürst – Iwan I. –, den er malte, zudem seinerseits auf die Historie berufen, als er jenen ersten bedeutungsschweren Stein legte. Die Geschichte des Kreml, wie die von Russland als Ganzem, ist zerstückelt und hat viele ihrer Bestandteile verloren. Doch inmitten der Brände, Revolutionen und Palastrevolten sieht man als einzigen roten Faden die Entschlossenheit aufeinanderfolgender russischer Herrscher, die Geschichte umzuschreiben, damit die Gegenwart, wie immer sie aussehen mag, so tief verwurzelt und organisch zu sein scheint wie Uschakows Baum.

Es gibt keine verlässlichen Unterlagen über die Anfänge des Kreml. In den Chroniken, also den wichtigsten schriftlichen Quellen für die Periode, wird 1147 und wiederum 1156 eine Fürstenresidenz in Moskau erwähnt, aber niemand weiß genau, wer als Erster etwas Festungsähnliches auf dem Hügel über den Flüssen Moskwa und Neglinnaja errichtete. Die Daten werden angefochten, obwohl sich die Existenz einer Mauer aus dem 12. Jahrhundert bestätigt hat.[3] In den 1950er Jahren entdeckten Archäologen ihre Überreste in einer Tiefe, die den korrekten Jahrzehnten entspricht, und obwohl die Funde unvollständig sind und durch etliche spätere Bauarbeiten beeinträchtigt wurden, stehen sie im Einklang mit den Details eines höchst imposanten Holz-Erde-Walls. Allein schon die Riesenbalken dürften unverrückbar gewesen sein. Der Bau umfasste eine viel kleinere Fläche als der heutige Kreml, aber er wirkt uneinnehmbar. Der Holzwall war jedoch nicht das einzige Bauwerk auf dem keilförmigen Hügel, wie weitere Ausgrabungen bald deutlich machten. Unter den Wällen, in den tieferen Schichten, ruhen Knochen, Rippen und Gliedmaßen von Schweinen und Rindern, Rückstände von über Jahrhunderte gegessenen Mahlzeiten sowie die Überreste von Pferden und Hunden. Hinzu kommen die Knochen von wilden Pelztieren wie Elchen, Hasen, Bibern und Wildschweinen. Eine Spinnwirtel aus rosa Schiefer, hergestellt von einem Handwerker in Kiew, deutet auf Handelsbeziehungen zum Dneprtal hin, ebenso wie Glasperlen und Metallarmbänder in den kältesten Erdspalten.[4] Noch tiefer schließlich ist nichts als Stille.

Der Hügel, auf dem der Kreml steht, dürfte sich immer gut für eine Festung geeignet haben. Er war leicht zu verteidigen und besaß eine Menge Nutzholz, doch in seinen frühen Jahren war er, selbst nach russischen Maßstäben, sehr entlegen. Während sich in anderen Regionen des Nordens prosperierende Häfen und Märkte entwickelten, versteckte sich dieser Ort im Wald, überwuchert von Dornensträuchern und gehüllt in fauligen Nebel. Das Gewirr aus Eichen und Birken war an allen Seiten so dicht, dass es mühelos eine ganze Armee verschlucken konnte. Genau das soll im Jahr 1176 geschehen sein, als es zwei verfeindeten Fürsten und ihrem Gefolge gelang, aneinander vorbeizuscheppern, da das Dröhnen und Klirren ihrer Tiere vom Blättergespinst erstickt wurde.⁵ Es war leichter, sich an den Flüssen zu orientieren, aber auch sie konnten trügerisch sein, und die hiesigen Jäger schlugen häufig eine Schneise durch die trockeneren Teile des Waldes, wenn sie sich auf die Suche nach Elchen und Wildschweinen machten. Wichtige Routen konnte man eine Zeit lang offen halten, indem man sie mit Baumstämmen bedeckte – eine uralte Technik, die noch tausend Jahre später in Gebrauch sein sollte, als sowjetische Soldaten ihre berühmten »Knüppeldämme« verlegten –, doch viele früh entstandenen Pfade wurden im Lauf des Jahres durch Nesseln, Gestrüpp und Schlamm wieder unkenntlich gemacht. Selbst wenn ein Reisender ihn wiederfinden konnte, bot sich der kühle Boden oberhalb der Flussbiegung keineswegs für den Hauptstadtstatus an.

Die Ersten, die sich hier niederließen, Jäger vielleicht, mögen Finnen gewesen sein, was sich jedoch nicht verbürgen lässt, denn obwohl Herrscher kamen und gingen, gab es keinen Staat, der die Völkerstämme gezählt oder benannt hätte, und keine klare Grenze. Im Unterschied zu den Christen im Westen oder den Juden und Muslimen im Süden und Osten verbrannten die Einheimischen ihre Toten, so dass man keine Gräber freilegen kann, und da sie kein Alphabet besaßen, hinterließen sie kaum ein Wort. Aber ihre Spuren haben sich in den Namen erhalten, welche diese ersten Siedler den Flüssen und den bewaldeten Sümpfen gaben; den meisten Berichten zufolge (was allerdings von slawischen Patrioten bestritten wird) zählte »Moskau« selbst zu jenen Namen.⁶ Aus dem Finnischen abgeleitet, war er mit großer Wahrscheinlichkeit vor der Ankunft der ersten Slawen (vermutlich zu Beginn des 9. Jahrhunderts) etabliert.

Die Neueinwanderer gehörten einem Stamm namens Wjatitschi an.⁷ Sogar in jenem blutigen Zeitalter standen sie im Ruf besonderer Grausamkeit. Möglicherweise hemmten sie die Entwicklung der Gegend, denn friedliche Reisende dürften gezögert haben, bevor sie ihr Land durchquerten. Aber ihre Welt war nicht völlig abgeschieden. Die Moskwa, die durch ihr Territorium floss, konnte mit Holzschiffen befahren werden und war einer von mehreren denkbaren Handelswegen, welche die Wolga mit dem Westen und Norden verbanden. Heute sind Archäologen der Meinung, dass sich mindestens zwei wichtige

Überlandrouten ebenfalls nahe der Stätte des heutigen Kreml trafen.[8] Mittlerweile hatte sich der Verkehr – mit Schiffen, Pferden und sogar Kamelen – über die nordöstliche europäische Ebene hinweg verstärkt. Die kleine Ortschaft an der Moskwa lag nicht an einem der Haupthandelswege, doch trotzdem hinterließ ein damals Durchreisender zwei Silbermünzen, islamische Dirhams, von denen eine im fernen Merw geprägt worden war.[9] Anderswo in Russland sind beträchtlichere Silbermengen, Schätze geradezu, zum Vorschein gekommen. Sie sind hauptsächlich muslimischer Herkunft und überwiegend auf das 10. Jahrhundert datiert – ein verlässlicher Hinweis auf den Umfang und Wert des Handels der Region mit den fortgeschrittenen Kulturen Asiens und des Mittelmeergebiets.

Die Kaufleute müssen mit üppigen Erwartungen gekommen sein. Die Karawanen, die sich süd- und ostwärts nach Choresm, einem Marktzentrum tief in Zentralasien, bewegten, waren mit den Reichtümern des Waldes beladen. »Zobel, Fehen, Hermeline und das Fell der Steppenfüchse«, prahlte ein arabischer Geograph. »Marder, Füchse, Biber, gefleckte Hasen und Ziegen; dazu Wachs, Pfeile, Birkenrinde, hohe Pelzmützen, Fischleim, Fischzähne [d. h. Walrossstoßzähne] (...) slawische Sklaven, Schafe und Rinder.«[10] Berichte wie dieser lassen an viel spätere europäische Schriften über Afrika denken, und wie sich zeigt, war die nordosteuropäische Waldzone tatsächlich der Schwarze Kontinent des 9. und 10. Jahrhunderts. Wie Afrika in späteren Zeiten schien es ein gefährliches, exotisches Gebiet zu sein, in dem Abenteurer ein Vermögen erwartete. Sklaven waren eine erhebliche Gewinnquelle, denn während Muslime und Christen einander nicht versklaven durften, galten die heidnischen Slawen als Freiwild.[11] Auch die Lust auf Pelze schien unersättlich zu sein, und sie wurden von jedermann gekauft: von den Arabern und Türken Asiens ebenso wie von den Franken und Angelsachsen am Atlantikrand Europas. Die nördlichen Birkenwälder und die Taiga jenseits davon brachten die besten Exemplare hervor. Wenn man die Waren auf den Markt schaffen konnte – etwa in Konstantinopel oder in Bolghar, der großen Stadt an der Wolgaroute nach Osten –, ließen sich damit hohe Silberbeträge erzielen.

Die sich bietenden Profite und die vielen Gelegenheiten, Zollstationen einzurichten und Steuern auf die kostbare Fracht zu erheben, ließen die Handelswege riesige Vermögen wert werden, aber die örtlichen Slawen waren weder gut genug organisiert noch hinreichend flink, um die Routen unter ihre Kontrolle zu bringen. Stattdessen fiel die Beute einigen Wikingerbanden aus Skandinavien zu, die den Griechen und Arabern bald als *Rhos* bekannt wurden. Dies war früher ein weiteres kontroverses Thema (russische Nationalisten regten sich über den Gedanken auf, dass ihre Gründerfürsten anderswoher stammen könnten[12]), aber das im Ostseegebiet entdeckte archäologische Material ist eindeutig. Dadurch, dass die rauen Wegelagerer manche Konvois beschützten, andere überfielen und sich lohnende Tribute sicherten, wurden sie zu gefürchteten Akteuren in der Region. Von ihrer ersten permanenten Siedlung am Ilmensee, an schiffbarem Wasser unweit des heutigen Nowgorod, hatten sie ihr Netzwerk bis zur Mitte des 9. Jahrhunderts am Dnepr und an der Oberen Wolga entlang ausgeweitet. Wie ihre Verwandten – die Wikinger, die das Wessex Alfreds des Großen in denselben Jahrhunderten attackierten – waren sie ehrgeizig, kriegerisch und unverbesserliche Eroberer. Im Jahr 1860 schafften sie es sogar, Konstantinopel, die Erbin Roms, anzugreifen, indem sie sich der großen ummauerten Stadt vom Meer her näherten. Bald hatten sie dem Volk der Chasaren die Dnepr-Hauptstadt Kiew entrissen und eine Reihe von Feldzügen gegen slawische Siedlungen weiter östlich an der mittleren Wolga eingeleitet. In einer Welt, in der die Haupthäfen und -märkte Hunderte von Kilometern voneinander entfernt waren und in der man auf dem Landweg nicht mehr als durchschnittlich 50 Kilometer pro Tag zurücklegte, war es keine Kleinigkeit, eine lange Reise mit einem Verband beladener Gefährte zu bewältigen. Die Entwicklung des Interkontinentalhandels der Gegend war ein Epos der Ausdauer, der Geschicklichkeit und der schlichten menschlichen Habgier.

Zudem war dies der erste Akt des russischen Dramas, der Gründungsmoment, mit dem alle späteren Historien und Mythen beginnen. Die Nestorchronik, die erste offizielle Aufzeichnung über jene Zeit, erzählt die Geschichte einer halb mythischen Gestalt namens Rjurik, von der die Fürsten, welche die Städte Russlands beherrschten, später ihren Dynastie-Titel, Rjurikiden, herleiten sollten. Es hieß, dieser Mann und seine beiden Brüder seien eingeladen worden, das Gebiet um den Ilmensee zu besiedeln, denn die sich unablässig bekriegenden lokalen Stämme der Slawen, Balten und Finnen hätten in einer starken externen Autorität ihre einzige Friedenshoffnung gesehen.[13] Ob eingeladen oder nicht, jedenfalls waren sich diese Wikinger – welche die meisten Historiker heute als Rus bezeichnen – nicht zu schade für den Umgang mit den älteren Stämmen der Region. Sie ließen sich von ihren Steppennachbarn belehren, kauften hölzerne Schiffsrümpfe von slawischen Handwerkern und nutzten örtliche Beziehungen, um sich Pelze, Wachs, Honig, Häute und Sklaven für die Beladung der Schiffe zu beschaffen. Mit der Zeit vermischten sich die Rus und die einheimischen Slawen, schlossen Ehen untereinander, teilten sich die Landschaft und ihre Götter und erfanden, in einer gemeinsamen Sprache, neue Geschichten, um ihrer Welt einen Sinn abzugewinnen. Sie waren noch kein einheitliches Volk, doch die Fundamente für eine Kultur existierten unzweifelhaft.

Es war immer von entscheidender Bedeutung für die kriegerischen Rus, dass sie ihre verschiedenen Nachbarn überreden konnten, Handel mit ihnen zu treiben. Unglücklicherweise wurden die wohlhabendsten ihrer Nachbarn, die Bürger von Konstantinopel, erschreckt durch die Geschichten über die Wikinger im Norden. Die Schroffheit ihrer Welt, gar nicht zu reden von dem nicht lange zurückliegenden Meeresangriff, ließ diese Gruppe von Heiden besonders ungehobelt wirken. Obwohl die kaiserliche Regierung von Konstantinopel ihrerseits Wikinger als Söldner anheuerte (schließlich waren sie die einfallsreichsten Seeleute und zudem standhafte Kämpfer), betrachtete sie die ungezähmten Wikinger, wie immer sie sich nannten, als Barbaren, weshalb die Rus die kaiserliche Hauptstadt zuerst nicht betreten durften. Vielmehr mussten sie ihren Handel auf die Schwarzmeerhäfen Cherson und Tmutorokan konzentrieren und ihre Profite folglich mit einem Schwarm von Mittelsmännern teilen.[14] Im Jahr 911 konnten sie sich endlich einen Handelsvertrag mit Konstantinopel sichern, aber aus den Klauseln ging hervor, dass ihre Kaufleute die Stadt durch ein eigenes Tor zu betreten hatten. Auch wurde es ihnen verboten, in Gruppen von mehr als 50 Personen zu erscheinen.[15]

Die Wende ereignete sich Ende des 10. Jahrhunderts. Geblendet durch das Gold Konstantinopels und fasziniert von seiner Macht, bekannten sich die Rus zum Christentum der Patriarchen. Diese Wahl trafen sie, obwohl es noch andere Möglichkeiten gab, nicht zuletzt die, sich an Rom zu binden. Damals war die Kluft zwischen den beiden christlichen Hauptkirchen nicht allzu groß, doch die Entscheidung der Rus, sich der Glaubensversion von Konstantinopel anzuschließen, sollte sich jahrhundertelang auf die Zukunft ihres Volkes auswirken – mit unabsehbaren kulturellen Folgen. Anscheinend waren es der Glanz und die Schönheit des östlichen Monotheismus, welche die Wikinger Russlands fesselten. Nach einem Besuch der prächtigen Kirche der Göttlichen Weisheit in Konstantinopel wurden die Gesandten der Rus von Ehrfurcht überwältigt. Das Gebäude sei ein Wunder, die Liturgie atemraubend. »Wir wussten nicht«, berichtete einer seinem Fürsten, Wladimir von Kiew, »ob wir im Himmel oder auf Erden waren.«[16] Um 988 (kein damaliges Datum ist exakt festzulegen) ließ sich Fürst Wladimir persönlich taufen und weitete diesen Segen auf seine Untertanen aus, indem er befahl, sie massenhaft im Dnepr einzutauchen. Um ganz sicherzugehen, ließ er auch die heidnischen Götzenbilder auspeitschen und durch die Straßen schleifen, bevor er sie zum Tode verurteilte.[17]

Durch das Christentum wurden die Lande der Rus in den Kreis eines Gemeinwesen einbezogen. Konstantinopel befand sich in seinem Zentrum, doch die Kultur des christlichen Kiew übernahm zudem einiges aus den religiösen Traditionen Alexandrias, Kleinasiens und des Balkans. Eine wahrhafte Flut schwarz gekleideter Männer überschwemmte Kiew nach seiner offiziellen Bekehrung, und die fremden Mönche brachten mehr mit als die Prinzipien des Glaubens. Zu ihren sonstigen Vermächtnissen gehörten ein neues Alphabet, eine Reihe neuer Ideen über den Staat und ein christlicher Kalender.[18] Manche waren begabte Künstler, und bald fertigten Ikonenmaler, viele von ihnen Griechen, Bilder von Heiligen an. Die Motive Christi und der heiligen Jungfrau waren universell, doch die griechische Kirche begünstigte auch den heiligen Johannes von der Leiter, den heiligen Antonius den Großen sowie den heiligen Andreas den Erstberufenen, den Apostel, welcher der Legende zufolge die kommende christliche Herrlichkeit von Kiew vorausgesagt hatte. Die Göttliche Weisheit, der Geist des Wortes, das die Inkarnation ermöglichte, stand im Mittelpunkt von allem, denn sowohl Kiew als auch sein vermögender Rivale Nowgorod folgten Konstantinopel, indem sie jener Weisheit ihre bedeutendste Kathedrale widmeten. Die Bekehrung der Rus war nicht gerade eine Revolution, denn es hatte kaum eine authentische Kultur gegeben, die man hätte umstürzen können. Aber es handelte sich zweifellos um einen verblüffenden Wandel, und Kiews Fürstenregierung mit ihrem importierten Glauben und ihrer Fassade aus griechischen Grundsätzen wurde zu einem Vorbild für die ostslawische Welt.

Keine dieser Entwicklungen wies jedoch auf künftigen Ruhm für den Außenposten an der Moskwa hin. Viel später legten die Herrscher des Großfürstentums Moskau Wert darauf, einen Vorgänger ihres eigenen Hofes im Kiew des 11. Jahrhunderts zu finden, doch ihre Argumentation war bestenfalls fadenscheinig. Der Fürst auf Simon Uschakows Ikone, Iwan I., stammte aller Wahrscheinlichkeit nach von Wladimir ab, doch schwerlich in direkter Linie. Er hatte einen Anspruch auf den dynastischen Titel der Rjurikiden, aber er war nur einer unter zahllosen Fürsten aus jenem Geschlecht, von denen viele ihre eigene blühende Stadt regierten.[19] Iwan und Wladimir waren durch 300 Jahre voneinander getrennt, und obwohl sich die menschlichen Angelegenheiten in der mittelalterlichen Welt, aus der Warte des 21. Jahrhunderts, gemächlich voranzubewegen schienen, sind drei Jahrhunderte stets eine lange Zeit gewesen. Es ist, zum Vergleich, ungefähr die Spanne, die das heutige England von dem trennt, welches den Herzog von Marlborough in die Schlacht von Blenheim schickte. Sogar noch geringer ist der Abstand zwischen unserer Generation und der letzten, welche die britische Herrschaft in den amerikanischen Kolonien erlebte.

Die Zeit war jedoch nicht das Einzige, was zwischen Kiew und Moskau lag, denn ihre Geographie, ihre Wirtschaft, ihr politisches System und sogar ihre diplomatische Orientierung unterschieden sich radikal voneinander: Kiew blickte nach Süden zum Schwarzen Meer, Moskau dagegen verließ sich auf die Walderzeugnisse und auf seine Beziehungen zu fernen Kulturen an der Wolga und in noch weiterer Ferne. Aber in einem wesentlichen Sinne fungierte Moskau tatsächlich als Erbe Kiews: Die Dnepr-Stadt war das erste geistliche Zentrum der Region gewesen – ein Status, den Konstantinopel bestätigte, als es die Kiewer Göttliche Weisheit zur Königin aller christlichen Kirchen in dem gewaltigen Territorium erkor. Byzantinische Geistliche empfahlen zudem, eine Kirchenhierarchie zur Verwaltung der Rus-Gemeinde aufzubauen. Als barbarisches und wildes Grenzgebiet verdiente die Welt der Fürsten kein separates Patriarchat (davon gab es nur fünf auf dem Planeten[20]), doch immerhin erhielten die Rus einen Metropoliten (der Amtsträger stand einen Rang unter dem Patriarchen), der die Verbindung zwischen dem slawischen Norden und der Zivilisation, wie sie von Konstantinopel definiert wurde, herstellte. Das neue Amt machte zahlreiche Reisen erforderlich, denn fast jeder wohlhabende Fürstenhof von der Ostsee bis zur mittleren Wolga ließ Kirchen bauen, aber die offizielle Residenz der Metropoliten befand sich in Kiew, und nach dem Tod wurde jeder von ihnen in oder neben der dortigen Kathedrale zur Ruhe gelegt. Die geistliche Geografie der Region verschob sich mithin nachdrücklich, als sich der Mann auf Uschakows Ikone, Metropolit Peter, ausbedang, in der Kathedrale bestattet zu werden, die Iwan und er in Moskau, fast 800 Kilometer im Nordosten, gegründet hatten.

Die Reise, die mit jenem Moment endete, war von Kiew aus nicht direkt weitergegangen, sondern sie wurde für mehr als ein Jahrhundert in Wladimir unterbrochen, einer Festungsstadt noch ferner im Osten an der Kljasma. Die Route war kompliziert und lässt sich ohne einen Abstecher in die ausgeklügelte Welt des Erbrechts nicht leicht durchschauen. Das Erstgeburtsrecht, das in anderen Königreichen und in späteren Zeiten im Hinblick auf Eigentum und Titel für eine vorteilhafte Geradlinigkeit sorgte, war dem Fürstengeschlecht der Rus fremd. Sie führten ein Leben der ständigen Bewegung, und das Oberhaupt jeder bedeutenden Familie konnte hoffen, irgendwo ein Territorium mit Beschlag zu belegen und es von seiner lokalen Hauptstadt aus mit einem kleinen Hof und einer Gefolgschaft von Kriegern zu regieren. Aber der Clan beharrte auf dynastischen Hierarchien, einschließlich einer Gepflogenheit, durch die den Fürsten der jeweils wichtigsten Städte politischer Vorrang eingeräumt wurde. In den Rus-Landen galt die Herrscherfamilie, wie ein Experte für die Region anmerkte, »als

Kapitalgesellschaft, womit jeder einen Anspruch auf ihre Bestandteile erheben konnte«.[21] Dies mochte ein System der kollektiven Vermögensverwaltung gewesen sein, doch es war auch durch eine wachsende Gesellschafterliste und vereinzelte brutale Übernahmeversuche gekennzeichnet.

Das Beste, was sich über das Erbschaftssystem sagen ließ, war, dass es einen soliden Bestand an männlichen Erben garantierte. Statt auf einen einzigen Sohn setzen zu müssen, folgte man dem Brauch (in einem Land, in dem die Lebenserwartung kurz war), die Brüder eines Fürsten zu Thronanwärtern zu machen, wodurch normalerweise ein erwachsener Mann (der jüngere Bruder des Herrschers) vor den königlichen Kleinkindern der zweiten Generation die Erbschaft antrat. Lebte ein Angehöriger der älteren Generation jedoch nicht lange genug, um sich auf den Fürstenthron setzen zu können, wurde dies seinen Erben möglicherweise für alle Zeiten verwehrt. Die Regeln waren selten absolut, da es so viele Gelegenheiten gab, Rivalen aus dem Weg zu räumen. Noch komplizierter gestaltete sich die Erbschaftsfrage dadurch, dass ein Titel und die mit ihm verbundenen Ländereien und Reichtümer nicht unbedingt auf Lebenszeit verliehen wurden. Die Fürstengüter – oder Apanagen – wurden nach einer Skala theoretischer Attraktivität eingestuft, und die wachsende Seniorität innerhalb eines Clans gestattete jedem Fürsten (vielleicht mehrere Male), von einem geringeren zu einem größeren Besitztum aufzusteigen. Ehrgeizige Anwärter konnten sich für die besten Ländereien bewerben, indem sie von Stadt zu Stadt zogen oder in einem mörderischen Stuhltanz Schlachten mit ihren Cousins ausfochten, wenn sich durch Tod oder Beförderung freie Stellen ergaben. Mehr als ein Jahrhundert lang blieb die Mutterstadt Kiew der Preis, den alle begehrten, aber obwohl das Ringen um jenen Thron besonders heftig war, hätte das gesamte System speziell dazu ersonnen worden sein können, möglichst viele Fehden auszulösen.[22]

Bis zu seinem Tod im Jahr 1015 hatte Fürst Wladimir von Kiew seine Familie im Zaum gehalten, doch seine Nachfolger schienen darauf erpicht zu sein, sein Vermächtnis durch Brudermorde zu vergeuden. Steppenstämme, hauptsächlich die tatkräftigen Polowzer, machten sich die Situation rasch zunutze und richteten zunehmende Schäden durch

Überfälle auf ungeschützt wirkende Kostbarkeiten an (1061 plünderten sie Kiew). Eine Zeit lang hatte es den Anschein, als könnten die Rus verschwinden wie jeder andere Clan, der einst die Dnepr-Grasflächen und die jenseitigen Wälder beherrscht hatte. Im Jahr 1097 kamen die Fürsten jedoch endlich zusammen, um unter dem strengen Blick eines Magnaten namens Wladimir Monomach einen Waffenstillstand auszuhandeln.[23] In Zukunft würde die Mehrzahl der geringeren Apanagen spezifischen Clanmitgliedern zugeordnet werden. Es gab eine Trennungslinie zwischen dem inneren Zirkel höherer Fürsten und ihren bescheideneren Verwandten, aber die meisten konnten sich nun stabile und sogar vererbbare Anwesen aufbauen. Durch die gewandelten Verhältnisse wurde auch die Entwicklung eines neuen Poles in der slawischen Welt gefördert. Obwohl Kiew glorreich blieb und obwohl auf den Märkten von Nowgorod Reichtümer verdient werden konnten, erwiesen sich die von Wladimir Monomach gehaltenen Lande als die bedeutendsten von allen.

Monomachs Territorium lag jenseits des Moskauer Waldes in einer sanft geschwungenen Hügelkette, deren Flüsse nicht südwärts in das vertraute Schwarze Meer mündeten, sondern ostwärts zur Wolga und zu den Märkten des asiatischen Plateaus verliefen. Das Gebiet mag einen entlegenen Eindruck gemacht haben, doch in einer Zeit, in der wohlhabende Städte im Westen durch Nomadenüberfälle bedroht wurden, mutete es verlockend sicher an. Das Land war in den Tagen Monomachs dünn besiedelt, aber es erwies sich als hinreichend fruchtbar, und was den Handel anging, bildete es eine nützliche Lagerstätte zwischen der Wolga und dem Dnepr. Hier also, an den Ufern der Flüsse Nerl und Kljasma, errichtete eine Reihe von mächtigen Fürsten ein eigenes Zentrum, zuerst in Susdal und dann in der neuen Festung Wladimir, die möglicherweise von Monomach selbst gegründet wurde. Innerhalb von Jahrzehnten war die Region bemittelt, wenn nicht gar vermögend. Trotzdem griff Monomach, als sich die Gelegenheit bot, nach der Herrschaft in Kiew – ebenso wie wenigstens drei seiner Söhne. Erst sein Enkel änderte das geographische Gleichgewicht für immer. Andrej Bogoljubski folgte dem Beispiel der Familie, als er den Thron von Kiew 1169 akzeptierte (wodurch er seine eigene Vorrangstellung innerhalb des Clans bekräftigte), aber anstatt sich dort niederzulassen, verlegte er seine Hauptstadt nach Wladimir. In einem System der Ungleichheit würde fortan der Herrscher von Wladimir, nicht von Kiew, alle anderen Fürsten als Gebieter überragen, und bald sollte auch der Titel an Bedeutung gewinnen. In späteren Jahren sollten mehrere ohnehin mächtige und reiche Männer gern ihr Leben für das Recht riskieren, sich Großfürst von Wladimir nennen zu lassen.

Andrejs nächste Aufgabe war es, eine Stadt zu gründen, die Kiew in den Schatten stellte. Macht und Ruhm kamen von Gott, weshalb die Schreiber des Fürsten ihn mit den Eigenschaften eines alttestamentlichen Königs ausstatteten. Er sei, behaupteten sie, ein Salomo, was seine Weisheit, und ein David, was seine Tugend und Stärke betreffe.[24] Die auffälligste Demonstration seines Königtums wurde jedoch durch ein massives Bauprogramm erzielt. Jahrelang sollte das fahle nordöstliche Licht über Erdhaufen und Gerüstmaterial gleiten, während sich Maurer und andere Handwerker aus dem gesamten Europa des 12. Jahrhunderts beeilten, um die Fristen des Herrschers einzuhalten.[25] Da Andrej entschlossen war, die Metropolitenresidenz Kiew zu übertreffen, musste seine Kathedrale in Wladimir höher sein als die berühmte Göttliche Weisheit Kiews mit ihren 28,3 Metern.[26] Das vollendete 32,3 Meter hohe Gebäude loderte unter Juwelenfarben. Vergoldete Kupferplatten bedeckten die Kuppel, und sogar der weiße Kalkstein war mit roten, blauen und grünen Reliefmustern sowie mit Gold und Edelsteinen verziert. Die Kanzel im Innern funkelte unter noch mehr Gold und Silber, und Sonnenstrahlen, die durch das Gewölbe hereinfielen, zerstreuten sich, um sich dann auf vielen glatt polierten Schmucksteinen zu bündeln. Was die Außenansicht anging, so bevorzugte Andrej verschlungene Schnitzereien, und andere Kirchen in seinem Reich waren mit ganzen Menagerien ausgeschmückt: mit Löwen und Panthern, Hunden, Hasen, Hirschen und mythischen Geschöpfen wie Greifen und Sirin.[27] Das Bauprogramm setzte sich mit einem ummauerten Palast und mehreren unheilverkündenden Triumphtoren fort. In einer Landschaft, in der zumeist Lehmhütten mit Strohdächern zu sehen waren, bildeten solche Bauten ein Statement, das niemandem, geschweige denn einem gegnerischen Fürsten, entgehen konnte.

Das Selbstvertrauen und die Großspurigkeit von alledem deuten auf Andrejs wahre Eigenschaften hin. Gottes treuer Diener war auch ein unbarmherziger, rachsüchtiger und herrischer Mann. Vielleicht hätte niemand von anderer Art eine Stadt dieses Ausmaßes errichten können, und in einem Zeitalter der ständigen Kriege benötigte man eine barsche, entschiedene Regierung. Aber Andrejs Grausamkeiten ließen die Liste seiner Feinde mit jedem Tag wachsen. Im Sommer 1174 kam das Gerücht auf, er plane, sich gewisser unzufriedener Adliger zu entledigen, insbesondere der Söhne eines Grundbesitzers aus Moskau, den Andrejs Familie ermordet hatte und dessen Eigentum kurz zuvor beschlagnahmt worden war. Eine andere Version, die späteren moskowitischen Chronisten besser gefiel, besagte, dass die Söhne des ermordeten Grundbesitzers (moskowitische Racheengel gewissermaßen) selbst die Initiative ergriffen hätten. Wie auch immer, die Verschwörer waren sich einig, dass Andrej sterben müsse, und am Vorabend des 29. Juni drangen 20 von ihnen in seine Schlafkammer ein und hackten ihn in Stücke.[28] Den Gebäuden des Tyrannen erging es in den folgenden Jahren nicht gut. Die große Kathedrale in Wladimir wurde kurz nach seinem Tod durch ein Feuer beschädigt, während man seinen Palast schließlich auf der Suche nach Kostbarkeiten und später wegen seiner Steine plünderte. Nur ein Bogen und ein Turm sind noch übrig geblieben. Nicht weit davon entfernt ist die elegante Kirche, die Andrej zum Gedenken an seine bedeutendsten Siege in Auftrag gab – ein Gebäude, das einst von einem stufenförmigen Podest aufragte –, in das Gras am Flussufer abgesackt, als solle der Ruhm des Fürsten zurechtgestutzt werden.[29]

Bauwerke waren jedoch nicht Andrejs einziges Vermächtnis. Versessen darauf, die spezielle Bestimmung der Stadt hervorzuheben, hatten seine Berater einen neuen Kult der Muttergottes geschaffen. Das Fest Mariä Schutz, gefördert von Andrej persönlich, sollte dazu dienen, die Fürsorge der Jungfrau für sämtliche Rus-Gebiete zu feiern, aber die Männer des Fürsten achteten darauf, dass die neue Hauptstadt in Wladimir an erster Stelle stand.[30] Im selben Geist wurde Andrejs Kathedrale nicht nach der Göttlichen Weisheit benannt, sondern nach dem Entschlafen der Jungfrau, also nach dem Tod und der wundersamen

Auferstehung der heiligen Beschützerin seiner Stadt. Der Fürst versah sein Bauwerk mit etlichen Ikonen, von denen viele auf Bestellung entstanden, doch das Prunkstück ließ er aus Kiew nach Wladimir holen. Der Legende zufolge war dieses Bild der Jungfrau und des Kindes ursprünglich vom heiligen Lukas gemalt worden, aber in Wirklichkeit dürfte Andrejs Ikone keine hundert Jahre alt gewesen sein.[31] Ungeachtet ihrer Vorgeschichte erhielt sie jedoch einen besonderen Platz in der religiösen Praxis der Gegend, und ihre Ankunft in Wladimir markierte den Beginn einer Epoche. Auch später, als man sie nach Moskau gebracht hatte und als ihre Geschichte mit Legenden wie der von Uschakows Baum verwoben worden war, behielt die wundertätige Ikone den Namen Gottesmutter von Wladimir bei.

Zu Andrejs Lebzeiten wurde Moskau nicht einmal eines Palastes für würdig befunden, obwohl der grausame Herrscher anscheinend neue Mauern in Auftrag gab. Die Siedlung blieb ein militärischer Außenposten und ein Zentrum für das Einziehen des Zehnten und anderer Steuern, aber aufeinanderfolgende Fürsten von Wladimir dürften kaum eine Gebetsstunde auf sie verschwendet haben. Die meisten Rechtgläubigen interessierten sich stärker für das Schicksal des fernen, ikonenhaften Konstantinopel, das 1204 von den Männern des Papstes, den Soldaten des Vierten Kreuzzugs, erobert und geplündert wurde. Die Beleidigung des christlichen Glaubens durch Rom zog weite Kreise.[32] Allerdings hätte niemand ahnen können, wie rasch jenes Drama vergessen sein sollte, denn ein Sturm würde schon bald über die Rus hereinbrechen. Die Fürsten widmeten sich wie üblich ihren eigenen Streitigkeiten, doch die Händler an den alten Seidenstraßen wussten Bescheid über die mächtige neue Kraft. Ein Feind, den die Europäer noch nie gesehen hatten, überquerte den Kaukasus im Sommer 1223 von Persien her. Seine Streitkräfte bestanden aus überwiegend leicht bewaffneten Reitern, die sich rasch bewegten – zu rasch für die zur Verteidigung angetretenen Krieger der Fürsten, die in der Schlacht an der Kalka besiegt wurden. Dann verschwanden sie fast genauso schnell, wie sie erschienen waren. Nervöse Militärexperten in Kiew und in der Grenzstadt Rjasan versuchten, die Auseinandersetzung als einen weiteren unbedeutenden Überfall durch Steppenstämme abzutun, wie ihn die Städte seit Jahrhunderten erduldet und bewältigt hatten. In Wirklichkeit war es eine Aufklärungsmission gewesen.

Der Schlacht an der Kalka folgte, irgendwo im Innern Asiens, eine Zeit detaillierter Vorbereitung und Ausbildung. Für die Reiter dort waren derartiger Drill und solche Planung zur Gewohnheit geworden. Anfang der 1220er Jahre hatten sie bereits Choresm gedemütigt sowie Merw, Buchara und Samarkand gebrandschatzt; sie hatten die Wüste Gobi durchquert und die Heere der Jin-Dynastie niedergeworfen; und sie waren vom Oxus westwärts zum Rand der Krim-Steppe geritten. Das Territorium unter ihrer Kontrolle war viermal größer als das des Römischen Reiches auf dessen Höhepunkt, und das meiste davon hatten sie innerhalb einer Lebensspanne an sich gebracht. Für eine solche Heerschar hätte die Dnepr-Region eine leichte Beute sein müssen, doch ihre Pläne erlitten durch den plötzlichen Tod ihres hochverehrten Führers Dschingis (oder Genghis) Khan einen Rückschlag. Die Unterbrechung war allerdings relativ kurz. Im Jahr 1234 beschloss ein Sippenrat der mongolischen Horde, der in ihrer Hauptstadt Karakorum weit östlich der Wolga (mit schnellen Pferden dauerte der Ritt zwölf Wochen) zusammenkam, einen nachhaltigen Vorstoß tief in die europäische Ebene zu wagen. Wie immer war die Planung gründlich. Zunächst neutralisierte die Mongolenarmee die Steppenvölker im Osten und Süden und beseitigte damit alle potentiellen Verbündeten der Rus. Im Winter 1237 begannen ihre Krieger, unter Führung von Batu Khan, einem Enkel Dschingis Khans, den Ansturm auf Orte und Dörfer im russischen Nordosten. Als Erstes fiel Rjasan nach einer Belagerung Ende Dezember. Dann nahmen sich Batus Reiter Wladimir vor, das nach heftigen Kämpfen im Februar 1238 kapitulierte. Wie im Vorübergehen brandschatzten sie Moskau, töteten seinen Statthalter und raubten die wenigen Wertsachen.[33] Die Holzsiedlung und ihre Festung brannten wie eine Fackel.

Im ferneren Südwesten blieben Kiew und seine unmittelbaren Nachbarn weitere zwei Jahre lang unangetastet, doch Ende 1240 kehrte das große Heer (vielleicht 140 000 Mann stark) zurück und hielt diesmal auf den Dnepr zu.[34] Mittlerweile waren die Methoden der Mongolen bekannt. Sie stützten sich auf gute Vorbereitung, darunter ausgezeichnete Vorabinformationen, um dann überraschend und mit überwältigender Kraft anzugreifen. Ihre Krieger verstanden sich auf Schlachtfeld- und Belagerungstaktik, waren vollendete Bogenschützen und Meister des Griechischen Feuers. Auch kannten sie den Wert des Terrors, also die Bedeutung sichtbarer, unverhältnismäßiger und unvergesslicher Brutalität. Kiew und die nahe gelegenen Städte Perejaslawl und Tschernigow fielen im selben Winter, und 1241 zog Batu westwärts nach Galitsch und weiter nach Ungarn. Seine Armee schien unbesiegbar zu sein und hätte den Rhein und die jenseitigen Gebiete erreichen können, wäre nicht der Großkhan Ugudei, der dritte Sohn des Dschingis, in Karakorum gestorben, weshalb die Befehlshaber zurückkehren mussten, um die Nachfolge zu regeln. Die Territorien Westeuropas blieben verschont, doch die zerstreuten und in sich gespaltenen Gebiete der Rus-Fürsten sollten die beiden folgenden Jahrhunderte unter dem Mongolenjoch verbringen.

Augenzeugenberichte über den ersten Schock sind verständlicherweise rar. Die meisten überlebenden Stadtbewohner versuchten, in die Wälder zu fliehen, um die Hufschläge, die Gefangennahme oder Tod ankündigten, hinter sich zu lassen. Manche fanden Zuflucht in Klöstern – die Eroberer respektierten lokale Religionen fast überall –, aber selbst wenn diese Menschen imstande gewesen wären, ihre Geschichte zu erzählen, hätte es eines ungewöhnlich besonnenen Mönches bedurft, um eine Feder zu finden und Aufzeichnungen zu machen. Mithin gibt es kaum ein verlässliches Bild der Bedingungen, die im Jahrzehnt der Mongolenüberfälle in den Fürstenreichen herrschten. Wie immer wurde das Hauptleid von den ärmsten Zivilisten getragen, die (wenn sie nicht während des ersten schrecklichen Angriffs abgeschlachtet worden waren) oftmals mit Zwangsdeportation und Gefangenschaft als Geiseln oder Sklaven rechnen mussten. Um diesem Schicksal zu entgehen, wichen viele nach Norden in Richtung der Taiga und des Nordpolarmeers aus. Die Übrigen zahlten schließlich jedem Fremden Tribut, der an ihre Tür hämmerte (und gewährten ihm freie Unterkunft). Die Adligen dagegen gerieten in eine andere Falle. Manche fielen, wie ihre

Untertanen, den Blutbädern der ersten Monate zum Opfer, doch die Überlebenden wurden Vasallen eines neuen Reiches. Es spielte keine Rolle, ob eine Stadt niedergebrannt worden war oder nicht. Nowgorod zum Beispiel hatte den ersten Ansturm vermeiden können (dank einer Frühjahrsflut, die den Reitern den Weg versperrte), aber es wurde trotzdem angewiesen, den Eroberern Tribut zu entrichten: eine jährliche Steuer in Form von Silber, Gold, Pelzen, Getreide sowie Soldaten für die Armee des Khans.[35] In mehreren Städten ereigneten sich kurzfristige Rebellionen, wenn die Steuereinnehmer eintrafen, doch dadurch wurde die Katastrophe noch verschlimmert. Feuer schien das Schicksal der Fürsten zu sein. In den 1250er Jahren waren ihre Städte und noch existierenden Höfe weiteren Überfällen von Nachbarn an ihren anderen Flanken ausgesetzt: von Deutschherren und Schweden im Norden, von den Polowzern im Süden und litauischen Stammesangehörigen im Westen. Daneben hörte die Elite der Rus nicht auf, sich gegenseitig zu bekriegen, und kaum jemand schrak vor Verrat, Betrug oder sogar der Ermordung von Fürstenbrüdern zurück. Jede Stadt und ihre Oberhäupter mussten erwägen, mit wem Freundschaften geknüpft und mit wem Kämpfe geführt werden sollten. Aber die höchste Autorität lag nicht mehr in den Händen des Fürstengeschlechts, denn der Mongolen-Khan wurde als eine Art Kaiser angesehen (die Rus bezeichneten die Machtsphäre ihres neuen Oberhaupts manchmal als *zarstwo*, von dem Wort *zar* – oder Cäsar), und jeder Fürst verdankte letztlich ihm sein Zepter.

Die Argumente für eine Beschwichtigungspolitik waren erdrückend, doch in der blutigen Verwirrung benötigte man einen phantasievollen Fürsten, um zu einem dauerhaften Abkommen zu gelangen. Obwohl viele der Rus irgendwann mit den Männern des Khans verhandelten, erwies sich Alexander Newski in diesen frühen Jahren als ihr konsequentester und vertrauenswürdigster Vertreter. Seine häufigen Besuche im Hauptquartier des Khans legen nahe, dass er bereit war, mit den mongolischen Oberherren zusammenzuarbeiten, und ihnen vielleicht sogar als örtlicher Ratgeber für Rus-Angelegenheiten diente.[36] Der Khan konnte sich darauf verlassen, dass sein neuer Vasall daheim Rebellionen niederschlug (Newski machte kurzen Prozess mit Aufständischen in Nowgorod) und auch sicherstellte, dass der Tribut aus dem neuen Reich eingetrieben wurde. Dafür unterstützten die Mongolen Alexanders Anspruch auf den Thron von Wladimir. Fortan sollte, während Wladimir selbst verfiel, die Herrschaftsurkunde für diese zerbröckelnde Stadt ihrem Besitzer eine Vormachtstellung verleihen, ungeachtet dessen, wo er sich physisch aufhielt. So wurde das Bestreben, sie an sich zu bringen, zum Fokus einer komplexen Diplomatie zwischen der Welt der Rus und dem Mongolenhof. Als Völker der mittelalterlichen Steppen respektierten die Mongolen königliches Blut. Deshalb warfen sie das Regierungssystem der Rjurikiden nicht einfach um, aber da die Fürsten ihre Vasallen waren, erwarteten sie Huldigung von ihnen, genau wie es jeder Feudalherr in Europa getan hätte. Wer in ihrem Rus-Reich Vorteile erlangen wollte, musste fortan mit ihnen verhandeln.

Das Leben in den nördlichen Wäldern war nie geruhsam gewesen, doch nun drohten jedem Einzelnen Gefahren. Ironischerweise waren dies genau die Bedingungen, die Moskau begünstigten, nicht zuletzt, da es entlegen und unwichtig zu sein schien. Teils weil seine Wälder so abweisend waren, wurden Flüchtlinge aus reicheren Städten wie Wladimir bewogen, dort Schutz zu suchen. Die Ortsbevölkerung erholte sich bald und begann zu wachsen. Zehn Jahre nach Batus Attacke (1247 oder 1248) erlangte die Festung sogar einen eigenen Fürsten, Michail den Tapferen, wiewohl sich herausstellte, dass die Ambitionen dieses Mannes und seine (kurze) Zukunft anderswo lagen. Im Jahr 1262 wurden Moskau und seine Ländereien jedoch Alexander Newskis zweijährigem Sohn Daniil zuerkannt, und damit begannen die kontinuierliche Geschichte des Ortes als Fürstensitz und sein Aufstieg zu einer wirklichen Stadt. Sobald er erwachsen geworden war (im Alter von neun bis zehn Jahren), bezog Daniil seinen ständigen Wohnsitz in einem Holzpalast innerhalb des von Mauern umgebenen Geländes auf dem Haupthügel Moskaus. Ein Mongolenheer brandschatzte die Stadt ein Jahrzehnt später, aber die Holzgebäude wurden wie üblich rasch erneuert – eine Kirche ließ sich an einem Tag fertigstellen –, und das Geschäftsleben erholte sich wieder.

Daniil war ein jüngerer Sohn gewesen, womit sich erklärt, weshalb er diesen Ort, das dürftigste und am wenigsten attraktive Anwesen seines Vaters, erhielt. Obwohl er neue Kirchen baute und die Apanage-Ländereien ausweitete und obwohl seine Nachkommen, die Daniilowitschi, im Lauf der Jahre ein immer größeres Vermögen ansammelten, hatte dieser Zweig der Rjurikiden kaum eine Chance, weitreichenden Einfluss oder kontinentale Macht auszuüben. Moskau wurde nicht einmal eines eigenen Bischofs für würdig gehalten, und es blieb ein Vorposten in einer Diözese, deren Zentrum – Rostow – 320 Kilometer entfernt war.[37] Aber die Mongolenherrschaft verzerrte sämtliche Realitäten. Im frühen 14. Jahrhundert schienen die Fürsten der besser positionierten und größeren Stadt Twer dazu bestimmt zu sein, den begehrten Thron von Wladimir zu erben, doch ihr Ehrgeiz ließ sie in den Augen der Khane suspekt erscheinen. Die Mongolen benötigten jemanden, der gefügiger war und sich leichter herumkommandieren ließ. Da sich jeder Fürst persönlich beim Khan bewerben musste, spielte sich der nächste Akt des moskowitischen Gründungsdramas fern von seinen kalten nördlichen Wäldern am märchenhaften Mongolenhof ab.

Die meisten frührussischen Chroniken sind ein wenig zurückhaltend, wenn sie den Umgang ihrer Führer mit der Goldenen Horde schildern. Ihre Verfasser (in der Regel Hofkleriker späterer Zeiten) erwähnen, dass Fürsten und Kirchenführer »die Horde besuchten«, aber sie verschweigen zumeist, was das in der Praxis bedeutete. Es handelt sich um eine peinliche Tatsache, die sich nicht in die epische Schablone fügt, und mittelalterliche Schreiber dürften genauso sehr damit gerungen haben, wie es heutige Patrioten immer noch tun. Es gibt keinen Konsens über die kulturelle Auswirkung der mongolischen Jahrhunderte auf Russland, weshalb sich manche lieber auf die Ikonen und die eindeutig russischen Heiligen konzentrieren. In Wahrheit jedoch verbrachten die meisten Spitzenpolitiker der Rus erhebliche Zeitspannen an den Höfen verschiedener Khane. Anfangs war dazu eine beschwerliche Wallfahrt über den Ural hinweg nach Karakorum erforderlich – eine so anstrengende Reise, dass manch ein erschöpfter Reiter unterwegs umkam. Aber Batu, der die Plünderung Osteuropas angeführt hatte, gründete eine Hauptstadt für sein eigenes Khanat, das oft als Goldene Horde bezeichnet wird, in Sarai an der Wolgamündung. In einer herrlichen Landschaft gelegen, wurde es bald zum Anlaufpunkt für Abgesandte aus den eroberten russischen Gebieten.

Der Begriff der Goldenen Horde beschwört eine Reihe denkwürdiger Legenden herauf. Es ist leicht, sich einen Zeltwald, grobe Männer, die an Fleischbrocken kauen, und vielleicht ein oder zwei getrocknete Kopfhäute vorzustellen. Es ist ebenfalls leicht, sich Gold vorzustellen, doch die Geschichtsschreibung zeichnet seine barbarischen Besitzer als unbeholfene Diebe; die orientalische Bedrohung hallt immer noch im Namen der Straße wider, die vom Kreml nach Süden führt: Bolschaja Ordinka. In Wirklichkeit jedoch war die »Horde« schlicht das imperiale Hauptquartier des Khans; das Turkwort »Horde« hatte nichts mit seinen späteren Sinngebungen, etwa der einer kriegerischen Meute, zu tun und sollte am besten als »Pavillon des Herrschers« übersetzt werden.[38] In den Wochen, welche die Bittsteller zur Durchquerung der Steppe benötigten, wären sie wohl beraten gewesen, sich ihre Vorurteile aus dem Kopf zu schlagen. Wie sie entdecken sollten, sobald das erste Dach im staubfarbenen Dunst zu funkeln begann, lebten die Mongolen wie die Kaiser, die sie nun waren.[39] Batus ursprüngliche Hauptstadt hatte tatsächlich aus Zelten bestanden, doch ihre Nachfolgerin war in einem unverkennbar üppigen Maßstab gebaut worden.[40]

Sarai war eine wirkliche Stadt, kein Lager. Die Khane benutzten ihre Zelte immer noch für Jagdausflüge – und für Feldzüge –, doch auf ihrem Höhepunkt war die Hauptstadt der Goldenen Horde ein Zentrum des Handels und des kulturellen Austausches. Die Beschaffung von Bauarbeitern war kein Problem, denn dem Khan gehörten Sklaven aus zwei Kontinenten, darunter Handwerker aus den alten slawischen Ländern. Gold, Edelsteine, Silber und Porzellan aus der gesamten bekannten Welt wurden zur Ausschmückung seiner Paläste benutzt. Das Resultat war erstaunlich. Laut einem arabischen Besucher hatte die Stadt eine »ungewöhnliche Größe« und war »zum Bersten voll von Menschen, ansehnlichen Märkten und breiten Straßen«. Slawen, Deutsche und Ungarn drängten sich auf dem Markt neben Mongolen, Chinesen und sogdischen Seidenhändlern. Der Wert der Waren im Kaufmannsviertel von Sarai war so gewaltig, dass das Gelände speziell befestigt werden musste.[41] Die persönlichen Pavillons des Khans wiesen Goldmengen auf, über die sich sogar ein Besucher aus Ägypten überrascht zeigte.[42] Die Stadt war zudem reich an Kultur, und ihre Oberhäupter verstanden es, unterschiedliche Bevölkerungsgruppen subtil zu verwalten. Im 14. Jahrhundert hatte Sarai gar einen eigenen Bischof. Insgesamt fiel es durch seine Freizügigkeit auf, und auch das ging auf eine bewusste Entscheidung zurück. Verteidigungsanlagen galten nach mongolischer Tradition als Zeichen von Feigheit. Da Schlachten geschwind gewonnen oder verloren wurden, waren Mauern nichts als Hindernisse, die man erstürmte oder niederbrannte.[43] Es ist schwer, sich auszumalen, welchen Eindruck all das auf einen Fürsten aus den russischen Landen machte, der sein Ziel nach vielwöchiger strapaziöser Reise, mit einer Holzzitadelle als Ausgangspunkt, erreichte.

Die Besucher kamen mit jeglichem Tribut, der ihnen abverlangt worden war, aber sie hatten auch Geschenke und Bestechungsgelder bei sich. Komplizierte Ringe, elegant aufeinander abgestimmte Pelze, Jagdfalken aus der Steppe und juwelenbesetzte Trinkbecher wurden gern von Mitgliedern der Großfamilie des Khans entgegengenommen. Die Absicht der Fürsten war es, sich Unterstützung in einem verwickelten Kampf um die Oberhoheit in der Heimat zu verschaffen. Im 14. Jahrhundert stellten die Fürstentümer Moskau und Twer die Hauptakteure auf russischer Seite dar. Das letztere war stärker in militärischer und strategischer Hinsicht; es besaß ebenfalls einen Kreml, eine Zitadelle mit Holzmauern in einer gebieterischen Vorgebirgsposition. Doch Moskaus relative Schwäche konnte seinen Ehrgeiz nicht bremsen, und die Stadt schickte häufig Gesandtschaften ins südöstlich gelegene Sarai. Als Erster kam Daniils Sohn, Juri von Moskau, der nicht nur die Schwester des Khans heiratete, sondern auch die Ermordung eines Bruderfürsten arrangierte: Michail von Twer wurde 1318 mit Billigung des Khans zu Tode getreten. Durch diese und andere abstoßende Methoden, darunter die Eroberung mehrerer wertvoller Rus-Städte, wurde Juri der erste Moskauer Herrscher, der den Titel und die Rechte des Großfürsten von Wladimir erwarb. Aber seine eigene Ermordung (wie die Michails ereignete sie sich in Sarai) setzte seiner Herrschaft 1325 ein vorzeitiges Ende. Als sein jüngerer Bruder, Iwan I., die Nachfolge antrat, waren bessere Voraussetzungen geschaffen worden. Der Junge hatte 1320 den Weg nach Süden eingeschlagen und 18 Monate bei der Horde verbracht. Es war ein langer Aufenthalt, sozusagen eine Lehrzeit, und Iwan nutzte sie, um sich mit den Grundprinzipien des mongolischen Gesetzes, der Funktionsweise des Hofes und vielem anderen vertraut zu machen, das seine spätere politische Haltung gegenüber der kontinentalen Supermacht beeinflussen würde.

Nach dem Tod seines Bruders ererbte Iwan den Thron von Moskau, nicht jedoch den begehrten Titel des Großfürsten von Wladimir. Dieser fiel zurück an Twer, wenn auch nur für ein kurzes, aufreibendes Jahr. 1327 schickte der Khan Usbek seinen Cousin zur Unterwerfung der Stadt aus, deren wachsende Macht ihm lästig wurde. Bei dieser Gelegenheit hielten die Mauern der Festung dem Angriff so erfolgreich stand, dass sogar die Mongolen ihre Bemühungen aufgaben, nachdem beide Seiten schwere Verluste erlitten hatten. Innerhalb von Monaten machte sich Iwan erneut nach Sarai auf. Er versprach dem Khan Soldaten und sonstige Hilfe für einen weiteren Feldzug zur Eroberung von Twer, und wahrscheinlich nahm er einen Vorrat an Zobelfellen mit, um seine Vorschläge zu bekräftigen. Usbek war verständlicherweise hingerissen. 1328 überwältigte eine aus mongolischen und Moskauer Kriegern bestehende Armee Twer und schlug den regierenden Fürsten Alexander in die Flucht. Die siegreichen Soldaten füllten Karren und Satteltaschen mit ihrer Beute, und Iwans Übernahme des Großfürstentitels war gesichert. 1339 wurde der abgesetzte Fürst Alexander von Twer nach einer kurzen Verhandlung in Sarai hingerichtet. Gleichzeitig brachte man, auf Befehl des Großfürsten Iwan, die Stadtglocke von Twer im Triumph zum Moskauer Kreml und hängte sie in die Christ-Erlöser-Kathedrale.[44]

Die mittelalterlichen russischen Chroniken neigen dazu, Iwan I. im Nachhinein durch eine rosarote Brille zu betrachten. »Es kam ein bedeutender Friede für vierzig Jahre«, heißt es in einer Quelle über sein Wirken als Großfürst. »Die Christen fanden Erleichterung und Ruhe fern von den schweren Sorgen, der ständigen Unterdrückung und der tatarischen [d. h. mongolischen] Gewalt, und ein großer Friede herrschte im ganzen Land.«[45] Sogar nach mittelalterlichen Maßstäben ist dies überwiegend Unsinn. Schließlich war Iwan der Verbündete der Mongolen gegen das christliche Twer, und er könnte auch Usbeks politischer Lehrling gewesen sein. Er war bekannt für seine eigenen Formen der Unterdrückung, denn aus der Sicht der Mongolen bestand sein Hauptvorzug in der Effizienz, mit welcher er die ihnen geschuldeten Tribute eintrieb. Im Grunde war er ein Steuerpächter, und er wandte Gewalt an, um prompte und großzügige Zahlung zu garantieren. Iwan presste den anderen Fürsten Silber ab, ließ Usbek dessen Anteil zukommen und behielt den Überschuss für sich, um sein Heer auszubauen und seine Stadt reich zu machen. Alles, was übrig blieb (und er war keiner, der Verluste geduldet hätte), wurde für seinen eigenen Gebrauch – oder zumindest den des Thrones und des Hofes – auf die hohe Kante gelegt. Diese Begabung brachte ihm den Spitznamen »Kalita« (»Geldsack«) ein, und obwohl manche versucht haben, auf seine finanzielle Gutherzigkeit hinzuweisen (der Geldsack könnte ja zur Verteilung von Almosen an die Armen gedient haben), war der Beiname ursprünglich keineswegs als Schmeichelei gedacht.

Der Wohlstand Moskaus wuchs wie von allein. Nach der Niederlage des Fürsten von Twer wurden seine Bojaren – die Adligen, die ihm sowohl in der Schlacht als auch am Hof dienten – von Moskau angezogen, und jeder Überläufer brachte wertvolle Soldaten und Ländereien mit. Das Gleichgewicht zwischen Twer und Moskau verschob sich permanent, wodurch der neureiche Hof noch mehr Schätze für sich gewann.[46] Auch Iwan Kalitas Rolle als Großfürst brachte viel mehr als lediglich Prestige ein. Als höchster Mittelsmann der Mongolen erhielt er einen Teil der in Nowgorod erzielten Profite.[47] Dies war eine wertvolle Absprache, denn die nördliche Stadt trieb weiterhin Handel mit den Ostseegebieten, und ihre Kaufleute zählten zu den vermögendsten der Region. Nowgorod war kultiviert, stolz und ehrwürdig, aber es konnte dem militärischen Druck nicht standhalten, den Iwan wiederholt unter dem Vorwand ausübte, den mongolischen Tribut einzuziehen. Der erfahrene Fürst bot der Stadt Schutz (nach der Mafia-Interpretation des Wortes) vor potentiellen Bedrohungen durch andere Heere der Region an. Seine Bojaren wurden angemessen an den Gewinnen beteiligt, und

Moskau entwickelte sich zu einem Ort, an dem sich jeder ehrgeizige Mann niederlassen wollte.[48]

Endlich begann Moskau, seine hinterwäldlerische Aura abzulegen. Es war immer noch klein, mit einem Durchmesser von höchstens 1,6 Kilometern; trotz des jüngsten Baubooms wuchsen überall Bäume, und im Westen wie im Süden erstreckten sich ungerodete Waldflächen. Ein florierendes Handelsviertel lag im Süden des Kremlhügels am anderen Flussufer, und im Norden und Osten hatten sich Handwerker angesiedelt. Die beeindruckendsten städtischen Merkmale jedoch waren die massiven Mauern – geflickt, zerfressen und vernarbt nach zahlreichen Bränden –, die Iwans Festung auf dem mittleren Hügel umgrenzten. Da fast alles (auch Iwans Palast) aus Holz bestand, waren jene Feuer vermutlich der größte Feind der Stadt. Man hatte die hölzernen Festungsmauern mit Lehm beschmiert, was das Brandrisiko verringerte, doch andere Teile Moskaus gingen wiederholt in Flammen auf. In den Chroniken der Periode (die unvollständig sind) werden vier Großbrände innerhalb von 15 Jahren verzeichnet, darunter die Katastrophen von 1337 (»18 Kirchen verbrannten«) und 1343 (»28 Kirchen verbrannten«).

Das Wort »Kreml«, das ungefähr zu jener Zeit in Moskau auftauchte, wurde nicht ausschließlich dort gebraucht. Es könnte für das Bollwerk des verwundbaren Nowgoroder Nachbarn Pskow geprägt worden sein, und es gelangte nach Moskau (und zu dessen Rivalen Twer), als man Handwerker, die Erfahrung in älteren Städten gesammelt hatten, anheuerte, um die Holzmauern der Fürsten des 14. Jahrhunderts zu errichten.[49] Russische Festungen waren nicht mit den Burgen des europäischen Westens und schon gar nicht mit den (gewöhnlich düster wirkenden) normannischen Bergfrieden zu vergleichen.[50] Ein österreichisches Schloss des 14. Jahrhunderts nahm typischerweise eine Fläche von 1500 Quadratmetern ein; der Moskauer Kreml zu Iwan Kalitas Zeit, der etwa 19 Hektar bedeckte, war über hundertmal größer.[51] Der Grundriss folgte den natürlichen Konturen der Gegend und machte sich den Fluss und die steilsten Ufer zunutze, doch eine Anlage dieser Dimension war schwer instand zu halten. Fast unvermeidlich gab es irgendwo einen heruntergekommenen Eckbereich oder ein Tor, das in einem Schlammmeer geöffnet werden musste. Es war ein Zeichen von Iwan Kalitas guten Beziehungen zu Usbek, dass er sich 1339 die Genehmigung sichern konnte, die Ruinen der Kremlmauern reparieren (oder, besser gesagt, ersetzen) zu lassen. Die Verteidigungswälle, die er in Auftrag gab – sie bestanden aus nahezu sieben Meter langen frischen, unverderblichen Eichenbalken –, waren nicht ganz die rein symbolischen Hindernisse, die sich die Mongolen ursprünglich vorgestellt hatten.

Die Tore, ebenfalls aus Eiche, waren gleichermaßen imposant, und die Festung strahlte aus der Ferne eine majestätische Aura aus. Aber wenn es jemandem gelang, sie zu betreten, so dürfte er eine bukolische Zwanglosigkeit um die Holzpaläste im Innern wahrgenommen haben. Der Moskauer Kreml war angeordnet wie eine Kleinstadt, und tatsächlich bezeichnete man ihn zu Zeiten von Iwan Kalita schlicht als »Stadt« (*grad*). Abgesehen von dem Fürsten und seinen Angehörigen, waren seine bedeutendsten Bewohner die Bojaren, die im Rang nur dem Fürsten nachstanden, und ihre Großfamilien, deren Ahnentafeln oftmals so weit zurückreichten wie Iwans eigene.[52] Auch ein paar wohlhabendere Kaufleute waren innerhalb der Mauern ansässig – es gab bereits über 20 Hauptwohnsitze auf dem Hügel –, doch obwohl das Gelände nach den damaligen großzügigen Maßstäben überfüllt zu sein schien, erhob sich jede Holzvilla auf einem separaten beachtlichen Grundstück, das genug Platz für Küchen, Lagerräume, Ställe, Gemüse- und Obstgärten sowie für Kleinviehgehege bot.[53] In der späteren Ikonographie stufte man den Kreml als Vorraum des Himmels ein, aber in Iwan Kalitas Tagen muss er nach vermoderndem Fell, Schimmel und lange fermentiertem Schweiß gestunken haben.

Immerhin dürfte man Anzeichen von harzigem Weihrauch wahrgenommen haben, denn der Kreml bildete den religiösen Mittelpunkt Moskaus. Bereits im Jahr 1262, als er dem Fürsten Daniil übereignet wurde, war er ein etabliertes Ziel von Pilgerreisen. Das erste verzeichnete, dem Erlöser geweihte Kreml-Kloster lag unweit der Stelle, die der Fürst später für seinen Palast wählen sollte, und eine frühe Kirche (wahrscheinlich an den Wohnsitz angebaut) wurde zum Bestattungsort der ursprünglichen Moskauer Daniilowitsch-Herrscher.[54] Daniil selbst könnte die noch angesehenere Kirche hinzugefügt haben, die zu Beginn von Iwan Kalitas Herrschaft auf dem etwas höheren Boden dahinter stand. Dieses Gebäude scheint aus Stein gewesen zu sein, und Iwan würde es 1326 abreißen lassen müssen, um Platz für seine neue Kathedrale zu schaffen.[55] Der Sinn solcher Projekte beschränkte sich nicht darauf, Reichtum zur Schau zu stellen. Die Furcht vor dem Gericht Gottes und der Verdammung war allgegenwärtig, und es gehörte bereits zum Brauch, dass sich der Fürst, wenn der Tod ihn nicht zu plötzlich ereilte, unter einem neuen Namen eine Tonsur schneiden ließ, um sich von jeglicher Sünde zu distanzieren, die er unter seinem alten Namen begangen hatte. Das Verdienst, das die Gründung eines heiligen Gebäudes mit sich brachte, war unschätzbar. Nun wird es Zeit, den letzten Darsteller in diesem frühen Drama einzuführen, bei dem es sich um einen Mönch handelt.

Der Metropolit Peter spielte eine entscheidende Rolle in der Geschichte des Kreml. Offiziell war er für alle russischen Lande verantwortlich, doch sein Geburtsort befand sich im Süden, so dass er seine Mission auf das alte Kernland der Rus um den Dnepr hätte konzentrieren können. Aber Kiew war zu einer Grenzstadt geworden und ständigen Überfällen aus der Steppe ausgesetzt, weshalb Peters Vorgänger den Hauptsitz des Metropoliten bereits in das relativ sichere Wladimir verlegt hatte.[56] Es war jedoch Peter selbst, der Moskau zum religiösen Mittelpunkt machte. Seine Motive für das Bündnis mit Iwan Kalita sind im Lauf der Jahrhunderte verloren gegangen, doch an erster Stelle könnte eine Antipathie gegenüber Twer gestanden haben. Zur Zeit von Peters Ernennung zum Metropoliten im Jahr 1308 gab Großfürst Michail von Twer einem anderen Kandidaten den Vorzug, und er versuchte, die Entscheidung des Patriarchen umzustürzen, indem er den neuen Mann der Simonie (der Bestechlichkeitsversion der mittelalterlichen Kirche) bezichtigte. Die Drohung mit einer Gefängnisstrafe genügte, um Peter auf Lebzeiten gegen den Fürsten von Twer einzunehmen, und der Priester – er entging der Anklage – erwies sich als mindestens genauso geschickter Politiker wie sein Feind.[57]

Peters Hass auf Twer ließ ihn zum natürlichen Partner Moskaus werden, doch erst als Iwan den Thron bestiegen hatte, konnte er ein dauerhaftes Bündnis mit dem Herrscher der Stadt schmieden.[58] Zuvor hatte er Verbindungen zu Usbek geknüpft, indem er die Horde mehrere Male besuchte und eine auf gegenseitigem Respekt und ebensolchem politischen Vorteil gründende Beziehung aufbaute.[59] Über Jahre hinweg – und fast immer mit Billigung des Khans – besetzte der gewiefte Metropolit die russischen Schlüsselämter der Kirche mit seinen eigenen Sympathisanten. Bei einer Gelegenheit durchkreuzte er sogar einen der Feldzüge von Twer dadurch, dass er den Soldaten, die bei Wladimir auf Befehle warteten, seinen Segen vorenthielt.[60] Zudem scheinen Iwan und er eine enge Freundschaft geschlossen zu haben. In späteren Chroniken wird betont, dass sich die beiden gern zu Gesprächen unter vier Augen zusammensetzten.[61] Jedenfalls legte sich Peter 1322 eine Residenz (*podworje*) im Kreml zu und verbrachte dort immer mehr Zeit. Nach der Ermordung von Iwans älterem Bruder Juri im Jahr 1325 vollzog Peter die Trauerfeier, und als der Metropolit an sein eigenes Begräbnis zu denken begann, wurde Iwans Kreml nicht ausgeschlossen.[62] Für den gerade ernannten Fürsten war dies eine beispiellose Ehre, denn seiner neureichen Stadt fehlte ein einheimischer Heiliger, und vorläufig konnte sie keinen Anspruch auf ein ähnliches Charisma wie Wladimir erheben.

Die Szene, die Uschakow später malen sollte, entfaltete sich am 4. August 1326. Eine besonders feierliche Stimmung herrschte, als sich der junge Fürst Iwan und der kränkelnde Priester mit dem ganzen Hof an einem neu ausgehobenen Loch im Boden versammelten. Sie waren umgeben von Felsstapeln und dem Eichenholz für ein Pfahlfundament und hatten die Aufgabe, den ersten Stein für eine Kirche mit einer ambitiösen Kuppel zu legen: für die Tochter und Nachfolgerin der Mariä-Entschlafens-Kathedrale von Wladimir. Manche meinten, dass sie auch die Stätte für das künftige Grab des Metropoliten festgelegt hätten, obwohl Peter wahrscheinlich noch ein paar Monate für seine Entscheidung benötigte. Am Ende wurde sein steinerner Schrein tatsächlich in das Innere der neuen Kathedrale eingelassen. Iwan hielt sich bei der Horde auf, als der alte Mann in jenem Dezember starb, aber er eilte zurück, um an einem Gottesdienst an der halb fertigen Baustelle teilzunehmen. Nun hatte der Kreml ein heiliges Zentrum und die Art religiöser Gravitas erworben, die unter allen russischen Städten nur Kiew je besessen hatte. Die Moskauer Führer verschwendeten keine Zeit, bevor sie Peters Status als »Wundertäter« untermauerten, und im Jahr 1339 wurde er offiziell zum ersten wahren Heiligen des Kreml erklärt.[63] Künftige Moskauer Historiker konnten nun Geschichten um Steuern und Erpressung durch etwas anderes ersetzen, wenn sie einen Gründungsmythos benötigten.

Iwans Entschlafens-Kathedrale war nicht sein letztes Steingebäude auf dem Kreml-Hügel. In den folgenden Jahren ermöglichte sein wachsender Reichtum ihm, noch mehrere Bauten dieser Art in Auftrag zu geben, darunter die Kirche des heiligen Johannes von der Leiter (1329) und die Erzengel-Michael-Kathedrale (1333). Außerdem ließ er die Kathedrale des Erlösers am Wald erneuern (manche sagen, er habe sie gegründet), wobei das Holzgebäude des Erlöserklosters durch einen schönen Steinbau ersetzt wurde, den er durch seine Palastfenster bewundern konnte.[64] Alles in allem war es ein wohlüberlegtes Bauprogramm, dessen einzelne Elemente eine Rolle im Ritualleben des Kreml spielten, und sein begrüßenswertes Ergebnis bestand darin, dass Moskau nun über mehr Steinkirchen verfügte als Twer.[65] Aber obwohl die neuen Fundamente auf Jahrhunderte hinaus die Kardinalpunkte der religiösen Geographie Moskaus bilden sollten, waren ihre ersten Fortführungen (mit der möglichen Ausnahme der Entschlafens-Kathedrale) relativ bescheiden.[66] Keine davon hat überlebt. Auf die Fertigkeiten, die den Bau von Andrej Bogoljubskis hoch aufragenden Dächern ermöglicht hatten, konnte Kalita nicht zurückgreifen, denn der russische Nordosten war durch die Mongolenherrschaft von europäischen Handwerkern abgeschnitten worden, und der Khan hatte seine einheimischen Steinmetzmeister für die Arbeiten in Sarai herangezogen. Sosehr die große Kathedrale von Wladimir 1326 auch in Verfall geraten war, sollten noch viele weitere Jahrzehnte vergehen, bis ein Architekt in Moskau Besseres leisten konnte.

Aber es waren Kirchenschreiber, welche die Geschichte Moskowiens zu Papier brachten. Für sie sollte alles auf ein gesegnetes Ende hindeuten, und die Kremlgebäude, so schlicht sie zu ihrer Zeit auch gewesen sein mochten, wurden nachträglich mit Majestät ausgestattet. Iwans Entschlafens-Kathedrale war das heiligste von ihnen, doch das Tschudow-(Wunder-)Kloster, dessen Grundsteine während der Herrschaft von Iwan Kalitas Enkel, Dmitri Donskoi (1359–1389), gelegt wurden, entwickelte sich zu einer weiteren heiligen und glückverheißenden Stätte. Der Metropolit Alexi, der es gründete, sollte sich Peter im Pantheon der Moskauer Heiligen anschließen. Im Jahr 1407 folgte die erste Steinkirche eines Frauenklosters, benannt nach Mariä Himmelfahrt, dessen Gönnerin Donskois Witwe Jewdokia gewesen sein könnte.[67] Keines der beiden neuen Religionshäuser war anfangs allzu prächtig, doch letzten Endes sollten sie herrlich werden, und so haben ihre Geschichten eine kraftvolle Unvermeidlichkeit erworben. Doch das ist eine bewusste Illusion, wie verlockend es auch sein mag, sämtliche späteren Erscheinungsformen Moskaus in Iwan Kalitas Kreml vorgezeichnet zu sehen. Gewiss, Metropolit Alexi setzte Peters Arbeit fort, indem er Moskau gegen Twer stellte, Beziehungen zum Khan knüpfte und regionale Gefahren für die Sicherheit der Stadt abwehrte. Und im Gegensatz zu Peter machte Alexi aus seiner Vorliebe für Moskau keinen Hehl (er war Iwan Kalitas Patensohn), doch nicht einmal er amtierte in der erhabenen Hauptstadt viel späterer Mythen.

Wie seine Kirchengebäude hatte der Kreml des 14. Jahrhunderts noch eine lange Entwicklung durchzumachen, bevor er aussah wie das Zentrum eines Reiches. Kalitas Mauern fielen Feuer und allgemeinem Verfall zum Opfer; 1365 wurde die Stadt wieder von einem katastrophalen Brand heimgesucht. Auf Betreiben des Metropoliten Alexi spendeten Dmitri Donskoi und seine Bojaren die Mittel dafür, dass die hölzernen durch steinerne Kremlmauern ersetzt werden konnten. Im Winter 1366/67 fuhren Schlittenkolonnen mit frisch abgebautem weißem Kalkstein aus den Dörfern Domodedowo, Sjanowo und Podolsk auf die eisumschlossene Festung zu.[68] Ein Heer von bäuerlichen Arbeitern folgte ihnen in die Stadt. Die Männer spuckten und fluchten, denn sie hatten den Auftrag, das gesamte Bauwerk bis zum Sommerende fertigzustellen. Es war ein episches Projekt, weit ehrgeiziger noch als Iwan Kalitas Steinkirche, und die Investitionen machten sich auf Jahre hinaus bezahlt.[69] Moskau hielt den Angriffen mehrerer Gegner stand, und sein Fürst, nicht bloß ein erfolgreicher Politiker, sondern nun auch ein Kriegsheld, verzeichnete einen erheblichen regionalen Prestigegewinn.[70] Im August 1382 jedoch führte der Mongolenkhan Tochtamysch eine Strafexpedition gegen Dmitris Hauptstadt, und was dann geschah, war keine Thematik für die patriotische Ikonenmalerei. Während sich Tochtamysch näherte, ergriff Dmitri die Flucht, genau wie der Moskauer Metropolit.[71] Gleichwohl trotzte der Kreml mehrere Tage lang der Belagerung, und man reagierte mit Steinen, kochendem Wasser und Pfeilen auf die Arkebusen der Mongolen. Tochtamysch sah ein, dass er die Festungsmauern nicht zertrümmern konnte, und schickte eine Delegation zu den Stadtbehörden. Sein Bevollmächtigter verkündete, dass die Mongolen nicht mit der Stadt, sondern nur mit dem Fürsten haderten. Da dieser jedoch nicht daheim sei, fragte der Abgesandte, unzweifelhaft mit einer entwaffnenden Verbeugung, ob sein Herr die prächtigen neuen Mauern der Moskowiter von innen her bewundern dürfe. Stolz und voller Erleichterung öffnete man die Tore (in einer anderen Version der Erzählung ist von mongolischen Sturmleitern die Rede). Der zeitweilige Herrscher der Stadt, Ostej, war der Erste, den die Mongolen abschlachteten. Danach plünderten sie den Kreml, besprizten den neuen weißen Stein mit dem Blut der Verteidiger und zündeten sämtliche brennbaren Gebäude an.[72] Es war eine menschliche und wirtschaftliche Tragödie, der sich weitere 80 Jahre russischen Bürgerkriegs anschlossen. Wäre die Goldene Horde nicht von Osten her – durch Tamerlan – angegriffen worden, oder wäre das Glück auf Seiten manch eines Moskauer Rivalen oder Feindes gewesen, hätte der berühmte Kalkstein-Kreml genauso in malerischem provinziellem Ruin versinken können wie sein hölzerner Namensvetter in Twer. Sogar der Schwarze Tod spielte eine nützliche Rolle, denn er verwüstete die Gegend mehrere Male und löschte dabei so viele jüngere Mitglieder des Fürstengeschlechts aus, dass sich die Zahl der verschwenderischen und brudermörderischen Eigentumsstreitigkeiten verringerte.[73]

All jene Unwägbarkeiten fehlen in Uschakows Gründungsszene. Peter und Iwan pflanzen ihren Baum, die Jungfrau breitet ihren schützenden Mantel aus, und die Stadt Moskau – Erbin Kiews und Wladimirs und des goldenen, überweltlichen Byzanz – erhebt sich aus dem schimmernden Fels. Auch die Abfolge der Herrscher ist ungebrochen: Eine Generation frommer Krieger und weiser, von Gott berufener russischer Zaren löste die andere ab. Die Tatsache, dass beinahe jedes Detail der Ikone Phantasterei ist, erscheint eher nebensächlich. Der Mythos, nicht die verworrene und trübe Wahrheit, sollte zum Eckstein der Kreml-Politik werden.

2   Renaissance

Der Ziegelbau auf Uschakows Ikone – der Kreml, der noch heute als Kürzel für den russischen Staat dient – wurde in den letzten beiden Jahrzehnten des 15. Jahrhunderts errichtet. »Sobald ein Bauwerk steht«, schreibt der Architekturhistoriker Spiro Kostof, »wird es lebendige Gegenwart.«[1] Alle außer den fadesten haben eine eigene Persönlichkeit, und wenige sind so fortlaufend – seit nunmehr 500 Jahren – markant gewesen wie die rote Festung Moskaus. Heutzutage wirkt sie so massiv und stimmig, dass es schwierig ist, sich vorzustellen, wie sie je anders ausgesehen haben könnte. Doch zu der Zeit, als Dmitri Donskois Nachfahre Iwan III. (1462–1505) das gegenwärtige Bauwerk in Auftrag gab, hatte eine Kalksteinzitadelle, eine weiße Festung, schon seit über einem Jahrhundert auf dem Kremlhügel gestanden. Die Tatsache, dass ein Fürst bereit war, sich auf den riskanten und teuren Abriss und Wiederaufbau einzulassen, spricht Bände für die Entwicklung Moskaus in den Jahren nach Donskois Tod. Im 15. Jahrhundert befand sich die Stadt fast unablässig im Krieg. Die Heere ihrer Fürsten waren im Feld überwiegend erfolgreich, doch während sich der Wohlstand des Bollwerks erhöhte, wurden die ihm drohenden Gefahren immer vielschichtiger. Als Iwan III. seinen Baumeistern befahl, Ziegelsteine zu verwenden, war dies keine bloße Marotte. Es handelte sich um eine praktische Entscheidung. Kalkstein veraltete allmählich, denn wie russische Soldaten festzustellen begannen, wurde der weiche Fels durch Kanonenbeschuss zertrümmert.[2]

Die Errichtung des Kreml durch Iwan III. war so eng mit der Konsolidierung Moskaus selbst verknüpft, dass sie zu einem Kapitel in vielen späteren russischen Darstellungen der nationalen Identität wurde. Der Historiker Nikolai Karamsin sprach im 19. Jahrhundert für viele, als er die Zitadelle »das Heim großer historischer Erinnerungen« und die Wiege einer »autokratischen Macht« nannte, die »nicht für den persönlichen Vorteil des Autokraten, sondern für das Allgemeinwohl des Volkes geschaffen wurde«.[3] Wenn man von derartig lyrischer Prosa inspiriert wird, ist es verlockend, sich die Geschichte als klassische Oper vorzustellen. Die Musik, wahrscheinlich komponiert von Borodin, würde ein orientalisches Motiv benötigen, denn die Handlung sollte in den letzten Tagen der Mongolenherrschaft beginnen.[4] Sie spielt in einem Palast im alten Kreml, im Jahr 1471, und als der Vorhang aufgeht, sieht man einen Hof mit Dutzenden von Männern in herrlichen goldenen Gewändern. Sie haben sich versammelt, um über den Tribut zu debattieren, den ihr Fürst seit langem zu zahlen genötigt ist, und der Höhepunkt (der in mehreren Gemälden des 19. Jahrhunderts verewigt wurde[5]) ereignet sich, als Iwan III. schließlich von seinem Thron springt und sich in voller Größe vor dem Gesandten des Khans aufpflanzt. Während sich der unglückselige Bote vor seinen Füßen zusammenkauert, erklärt der Fürst (Einsatz für den russischen ersten Bass), dass Moskau den Mongolen nicht mehr als Vasall dienen werde. Iwan wird zu einem souveränen Herrscher, und ein glorreiches Kapitel in den Annalen Russlands – ein Moment, der bald durch den neuen Kreml unsterblich werden wird – beginnt.

Dieser Kreml ist eine Hymne an das russische Genie, denn in ihm verbinden sich Paläste und Kathedralen von kühner Schönheit mit Mauern, die jedem Angriff standhalten. Er ist einzigartig, ikonisch, eine reine Ausdrucksform der Seele der Nation. Aber jene Mystik verdankt sich in hohem Maße der Vorstellungskraft russischer Nationalisten, obwohl sie zugleich die Phantasie einiger von ihnen seit Generationen genährt hat. Als Iwan III. seine Festung baute, war er noch ein Fürst der Steppen und Handelswege, und sein Bauwerk, weit davon entfernt, eine neue kulturelle Entwicklung einzuleiten, folgte seinerseits den europäischen Trends. In der Renaissance erschienen prächtige Gebäude ganz oben auf der Liste jedes Herrschers, der sich in einer größer werdenden Welt einen Namen machen wollte. »Der Palast eines Königs sollte im Herzen einer Stadt stehen«, schrieb der brillante Genueser Architekt Leon Battista Alberti im Jahr 1452. »Er sollte leicht zugänglich, prächtig verziert und eher elegant und vornehm als stolz und stattlich wirken.«⁶ Iwan III. hätte nie einen Preis für Zartgefühl gewonnen, aber er verstand etwas von Macht. Zu dem Zeitpunkt, als die ersten neuen Ziegelschichten des Kreml verlegt wurden, hatte er das Moskauer Territorium um mehr als das Dreifache vergrößert und dabei einige der ältesten Städte Russlands, darunter Twer und Nowgorod, an sich gebracht. Aber er musste sich weiterhin bemerkbar machen und sich am internationalen diplomatischen Spiel beteiligen. Daneben galt es, seine Eroberungen gegen eine Vielzahl von Rivalen, darunter einige erschreckend raffinierte, zu verteidigen.

Da der Stolz Russlands auf dem Spiel steht, sind Tatsachen wie diese häufig verdrängt worden. Im Jahr 1950, unter Stalins alterndem fremdenfeindlichem Auge, fühlte sich ein sowjetischer Hochschullehrer namens P. W. Sytin zu der Beteuerung verpflichtet, dass »die Planung [des Kreml] (...) rein russischen Architekturprinzipien folgte«.⁷ Wenn der Mann hätte reisen dürfen, wäre er durch einen Ausflug nach Norditalien vermutlich bewogen worden, eine andere Formulierung zu finden. Überall wäre er auf Anregungen für den Moskauer Kreml gestoßen: von den Schwalbenschwanz-Zinnen über den Stadttoren von Verona bis zum Mailänder Castello Sforzesco und, im Fall von Bologna, den Ziegelsteinen der Stadtmauern. Die Geschichte des Kreml in seiner Ära der Wiedergeburt birgt viel mehr in sich als edle Fürsten und fleißige einheimische Handwerker. Sie führt von Moskau zur Schwarzmeerküste und weiter nach Europa, sie lässt Blicke auf einen Hof mit Ecken und Kanten erhaschen, der noch halb in den Wäldern eingebettet war, in deren Mittelpunkt sich ein Gebäudekomplex befindet: Mörtel, Gerüstmaterial und Ziegelsteine.

Die Moskowiter besiegten die Goldene Horde nicht in einer Entscheidungsschlacht, sondern das Mongolenreich brach unter dem Druck innerer Konflikte zusammen. Sarai wurde in den 1390er Jahren von Tamerlan niedergebrannt, und obwohl man es wieder aufbaute, sollte sich die Stadt nie wirklich erholen. Der Vater Iwans III., Wassili II. (1425–1462), war der letzte Fürst im Kreml, der seine Titel zumindest theoretisch durch die Gnade der Horde bekleidete. Das Reich der Weideländer zersplitterte in den 1420er Jahren und hinterließ mindestens vier Bewerber um sein Vermächtnis: das Khanat Sibir, die Khanate Kasan und Astrachan an der Wolga und das Khanat der Krim. Als fünften Erben könnte man den Staat Moskau (auch bekannt als Moskowien) bezeichnen. Wie jeder Schwarm von Vermächtnisnehmern verbrachten diese fünf Nachfolger Jahre damit, sich um ihr kollektives Erbe zu streiten. Der beständigste Verbündete Iwans III. war Mengli-Girai, der Führer des Krim-Khanats, und mit seiner Hilfe vergrößerte der Fürst (der sich manchmal selbst mit dem Wort »Khan« beschrieb[8]) den Einfluss Moskaus an der Wolga entlang bis nach Kasan. Die gesamte südliche Grenze war jedoch instabil. Auf Jahrzehnte hinaus sollte das Steppengrenzgebiet eine Belastung für die Heere und Männer Moskaus sein.

Uneinigkeit und Bürgerkrieg beschränkten sich jedoch nicht auf die Mongolen. Auch Moskau kam in Iwans Kindheit dem Zerfall nahe; der Fürst nahm 1452, mit zwölf Jahren, an seiner ersten Schlacht teil. Wie üblich ging es dabei um die Thronfolge. Ein Bürgerkrieg war im Jahr 1433 ausgebrochen, als Familienmitglieder des Onkels von Wassili II. diesem den Fürstenthron streitig machten (es war ein allerletzter Rückgriff auf die Tradition, nach der Brüder anstelle von Söhnen das Erbe antreten konnten). Die dann folgenden Feindseligkeiten zogen sich 14 Jahre hin, und beide Seiten schraken nicht vor extremen Maßnahmen zurück, darunter Entführung, Mord und Eidesbruch. Wassili II. befahl – ein Schachzug, der an die übelsten Methoden Konstantinopels erinnerte – die Blendung eines seiner Rivalen. Zehn Jahre später, während einer kurzfristigen Überlegenheit seiner Gegner, wurde Wassili gefangen genommen, in den Kreml gebracht und aus Rache ebenfalls geblendet. Der Fürst blieb jedoch am Leben und schaffte es, ein neues Militärbündnis zu schmieden und seine Peiniger auszuschalten. Im Frühjahr 1447 war sein Sieg gesichert, ebenso wie das Recht, sämtliche Ländereien und Titel seinem ältesten Sohn zu hinterlassen.

Moskau machte nun einen immerwährenden Anspruch auf das Fürstentum Wladimir geltend, und ab 1447 nannte sein Fürst sich auch »Herrscher aller Reußen«. Aber die Nachbarn an den westlichen Grenzen – Litauen, Polen und Livland – waren gut positioniert, um diesen Ehrgeiz in Frage zu stellen. Damals war Litauen der offensichtlichste

Rivale. Im Unterschied zu seinem heutigen Nachfolger gehörte dieses Großherzogtum zu den bedeutendsten Staaten Europas, und seit sich der Würgegriff der Mongolen gelockert hatte, dominierte es die Dnepr-Gebiete, darunter Tschernigow und Smolensk sowie die alte Hauptstadt Kiew. So gesehen, war es ein ernst zu nehmender Anwärter auf das Rus-Erbe, und es unterhielt auch starke Beziehungen zum katholischen Europa; beispielsweise hatte es dynastische Verbindungen mit Krakau und Buda. Nach Generationen des hartnäckigen Heidentums schwankten seine Herrscher nun zwischen Orthodoxie und Katholizismus. Bald wetteiferten sie mit Moskau um die Kontrolle über den Metropoliten Russlands (dessen Sitz sich, trotz der jüngsten Veränderungen, offiziell immer noch in Kiew befand), bald bemühten sie sich um Unterstützung durch Rom. Das kultivierte, vermögende und intellektuell vielgestaltige Litauen war aufgeschlossener als Moskau, und fast jeder Reisende, der seine Hauptstadt Wilna besuchte, fand sie sympathischer als ihre Nachbarin.[9] Kurz, es gab mehr als eine potentielle Zukunft für das russische Volk, und nicht alle Möglichkeiten wiesen auf die Autokratie hin.

Aber Moskau war entschlossen, seine eigenen Handelswege und sein Hinterland zu sichern. Seine Expansion war erstaunlich, und das Ausmaß seines Wachstums als Regionalmacht zeugt vom Geschick und der Flexibilität der drei Fürsten – Wassili II., Iwan III. und Wassili III. (Iwans Sohn) –, aber es sagt auch einiges über ihre Brutalität aus. Der Kreml wurde zum Zentrum eines Militärregimes. Das alte Apanagensystem, dem zufolge jeder Fürst sein angestammtes Territorium von einer klar identifizierten Residenz aus beherrschte, wurde zu einem Schatten seiner selbst. Mit Hilfe von Diplomatie, militärischem Druck und sogar Eheschließungen vereinnahmten die Fürsten Moskaus nacheinander die Städte an der Oka, der Kljasma und in den oberen Wolgatälern. Die aus den Provinzhauptstädten verdrängten Clans mussten sich gewöhnlich dauerhaft in Moskau niederlassen, und bald verschwand die Möglichkeit, anderswo ein unabhängiges Vermögen zu machen. Dadurch straffte sich die Politik im Kreml und konzentrierte sich immer stärker auf den Großfürsten persönlich.[10] Während Iwan Kalitas Festung von einer Freibeutergesellschaft geleitet worden war, hörte man in dieser nichts als Geflüster und die gedämpften Schritte der Verschwörung. Alles hing von persönlichen Beziehungen ab.

Eine Zeitlang jedoch war die einzige Beute, die Moskau entging, die alte nördliche Stadt Nowgorod. Obwohl sich das Netz zu schließen begann, schien die Handelshauptstadt unter dem Druck des benachbarten Emporkömmlings im Süden zu gedeihen. Sie zahlte Tribute an Moskau (und durch dessen Vermittlung jahrzehntelang an die Goldene Horde), doch sie behielt ihre unverkennbare Kultur und eine höchst unautokratische Selbstverwaltung bei. Die Stadt hatte eine kosmopolitische Ausstrahlung. Reich, stolz und fähig, eigene Verbindungen zum Ausland zu knüpfen, spielte Nowgorod eine aktive Rolle in der nordeuropäischen Hanse.[11] Unter solchen Umständen war es kaum eine Überraschung, dass ein Teil seiner Führungsschicht den Moskauer Großfürsten deren endlose finanzielle Forderungen verübelte. Hinzu kam, dass die Geschäfte unter der moskowitischen Konkurrenz auf den Pelzhandelsstraßen litten, die Nowgorod als seine eigene Domäne betrachtete. Diese Stadt würde sich nicht so leicht unterkriegen lassen. Als Wassili II. und zwei seiner jüngeren Söhne Nowgorod im Jahr 1460 einen Besuch abstatteten, tauchten Gerüchte über eine Verschwörung auf, die das Ziel habe, sie alle zu ermorden. Einige Mitglieder des Nowgoroder Rates befürworteten sogar ein Bündnis mit Litauen, um einen diplomatischen (oder gar militärischen) Ausweg aus ihrer Abhängigkeit von Moskau zu finden.[12] Im Jahr 1470, als Iwan III. erfuhr, dass die Nowgoroder Abtrünnigen Wilna neue Avancen gemacht hatten, nutzte er dies als Vorwand, um ein Heer aufzustellen und nach Norden zu reiten.

Nowgorod konnte mehr Männer aufbringen, doch Iwans Soldaten hatten eine bessere Führung, und am 14. Juli 1471 wurden die Verteidiger vernichtend geschlagen. Die Schlacht war eine der folgenreichsten in Iwans Laufbahn, und die Einverleibung Nowgorods durch Moskowien begann. Wie eine Pythonschlange eine Antilope verschlingt, so verzehrte der kleinere Staat seine enorme Beute, doch (genau wie im Fall der Python) nahm das Verfahren erhebliche Zeit in Anspruch. Zuerst wurde Nowgorod gezwungen, die diplomatischen Beziehungen zu Litauen abzubrechen; in Zukunft hatte die Stadt dem internationalen

Kurs Moskaus zu folgen. Seine Führer zahlten außerdem eine hohe Geldstrafe, doch in diesem Stadium konnten sie sich die 15 000 Rubel, die Iwan verlangte, noch leisten. Der in mancher Hinsicht fair und sogar großmütig wirkende Vertrag gestattete Iwan allerdings, seine Kräfte für die nächste Runde zu sammeln. 1477 wurde das moskowitische Heer erneut mobilisiert, wiederum unter dem Vorwand des Verrats durch Nowgorod, und im Dezember blieb der Stadt nichts anderes übrig, als viel erniedrigendere Bedingungen zu akzeptieren. Ihr unabhängiger Rat wurde aufgelöst. Die Glocke – das etablierte Symbol des Bürgerstolzes –, mit der man ihn einberufen hatte, wurde abmontiert und zu Iwans Kreml nach Moskau gebracht. 300 weitere Karren rollten mit den Nowgoroder Schätzen (also mit Perlen, Gold, Silber und Edelsteinen) nach Süden, wodurch das Funkeln des Reichtums um Iwans Thron stark zunahm.[13] Und schließlich wurde der älteren Stadt der autoritäre politische Stil des Moskauer Hofes aufgezwungen. »Wir werden unsere souveräne Herrschaft wie in den südlichen Landen weiterverfolgen«, verfügte Iwan.[14]

Der Schmach schloss sich bald die Zerstückelung an. 1478 entriss Iwan dem Stadtstaat eine Million Hektar Land. Um einen Aufstand zu vermeiden, ließ er die Bewohner massenweise deportieren und verteilte ihre Grundstücke an seine eigenen Gefolgsleute. Nowgorod selbst sah sich neuen Einschränkungen ausgesetzt. Im Jahr 1493 schloss man auf Iwans Befehl die Hanse-Büros in der Stadt, wodurch die europäischen Beziehungen Nowgorods gekappt wurden und es sich der wirtschaftlichen Umlaufbahn Moskaus annähern musste. Unterdessen wurde der Nowgoroder Erzbischof Feofil, der Iwans Tyrannei verurteilt hatte, verhaftet und im Tschudow-Kloster des Kreml inhaftiert.[15] Zwei Jahrzehnte nach der ersten tödlichen Umschlingung hatte sich die Python ihre imposanteste Beute einverleibt. Der Sieg verhalf Moskau zu beispiellosen Reichtümern. Dadurch, dass der Großfürst die nördlichen Grundstücke auf der Basis von Dienstleistungskrediten zuteilte, schuf er die Voraussetzungen für ein größeres Heer, das sich fast allein finanzierte, denn die Siedler (*pomeschtschiki*) mussten für ihren Gutsbesitz als Kavalleristen dienen und sogar ihre eigene Ausrüstung, Pferde und Bedienstete eingeschlossen, bereitstellen. Am Ende des 15. Jahrhunderts war die Iwan zur Verfügung stehende Armee ungefähr viermal größer als jede andere, die Moskau je ins Feld geführt hatte.[16] Der alte Südwesten der Rus – Galizien und die heutige Westukraine – blieb unter litauischer Kontrolle, aber Iwan konnte sich nun als Oberhaupt und Beschützer des wohlhabenden russischen Nordens bezeichnen.

Moskaus Glanz ging jedoch nicht nur von seinem Reichtum aus, und Militärgewalt war nicht der einzige Kitt, der seine weit verstreuten Territorien zusammenhielt. Religiöse Institutionen waren im Zeitalter der Moskauer Expansion genauso wesentlich für den Staat wie in den Tagen von Iwan Kalita. Das Verhältnis brachte beiden Seiten Nutzen. Das Charisma des Kreml leitete sich mindestens im gleichen Maße von der Präsenz des Metropoliten wie von der des Fürsten und seines Thronsaals her. Beide waren im Grunde Teile desselben Ganzen, und unter Wassili II. und Iwan III. wurde ihre Beziehung durch Ereignisse jenseits der Moskauer Grenzen gefestigt. Jahrhundertelang hatte die russische Kirche am fernen Rand des glänzenden und kultivierten byzantinischen Gemeinwesens existiert. Ihre geistliche Hauptstadt war Konstantinopel gewesen, und ihre Metropoliten verdankten ihr Amt den dortigen Politikern und Religionsführern. Obwohl diese Tatsache durch das Mongolenjoch lange getarnt worden war, erwies sich das Festhalten an Konstantinopel als Haupthindernis für jedes enge Bündnis zwischen Moskau und den zahlreichen katholischen Staaten Europas. In den 1450er Jahren wurde die Stärke vieler alter religiöser Loyalitäten jedoch durch eine Reihe von Krisen im Mittelmeergebiet auf die Probe gestellt. Moskau widerstand den Verlockungen Roms, und der Kreml bewegte sich auf seine Führungsrolle in der rechtgläubigen Welt zu.

Die erste dieser Krisen wurde durch die rasche Erweiterung des Osmanisch-Türkischen Reiches Anfang des 15. Jahrhunderts ausgelöst. Obwohl Konstantinopel seit einiger Zeit im Verfall begriffen war, begann sein Totengeläut erst mit dem Aufstieg der gut organisierten türkischen Militärmacht an der Mittelmeerküste. Im frühen 15. Jahrhundert war die geistliche Hauptstadt des orthodoxen Glaubens nicht mehr als eine befestigte Insel in einer muslimischen Landschaft, die sich von Ostanatolien bis zur Ägäis und nordwärts um das Schwarze Meer bis zum heutigen Bulgarien erstreckte. Die Falle schloss sich, und ihr Lechzen nach bewaffneter Unterstützung veranlasste die Herrscher Konstantinopels, eine theologische Versöhnung mit Rom ins Auge zu fassen. Aber zunächst musste man so viele Kriegsbeile begraben, dass das Wasser des Bosporus selbst sich rostrot hätte färben können. Die während des Vierten Kreuzzugs im Jahr 1204 angerichteten Schändungen waren erst der Beginn, denn die Führer der Ostkirche hatten auch einen gewaltigen Vorrat an theologischen Beschwerden gegenüber den Abtrünnigen in Rom. Viele Kirchenoberhäupter in der östlichen Welt glaubten, dass der geringste Kompromiss mit den Papisten sie zu Verdammnis und Höllenqualen verurteilen würde.

Kurzfristig jedoch bezogen einige orthodoxe Geistliche einen diplomatischeren Standpunkt, und manche glaubten sogar an die christliche Einheit um ihrer selbst willen. Dies war eine Aussicht, die etliche Gruppierungen auf der anderen Seite begrüßten, denn Europa hatte ebenfalls Grenzprobleme mit den Türken, und der bedrängte Papst jener Zeit, Eugen IV., mag auch gehofft haben, dass die Einheit mit dem Alten Orient die bitteren internen Fehden seiner eigenen Herde beenden würde. Also organisierte man ökumenische Gespräche, die 1438 auf dem Konzil von Ferrara eröffnet wurden. Die Debatten waren leidenschaftlich und von langer Dauer. 1439 zog die Versammlung nach Florenz, um einem Pestausbruch zu entgehen, wonach sich die Diskussionen fortsetzten. Man verharrte (wie immer) bei so heiklen Fragen wie dem Charakter der Dreifaltigkeit, dem Wortlaut des Glaubensbekenntnisses und der Verwendung von Hefe für die Oblaten, ganz zu schweigen von dem übergreifenden spirituellen Primat des Papstes. Der Metropolit, den Konstantinopel kurz zuvor für die Betreuung der russischen Gebiete ernannt hatte, ein Grieche namens Isidor, setzte sich konsequent für die christliche Versöhnung ein.[17] Dank seinem Enthusiasmus stand die russische Kirche einmal sogar kurz davor, die Existenz des Fegefeuers (ein weiterer hartnäckiger Diskussionspunkt) anzuerkennen. Zur allgemeinen Überraschung akzeptierten fast alle orthodoxen Repräsentanten auch die umfassende Autorität des römischen Papstes. Der Grieche Isidor verließ Florenz mit dem neuen Titel eines Kardinals.[18] Aber was unter der freundlichen toskanischen Sonne vereinbart worden war, empörte viele, die nicht an dem Treffen teilgenommen hatten. In Anatolien war der Bischof von Ephesus so entsetzt über die Annäherungsversuche der Katholiken, dass er sich weigerte, die Abschlussdokumente des Konzils zu unterzeichnen. Noch weiter östlich, in Moskau, diente der Verrat von »Frolents« (Florenz) als Vorwand für einen Putsch.

Wassili und die russische Kirche erkannten Isidor nicht an. Nach seinem Eintreffen in Moskau wurde der Kardinal-Metropolit in eine Zelle im Tschudow-Kloster des Kreml geworfen. Man bezichtigte ihn der Ketzerei, und die Strafe (welche die Moskauer Behörden wenigstens dieses eine Mal nicht ausführten) hätte eine öffentliche Verbrennung sein sollen. Offensichtlich hatte Isidor keine Chance am Hof des Kreml, zumal der Fürst während seines Aufenthalts in Florenz einen ihm genehmeren Kandidaten, einen Russen namens Jonah, für den Sitz des Metropoliten gefunden hatte. Dieser Schritt kam einer Erklärung der geistlichen Unabhängigkeit gleich, obwohl in einer hastigen Korrespondenz zwischen dem Kreml und dem Patriarchen Mitrofan von Konstantinopel versucht wurde, die Entscheidung als vorbehaltliche Beschwerde auszugeben. 1441 wiesen Wassilis Priester Isidor endgültig zurück und ersuchten Mitrofan, einen neuen Metropoliten seiner Wahl zu entsenden. Die orthodoxe Kirche in Russland sei weder römisch noch jüdisch, schrieben sie, sondern die Jüngerin des gesegneten Konstantin, des getreuen Kindes des heiligen Wladimir von Kiew, und nach Generationen solcher Frömmigkeit sollten ihre Diener nicht zu lateinischen Häresien gezwungen werden.[19] Moskaus Bitte um einen anderen Metropoliten blieb erfolglos, und im Jahr 1448 teilte sein Fürst dem Patriarchen schließlich mit, dass er eigenmächtig gehandelt und Isidor durch Jonah ersetzt habe.[20]

Der neue Mann werde, wie Wassili betonte, als Metropolit von Kiew und der ganzen Rus dienen. Das war schließlich der Titel, den man jedem seiner Vorgänger, mehr oder weniger ohne Kontroverse, seit Jahrhunderten verliehen hatte. Aber 1448 war die Aktion in doppelter Hinsicht provokativ, denn Wassili entzog Konstantinopel nicht nur die Kontrolle über das Metropolitenamt, sondern er erhob auch Anspruch (im Namen des religiösen Kandidaten des Kreml) auf die von Litauen beherrschten Städte am Dnepr, einschließlich Kiews. Der Putsch rief Entrüstung an mehreren ausländischen Höfen hervor.[21] Nervöse Beobachter mutmaßten, Wassili wolle mit seinem Brief andeuten, dass sich der Moskauer politische Einfluss eines Tages bis in das Gebiet der heutigen Ukraine erstrecken könne.

Vorerst bestand die eigentliche Revolution jedoch darin, dass Moskau ohne Billigung Konstantinopels gehandelt hatte. Zum ersten Mal war ein neuer Metropolit direkt vom Moskauer Großfürsten ernannt worden, wonach es nicht verwunderte, dass die russische Kirche ein noch engeres Bündnis mit dem Kreml schloss. Der Aktivposten, den sie in die Partnerschaft einbrachte, war ihre theokratische Ideologie. Auf Jahre hinaus sollte die Kirche, während die Fürsten in den Kampf zogen oder auf ihren goldenen Thronen saßen, die Rituale verfeinern, die hagiographischen historischen Chroniken bearbeiten und die Ikonographie einer charismatischen Regierung entwerfen. Außerdem lieferte sie Kommentare zu den Tagesereignissen. Als die Stadt Konstantinopel 1453 an die Osmanen fiel, hielt die russische Kirche einen Kontext bereit. Die Katastrophe sei eine Strafe für die Ketzerei von Florenz. Wassilis eigenmächtiger Schritt, Jonah anstelle eines dem Untergang geweihten Apostaten zu berufen, habe eine doppelte Segnung erfahren, genau wie der Großfürst selbst.

Aber enge Verbindungen haben einen Preis, und in diesem Fall zahlten die Fürsten mit gewissenhafter öffentlicher Frömmigkeit. Es stand ihnen nicht frei, sich auf das Gebiet des Ökumenismus vorzuwagen. Daneben versperrten ihre Priester häufig den Weg zu einer Kulturdiplomatie, mit der man Europa hätte Avancen machen können. Als sich Iwan III. 1494 einverstanden erklärte, seine Tochter Jelena mit dem katholischen Fürsten Alexander von Litauen zu vermählen, stellte er die Bedingung, dass sie ihren orthodoxen Glauben beibehielt. Dafür gab es politische Gründe (die Vermählung war Teil eines Machtspiels für Iwan), doch ein Moskauer orthodoxer Priester namens Foma ließ die religiöse Note unzumutbar schrill werden. Er ruinierte die Trauungszeremonie in Wilna beinahe dadurch, dass er den katholischen Gottesdienst mit seinen eigenen Gebeten übertönte, und nachdem Braut und

Bräutigam gemeinsam einen rituellen Becher Wein getrunken hatten, entriss er ihnen das Gefäß und zerschmetterte es auf den Fliesenplatten der Kirche.[22] Es sollte keine glückliche Ehe werden.

Nicht einmal die Fürsten waren gegen den Zorn der Kirche gefeit. Der Gedanke, dass Moskau das Dritte Rom sei, der sich in den 1520er Jahren herausbildete, war anfangs eine Warnung für die Regierung. Dadurch sollte Moskau nicht gelobt werden, sondern es ging darum, seinen Herrschern in Erinnerung zu rufen, was geschehen konnte, wenn ein großes Reich vom Pfad der Tugend abwich. Sündhafte Führer, betonten die Kirchenschreiber, seien Rom und Konstantinopel, beide einst scheinbar so vom Glück verwöhnt, zum Verhängnis geworden. Wenn Moskau – das Dritte Rom – wie sie vom richtigen Weg abkomme, sei sein Untergang besiegelt.[23] Die Liste der Fehler, durch welche die Warnung in den kommenden Jahren bekräftigt werden konnte, war von erheblicher Länge, doch keiner hätte schwerer wiegen können als der Gedanke, dass ein Fürst eine zu enge Beziehung zu den perfiden Katholiken aufnahm.

In der Regel behielt die Kirche die Qualen der Hölle allerdings jenen vor, die den Kreml verärgert hatten. In jener Hinsicht leistete sie der Moskauer Regierung entschlossene Unterstützung. Die Religionsführer am Hof Iwans III. zögerten jedenfalls nicht, dem Nowgoroder Bischof Feofil einen Flirt mit den katholischen Polen vorzuwerfen, und sie griffen auch die Bürger von Pskow an, deren unabhängige Kultur eine Zeit lang den Verdacht der Ketzerei erregte.[24] Der Großfürst von Moskau war nun praktisch der Verteidiger des russischen Glaubens.[25] Falls eine Stadt ihm den Gehorsam verweigerte, musste sie mit Bestrafung rechnen. Iwan Kalitas Herrschaft war vom Khan – und von Iwans Genen – abhängig gewesen, während das fürstliche Recht auf die Macht, wenn auch verknüpft mit gewissen Bedingungen, unter Iwan III. vom Himmel erteilt zu werden schien.

Der erhöhte religiöse Status des Kreml diente auch als Ansporn für den Wiederaufbau, vor allem was die Bemühungen des neuen Metropoliten Jonah betraf. Zur Zeit von dessen Ernennung im Jahr 1448 befand sich der Kreml nicht in der besten Verfassung. Während des vergangenen

Bürgerkriegs war er mehrere Male geplündert worden und hatte, wie die Chronisten beteuern, ein Erdbeben überstanden. Dann war er in dem großen Feuer von 1445 weitgehend abgebrannt.[26] Man kann sich schwer vorstellen, wie die Gebäude aussahen oder wie das allgemeine Bild der Landschaft, die mit dem Schutt von Bauarbeiten übersät gewesen sein muss, mit den Kunstwerken und sonstigen Kostbarkeiten, die Kirche und Palast zu sammeln begonnen hatten, in Einklang gebracht werden konnte. Nicht zufällig hatten Kirchen- und Klostergebäude eine Doppelfunktion als Tresorräume.[27] In ihren Kalkstein-Krypten versteckte man die Wertsachen der Stadt; in Zeiten der Gefahr versuchte jeder, seine Schätze hinter den Kremlmauern in Sicherheit zu bringen. Aber manche Dinge waren schwerer zu befördern als andere. Die Mariä-Verkündigungs-Kathedrale des Kreml, deren Bau irgendwann in den 1360er Jahren begann, war mit einer Ikonostase geschmückt, welche die großen Künstler Theophanes der Grieche und Andrej Rubljow geschaffen hatten.[28] Wunderschöne Wandgemälde und weitere Ikonen befanden sich in der Erzengel-Michael-Kathedrale und der Geburtskirche der heiligen Jungfrau. Zu den anderen markanten Stücken gehörte eine vergoldete Uhr, das Werk eines serbischen Meisters vom Anfang des 15. Jahrhunderts, das die Stunden nach Meinung der Einheimischen auf wundersame Art schlug.[29] Einige der Ikonen haben sich erhalten, doch die Uhr – wie viele der großen Kunstwerke des 14. und frühen 15. Jahrhunderts – wurde innerhalb von Jahrzehnten nach ihrer Erschaffung zerstört. Wassili II. war der Fürst eines Bauhofes.

Der gesamte Komplex schien reparaturbedürftig zu sein, und unter Jonah kam der Druck hinzu, ihn mit göttlichem Glanz auszustatten. Im Jahr 1450 gab der Metropolit für sich selbst einen Steinpalast – das erste derartige Gebäude in der Zitadelle – in Auftrag, und obwohl die Residenz nur zeremonielle Zwecke erfüllte (der Metropolit wohnte wie fast alle anderen in gemütlichen Holzgemächern), bildete sie ein Wahrzeichen in der architektonischen Entwicklung des Kreml. Neben ihr ließ Jonah eine neue Kirche errichten, die der Gewandniederlegung, zu Ehren der angeblich wunderbaren Verschonung Moskaus durch die Mongolen, geweiht war.[30] Die Bauarbeiten wurden von Wladimir Chowrin beaufsichtigt, einem reichen Geschäftsmann griechischer

Herkunft, dessen Familie erst eine Generation zuvor von der Krim nach Moskau gezogen war. Chowrin wurde einer der produktivsten Baumeister seiner Zeit und errang so viel Einfluss, dass er sich trotz seines niedrigen Kaufmannsstatus eine eigene Kirche im Kreml errichten durfte. Heute längst verschwunden, stand sie einst auf dem üppigen Palastgelände hinter dem Frolow- oder Erlöser-Tor, und sie war deshalb beachtenswert, weil sie als wahrscheinlich erstes religiöses Gebäude in Moskau nicht nur aus dem traditionellen Kalkstein, sondern auch aus Ziegeln bestand.[31]

Der andere bedeutende Kreml-Baumeister jener Zeit war ein Unternehmer namens Wassili Jermolin. Wie Chowrin unterhielt er langjährige Beziehungen zur Kultur des Schwarzmeergebiets, und seine Maurer hatten in einer Reihe russischer Provinzstädte gearbeitet. Er wurde häufig für Großprojekte herangezogen, etwa für eine neue Kathedrale im Himmelfahrts-Kloster des Kreml, doch die schäbigen Festungsmauern waren seine dringendste Sorge. Im Jahr 1462 begann er, sie im Namen des neuen Fürsten Iwan III. zu renovieren. Er persönlich gab ein riesiges Flachrelief in Auftrag, das vom Frolow-Tor auf die Stadt hinausblickte. Dessen Motiv war nicht die Jungfrau mit Kind, sondern der berittene heilige Georg, der einen Drachen auf grobe, doch ins Auge springende dreidimensionale Art durchbohrte. Eine zweite Skulptur, an der nach innen gewandten Seite, ehrte Dmitri Solunski, den Heiligen, der am engsten mit Dmitri Donskoi verbunden war.[32]

Diese Neuerungen ließen erwarten, dass sich der Kreml ändern würde, aber der wirkliche Wendepunkt war der Wiederaufbau von Iwan Kalitas Entschlafens-Kathedrale. Als Katalysator diente ein weiteres Feuer. Im August 1470 wurde ein Großteil des Kreml durch Flammen zerstört, die von Süden und Osten her über dem Gelände zusammenschlugen. Manchen Berichten zufolge entgingen ihnen nur drei Haushalte, und das Innere zumindest einer Steinkathedrale brannte völlig aus.[33] Als Moskauer Metropolit amtierte mittlerweile ein zutiefst frommer Mann namens Filipp, der die Zerstörung als Gelegenheit sah, den heiligsten Schrein des Kreml in imposantem Maßstab umzubauen. In diesem Stadium wurde Iwan Kalitas Kirche nur noch durch Gerüste und Gebete aufrecht gehalten; das Feuer erwies sich als glückliche Fügung (und Filipp betrachtete es tatsächlich als Gottesakt), doch der Wiederaufbau war längst überfällig.[34] Der Metropolit begann, Mittel zu beschaffen, indem er seinen Bischöfen Silber abpresste, die Klöster besteuerte und die Münzen abschöpfte, welche die Gläubigen für ihre lokalen Heiligen spendeten. Außerdem versuchte er, den Großfürsten für seine Sache zu gewinnen, indem er andeutete, die Kathedrale werde ein Denkmal für die militärischen Siege Moskaus sein. Iwan hielt einen Beitrag jedoch für unnötig, und sogar nach dem Fall von Nowgorod (und nach der unverhofften Zahlung von 15 000 Rubeln an Moskau) musste Filipp das Geld allein aufbringen. Es war eine heroische Leistung und eines Mannes wert, der Eisenketten unter seinen Gewändern trug, um sich an die Sterblichkeit des Fleisches zu erinnern.[35]

Das Team, das Filipp zusammenstellte, war ein rein russisches. Seine Baumeister waren Iwan Kriwzow und Myschkin, deren besonderes historisches Merkmal wahrscheinlich darin besteht, dass wir überhaupt ihre Namen kennen.[36] Unter ihnen arbeitete ein Heer von Sklaven, die teils aus dem Kirchenbestand an Gefangenen (Sklavenarbeit war damals in Russland allgegenwärtig) herangezogen oder von den Tataren der Steppe gekauft wurden.[37] Viele waren bereits ausgebildet, und einige sahen die Arbeit als Chance, um ihre Freiheit zu feilschen. Da der von den Griechen übernommene Entwurf der Kathedrale von Wladimir, wie es hieß, in den frühesten Tagen des Christentums von Gott selbst vorgelegt worden war, war es das Hauptziel des frommen Filipp, genau diesen Stil nachzubilden. Das war eine echte Herausforderung, denn das großartige Gebäude hatte den Fertigkeiten der ausländischen Maurer, die an Andrei Bogoljubskis Hof tätig gewesen waren, ursprünglich viel zu verdanken gehabt. Schon bei ihrer Erbauung war die Kathedrale eindrucksvoll gewesen, doch hatte man sie nach einem schweren Brand noch vergrößert, und nun verfügte sie über fünf atemberaubende Kuppeln auf ihren unglaublich hohen Mauern.

Unverzagt schickte Filipp seine Baumeister im Winter 1471/72 zu der älteren Stadt, damit sie den Prototypen aus dem 12. Jahrhundert abzeichnen und vermessen konnten, nicht zuletzt, um sicherzustellen, dass die Moskauer Version noch prächtiger, schöner und größer sein würde.[38] Während der erste Schnee zu fallen begann, sah Filipp zu, wie Fuhrmänner seinen frischen Kalkstein am vereisten Moskauer Kai entluden (die Beförderung war im Winter stets leichter). Sie arbeiteten noch zu Weihnachten und dann am Dreikönigsfest, als Kometen von außergewöhnlicher Helligkeit über dem Kreml erschienen – gewiss ein Omen des kommenden Wunders.[39] Im folgenden April taute der Boden, und die Männer des Metropoliten waren bereit, die Fundamente auszuschachten und die Abflussrohre zu verlegen. Unter dem Dröhnen der Kremlglocken folgte eine dankbare Priestergruppe Filipp und den Ikonen zu einer Prozession um die Stätte; sie wurden von Iwan III. und seinem gesamten Hof begleitet.

Filipps neues Gebäude sollte auf den Umrissen von Iwan Kalitas Kathedrale errichtet werden, aber bevor man die alten Mauern abreißen konnte, musste man einige wichtige Rituale hinter sich bringen. Zu diesem Zeitpunkt war das Grab des Metropoliten Peters des Wundertätigen nicht mehr der einzige Schrein in der Entschlafens-Kathedrale. Filipps Handwerker mussten ihre Arbeit zwischen Mai und Anfang Juli mehrere Male einstellen, damit man Gebete und Prozessionen abhalten und Gebeine diskret umlagern konnte. Die Knochen Jonahs, der 1461 gestorben war, dufteten angeblich so süß, dass die gesamte Stätte von ihnen parfümiert wurde. Als Peters Sarg geöffnet wurde, flog eine weiße Taube in die Luft und verschwand erst, nachdem man den Deckel wieder versiegelt hatte. Offensichtlich waren diese Überreste mehr als Leichen. Die rechtgläubige Kirche nahm die Dinge wörtlich (wie sie es immer noch tut), was bedeutete, dass die Heiligen wahrhaftig in ihrem Staub vorhanden waren. Ihre Gebeine stellten folglich heilige, wundersame Relikte dar, und sie wurden zu ihrem Schutz in einer Holzkapelle untergebracht. Achtzehn Monate lang hielt man Gottesdienste in der Kapelle ab, während das alte Gebäude abgerissen und die neuen Mauern errichtet wurden.[40]

Doch Filipp sollte seine Kathedrale nie zu Gesicht bekommen. Im April 1473 fegte ein weiteres Feuer durch den Kreml. Nach Monaten der Anspannung war der Metropolit dem Schock nicht gewachsen und starb an einem Schlaganfall. Sein größtes Werk wurde ohne ihn fortgeführt, und im Sommer 1474 waren die Gewölbe des gewaltigen Baus fast vollendet. Wie versprochen, war die Kathedrale herrlicher als ihr Vorbild in Wladimir und stand kurz davor, zur beeindruckendsten Sehenswürdigkeit der Zitadelle zu werden. Der Rohbau wurde zu einer Attraktion für die Einheimischen, die am Holzgerüst hinaufkletterten, um die Aussicht zu bestaunen. Deshalb war es ein Glücksfall, dass die nächste Katastrophe, im Mai, an einem Abend zuschlug. Der letzte Maurer war bei Sonnenuntergang nach Hause geeilt, und auch die unverwüstlichsten Schaulustigen stiegen von den Sparren hinunter, als das Licht verblasste. Nur ein Junge blieb zurück, und er war flink genug, sich zu retten. Manche sagen, ein weiteres Erdbeben habe stattgefunden, andere meinen, das massive Gebäude sei von Anfang an dem Untergang geweiht gewesen. Wie auch immer, an jenem Abend brach die nördliche Mauer plötzlich zusammen, wodurch die Holzkirche im Innern zermalmt und das ganze Projekt zugrunde gerichtet wurde.[41]

Sogleich begannen die gegenseitigen Anschuldigungen. Iwan III. befragte Baumeister aus Pskow, einer Stadt, die ihre langjährigen baltischen Beziehungen bewahrt hatte und in der sich die Steinmetze immer noch gelegentlich mit durchreisenden Experten aus norddeutschen Städten beratschlagten. Die Pskower lehnten es klugerweise ab, Filipps Kirche wiederaufzubauen, gaben jedoch zu bedenken, dass das Problem durch die schlechte Qualität des Kalksteins im Mörtel der Bauarbeiter verursacht worden sei. Die Frage war nun, was man mit der Ruine anfangen sollte. Seit Jahrhunderten hatte kein Maurer in der russischen Welt versucht, die Meister des vormongolischen Wladimir zu übertreffen. Und manche behaupteten, dass das erforderliche Geschick gar nicht mehr existiere. Aber Jermolin (der als Berater für Filipps Kirche tätig war) und die Chowrins (der alte Mann hatte einen Sohn, der das Familieninteresse an der Architektur aufrechterhielt) wären vielleicht imstande gewesen, das Projekt erfolgreich zu Ende zu bringen, nachdem man die nötigen Lehren aus den Vorfällen gezogen hatte. Schließlich war es in der Welt des Mittelalters und der Renaissance nicht allzu ungewöhnlich, dass große Gebäude zusammenbrachen. Die Kathedrale von Saint Pierre in Beauvais war so katastrophenanfällig, dass irgendwann nur noch ein verurteilter Verbrecher einen Rettungsversuch zu unternehmen wagte, weil er dem Strick des Henkers entgehen wollte.[42]

Von derartigen Verzweiflungsakten waren die Moskowiter aber noch weit entfernt.

Allerdings besaß niemand an Iwans Hof die Fertigkeiten, die sich nun zügig an den europäischen Höfen durchsetzten. Die Russen verstanden es, Steine zu schneiden, und die Chowrins hatten Erfahrung mit Ziegeln, doch niemand hatte sich die neue Präzision, die Leidenschaft für exakte Proportionen und sorgfältige Messungen angeeignet. In Italien dagegen gab es in den 1470er Jahren Baumeister, die wahre Wunder zustande brachten. Ihr Ruhm hatte sich so weit verbreitet, dass sogar der türkische Sultan Interesse an ihnen zeigte. Einige russische Bischöfe dürften die Domkuppel in Brunelleschis Florenz persönlich gesehen haben (die Laterne war zur Zeit des ökumenischen Konzils von 1439 noch im Bau), und man munkelte, dass eine radikale Umgestaltung der päpstlichen Hauptstadt in Rom geplant sei. Weiter östlich, an der Donau, hatte der König von Ungarn Italiener beauftragt, mehrere Mauern zu bauen, die sich als so furchterregend erwiesen hatten, dass er angeblich bereits weitere errichten lassen wollte. Letztlich dürfte Iwan jedoch durch den Einfluss seiner neuen Gemahlin bewogen worden sein, einen italienischen Ingenieur zu beschäftigen. Frauenfeinde unter den Historikern behaupteten zuweilen, sie habe zweimal pro Woche an ihm herumgenörgelt.[43]

Die Prinzessin in dieser Geschichte war die Nichte des letzten Kaisers des christlichen Konstantinopel, Konstantin XI. Palaeolog. Ihre Eltern nannten sie Zoe, und sie verbrachte ihre frühe Kindheit in der byzantinischen Provinz Morea (heute Peloponnes). Als die Provinz 1460, sieben Jahre nach der Eroberung Konstantinopels, an die Türken fiel, floh die Familie nach Italien, wobei sie alles, was sie tragen konnte, vom kaiserlichen Hof mitnahm, darunter Bücher und Ikonen, Schmuck und Truhen voll heiliger Reliquien. Zoes Vater verwendete einen Teil der Schätze dazu, die Zukunft seiner Kinder zu sichern. In Zoes Fall wurden die Verhandlungen darüber, sie zum Mündel des Papstes Paul II. zu machen, durch ein Kästchen mit dem Kopf des Apostels Andreas erleichtert. Zoe wuchs an Pauls Hof unter den klügsten Denkern der Epoche heran und wurde zu einer kultivierten, ehrgeizigen und selbstbewussten Frau. Sie erhielt (natürlich) eine katholische Erziehung, doch als Erbin von Konstantinopel war sie auch für ökumenische Ideen aufgeschlossen.[44] Als Zoes unmittelbarer Vormund, Kardinal Bessarion von Nicäa, ihr eine Ehe mit dem Großfürsten des orthodoxen Moskowien vorschlug, entdeckte sie in diesem Plan eine gewisse Poesie.

Bessarion hatte bereits mehrere Male vergeblich versucht, einen königlichen Gatten für seinen Schützling zu finden. Moskau war nicht die ideale Wahl – zu fern, zu gefährlich und zu kalt –, aber Gerüchte über den wachsenden Reichtum der Stadt weckten das Interesse Europas. Die Beweisstücke, Diplomatengeschenke in Form herrlicher Zobelpelze, quollen nun häufiger aus Packkisten hervor, da die Moskauer Isolierung von der katholischen Welt zu Ende ging. Auch am päpstlichen Hof legte man aus strategischen Gründen Wert auf eine engere Beziehung zu Iwan III., denn Optimisten hegten immer noch die Hoffnung, dass man den Fürsten veranlassen könne, den europäischen Kampf gegen die Türken zu unterstützen. Als Anreiz wurde die Provinz Morea zu Zoes Mitgift gemacht. Sie werde, versprachen die Unterhändler, Iwan gehören, sobald Mehmed II. vertrieben worden sei. Wie es sich fügte, blieb Griechenland allerdings noch weitere 350 Jahre im Besitz der Türken.

Der Köder, auf den Iwan wirklich anbiss, war die Verheißung europäischen Prestiges. Auf der diplomatischen Bühne kam es auf Zoes Namen, nicht auf ihren Charme (oder die Morea) an. Die Italiener legten ein Porträt zu Iwans Billigung vor, doch die Unterhändler in Moskau waren so wenig an lebensnahe Darstellungen gewöhnt, dass sie das Bild (das bald verloren ging) für eine Ikone hielten. Auch Zoes Katholizismus warf ein Problem auf, denn Moskau war zum Bollwerk genau der Orthodoxie geworden, die ihre Familie nicht hatte bewahren können. Iwans Heiratspläne gerieten für ein paar Monate ins Stocken, während man die theologischen Gefahren erörterte; der Metropolit Filipp war voraussehbar am skeptischsten. Erst im Januar 1472 trat Iwans Gesandter (und ehemaliger Münzmeister) Gian-Battista della Volpe endlich die fünfmonatige Rückreise nach Rom an. Als er dort Ende Mai eintraf, war Paul II. gestorben. Flink änderte Volpe den Namen des Papstes auf den Dokumenten, die er bei sich trug, und beschönigte munter den vernichtenden Kommentar über den Katholizismus, den

Filipp in den Vertrag eingefügt hatte. Am 1. Juni 1472 wurde Zoe, nun zu Ehren ihrer neuen Bindung an Moskau Sofia genannt, symbolisch mit dem abwesenden Iwan III. getraut. Der italienische Dichter Luigi Pulci hinterließ eine Beschreibung der Prinzessin zur Zeit ihrer Hochzeit. »Ein Berg aus Fett«, vermeldete er nach einer amtlichen Audienz. »Die ganze Nacht hindurch konnte ich von nichts anderem träumen als von Butter- und Schmalzbergen ...«[45] Es war nicht die freundschaftlichste Einschätzung, doch Sofias künftiger Mann war, wie sie gewusst haben könnte, dem Vernehmen nach so erschreckend, dass Frauen schon durch einen Blick von ihm in Ohnmacht fielen.[46]

Drei Wochen nach der Zeremonie und nach einem Abschiedsgespräch mit dem neuen Papst Sixtus IV. (berühmt für die nach ihm benannte Sixtinische Kapelle) brach Sofia in Richtung Moskau auf. Zu ihrer Karawane gehörten auch eine Gruppe heimkehrender Russen und ein paar griechische Landsleute, darunter ein enger Mitarbeiter ihres Vaters, Juri Trachaniot, der bald einer der effizientesten Diplomaten Iwans III. werden sollte. Sixtus verlangte, dass die Delegation überall so zu empfangen sei, als wäre der Papst selbst an ihrer Spitze. Zudem ließ er die Gesellschaft von einem Sonderbeauftragten, Kardinal Bonumbre von Ajaccio, anführen, und sie muss ein eindrucksvolles Schauspiel geboten haben. Mindestens hundert Pferde wurden benötigt, um die Reisenden und ihre hoch getürmten Ladungen, darunter Sofias Habseligkeiten (sowie ihre Person), Geschenke und verschiedene Schätze aus Rom und Konstantinopel, zu tragen. Stafetten von Dienern mühten sich mit dem Gepäck ab, während die Truppe von Stadt zu Stadt zog, denn bei jedem Halt erhielt man weitere Hochzeitsgeschenke und tauschte mehr Schmuck und Relikte aus. Dazu wurde ausgiebig geschmaust.

Aber die Reise bot der Prinzessin und ihrem Gefolge auch Gelegenheit, die schönsten Gebäude und die elegantesten Höfe Europas kennenzulernen. Sie machten halt in Siena (dieser Stadt hatte Sofias Vater, der Spender heiliger Körperteile, einmal die einbalsamierte Hand Johannes des Täufers geschenkt), wo ein Empfang, der 200 Lire kostete (fünfmal so viel wie ein nicht lange zurückliegendes Diner zu Ehren von Lorenzo di Medici), für Sofia in der berühmten schwarz-weißen Kathedrale veranstaltet wurde. Sie reiste weiter durch Florenz und Bologna (wo man »sich um die Ehre stritt, ihr Pferd führen zu dürfen«), nach Vicenza (della Volpes Heimatstadt) und an den Rand von Venedig. Die Gesellschaft überquerte die Alpen mit Aufenthalten in Innsbruck und Augsburg und traf Anfang August in Nürnberg ein, einer der schönsten ummauerten Städte Europas. Die Sonne dürfte Sofia noch den Rücken gewärmt haben, als sie sich in fast gerader Linie – über Greußen, Nordhausen, Braunschweig, Celle, Lüneburg und Mölln – zu dem Ostseehafen Lübeck, der Perle des Nordens, aufmachte. Dort kam sie am 1. September an.

Der Kontrast zwischen den Reizen des wohlhabenden Nordeuropa und der grauen Welt des Ostens muss ernüchternd gewesen sein. Nach einer stürmischen elftägigen Schifffahrt über die Ostsee erreichten Sofia und ihre Begleitung Kolywan (Tallinn). Vor ihnen lagen zwei weitere erschöpfende Reisemonate, in denen sie großenteils durch dichten Herbstwald zogen. Die Menschenmengen wirkten nun fremder, ihre Neugier war weniger herzlich. In Pskow starrte man die Italiener an, als wären sie Unholde. Sogar die Gebildeten nahmen Anstoß an dem scharlachrot gekleideten Kardinal Bonumbre, dessen Interpretation seiner Rolle als päpstlicher Repräsentant eine undiplomatische Hingabe an das katholische Kreuz und eine in sozialer Hinsicht verheerende Verachtung für Ikonen einschloss.[47] Sofia erhielt einen beißenden Vorgeschmack auf die kulturelle Andersartigkeit Russlands. Als ihr Gefolge am 12. November endlich in Moskau einzog, müssen ihm das Licht und die Wärme Italiens sehr fern erschienen sein. Und wie üblich schneite es.[48]

Was Sofia besonders aufgefallen sein müsste, als sie sich endlich die Kreml-Paläste angeschaut hatte, war die Kluft zwischen dem, was sie sah, und dem Glanz, den ihr neuer Ehemann so offenkundig für sich beanspruchte. Selbst wenn es fertiggestellt worden wäre, hielt Filipps viel gerühmtes und teures Gebäude keinem Vergleich mit dem Florentiner Dom stand. Sofias eigene Gemächer befanden sich irgendwo in dem Wirrwarr von Holzhäusern unterhalb der Baustelle, und die Aussicht war von Braun und Grau geprägt. Iwan neigte nicht dazu, sich zu rechtfertigen, und er hätte niemals eingeräumt, dass ein von ihm in

Auftrag gegebener Bau im Grunde eine Halbheit war. Was das Leistungsvermögen der Russen anging, so waren seine Handwerker bereits voll im Einsatz, und die Zahl seiner Arbeitskräfte ließ alles kümmerlich wirken, was ein Italiener hätte aufbringen können. Doch in den kommenden Wochen, während die Delegation den Winter in Moskau verbrachte, müssen sich die Gespräche auch den realen Möglichkeiten zugewandt haben. Sofia, als Schülerin Bessarions, hielt an dem Gedanken fest, dass Moskau ein wertvoller Verbündeter Europas im Kampf zur Wiedereroberung Konstantinopels sein könne. Man mag auch über den Charakter der Staatlichkeit diskutiert haben, denn um 1472 wurde in Italien bereits mit der Theorie experimentiert, dass zum Regieren weit mehr gehöre als Festlichkeiten, Kirchen und Gewaltmaßnahmen. Die große Schar der Dolmetscher arbeitete fleißig, denn Filipp verwendete anscheinend fast jede wache Stunde darauf, theologische Debatten mit Bonumbre zu führen.[49] Jedenfalls kam man auch auf Bauwerke und dann auf die wunderbaren neuen Architekten Europas zu sprechen. So müsste durch die Ankunft gut platzierter und hochgebildeter Personen von den reichsten Höfen Italiens zumindest jegliche noch im Kreml vorhandene Furcht vertrieben worden sein, dass sich die Beschäftigung ausländischer Baumeister als Sprung ins Ungewisse erweisen könne.

Wenn man im Europa des 15. Jahrhunderts einen außergewöhnlichen Baumeister suchte, gab es ohnehin nur ein einziges Land, in dem es sich lohnte, Ausschau zu halten. Dazu brauchte man kein Moskowiter mit einer neuen, energischen Frau zu sein. Sowie ein Fürst ein anmutiges, prestigeträchtiges Bauwerk benötigte, das aller Wahrscheinlichkeit nach längere Zeit stehen bleiben würde, holte er sich einen Experten aus Italien.[50] Filipp hätte ausländische (katholische) Hilfe vermutlich abgelehnt, doch als sein großes Projekt zusammenbrach, war er bereits tot. Für die Fortsetzung des Unternehmens war der Großfürst zuständig. 1475, nur drei Jahre nach Iwans und Sofias Trauung, traf der aus Bologna stammende Aristotele Fioravanti auf Iwans Geheiß in Moskau ein. Er bot seine Dienste als Architekt, Münzmeister, Militärtechniker, Erfinder von Geräten und Allzweckzauberer an.[51] Mit dieser Wahl waren alle zufrieden. Sofias Vormund Bessario kannte Fioravanti seit Jahren persönlich. Als Iwans Agent Semjon Tolbusin 1474 nach Venedig reiste, um einen Baumeister für den russischen Hof anzuheuern, war ihm der Name bereits vertraut. Fioravantis Werke wurden zudem weithin gerühmt, wiewohl Tolbusin ihm allzu leichtgläubig die Erschaffung des Markusdoms zuschrieb. Seine eigentliche Stärke war die Rettung von Denkmälern und Stadtmauern. Außerdem hatte er ein ganzes Gebäude, den 25 Meter hohen Turm Santa Maria Maggiore in Bologna, unbeschädigt versetzt. Ein früher Auftrag in Rom hatte ihm die Billigung Papst Pauls II. eingebracht, und sein internationaler Ruf erhöhte sich 1467, als er für Matthias Corvinus, den in Italien erzogenen Herrscher Ungarns, die europäischen Befestigungen gegen die Türken verstärkte.

1473 wurde er erneut nach Rom geholt, diesmal von Sixtus IV., doch kurz darauf musste er flüchten, um sein Leben zu retten, denn man hatte ihn der Geldfälscherei angeklagt, was mit dem Schlucken geschmolzenen Bleis bestraft wurde.[52] Unter solchen Umständen mag ihm Iwans Moskau als bessere Perspektive erschienen sein, aber der Meister hatte auch eine nicht zu übertreffende Absicherung, da er eingeladen worden war, einen Harem für den türkischen Sultan Mehmet II. zu bauen. Andererseits hätte er gar nicht so weit reisen zu brauchen, denn Bologna oder auch Venedig hätten einem Experten mit seinen seltenen Fähigkeiten nur zu gern Zuflucht geboten. Die Venezianer sorgten dafür, dass Tolbusin diese Tatsache in Rechnung stellte, als er sich anschickte, Fioravanti aus seiner Heimat fortzulocken. Das Bauprojekt, das Tolbusin umriss, muss den Bologneser Meister fasziniert haben, und das Versprechen eines Monatsgehalts von zehn Rubeln war überaus großzügig. Ein zusätzliches außergewöhnliches Privileg bestand darin, dass dem Haushalt des Architekten Unterkunft im Kreml selbst angeboten wurde.[53]

Fioravanti war wahrscheinlich rund 60 Jahre alt, als er mit »seinem Sohn Andrej und einem Jungen namens Petruschka« nach Moskau aufbrach.[54] Im Gegensatz zu Sofia wählte er die kürzeste Route, eine dreimonatige Hatz über die Ebenen hinweg, bei der er die zugefrorenen Pripjat-Sümpfe umging und Ende März 1475 seinen ersten Blick auf Iwans frostige Hauptstadt warf. Es war die Art Reise, die jemand auf der Suche nach dem letzten schnellen Geld machte, nach einem abschließenden Auftrag vor dem Ruhestand. Fioravanti war gekommen, um Filipps Kathedrale zu reparieren und zu vollenden, wonach er als reicher Mann heimkehren wollte. Aber als er ein paar Jahre später versuchte, Russland zu verlassen, sah er sich wiederum der Drohung einer Haft- oder Todesstrafe ausgesetzt. Sein Geschick als Baumeister, Kanonengießer und Militärberater sollte Moskau für den Rest seines Lebens gehören.

In jenem ersten Frühling jedoch wurde rasch und professionell gearbeitet. Fioravanti inspizierte die Ruine von Filipps Kirche und bestätigte die Diagnose der Pskower Maurer, was den Mörtel anging. Außerdem erklärte er mit einer gesunden Bologneser Geringschätzung für die handwerklichen Leistungen der Russen, dass das ehrgeizige Projekt nur dann verwirklicht werden könne, wenn man den weichen Kalkstein der Gegend durch reichliche Ziegelmengen ergänze. Mittlerweile beobachteten ihn fast alle in Moskau, und als er bekanntgab, dass Filipps Bauruine beseitigt werden müsse, versammelten sich große Menschenmengen, um zuzuschauen. Solche Vorhaben nahmen gewöhnlich Monate in Anspruch, da die Russen mit der Hand arbeiteten, doch der Italiener besaß eine Maschine: eine mit Metall verstärkte Eichenramme, die er selbst entworfen hatte. Die Wirkung ließ sich nur mit der Josuas bei Jericho vergleichen. »Es war wunderbar anzusehen«, verzeichnete die Chronik, »wie etwas, dessen Bau drei Jahre gedauert hatte, von ihm in einer einzigen Woche – oder noch schneller – zerstört werden konnte.« Die Mauern stürzten so rasch ein, dass die Arbeiter, die das Geröll auf klobige Pferdewagen laden mussten, kaum Zeit hatten, ihre Flohbisse zu kratzen.[55]

Als Nächstes galt es, einen Blick auf Wladimir zu werfen, denn seine Kathedrale sollte, wie Iwan und seine Kirchenmänner betonten, weiterhin als Vorbild für die Moskauer Stätte dienen. Zu seiner Überraschung fand Fioravanti ein stilvolles – und stabiles – Gebäude vor. »Es muss das Werk unserer Meister sein«, murmelte er patriotisch wie immer. Trotz der Verachtung, die in diesen Worten mitschwang, unternahm er in jenem Sommer eine ausgedehnte Besichtigungsreise (teils auch, um die Falken zu beschaffen, die er einem Gönner in seiner Heimat versprochen hatte), auf der er Nowgorod und die fernen Weißmeerklöster besuchte und eine Landschaft kennenlernte, die wenige Europäer seit den Tagen der Wikinger gesehen hatten. Als er, ausgestattet mit den Falken und einigen Hermelinpelzen für sich selbst, nach Moskau zurückkehrte, war er besser über die russische Architektur unterrichtet und bereit, Ziegel herzustellen. Allerdings hatte er seine Meinung über das handwerkliche Können der Einheimischen nicht völlig geändert. Deshalb verbrachte er seinen ersten Winter in Moskau damit, ein eigenes Ziegelwerk einzurichten, in dem Lehrlingen beigebracht wurde, sich an seine strengen Vorschriften zu halten. Wie sich zeigte, wünschte er sich Tausende recht flacher schwerer Ziegel von einheitlicher Härte und Größe. Sogar nach modernen Maßstäben wirken sie riesig.

Die Ziegelfabrik in Kalitnikowo war ein Triumph, und mit ihr begann eine Reihe technischer Neuerungen, durch die sich der Ruf des Italieners als Zauberer festigte. Als Erstes benötigte er ein Fundament, das einen ausgewachsenen Elefanten hätte aufnehmen können. Die Männer gruben bis zu einer Tiefe von über vier Metern und füllten das Loch dann mit Eichenstäben. Während sich einige mit den neuen Ziegeln abmühten, lernten andere, einen prächtigen Mörtel herzustellen, der viel dichter war als die frühere Variante. Zur Verarbeitung des Mörtels ließ der Italiener Metallspaten – eine weitere Neuerung – an die Arbeiter verteilen. Seine Mauern sollten aus cremefarbenem Stein bestehen, doch dieser wurde ohne die übliche Schuttfüllung geschnitten und verlegt. Dadurch wirkte das Gebäude eleganter und heller, und die magischen Ziegel waren so kräftig und exakt, dass die Bögen und Kuppeln über ihnen zu schweben schienen. Der Architekt unterwies seine Leute, das Gebäude mit Metallruten statt mit Eichenbrocken zu verstreben, und während die Mauern in die Höhe wuchsen, installierte er ein Flaschenzugsystem, um die schweren Wannen mit Baumaterial hinaufzubefördern.[56] Alle staunten darüber, dass er unablässig Vermessungen vornahm. Es kam den Einheimischen tatsächlich wie Zauberei vor, dass »alles mit Lineal und Zirkel getan wird«. Die Zartheit und Leichtigkeit des Ganzen mutete wie ein Wunder an. Das fertige Gebäude war so perfekt, dass es aus einem einzigen Block geschnitten zu sein schien.

Obwohl die Ausschmückung des Innern noch viel länger dauern sollte, wurde Fioravantis Entschlafens-Kathedrale am 12. August 1479 offiziell von Metropolit Geronti geweiht. Der Italiener hatte seinen Auftrag in knapp fünf Jahren erfüllt, sich dabei jedoch nicht an die ursprünglichen Anweisungen gehalten, denn die Kirche war weder eine genaue Nachbildung von Filipps Gebäude noch des heiligen Prototyps in Wladimir. Sie besaß die gleichen fünf Kuppeln, die hier jedoch gewichtslos erschienen, sowie die gleiche Abfolge von Erkern und Brückenpfeilern, die aber mit beispielloser Regelmäßigkeit und Präzision ausgeführt waren. Auch war Fioravantis Bauwerk nicht quadratisch, sondern gestreckt, und wo die meisten russischen Kathedralen über eine Chorgalerie verfügt hätten, blieb diese offen und licht. Der Innenraum war wahrscheinlich der größte, den die Moskowiter je gesehen hatten. Der Effekt, obwohl unzweifelhaft russisch, hatte eine eindeutig europäische Nuance.[57] In den kommenden Jahren empfanden italienische Besucher der Stadt Stolz angesichts der Tatsache, dass die heiligste Kathedrale Moskaus von einem ihrer Landsleute gebaut worden war.[58]

Der weitere Plan sah nun vor, den gesamten Kreml in imposantem Stil umzubauen. Zum Zeitpunkt von Fioravantis Tod im Jahr 1486 besaß Iwan die Mittel, sich die besten Experten und – dank seiner neuen Beziehungen zum Westen – das nötige europäische Fachwissen zu beschaffen. Mithin erschien bald eine weitere Gruppe von Italienern in Moskau, darunter Kanonengießer, Silberschmiede und Lehrlinge aus Rom und Venedig. Der wichtigste Neuankömmling war ein anderer Baumeister, Pietro Antonio Solari, ein Mailänder, der Fioravantis Arbeit fortsetzen sollte.[59] Dieser erfahrene und selbstbewusste Mann bezeichnete sich bald als Iwans Chefarchitekten, aber, wiewohl herausragend, war er nicht der einzige italienische Experte in der Stadt. Zwei andere, welche die Russen als Marko und Anton Frjasin kannten (Frjasin war kein italienischer Familienname, sondern die russische Gattungsbezeichnung für Europäer – »Franken«), waren bereits am Werk, als er 1490 eintraf; sie hatten die Aufgabe, ein neues System von Mauern und Türmen um Iwans Festungshof zu errichten.[60] 1493 wurde noch ein Italiener, der Lombarde Alevisio de Carcano, von Iwans emsigen Agenten angestellt, und im Jahr 1504 schickte der Krim-Khan Mengli-Girai seinem Fürstenkollegen ein Geschenk in Gestalt des Baumeisters, der den Khan-Palast in Bachtschissarai vollendet hatte. Das Geschenk wurde verkörpert durch den Venezianer Aloisio Lamberti da Montagnana, und auch er war noch nicht der letzte Italiener auf der Baustelle des Großfürsten.[61]

Mit deutschen Kanonengießern (die sich als die besten erwiesen hatten), persischen Schmieden, verschiedenen Baumeistern aus Italien und einem Arzt aus Venedig namens Leo der Jude dürfte der Kreml ein multiethnischer, vielsprachiger Schmelztiegel gewesen sein. Trotz der Anwesenheit so vieler Ausländer arbeiteten jedoch immer noch ein paar Einheimische an den großfürstlichen Bauplänen. Ihr Einfluss war besonders sichtbar um den asymmetrischen Platz herum, der nun von Fioravantis Kathedrale beherrscht wurde. Ein Team aus Pskow rekonstruierte 1485 Jonahs kleine Kirche der Gewandniederlegung. Als Nächstes widmete es sich der zum Kreml-Palast gehörenden Mariä-Verkündigungs-Kathedrale. Obwohl dabei unbezahlbare Fresken verloren gingen, wurde das baufällige Original aus dem 14. Jahrhundert abgerissen, und in den folgenden fünf Jahren wuchs auf seinen Fundamenten allmählich ein bescheidener neuer Ziegelbau empor. Bald jedoch wurde das Werk der Russen übertroffen. Auf der anderen Seite des heiligen Platzes hatte die Erzengel-Michael-Kathedrale seit langem als Bestattungsort der Moskauer Fürsten gedient, und Iwan III., der mit seinem baldigen Tod rechnete, gab einen Ersatz in Auftrag. Der Fürst sollte das Resultat nie zu Gesicht bekommen (er starb 1505, drei Jahre vor der Fertigstellung), aber die Endversion von Aloisio Lamberti da Montagnana war spektakulär. Im Neuzustand muss das Gebäude mit seiner Fassade aus roten Ziegeln und weißem Stein fast grell ausgesehen haben, und einige der importierten Details – besonders die venezianischen Kamm-Muscheln unter den Kuppeln – wirkten im Moskauer Licht schockierend. Es mochte Russlands königliches Mausoleum sein, doch dies war durchaus keine patriotische Nachbildung. Andererseits war es schön und huldvoll, und jeder aufmerksame Besucher konnte in ihm eine Synthese der im Kreml Iwans III. versammelten Kulturen erkennen: Moskaus, Wladimirs und Pskows einerseits, Mailands, Venedigs und Konstantinopels andererseits.

Das betriebsame Viertel im Herzen des Kreml enthielt zahlreiche kleinere Gebäude aller Art, die zu der eklektischen, manchmal verwirrenden Geographie von Iwans Hof beitrugen. Hinter dem Steinpalast des Metropoliten lagen Mönchszellen, man benutzte Treppen und Gehwege, um das Schlammmeer zu vermeiden, und auf dem Platz selbst stand eine aus Ziegeln gebaute Schatzkammer, eine weitere Innovation Iwans III., deren unterirdisches Zimmerlabyrinth mit der Kalksteinkrypta der Verkündigungs-Kathedrale verbunden war.[62] Doch man benötigte ein letztes Backsteingebäude, um das zentrale religiöse Ensemble zu vervollständigen. Iwan Kalita hatte einen Glockenturm für seinen eigenen Kathedralenkomplex errichten lassen, und Generationen später stand dieser noch immer neben der kleinen Kirche des Iwan Lestwitschnik, das heißt des heiligen Johannes von der Leiter, »unter der Glocke«. Anfang des 16. Jahrhunderts riss man Kalitas Turm ab, um für den heute ikonenhaften Glockenturm Platz zu schaffen, der als Iwan der Große (nach der Kirche, nicht nach einem Fürsten) bezeichnet werden sollte. Das Obergeschoss und die berühmte Zwiebelturmspitze wurden später hinzugefügt, doch schon in seiner ursprünglichen Form hatte das neue Gebäude, 1508 vollendet von einem Italiener, den man nur noch unter dem Namen Bon Frjasin kennt, theatralische Züge.[63] Zudem war es außerordentlich stabil. Wie Fioravanti ließ Bon Frjasin gern tiefe Fundamente ausheben, und die Wände seines Turmes, der sich 61 Meter über den Zentralplatz des Kreml erhob, waren so massiv, dass Napoleons Pioniere, als sie die Mauern 1812 verminten, nicht mehr als eine kleine Schlagseite zustande brachten.[64]

Die Paläste Iwans III. erwiesen sich als zerbrechlicher. Bei der Verlagerung des gesamten Erlöser-Klosters zu einem neuen Standort jenseits der Kremlmauern legten die Männer des Fürsten eine ausgedehnte Fläche neben den königlichen Gemächern frei. Iwan selbst zog 1492 aus, damit sein Baumeister Solari ungestört arbeiten konnte. Der Mailänder schuf eine Gruppe eleganter Ziegel- und Steingebäude, wahrscheinlich eine Reihe verschiedener Blocks, die um zentrale Empfangs- und Vorräume angeordnet waren. Niemand weiß jedoch genau, wie sie aussahen, da der Komplex fast umgehend durch ein Feuer zerstört wurde. Die nächste Version, ebenfalls von einem Italiener konstruiert, allerdings in größerem Maßstab, umfasste wiederum separate Gebäude. Einige Fundamente haben sich erhalten, während die übrigen durch aufeinanderfolgende Brände und radikale Änderungen der Modetrends verschwanden. Heute existiert nur noch der schöne, 1491 fertiggestellte Facettenpalast.

Dieses Gebäude, geschaffen von Solari und Marko Frjasin, war als Empfangssaal geplant. Das Innere besteht aus einem einzigen Gewölbe von 495 Quadratmetern Größe, und sein Dach ruht auf einer Mittelsäule. Die Gestaltung war im Wesentlichen, wenn auch nicht in jedem Detail, so russisch, wie Iwan es sich hätte wünschen können. Kurz zuvor hatte Wassili Jermolin etwas Ähnliches für die Mönche des reichen Dreifaltigkeitsklosters des heiligen Sergius, 65 Kilometer außerhalb Moskaus, bewältigt.[65] Aber Solaris Gebäude war gleichzeitig ein italienischer Palast von klassischem Renaissance-Geschmack. Die Außenwände sind immer noch mit rhombusförmigen Quadern (Rustika) verziert, die fast den Eindruck erwecken, als wären sie mit Edelsteinen besetzt. Dies war der letzte Schrei im Venedig des 15. Jahrhunderts, doch derartige Ausschmückungen sollten bald so russisch erscheinen wie die neue Leidenschaft für Ziegelsteine.[66] Das lokale Genie stützte sich auf Adaptierung, rasches Erlernen und neue Variationen eines bekannten Themas. Sogar der italienische Begriff *palazzo* wurde sofort von den Gastgebern (als *palata*) übernommen und bezeichnete eine teure, aus Steinen errichtete Villa für die Reichen.[67]

Noch russischer, jedenfalls für alle späteren Generationen, waren die Ziegelmauern und -türme, die all das umgaben. Noch heute gelten sie als höchstes Symbol der moskowitischen Epoche. In Iwans Zeit, als das Resultat eines ganzen Kontinentalkriegs von einer einzigen Belagerung abhängen konnte, waren die Vorgaben sehr anspruchsvoll. Die alten Verteidigungstürme des Kreml waren für Bogenschützen und mit Kesseln und Steinen bewaffnete Stadtbewohner geplant worden; die neuen würden Platz für dichte Geschützreihen und die sie bedienenden Männer bieten müssen. Außerdem war es wichtig, ein Frühwarnsystem zu schaffen, wozu man unterirdische Horchposten baute, welche die Geräusche von Pionieren, die einen Tunnel vorantrieben, verstärkten.

Belagerungen konnten sich über Jahre hinziehen, und man würde einen Trinkwasservorrat benötigen, um Tausende von Menschen zu versorgen. Außerdem musste man große Getreide- und Salzmengen lagern. Und schließlich würde es, falls je Angreifer die Mauern durchbrechen sollten, notwendig sein, den Schatz der Stadt – und die beträchtlichen Reserven des Fürsten – in einem sicheren Versteck unterzubringen. Iwans neue Architekten wurden angewiesen, die alten Kathedralenkrypten auszubauen, wobei sie ein System von Kammern und Tunneln schufen, dessen Ausmaß immer noch unbekannt ist.[68]

Die Arbeit begann 1485 am Moskauer Flussufer. Anton und Marko Frjasin beseitigten zunächst die alten Mauern und ließen im Schlamm eine tiefe Grube für das Fundament einer Ziegelfestung ausheben. Als Erstes konzentrierten sie sich auf einen massiven Turm in der Mitte des Uferdamms. Ihr Entwurf sah einen Geheimgang zum Fluss vor, durch den man in Zeiten der Belagerung Wasser in den Kreml heraufholen konnte; aus diesem Grund wurden der Turm und das Eingangstor darunter »Tainizkije« (»geheim«) genannt. Wie alle anderen Kremltürme unter Iwans Herrschaft war auch dieser ein stabil wirkender Block mit Innentreppen und stufenförmigen Brüstungen – eher zweckmäßig und elegant als phantasievoll. Die dekorativen Zeltdächer des heutigen Kreml (die aussehen wie nutzloser Prunk und von denen einige rote Sterne tragen) wurden später (und zu unterschiedlichen Zeiten) hinzugefügt. Vorläufig war dies ein nüchternes Gebäude. Über den Holzwirrwarr der Stadt hinweg muss es kilometerweit sichtbar gewesen sein.

Die Seite über dem Moskauer Flussufer, die Angreifern aus dem Süden zugewandt war, galt als verletzlichster Teil des Kreml, und sobald die alten Mauern abgerissen waren, setzte man die Arbeit hier zügig fort. Nach der Fertigstellung des zentralen Eingangstors konzentrierten sich die Architekten auf die beiden Endpunkte, und bis 1489 waren zwei weitere Bauten vollendet: der Beklemischew-Turm (benannt nach dem nicht weit entfernten Gut von Nikita und Semjon Beklemischew) an der südöstlichen Spitze des Kreml sowie der Swiblow-Turm (heute nach der Pumpanlage, die dort schließlich installiert wurde, Wasserzugturm genannt) am südwestlichen Winkel. Beide waren rund (damit die Verteidiger ein möglichst weites Sichtfeld hatten) und groß genug, um die begehrten neuen Geschütze aufzunehmen. Insgesamt errichtete man sieben Türme zum Schutz der Kreml-Südseite; jeder war als unabhängige Festung konstruiert, doch sie standen so dicht nebeneinander, dass die Verteidiger einander im Blick behalten konnten, während sie ihren Feinden den Weg durch ein unpassierbares Kreuzfeuer versperrten.

Dies war das Stadium, das man erreicht hatte, als 1490 Pietro Antonio Solari aus Mailand erschien, um Iwans Bollwerk durch den Stil und die Technologie der Sforza-Fürsten zu verfeinern. Unter seiner Leitung wurden zwei eindrucksvolle Tortürme im selben Jahr vollendet: einer im Südwesten (der Borowizki) und einer neben der kleinen, dem christlichen Kaiser Konstantin und seiner Mutter Jelena (Helena) gewidmeten Kirche. Im folgenden Jahr entstanden die wichtigsten Türme und Eingangstore des Kreml, nämlich der Frolow- (oder Erlöser-) und der Nikolaus-Turm gegenüber dem Handelsviertel am Rand des heutigen Roten Platzes. Bei den Bauarbeiten musste Solari das Basrelief des heiligen Georg entfernen. Es wurde kurzfristig an seinem Torhaus angebracht, doch bald von einer neuen Uhr verdrängt, deren Zeiger über die ganze Stadt hinweg sichtbar waren und deren fabelhafte Mechanik vielleicht sogar Musik spielte.[69] Aber Solari hatte keine Zeit, eine Pause einzulegen und zuzuhören. Sein Moskau muss durchdringend nach gebranntem Ton und frisch zersägtem Holz gerochen haben. Zehntausende von Ziegeln wurden für die nächste Arbeitsphase benötigt, nämlich dazu, die Hauptlinie der Mauern zu vollenden. Der Fluss verschwand vermutlich unter permanentem Baustaub, während sich die Wälle, selten weniger als vier Meter dick und an manchen Stellen 15 Meter hoch, um die Süd- und Ostflanke des Hügels wanden.[70] Mailand war nach Moskau gekommen, weshalb die gesamte Begrenzungsmauer von mehr als zwei Meter hohen Schwalbenschwanz-Zinnen gekrönt wurde. An der Innenseite wich die Eleganz jedoch Schießständen und einem Laufsteg, der durchgängig breit genug für mehrere Reihen von Bogenschützen war.

Solari, der gleichzeitig am Facettenpalast arbeitete, wandte seine Aufmerksamkeit nun dem Steilufer zu, das hinunter zur Neglinnaja führte. Er begann mit einem Rundbau, dem Sobakin-Turm (später Arsenal-Eckturm), der die nordwestliche Spitze der dreieckigen Verteidigungsanlagen des Kreml beherrschte. In seinem Fundament war ebenfalls ein Reservoir verborgen, das diesmal durch eine schier unerschöpfliche unterirdische Quelle gespeist wurde. Er mag auch ein paar Tresorräume enthalten haben, jeweils versiegelt mit einer Eisentür, für welche die Schmiede ein so massives und raffiniertes Schloss ersonnen hatten, dass niemand es ohne den dünnen Schlüssel öffnen konnte. Dahinter, besagt die Legende, waren die Räume mit riesigen, wiederum durch teuflische Schlösser gesicherten Vorratstruhen gesäumt.[71] Diese Geschichte stammt aus den 1720er Jahren, als man die Gewölbe bei den Bauarbeiten für ein neues Arsenal wiederentdeckte, und obwohl sich die Details nicht bestätigen lassen, wurde durch eine spätere Ausgrabung tatsächlich eine tiefe, nach Jahrhunderten der Vernachlässigung überflutete Kammer freigelegt.[72] Die Neglinnaja war stets ein Fluss, der nicht dahinströmt, sondern sich staut und sickert. Zu Iwans Zeit machte die Kälte des Flusses dem unglückseligen Baumeister und seinen geheimen Räumen ein Ende. Solari starb 1493 und überließ es seinen Nachfolgern, den letzten Abschnitt der Kreml-Verteidigungsanlagen zu vollenden.

Es kam zu einer beträchtlichen Umgestaltung der Landschaft. So viel Holz wurde für die Bauarbeiten – als Brennstoff, für Gerüste und Stützen – verbraucht, dass der Moskauer Wald um 1500 nahezu verschwunden war.[73] Nur mit Handwerkzeug ausgerüstet, wühlten enorme Arbeitermengen im Kremlboden, hackten auf ihn ein, karrten die traurigen Erdhaufen davon und schütteten sie anderswo aus, bis sie das Land selbst umgeformt hatten. Wenn die Festung heute wirkt, als füge sie sich natürlich in das Gelände ein, dann deshalb, weil der Hügel unter ihr beim Bau der großen Mauern umgeschichtet wurde. Iwan III. veränderte auch die Umgebung. Durch den Brand von 1493 waren alle vor der potentiellen Gefahr für nagelneue Mauern gewarnt worden, und Iwan befahl, eine 235 Meter breite Feuersperre um seine Burg zu schaffen. Damit war der Rote Platz geboren (damals trug er noch den Namen *Poschar*, »Feuer«), aber eine solche Räumung konnte nicht unumstritten vonstattengehen. Auf der Neglinnaja-Seite sah

Iwans Projekt vor, eine große Zahl von hölzernen Wohngebäuden und wenigstens eine Kirche zu schleifen. Das Volk wurde wie immer beiseitegeschoben, doch Erzbischof Gennadi von Nowgorod, ein früherer Archimandrit (Vorsteher) des Tschudow-Klosters, bezichtigte den Fürsten des Frevels, als die Kirche verschwand, denn Hunde und Vieh liefen nun über den geweihten Boden.[74] Trotzdem blieb die Fläche weitere hundert Jahre lang leer.[75]

Iwan setzte die Realisierung seiner Pläne fort. Im Jahr 1500 erhielt der Kreml seine erste interne Straße, welche die Ansammlung der Bojarenpaläste und Holzkapellen vom Erlöser- und Nikolaus-Tor bis zum neuen Kathedralenplatz durchschnitt.[76] Zugleich schickte sich Aloisio de Carcano an, den Hügel von einem Vorgebirge in eine Insel zu verwandeln. Iwan erlebte den Abschluss dieser Arbeit nicht mehr, aber sein Nachfolger Wassili III. (1505–1533) förderte die Bemühungen, die Pläne seines Vaters fertigzustellen und weiterzuentwickeln. Zusätzliche Staubecken wurden neben den Kremlmauern gebaut, und im Jahr 1508 schuf Aloisio einen mit Ziegeln vermauerten Schutzgraben, der die Flüsse Moskwa und Neglinnaja am Rand des gerade geräumten Geländes unterhalb des Erlöser-Turms vereinigte. Der Arbeitsaufwand erschien sogar nach Iwans Maßstäben enorm, denn der Graben war über 12 Meter tief und fast 40 Meter breit. Er wurde von niedrigen Mauern geschützt, und an den beiden Haupttoren spannten sich zwei Zugbrücken über ihn hinweg.[77] Durch seine Breite sollte die Möglichkeit ausgeschaltet werden, dass Belagerer unter den Mauern Stellung bezogen. Außerdem wurde ein mögliches Heer entschlossener Feinde daran gehindert, die Mauern zu untertunneln und den Kreml wie eine Maulwurfsplage zu überwältigen.[78] Niemand unternahm je den Versuch. Als der Graben, der den Rand des heutigen Roten Platzes berührte, mit Wasser gefüllt wurde, war der Kreml vom Umland abgeschnitten und wenigstens für ein paar Jahrzehnte uneinnehmbar.

Iwan III. erhielt als erster russischer Herrscher den Beinamen »der Große«, und zu seinen Lebzeiten war er in Russland, durchaus zu Recht, auch als *grosny* (der Schreckliche) bekannt – ein Epitheton, das sich später viel besser für seinen Enkel, Iwan IV., zu eignen schien.

Unter dem Einfluss Sofias, seiner in Italien erzogenen Frau, begann der Großfürst von Moskowien, sich Zar (Kaiser) zu nennen, und er übernahm einen sehr europäisch wirkenden Doppeladler als Emblem für den moskowitischen Thron.[79] Seine Renaissance-Paläste als Zeichen seiner Macht und Kultiviertheit sollten nicht nur sein eigenes Volk, sondern auch Ausländer beeindrucken. Allerdings wusste man jenseits der slawischen Welt kaum etwas über Moskau. Die Italiener hatten natürlich eine gewisse Vorstellung vom Reichtum Russlands (schon vor Iwans Trauung mit Sofia hatte der mailändische Herrscher Francesco Sforza versucht, sich über das Reich des fernen »weißen Kaisers« zu informieren), doch weiter im Norden glaubte Kaiser Friedrich III., dass der Moskauer Fürst lediglich ein Vasall des litauischen Königs sei.[80]

1487 besuchte ein Deutscher, Nikolaus Poppel, den Kreml, dessen Wohlstand und Glanz ihn verblüfft zu haben scheint. Nach seiner Rückkehr erwies sich Poppels aufgeregter Bericht als so überzeugend, dass Friedrich beschloss, den Barbaren zu umwerben. 1489 schickte er den deutschen Abenteurer zurück nach Moskau, wo er eine Ehe zwischen Iwans Tochter und dem Markgrafen von Baden arrangieren sollte. Ein Anreiz, den Poppel selbst hinzugefügt haben könnte, war der, dass Iwan von Friedrich gekrönt werden solle, denn nur der Kaiser des Heiligen Römischen Reiches habe die Macht, das Königtum zu verleihen. Iwans Antwort war meisterhaft. »Durch Gottes Gnade«, beschied er den beklagenswerten Besucher, »sind wir von Anfang an Souveräne in unserem eigenen Land (...) Unsere Ernennung kommt von Gott, wie die unserer Vorfahren (...) Wir wünschen nicht, von irgendwem ernannt zu werden.« Was die Ehe betreffe, so komme dafür nur Friedrichs eigener Sohn in Frage. Juri Trachaniot, der nun als Iwans Gesandter fungierte, überbrachte die Botschaft dem Kaiser persönlich. Und er bekräftigte, dass ein so großer Herrscher wie Iwan niemals bereit sein werde, seine Tochter mit einem kümmerlichen »Makraby« zu vermählen.[81]

Besucher ließen sich durch Iwans Reichtum täuschen, aber er regierte kein sicheres, friedliches Land. All die imposanten Festungsmauern wurden gebaut, um reale Feinde fernzuhalten, und die Notwendigkeit von Verteidigungsanlagen endete nicht an der Moskwa. Ironischerweise war Nowgorod die erste Stadt, die Iwan befestigte (damit begann er 1484, ein Jahr vor der Arbeitsaufnahme in Moskau), obwohl es hier wahrscheinlich eher darum ging, dass seine Gouverneure im Bedarfsfall wütenden Mengen von Einheimischen entkommen konnten. Nach dem Tod Iwans III. verschlechterten sich die Beziehungen zum Krim-Khanat, und der neue Fürst Wassili III. leitete weitere Verteidigungsarbeiten ein. Wiederum griff man auf italienische Fachkenntnis zurück, und in etlichen strategisch wichtigen Orten an der Südgrenze schossen neue Festungen nach unterschiedlichen lombardischen Entwürfen empor. Dazu gehörten Tula, Kolomna, Nischni Nowgorod und Saraisk, die jeweils noch über Fragmente ihrer alten Ziegelmauern und -zinnen verfügen.[82] Die Zitadellen waren bald im Einsatz, denn im Grenzgebiet kam es zu wiederholten Überfällen. Selbst wenn die Verteidiger in ihren neuen Festungen sicher waren, konnten sie die Verwüstung der umliegenden Gebiete nicht verhindern. 1521 erreichte ein gemeinsames Reiterheer der Khanate Krim und Kasan Moskau. Es griff die Stadt an und brannte sie nieder. Der Kreml selbst blieb ungeschoren, doch das große Geschäftsviertel im Osten hatte weniger Glück. Danach war man sich am Hofe einig, dass eine einzige Maueranlage nicht genüge, um die Schätze der Stadt zu schützen.

Ein Team unter Führung eines weiteren Italieners, Pietro Annibale, begann 1535 mit den Erdarbeiten für eine zweite Reihe von Mauern und Türmen.[83] Zuerst wurde das Gelände mit Holz abgesteckt, obwohl es auch durch einen üblen Wassergraben und die Flüsse Moskwa und Neglinnaja gesichert wurde. 1538 hatten die Techniker die Palisade bereits durch eine dreieinhalb Kilometer lange Ziegelmauer ersetzt, die sieben Tore und 13 neue Türme besaß. Der Entwurf stellte einen Fortschritt dar, denn die neue Befestigung war genauso breit wie hoch, damit sie einer neuen Geschützgeneration standhalten konnte. Der lokale Spitzname für die Stätte leitete sich von den Bündeln aus Holzpfählen (*kity*) her, die man in der Anfangsphase benutzt hatte, und bald hieß die neue Anlage Kitai-Gorod. Ihre Befestigungen umschlossen das alte Handelsviertel (*possad*) und verliefen in einer gestreckten Schleife nord- und ostwärts vom Arsenal-Eckturm des Kreml und dann südwärts zur Moskwa in der Nähe des Beklemischew-Turms. Der Kreml, getrennt davon, ragte hinter seinen eigenen Ziegelmauern und Aloisios Graben auf, nicht zu reden von der großen Fläche (dem künftigen Roten Platz), die seit dem Brand von 1493 geräumt war. Aber aus der Ferne konnten die beiden Teile des Stadtzentrums leicht für eine einzige Festung gehalten werden.[84] Manche nannten den Kreml die »Altstadt«, um ihn von den neuen Bezirken zu unterscheiden.

Das Moskauer Zentrum war nun ein Labyrinth aus Mauern und so furchteinflößend wie die Höhle eines mythischen Drachen. Der Hof legte so großen Wert auf die neue Sicherheit, dass sämtliche Befestigungen als Staatsgeheimnis behandelt wurden (ungeachtet der Tatsache, dass fast alle das Werk von Ausländern waren). Spätere Besucher berichteten manchmal, man habe ihnen die Augen verbunden und sie mit einer Schar von Wächtern umgeben oder sie gezwungen, in verschlossenen Kutschen zu fahren, bevor sie in den Kreml gelangten, vor allem wenn Renovierungen durchgeführt wurden.[85] Kitai-Gorod war zugänglicher und wurde zum Handelszentrum der Stadt, nicht zuletzt weil Iwan III. ausländische Kaufleute aus dem Kreml verbannt hatte, aber auch dieser ummauerte Bezirk erweckte den Eindruck einer Zitadelle. Sein Militärcharakter wurde durch Gefängnisse, Folterkammern und ein gewaltiges Arsenal unterstrichen.[86] Wie jeder Kaufmann, der im Schatten der neuen Mauern von Kitai-Gorod Silber zählte, erkennen konnte, betrachteten die Herrscher Moskaus die ganze Stadt als Bollwerk. Für den Bau hatten sie die besten technischen Kenntnisse importiert, die sich mit Geld kaufen ließen. Deshalb erscheint es ironisch, dass sich die technologische Revolution, die den italienischen Festungsbau des 15. Jahrhunderts angetrieben hatte, ohne Moskau fortsetzen sollte, nachdem die Arbeiten beendet waren.

Von Artillerie bis hin zu Musketen und gedrillter, disziplinierter Berufsinfanterie ließen die Heere Europas und die mit ihnen verbundene Denkweise bald das Niveau hinter sich, an dem sich Fioravanti und Solari in den 1480er und 1490er Jahren orientiert hatten. Sogar die Belagerungstechnik änderte sich, und innerhalb von Jahrzehnten nach seiner Vollendung wirkte der Kreml altmodisch, verglichen mit den fortgeschritteneren sternförmigen Festungen, für die manche europäische Städte nun den Bankrott riskierten. Da Moskau sich auf importierte Erfindungen verließ, statt einheimische Meister in der neuen Wissenschaft auszubilden, hinkte es der Entwicklung stets einen Schritt hinterher. Und das Problem beschränkte sich nicht auf das Schlachtfeld, sondern es erfasste auch Technologien wie den Buchdruck und eine ganze Reihe von Geisteswissenschaften. Nur durch die geographischen Umstände – eine Frage der Entfernung und der Kälte – wurde die Illusion von der Unüberwindlichkeit Moskaus bewahrt. Solange seine Hauptfeinde Steppentataren waren, bestand zumindest ein gewisses Gleichgewicht, doch von der Mitte des 16. Jahrhunderts an verdüsterte eine neue Art Unbehagen den russischen Hof. Irgendwie schienen die europäischen Ketzer die Oberhand gewonnen zu haben. Jahrhunderte später begannen Experten in Russland und anderswo, das Problem als Rückständigkeit zu bezeichnen.[87]

Aber der Kreml – unnahbar, sogar verglichen mit dem ummauerten Kitai-Gorod – stand über der Verwirrung des wirklichen Lebens, blieb abgeschnitten von seinem ungeordneten Getöse. Gewiss, er war geschützt, aber auch eingeschlossen. Dies war eine Metapher für ein Gutteil der sich anschließenden Geschichte Russlands, und mehrere der späteren Revolutionen des Landes kamen Fluchtversuchen gleich. »Eine Mauer«, schreibt Ryszard Kapuściński (der überhaupt nichts für russische Patrioten übrighatte), »ist also gleichzeitig Verteidigungsschild und Falle, Schutz und Käfig.« Er fuhr fort: »Der schlimmste Aspekt der Mauer besteht jedoch darin, daß sie in vielen Menschen eine Haltung von Mauerverteidigern entstehen läßt, daß sie ein Denken hervorbringt, in dem durch alles eine Mauer verläuft, die unsere Welt in Böse und Niedrige – die da draußen – und Gute und Höherstehende – die drinnen – einteilt.«[88]

3 Der Goldene Palast

Ambrogio Contarini, ein Gesandter aus dem katholischen Venedig, hielt sich in den späten 1470er Jahren im Moskau Iwans III. auf. Seine Aufzeichnungen beschreiben eine denkwürdige Szene:

> »Seit Ende Oktober ist der Fluss [die Moskwa] vereist, und man errichtet darauf Läden und Basare, um alles Mögliche zu verkaufen, so dass in der Stadt kaum etwas veräußert wird. Sie tun das, weil es auf dem Fluss (…) weniger kalt ist als überall sonst. Auf diesem zugefrorenen Fluss sieht man täglich eine Anzahl Kühe und Schweine, große Mengen Getreide, Holz, Heu und andere lebensnotwendige Güter; und der Nachschub lässt den ganzen Winter hindurch nicht nach. Ende November schlachten alle, die Kühe oder Schweine haben, die Tiere und bringen sie mitunter auf den Stadtmarkt. Sie werden im Stück gefroren, und es ist seltsam, so viele abgehäutete Kühe aufrecht auf ihren Füßen stehend zu erblicken (…) Das Fleisch, das man isst, kommt von Tieren, die manchmal drei oder mehr Monate zuvor geschlachtet worden sind. Fisch, Geflügel und alle anderen Lebensmittel werden genauso behandelt. Pferde laufen über diesen Fluss, wenn er vereist ist, und etliche Vergnügungen finden dort statt.«[1]

Fast ein Jahrhundert später, im Jahr 1558, beobachtete ein Engländer namens Anthony Jenkinson denselben »großen Markt« auf dem zugefrorenen Fluss, aber er wurde auch Zeuge eines noch befremdlicheren Schauspiels. Es ereignete sich am Dreikönigsfest und bezog sämtliche Höflinge ein, »die alle sehr reich – mit Gold, Perlen, Edelsteinen und kostbaren Pelzen – geschmückt sind«. Der Tag hatte mit einem Gottesdienst in der Entschlafens-Kathedrale begonnen, wonach sich die Gesellschaft gemächlich zu einem in die Oberfläche des Flusses Moskwa gehackten Eisloch begab. Dort nahm der Metropolit seinen Ehrenplatz auf einem Thron ein, während der Herrscher, wie die übrigen Höflinge, stehen blieb. Die scheinbare Umkehrung der Hierarchie von Kirche und Staat war unerwartet, genau wie die sich anschließende Zeremonie, denn nachdem der Führer der russischen Kirche den Fluss unter dem Eis gesegnet hatte, wurden Händevoll Wasser geschöpft und über den Souverän und seine Adligen »geworfen«. Jenkinson fuhr fort:

> »Danach füllten die Menschen unter großem Gedränge Töpfe mit besagtem Wasser (…) und verschiedene Kinder und Kranke wurden hineingestoßen und rasch wieder herausgeholt und etliche Tataren getauft, was alles der Kaiser wahrnahm. Auch brachte man die besten Pferde des Kaisers herbei, damit sie das besagte heilige Wasser tranken. Nachdem all dies beendet war, kehrte er zu seinem Palast zurück.«[2]

Diese Episoden ereigneten sich an einem ähnlichen Flussabschnitt, doch in anderer Hinsicht hätte der Kontrast zwischen ihnen kaum stärker sein können. Die erste war Teil des lebensprühenden Geschäftslebens, eines Marktes, dessen Fülle Ausländer jahrhundertelang überraschen sollte.[3] Es war ein Fest eigener Art, das außer Rand und Band geraten konnte. Die Kirche predigte ein gesetztes, nüchternes und entsagungsvolles Leben, doch die russische Volkskultur war bunt und durch Unzüchtigkeit, Transvestitentum, Possen und große Mengen alkoholischer Getränke geprägt. Zu Weihnachten und am Dreikönigsfest grenzten die Feiern an Ausschweifung, denn man fürchtete weithin, dass böse Geister das Land heimsuchen würden und besänftigt oder durch Flüche und satanische Spiele ausgetrieben werden müssten. Aber das jährliche Erscheinen des gesamten Hofes auf dem Eis – ein Ritual, das wahrscheinlich im frühen 16. Jahrhundert in Moskau übernommen wurde – war weder spontan noch wild, und bis heute ist es niemandem gelungen, es in allen Einzelheiten zu erklären.[4] Nach der überzeugendsten Darstellung handelte es sich um ein Tableau, um eine lebendige Ikone, die ihrem Rahmen entsprungen war. Der Herrscher spielt die Rolle Christi und der Metropolit die Johannes des Täufers. Die kalte Moskwa ist der Jordan, und der hinter ihr im Winterlicht aufragende Kreml ist zur heiligen Stadt Jerusalem geworden.

Wenn diese Interpretation des Rituals zutrifft, müssen die Beteiligten eine eigentümliche Beziehung zur Zeit und besonders zur Geschichte gehabt haben. Von der feierlichen Segnung der Wasser am Dreikönigsfest bis zur täglichen Anbetung heiliger Bilder deuten die religiösen Praktiken des Hofes auf eine Welt hin, in der Jahrhunderte komprimiert werden, in der Heilige immer noch auf Erden wandeln und längst verstorbene Fürsten einen größeren Einfluss ausüben können als die meisten lebenden. Was die Zukunft anging, so wurde sie überschattet von der eindringlichen Erwartung des Endes der Tage. Im orthodoxen Kalender war das Weltende auf das Jahr 7000 angesetzt, das mit dem Jahr 1492 des katholischen Europas zusammenfiel.[5] Sogar als der schicksalhafte Tag verstrichen war, nahmen Ikonen mit der Abbildung der Apokalypse in sämtlichen gerade fertiggestellten Kathedralen, darunter alle drei der berühmten Kreml-Gebäude, einen hohen Rang ein. Ein Protestant wie Jenkinson mag diese Details nicht begriffen haben, doch den wenigen Reichen, die sich auf dem Wintereis versammelten, war die Drohung des ewigen Feuers so vertraut wie die Perlen am Besatz ihrer Pelzhandschuhe.

Theologische Feinheiten waren natürlich in erster Linie für Geistliche von Belang, aber im 16. Jahrhundert wurden die Theorie und die äußere Form des russischen Königtums sowie die Prinzipien, welche die innere Welt des Kreml beeinflussten, weitgehend von ihnen gestaltet. Sie machten ausgiebigen Gebrauch von christlichen Metaphern und ermutigten ihre Herde, indem sie den Gläubigen Ruhm am Jüngsten Tag versprachen. Doch die Prediger am Kreml-Hof nutzten zudem das Potential der Geschichte. Ihr Fürst, Iwan der Schreckliche (Iwan IV., 1533–84), erwies sich als fähiger und sogar kreativer Schüler. Was als Hoftheater begann, als Reihe von Experimenten mit der Hoheitsgewalt, sollte in seinen Folterkammern mit Blut, Sehnen und Knochen enden. Es war in der Tat angemessen, dass Iwan eine solche Vorliebe für Ikonen hatte. Nachdem er sich zuerst als christusähnliche Gestalt stilisierte, deuten alle Anzeichen darauf hin, dass er sich im späteren Leben eine apokalyptische Rolle zumaß, die auch den erfinderischsten Ikonographen überfordert hätte.

Zwei Generationen zuvor, in den 1440er Jahren, war ein Bürgerkrieg erforderlich gewesen, um sicherzustellen, dass Iwan III. den Thron seines Vaters besteigen konnte. Um jegliche weiteren Ansprüche seiner

Onkel und Cousins auszuschalten, ordnete er sofort an, mehrere seiner männlichen Verwandten zu verhaften. Es war eine Strategie, durch die seinen Söhnen die Krone garantiert wurde, und Iwan zeugte recht viele von ihnen, nicht zuletzt, weil er zweimal heiratete. Die kurzlebige Ehefrau seiner Jugend, Maria von Twer, gebar den unbestrittenen Erben, der ebenfalls den Namen Iwan erhielt. Bevor der Junge 13 Jahre alt wurde, ernannte Iwan III. ihn zu seinem Nachfolger. Das Unglück schlug jedoch 1489 zu, als der junge Mann an Gicht erkrankte. Sein Vater ließ nichts unversucht, um eine Heilung zu finden, und die Rettung schien endlich bevorzustehen, als ein venezianischer Arzt, Leo der Jude, 1490 im Kreml eintraf. Aber die Behandlung, die der Arzt anordnete, führte zum langsamen und schmerzhaften Tod des jüngeren Iwan. Leo wurde erwartungsgemäß enthauptet, doch der Großfürst stand weiterhin vor einem Dilemma.[6] Seine übrigen Söhne waren Kinder seiner zweiten Frau Sofia. Der älteste, Wassili, bot sich als Erbe an, aber das Bild wurde dadurch kompliziert, dass der verstorbene Thronfolger Iwan 1483 ebenfalls einen Sohn, Dmitri Iwanowitsch, gezeugt hatte. Iwan III. empfand eine besondere Zuneigung zu diesem Enkel und zu dessen Mutter, Jelena Stepanowna von der Moldau, einer entfernten Verwandten, deren Familie wichtig für das zarte diplomatische Geflecht Moskaus in Europa war.[7]

Was immer die Meinung des Hofes in anderen Zeiten gewesen sein mochte, Iwan III. war überzeugt, eine reale Wahl hinsichtlich der Nachfolge zu haben. Seit einigen Generationen vertraten die moskowitischen Herrscher, wie ihre überkommenen Testamente zeigen, den Standpunkt, dass die Macht ihr Eigentum sei. Sie betrachteten die Stadt als riesigen Gutsbesitz, und jeder sterbende Fürst vererbte den Thron etwa so, wie er seinen Schmuck und seine Imkereien hinterließ. Während Iwan III. überlegte, welchem potentiellen Erben er den Vorzug geben sollte, behandelte er die Kandidaten mehr oder weniger unvoreingenommen, doch 1497, als Wassili 18 und Dmitri erst 13 Jahre alt war, gab der alternde Fürst seine Entscheidung für den Letzteren, seinen Enkel, als Erben bekannt. Das konkurrierende Lager leitete sofort eine Rebellion ein, darunter eine Verschwörung, Dmitri zu ermorden, aber Iwan III. duldete keinen Widerspruch. Sechs der Verschwörer wurden hingerichtet, und sowohl Sofia als auch ihre Söhne fielen in Ungnade.[8] Jegliche Hoffnung für Wassili schien verloren zu sein, und um dies zu unterstreichen, unternahm Iwan den beispiellosen Schritt, seinen Enkel zum Mitregenten zu krönen.

Die Zeremonie, die im Februar 1498 abgehalten wurde, war die erste ihrer Art in Russland, und sie fand, wie jede Krönung danach, in der Entschlafens-Kathedrale des Kreml statt. Da es keinen Präzedenzfall in der Moskauer Vergangenheit gab, zogen Iwans Priester verschiedene byzantinische Texte zurate, bevor sie sich für den Wortlaut der Gebete und das Arrangement der Feier entschieden. Man stellte Throne auf ein Podest, und der gesamte Hof bereitete sich darauf vor, in voller Gewandung zu erscheinen.[9] Die goldenen Roben der Adligen waren so teuer, dass die meisten sie für einen Tag aus dem Schatzamt entliehen, aber das Schauspiel hinterließ einen Eindruck, den spätere Kirchenmänner nicht vergessen würden. Allerdings durchlief der alte Großfürst innerhalb von vier Jahren einen Sinneswandel, was die Identität seines Erben betraf. Im April 1502 wurden Dmitri und seine Mutter Jelena verhaftet, und kurz danach rief man Wassili zum »Autokraten von ganz Russland« aus. Günstigerweise – und wohl nicht ganz zufällig – starb Dmitri ein paar Jahre später im Gefängnis.[10] Nach Iwans Tod im Jahr 1505 trat Wassili seine Nachfolge an.

Wassili III. wurde nie gekrönt, was vermutlich als Zeichen seiner eindeutigen Legitimität gelten konnte, da kein Bedarf an Theatralik bestand. Dem erfolgreichen Herrscher und Großfürsten blieb die Vaterschaft zunächst versagt, denn seine erste Frau, Solomonia Saburowa, war unfruchtbar, weshalb der Fürst 1523 auf eine Scheidung hinwirkte. Durch diesen Plan wurde der Hof gespalten, und einige Kirchenführer lehnten ihn aus moralischen Gründen ab. Wassili setzte sich letztlich durch, und Solomonia (nun der Hexerei bezichtigt) wurde in ein fernes Kloster verbannt. Kaum zwei Monate später, im Januar 1526, heiratete Wassili seine zweite Braut, die 15-jährige Jelena Glinskaja. Bei diesem Anlass sah sich der Fürst durch die Notwendigkeit, die Hofintrigen einzudämmen, gezwungen, eine dramatische Zeremonie durchzuführen.[11]

Die Trauung von 1526 wurde also, wie die Krönung vom Februar 1498, ersonnen, um in einem ungewissen Moment eine energische Botschaft zu übermitteln, und sie schuf, ebenfalls wie die Krönung, einen dauerhaften Präzedenzfall.[12] Das heilige Sakrament wurde in der Entschlafens-Kathedrale zelebriert, und in den kommenden Nächten verwendete man einige der übrig gebliebenen Kerzen dazu, das Paar – und ihren Schwarm von Bediensteten – zu beleuchten. Jedem Detail des Schauspiels wohnte eine besondere Bedeutung inne: von der Wahl der Schlafgemach-Ikonen (mit dem Motiv der Mutterschaft) über die Ausstreuung von Erde (um an die Sterblichkeit zu erinnern) bis hin zum verschwenderischen Gebrauch alter Fruchtbarkeitssymbole wie Honig und Getreide. Im August 1530 wurde ein erster Sohn, Iwan Wassiljewitsch, geboren. In jener Nacht fegte der Legende zufolge ein für die Jahreszeit ungewöhnlicher Wind so heftig durch Moskau, dass die Glocken der Erlöser-Kathedrale des Kreml von allein zu läuten begannen.[13]

Die Erbfolge schien endlich gesichert zu sein, zumal nach der baldigen Geburt eines zweiten Jungen namens Juri. Wassili überreichte dem Kronprinzen Iwan ungefähr zu jener Zeit einen winzigen Helm, ein Symbol sowohl der Majestät als auch der künftigen Führerschaft.[14] Ein derartiger Gegenstand war kein Spielzeug, doch Iwan hatte ohnehin keine Möglichkeit zu spielen. Er war fast noch ein Kleinkind, als sein Vater im Winter 1533 schwer erkrankte. Wassili befand sich auf einem seiner geliebten Jagdausflüge, als ihn eine giftige Entzündung und ein starkes Fieber ereilten. Die Ärzte gaben die Hoffnung auf, und Wassili wurde mit einer Krankensänfte zum eingeschneiten Kreml zurückgebracht. Im Sterben liegend, erklärte er einem hastig einberufenen Rat, dass er seinem ältesten Sohn sämtliche Titel und Güter übertragen wolle. Außerdem verfasste er ein neues Testament, das zum Teil darauf abzielte, eine Regentschaft unter der Leitung vertrauenswürdiger Berater einzurichten. Sein letzter Wunsch, wie der von Generationen seiner Vorväter, war es, Mönch zu werden und den heiligen Namen Warlaam anzunehmen. Trotz der Proteste seiner weinenden Frau und seines Bruders Andrej ließ er sich vom Metropoliten selbst eine Tonsur schneiden, und er starb um Mitternacht, nachdem er zugesehen hatte, wie seine beiden erwachsenen Brüder das Kreuz zum Zeichen der Gefolgschaft gegenüber seinem dreijährigen Sohn küssten.[15]

Die Regenten waren eine wenig anziehende Gruppe. Unter ihnen ragte Iwan Wassiljewitsch Schuiski heraus, der einer der mächtigsten Moskauer Familien angehörte und zwangsläufig in den Regentschaftsrat berufen wurde, als der sterbende Iwan sein Testament diktierte. Nach dem Tod ihres Gatten nutzte Jelena Glinskaja die erste Gelegenheit, den Rat durch Iwan Owtschina Telepnjow-Obolenski zu ergänzen, einen Adligen, den manche für ihren Liebhaber hielten. Spätere Autoren machten hauptsächlich ihn für die Ermordung von Wassilis Brüdern, den königlichen Onkeln, verantwortlich – eine Maßnahme, welche die unbestrittene Macht der Regenten sicherstellen sollte.[16] 1534 wurde der ältere Bruder in einen Kerker des Kreml geworfen. 1537 war sein jüngerer Bruder an der Reihe. Da Tabus es aber noch unmöglich machten, Fürstenblut zu vergießen, wurden beide Opfer dem Hungertod ausgeliefert, wobei der jüngere Bruder angeblich einen eisernen Knebel trug. Michail Glinski, langjähriges Ratsmitglied und Onkel der Fürstinwitwe, den der sterbende Wassili zum persönlichen Hauptvormund seines Sohnes ernannt hatte, wurde 1534 inhaftiert, vielleicht auch deshalb, weil er die mörderischen Pläne der anderen Regenten kritisiert hatte.[17] Dann ließ man auch ihn absichtlich verhungern.[18] Der junge Iwan und sein Bruder Juri, der taub geboren worden war und nie zu sprechen lernte, befanden sich nun praktisch hilflos in sehr fragwürdigen Händen.

Falls die Regenten je geplant hatten, die minderjährigen Fürsten zu isolieren und für immer an der Macht zu bleiben, wurden sie von den Umständen nicht begünstigt. 1538 starb Jelena überraschend. Sie war noch keine 30 Jahre alt, und man hörte Gerüchte, dass sie vergiftet worden sei.[19] Mehrere Archäologen behaupteten kürzlich, einen entsprechenden Beweis gefunden zu haben, als sie toxische chemische Salze in den Überresten ihrer Leiche entdeckten, doch die betreffenden Verbindungen wurden im 16. Jahrhundert weithin als Abführmittel und sogar zu geheimnisvollen kosmetischen Zwecken benutzt, womit die Ursache von Jelenas letzter Krankheit – oder jedenfalls ihr Urheber – unklar bleibt. Nach ihrem Tod wurde Fürst Iwan Owtschina Telepnjow-Obolenski ins Gefängnis geworfen, wo er starb.[20] Damit blieben zwei Hauptgruppen von Thronbewerbern übrig: die Mitglieder des Schuiski-Clans und ihre Rivalen, die Belskis. Im Lauf der sich anschließenden Kämpfe wurden mehrere Mitglieder beider Familien eingesperrt und ermordet. Während die Rivalen jeweils kurzfristig die Oberhand gewannen, zwang man zwei Metropoliten hintereinander, Daniil und Joassaf, ihr Amt aufzugeben.[21] Immerhin bestand das Potential für die Entwicklung einer Bojarenregierung, und eine Aristokratenherrschaft, vielleicht mit einem Monarchen als Repräsentationsfigur, hätte in den richtigen Händen keine Katastrophe sein müssen. Aber die moskowitische Politik des 16. Jahrhunderts war dafür schlicht nicht geeignet.

In einem Brief, der Iwan persönlich zugeschrieben wird, schildert er die Umstände, die sein Bruder und er nach dem Tod ihrer Mutter erdulden mussten.[22]

> »Als ich aber dann in das achte Lebensjahr eingetreten war und unsere Untertanen ihren Willen erlangten, da sie das Reich ohne Herrscher fanden, da würdigten sie uns, ihren Herrn, keinerlei wohlwollender Fürsorge, sie selbst aber erfüllten sich mit [der Begierde nach] Reichtum und Ruhm und endeten so [im Kampfe] gegeneinander. Und was alles taten sie! Wie viele Bojaren und Willfährige unseres Vaters und Woiwoden töteten sie!«[23]

Es ist ein klagender Tonfall, wie ihn Iwan in seinem späteren Leben immer wieder anschlagen sollte, aber die Tatsachen seiner Jugend verweisen auf eine kompliziertere Geschichte. Die Aufzeichnungen des Kreml-Hofs lesen sich so, als hätte der Junge die souveräne Herrschaft fast von Anfang an ausgeübt. Auch der ehrgeizigste Magnat wäre ihm gegenüber vorsichtig gewesen, nicht zuletzt, weil er bald lernte, die Spiele des Kreml zu spielen. 1543, mit 13 Jahren, billigte er höchstwahrscheinlich die Ermordung von Andrej Michailowitsch Schuiski, der in die Hundezwinger des Hofes geworfen und in Stücke gerissen wurde.[24] Die Überzeugung des Prinzen, dass er in seiner Kindheit sträflich vernachlässigt worden sei, mag einen Teil seines späteren Verhaltens erklären, doch zeitgenössische Belege lassen vermuten, dass er kein bloßes Opfer war. Wie auch immer, jedenfalls wurde das internationale Ansehen des Kreml durch die mörderischen Kämpfe während der langen Minderjährigkeit des Fürsten unzweifelhaft geschädigt. Als sich der künftige Iwan der Schreckliche dem Erwachsenenalter näherte, waren seine Aussichten so ungewiss, dass man keine europäische Prinzessin finden konnte, die bereit war, ihn zu heiraten.[25]

Der Hof – und das ganze Land – könnte kurz vor einem weiteren Bürgerkrieg gestanden haben. Während die Bojaren im Kreml ihre Chancen abwägten, gab es nur einen Einzigen, der die Macht hatte, die Katastrophe zu verhindern: den reizbaren, recht kränklichen Fürsten. Irgendwie musste dieser Erbe beginnen, wirkliche Ehrfurcht zu erwecken. Genau wie im Jahr 1498 schien eine Krönungszeremonie, die heilige Elemente mit reichlich altmodischem Gepränge verband, eine Lösung zu versprechen, und der kurz zuvor ernannte Metropolit Makari schaute sich nach einem geeigneten Muster um. Die Rituale, die man für die Hochrenaissance-Könige Europas geschaffen hatte, boten eine Reihe von denkbaren Alternativen, doch die Orthodoxie konnte nicht so unverhohlen Anleihen bei Papisten und Ketzern machen. Stattdessen wandte sich Makari dem Konstantinopel des 6. Jahrhunderts zu, dessen Reichsregierung (wie die Priester behaupteten) jener des Himmels nachgebildet worden war.[26] Die detaillierten Pläne wurden schließlich auf einer gemeinsamen Versammlung des Bojaren- und des Kirchenrats im Dezember 1546 akzeptiert. Da so viel geregelt und finanziert werden musste, dürfte der gesamte innere Zirkel des Kreml daran teilgenommen haben, doch Makari, der auch als Lehrer und geistlicher Vormund des jungen Fürsten diente, war der Hauptarchitekt und Impresario.

Allem Anschein nach bezweckte der Metropolit, einen Fürsten zu krönen, der sein Volk vereinen würde. Doch der Kirchenführer brachte auch religiöse Argumente vor. Seit dem Fall von Konstantinopel, erinnerte er den Hof, hätten die Rechtgläubigen ihr erstes Reich auf Erden verloren, aber Moskau sei verschont worden. Folglich hätten sein gläubiges Volk und dessen Fürst eine besondere Verantwortung in einer Welt, die der baldigen Apokalypse entgegensehe. Deshalb müsse Iwan nicht bloß zum Großfürsten, sondern nach dem Vorbild Konstantinopels zum Kaiser gekrönt werden; er werde ein absoluter Herrscher oder (um das edle, alte russische Wort zu benutzen) ein Zar sein. Zahlreiche

Texte würden seine Schritte lenken. »Der Kaiser mag dem Leib nach wie alle anderen sein«, hatte der Diakon und Gelehrte Agapetus im 6. Jahrhundert erklärt, »doch durch die Macht seines Amtes ist er wie Gott.«[27] Die Katholiken hätten ihre Gesetze und ihr römisches Recht, der Gebieter Russlands hingegen werde wie ein neuer Salomo herrschen und theoretisch nur Gott Verantwortung schulden. Ungeachtet der damaligen oder der späteren Realität des Hoflebens werde nur eine einzige menschliche Stimme die göttliche Erlaubnis haben, den Herrscher zu zügeln: Makaris eigene.[28] Agapetus habe schließlich unterstrichen, dass die Kirche für moralische Urteile zuständig sei. »Denn obwohl [der Kaiser] das Gesicht Gottes hat, ist er gleichwohl nichts als Staub.«[29]

Die Macht visueller Bilder war, wie Makari gewusst haben dürfte, so stark, dass man sich die Krönung heute kaum ohne Sergej Eisensteins wunderbar theatralische Inszenierung des Ereignisses, die Anfang der 1940er Jahre gedreht wurde, vorstellen kann. In dieser Version steht ein Schauspieler, der die Rolle des jungen Fürsten (mit beängstigenden falschen Wimpern) spielt, vor einem ehrwürdigen Metropoliten. Der Letztere, hager, bärtig und asketisch, hat kein politisches Gewicht. Von diesem alten Mann empfängt der Knabe das Zepter und das Kreuz, den Juwelenkragen und die pelzbesetzte Krone. Dann, langsam und mit gemessener Majestät, wendet sich der neue Zar seinem Volk zu und beginnt seine erste große Rede. Die Worte des Schauspielers mit ihrem Aufruf zu nationaler Einheit und Größe dürften bei russischen Zuschauern in der Stalinzeit Anklang gefunden haben, aber wie beim überwiegenden Teil der Szene handelt es sich um eine Propagandaphantasie der 1940er Jahre. Im Januar 1547 hielt nicht Iwan, sondern der Metropolit die entscheidende Rede, und in deren Mittelpunkt standen biblische Könige.[30] So sollte sichergestellt werden, dass Iwan seine Macht überhaupt ausüben konnte, und es galt, die Fraktionen, die sich an einen schwachen Jungen erinnerten, zu neutralisieren. Bedeutsam war auch, dass kein Ausländer in der Kirche erschien (wobei Eisenstein in seinem Film mehrere auftreten lässt). Die ganze Zeremonie kam den meisten Europäern damals so nebensächlich vor, dass es zwei Jahre dauerte, bis die Nachricht, Iwan sei zum Zaren gekrönt worden, auch nur Polen erreichte.[31]

Iwan selbst entging sicher keine einzige der Botschaften, die von dem Ritual übermittelt wurden. Sogar das Datum war bedeutungsschwanger, denn der 16. Januar fiel nach dem orthodoxen Kalender mit dem Beginn des Wirkens Christi zusammen.[32] Es erinnerte auch an die ursprüngliche Bekehrung der Rus durch Wladimir, und Iwan sollte als dessen Erbe gekrönt werden. Mehr noch, sein Stammbaum war von den Kirchenschreibern zu den mythischen Rjurikiden und auch (um eine starke christliche und imperiale Dynastie zu garantieren) zu den römischen Kaisern Konstantin und Augustus zurückverfolgt worden. Die Geschichte der Moskauer Königsfamilie, der Daniilowitschi, wurde pedantisch genau erzählt, und die Verbindung von Tatsachen und Fabel erweckte den Anschein, dass Iwan der neueste Herrscher aus einem unzweifelhaft angesehenen Adelsgeschlecht sei.[33] Auf die Legenden wurde schon durch seine Krone hingewiesen, die sogenannte Mütze des Monomach, ein mit Zobel und Juwelen besetztes Objekt, das wahrscheinlich irgendwo in Zentralasien entstanden war. Um diese peinliche Tatsache zu vertuschen, verkündete die Kirche, die Krone sei byzantinischer Herkunft. Diese Taschenspielerei – ein Verfahren, sämtliche Rechte und Ehren zu beanspruchen, die jeglichem neuen Herrscher gewährt werden konnten – ließ nicht mehr Missachtung für die Geschichte erkennen, als es damals anderswo in Europa Brauch gewesen wäre. Ältere Moskowiter konnten sich allerdings noch an die Zeit erinnern, als ihr Staat ein mongolisches Lehen gewesen war. Bei Iwans Krönung betonte derselbe Staat nun unter anderem, dass der junge Herrscher das Recht habe, innerhalb und außerhalb seines Reiches als etablierter unabhängiger Souverän behandelt zu werden.

Das jedenfalls hoffte man an jenem Januartag. In dieser Jahreszeit hätte kein Sonnenlicht die inneren Palasträume des Kreml erreichen können, doch die Festung wurde durch den Glanz von Kerzenlicht und Gold erhellt. Auch jenseits ihrer Mauern muss die dünne Luft Spuren von Bienenwachs und Weihrauch enthalten haben, und die bezauberte Stadt, in welcher der Winterschnee weniger bedeutende Geräusche dämpfen mochte, verfiel in Schweigen, als die erste von vielen Glocken, durch mehrere Männer in Bewegung gesetzt, zu dröhnen begann.[34] Unterdessen standen Makari und eine Schar von Priestern in ihrer vollen Pracht bereit. Nach der Prozession von den Palaststufen zur Entschlafens-Kathedrale sah der Hof zu, wie der Fürst und der Geistliche ihren Platz in dem geheiligten Raum einnahmen. »König der Könige und Herr der Herren«, betete Makari, der die Hand auf Iwans gesenkten Kopf gelegt hatte, »der Du durch Deinen Diener Samuel den Propheten David wähltest und ihn zum König über Dein Volk Israel salbtest (…) Schau herab von Deinem Heiligtum auf Deinen treuen Diener Iwan.«[35] Hätte der neue Zar jedoch aufgeblickt, wären seine Augen auf ein Gemälde gefallen, ein Bild von Hofkünstlern, das den Schöpfer zeigte, der sich teilnahmslos weigerte, an menschlichen Plänen mitzuwirken.

Iwan trat ins Tageslicht hinaus, während ungezählte Glocken von neuem erschallten. Gleichzeitig – eine Geste, die im alten Konstantinopel (wo Münzen in die Menge geworfen wurden) Stirnrunzeln hervorgerufen hätte – wurde der neue Zar von seinem jüngeren Bruder Juri mit Silber überhäuft. Dann führte Iwan sein Gefolge zur Erzengel-Kathedrale, um an den Gräbern seiner Vorfahren zu beten. Sein Weg, den man mit scharlachrotem und goldenem Tuch bedeckt hatte, wurde zu einem Teil des heiligen Bodens. Auf dem Bankett, das sich im Facettenpalast anschloss, hielt der Zar Hof für seine Adligen und die höchsten Amtsträger der Kirche. Auf einem separaten Platz sitzend, denn an diesem Tag war niemand würdig, an seiner Seite zu sein, begann Iwan sein Leben als gekröntes Staatsoberhaupt, indem er sich Wein einschenkte, Brot brach und das tranige Fleisch eines Schwanes kostete. Doch Makari, der sich ebenfalls im Saal befand, muss mit verborgenem Stolz in seinem Fischgericht herumgestochert haben. Der gerissene Priester hatte den künftigen Ruhm seiner Kirche sichergestellt.[36] Er hatte Moskau die Attribute eines Reiches verliehen und hoffte, persönlich die Bedeutung – wenn auch nicht den Namen – eines Patriarchen zu erhalten. Der Zar mochte so glanzvoll sein, wie er wollte (und Iwan nutzte bald die Gelegenheit, seinen Titel durch den wirklichen Patriarchen in Konstantinopel bestätigen zu lassen[37]), aber nun war neben seinem Thron stets ein Platz für dünne ältere Männer reserviert, die Griechisch lesen konnten.

Am 3. Februar folgte der Krönung eine königliche Hochzeit. Dies war ebenfalls eine etwas zweifelhafte Angelegenheit, denn Iwans Braut war nicht die Tochter eines europäischen Monarchen, sondern Anastasia Romanowna Sacharjina-Jurjewa, die Nichte eines Bojaren aus den Tagen Wassilis III. Aber das Paar passte gut zueinander und war offenkundig glücklich. Als sich der Frühling des Jahres 1547 näherte, hätte man erwarten können, dass der Zauber eines jugendlichen Hofes Moskau eine angenehme Wärme bescheren würde. Und tatsächlich erwies sich das Frühjahr als ungewöhnlich mild. Dadurch trockneten die Holzgebäude der Stadt rasch aus, und bis April war ein Teil von Kitai-Gorod durch das erste von mehreren Feuern niedergebrannt. Ein Unheil von viel größeren Ausmaßen schlug im Juni zu. Am Mitsommertag züngelte ein Feuer, das irgendwo im hölzernen Wirrwarr der Stadt begonnen hatte, an den Kremlmauern hinauf. Vierundzwanzig Stunden später waren die Flammen so heftig geworden, dass sie die Schießpulvermagazine in einigen der Verteidigungstürme entzündeten.

Es gab keine Hoffnung für die Gebäude in der Feuerschneise. Die Feuersbrunst verzehrte die Kirchen im Palastbereich sowie die Veranda und die Tresorräume, die zur Verkündigungs-Kathedrale führten. Sie zerstörten schwere Vorratstruhen und eine Reihe alter Schätze im unterirdischen Gewölbe des Palastes. Auch die Verkündigungs-Kathedrale selbst wurde durch die Flammen entkernt. Kunstwerke, darunter eine unbezahlbare Ikonostase, gingen verloren, und dann fegte das Feuer durch das Schatzamt und verschlang unersetzliche Hofdokumente.[38] Die Paläste, die nicht zerstört wurden, waren versengt und entstellt; ihre Holzverzierungen und ihr Goldbeschlag verwandelten sich in Asche. Führende Hofmitglieder flohen um ihr Leben. Der 65-jährige Makari, der geblieben war, um eine Ikone zu retten, die sein wundertätiger Vorgänger, der im 14. Jahrhundert lebende Metropolit Peter, gemalt hatte, wurde mit einem Seil an den Kremlmauern hinuntergelassen; die Verletzungen, die er dabei erlitt, heilten nie völlig aus.[39] Jenseits der Zitadelle war die Zerstörung noch schrecklicher. Die benommenen Bürger gruben schließlich über 3700 Leichen aus der Asche aus, und viele Tausende – eine Mehrheit der Moskowiter – waren obdachlos geworden.

Sogar in einer an Brände gewöhnten Stadt war dies eine Katastrophe. Da so viele Menschen auf den Straßen hausten, waren Unruhen unvermeidlich, doch die öffentliche Reaktion verriet einen Grad an politischer Unzufriedenheit, den kein Feuer allein hätte auslösen können. Während die Flammen erloschen und der Zar persönlich zu einer Jagd auf die Brandstifter aufrief, murmelten die Moskowiter, das Unheil müsse von einer Hexe angerichtet worden sein. Ihre Wut – zweifellos angeheizt von den Feinden der Glinskis am Hof – richtete sich auf Anna Glinskaja, die Mutter der verstorbenen, doch immer noch unbeliebten Jelena.[40] Diese Hexe, behauptete man, habe Menschenleichen die Herzen herausgerissen und sie in Wasser eingeweicht. Das so entstandene Gebräu habe sie in Flaschen gefüllt und beim Flug durch eine kurze Sommernacht über die Holzgebäude der Hauptstadt gesprenkelt. Es sei eine bekannte List, wurde gemunkelt, mit deren Hilfe Hexen oftmals Flammen heraufbeschworen.[41] Ein Pöbel versammelte sich unterhalb der Stadtmauern, und schließlich drangen seine Führer in den Kreml ein, rannten weiter zum Kathedralenplatz, zwängten sich während des Morgengebets in die Entschlafens-Kathedrale und geiferten nach dem Blut der Glinskis. Der Onkel des Zaren, der in dem Gebäude Zuflucht gesucht hatte, wurde von groben Händen ergriffen. Vor dem entsetzt zusehenden Makari begannen die Bürger, ihren Gefangenen zu Tode zu steinigen.

Der Zar hatte sich in seine Jagdhütte in Worobjowo zurückgezogen. Von den dortigen Hügeln im Südwesten Moskaus hatte er beobachtet, wie seine Stadt zu Asche zerfiel. Dies war erschütternd genug, doch bald näherte sich ein Menschenstrom von den zerstörten Straßen und verlangte, dass der Hof Anna und die anderen teuflischen Glinskis aushändige, die für den allgemeinen Ruin verantwortlich seien. Iwan weigerte sich, seine Großmutter zu opfern, doch in den folgenden Tagen wurden etliche weniger vornehme Verdächtige gefoltert, geköpft, gepfählt oder in die sterbende Glut geworfen.[42] Der Moskauer Aufstand war kurz, doch Iwan sah die Raserei mit eigenen Augen, und später sagte er, es sei ein Moment gewesen, »in dem Furcht von meiner Seele und Zittern von meinen Knochen Besitz ergriff«.[43] Wenn der junge Mann Moskau je gerngehabt hatte, so waren die Ereignisse nach der Krönung dazu angetan, seine Einstellung zu ändern.

Der Brand bewirkte auch, dass der Kreml den ersten Platz auf Iwans politischer Tagesordnung einnahm. Die Schäden waren so umfassend, dass Wiederaufbau und Renovierung sofort beginnen mussten. In den Jahrzehnten der Rekonstruktion des Kreml unter Iwan III. und Wassili III. war eine Gruppe begabter Künstler herangewachsen, aber für Reparaturen dieser Größenordnung konnte man nie genug qualifizierte Männer haben. Maurer, Vergolder und Künstler wurden sogar aus fernen Städten wie Pskow und Nowgorod in die Hauptstadt gerufen. Um Zeit und Geld zu sparen, befahl der Zar auch, fertige Ikonen aus Nowgorod, Smolensk, Dmitrow und Swenigorod zu schicken. Als die Pakete in den Speichern des Kreml geöffnet wurden, versammelten sich die Ikonenmaler, die ebenfalls von nah und fern gekommen waren, um die Stile mehrerer unterschiedlicher Kulturen zu bewundern und miteinander zu vergleichen. Dies war die Inspiration für die Anfänge einer nationalen Kunst, und der Kreml wurde zu ihrer Galerie und ihrem Hauptmäzen. Seit Iwans Herrschaft wurde ein Gebäudekomplex in der westlichen Ecke, jenseits des Palastes, permanent für die gesundheitsschädliche und oftmals laute Tätigkeit des Schnitzens, der feinen Metallarbeit, des Vergoldens und des Mischens von Farbe vorgesehen. Bald öffnete man neue Ateliers im Schatten der Verkündigungs-Kathedrale. Es gab sogar eine spezielle Kammer, in der Künstler die Ikonen aus der Sammlung des Zaren, die derzeit nicht in Gebrauch waren, studieren konnten.[44]

Die Gruppe, welche die durch das Feuer geschaffenen Chancen am eifrigsten nutzte, bestand jedoch nicht aus Künstlern, sondern aus den Ideologen der moskowitischen Staatsmacht. Nachdem sie sich von ihrem Schock (und in Makaris Fall von Verletzungen) erholt hatten, nutzten diese Männer ihre Chance, die beschädigten Teile des Kreml als visuelle Predigten über Themen wie Gotteskönigtum, christusähnliche Regierung und die ungebrochene königliche Erbfolge Moskaus nachzuerschaffen. Die Arbeit wurde von einem Personenkreis am Hof organisiert, dem ein bis dahin unbekannter Priester von der Verkündigungs-Kathedrale, ein Mönch namens Silvester, angehörte (Iwan war während des großen Feuers auf ihn aufmerksam geworden). Eine Schar begabter Maler und Handwerker leistete ihren Beitrag, denn dieser spezielle Geschichtsunterricht erforderte eine Kunst, die als aufwendiger Blickfang dienen konnte. Aber die lenkende Hand bei der Unternehmung, wie bei so vielen anderen in Iwans ersten Jahren auf dem Thron, war die Makaris.

Unter dem kreativen Blick des Metropoliten – und zweifellos mit Iwans Segen – wurde im Kreml ein umfassendes Renovierungsprogramm durchgeführt, das Wandbilder, Ikonen sowie Holz- und Elfenbeinschnitzereien einbezog.[45] Besondere Beachtung schenkte man dem Kathedralenpalast der Verkündigung, wo eine neue Ikonostase mit Bildern ausgestattet wurde, welche die göttlichen Aspekte von Iwans Geschick wiedergaben. Eine Ikone seines Schutzheiligen Johannes des Vorläufers (des Täufers) war unvergesslich. Sie zeigte den Asketen im Profil als eine hagere, gepeinigte Gestalt, deren welkes Fleisch mit Johannes' brennender religiöser Energie kontrastierte. Dieses Bild stand direkt gegenüber dem Sitz des Zaren und reflektierte so dessen Gebete zu ihm zurück, und weitere im Umkreis angeordnete Ikonen schienen seine Rolle bei der Verteidigung des wahren Glaubens hervorzuheben.[46] Ein noch größeres Meisterwerk war der für Iwan konstruierte Betstuhl in der Entschlafens-Kathedrale, dessen zwölf an den Seiten des Thrones eingeschnitzte Basreliefs die Geschichte von Monomachs Erben und ihrer engen Verbindung mit einem edlen Hof erzählten.[47]

Ähnliche Themenkombinationen lagen den Fresken in Iwans Hauptthronsaal, dem Mittleren Goldenen Palast, zugrunde. Sie gingen später verloren, als man den Palast abriss, doch 1672 von Simon Uschakow hergestellte Aufzeichnungen haben sich erhalten. Mehr noch, der Romanow-Hofkünstler könnte, während er die gemalten Figuren betrachtete, von ihnen inspiriert worden sein. Auf seinen Zeichnungen sieht man einen Vorraum, der mit Gestalten wie denen Davids, Salomos und Josaphats geschmückt war, und einen Thronsaal mit prächtigen Engelsdarstellungen. Doch auch reale Personen nahmen wichtige Flächen ein, so dass Iwan in einem Saal Hof hielt, in dem Andrej Bogoljubski und Alexander Newski, seine Vorfahren, neben biblischen Szenen – ein Bravourstück der allegorischen Zeitkompression – zu sehen waren. Fürsten aus den bescheideneren Tagen Moskaus (darunter Daniil und Iwan Kalita) erhielten nicht die gleiche Prominenz, doch Iwans Vater,

Wassili III., dessen Tod noch keine 20 Jahre zurücklag, wurde in derselben Porträtreihe repräsentiert wie der heilige Wladimir von Kiew, der über fünf Jahrhunderte zuvor an einem ganz anderen Ort und in einer ganz anderen Kultur geherrscht hatte. Als solle die Heiligkeit der Kreml-Regierung betont werden, war über den Porträts ein majestätischer Christus zu sehen.[48] Kein ausländischer Besucher äußerte sich über die Gemälde – ihre Augen dürften sich auf die lebendigen Gastgeber gerichtet haben –, doch Russen bedachten die Fresken mit Kommentaren. Mitte des 16. Jahrhunderts wirkte die Weltlichkeit einiger Bilder geradezu revolutionär. Die vielen unvertrauten Motive hatten sogar zur Folge, dass wenigstens ein bekannter Höfling, Iwan Wiskowaty, behauptete, die Gemälde seien blasphemisch.[49] Ein Kirchenrat wies seine Argumente 1554 feierlich zurück. Danach sollte niemand mehr Einwände erheben, wenn Ikonen den Bedürfnissen eines ehrgeizigen russischen Staates dienten.

Der Thronsaal Iwans des Schrecklichen existiert nicht mehr, aber wir verfügen über mehrere Beschreibungen seines Kreml auf dessen Höhepunkt. Eine der anschaulichsten stammt von einem Engländer. 1553 musste ein Abenteurer namens Richard Chancellor in einem Hafen am Weißen Meer Schutz suchen, als sein Schiff (Teil einer Expedition zur Entdeckung einer Nord-Ost-Passage nach China) in einen Sturm geriet. Durch eine glückliche Fügung überlebte die Besatzung mit Hilfe der verblüfften Einheimischen. Dann nahm man die Engländer fest und eskortierte sie an der Dwina entlang und weiter südwärts nach Moskau. Chancellor hatte den Sankt-Nikolaus-Hafen in der Nähe des heutigen Archangelsk »entdeckt« und außerdem eine Route gefunden, durch die der Hafen mit Iwans Hauptstadt verbunden wurde. Innerhalb eines Jahres versuchten die Engländer erwartungsgemäß, ein Monopol für den russischen Handel zu errichten, und Delegationen der neu gegründeten Muscovy Company in London machten sich regelmäßig zum Kreml auf.

Es war der Beginn einer langen und heiklen Beziehung. Um das Verfahren aufzulockern, schickte die Königin von England Iwan ein Löwenpaar, dessen Gehege am Kreml-Burggraben angelegt wurde (ein paar Jahre später geriet es zu einer Menagerie, als ein Elefant in der Hauptstadt eintraf).[50] Unter den menschlichen Zuwanderern jener Zeit waren mehrere Befestigungsingenieure, die 1567 während einer Periode freundschaftlicher diplomatischer Beziehungen aus London anreisten.[51] Doch alles begann mit Chancellors erster formeller Begegnung mit dem Zaren. Es dauerte fast zwölf Tage, die Audienz zu organisieren. Währenddessen wurden die Engländer höchstwahrscheinlich scharf beobachtet, denn man behandelte Ausländer stets mit Argwohn. Vier Jahre später, als Anthony Jenkinson ankam, mussten seine Begleiter und er eine ähnlich lange Wartezeit über sich ergehen lassen. In beiden Fällen hatten die Besucher bald das Gefühl, zu lange Däumchen gedreht zu haben. Wie Chancellor bemerkte, hatten seine Männer Iwans »sehr schöne Burg, stark und mit Artillerie ausgerüstet«, lange genug von außen betrachtet und waren gern bereit, sich hineinzuwagen.

An dem für die Audienz vorgesehenen Tag wurden sie früh geweckt, denn man nahm an, dass sie Zeit für ihre Vorbereitungen brauchten.[52] Bewaffnete Wächter in farbiger Tracht erwarteten sie und ließen keinen ihrer Schritte unbeobachtet. Wahrscheinlich betraten sie den Kreml durch den renommiertesten Eingang, das Frolow-(später Erlöser-)Tor. Von dort überquerten die Engländer zu Fuß den Kathedralenplatz und stiegen eine von drei mit Baldachinen überdachten Treppen zu einer Terrasse hinauf, die in den gerade neu gestrichenen königlichen Audienzsaal führte. Vor ihnen, an der anderen Seite eines von Höflingen wimmelnden Vorzimmers, wartete der Zar höchstpersönlich. »Unsere Männer staunten über die Majestät des Kaisers«, schrieb Chancellor.

> »Sein Sitz war erhöht auf einem sehr königlichen Thron, auf dem Kopf trug er ein Diadem oder eine Goldkrone. Er war angetan mit einer golddurchwirkten Robe, und in der Hand hielt er ein reich verziertes Zepter, besetzt mit Edelsteinen. Und außerdem (...) hatte seine Miene eine Erhabenheit, die der Trefflichkeit seiner Besitzungen entsprach. An seiner einen Seite stand der Hauptsekretär, an seiner anderen der große Befehlshaber des Schweigens. Beide waren ebenfalls mit goldenem Tuch bekleidet. Und dann saß dort der Rat von hundertfünfzig an der Zahl, alle ähnlich gewandet und von großer Pracht.«

»Eine so große Majestät des Kaisers und des Ortes«, fügte er prägnant hinzu, »mag unsere Männer überrascht und aus der Fassung gebracht haben.«[53] Chancellors Erfahrungen mit dem Hof beschränkten sich nicht auf diese Begegnung. Nach einem förmlichen Gespräch mit dem Zaren legte die englische Gruppe Iwans »Hauptsekretär« ihre Papiere vor und musste dann zwei weitere Stunden warten. Die Besucher verstanden den Grund, als man sie zum Essen in einen anderen herrlichen Raum führte. »In der Mitte des Saales stand ein mächtiger Schrank auf einem quadratischen Sockel«, schrieb Chancellor staunend.

»Darauf hatte man das Tafelgeschirr des Kaisers gestellt, welches so zahlreich war, dass der Schrank sein Gewicht kaum tragen konnte. Die Mehrheit all der Gefäße und Pokale war aus sehr edlem Gold, und unter den übrigen befanden sich vier Töpfe von riesiger Größe, die den Rest des Geschirrs über die Maßen schmückten, denn sie waren so hoch, dass [wir] glaubten, sie seien mindestens fünf Fuß lang.«

Dann folgte eine ausgedehnte Mahlzeit mit zahlreichen Trinksprüchen; ein dänischer Besucher behauptete, unter ähnlichen Umständen 65-mal das Glas gehoben zu haben, doch seine Rechenfähigkeit könnte durch den Wein beeinträchtigt worden sein.[54] Ein Festessen mit Scharen von Dienern und theatralisch hergerichteten gebratenen Schwänen war, genau wie eine formelle Audienz, auch eine politische Inszenierung, und sie erwies sich in Chancellors Fall als Erfolg. Der Hof, das Ritual, die schiere Länge des Ganzen waren eindrucksvoll genug, und hinzu kam das unverkennbare Charisma des Reichtums. Das Land außerhalb des Kreml war nicht ungewöhnlich vermögend, doch die Menge der Diplomatengeschenke, der Beute aus dem geplünderten Nowgorod und sogar der Schätze, die Moskau aus der Besteuerung der vielen Handelsstraßen bezog, überwältigten Chancellor. »Es stimmt«, schloss er, »dass all das Zubehör an Geschirr und Trinkgefäßen für Hunderte von Gästen aus reinem Gold bestand, und die Tafeln waren so überladen mit goldenen Bechern, dass es für manche gar keinen Platz mehr gab.«

Dies war weit entfernt von dem Empfang, den man Sofias Brautgefolge 1472 bereitet hatte. In den Palästen, die Chancellor besichtigte, verband sich die Eleganz Italiens mit der Leidenschaft Russlands für durch Flächen definierte Hierarchien. Der Engländer beschrieb die Paläste als »nicht die gepflegtesten (...) und von niedriger Höhe«, aber sie waren ausgedehnt und nahmen einen großen Bereich im Nordwesten des Kathedralenplatzes bis hin zum Borowizki-Tor ein.[55] Der Hauptkomplex, der sich aus einer Reihe unaufdringlicher, eng beieinander stehender Gebäude zusammensetzte, war nahezu u-förmig. In dem längeren Teil des U wohnten die königlichen Frauen, abgeschirmt von ungebetenen männlichen Augen. Jenseits der Dächer, gerade noch sichtbar über die Kremlmauern hinweg, wurde der andere Arm der U-Form vom Uferpalast gebildet, dessen malerischer Name über die Tatsache hinwegtäuschte, dass er den Kerker enthielt, in dem Iwans Onkel weniger als 20 Jahre zuvor dem Hungertod ausgeliefert worden waren. Daneben lag ein imposantes Gebäude, das hauptsächlich für offizielle Begegnungen und Verhandlungen mit ausländischen Diplomaten verwendet wurde. Hinter der Kirche des Erlösers am Walde verbargen sich Unterkünfte für privilegierte Ausländer wie Fioravanti (und kurzfristig für den venezianischen Gesandten Contarini) sowie die Villen, in denen einst Magnaten wie die Chowrins gewohnt hatten. Hier befanden sich auch mehrere Gruppen von Dienstgebäuden, darunter Ateliers und Werkstätten. Deren Äußeres war während der Bauarbeiten der 1490er Jahre so sehr verkommen, dass man eine Mauer errichtet hatte, um königliche Augen vor ihnen zu schützen.[56]

Die erhabensten Gebäude lagen im Mittelteil des u-förmigen Komplexes. Das größte, das sich in den Kathedralenplatz vorschob, war Pietro Solaris Meisterwerk von 1491, der Facettenpalast, wo Chancellor wahrscheinlich all das Geschirr sah.[57] Dahinter wurde die Hauptreihe der Bauten von mehreren überdachten Treppen durchbrochen, die zu den königlichen Terrassen hinaufführten (die Erdgeschosse wurden als Speicher benutzt und enthielten einige Werkstätten). Diese Treppen waren wichtige eigenständige Elemente, und jede erfüllte eine unterschiedliche zeremonielle Aufgabe (eine wurde beispielsweise nur von Ungläubigen betreten). Die Stufen spielten eine unwiderstehlich ausdrucksvolle Rolle. Es war ein Zeichen der Gunst, wenn man einen Fuß auf die unterste setzen durfte, und nur Personen von höchstem Rang hatten die Erlaubnis, zur obersten Stufe hinaufzusteigen. Waren sie dort angekommen, konnten Delegationen wie die Chancellors jedoch erwarten, in den Mittleren Goldenen Palast und dort in eine Kammer einzutreten, in der Bilder der Heiligen und der heroischen Herrscher Moskaus funkelten. Es gab noch andere Empfangssäle, etwa innerhalb des Schatzamtes, doch Iwan begrüßte seine bedeutendsten ausländischen Gäste am liebsten vor einem Hintergrund, durch den seine einzigartige und gottgegebene Macht betont wurde.[58] Seine Hoheit galt als so zeitlos und glanzvoll wie die goldene Oberfläche einer Ikone. Und an Gold war in der Tat kein Mangel. Im Gegenteil, der extravagante Prunk grenzte an Geschmacklosigkeit.[59]

Der Kreml war jedoch nicht bloß ein zeremonielles Gebäude, und die steife Formalität seiner Thronsäle konnte das ständige, rastlose Gerempel um Aufstiegschancen, das sich fast überall abspielte, nicht verhindern. Ganz oben, besonders unter den Bojaren, stützte sich die Regierung auf persönliche Kontakte (Chancellor war verblüfft über die Tatsache, dass Iwan jeden seiner Höflinge mit Namen zu kennen schien), aber die Festung war ein Mikrokosmos des Staates, und zu Iwans Zeit entwickelte sich das Sozialgefüge sehr rasch. Die untersten Stufen wurden weiterhin von Sklaven und Knechten verschiedener Art besetzt. Das Palastpersonal bestand aus Hunderten von Menschen: den Köchen und Fuhrmännern und uniformierten Burschen, welche die Bankette auftrugen. Es gab zahlreiche professionelle Dolmetscher und gewöhnlich einen Ausländer, der medizinische Kenntnisse für sich beanspruchte. Darüber hinaus jedoch hatte eine neue Gestalt die Bühne betreten: der embryonale Beamte.[60] Bräuche waren oftmals genauso einflussreich wie das kodifizierte Recht, und in manchen Teilen des Reiches fehlte es ohnehin an jeglichen Gesetzen. Allerdings organisierte sich die Regierung in den 1550er Jahren – trotz der Ikonen und der endlosen Gebete – besser; die Aufzeichnungen häuften sich, und dies bedeutete, dass der Kreml Amtspersonen benötigte, die in der Lage waren, Verwaltungsarbeit zu leisten.[61]

Zur Zeit von Iwans Krönung waren Spitzenbürokraten fast so hoch geachtet wie Bojaren. Die meisten werden in den historischen Unterlagen beim Namen genannt. Diese *djaki* (von dem griechischen Wort *diakonos*[62]) waren so wichtig, dass sie königlichen Audienzen beiwohnten; bei demjenigen, der Iwan während des Empfangs von Chancellor beriet, »ebenfalls angetan mit goldenem Tuch«, handelte es sich wahrscheinlich um den Diplomatieexperten (und Kritiker der Palastfresken) Iwan Wiskowaty.[63] Aber die wachsende Zahl der Kanzleien – von denen die meisten auf Russisch als *prikasy* bekannt waren – erforderte auch ganze Armeen von gewöhnlichen Schreibern. Je nach dem Grad der Verantwortung wurde ein anständiges Gehalt für solche Posten gezahlt, und häufig boten sich Möglichkeiten, es durch Bestechungsgelder aufzustocken. Am Ende von Iwans Herrschaft war das alte Verwaltungssystem, das von gebildeten Sklaven betrieben wurde, den Ursprüngen eines professionellen Dienstes gewichen.[64]

Die mit Talaren bekleideten bleichgesichtigen Sekretäre aus den Niederungen der Verwaltung drängten sich täglich durch das Nikolski-Tor, um unter Bedingungen zu arbeiten, die ihre heutigen Pendants entsetzt hätten. Die Zimmer, in denen sie sich abmühten, waren dürftig möbliert und schlecht beleuchtet. Wenn es Fenster gab, dann nur kleine, und jeder Lichtstrahl musste nicht Glas, sondern Glimmer oder Fischblasen durchdringen. Gleichzeitig dürften die fast ständig brennenden Öfen und Talglichter für eine dauernd rußige Atmosphäre gesorgt haben.[65] In dieser wenig verheißungsvollen Umgebung war es die Hauptaufgabe der Schreiber, Texte zu kopieren und Zahlen festzuhalten. Wenn eine uns vorliegende Schilderung ihrer Arbeitsbedingungen zutrifft, dann erforderte schon diese Tätigkeit physische Verrenkungen. Nur die Bürovorsteher genossen den Luxus von Schreibtischen oder Stühlen; die übrigen Schreiber verbrachten lange Tage damit, auf dem Kanzleiboden zu hocken. Sie mussten Dokumente kopieren, indem sie sich das Papier auf den Schoß legten. Allerdings schienen die Gerätschaften in der Buchhaltung noch primitiver zu sein: »Auf allen canzeleien wirt alle sache jährlich, geringe und grosse, in bücher geschrieben. Und auf allen canzeleien seind plummen- oder keseberensteine, damit war daraufen gerechenet«, erinnerte sich ein deutscher Abenteurer namens Heinrich von Staden, der drei Jahre in Iwans Russland verbrachte, in den 1570er Jahren.[66] Das System war überraschend effektiv. Wer je zugesehen hat, wie zum Beispiel eine russische Kassiererin mit einem Abakus hantiert, wird wissen, wie flink die komplexesten Berechnungen abgewickelt werden konnten.

Natürlich existierte eine Hierarchie unter den Kanzleien. Am wichtigsten waren das Schatzamt und das Amt für militärische Angelegenheiten (*Rasrjadny prikas*), das in den 1550er Jahren gegründet worden war und sich sämtlichen Aspekten des Heeres widmete, von der Versorgung bis hin zu Dienstplänen und Beförderungen.[67] Danach kam die Kanzlei für ausländische Angelegenheiten (*Possolski prikas*), deren bekanntester Vorsteher in diesem Zeitraum Wiskowaty selbst war. Zusammengenommen beschäftigten diese beiden Institutionen Dutzende von Menschen, doch man muss dem Verzeichnis noch die Pferde-, die Straßenraub- und die Postkanzlei sowie (später) das Amt für neu eroberte Gebiete hinzufügen. Im 17. Jahrhundert gab es sogar eine Kanzlei zur Verwaltung der Kanzleien.[68]

Das Schatzamt blieb abseits, doch bis zu den 1560er Jahren hatten sich die übrigen Kanzleien über eine Reihe niedriger Holzgebäude ausgebreitet, die sich weiter südwärts zum späteren Iwanow-Platz erstreckten, das heißt zu der Fläche jenseits des Glockenturms Iwan der Große.[69] Es war ein lauter, geschäftiger Bezirk, in dem Bürger, die Bittgesuche an ihren Herrscher überreichen wollten, mit den Beamten und den Palastwächtern zusammenkamen. Wie viele Verwaltungszentren im Europa des 16. Jahrhunderts (man denke an einen Kupferstich von Pieter Bruegel dem Älteren) wurde das Gelände auch für öffentliche Folterungen genutzt. Schuldner bestrafte man passenderweise direkt außerhalb des Schatzamtes, einen Pflaumensteinwurf entfernt unter den Fenstern der Schreiber. Schulden wurden gewöhnlich mit *prawesch* geahndet, wiederholten Knüppelschlägen auf die Schienbeine, und die Schreie der Opfer dürften auch die stetigste Feder ins Holpern gebracht haben.[70] Für andere Verbrechen wurden die Täter öffentlich ausgepeitscht. Wenn dies ein Theater der Folter war, dann wurden die routinemäßigen Regierungsgeschäfte im ersten Rang erledigt.

Der wirkliche Kern der Macht befand sich anderswo. Die Mitglieder des Staatsrates – exklusiv, verschlossen, inzüchtig – versammelten sich am liebsten tief im Palastkomplex, weit außer Hörweite des geschäftigen Platzes.⁷¹ Theoretisch konnte der Zar seine eigenen Berater aussuchen, aber die Wahl wurde durch unausgesprochene Regeln bestimmt, und die wichtigsten hatten mit Ehre und offiziellem Rang zu tun. *Djaki* mochten einflussreich sein (und mittlerweile dienten einige im Staatsrat), aber sie durften nicht mit Adligen verwechselt werden. Der Moskauer Hof hatte sich um eine kleine Gruppe von Clans entwickelt, und die überlebenden, falls sie nicht in Ungnade gefallen waren, gehörten weiterhin den obersten Rängen der Gesellschaft an. Wann immer ein hoher Posten zu vergeben war, erwarteten die alten Familien den Ruf des Zaren. Und diese Posten waren von Bedeutung, denn obwohl die Abstammung eine offensichtliche Rolle spielte, war es der Dienst auf Staatsratsniveau, durch den man sich den Weg zu realer Macht und zu einem Sitz neben jenem wunderbaren Goldprunk ebnen konnte.

Der Bojarenrang war am begehrtesten und traditionsgemäß auf jeweils ein Dutzend Männer beschränkt. Für diese wenigen war das Hofleben ein Ränkespiel, in dem es darauf ankam, dass sie und ihr Clan auf dem Gipfel der Macht unbehelligt blieben. Manchen gelang es, sich innerhalb der Kremlmauern niederzulassen, andere bewohnten Villen in den Nachbarstraßen, aber entscheidend war es, über eine sichtbare Präsenz im Innern der Regierung zu verfügen. Dies mochte nur ein relativer Vorteil sein, doch es war wesentlich, nicht an Status zu verlieren und nicht zuzulassen, dass ein anderer Clan unverhältnismäßig stark wurde. In extremen Fällen geschah es, dass Höflinge, deren Ehrgeiz den vernünftigen Rahmen sprengte, von einer Koalition ihrer eifersüchtigen Standesgenossen ins Exil gezwungen wurden.⁷² Das berüchtigtste Beispiel hatte der Bojar Iwan Jurjewitsch Patrikejew geliefert, der Cousin Iwans III. und der wahrscheinlich mächtigste Mann im Kreml des 15. Jahrhunderts nach dem Herrscher selbst. Genau dieser Erfolg führte zu seinem Untergang. Im Januar 1499 wurde Patrikejew wegen des Verdachts auf Verschwörung gegen die Krone verhaftet. Unter den anderen Angeklagten waren zwei seiner Söhne und sein Schwiegersohn Semjon Iwanowitsch Rjapolowski. Alle vier wurden zum Tode verurteilt; Rjapolowski enthauptete man öffentlich auf dem Eis der Moskwa.

In der Regel zielte die Hofpolitik darauf ab, Blutvergießen zu verhindern. Allerdings schränkte das System die Freiheit des Souveräns ein, Amtsinhaber auf der Grundlage reiner Befähigung zu ernennen. Obwohl alle dem Großfürsten dienen mussten, war jede Funktion am Hof mit einem offiziellen Rang verbunden, weshalb hohe Mitglieder der führenden Familien die wichtigsten Posten für sich beanspruchten. Ambitionen mochten scheitern, wenn jemand ein Amt akzeptierte, das nominell unter seiner Würde war, aber da keiner der Betroffenen, schon gar nicht am unteren Ende, sämtliche Einzelheiten der Hierarchie ermitteln (geschweige denn im Kopf haben) konnte, rief das Verfahren etliche Dispute hervor. Sogar die Sitzverteilung für die Gäste von Staatsbanketten hing von präzisen Unterscheidungen ab; wenn ein Höfling beispielsweise nachlässig genug gewesen wäre, bei dem Bankett für Chancellor den falschen Platz zu akzeptieren, hätte er sich am nächsten Morgen mit einer Zurückstufung abfinden müssen, die jahrelang andauern konnte. Ein solcher Fehler hätte sogar die Aussichten seiner Erben beeinträchtigt, denn der Status hing mit der Blutlinie zusammen, und eine Familie, die einen hohen Rang verlor, erlangte ihn vielleicht nie wieder. Eine der finstersten Folgen des Systems war die Wachsamkeit, die es innerhalb der Familien hervorrief, denn da sich die Unehre eines Clanmitglieds auf alle anderen erstreckte, mussten schwarze Schafe zu Hause eingesperrt – oder geopfert – werden.[73]

Neuankömmlinge waren ein ständiges Ärgernis. Ihr Rang (wie der aller anderen) beruhte auf dem Dienst, mit dem der Fürst sie betraut hatte. Da führende Höflinge eines fürstlichen Rivalen am besten neutralisiert werden konnten, indem man sie nach Moskau holte, ihnen eine Unterkunft bot und eine wichtige Aufgabe übertrug, konnte es vorkommen, dass sogar flüchtige Bojaren aus Litauen direkt an die Spitze der Kreml-Hierarchie katapultiert wurden. Während sich Moskau vergrößerte und immer mehr Fremde eintrafen, verlangten langjährig in der Stadt ansässige Familien, dass man die genaue Position jedes Höflings auf der Karriereleiter in ein permanentes, verbindliches Dokument eintrug. Verschiebungen waren weiterhin möglich – Menschen starben –, doch jede zufällige oder willkürliche Änderung musste verhindert werden, bevor die Schande nicht mehr auszulöschen war.

In seiner entwickelten Form, die sich im 16. Jahrhundert herausbildete, nannte man dieses System mit seinen Hauptbüchern und Durchstreichungen *mestnitschestwo* (etwa »Rangordnungssystem«). Was als Verfahren zur Verwaltung eines sich ausweitenden multikulturellen Hofes begonnen hatte, wurde bald in Lederbänden festgeschrieben, und dies blieb ein Jahrhundert lang ein Merkmal des Kremllebens.

Eine auf Familien basierende Politik wird auch von Sex und Mutterschaft geprägt, weshalb Kreml-Frauen im Allgemeinen ein abgeschiedenes Leben führten. Durch eine achtlose Eheschließung konnten die besten Pläne durchkreuzt werden, denn Töchter waren nur dann wertvoll, wenn man sie mit hochgestellten Erben verheiraten konnte. Jedes Mal, wenn ein königlicher Junge eine Ehefrau brauchte, kam es mithin zu einem hässlichen Wettbewerb und potentiell zu einer Fehde. Die Rivalität wirkte so entzweiend, dass die Moskauer Herrscher schließlich die unverheirateten Töchter ihrer eigenen Hof-Clans außer Acht lassen und sich jenseits der Hauptstadt umsehen mussten. Iwan der Schreckliche, der mehr Frauen heiratete als Heinrich VIII., war ein typisches Beispiel. Zu dem Zeitpunkt, als er nach seiner dritten Frau suchte, war (da sich keine europäischen Prinzessinnen anboten) die Praxis, Agenten in die Provinzen zu schicken, wo sie eine Reihe gesunder, doch unbekannter junger Frauen auswählten, mehr oder weniger zur Norm geworden. Man brachte die Mädchen zum Palast, wo man sie befragte, untersuchte und wahrscheinlich halb zu Tode erschreckte. Dann wurde eine nach der anderen dem Zaren in der sogenannten Brautschau vorgeführt. Der Zweck bestand darin, dass, für welches Mädchen der Souverän sich auch entschied, mit gesunden Erben gerechnet werden durfte und keine Bojarenfamilie unverhältnismäßig von der Heirat profitierte.[74]

Das System hatte zur Folge, dass viele adlige Frauen unverheiratet und chancenlos blieben. Die eigenen Töchter des Zaren, ebenso wie seine Schwestern und ledigen Tanten, waren unzweifelhaft zu wichtig für den gewöhnlichen Heiratsmarkt. Kein Clan durfte eine Mehrzahl von ihnen an sich reißen. Einige wählten das Kloster und ein relativ bequemes religiöses Leben (es gab mehrere Orte, in deren diskreten Luxus sich solche Damen zurückziehen konnten), doch viele von ihnen wurden im Frauenquartier des Kreml alt. Dort, hinter den durchlöcherten und vergoldeten Schirmen, sollten sie ihre Zeit im Gebet und mit origineller Nadelarbeit verbringen. Manche mischten sich eine Reihe giftiger weißer Gesichtscremes, und andere scheinen mit Poesie und Briefen experimentiert zu haben.[75] Womit sie sich auch ablenken mochten, ihr Altjungferntum war eine zweckmäßige Geburtenkontrolle, die das Nachwachsen zu vieler Thronanwärter verhinderte.[76] Aus ähnlichen Motiven speiste sich die Hingabe, mit der mehrere moskowitische Herrscher ihre verheirateten männlichen Verwandten in die Provinzen schickten – scheinbar, um sie mit nützlichen Aufgaben und wertvollen Ländereien zu betrauen, doch in Wirklichkeit, um ihre bemitleidenswerten Söhne vom Kreml fernzuhalten.

Im Mittelpunkt dieses Kostümtanzes saß, inthronisiert in seinem neuen Palast, der Zar selbst. Seine Bojaren und Berater hatten zwar maßgebliche Aufgaben in der sich entwickelnden Regierung zu erfüllen – einige leiteten sogar komplexe *prikasy* –, doch die Monarchie hing von ihrem Souverän ab. Dies war jedem Besucher klar, und zur Zeit von Richard Chancellors Aufenthalt in Moskau galt es am Hof bereits als Glaubenssatz. Der Zar der 1550er Jahre glich der Sonne inmitten der sie umkreisenden Planeten. Sein Kreml war neu gestaltet worden, um ihn als Erben eines kaiserlichen Geschlechts erscheinen zu lassen. Aber die Herrschaft wurde noch nicht lange in diesem Licht betrachtet, und die Botschaft erforderte ein hohes Maß an Bekräftigung. Für die Höflinge waren die Bilder im Goldenen Palast eine Art Text. Da wenige lesen konnten, empfanden sie die Darstellungen als sichtbare Parabeln; diese übernahmen die Rolle, welche die Propaganda in einem viel späteren Zeitalter spielen sollte.[77] Doch Metropolit Makari beschränkte seine Bemühungen zugunsten des Zaren nicht auf die Kunst. Zwischen 1547 und 1549 erweiterten seine Bischöfe und er das Verzeichnis der Moskauer Heiligen um mehr als das Doppelte. Ihre Auswahl wurde hauptsächlich von religiösen Erwägungen bestimmt, doch das Hinzufügen von Fürsten wie Alexander Newski und Michail von Twer machte deutlich, dass der Himmel einen frommen und gotterwählten Monarchen liebte, besonders wenn er über die Lande der Rus herrschte.[78]

Für diejenigen, die lesen konnten – oder die zuhörten, während ihre Priester psalmodierten –, war eine Reihe geschriebener Texte das Medium zur Übermittlung der neuen Philosophie. Makaris bedeutsamstes Vermächtnis könnte die Sammlung, Herausgabe und Neubearbeitung der altrussischen Chroniken gewesen sein, jener Aufzeichnungen der Vergangenheit, die Heere von Mönchen seit Jahrhunderten überall in den russischen Gebieten verfasst und kopiert hatten. Dies war der erste systematische Versuch des Kreml, die Geschichte umzuschreiben, und er endete mit einem überwältigenden Erfolg, da Moskau nahtlos von der Erbschaft der Kiewer Rus zu einem vom Himmel gesegneten Reich fortgeschritten zu sein schien. Durch dieses Projekt förderte Makari auch eine neue Voreingenommenheit gegenüber dem Islam und besonders gegenüber den Mongolen und ihren Nachfolgern, den Tataren. Dies war ein verzwickter Standpunkt, denn im Dienst des Zaren befanden sich auch tatarische Fürsten, und die Tradition der Mischehe war in der Steppe so tief verwurzelt, dass wenige Adlige rein christliches Blut für sich beanspruchen konnten. Aber Makari wünschte sich einen neuen Kreuzzug – oder jedenfalls das orthodoxe Gegenstück dazu. Während Moskau lernte, die russischen Lande und die Taten russischer Fürsten zu feiern, waren die Führer seiner Kirche emsig dabei, die Tataren von Kasan und der Krimsteppe aus Cousins, Nachbarn und potentiellen Verbündeten in Hagars vaterlose Stämme zu verwandeln.

Makari gab Iwans ersten militärischen Plänen seinen Segen. Was ein routinemäßiger moskowitischer Landraub hätte sein können, wurde schließlich als heiliger Krieg gerühmt. Im Jahr 1550 gründete der Zar eine neue Streitmacht, die *strelzy* (oder Strelizen), ein noch unausgereiftes stehendes Heer aus Musketieren (die auf Lebenszeit dienten). Mit ihrer Hilfe – und ein paar gut platzierten Fässern Schießpulver – konnten seine Soldaten die tatarische Festung Kasan 1552 belagern und erobern. Als Iwan nach dem Triumph zurückritt, stand Makari persönlich an der Stadtgrenze, um ihn zu empfangen. Der Zar stieg in einem Fahnenmeer vom Pferd und schritt in seinen Kreml, als wäre dieser Jerusalem und er selbst ein Ebenbild Christi. Vier Jahre später besetzten die Moskowiter Astrachan am Kaspischen Meer, womit der Kreml die Kontrolle über die gesamte Länge der Wolga erhielt, und hissten eine christliche (und orthodoxe) Fahne über einem gewaltigen Territorium, das bis dahin unter der Herrschaft islamischer Fürsten gestanden hatte. Zur Feier des Ereignisses wurde eine bedeutende neue Ikone, die Gesegnete Heerschar des Himmlischen Zaren, für die Entschlafens-Kathedrale gemalt. Obwohl Engel eine fromme Prozession umgeben, hätte die Ikone auch Iwan und seine siegreiche Armee darstellen können, als spiegelten sich deren Leistungen in einer für den Himmel gedachten Vorlage wider.[79] Das orthodoxe Russland hatte im Reich und seiner Erweiterung eine Mission gefunden. Wie um die festliche Stimmung zu verstärken, wurde Iwans erster Sohn 1553 geboren. Er starb als Kleinkind, doch ein zweiter Sohn, ebenfalls Iwan, schien fähig zu sein, zu überleben und heranzuwachsen.

Im Frühjahr 1553 enthüllte Iwan die Pläne für ein seinem Triumph in Kasan gewidmetes Denkmal. Das Gebäude, ursprünglich der Dreifaltigkeit geweiht, begann als Ziegelkirche am Rand des Burggrabens unterhalb der Kremlmauern. Nach dem Fall von Astrachan schien dieser erstklassige Standort jedoch etwas Ambitiöseres zu verlangen, und bald entstand die Mariä-Schutz-und-Fürbitte-Kathedrale am Graben (bekannter als Basilius-Kathedrale).[80] Ihr Konzept sah vor, dass sich mehrere individuelle Kapellen um einen zentralen Turm gruppierten, aber diese Beschreibung wird dem Überschwang des Bauwerkes nicht annähernd gerecht. Seine Architektur verwies abermals auf Iwans gottgegebene Bestimmung. Vieles darin erinnert an die spezifischen Daten seiner jüngsten Siege (beispielsweise fällt das Fest der Fürbitte mit dem Beginn des entscheidenden Ansturms auf Kasan zusammen).[81] Eine der Kapellen war dem heiligen Warlaam gewidmet, dessen Namen Iwans Vater Wassili III. angenommen hatte, als er kurz vor seinem Tod Mönch wurde.[82] Die Ausnahme, der Joker, war die kleinste Kapelle, welche die Moskowiter selbst mit einem heiligen Mann namens Basilius der Selige in Verbindung brachten. Basilius, der 1552 starb, war ein heiliger Narr und berühmt dafür, dass er barfuß – und häufig nackt unter seinem Schmutz – durch die eisigen Moskauer Straßen lief. Aber er wurde geliebt und verehrt als Verkünder der Wahrheit, als Narr in

Christo.⁸³ Nach ihrer Fertigstellung überragte Iwans phantastische Kathedrale alle anderen Gebäude der Stadt, aber es war der Geist des heiligen Narren, des Schamanen, halb im Dunkel, halb im Licht, der letztlich alles durchdrang.

Zu Iwans Zeit schien jedoch eine andere Kapelle in demselben Komplex eine wirklich farbige Rolle gespielt zu haben. Sie war benannt nach dem Einzug Jesu in Jerusalem – ein kaum verschleierter Hinweis auf Iwans eigene Rückkehr aus Kasan nach Moskau, doch auch auf ein weiteres der Hofrituale, deren Zweck es zu sein schien, Außenstehende zu verwirren.

»Am Palmsonntag«, berichtete Anthony Jenkinson, »halten sie eine sehr feierliche Prozession ab (...) Zuerst nehmen sie einen Baum von guter Größe, der auf zwei Schlitten befestigt wird, als wäre er dort gewachsen, und er wird reich mit Äpfeln, Rosinen, Feigen und Datteln und anderen Früchten behängt.« Der Anblick farbenprächtiger Speisen in den mageren Tagen am Beginn des Frühlings mag ohnehin wunderbar gewesen sein, aber die sich anschließende Parade war noch bemerkenswerter. »Als Erstes«, fuhr Jenkinson fort, »sieht man ein Pferd, das bis zum Boden mit weißem Leinenstoff bedeckt ist; seine Ohren werden mit demselben Stoff so lang gemacht wie die eines Esels. Auf dem Pferd sitzt der Metropolit seitwärts wie eine Frau.« In der Mitte der gewaltigen Prozession wurde das Pferd vom Zaren selbst geführt. In der freien Hand hielt er einen Palmwedel. Dem Zaren und dem Metropoliten wurde ein Holzkreuz vorangetragen, und Jungen breiteten Tücher auf dem Boden aus, um Platz für den rituellen »Esel« zu machen. Dies war eine weitere lebende Ikone, und durch die Strecke, vom Kreml zur Kirche des Einzugs Christi in Jerusalem, wurde Moskaus Status als irdisches Abbild der von Gott auserwählten Stadt hervorgehoben.

Die Rolle des Zaren in diesem Tableau bleibt ein Rätsel. Einige Experten hinterfragen die Szene nicht und meinen, dass sie zeige, wie sich Iwan seinem geistlichen Oberhaupt rituell unterwerfe.⁸⁴ Wie manche Ansichten über die Dominanz der Bojaren widerspricht diese der verbreiteten Vorstellung vom Autokratentum des russischen Herrschers, weshalb sie Historiker fasziniert, die sich auf Iwans Hof spezialisiert haben. Das Geheimnis dürfte sich nie aufklären lassen, aber es steht fest, dass Unterwerfung – zumindest auf dieser Welt – nicht zu Iwans Stärken gehörte. Im Jahr 1558, als Jenkinson ihn beobachtete, machte sich der Zar bereits durch seine Grausamkeit einen Namen, und in späteren Jahren hinderte seine Ehrerbietung gegenüber Metropoliten ihn nicht daran, einen von Makaris Nachfolgern ermorden zu lassen. In einer anderen Erklärung für das Ritual wird die Szene als weitere Bekräftigung von Iwans Christusähnlichkeit interpretiert, und dies scheint im Rahmen der Ikonographie wie auch darüber hinaus plausibler zu sein.[85] Wie die alljährliche Zeremonie auf dem Eis im Januar wurde der Palmsonntagsumzug rasch zu einem beliebten Schauspiel für die Moskowiter. Zudem war er eine nützliche Waffe der Kirche im anhaltenden Kampf gegen Heidentum und Naturzauberei. Während sich Iwan dem mittleren Lebensalter näherte, machte er sich diesen Kampf so sehr zu eigen, dass er geradezu zu dessen Verkörperung wurde.

Die lange Herrschaft des Zaren war mit Kirchenglocken eingeläutet worden, doch in den 1560er Jahren förderten seine Feinde Gerüchte, dass Iwans Hof lüstern, trunken und unzüchtig, dass sein Palast voll von Rüpeln und Narren sei, dass dort Kerzen bis spät in die Nacht brannten, während die Schatten von Minnesängern und Berauschten herumtollten. Die hartnäckige Fabel, dass es zwei Iwans gebe – einen wohlwollenden, reformbereiten jungen Mann und einen kränkelnden, rachsüchtigen Greis –, ist wenig überzeugend, aber vieles deutet darauf hin, dass sich seine ohnehin angegriffene psychische Verfassung mit dem Alter verschlechterte. Außerdem litt er unter einer schmerzhaften Missbildung der Wirbelsäule.[86] Auch machte er sich zunehmend Sorgen um seine Nachfolge, denn er hatte zwar zwei männliche Erben, Iwan und Fjodor, doch sie waren noch jung, und ihre Mutter, Zarin Anastasia, lebte seit 1560 nicht mehr. Während Iwan über die Zukunft seiner Söhne nachdachte, weckten grausige Erinnerungen an seine eigene Kindheit sein Misstrauen gegenüber den Clans, die am Hof weiterhin eine zentrale Rolle spielten. Sein Vertrauen zu ihnen wurde auch dadurch auf die Probe gestellt, dass sie seinen Plan für einen ausgedehnten Krieg gegen die Nachbarn Moskaus an der Ostseeküste ablehnten.[87] Iwan wurde noch unberechenbarer, und zum Zeitpunkt von Makaris Tod im Jahr 1563 hatte sein Verhalten wenig mit der respektvollen Frömmigkeit gemein, die sein Mentor für ihn geplant hatte.

Ein besonders ominöser Wandel ereignete sich im Dezember 1564. Das Fest des heiligen Nikolaus fiel auf den 6. Dezember, und Iwan beabsichtigte, es mit seiner Familie in der Festungsstadt Kolomna, 110 Kilometer südöstlich von Moskau, zu feiern. Solche Reisen, häufig mit einem großen Teil des Hofes, waren damals in ganz Europa üblich. Eine alljährliche Serie von Pilgerfahrten oder auch Jagdexpeditionen gab den Souveränen Gelegenheit, ihre Herrschaft über die Provinzen direkt auszuüben, und in der Ferne lebende Untertanen wussten die Möglichkeit zu schätzen, einen Blick auf einen glanzvollen Fürsten zu erhaschen. Diesmal jedoch packte Iwan hastig, um den Kreml zu verlassen, als müsse er vor einer drohenden Belagerung fliehen. Er raffte gewaltige Mengen an Gold und Edelsteinen an sich und beschlagnahmte Ikonen, Kreuze, Gold und heilige Schätze aus Kirchen und Klöstern jenseits der Kremlmauern.[88] Die Schlittenreihe erstreckte sich über den Schnee wie ein kleines ins Feld ziehendes Heer, und wie mit einem Heer schlugen die Reisenden am Ende ihr Lager auf. Iwan führte die königliche Gesellschaft von Kolomna zum Dreifaltigkeitskloster des heiligen Sergius und richtete sich schließlich noch ein paar Kilometer weiter in den nordöstlichen Hügeln auf dem befestigten Landgut Alexandrowskaja sloboda seines verstorbenen Vaters ein. Solche Pilgerfahrten waren, wie erwähnt, nicht selten – wahrscheinlich wurde der Tod seiner geliebten Anastasia durch die unablässigen Reisen beschleunigt, auf denen Iwan beharrte –, doch diesmal war die Fahrt des Zaren ungeplant. Noch seltsamer erschien es, dass Iwan etliche auf einer Liste stehende Bojaren schroff aufforderte, Moskau zu verlassen und sich ihm in dem Palast auf den Feldern anzuschließen.

Russland war verwaist. Keines der Gebete und keiner der Appelle an die Heiligen Moskaus schienen Iwan zur Rückkehr bewegen zu können. Doch ein Hof ohne Fürst würde, wie den Moskowitern schmerzlich bewusst war, steuerlos sein. Im Januar 1565 versuchten Adlige und Kirchenführer, sich mit der Aussicht auf künftiges Chaos abzufinden. Durch den Austausch mehrerer erschreckender Botschaften zwischen der Festung des Zaren und der Residenz des Metropoliten im Kreml erfuhren sie, dass Iwan mit seiner Abdankung drohte. Dies war unvorstellbar – eine Blasphemie, ein Verrat, und es würde das Land unregierbar machen, weshalb die Moskauer Adligen, unter dem Vorsitz des neuen Metropoliten (Afanassi) und unterstützt von einem Bürgerkorps, Iwan anflehen, sich die Krone um jeden Preis wieder aufzusetzen.[89] Die Nachricht an den eingeschneiten Palast lautete, dass sein Volk den Zaren mit jeglicher Macht ausstatten, jedes Gesetz verabschieden und jeden Verrat eingestehen werde. Niemand wagte es, Iwan auf die Probe zu stellen, denn er war weder wahnsinnig noch lag er im Sterben. In Wirklichkeit testete er die Treue seiner Untertanen und sicherte sich persönliche Unterstützung, aber es war die eigenartigste und kühlste Atmosphäre, in der er sein neues Herrschaftsprogramm hätte gestalten können.

Während Iwan die flehentlichen Bitten seiner Höflinge in Augenschein nahm, wusste er vielleicht selbst noch nicht, welche Bedingungen er später stellen würde.[90] Seine unmittelbare Forderung lautete, dass man ihm gestatte, sich ohne weitere Einmischung durch die Kirche, die Bürokraten und die Bojaren gewisser Feinde zu entledigen. Die ersten Opfer, die man im Schatten der Kremlmauern enthauptete, waren führende Angehörige des alten Schuiski-Clans.[91] Obwohl Iwan kein Mitleid mit den Verurteilten erkennen ließ, zahlte er die Gebühr für Sühnegebete, die nach dem Ereignis gesprochen wurden. Iwan meinte stets, dass er als Zar im Dienste Gottes handele.[92] In einer der anschaulichsten Erklärungen seiner Gewalttätigkeit heißt es sogar, dadurch habe er sein eigenes Königtum vom Gericht des Himmels prüfen lassen, wobei er allerdings eher die Rolle Luzifers als die Christi spielte.[93]

Iwans Pläne beschränkten sich jedoch nicht auf Ermordungen. Viel weiter ging das Vorhaben, sein Imperium zu spalten und darin ein separates Reich zu schaffen, in dem seine persönlichen Verfügungen nicht durch Komplotte oder Geflüster (und schon gar nicht durch einen Bojarenrat) in Frage gestellt werden konnten. Das Programm sah vor, dass ein Teil des Moskauer Reiches mehr oder weniger wie früher fortbestehen würde: mit einer Regierung im Kreml, an der die wichtigsten Bojaren mitwirkten, und mit *prikasy* für die routinemäßige Verwaltung. Dieses Territorium, dessen erster Herrscher ein Bojar namens Iwan Mstislawski sein sollte, würde bald als *semschtschina* (von dem russischen Wort für »Land«) bekannt werden. Den anderen Teil, der fast alle vermögenden Ortschaften einschloss, wollte Iwan allein und ohne Einmischung von seiner aktuellen Hauptstadt Alexandrowskaja sloboda aus regieren. In Wirklichkeit verließ Iwan den Kreml nie endgültig, genau wie er seine Abdankungsdrohungen nie wahrmachte, aber er schuf eine bedrückende Ungewissheit. Die Moskowiter begannen, ein neues Wort zu murmeln: *opritschnina* (von altrussisch *opritsch*, »separat«), womit Iwan die unglücklichen Gebiete beschrieb, die er selbst kontrollieren wollte. Mit der Zeit verwendete man den Begriff auch für den mit seiner Tyrannei verknüpften Terror.

Für die Verwaltung der neuen *opritschnina* ließ Iwan Wagenladungen von Schreibern und anderen bewährten Bürokraten aus Moskau zu seinem auswärtigen Bollwerk befördern. Als Nächstes benötigte er eine Truppe, die seine Befehle durchsetzte und seine Gebiete absicherte. Die Männer, die er rekrutierte – die Erpresser und Sadisten, die als *opritschniki* berüchtigt werden sollten – waren, eine albtraumhafte Vision der Apokalypse, in schwarze Umhänge gehüllt. Die Insignien an ihren Zügeln stellten einen Hundekopf und einen Besen dar, denn sie hatten die Aufgabe, über die Feinde des Zaren herzufallen und sie aus dem Reich hinauszufegen. Anfangs zählten sie 1000 Mann, doch in den folgenden fünf Jahren wuchsen ihre Reihen auf 6000 Reiter, die aus allen Schichten stammten und nur durch ihre Habgier vereint wurden.[94]

Das Erscheinen dieser Reiter in einem Bezirk brachte fast immer Kummer mit sich. Nicht nur erwachsene Männer – die Clan-Angehörigen, die Iwan vielleicht zu Recht fürchtete, oder die Ratsmitglieder, die eine politische Maßnahme angezweifelt oder gegen eine Steuer aufbegehrt hatten –, sondern ganze Familien, einschließlich der Kinder, wurden gefoltert und ermordet. Die Soldaten brannten Dörfer nieder und überließen die Häuser ehemaliger Bojaren dem Wind und dem Schnee. Ein Teil des Eigentums sollte später von den *opritschniki* übernommen werden, und viele profitierten erheblich von ihrer Arbeit, aber damals schien das Land einfach nur verwüstet zu sein.[95] Heinrich von

Staden, der Deutsche, der die *prikasy* besucht und die Arbeitsbedingungen der Angestellten beschrieben hatte, war auch als Söldner für die *opritschniki* tätig gewesen. Er schrieb einen schaurigen Bericht über die Auswirkungen ihrer Angriffe: »… die kirchendörfer wurden vorbrant sambt den kirchen und alles, was darinnen war an bildern und kirchenzihren. Die weiber und megde wurden nacket ausgezogen und musten also auf dem felde hühner fangen.«[96]

Während Iwan und seine Lakaien kamen und gingen, erlebte die heilige Festung Moskaus eine unverhältnismäßig hohe Zahl von Hinrichtungen. 1568 meldeten die Spione des Zaren, es gebe ein neues Komplott gegen ihn. Iwan bestellte den Hauptanführer, Fürst Iwan Petrowitsch Tscheljadnin-Fjodorow, in den Kreml und stieß ihm einen Dolch ins Herz. Die Leiche wurde mehrere Male um die Festungsmauern geschleift und dann auf den zentralen Marktplatz geworfen.[97] Tscheljadnin-Fjodorows Besitzungen fielen an die *opritschniki*. »Er verschonte sie nicht«, hieß es in einer zeitgenössischen Quelle, aus der hervorging, dass Iwans Männer über hundert adlige Dienstleute des Zaren getötet hatten. Niemand wurde begnadigt, nicht einmal »ihre Frauen noch ihre kleinen Kinder an der Mutterbrust; und er soll sogar befohlen haben, kein einziges Tier am Leben zu lassen«.[98] Aber der Zorn des Zaren legte sich nicht, und das Land um die Moskauer Festung wurde weiterhin mit Blut befleckt. Die Toten – gepfählt, enthauptet, geviertelt oder erwürgt – häuften sich unter den Kremlmauern, und Leichen verstopften den stinkenden Graben an der Neglinnaja.[99]

Im folgenden Jahr beanspruchte die *opritschnina* ihr bekanntestes Opfer, als Iwans 36-jähriger Cousin, Wladimir von Stariza, durch den verrufenen *opritschnik* Maljuta Skuratow in Alexandrowskaja sloboda gezwungen wurde, Gift zu schlucken. Seine Kinder ermordete man an seiner Seite. Der Vorwand war ein (unwahrscheinlich anmutendes) Gerücht, dass Wladimir nach der Krone greifen wolle, aber es brauchte damals keinen spezifischen Grund für Ermordungen zu geben. Der Terror hatte seine eigene Logik. Niemand konnte sich sicher fühlen, nicht einmal die Kirchenführer. 1568 hatte der neue Metropolit, Filipp II., gewagt, gegen die Grausamkeit des Zaren Stellung zu beziehen, woraufhin Iwans Männer ihn bei einem öffentlichen Gottesdienst ergriffen, seines Priestergewands entkleideten und ihn in ein Kloster in Twer verschleppten. Monate später protestierte er immer noch gegen unnötiges Blutvergießen und wurde im Kloster von Skuratow erstickt.[100] Iwan blieb trotz dieser Gräueltat selbstquälerisch fromm, und er befahl seinen Folterern häufig, ihre Aktivitäten zu unterbrechen, während er sich, wo immer er war, in ausgedehnten Kniefällen und Gebeten erging. »Für den Zaren zu sterben«, erklärt der Historiker Sergej Bogatyrjow, »wurde so hingestellt, als sei es etwas Ähnliches wie für Christus zu sterben (…) [Iwan] setzte seine Ratsmitglieder der Schande und Hinrichtung aus, weil er glaubte, sich selbst und seine Untertanen dadurch vor dem Jüngsten Tag läutern zu können.«[101]

Abgesehen von Verschwörungen, um ihm den Thron zu rauben, war die Zusammenarbeit mit benachbarten Mächten, vornehmlich mit dem gerade vereinigten Staat Polen-Litauen, die Art Verrat, die Iwan am meisten fürchtete.[102] Dabei stand vielleicht seine Chance auf dem Spiel, einen russischen Hafen an der Ostsee zu gründen. Um dieses Ziel zu erreichen, schien er entschlossen zu sein, gegen ein Bündnis regionaler Gegner, darunter Schweden, zu kämpfen. Ein Problem bestand darin, dass die Vorbereitungen Iwans Mittel erschöpften, und er benötigte unverzüglich mehr Bargeld, um den Nordischen Krieg zu eröffnen. Während Stadtbewohner und Bauern unter drückenden Steuersätzen litten, wurde der verletzlichen Grenze im Süden keine Aufmerksamkeit geschenkt, und dort erhöhte sich das Risiko beträchtlich, als der Krim-Khan Devlet-Girai ein eigenes Bündnis mit dem osmanischen Sultan schloss. Das Land befand sich in tödlicher Gefahr durch eine Verbindung aus heimischem Elend, wirtschaftlichem Ruin und militärischer Bedrohung. Wie um diese Probleme zu verschlimmern, wurde Iwans öffentliches Leben auch durch eine persönliche Tragödie beeinträchtigt. 1569 starb seine zweite Frau Maria, und ihr Verlust scheint ihn noch tiefer in die Hölle gestürzt zu haben.

Die Folgen seiner Wut, was immer ihre Ursache gewesen sein mochte, waren verheerend. In jenem Winter drangen Iwan und seine schwarz gewandete Truppe durch Twer und Tortschok nach Norden in Richtung Nowgorod vor. In Twer, das bezichtigt wurde, mit den Litauern verhandelt zu haben (und das in der Vergangenheit dem Metropoliten

Filipp Zuflucht gewährt hatte), liefen Iwans *opritschniki* Amok: Sie folterten und ermordeten Hunderte von Bürgern und warfen die verstümmelten Leichen in die Wolga. Zu den Qualen, die den Bewohnern von Twer zugefügt wurden, gehörten ausgedehnte Bestrafungen durch *prawesch*, die schmerzhaften und demütigenden Hiebe auf die Schienbeine, und eine weitere grässliche Verfeinerung, bei der dem Opfer die Beine an den Knien abgehackt wurden. *Prawesch* war stets eine Züchtigung für Schulden gewesen, und diese brutale Variante versinnbildlichte eine tief gehende – materielle und die Loyalität gegenüber Iwan betreffende – Verschuldung der ganzen Stadt.[103]

Das Schicksal Nowgorods war noch extremer. Trotz der Bitten ihres getreuen Erzbischofs Pimen brannten die Moskowiter die Stadt nieder, plünderten ihre Kassen und Speicher und töteten mehrere tausend ihrer Bewohner, manchmal nach den Foltern – Verstümmelung, Verbrühung, simuliertes Ertränken, Pfählung –, die Iwan ein solches Vergnügen bereiteten: »Der grosfürschte ließ sich auch eigener person auf dem peinhof oder -haus stets alle tage finden.«[104] Die armseligen Überlebenden, ein Bruchteil der früheren Stadtbevölkerung, wurden dem mittwinterlichen Eis überlassen und mussten miteinander um Aasbrocken und Lumpen kämpfen.[105] Nowgorods Reichtum, der in den Jahrzehnten, seit Iwan III. es ausgeraubt hatte, wiederhergestellt worden war, entschwand nun erneut gen Süden. Sogar die Altartüren seiner im 11. Jahrhundert entstandenen Kathedrale der Heiligen Weisheit wurden weggeschleppt, damit sie eine der beiden Kirchen verzieren konnten, die Iwan in Alexandrowskaja sloboda »als Sühne für seine Sünden« bauen ließ.[106]

Dann wandte der Zar sich wieder der Hauptstadt zu. Im Juli 1570 wurden mehrere hundert ehemalige Adlige und Hofdiener in Moskau an den Galgen gebracht, nachdem man viele der Kollaboration mit Erzbischof Pimen angeklagt hatte. Man organisierte das Drama auf einem Stück Land jenseits der Stadtmauern, wo seit Jahrhunderten öffentliche Hinrichtungen abgehalten wurden; vielleicht war das Ziel, ein möglichst großes Publikum anzuziehen.[107] Allerdings war das Erscheinen nicht beliebig, denn Iwan forderte die Menschen auf, näherzutreten und zuzuschauen. Er fragte die Menge sogar, ob einige Verräter getötet werden sollten, das heißt, er stachelte die Zuschauer zu einem abgekarteten Spiel an, als wäre er ein Diktator aus einer viel späteren Epoche. Die von Panik ergriffenen Menschen gaben natürlich ihr Einverständnis. Während die Messer funkelten und die Eingeweide hervorquollen, erinnerte die Szene an eine andere Ikone, doch diesmal handelte es sich um das Thema des Jüngsten Gerichts. Unter den Opfern waren die Leiter mehrerer *prikasy*, darunter Iwan Wiskowaty. Der Beamte, der für Iwans diplomatische Bemühungen zuständig gewesen war, wurde auf einem der provisorischen Schafotte aufgehängt und in Stücke gehackt, doch er starb erst, als ein *opritschnik* ihm die Genitalien abschnitt.[108] Wie immer setzte man voraus, dass die Familie eines Verräters seine Schuld teilte. In den folgenden zwei oder drei Wochen wurden die Frauen und Kinder der angesehensten Opfer öffentlich in der Moskwa ertränkt.[109]

Iwans blutrünstigste Kampagnen wurden von Alexandrowskaja sloboda aus eingeleitet. Der Palast gefiel dem Zaren, denn das Gebäude war alt, massiv, und seine Gespenster waren von Iwan selbst geschaffen worden. Im Jahr 1571 fand dort eine Brautschau statt, damit er seine dritte Frau wählen konnte (sie starb kurz nach der Trauung). Iwan empfing sogar einige ausländische Diplomaten an dem Provinzhof. Aber die Moskauer Festung war zu wertvoll, als dass er sie hätte aufgeben können, und gewiss zu wichtig, um anderen überlassen zu werden. Die großen Flächen des Kreml hatten einen praktischen Nutzen: Als Iwan zum Beispiel 1566 seine Ständeversammlung (*semski sobor*) einberufen musste (ein Schachzug, mit dem er Unterstützung für den von ihm geplanten Nordischen Krieg gewinnen wollte), gab es kein anderes Gebäude in Moskau, das alle Teilnehmer hätte aufnehmen können.[110] Der herrliche Goldene Palast eignete sich immer noch am besten für den Empfang ausländischer Delegationen, und Iwan musste Eindruck auf potentielle Freunde in anderen Staaten machen. Der Kreml als Ganzes war eine heilige Stätte, der einzige Ort, an dem die Souveränität sowohl mit Gott als auch mit der Dynastiegeschichte verbunden werden konnte. Im Jahr 1575 benutzte Iwan die Festung, um ein neues Oberhaupt für die *semschtschina* einzusetzen, einen von

Dschinghis Khan abstammenden Tatarenfürsten namens Simeon Bechbulatowitsch. Nach Aussage zumindest eines Zeugen begann die kurze Herrschaft dieses Adligen (Iwan setzte ihn 1576 ab) mit einer flüchtigen Krönung in der Entschlafens-Kathedrale.[111]

So nützlich der Kreml auch war, konnte sich der Zar dennoch nicht entscheiden, ob er eine Residenz für sich selbst im Innern der Zitadelle einrichten sollte. Er musste die Notwendigkeit, die Kontrolle über die verschachtelten Paläste zu behalten, gegen seinen Horror vor historischen Gespenstern und konkreten Verschwörern abwägen. Eine Zeit lang wohnte er in einem bescheidenen Holzgebäude mit vier Zimmern auf dem Grundstück seiner ersten Frau nahe der Kathedrale des Erlösers am Walde.[112] Aber er spielte auch mit mehreren Möglichkeiten in Moskau selbst, und die extravaganteste führte zu einem völlig neuen Palast. Dieser stand an der nominellen Grenze seines geteilten Staates auf einer Fläche, die Iwan für die *opritschnina* beanspruchte. Aber er befand sich in der Nähe des Kreml – in »Schussweite«, um mit Heinrich von Staden zu sprechen –, und auf seinem kurzen Höhepunkt muss er das schlammige Ufer der Neglinnaja dominiert haben.

Iwan brachte das Gelände im Jahr 1566 an sich, indem er die Besitzer enteignete und sich ein weiteres Feuer zunutze machte, das günstigerweise den größten Teil der Fläche freigelegt hatte. Im Januar 1567 zog er ein, begleitet von seinen Beratern, Spionen, Minnesängern, Ärzten, Astrologen und dem gesamten *opritschnina*-Hof. Das neue Hauptquartier wurde durch Stein- und Ziegelmauern geschützt, und sein Tor, bleiüberzogen und mit zwei Steinlöwen verziert, deren Augen aus Spiegeln bestanden, konnte jederzeit mit zwei massiven Eichenstämmen verschlossen werden. Ein hölzerner, schwarz bemalter Doppeladler breitete seine Schwingen bedrohlich über dem Tor aus, und weitere Adler waren auf den Dächern der Palastgebäude zu sehen. Jeder Eingang und jede Passage wurden bewacht, doch Iwans persönliche Gemächer waren so angelegt, dass sie nicht beobachtet werden konnten. Innerhalb der Mauern standen drei majestätische Gebäude, aber Iwan zog eine spartanische »Hütte« in einer Ecke des Geländes vor. Er kannte kaum Luxus, besaß jedoch ein persönliches Gerüst, um sein Pferd besteigen und um wieder absitzen zu können. Es war ein vernünftiges

Zugeständnis an den Schmerz, der an seinem Rückgrat zerrte, genau wie der dichte weiße Sand, den man über sämtliche Innenhöfe streute, wahrscheinlich um der Feuchtigkeit entgegenzuwirken.[113] In den 1930er Jahren, als Techniker die ersten Tunnel für die Moskauer Metro in der Nähe der Lenin-Bibliothek gruben, war dieser Sand, wie ein Flachsfaden im klumpigen Boden der Mochowaja, die einzige Spur, die sich von Iwans einst berüchtigtem Palast finden ließ.[114]

Das Ende kam im Frühjahr 1571. Die Spaltung Russlands, das Leid seiner Bevölkerung und die Dezimierung seiner Militärschicht ließen eine Katastrophe ahnen. Um das Elend zu vertiefen, führte eine Reihe schlechter Ernten im Winter 1569/70 zu einer Hungersnot, welche die Menschen völlig ermattete. Die verwüstete Nowgoroder Region, wo verwesende Leichen noch immer die Flüsse verstopften, hatte bereits Pestausbrüche hinter sich, doch 1570 griff die Geißel nach Süden über, und in mindestens 28 Städten kam es zu massenhaften Todesfällen.[115] Laut Heinrich von Staden musste eine spezielle Grube außerhalb Moskaus ausgehoben werden.[116] Russland ging unter, und im folgenden Frühjahr, im Mai 1571, nutzte der Krim-Khan Devlet-Girai die Chance zum Angriff. Viele der russischen Soldaten, die ihm den Weg versperren sollten, liefen zu den Tataren über, und Iwan selbst brachte sich in Sicherheit (diesmal dachte er über die Möglichkeit nach, ein permanentes Asyl in England zu erbitten), womit der Khan ungehindert nach Moskau ziehen konnte.

Die Bürger bewaffneten sich für die Schlacht, doch statt der erwarteten Belagerung mussten sie mit einem vertrauteren Feind fertig werden. Zum zweiten Mal während Iwans Herrschaft wurde die Hauptstadt von Flammen verschlungen. Sie waren von Devlet-Girais Soldaten entzündet worden, und Heinrich von Staden berichtet, dass es nur sechs Stunden gedauert habe, Moskau in Asche zu legen: »Es war also grosse not, dass niemand dem entlaufen kunte. Es blieben nicht dreihundert wehrhaftiger lebendigk.« Sogar die schweren Glocken in Iwans *opritschnina*-Palast schmolzen und barsten. Viele, die dem Feuer entkommen waren, wurden durch herabfallendes Mauerwerk getötet. Während die Flammen weiterfegten, verbrannten Iwans englische Löwen bei lebendigem Leibe in ihrem Gehege, und wenigstens 25 englische

Bauarbeiter und Handwerker im Dienste des Zaren fielen ebenfalls der Feuersbrunst zum Opfer. Etliche Kremlgebäude, darunter fast alle Holzbüros, brannten ab. Von Staden kommentiert: »In summa: der jammer, der uf das mal in der stat Muscaw war, es lebet kein mensch, der das alles gedenket.«[117] Die Kremlmauern hielten dem Feuer stand, aber die Ruinen von Iwans *opritschnina*-Palast wurden den wilden Hunden überlassen.

Als Devlet-Girai die Oka im Juli 1572 zum zweiten Mal überquerte, muss er mit einem leichten Sieg gerechnet haben. Aber Russland, fast gegen alle Vernunft, weigerte sich, seinen Zaren im Stich zu lassen. Ein Heer, das weitgehend aus regulären Soldaten (mit inkompetenter Unterstützung durch die *opritschniki*) bestand, warf die Reiter der Krim zurück, und Moskau blieb von einem neuen Unglück verschont. Dieses Wunder gab Iwan Anlass, erneut die Richtung zu wechseln. Im Spätsommer 1572 löste er die *opritschnina* auf, wobei die Reform von den üblichen Hinrichtungen begleitet wurde. Unterdessen machte sich eine unter Druck stehende Truppe von Technikern ein paar Tagesritte südlich von Moskau daran, die Grenzgebiete zu befestigen, die den tatarischen Heerscharen einen so mühelosen Vormarsch erlaubt hatten.

Im Kreml stand weiterhin ein glanzvoller Thron für Iwan bereit. Hinter den sicheren Mauern lag der Schatz des Zaren, unverändert glanzvoll (er hatte eine Schwäche für Rubine und Saphire) und beeindruckend. Laut einem deutschen Besucher von 1576 waren Iwans Krone und Umhang prächtiger als die jedes mit ihm rivalisierenden europäischen Fürsten und übertrafen die Insignien, die er bei Philipp II. in Spanien und an den Medici-Höfen in Italien gesehen hatte. Iwan trug auch einen mit Juwelen besetzten Stab in der Hand. Dieses abschreckend wirkende Objekt war angeblich aus dem Horn eines Einhorns gefertigt und diente, wie die Krone selbst, als Symbol der königlichen Autorität, die dem Zaren so sehr am Herzen lag.[118] »Die Ehrerbietung, die dem Fürsten überall entgegengebracht wird, ist etwas, das sich kaum begreifen lässt«, kommentierte ein jesuitischer Gesandter namens Antonio Possevino. »Selbst wenn die Moskowiter es nicht wirklich glauben, erklären sie unaufhörlich, dass sie ihm ihr Leben, ihre Gesundheit und all ihren weltlichen Besitz verdanken (…) Sogar wenn sie fast zu Tode geprügelt werden, sagen sie manchmal, der Fürst habe ihnen durch die Züchtigung einen Gefallen getan.«[119]

Immerhin hatte die Nation nicht nur einen Zaren, sondern auch einen gesunden Erben, was von Bedeutung war, denn Iwan hatte sich nicht weniger Mühe als seine unmittelbaren Vorfahren gegeben, die möglichst untilgbare schwarze Linie des Erstgeburtsrechts in das moskowitische Regelwerk einzuzeichnen. Die von Daniil, dem ersten Moskauer Fürsten, ausgehende Erbfolge wurde, zumindest hier, als wahre und heilige Fortführung des Rjurikiden-Geschlechts von Kiew betrachtet, und ein Teil von Iwans Grausamkeit dürfte mit seiner Manie zusammengehangen haben, die Zukunft der Dynastie zu schützen. Nach dem Tod seines ersten Sohnes hatte er ein auffälliges Interesse an dem zweiten, seinem Namensvetter, gezeigt. Genau wie sein Vater, Wassili III., ihm einen zeremoniellen Miniaturhelm geschenkt hatte, so ließ auch Iwan einen solchen Gegenstand für den Jungen als Symbol seiner herrschaftlichen Bestimmung anfertigen.[120] Ein weiterer Sohn, Fjodor, wurde 1557 geboren, aber Iwan achtete darauf, dass der Knabe (der ohnehin schwer von Begriff und körperlich schwach war) keinen Anspruch auf die Krone seines älteren Bruders erhob.

Da die Nachfolge nun garantiert war, hatte Iwans Suche nach Ehefrauen in seinen reiferen Jahren nichts mehr mit dem Interesse an der Zeugung von Söhnen zu tun. Wie Heinrich VIII. war er jedoch vom Unglück verfolgt, was die Ehe betraf, und wie der englische König zwang er die Führer seiner Kirche, eine Reihe neuer Bräute zu segnen. Nachdem es ihm gelungen war, seine dritte Ehe wegen (angeblicher) Nichtvollziehung aufheben zu lassen, weigerte sich die orthodoxe Kirche 1572 allerdings, eine vierte Verbindung zu billigen. Die letzten drei von Iwans zahlreichen Ehen wurden nie kirchenrechtlich anerkannt, was theoretisch bedeutete, dass aus ihnen hervorgehende Kinder unehelich sein würden. Dies war allerdings jahrelang eine juristische Spitzfindigkeit, und kaum jemand hätte gewagt, davon zu sprechen. Außerdem blieben weitere männliche Nachkommen aus, jedenfalls bis fast zum Schluss. 1582 – unter neuen dynastischen Umständen – gebar Iwans letzte Frau, Maria Nagaja, einen Sohn namens Dmitri. Als uneheliches Kind kam er nicht für die Nachfolge in Frage, aber er war kräftig und scharfsinnig, ein würdiger königlicher Erbe.

Kurz vor Dmitris Geburt nahm die Geschichte des heiligen Hauses der Daniilowitsch-Fürsten eine unerwartete Wendung. Antonio Possevino, der Moskau Anfang 1582 besuchte, hörte die Details von einheimischen Zeugen, zu denen einer der Hofdolmetscher gehörte. In der Erzählung ging es um Iwans Ungeduld gegenüber seinem ältesten Sohn, dem Zarewitsch Iwan, der mittlerweile 27 Jahre alt war und sich aus eigener Kraft hervortun wollte. Eine der vielen Klagen des jungen Mannes (so die Geschichte) betraf die wiederholten Eingriffe des Zaren in sein Eheleben.[121] Seine erste Frau, Alexandra Saburowa, die 1570 bei einer Brautschau ausgewählt worden war, hatte keine Kinder zur Welt gebracht, und der Zarewitsch wurde ermutigt (oder gezwungen), sie zu verlassen. Eine zweite Fürstin, Praskowja Petrowna-Solowaja, folgte ihr bald darauf ins Pokrowski-Kloster.[122] 1581 zeugte der junge Zarewitsch Iwan endlich ein Kind mit seiner dritten Gattin, Jelena Scheremetjewa. Wie den meisten schwangeren Frauen machte Jelena ihr Babybauch zu schaffen, und trotz der Jahreszeit (es war November) trug sie nicht immer die drei Kleider, die für eine Adlige ihres Ranges vorgeschrieben waren. Dies hätte kein Problem sein sollen, aber das Paar hielt sich bei Iwan in Alexandrowskaja sloboda auf. »Wie es sich fügte«, berichtete Possevino, »überraschte der Großfürst [d. h. der Zar] sie, während sie auf einer Bank ruhte. Sie erhob sich sogleich, doch er geriet in Wut, ohrfeigte sie und schlug sie mit seinem Stab. In der folgenden Nacht wurde sie eines toten Kindes entbunden.«

Wie Possevinos Gewährsmann behauptete, war der Zarewitsch außer sich. Was genau geschah, wird sich nie klären lassen, aber Iwan muss den schicksalhaften Stab ein zweites Mal erhoben haben, denn er versetzte seinem Sohn einen noch heftigeren – und tödlichen – Schlag. Während das Blut an der Schläfe des jungen Mannes hinunterströmte, versuchte der Zar zu begreifen, was er getan hatte. Innerhalb weniger Sekunden hatte sich das Geschick Moskaus gewendet; kein Helm würde diesen kostbaren Schädel je wieder schützen. Fünf Tage später war der junge Iwan tot. Man bahrte die Leiche in Alexandrowskaja sloboda auf, doch nur Moskau und der Kreml konnten als letzte Ruhestätte des Zarewitsch dienen. Bei der Beerdigung folgte Iwan der Schreckliche der Totenbahre seines Sohnes zu Fuß in die Erzengel-Kathedrale des Kreml, wobei er an seiner Kleidung zerrte und – an jenem Tag und vielen danach – auf seine Juwelen und Ringe sowie auf seine Krone verzichtete. In den kommenden Monaten blieb er im Kreml. »Jede Nacht«, erzählte Possevinos Gewährsmann, »trieben Kummer (oder Wahnsinn) den Fürsten aus seinem Bett, wonach er mit den Nägeln an den Wänden seines Gemaches kratzte und durchdringende Seufzer ausstieß.«[123] Zwei Jahre später, als Iwan, der ätzend stank und von Maden bedeckt war, auf seinem Totenbett lag, bereitete er sich auf das Jüngste Gericht vor, das er sein Leben lang herausgefordert hatte. Durch diesen Zaren war das moskowitische Herrschergeschlecht gestärkt worden wie durch keinen seiner Vorgänger. Nun hatte er es zerstört.

4 Kremlenagrad

Die Moskowiter könnten die Kunst der Kartographie im 15. Jahrhundert erlernt haben, als sich all jene selbstsicheren Italiener im Kreml aufhielten.[1] Dies lässt sich allerdings schwer nachweisen, zumal sämtliche Unterlagen verbrannt sind. Aber es gibt mehrere Karten Moskaus vom Beginn des 17. Jahrhunderts, und eine der schönsten trägt den Namen *Kremlenagrad*.[2] Das heute noch existierende Exemplar, das der Kartograph Joan Blaeu für die Niederländische Ostindien-Kompanie anfertigte, wurde nach 1662 in Amsterdam veröffentlicht, doch es beruht auf einer viel älteren Zeichnung und stellt den Kreml um 1604 dar. In Blaeus Version befindet sich der Westen, nicht der Norden am oberen Ende, doch sonst handelt es sich um ein Muster an Klarheit. Wer das liliputanische Panorama auseinanderfaltet, fühlt sich sofort angezogen und gefesselt. Die Gebäude sind als Miniaturen dargestellt, und jedes Dach macht einen warmen und wasserdichten Eindruck.[3] Die Mauern – und es gibt viele davon – wirken beruhigend stabil, und nirgends ist ein aufgespießter Kopf zu sehen. Dies ist der Kreml in seiner makellosen und besten Form. Irgendwo leben sicher Kinder, die ihn mit einem Baukasten nachbilden könnten.

Eine Karte kann eine Menge über das Weltbild ihres Urhebers aussagen. Joan Blaeu fand sich sehr gut an Orten zurecht, die er nie gesehen hatte. Auch war er bei seinen Stadtkarten sehr bemüht, die Gebäude korrekt wiederzugeben. Als er den Kreml zu zeichnen begann, griff er auf etliche Tricks zurück, die er sich in 40 Jahren des Kartierens angeeignet hatte. Die Mauern sind akkurat dargestellt, aber sie haben auch große Ähnlichkeit mit denen, die sich um seine hübsche Karte von Delft winden – ein Meisterwerk, das er nur drei Jahre zuvor beendet hatte. Auch die Flüsse sind auf beiden Karten von demselben satten Blau. Trotz dieser überzogenen niederländischen Exaktheit können wir einiges von Blaeus Karte erfahren. Das Original, das er kopierte, muss ungewöhnlich gut gewesen sein. Offenkundig hatte um die Wende des 17. Jahrhunderts jemand mit einem geschulten Auge und einem scharfen Stift im Kreml gearbeitet, denn die Platzierung der von Blaeu kopierten Gebäude trifft fast immer zu, und das Gleiche gilt für die grundlegenden architektonischen Details. Das Ergebnis ist seiner Quelle so treu, dass Gelehrte, die ihr Leben im Kreml-Archiv verbringen, es noch heute nutzen können, wenn sie (was fast ausschließlich der Fall ist) unter den dortigen Originalpapieren eine Niete ziehen.

Zudem wird die Karte, wenn man sie parallel zur niedergeschriebenen Geschichte liest, aus einem Schnappschuss zu einem Kommentar. Beispielsweise zeigt sie, dass sich der Kreml in den nicht einmal 20 Jahren seit Zar Iwans Tod mit halsbrecherischer Geschwindigkeit verändert hatte. Seit dem letzten Brand war vieles wiederaufgebaut und repariert worden, doch gleichwohl findet man nun weniger Villen für Bojaren. Die Namen der Belskis, Mstislawskis, Sizkis und Scheremetjews werden in der von Blaeu gelieferten Legende erwähnt, und ihre von Mauern umgebenen Paläste ähneln ihrerseits kleinen Kremls, doch die Patrikejews und Chowrins sind zusammen mit einem halben Dutzend anderer verschwunden. Stattdessen taucht ein Name mehrere Male auf: Es gibt mindestens drei Anwesen für die Godunows. Dies ist kein Flüchtigkeitsfehler, denn das Oberhaupt des Clans, der große Bojar Boris Godunow, hat offensichtlich überall neue Gebäude errichtet. So hat er den Palast des Zaren erweitert und den Glockenturm Iwan der Große zu einem bedeutenden Wahrzeichen gemacht, indem er ihm weitere Ränge und eine Kuppel hinzufügte. Ein anderes eckiges Bauwerk, offenbar aus Ziegeln, ist durch die Inschrift »prikasy« gekennzeichnet, und diesmal scheint die Konstruktion dauerhaft zu sein. Indessen hat sich das Gebäude hinter der Gewandniederlegungs-Kirche, das zuvor als Residenz des Metropoliten bekannt war, erheblich gewandelt. Der internationale Status der russischen Kirche muss sich erhöht haben, denn dies ist nun der Palast eines Patriarchen.

All das zeigt die Karte wirklichkeitsgetreu, trotzdem ist sie auf eine Weise irreführend, die vielleicht nicht einmal Blaeu selbst bewusst wurde. Die Bauten auf den Bildern des Niederländers werfen kompakte, friedliche Schatten, doch die Jahrzehnte nach dem Tod Iwans des Schrecklichen gehörten zu den stürmischsten in der Existenz des Kreml. *Kremlenagrad* ist unvollständig ohne jene Finsternis, aber wer nach ihr suchen will, benötigt einige Geschichtskenntnisse, und Blaeu hatte wahrscheinlich genauso verschwommene Vorstellungen von Russland wie jeder andere Nordwesteuropäer. Als Kartograph muss er überdies von all den neuen Welten in seiner Epoche abgelenkt worden sein, denn dies war das goldene Zeitalter der europäischen Forschungsreisen. Die Küsten so unterschiedlicher Kontinente wie Amerika und Ostasien nahmen allmählich auf Papier mit niederländischem Wasserzeichen Gestalt an. Dies waren phantastische Gegenden, exotisch und beängstigend. Doch die Erzählungen der exzentrischsten Seeleute über fremde Länder hätten nicht absurder sein können als der Gedanke, dass der Kreml des *Kremlenagrad* geordnet, makellos, beschaulich gewesen sei.

Nach dem Tod Iwans des Schrecklichen im März 1584 hielten die Bojaren Moskaus Zukunft erneut in der Hand. Auch im Rückblick ist es nicht leicht, Sympathie für die Mitglieder dieser eifersüchtigen, arroganten Elite zu empfinden. Der französische Söldner Jacques Margeret, der später die ausländischen Soldaten des Zaren befehligte, hatte nie viel für sie übrig. Die Adligen, denen er begegnete, waren pflaumenweich. »Im Sommer sind sie mit Pferden und im Winter mit Schlitten unterwegs«, schrieb er, »so dass sie sich nicht bewegen. Dadurch werden sie untersetzt und fettleibig.«[4] Ein niederländischer Getreidehändler, Isaac Massa, dessen eigene fleischige Züge auf zwei Porträts von Frans Hals betrachtet werden können, äußerte sich nicht schmeichelhafter. In seinen Erinnerungen an Russland erklärte er:

> »Die Würdenträger führen in diesem Land ein recht unglückliches Leben. Da sie unablässig am Hof sein und tagelang vor dem Kaiser stehen müssen, haben sie selten auch nur einen Ruhetag unter drei oder vier Tagen. Ein je höheres Amt sie bekleiden, desto erschöpfter sind sie aus Besorgnis und Furcht, und trotzdem bemühen sie sich ständig aufzusteigen.«[5]

Zur Verteidigung der Bojaren muss erwähnt werden, dass sich keine Alternative bot. Der Kreml war keine Arena, welche diese Familien beliebig verlassen konnten. Die alten Clans waren zum Dienst verpflichtet und saßen lebenslang in der Falle. Obwohl gewöhnliche Bürger sie verabscheuten und meinten, dass sie den Zugang zum Zaren blockierten (der im Wesentlichen als guter Mensch galt), regierten die Bojaren (gute wie schlechte) seit zehn Generationen an der Seite des Herrschers. Zu Beginn des 17. Jahrhunderts stellte sich schließlich die Frage, ob einer von ihnen endlich aus eigener Kraft den Thron besteigen würde.

Das System stützte sich immer noch in erster Linie auf adlige Familien, weshalb es bemerkenswert ist, dass der Mann, dessen Name – Boris Godunow – so häufig auf Joan Blaeus Karte vorkam, einen zweifelhaften Stammbaum hatte. Die meisten anderen Bojarenfamilien im Kreml waren dort in der einen oder anderen Form seit Jahrhunderten vertreten, und viele pflegten komplexe Verwandtschafts- oder Bündnisbeziehungen miteinander. Der Romanow-Clan zum Beispiel, der seinen Adelsdienst bis zu den Tagen von Iwan Kalitas ältestem Sohn zurückverfolgen konnte, hatte jüngere Familienzweige, deren Angehörige in den 1580er Jahren fast genauso hoch angesehen waren, darunter die Tscherkasskis, die Scheremetjews und die Schestunows. Gegen Ende des 16. Jahrhunderts, zu Lebzeiten des Bojaren Nikita Romanowitsch Sacharjin-Jurjew, eines der geachtetsten Oberhäupter der Romanows, war sich dieser Clan keineswegs zu fein, um dynastische Verbindungen zu den Godunows anzuknüpfen.[6] Andere Mitglieder der alten Elite fühlten sich unbehaglicher gegenüber den Neuankömmlingen. Die Godunows schienen eine vulgäre Sippe zu sein. Während ihre neueste Generation in den 1580er Jahren heranwuchs und gedieh, erbitterten die Begabung und der rasche Erfolg der Jungen viele, die meinten, aufgrund ihres Blutes und ihrer Geschichte stünde jegliche Auszeichnung im Kreml allein ihnen zu.

Boris selbst wuchs an einem *opritschnina*-Hof auf. Es war nicht das verheißungsvollste Milieu für eine moralische Erziehung, und, schlimmer noch, die Ehefrau, die der Vater des jungen Mannes für ihn auswählte, scheint eine Nachfolgerin von Lady Macbeth gewesen zu sein. Maria Godunowa war die Tochter von Iwans berüchtigtstem Vollstrecker Maljuta Skuratow, und durch diese Beziehung erzielten der junge Boris und seine Schwester Irina ihre ersten Fortschritte im nationalen politischen Leben.⁷ Zugleich machten sie sich einige bedeutende Feinde, von denen manche überlebten und die Erzählungen über die Godunows nach deren Tod beeinflussen konnten. Deshalb scheint es in späteren Schilderungen stets mindestens zwei Boris Godunows zu geben: einen guten, aufgeklärten und großzügigen und einen Mörder, den tragischen Antihelden, der in Mussorgskis Oper auftreten sollte.⁸ Niemand jedoch stellt in Frage, dass Boris sehr reich war. Wenn jemand im Kreml des 16. Jahrhunderts mit einem Oligarchen des 21. Jahrhunderts verglichen werden konnte, dann war es der schlaue, rastlose Godunow.

Mit 33 Jahren fehlte es Boris an natürlichem Charme. Während manche alte Clans ansehnliche, behände Söhne aufwiesen, war der junge Bojar, jedenfalls laut Isaac Massa, »ein Mann von kleiner Gestalt, ziemlich korpulent, mit einem rundlichen Gesicht«.⁹ Sein Geist war sein Vermögen. Er gehörte zu denen, die sich rasch die Loyalität ihrer Amtsträger zu sichern verstanden: berechnend, phantasievoll und gesegnet mit einem Gedächtnis für Details.¹⁰ Wenige russische Herrscher hegten größere Pläne für die religiöse Vormachtstellung Moskaus, und daraus, sowie aus seinen Ambitionen für die Godunow-Dynastie selbst, bezog Boris sein Sendungsbewusstsein.¹¹ Wie mehrere Diktatoren jüngerer Zeiten könnte er aus der Geringschätzung durch seine blaublütigen Rivalen, deren Liebe zum Stil der alten Welt er im Übrigen teilte, unbeabsichtigt auch Vorteile erlangt haben.¹²

Das kollektive Schicksal der Godunows nahm eine besonders glückliche Wendung in den letzten Jahren unter Iwan dem Schrecklichen, als Irina Godunowa die Ehe mit Fjodor, dem zweiten Sohn des alternden Tyrannen, schloss. Die Verbindung war jedoch alles andere als konventionell. In vielen Berichten heißt es, Fjodor sei geistig behindert gewesen, so einfältig und hilflos wie ein Kind. Dies mag stimmen oder nicht, doch der sterbende Zar hielt es für vernünftig, zum Schutz des Jungen einen aus vier Männern bestehenden Regentschaftsrat zu ernennen. Wieder war das Glück den Godunows hold, denn neben den Fürsten Iwan Mstislawski und Iwan Schuiski wurden Nikita Romanowitsch Sacharjin-Jurjew und sein Verbündeter Boris Godunow in den Rat berufen.¹³ Vor ihre erste Prüfung gestellt sahen sich die Regenten, als Iwans Leiche noch warm war. Einer der früheren Handlanger des verstorbenen Zaren, Bogdan Belski, nutzte die allgemeine Verwirrung zu einem Putschversuch. Die Atmosphäre war gespannt – verständlicherweise, solange die Nachfolge ungeklärt blieb –, doch dann breitete sich in Moskau ein Gerücht aus, dass die *opritschnina* zurückkehren werde.[14] Sogar in einer deprimierten und entvölkerten Stadt genügte diese Aussicht auf weiteres Blutvergießen und noch mehr Ungerechtigkeit, um Gewalt hervorzurufen. Die mutigeren Bürger umklammerten jede greifbare Waffe – einen Spieß, einen Knüppel, vielleicht ein Schwert – und machten sich direkt zum Kreml auf, um die Wahrheit zu erfahren. Doch als sie den Graben auf der Brücke überqueren wollten, stellten sie fest, dass das riesige Tor versperrt war. Die erste Nacht, in der die Regenten die Macht ausübten, endete mit Plünderungen und mindestens 20 verzeichneten Todesfällen, während die Menge durch die nahe gelegenen Reihen von Marktbuden und vorbei am Arsenal zurückströmte.[15]

Unterdessen tagte hinter jenem massiven verriegelten Tor der Rat bis zum Morgen. Belski wurde zur Verbannung verurteilt, doch die Höflinge hatten weiterhin mit dem Problem eines misstrauischen, unberechenbaren Pöbels zu kämpfen. Ob kindlich oder nicht, Thronfolger Fjodor spielte nun die Schlüsselrolle. Als Iwans Erbe (und die Menschen sehnten sich bereits nach Iwan dem Schrecklichen, ihrem »wahren Zaren«) konnte er eine Illusion der Normalität heraufbeschwören. Die Regenten organisierten seine Krönung mit einer unschönen Eile. Unter fröhlichen Glockenklängen und einem Regen aus klirrenden Silbermünzen wurde Fjodor Iwanowitsch am 31. Mai 1584 zum Zaren ausgerufen. Bedeutsamerweise trug Boris Godunow das Zepter des neuen Herrschers, wofür er mit dem Titel *konjuschi* (»Meister des königlichen Pferdes«), dem höchsten Bojarenrang, belohnt wurde.[16]

Zar Fjodor, der letzte Daniilowitsch-Fürst Moskaus, führte ein frommes und besinnliches Leben. Irina und er beteten gern, und niemand hat sie je einer wirklichen Bosheit bezichtigt. Abgeschieden in seiner eigenen goldenen Welt, mag der Zar nicht einmal bemerkt haben, dass sich seine Berater verhielten wie über einer baldigen Beute kreisende Geier. Außerhalb seiner üppigen Festung erwiesen sich die 1580er Jahre als ungewöhnlich hart und aufwühlend. Moskau war voller Geister, seine überlebende Bevölkerung wurde von Hungersnot, Feuern und Epidemien gequält.[17] Die »Kleine Eiszeit« nahm gerade ihren Anfang, und überall in Europa kam es zu Missernten, in den russischen Gebieten jedoch folgte der Hunger auf Jahre des Terrors und der Pest, und die Unruhen verschlimmerten die aus dem Klima erwachsenen Probleme über die Maßen. Zum einen hatten unter Iwans Herrschaft Tausende ihre Heime verlassen und sich an die Grenzen geflüchtet, um der Besteuerung oder der Zwangsarbeit zu entgehen. Andere, von erdrückenden Schulden ruiniert, hatten sich in die Sklaverei verkauft. Jenseits der Städte waren Bauern immer noch unterwegs und flohen zu Zehntausenden vor den Geißeln der Getreidefäule, der Verschuldung und des Arbeitsdienstes. Die meisten steuerten auf die südliche Steppe und die Wolga zu. Einer Schätzung zufolge verringerte sich die Anbaufläche im nordöstlichen Waldgürtel, einschließlich Wladimirs, Susdals und der Moskauer Region, im Jahrzehnt nach 1564 um 90 Prozent.[18] Nowgorod und sein Hinterland waren praktisch leer. Die Sonne hätte die Nacht hindurch scheinen können, für die Unkrautfelder wäre es nutzlos gewesen. Zwar gab es kaum etwas zu stehlen, doch überall hielten sich derart viele Fremde auf, dass das Banditentum zu einem weiteren Fluch wurde.

Fast alle Bevölkerungsschichten wurden von Mühsal heimgesucht. Seit den Tagen Iwans III. hatte sich der Moskauer Staat ausgeweitet, indem er seine Nachbarn besiegte und bestach, und die sozialen Kosten dieser Methode wurden nun deutlich. Beispielsweise hingen sowohl die örtliche Besiedlung als auch die nationale Verteidigung von den Aktionen des Landadels, der *pomeschtschiki*, ab. Diese Männer hatten kleine Landzuteilungen akzeptiert, häufig in den neu eroberten Territorien und in den Grenzgebieten, und sich im Austausch zum ständigen Militärdienst verpflichtet. Man könnte sie als patriotische Siedler des 16. Jahrhunderts bezeichnen, doch die Umstände hinderten sie daran, sich um ihre Höfe zu kümmern.[19] Die fortlaufenden Kriege unter Iwan dem Schrecklichen hatten fast pausenlos ihre Teilnahme erfordert. In ihrer Abwesenheit sollten Schuldknechte das Land bestellen und ihren Herren Einnahmen verschaffen, doch bei Missernten vervielfältigten sich die Probleme sehr rasch. Grundbesitz wurde zu einer Belastung, während davongelaufene Bauern nach Süden zu den welligen Weideländern eilten, die von den meisten nun »das Feld« genannt wurden. Viele dieser Flüchtlinge, den Spieß oder die Axt ihres früheren Gebieters auf der Schulter, schlossen sich den Kosaken an, den Banden geächteter Reiter, die wie Guerilleros durch die Steppe zogen. Aber der Staat machte den kleinadligen Milizangehörigen, was ihre Dienstverpflichtung anging, keine Zugeständnisse, obwohl manche nicht mehr in der Lage waren, die Kosten für ihre eigene Verpflegung, geschweige denn für Waffen oder ein Pferd, aufzubringen. Mit anderen Worten, die Moral der Friedenshüter verfiel ausgerechnet zu einem Zeitpunkt immer mehr, als Banden von Gesetzlosen die Sicherheit in der Heimat bedrohten.

Die Miliz war genauso wenig hilfreich gegenüber ausländischen Gefahren. Im Gegenteil, ihre Armut war eine Art Garantie dafür, dass der Moskowiter Staat nicht mit den militärischen Innovationen in Europa Schritt halten würde. Das Korps der Strelizen, der erblichen Musketiere, bestand in gewissem Sinn aus neuzeitlichen Soldaten, doch sie machten nur einen Teil des Heeres aus. Zudem waren ihre Feuerwaffen so unzuverlässig und so abschreckend teuer, dass sich die Mitglieder der Landadels-Miliz, die an ihrer Seite kämpften, gewöhnlich lieber mit Pfeil und Bogen ausrüsteten.[20] Die ausländischen Armeen an den Grenzen Russlands waren viel besser bewaffnet, und die meisten hatten mehr oder weniger eindeutige Expansionspläne. Im Norden richteten sich die territorialen Gelüste der Schweden auf das Baltikum, während Polen-Litauen, im Westen, ein Auge auf die Ortschaften jenseits der ukrainischen Flüsse geworfen hatte. Die Südgrenze war so ungeschützt, dass nicht einmal Moskau sich sicher fühlen konnte; im Juni 1591 erreichte ein Tatarenheer, angeführt von Kasi-Girai, den Stadtrand.[21] Andere strategische Zentren, darunter Tula und Rjasan, waren noch verletzlicher, und Überfälle von Sklavenhändlern blieben jahrzehntelang eine Plage für den russischen Süden.

Ungeachtet der Gefahren für ihr Land hörten die Bojaren jedoch nie auf, miteinander um die Macht zu wetteifern. Zu Fjodors Lebzeiten benahmen sich die Godunows und Romanows wie langjährige Freunde, wohingegen die Fürsten Schuiski und Mstislawski durch die Gebrechlichkeit des Zaren veranlasst wurden, nach dem Moskauer Thron zu greifen.[22] 1585 unternahm Mstislawski den ersten Versuch. Nach dem Scheitern seines Komplotts befahl der Regentschaftsrat des Kreml dem besiegten Bojaren, in ein Kloster einzutreten, und ordnete an, dass sein Sohn Fjodor nie heiraten dürfe.[23] Es war eine brutale Bestrafung, die darauf hinauslief, dass der Hauptzweig des alten Mstislawski-Clans, dessen königlicher Dienst im Litauen des 14. Jahrhunderts begonnen hatte, nie wieder einen Erben, geschweige denn einen neuen Thronanwärter, hervorbringen würde.

Weniger als ein Jahr später entschied sich Fürst Iwan Schuiski, ein Nachfahre des heilig gesprochenen Alexander Newski, seinerseits einen Putschversuch zu unternehmen.[24] Wie üblich begann die Verschwörung mit boshaften Gerüchten, und im Frühjahr 1586 brach eine neue Panik in der Hauptstadt Russlands aus. Schuiski redete der Bevölkerung ein, dass Boris Godunow die Krone von Zar Fjodor usurpieren wolle. Daraufhin rüstete sich der Kreml für einen Bürgerkrieg, und sogar die Mönche des Tschudow-Klosters legten sich Waffenvorräte zu. Godunow selbst, der seine Verhaftung und Ermordung durch Schuiski fürchtete, trat heimlich an England heran, das sich bereits einen Ruf als bevorzugte Zuflucht für in der Krise steckende russische Potentaten erworben hatte (nachdem Iwan der Schreckliche in die Rolle des ersten potentiellen Asylbewerbers geschlüpft war). Letztlich benötigte der Bojar keinen Fluchtplan, doch seine Rivalen, denen der Metropolit Dionissi Unterstützung leistete, hätten es um ein Haar geschafft, ihn von der Macht zu verdrängen.[25]

Vielleicht war es Zar Fjodor, der Godunow rettete. Unter dem Vorwand, dass Irina Godunowa keinen Erben geboren habe, planten die Schuiskis, eine Scheidung des Zarenpaars herbeizuführen. Ihr Bündnis gegen die Godunows wurde stärker, als sie Fjodor Mstislawski überzeugten, dass seine Schwester als nächste Gattin des Zaren in Frage komme (ein hübsches Beispiel ausgleichender Gerechtigkeit, wenn man bedenkt, dass ihm kurz zuvor untersagt worden war, jemals zu heiraten). Der Sturz der Godunows schien gewiss zu sein, bis der junge Zar plötzlich eine unvermutete Entschlusskraft an den Tag legte. Zur allgemeinen Überraschung weigerte er sich, die Trennung von seiner

Frau zu akzeptieren, die im Grunde nicht nur seine Pflegerin, sondern auch seine beste Spielgefährtin war. Nach dem Zusammenbruch der Verschwörung forderten Boris und sein Kreml-Mitarbeiter, der *djak* Andrej Schtschelkalow, ihre Schulden ein, entfernten Dionissi vom Sitz des Metropoliten, schickten mehrere andere führende Geistliche in die Verbannung und leiteten eine Untersuchung am Hof ein. Sechs der Hauptverschwörer wurden geköpft und andere, die man aus dem Kreml jagte und ihrer Güter entledigte, in die Provinzen verbannt.[26] Der kränkelnde Nikita Romanowitsch Sacharjin-Jurjew war im April 1586 gestorben. Von den vier Regenten, die Iwan der Schreckliche ursprünglich ernannt hatte, übte nur noch Godunow Macht aus.

Boris Godunow war nicht so töricht, sich in Sicherheit zu wähnen. An einem Hof, an dem die Intrigen blühten, war sein Regentenamt zu keinem Zeitpunkt garantiert, während das Land unter Problemen litt, die sich jeglicher Reform widersetzten. Seine Regierung verabschiedete eine Reihe von Hilfsmaßnahmen für den Landadel, welche die Bauern an den Boden ihrer Gebieter fesselten.[27] Außerdem erhöhte sie die Steuern und fand Arbeitskräfte für dringend benötigte öffentliche Projekte. Andrej Schtschelkalow, den Massa als »Mann von Geschick, Kühnheit und unglaublicher Doppelzüngigkeit« beschrieb, konnte jedem, sogar den Kreml-Mönchen, Geld abpressen.[28] Aber weder gute Werke noch verschleierte Drohungen vermochten die Opposition gegen seinen Herrn auszuschalten. In der Kirche herrschte Unzufriedenheit, denn der Priester, den Boris zum Metropoliten gemacht hatte, sein getreuer Anhänger Jow, galt weithin als Außenseiter, dessen Biographie durch eine lange Verbindung mit den Godunows befleckt war. Die nächste Aktion des Bojaren war mithin ein Meisterstreich.

1588, zwei Jahre nach der Schuiski-Krise, reiste Jeremia, der Patriarch von Konstantinopel, nach Moskau, um finanzielle Hilfe zu erbitten. Solche Missionen waren zu einer lästigen Notwendigkeit für orthodoxe Führer aus dem Nahen Osten geworden, denen es schwerfiel, unter türkischer Herrschaft Einnahmen zu erzielen. Seine erste Audienz mit Godunow und dem *djak* Schtschelkalow fand im Juli statt. Weitere Gespräche waren unerlässlich, aber der Patriarch plante, vor den ersten schweren Regenfällen im Herbst heimzukehren. Letzten Endes wurden sein Gefolge und er jedoch für fast zehn weitere Monate unter einen luxuriösen Hausarrest gestellt. Für jede Verzögerung fanden sich neue Vorwände, und niemand sprach von höherer Gewalt, doch im Lauf der Wochen wurde deutlich, dass Zar Fjodors Regierung (das heißt Boris und Schtschelkalow) die Besucher nicht freilassen oder ihrer Kirche gar finanzielle Hilfe leisten würde, bevor sie nicht gewisse Bedingungen erfüllten. Monate wurden mit langweiligen offiziellen Artigkeiten verschwendet. Auch wenn die Ausländer ihr Quartier verlassen konnten, war ihr Weg stets mit Kreml-Wächtern gesäumt. Falls die Russen beabsichtigt hatten, ihre Besucher von der Realität zu isolieren, so machte sich die Taktik bezahlt. Wie vom Glanz des Kreml hypnotisiert, spielte Jeremia kurzfristig sogar mit dem Gedanken, seinen Patriarchensitz nach Moskau zu verlegen, um sich dem türkischen Joch zu entziehen.

Aber Godunow hatte andere Pläne. Der Regent benutzte verschiedene Methoden, um seine Ziele zu verdeutlichen (beispielsweise drohte Schtschelkalow, ein Mitglied der griechischen Delegation in der Moskwa zu ertränken[29]), und allmählich fügte sich Jeremia seinen Wünschen. 1589 wurde das Oberhaupt der russischen Orthodoxie mit dem Einverständnis der ältesten Kirchen des Orients offiziell in den Rang des Patriarchen erhoben. Man inthronisierte Jow in der Entschlafens-Kathedrale des Kreml, und der Ruhm ließ die Miene des glattgesichtigen Fjodor zum zweiten Mal erglänzen. Wenn Moskau je darauf Anspruch erhoben hatte, ein drittes Rom zu sein, so war der Beweis – und die Verantwortung – nun augenscheinlich.[30] Die Schaffung des Patriarchats hatte auch zur Folge, dass mehr Menschen in der Moskauer Festung ein und aus gingen. Die Gelegenheit des Kreml, ein Zentrum von Weltrang für Religion und Kultur zu werden, war endlich gekommen. Der Triumph trug deutlich dazu bei, Godunows Position zu stärken, doch das andere Indiz für seine Fähigkeit war rascher greifbar: Der Regent gab Bauarbeiten großen Formats in Auftrag. Sein Hauptprogramm wurde 1586 begonnen. Fast zwei Jahrzehnte lang beschäftigten Godunows Architekten ein kleines Heer von Bauarbeitern, wodurch sie gleichzeitig Tausenden hungriger Bürger in Zeiten wirtschaftlicher Belastung einen Erwerb boten. Manchmal wurden die Projekte fern von Moskau verwirklicht, was die Umgestaltung von Provinzlandschaften durch Stein und Mörtel zur Folge hatte. Aber Godunow war sich auch des Kreml ständig bewusst. Kurz vor seinem Tod zielte er mit seinem letzten Bauvorhaben sogar darauf ab, Moskaus Rang als Hauptstadt der weltweiten Rechtgläubigkeit für immer zu fixieren.

Das System zur Beschaffung von Bauhandwerkern stützte sich auf den Kreml selbst. Am Ende der Herrschaft Iwans des Schrecklichen, als Moskau zur Hälfte in Trümmern lag, hatte man das Verzeichnis der zentralen Regierungsbüros um eine Bauwerkskanzlei (*Prikas kamennych del*) erweitert. Ihre Hauptaufgabe war es, den Nachschub an Facharbeitern sicherzustellen. Der Gedanke, dass Handwerker dem Ruf der Krone Folge zu leisten hatten, war nicht besonders neu, aber die Bauwerkskanzlei verlieh dem System offiziellere Züge, und in Godunows Zeit wurde es bis an seine Grenzen strapaziert. Unter seiner Regentschaft spielte der Kreml die Rolle des Gönners, Meisters und sogar Verwalters eines nationalen Ausbildungsprogramms. Die Arbeiter, deren Gewerbe innerhalb ihrer Familien weitergegeben wurde, wurden aus über 20 Provinzen herangezogen. Zu ihnen gehörten Steinmetze und Maurer sowie die Männer, welche die Öfen bedienten und in den Steinbrüchen arbeiteten. Wenn Bedarf an ihnen bestand, konnte die Kanzlei ihre Vertreter ausschicken, um sie nach Moskau holen zu lassen. Von dort konnten sie von den Beamten des Zaren jeglichem Ort zugeteilt werden, etwa Städten in den Provinzen und neuen Verteidigungsanlagen. Als Magnet für zahlreiche Großprojekte gewöhnte Moskau sich bald an die Barackensiedlung seiner Bauarbeiter weit außerhalb des Kreml, die in jedem Frühjahr anwuchs und erst geschlossen wurde, wenn die Fröste den Boden verhärteten.[31]

Kein Arbeiter konnte es zu Reichtümern bringen, und Bauhandwerker erhielten kaum genug Lohn, um sich ernähren und bekleiden zu können. Aber sie hatten einen ungewöhnlichen Vorteil, denn sie waren von der Steuer befreit. Dieses Privileg (das sie mit anderen Experten, etwa den Strelizen, teilten[32]) hatte mit der Anerkennung der Tatsache zu tun, dass sie Sommermigranten waren und ihren Boden nicht wie gewöhnliche Bauern bestellen konnten. Dies bedeutete jedoch auch, dass sie durch die Arbeit in ihrer Freizeit mühelose Gewinne zu erzielen vermochten. Sie legten Küchengärten in der Nähe ihrer Siedlungen an und verkauften die Produkte. Außerdem richteten sie Privatmärkte mit den traditionellen russischen Marktbuden ein, welche die steuerzahlenden örtlichen Läden unterbieten konnten. In Tula verkauften die Bauarbeiter Töpfe, in Wladimir Fußbekleidung, und in Susdal waren sie bekannt für Pelzmäntel. Viele zeigten sich auch bereit, Schuhe und Schafleder zu flicken, Ikonen zu malen, Werkzeug zu reparieren oder Möbel anzufertigen. Wenn die Einheimischen solche Dienstleistungen benötigten, wussten sie genau, wo sie Ausschau zu halten hatten, denn der Boden um die Siedlungen der Bauarbeiter war stets weiß vor Kalk.[33] Der Staub muss im Sommer 1586 alles durchdrungen haben, denn Boris Godunow hatte befohlen, einen neuen Schutzwall für Moskau zu errichten.

Das gewaltige Projekt lief darauf hinaus, über fünf Quadratkilometer der Stadt mit einem befestigten Mauerwerk von fast zehn Kilometern Länge zu umgeben. Es enthielt mindestens 27 funktionsfähige Türme und zehn Tore, beginnend mit einem imposanten Eingangstor am Scheitelpunkt der Straße nach Twer. Der Architekt war Fjodor Kon, zu dessen ersten Kunden (wie im Fall vieler russischer Baumeister) die Klöster zählten.[34] Aber staatliche Aufträge scheinen ihm gelegen zu haben. Bald reichten die Bauern des Steinbruchgebiets Mjatschkowo Bittschriften um Hilfe ein, da die Grundschicht der Weiden, auf denen ihr Vieh graste, mit den Karren der Bauarbeiter verschwand und da die Felder in weitem Umkreis durch den Kalksteinstaub hart und sauer geworden waren.[35] Als die neue Mauer vollendet war, verfügte Moskau über drei separate Befestigungen – den Kreml, Kitai-Gorod und Godunows sogenannte Weiße Stadt – sowie über ein System von Erdwällen, die sich über mehrere Kilometer erstreckten. Aber Kon durfte erst aufhören, als er noch mehr Mauern gebaut hatte, diesmal aus Holz, so dass die ganze Stadt umschlossen war.[36] Damit war der Glanz des Kreml zurückgekehrt, denn die aufeinanderfolgenden Mauern, die ineinander stapelbaren Boxen glichen, verliehen ihm den Zauber eines verborgenen Schatzes.[37] Alles in allem war der Moskauer Befestigungsbau eine historische Leistung, doch stellte er nicht das herausragende Projekt der Epoche dar. Diese Ehre gebührte der Festung in Smolensk, einer strategisch wichtigen Grenzstadt an den Ufern des Dnepr, die einst die größte Baustelle der Welt war.

Moskau beherrschte Smolensk seit 1514. Die Stadt war vermögend und farbenfroh, und ihren früheren Oberherrn, Polen-Litauen, gelüstete es weiterhin nach ihrem Besitz. Godunows Lösung bestand darin, sie mit einem Ring aus 6,5 Kilometer langen, knapp fünf Meter dicken Mauern zu versehen – ein Plan, mit dem er wiederum Kon betraute. Damals war der Ziegel-Kreml Moskaus ein Jahrhundert alt, und sowohl Belagerungstechnologie als auch Geschütze hatten sich zügig entwickelt. Deshalb musste die neue Konstruktion massiver und strenger – mit geringerem Nachdruck auf Eleganz – sein als die Moskaus. Die Ausgrabungen für die Befestigung von Smolensk begannen im Jahr 1596, und im Zeitraum bis zur Vollendung des Projekts im Jahr 1602 mobilisierte die Bauwerkskanzlei rund zehntausend Mann. Alle zusammen wuchteten mindestens eine Million Fuhren Sand an ihren Platz, und Schmiede fertigten Millionen von Nägeln. Wie Fioravanti in Moskau errichtete Kon eine Ziegelfabrik vor Ort. Sein Unternehmen erforderte 150 Millionen Ziegel durchschnittlicher Größe; allein die Öfen verbrauchten solche Mengen Feuerholz, dass weit und breit Wälder gerodet und unfruchtbare Ackerflächen zurückgelassen wurden.[38] Zugleich mussten die von Ehrfurcht ergriffenen Ansässigen Geräte für ein Arbeiterheer bereitstellen. Sieben Sommer hintereinander waren in der tiefen Schlucht, durch die der Dnepr floss, Hammerschläge und das Knallen und Rattern von Ziegelbehältern zu hören. Jahrhunderte später verbrachten Napoleons Grande Armée und Hitlers Wehrmacht raue Monate in Smolensk und behandelten es wenig respektvoll, aber die Überreste von Kons Mauern, hartnäckig wie die Sarsensteine von Stonehenge, haben sich erhalten.

Der Regent Godunow, was immer sonst er vorhatte, schenkte dem Kreml stets größte Aufmerksamkeit. In den 1590er Jahren konnte sich sein eigener dortiger Palast mit dem des Zaren Fjodor messen, und er füllte ihn mit Gefolgsleuten, deren Titel jene des wirklichen Hofes widerspiegelten.[39] Auf der anderen Seite des Platzes beauftragte er eine Schar der besten Künstler des Kreml damit, das Innere des Facettenpalastes neu auszumalen – eine Aufgabe, für die über 50 geschickte

Ikonenmeister und Unmengen teurer Farbe benötigt wurden.[40] Jahre später – und bevor sie durch eine neue Serie von Verbesserungen zerstört wurden – stellte der Ikonenmaler Uschakow sorgfältige Zeichnungen dieser Fresken her und fügte ihnen schriftliche Notizen hinzu. Aus seinen Unterlagen geht hervor, dass sich ihr künstlerisches Motiv auf das vertraute genealogische Hirngespinst stützte: das der Rjurikiden als Erben von Kaiser Augustus. Aber eine Sequenz war auffallend aktuell. Darin, schrieb Uschakow, »sitzt der Alleinherrscher [Fjodor] von ganz Rußland auf dem Thron, auf seinem Haupt eine Krone, mit Edelsteinen und Perlen übersät (...) rechts, neben dem Platz des Zaren, steht der Regent Boris Godunow«.[41] Auf dem Bild waren noch andere Bojaren – ihre Reihe dehnte sich nach rechts und links aus –, aber man hatte Godunow so dargestellt, dass er am größten und bei weitem am prunkvollsten erschien.

Dies war ein Detail, das fast ständig unterstrichen werden musste. Durch den Terror der vorherigen Herrschaft war der Kreml von Bosheit durchtränkt. Abgesehen von dem unglückseligen neuen Zaren war das Bauernopfer in einem der gefährlichsten Spiele Dmitri, der jüngste Sohn Iwans des Schrecklichen und seiner letzten Frau Maria Nagaja. 1584, nicht lange nach dem Tod des alten Zaren, hatten die Regenten dieses Kleinkind zusammen mit seiner Mutter in die Stadt Uglitsch verbannt, um, jedenfalls vorgeblich, den anfälligen Zaren Fjodor zu schützen. Sieben Jahre später, als Dmitri neun Jahre alt war, starb er, wie es hieß, durch einen tragischen Unfall. Die von Godunow angeordnete Untersuchung seines Todes erbrachte keine Mordindizien, sondern führte zu dem Schluss, dass sich der Junge beim Spielen mit einem Messer die Kehle durchgeschnitten habe. Überraschenderweise neigen Historiker dazu, diese Geschichte zu akzeptieren, da Godunow aus Dmitris Ermordung keinen direkten Nutzen habe ziehen können, solange Fjodor noch am Leben und fähig gewesen sei (vielleicht mit diskreter Hilfe), einen Erben zu zeugen.[42] Aber die Menschen der damaligen Zeit waren viel weniger leichtgläubig. Viele vertrauten einem Bericht, den Dmitris Verwandte mütterlicherseits, die Nagois, verbreiteten. Sie bezichtigten Godunow, er habe versucht, das Kind zu vergiften, bevor er das Messer eines Attentäters eingesetzt habe. Dies war die Geschichte, die Isaac

Massa ein paar Jahre später hörte, und der Beweis sei durch ein weiteres furchtbares Feuer – ein Teufelswerk – geliefert worden, das zwei Nächte nach dem Mord durch Moskau fegte.[43]

1592 gebar Irina dem Zaren eine Tochter namens Feodossia, doch der Tod des Kindes zwei Jahre später ließ erneut Zweifel an der Zukunft der Godunows aufkommen. Frische Gerüchte über Irinas Sturz und die bevorstehende Verhaftung ihres Bruders gingen in den überfüllten Marktreihen um.[44] Als Antwort darauf (oder auch um einer Botschaft, die von seinen Folterknechten in weit persönlicherer Form übermittelt wurde, Nachdruck zu verleihen), nahm Boris eine neue Serie von Bauarbeiten in Angriff. Der Begriff der Macht musste im Kreml definiert werden, und deshalb wählte er ein Grundstück nahezu im Zentrum der Festung. Geplant war eine neue Kathedrale, die dem Himmelfahrts-Kloster als fromme Gabe von Godunow präsentiert werden sollte. Die Stiftung eines religiösen Gebäudes schien an sich nicht besonders ehrgeizig zu sein (viele Bojaren hatten das Gleiche getan), doch in diesem Falle handelte es sich um das Grab der Großfürstinnen Russlands.

Bei jedem wichtigen Gebäude sollte die Größe den Reichtum des Gönners deutlich machen, und Godunows künftige Kathedrale hatte nichts Bescheidenes an sich. Doch während die Mauern und Kuppeln in ihrem Holzkäfig emporwuchsen, wurde immer klarer, welche spezifischen Konsequenzen die vom Regenten gewählte Formgebung hatte. Sein Bau war eine unverhohlene Huldigung an die extravagante Kathedrale des Erzengels Michael, das Grab der männlichen Besitzer des russischen Zarenthrons, das den südlichen Eingang zum Kathedralenplatz des Kreml seit 1508 dominierte.[45] Es ist unwahrscheinlich, dass Boris den Entwurf zufällig wählte. Vielmehr spiegelte sein Gebäude, als Mausoleum für die königlichen Frauen Russlands und als Bekräftigung der Rechte und des Status der weiblichen Linie, bewusst die markante Erscheinung der Begräbnisstätte der Zaren wider.[46] Keine Frau hatte je allein in Moskowien regiert (Jelena Glinskaja war nahe daran gewesen), doch Herrscherinnen waren in Europa nicht unbekannt, und Godunow glaubte mit Sicherheit, dass Frauen eine bedeutende Rolle spielten. Schließlich war diejenige, die am engsten mit dem russischen Thron verbunden war, seine eigene Schwester.

Zar Fjodor starb im Januar 1598. Irina und er hatten keinen Sohn, womit sein Tod das Ende der Moskauer Gründungsdynastie, der reinen Linie »wahrer Zaren«, darstellte. In den ersten Stunden soll Boris versucht haben, seine Schwester zur Annahme der Krone zu bewegen, doch sie beschloss klugerweise, ihre königlichen Gewänder gegen eine Nonnentracht und ein Leben des Gebets einzutauschen. Ihr Bruder folgte ihr ins Nowodewitschi-Kloster, wo er offenbar beabsichtigte, die traditionellen 40 Tage der tiefsten Trauer abzuwarten. Aber letztlich setzte sich die Ambition des Bojaren durch. Am 21. Februar, als sich eine Schar von moskowitischen Bittstellern und Priestern vor den Klostertüren versammelte, erklärte sich Boris Godunow endlich einverstanden, die gefährliche Ungewissheit zu beenden und den Thron zu besteigen. Tatsächlich nahm er darauf Platz, doch obwohl er nun der Souverän Russlands war, hatte er keine Eile, sich krönen zu lassen. Stattdessen trat er aus seiner geliebten Ratskammer hinaus, um breitere öffentliche Zustimmung zu erringen und sich möglicherweise mit einem Hauch militärischen Glanzes zu schmücken. Boris verbrachte einen Teil des Sommers bei seinen Soldaten, angeblich um die Verteidigung gegen Kasi-Girai zu stärken.[47] Erst im September 1598 wurde er von seinem politischen Verbündeten, dem frischgebackenen Patriarchen Jow, in der Entschlafens-Kathedrale zum Zaren gekrönt.

»Die Zeremonie fand unter großem Prunk statt«, erzählte Isaac Massa. Das Schauspiel ließ sogar die größten Bemühungen des Metropoliten Makari verblassen. Natürlich wurden die üblichen russischen Symbole heraufbeschworen, doch Moskau war nun ein Patriarchat, was bedeutete, dass sein Zar den gesamten erträumten Ruhm von Byzanz für sich beanspruchen konnte.[48] Massa schrieb:

> »Die Krone wurde [Boris] in der Kirche der Jungfrau von dem Patriarchen, der von Bischöfen und Metropoliten umgeben war, mit dem ganzen vorgeschriebenen Ritual und einer Menge von Segnungen sowie unter dem Verbrennen von Weihrauch aufs Haupt gesetzt. Auf dem Weg, den der Zar von den Kirchen zu seinem Palast an der Spitze der Festung zurücklegte, hatten sie scharlachrotes Tuch ausgebreitet und es mit Gold bedeckt; vor der Prozession wurden Händevoll Goldmünzen hinuntergeworfen, und die Menge stürzte sich auf sie.«

Geld war während der achttägigen Feier nicht der einzige Anreiz für diese getreuen Scharen. »An verschiedenen Orten der Festung«, teilte man Massa mit, »hatten sie große Fässer mit Met und Bier aufgestellt, aus denen jeder trinken konnte (…) Der Zar befahl, all jenen im Dienst des Staates das dreifache Gehalt zu zahlen (…) Das ganze Land war froh und jubelte, und alle lobten Gott, weil er dem Reich einen solchen Herrn geschenkt hatte.«[49]

Der Jubel war nicht völlig unangebracht, denn Boris gehörte zu den begabtesten Männern, die je auf dem russischen Thron saßen. Aber er war auch bestrebt, sein Herrschaftsrecht zu untermauern. Manche seiner Untertanen konnten durch öffentliche Projekte gekauft, andere durch Drohungen gefügig gemacht werden. Andererseits hätte ein bloßer *djak* das Gleiche bewerkstelligen können. Ein Zar dagegen musste in vollem Glanz bewundert werden, und dazu benötigte er den Kreml. Eine Krone und neuer Schmuck wurden angefertigt, und Boris akzeptierte königliche Geschenke, darunter Reichsinsignien aus den Habsburger Werkstätten Rudolfs II. und einen herrlichen Thron aus Isfahan.[50] Doch den tiefsten Eindruck machten der Goldene Palast Iwans des Schrecklichen und die Inszenierung des höfischen Dramas. Als Boris den polnischen Botschafter Lew Sapieha im Jahr 1600 empfing, beobachtete Jacques Margeret jedes Detail:

»Der Bojar saß auf dem kaiserlichen Thron, die Krone auf dem Haupt, das Zepter in der Hand, den goldenen Reichsapfel vor sich. Sein Sohn hatte zu seiner Linken Platz genommen. Auf Bänken überall im Saal saßen die Adligen des Rates und die *okolnitschije* [altgediente Höflinge], die Roben aus sehr üppigem, mit Perlen besetztem Goldstoff sowie hohe Mützen aus Schwarzfuchsfell trugen. Zu beiden Seiten des Kaisers standen zwei junge Adlige in weißen Samtgewändern, gesäumt mit Hermelin von einem halben Fuß Länge. Jeder trug eine hohe weiße Mütze auf dem Kopf, und zwei lange Ketten aus emailliertem Gold zogen sich kreuz und quer um ihren Hals [und über die Brust]. Jeder hatte eine kostbare Streitaxt aus Damaszener Stahl geschultert, als sei er bereit zuzuschlagen, wodurch der Eindruck großer Majestät erweckt wurde.«[51]

Das Ritual und seine Kulisse waren ehrfurchtgebietend, aber Zar Boris dürfte von den ständigen Verschwörungen und Flüstereien jenseits der

Palaststufen gewusst haben. Jeder Bojar auf dem russischen Thron war verletzlich, und ein Godunow, der bei den Adligen immer noch Widerwillen erregte, ging ein besonders hohes Risiko ein. Um sich zu schützen, schuf Boris ein Netz aus Agenten und Spionen. Seine Gefängnisse füllten sich, und mehrere Magnaten verspürten den eisigen Hauch der bevorstehenden Verhaftung. Diener wurden ermutigt, ihre Herren zu bespitzeln, und Sklaven befahl man, niemanden aus den Augen zu lassen. Der Zar selbst zog sich immer mehr zurück und verließ sich auf die Informationen und den Rat seines Onkels Semjon Godunow, der das Vernehmungssystem leitete. Semjon war nichts anderes als ein Folterknecht, und seine Brutalität ließ die Zahl der Feinde des Zaren noch weiter ansteigen.[52] Ihnen muss der Kreml wie eine Schlangengrube vorgekommen sein, aber er war auch das anerkannte Zentrum der staatlichen und religiösen Macht. Die Hoffnung, sich den Kreml anzueignen – und damit zwei ganze Jahrhunderte dynastischen Ruhms in die Ahnentafel der Godunows einzubeziehen –, wurde zur Manie des Bojarenzaren.

Die Zeichnung *Kremlenagrad* datiert aus dieser Zeit, und um wahrheitsgetreu zu sein, müsste sie im Grunde auch Karren und Gerüstmaterial und Ziegelstapel enthalten. Immerhin ist unter den auf der Karte umrissenen Gebäuden auch das kühnste Projekt des Zaren in seiner endgültigen Form zu finden. Im Jahr 1600 befahl Godunow, den Glockenturm an der Ostseite des Kathedralenplatzes um zwei Geschosse aufzustocken. Die Höhe war so schwindelerregend, dass schon der Gerüstbau eine Herausforderung darstellte, doch bald begannen die Maurer ihre Arbeit und schleppten Ziegel und Kalkstein höher hinauf als jeder Bauarbeiter in Russland vor ihnen. Der fertige Turm, eine Fortführung von Bon Frjasins sogenanntem Iwan dem Großen, maß 81 Meter.[53] Er war aus 50 Kilometern Entfernung sichtbar und blieb jahrhundertelang das höchste Gebäude in Moskau, das heißt, er übertraf die Mariä-Schutz-und-Fürbitte-Kathedrale am Graben (Basilius-Kathedrale) Iwans des Schrecklichen an Größe, wenn auch nicht an Bravour. Nachdem Boris den berühmten Turm zu seinem eigenen gemacht hatte, ließ er eine Inschrift in riesigen vergoldeten Lettern am obersten Rang anbringen. Es ist eine Proklamation an die Welt, und sie ist noch heute vorhanden:

»Nach dem Willen der Heiligen Dreieinigkeit und auf Wunsch des Zaren und Großfürsten von ganz Russland Boris Fjodorowitsch und seines Sohnes, des rechtgläubigen Großfürsten Fjodor Borissowitsch, Zarewitsch und Fürst von ganz Russland, wurde diese Kirche vollendet und vergoldet im zweiten Jahr ihrer Herrschaft.«

»Boris hoffte vor allem, den göttlichen Zorn zu beschwichtigen«, schloss Isaac Massa.[54] Ein Beobachter aus einer anderen Epoche hätte eine Parallele zu Personenkulten des 20. Jahrhunderts ziehen können, doch Boris hatte weniger weit reichende Pläne. Sein Ziel war es nicht, ein Gott zu werden, sondern nur, eine höhere Existenzebene zu erlangen, auf der Neid und Verschwörung nichts bewirken konnten. Und Boris wollte seine Vormachtstellung auf schöpferische neue Art nutzen. Unter den nächsten Projekten des Zaren waren elegante Neubauten für die *prikasy* und spielerische Zinnen für die Mauern am äußeren Burggraben des Kreml. Joan Blaeus Karte zeigt beides, aber das wichtigste Gebäude von allen fehlt und wurde nie in Angriff genommen. Es hätte neben dem erhöhten Iwan dem Großen gestanden, der ihm als Glockenturm dienen sollte. Durch seine Präsenz wäre die Geographie des Kreml für alle Zeiten verändert worden, denn der Fokus hätte sich verschoben. Während sich Iwan III. Italien zugewandt hatte, bat Boris den englischen König Jakob I. um Hilfe, als er Ingenieure suchte, die über Fachkenntnisse verfügten, welche seinen Untertanen abgingen (mit Erfolg, denn zwei der angesehensten Baumeister trafen 1604 in Moskau ein).[55] Die geplante Kirche sollte sich von allen anderen im Kreml unterscheiden. Der Zar wollte, dass sie groß genug war, um Tausende von Seelen aufzunehmen. Die Zitadelle würde sich nicht nur mit gewöhnlichen Bürgern füllen, sondern man würde auch die gesamte orthodoxe Welt einladen, am Hochaltar des russischen Glaubens zu beten.

Was Boris vorschwebte, war eine Kathedrale für Moskau als heilige Stadt, ein neues Jerusalem. Er hatte vor, sie das Allerheiligste zu nennen, und Experten meinen, dass sie der Kirche des Heiligen Grabes nachempfunden werden sollte. Sie wäre zu einem Wallfahrtsort, einem Symbol der Majestät geworden, und ihre Vollendung hätte Godunows dynastische Herrschaft besiegelt. Die Schreine, welche die Daniilowitsch-Fürsten erbaut hatten, einschließlich der Entschlafens-Kathedrale, wären zweitrangig geworden. Zur Zeit von Boris' Tod im Jahr 1605 hatte man den allgemeinen Bauplan bereits gebilligt, und eine Arbeitertruppe häufte Stein, Kalk und Bauholz an.[56] Der Zar hatte zudem mehrere opulente Skulpturen für die heilige Stätte in Auftrag gegeben. Ein Reliquienschrein nach Art des Heiligen Grabes war vorgesehen, und Künstler in den Kremlwerkstätten hatten ein Paar goldener Engel geschaffen, die an beiden Seiten Wache stehen sollten. Die Figuren waren lebensgroß, und eine wurde später angeblich in Godunows eigenen Sarg gelegt, als sein ruheloser Geist, so die Legende, auferstand, um auf Erden zu wandeln.[57]

Dies also war der Höhepunkt für *Kremlenagrad*, ein Moment voller Möglichkeiten. Aber als sich das Blatt wendete, verriegelte die Festung ihre eisernen Schlösser. Die gewaltige Kathedrale verschwand spurlos. Der Kreml ist ein Ort, dessen Vergangenheit zumeist als heilig bezeichnet wird, doch das Allerheiligste, jenes Wahrzeichen für den optimistischen Prunk der Godunows, ist in den Chroniken praktisch nicht vertreten. Nicht einmal Andrej Batalow, der nicht nur die Kreml-Architekturforschung leitet, sondern auch auf das Zeitalter Godunows spezialisiert ist, kann sicher sein, wie die Kathedrale ausgesehen hätte, wäre sie denn gebaut worden. *Kremlenagrad* erscheint in fast jedem Kreml-Führer – das Bild ist so bekannt, dass die meisten Leser weiterblättern –, aber die reale Festung dürfte, selbst in ihren besten Momenten zumindest beängstigend gewesen sein, und die Ereignisse sollten sie wieder einmal in ein Theater des Makabren verwandeln.

Laut Isaac Massa enthielt Godunows Krönungseid ein Versprechen, fünf Jahre lang kein Blut in Moskau zu vergießen. Diesem Schwur sei er treu geblieben, bemerkte der zynische Niederländer, indem er seine Feinde ersticken und ertränken oder ins Kloster verbannen ließ.[58] Sein Hauptrivale, ein enger Freund des verstorbenen Zaren Fjodor, war der stattliche Fjodor Nikititsch Romanow, der Sohn des alten Mitregenten. Die Waffenruhe zwischen den Godunows und den Romanows hatte nach Zar Fjodors Tod ein Ende gefunden. Im Jahr 1600 bezichtigten Godunows Agenten den älteren Clan, bei einer Verschwörung gegen die Herrscherfamilie Hexerei, wenn nicht Gift eingesetzt zu haben.

Boris wies seine Männer an, den Wohnsitz der Romanows in Moskau niederzubrennen. Er führte eine Säuberungsaktion im Bojarenrat durch und nötigte den 45-jährigen Fjodor Nikititsch, das Mönchsgelübde (ein unumkehrbarer Wechsel in die Welt der Kirche) unter dem neuen Namen Filaret abzulegen.[59] Was immer der gegnerische Höfling nun erreichte, die Thronbesteigung würde ihm versagt bleiben.

Nach der Entfernung dieses Rivalen hätte der geschickte Godunow vielleicht doch noch eine stabile Regierung errichten oder wenigstens eine verlässlichere Herrschaft zementieren können. Aber seine Machtposition wurde durch eine Naturkatastrophe unwiderruflich beschädigt. Der Sommer 1601 war kalt und feucht, wodurch sich der Ertrag auch der zähesten Roggenarten verringerte und manche Ernten völlig ruiniert wurden. Der sich anschließende Winter war kälter und länger als die vorhergehenden, und dann, im Sommer 1602, zerstörten Frost und Schnee die Ernte, welche das hungrige Volk dringend benötigte.[60] Die schlimmste Hungersnot seit Menschengedenken brach aus, und Zar Boris konnte nichts tun, um die Felder wieder grün werden zu lassen. Massa erklärte:

> »Etwa zu dieser Zeit quälte der Himmel das ganze Land Moskowien durch Mangel und Hungersnot, wie sie die Geschichte noch nie verzeichnet hat (…) Es gab sogar Mütter, die ihre Kinder aßen. Die Bauern und andere Bewohner der Landgebiete, die all ihre Vorräte, Kühe, Pferde, Schafe und Hühner verzehrt hatten, ohne die vorgeschriebene Fastenzeit einzuhalten, begannen, in den Wäldern nach Gemüse wie Pilzen und anderen Fungi zu suchen. Diese verschlangen sie hastig zusammen mit der Spreu von Weizen, mit Katzen und Hunden. Dann schwollen ihre Bäuche an, sie wurden aufgebläht wie Kühe und starben rasch unter schweren Qualen. Im Winter fielen sie einer Art Ohnmacht anheim. Sie krümmten sich und stürzten zu Boden. Die Straßen waren voller Leichen, die von Wölfen, Füchsen, Hunden und allen möglichen anderen wilden Tieren aufgefressen wurden.«[61]

Während die Landbewohner hungerten, füllten sich die Moskauer Straßen mit Bettlern und Flüchtlingen. Massa war entsetzt. »Sie mussten Gruppen von Männern organisieren, die täglich mit Karren und Schlitten hinausgingen, um Leichen einzusammeln«, schrieb er.

»Sie brachten diese elende Fracht hinaus zu großen Gräben auf den offenen Feldern. Dort wurden die Leichen haufenweise hineingeworfen, wie man daheim mit Schlamm und Abfall verfährt (...) Eines Tages wollte ich sehr gern etwas Nahrung zu einem vor unserer Wohnung sitzenden jungen Mann hinausbringen, der, wie ich beobachtet hatte, seit vier Tagen Heu aß und verhungerte. Doch dies wagte ich nicht zu tun, weil ich fürchtete, gesehen und angegriffen zu werden.«[62]

Der Vorwurf, der sich in Massas schockiertem und feindseligem Tonfall verbirgt, sollte Godunows Leistung nicht schmälern, denn der Zar unternahm in Wahrheit energische – und teure – Bemühungen, das Unglück abzuwenden, zumindest in Moskau und in den größeren Orten. 1601, am Anfang der Hungersnot, verabschiedete er Gesetze zur Bindung des Brotpreises. Außerdem befahl er seinen Agenten, Lebensmittel und Geld an die Hungernden zu verteilen; bald versorgten seine Männer in Moskau täglich 70 000 Menschen. Boris benutzte seine eigenen Mittel und seine Getreidevorräte, um möglichst viele seiner Untertanen am Leben zu erhalten, und wenn sie trotzdem starben, bezahlte er ihre Leichentücher. Als die Schneefälle im Sommer 1602 begannen, waren seine Soldaten jedoch nicht in der Lage, den Zustrom von Flüchtlingen einzudämmen. Spekulanten versammelten sich in Moskau, um die kostenlosen, für die Armen der Stadt gedachten Lebensmittel an sich zu bringen. Am gierigsten waren die Vertreter des Zaren. »Die Armen, die Lahmen, die Blinden, die Tauben (...) brachen wie Tiere tot auf der Straße zusammen«, berichtete Massa. »Mit eigenen Augen habe ich sehr reiche Sekretäre gesehen, die sich, verkleidet als Bettler, unter die Empfänger von Almosen mischten.« Die Bewohner von Godunows fast unregierbarer Hauptstadt müssen sich inmitten der Hungersnot gefragt haben, ob Gott sie dafür bestrafte, dass sie einen Zaren ohne wirklich königliches Blut gekrönt hatten.

Und dann begannen die Omen. »Ungefähr zur selben Zeit«, erzählt Massa, »kam es in Moskau zu einer Reihe schrecklicher Wunder und Erscheinungen, fast immer bei Nacht und fast immer in der Nähe des Zarenpalastes.« Die eingeschüchterten Wächter behaupteten, »sie hätten am Himmel einen Streitwagen wahrgenommen, gezogen von sechs Pferden und gelenkt von einem Polen, der seine Peitsche über dem Palast knallen ließ und so schrecklich brüllte, dass mehrere Soldaten der Garde in panischer Angst in ihr Quartier flohen«. Eine Geißel aus Polen schickte sich tatsächlich an, Boris zu vernichten und einen Krieg zu entfesseln. Der Niederländer (der ja Bücher verkaufen wollte) sprach von »einem der seltsamsten Geschehnisse, die sich seit dem Beginn der Welt schildern lassen«.[63]

Zar Boris zog sich nun aus der Öffentlichkeit zurück. Die Belastung wirkte sich auf seine Gesundheit aus, doch selbst in den tiefsten Kammern des Kreml ließen seine Dämonen ihn nicht in Ruhe. Die Quelle seiner hartnäckigsten Sorge schien die Rache eines Geistes zu sein, denn sie hatte mit dem Schatten des toten Prinzen Dmitri von Uglitsch zu tun. Zuerst war die Geschichte nur ein leises Flüstern, und Boris gab sich damit zufrieden, die Klatschmäuler zu bestrafen und die Menschenmengen bespitzeln zu lassen. Aber bald wurden die Fakten so beunruhigend, dass man sie nicht mehr ignorieren konnte. Ein Mann, der behauptete, der letzte überlebende Sohn Iwans des Schrecklichen zu sein und die einzige Hoffnung des Volkes auf den wahren Erben zu verkörpern, war aus Polen nach Russland gezogen und gewann Anhänger im Südwesten. Was immer seine Identität sein mochte, der Mann selbst war aus Fleisch und Blut, und 1604, als Gerüchte, er habe die russische Grenze überquert, Boris' Ohren erreichten, hatte er bereits mit Hilfe seiner Gönner in Polen-Litauen eine Armee aufgestellt. Boris versuchte, die Geschichte als Kriegslist seiner Feinde zu verwerfen: Die Polen würden sich, wenn ihnen der Sinn danach stehe, auch eines Affen bedienen, um Russland in Verlegenheit zu setzen. Doch innerhalb von Monaten hatte der Mann, der sich Dmitri Iwanowitsch nannte, einen eigenen Hof auf russischem Boden eingerichtet. Ende 1604 fügte sein Heer Boris' Soldaten die erste bedeutende Niederlage in einem Feldzug zu, mit dem Dmitri Moskau und die Krone erobern wollte.

Niemand kann sicher sein, wer der selbsternannte Dmitri wirklich war. Einigkeit herrscht darüber, dass er Russe war, etwa im richtigen Alter und gründlich vertraut mit den Gepflogenheiten und Hierarchien des Kremllebens. Manche sind der Meinung, dass er sich wahrhaftig für den Prinzen Dmitri gehalten habe, und ein Historiker, Chester Dunning, hat kürzlich mit der Tradition gebrochen, indem er nahelegte, dass der Mann in der Tat der jüngste Sohn Iwans des Schrecklichen gewesen sein könne, den man 1591, zur Zeit des vermeintlichen Mordes, aus Uglitsch hinausgeschmuggelt und außerhalb der Reichweite Moskaus aufgezogen habe.[64] Godunows Agenten verbreiteten jedoch eine andere Version, die noch heute weithin akzeptiert wird. Danach war der sogenannte Dmitri ein abtrünniger Mönch namens Grigori Otrepjew, ein Schurke, den sein eigener Vater gezwungen hatte, sich die Mönchskutte überzustreifen. Der wahre Otrepjew hatte bis 1602 im Tschudow-Kloster des Kreml gewohnt, wo er durchaus in die grundlegenden Mechanismen des Hofes eingeweiht worden sein könnte.[65] Wer auch immer Dmitri war, er vermochte diplomatisch zu sein, und er verstand es, wie ein Zar aufzutreten. Außerdem war er ein furchtloser Soldat, und sein Interesse an Militärtechnik, Gefechten und Drill sollte moskowitische Zivilisten später faszinieren. Diese Eigenschaften und die Unzufriedenheit des russischen Volkes trugen dazu bei, dass die Unterstützung für ihn wuchs; das Übrige taten seine Soldaten und Henker. Er verbrachte den Winter 1604 im Süden, wo die Opposition gegen Boris seit langem stark war. 1605 wurde sein Kampf um Moskau ernst.

Boris drohte jedem Bürger, der es wagte, den Namen des falschen Dmitri auszusprechen, mit dem Tod. Seine Agenten organisierten eine übertriebene Siegesparade (durch die niemand hinters Licht geführt wurde), um Moskau zur Feier eines erfolgreichen Geplänkels im Süden zu zwingen.[66] Der Zar verlor an jenem Tag weitere Anhänger und abermals mehr, als die Gräueltaten zunahmen. Seine Handlanger verstümmelten und schlachteten die ersten Kriegsgefangenen, und Geiseln wurden langsam bei lebendigem Leibe verbrannt oder unter das Flusseis gestoßen. Gleichwohl folgte ein böses Omen dem anderen. In der kältesten Nacht des Januar 1605 brach ein Wolfsrudel in Moskau ein, und ein Friedhof im Kreml wurde von Füchsen überfallen.[67] Unterdessen liefen immer mehr von Godunows Männern zum Feind über, und die wiederholte Befragung von gefangenen Rebellen erbrachte keinen Aufschluss über Dmitris wahre Identität. Damit nicht genug, die letzte Witwe Iwans des Schrecklichen (die Mutter des wirklichen Erben), die nun unter dem Namen Marfa als Nonne lebte, wurde an einem

Winterabend in den Kreml beordert (Boris' Frau Maria soll mit einer brennenden Kerze nach ihren Augen geschlagen haben), doch selbst sie weigerte sich zuzugeben, dass der Prätendent ein Betrüger sei. Im April 1605 brach Boris den Anstrengungen zweier englischer Ärzte zum Trotz zusammen. Das Gerücht, er sei vergiftet worden, war unvermeidlich, doch sein Tod, höchstwahrscheinlich an einem Blutsturz, könnte durch die Sorge verursacht worden sein, die ihn nicht zur Ruhe kommen ließ.

Boris hinterließ einen männlichen Erben, seinen Sohn Fjodor Borissowitsch, und zunächst beschloss die Bojaren-Elite im Kreml, diesen 16-Jährigen anzuerkennen, statt sich einem leeren Thron gegenüberzusehen. Aber Fjodors Anspruch hatte dürftige Grundlagen, und es gab wenig Rückhalt für einen zweiten Godunow unter den Höflingen, die so schwer unter dem ersten gelitten hatten. Jenseits des Kreml zeigte die bedrängte Bevölkerung noch weniger Enthusiasmus für den Jungen. An Bauernkaminen und gewiss an Kosakenfeuern draußen in der Steppe sprach man von einer imaginären Vergangenheit, einer idealen Welt, deren Einzelheiten so verschwommen waren, dass sich die Hoffnung bald auf die Rückkehr jenes Führers konzentrierte, den viele sich schlicht als den einzig wahren Zaren vorstellen wollten. Dieser Mann schien eher einem Märchen (wohl einem finsteren, da er auf Iwan den Schrecklichen zurückging) entsprungen zu sein, doch die Sehnsucht nach ihm war Dmitris beste Karte. Langsam neigte sich das militärische Gleichgewicht zugunsten des Prätendenten. Am 1. Juni 1605 trat eine Wende in Moskau ein, als mehrere Amtspersonen aus Dmitris Lager offen unter den Kremlmauern zusammenkamen, um eine Proklamation im Namen ihres Herrn zu verlesen. Darin wurden die Moskowiter aufgefordert, den blutigen Kampf einzustellen und dem rechtmäßigen Erben Treue zu schwören. »Gott gebe«, so die Parole, »dass die wahre Sonne wieder über Russland aufgehen wird.«[68]

Die Bewohner Moskaus – umzingelt, hungrig, der Furcht und des blutigen Schauspiels der Folter überdrüssig – brauchten keine weitere Ermutigung. Der Kreml beherbergte ihre Peiniger, und dieser lange Tag bot ihnen Gelegenheit zu handeln. Eine mehr als tausendköpfige Menge barst durch die Tore. Eines ihrer ersten Ziele war Godunows Palast. Der Vorhut gelang es, die Witwe des toten Zaren, ihren Sohn und Angehörige des inneren Zirkels festzunehmen, doch andere begannen eine Plünderungsorgie und ließen ihre Wut an allem aus, was Godunow berührt haben könnte. Die Entdeckung von Alkohol entfesselte Chaos, denn die Plünderer kämpften nun gegeneinander, um der Fässer habhaft zu werden. In ihrer Aufregung schlürften einige Männer die Flüssigkeit sogar aus ihren Mützen; wenigstens 50 tranken sich in den Kreml-Kellern zu Tode.[69] Schätze und Palastzubehör, Nahrung und Waffen wurden gepackt, zum Gegenstand von Streitigkeiten, zertrampelt oder fortgeschleppt. Die Eindringlinge vergruben einen großen Teil des Goldes und fanden ihn in den kommenden Monaten nicht wieder. Es war der erste Tag von Dmitris Herrschaft – mitten in dem Tumult wurde seine Nachfolge vom Kreml ausgerufen – und das Ende jeglichen Jerusalems der Godunows.

Patriarch Jow wurde abgesetzt und verbannt. Man erwürgte Zar Fjodor und seine Mutter, ergriff den verhassten Inquisitor Semjon Godunow, verhöhnte ihn und ließ ihn in einer Zelle verhungern. Boris selbst war nur etwas über sechs Wochen zuvor im Rjurikiden-Mausoleum der Erzengel-Kathedrale zur Ruhe gelegt worden. Sein Sarg wurde entfernt (heute liegen seine Überreste außerhalb der Kathedralenmauern im Klosterkomplex von Sergijew Possad). Kurzfristig durfte man hoffen, dass der Kreml geläutert und die königliche Linie wiederhergestellt worden war. Der Gedanke, dass die mörderische Krise beizulegen sei, wenn nur jemand einen rechtmäßigen Erben herbeizauberte, war reizvoll, doch Russland standen Jahre des Bürgerkriegs bevor, ehe es sich über den Kandidaten einigen konnte.

Durch die Ankunft des gerade zum Zaren ausgerufenen Dmitri im Kreml eröffnete sich ein neues Kapitel in dessen internationalen Beziehungen. Seit Generationen redete man davon, die moskowitische und die polnische Krone zu vereinen. Die Argumente für ein russisch-polnisches Bündnis oder gar für eine Union lagen auf der Hand. Die beiden slawischen Reiche hatten eine gemeinsame Geschichte – die alte russische Hauptstadt Kiew lag in Polen-Litauen –, und die Adligen der benachbarten Höfe waren miteinander verwandt. Doch Gespräche über eine Union dienten oftmals nur als Schleier für größere diplomatische Spiele (die Agenten des Vatikans waren nie weit weg). Auch waren beide Seiten erpicht darauf, sich Territorien der jeweils anderen in den Grenzgebieten anzueignen. Erst 1586 hatte Iwan der Schreckliche die Kandidatur seines Sohnes Fjodor für die polnisch-litauische Krone vorgeschlagen. Dieses Vorhaben war durch seinen eigenen Livländischen Krieg gescheitert. Nun, unter einem neuen polnisch-litauischen König, Sigismund III., entfaltete sich das Spiel mit revidierten Zielen.

Dmitri war ein nützliches Werkzeug in den Händen der polnischen Intriganten. Er verdankte seinen ersten Erfolg den polnischen Adligen, die ihn für seine Feldzüge ausgerüstet hatten. Manche glauben, er habe sein ganzes Leben lang im Namen Polens gehandelt, und andere behaupten gar, er sei Katholik gewesen, denn er kleidete sich wie ein solcher, rasierte sich den Bart ab und machte keinen Hehl aus seiner Ungeduld, wenn Moskauer Priester ihre überlangen Gebete anstimmten. Möglicherweise hatte er sich sogar eingeredet, dass ein vereinigter polnischer und russischer Staat lebensfähig sein könne.[70] In Rom behielt die katholische Inquisition seinen Werdegang im Auge, wobei sie bereit war, eine gewisse Wildheit zugunsten der Hoffnung auf Verbündete nahe (oder gar auf) dem russischen Thron außer Acht zu lassen.[71] Jedenfalls steht fest, dass sich zahlreiche polnische Bevollmächtigte, die von Anfang an im Innern des Kreml untergebracht wurden, an Dmitris Hof aufhielten.

Die Fremdartigkeit dieser Berater bewirkte, dass die Einheimischen sofort auf der Hut waren. Kein wirklicher Moskowiter hielt es für geziemend, dass ein Katholik über den heiligen Boden des Kreml schritt, geschweige denn dass er auf dessen Bräuchen, Fastenzeiten und Gebeten herumtrampelte. Dieselbe Menschenmenge, die Dmitri auf den Thron befördert hatte, zweifelte an seiner Moral, sobald sich sein Gefolge etabliert hatte. Und das Unverständnis war beiderseitig. Die Breite der Kluft zwischen Polen und Russen lässt sich an dem Abscheu ermessen, mit dem der Offizier Jacques Margeret (ein Katholik) später die Kritik an Dmitris Benehmen verwarf. »Was die These betrifft, dass [Dmitri] die Bräuche der Russen verspottet und ihre Religion nur der Form nach ausgeübt habe«, schrieb er, »so muss Staunen aufkommen, besonders wenn man ihre Sitten und ihren Lebenswandel berücksichtigt, denn sie sind unverschämt und derb, ohne jede Höflichkeit. Und

Russland ist eine Nation von Lügnern, ohne Loyalität, ohne Gesetz, ohne Gewissen – Sodomiten, die von unendlichen weiteren Lastern und Brutalitäten verdorben sind.«[72]

Über Dmitri selbst sind die Chronisten geteilter Meinung. Jacques Margeret beschrieb ihn loyal als »klug, [als Mann] mit genug Verständnis, um als Lehrer für seinen eigenen Rat dienen zu können«.[73] Aber Margeret, der bald zum Kommandeur von Dmitris Palastgarnison aufstieg, war nicht objektiv. Auch die Überlieferung, dass Dmitri primitiv und zügellos gewesen sei, hält sich hartnäckig. Der Prätendent soll junge Frauen in seinem Palast (genauer gesagt, im Badehaus) verführt haben, darunter mehrere Kreml-Nonnen und Boris Godunows verwaiste Tochter Xenia.[74] Die Fläche hinter seinen Gemächern wurde in einen Bärenzwinger verwandelt; dort ließ man an müßigen Tagen zu seiner Unterhaltung wilde Hunde auf gefangene Bären (und gelegentlich auf Menschen) los.[75] Einem anderen Bericht zufolge waren die Beine des Prätendenten so kurz, dass sie in der Luft baumelten, wenn er versuchte, sich auf dem Thron Iwans des Schrecklichen niederzulassen.[76] Wenn das stimmte, so hinderte es ihn jedenfalls nicht daran, königliche Befehle zu erteilen, und einer davon bezog sich auf einen neuen Palast. »Im polnischen Stil«, wie es hieß, konzipiert, überragte er die Kremlmauern an der Moskwa. Obwohl er seitdem aus den meisten Aufzeichnungen verschwunden ist, klingen die Details verschwenderisch, denn jeder Nagel und jedes Scharnier sollen mit einer dicken Vergoldung überzogen gewesen sein, und die Öfen waren nach Massas Ansicht Kunstwerke. Der neue Zar »ließ auch herrliche Bäder und elegante Türme bauen«, fügte der Niederländer hinzu. Aber von Anfang an hatten sich dunkle Wolken zusammengezogen. »Wiewohl es bereits riesige Ställe auf seinem Palastgelände gab«, schrieb Massa, »ließ er einen besonderen Stall dicht neben seinen neuen Gemächern errichten. Diese neuen Gebäude besaßen eine Reihe verborgener Türen und mehrere Geheimgänge, was beweist, dass er dem Beispiel der Tyrannen folgte und wie sie in ständiger Angst lebte.«[77]

Die Herrschaft des Prätendenten dauerte kein Jahr. Sein Verhängnis könnte die Wahl seiner Braut gewesen sein. Als Dmitri 1603 die Hilfe des polnischen Adligen Jerzy Mniszeck akzeptiert hatte, hatte er zugleich eingewilligt, Marina, die Tochter seines Förderers, zu heiraten, und im Frühjahr 1606 forderte Mniszeck diese Schuld ein. Hätte Dmitri eine russische Frau gewählt und die richtigen dynastischen Bande geknüpft, hätte sich der Hof vielleicht in der Hoffnung, den vertrauten Elitetanz fortsetzen zu können, hinter den selbsternannten Rjurikiden gestellt.[78] Stattdessen wurde Marina im Mai 1606 mit einem glanzvollen Gefolge aus polnischen Dienstmännern und einer Horde unordentlicher – und sehr fremdartiger – Hochzeitsgäste nach Moskau gerufen.

Der Brautzug war überaus aufwendig. Allein die Prozession von vergoldeten Kutschen, die livrierten Diener und die Schmuckstücke kosteten mehrere Vermögen. Besonders beeindruckt war man in Moskau von den Pferden, deren Felle rot, orange und gelb gefärbt worden waren. Die zehn Rosse, welche die königliche Kutsche zogen, waren »schwarz gefleckt (wie Tiger oder Leoparden) und so gut aufeinander abgestimmt, dass man sie nicht voneinander unterscheiden konnte«.[79] Die ganze Gesellschaft, großartiger als das Gefolge jeder Braut, seit Sofia Palaeolog Iwan III. geheiratet hatte, wurde von einem Orchester mit Flöten, Trompeten und Pauken begleitet, was allerdings, meinten die Russen, vom orthodoxen Gebet ablenkte. Der Lärm und die Großspurigkeit waren jedoch nur die erste von vielen Beleidigungen. Die Polen schienen auf unabsehbare Zeit angereist zu sein. Obwohl den Moskauer Bürgern das Schauspiel und die Pferde gefallen hatten, stockte ihnen der Atem, als aus dem Tross hinter den Gästen Haushaltswaren hervorquollen. Die Besucher wurden bei wohlhabenden einheimischen Familien untergebracht, und ihre Gastgeber (die kaum eine andere Wahl gehabt hatten) waren schockiert, als sie Waffenbündel unter den Truhen und Kästen bemerkten, die in ihre Gästezimmer getragen wurden.[80]

Die nächsten Tage erwiesen sich als noch schlimmer. Nicht die Tatsache, dass die Polen unablässig betrunken waren (welcher Russe hätte daran Anstoß nehmen können?), sondern der Zeitpunkt erregte Ärgernis; hinzu kamen die Missachtung von Priestern und Ikonen und (in einem Land der knöchellangen Gewänder) die Verblüffung darüber, dass Männer in vulgären Reithosen und hohen Stiefeln herumstolzierten. Am Tag der Trauung erfuhren die Scharen gemeiner Bürger, die man für die eigentliche Zeremonie aus dem Kreml ausgesperrt hatte, zu ihrem Entsetzen, dass Katholiken die besten Plätze in der Entschlafens-Kathedrale erhalten hatten. Isaac Massa meldete erneut, dass bedrohliche Wolken, offenbar sämtlich aus der Richtung Polens, am Himmel erschienen seien. Ein paar Nächte färbte sich der Mond blutrot.[81]

Aber diesmal waren es die Russen, die ihr mörderisches Spiel spielten. Seit seiner Ankunft war es Dmitri nicht gelungen, sich der Loyalität des Schuiski-Clans zu versichern, an dessen Spitze nun Fürst Wassili Iwanowitsch Schuiski und drei seiner Brüder standen.[82] Ihre langjährigen Verbündeten, die Golizyns, hatten in jüngster Zeit mehrere Attentatspläne, von denen keiner auch nur annähernd erfolgreich gewesen war, mit ihnen geschmiedet. In der Nacht vom 15. auf den 16. Mai gelang es jedoch sechs ihrer Mörder, in den Kreml einzubrechen, vielleicht weil Jacques Margeret erkrankt war (möglicherweise durch Vergiftung). Doch auch dieser Versuch wurde, wie die früheren, abgebrochen. Am 17. Mai schlugen die Verschwörer erneut zu. Die Gruppe wurde von bekannten Mitgliedern der Familien Schuiski und Golizyn persönlich angeführt – ein cleverer Schachzug, der die Kremlwächter veranlasste, das Tor bedenkenlos zu öffnen. Im Innern sicherten die Angreifer die Zitadelle, um potentielle Retter fernzuhalten, und machten sich zu den Gebäuden auf, in denen Dmitri gewöhnlich schlief. Zugleich wurde Moskau auf ein vereinbartes Signal hin durch die Glocken der Wachmänner geweckt, wonach Warnungen zu hören waren, dass »Polen« in den Kreml eingedrungen seien, um den Zaren zu töten. Nachdem die Moskowiter sich wochenlang mit ihren herrischen Gästen hatten abfinden müssen, brauchten sie nun keine weitere Ermutigung. In dem sich anschließenden Massaker wurden nicht weniger als 500 Ausländer (und nicht nur Polen) umgebracht.[83]

Hinter den versiegelten Kremlmauern näherten sich die Attentäter unterdessen ihrem Opfer. Dmitri hatte seinen engsten Mitarbeiter Basmanow entsandt, um herauszufinden, was vor sich ging. Basmanow wurde ermordet, sobald er auf die Verschwörer stieß. Dmitri machte, während seine Tür unter den Schlägen der Eindringlinge zu zersplittern begann, einen Fluchtversuch, indem er aus einem der oberen Fenster sprang. Er muss gehofft haben, im Gewirr der den Palast umgebenden Gebäude verschwinden zu können, doch in seiner Eile rutschte er aus und brach sich das Bein. Ein paar Strelizen bemühten sich, ihn zu retten, aber die Eindringlinge hatten die Oberhand und erschossen den Verletzten, der um sein Leben flehte. Sogleich wurden die Leichen Dmitris und Basmanows entkleidet, an einem kleinen Tisch auf der offenen Fläche jenseits des Kreml-Burggrabens festgebunden und dort unter blutrünstigem Gespött zur Schau gestellt. Alle Moskowiter hatten nun Gelegenheit, ihren sogenannten Zaren zu mustern. Isaac Massa untersuchte die Leiche »mit großem Interesse« und berichtete:

> »Ich konnte mich überzeugen, dass es sich bei dem, was ich vor mir sah, um denselben Zaren handelte, den ich viele Male erblickt hatte und der seit einem Jahr regierte (...) Ich zählte seine Wunden. Es waren 21. Sein Schädel war von oben eingeschlagen worden, und sein Gehirn lag neben ihm.«[84]

Diese Einzelheiten waren wichtig, weil Dmitri ein Leben nach dem Tod führen sollte. Überhaupt würden mehrere Leichen in die künftige Politik einbezogen werden. Zuerst kam ein Gerücht auf, dass dämonische Flammen die schaurigen Gestalten auf dem Moskauer Platz umzüngelt hätten; dann suchte ein Frost zur Unzeit die Felder heim, gleichsam als Strafe für den Königsmord. Der Bojar Wassili Schuiski, der sich nun als Herrscher betrachtete, machte Dmitris Zauberei für die Katastrophe verantwortlich. Der tote Prätendent wurde in ein Armengrab geworfen und später zeremoniell verbrannt. Gleichzeitig holte man eine zweite Leiche, die eines neunjährigen Jungen, mit feierlicher Ehrerbietung aus Uglitsch herbei. Beabsichtigt war, den wahren Dmitri heimkehren zu lassen, für die Sünde seiner Ermordung um Gnade zu bitten und seine Knochen endlich zwischen denen seiner Vorväter zur Ruhe zu legen. Außerdem wurde der Thronbewerber, der Dmitris Namen gestohlen hatte, durch die Zeremonie einmal mehr verdammt.

Schuiski hatte Filaret, den einstigen Fjodor Romanow, beauftragt, die Knochen aus Uglitsch zu überführen, wodurch der einflussreiche Priester von Moskau ferngehalten wurde. Damit hatte der neue Zar die Freiheit, einen Mann seiner Wahl auf den leeren Patriarchenstuhl zu setzen.[85] Ob Filaret sich verschmäht fühlte oder nicht, er erfüllte seine Aufgabe souverän und tat kund: Die Leiche des Märtyrers »Dmitri«

(es könnte auch der Körper eines Kindes gewesen sein, das Schuiskis Männer zu diesem Zweck ermordet hatten) sei nach 15 Jahren im Grab unverdorben und dufte süß. Makellose kindliche Hände hätten eine Nuss umklammert, die der junge Prinz gerade essen wollte, als er starb. Der Leiche stand nun die Heiligsprechung bevor, und eine Prozession begleitete den Sarg nach Moskau, wo er planmäßig an den Kremltoren eintraf. Dort und überall auf dem Weg zur Erzengel-Kathedrale versammelten sich geckenhafte Bischöfe und Hofbeamte an dem Sarg, um zu staunen und zu beten. Man ließ kranke und verletzte Pilger an den Sarg holen, damit sie erklärten, sie seien geheilt; jedes neue Wunder wurde mit einem donnernden Läuten der Kremlglocken begrüßt.

Jacques Margeret war einer derjenigen, die sich nicht überzeugen ließen. Die »Wunder«, schrieb er, seien inszeniert worden, und die Verwesung der Leiche sei rasch so weit fortgeschritten, dass nicht einmal »große Mengen Weihrauch« den Gestank hätten überdecken können. Nichtsdestotrotz war der letzte Sohn Iwans des Schrecklichen für die Aufnahme in den Pantheon Russlands ausersehen. Man trug die Leiche des Kindes in die Katakombe der Zaren, und niemandes Zweifel, damals oder später, verhinderten, dass der neu erschaffene heilige Dmitri als Bannerträger der Nation betrachtet wurde. Sein Schrein hat noch heute einen Ehrenplatz in der Erzengel-Kathedrale.

Die Kombattanten des russischen Bürgerkriegs im 17. Jahrhundert kamen aus allen Schichten und Regionen. Es war kein schlichter Klassenkampf – Bauern gegen Adlige, Stadt gegen Land –, sondern eine Auseinandersetzung um Legitimität und Gerechtigkeit, an der Vertreter aller Stände auf den vielen rasch wechselnden Seiten teilnahmen. Sogar innerhalb des Kreml gab es Adlige, die den neuen Zaren Wassili Schuiski unterstützten, und andere, die – zu verschiedenen Zeiten – aufeinanderfolgenden neuen Thronbewerbern oder dem polnischen König Treue schworen. Manche änderten wiederholt ihre Meinung. So wurde Filaret von Aufrührern gefangen genommen und überredet, einem neuen Bewerber an einem provisorischen Hof zu dienen, doch letztlich schlug er sich auf die Seite Sigismunds III. von Polen. Außerhalb der Hauptstadt führte die Erbitterung des verarmten Landadels, der Bauern, Kosaken und mittellosen Bürger ohne Grundbesitz dazu, dass niemand von ihnen etwas mit den Moskauer Bojaren zu tun haben wollte, was jedoch nicht bedeutete, dass sie eine einheitliche Opposition gebildet hätten. In ihrem Streben nach einer gerechten Ordnung, nach Freiheit und Nahrung kämpften das einfache Volk und die Kosakenheere zwischen 1606 und 1612 schließlich für nicht weniger als acht selbsternannte »wahre Zaren« (und zuweilen für zwei gleichzeitig).[86]

Die ersten Aufstände spielten sich im Sommer 1606 ab. Stadt um Stadt, hauptsächlich im Süden, fiel an Rebellenheere, und alle weigerten sich, den Treueeid auf einen eitlen, übergewichtigen Bojaren zu leisten. Schuiski war, um einen unfreundlichen heutigen Historiker zu zitieren, »klein, untersetzt, kahlköpfig und unattraktiv (...) und wirkte etwas lächerlich«.[87] Dieser hoffnungslose Zar mied Dmitris leeren Palast und ließ sich ein neues Quartier im Kreml bauen, doch sein dortiger Aufenthalt war so kurz wie seine umstrittene Herrschaft.[88] Im Juli 1606 musste er sich hinter den Kremlmauern verbarrikadieren. Zum ersten Mal waren die in der königlichen Festung aufgestellten Kanonen auf die Bürger unterhalb der Mauern gerichtet. Außerdem hatte man mindestens zwei der Brücken zerstört, die den Graben zwischen dem Kreml und Moskau überquerten, weil man mit einer Belagerung rechnete, und im Herbst war die Hauptstadt nahezu umzingelt von aufständischen Soldaten. Eine schwere Lebensmittelkrise zeichnete sich ab.[89] Schuiski konnte die Stadt in jenem Herbst nur deshalb halten, weil er die Moskowiter überzeugte, dass die Rebellen planten, sie alle, Frauen und Kinder eingeschlossen, niederzumetzeln. Zunächst sah sich der bedrängte Zar gezwungen, den Inhalt der legendären Kreml-Schatzkammer teilweise zu verkaufen. Laut Isaac Massa entnahm er dem Staatssäckel Wertgegenstände aller Art – von Gold bis hin zu Pelzen –, um seine Anhängerschaft zu vergrößern und um den Sold für seine Soldaten aufzubringen. Aber er leerte die Tresoräume nicht völlig. Dies blieb seinen Nachfolgern vorbehalten.[90]

Die Belagerung Moskaus begann Ende Oktober 1606, und durch ihre Härte wurde Zar Wassili erbitterter Kritik in der Hauptstadt ausgesetzt. Unter seinen wenigen Verbündeten wurde der neue Patriarch, der bejahrte Eiferer Hermogen, zu einem höchst unerwarteten Volkshelden. Dieser 76-jährige Mann war spät im Leben Priester geworden, aber er verrichtete sein Amt mit einem Fanatismus, der keinen Kompromiss mit Abweichlern, Beschwichtigern und jeglichen Ausländern duldete. Die Rebellen waren nach seiner wohlüberlegten Meinung Geschöpfe Satans – ein Urteil, durch das die Herrschaft des neuen Zaren mehrere Monate lang gestützt wurde. Wassili, obwohl kein General, war klug genug, seinen begabten Neffen Michail Skopin-Schuiski zum wichtigsten Militärbefehlshaber zu befördern. Im Dezember 1606 war das erste Rebellenheer geschlagen, seine Anführer hatten sich entzweit, und Schuiski bedachte Moskau wieder einmal mit dem Schauspiel von Massenhinrichtungen. Kaufleute ebenso wie kleine Angestellte wurden des Anblicks von Leichen überdrüssig, als man 15000 Kosaken abschlachtete und die Rädelsführer öffentlich pfählte.[91]

Zar Wassili hatte wenige zuverlässige Freunde. Einige der führenden Clans des Kreml (besonders die Golizyns) betrachteten ihre eigenen Angehörigen als mögliche Zaren, doch die meisten wären am liebsten zu einer Situation zurückgekehrt, in der sie neben dem Thron eines von allen akzeptierten Herrschers Macht ausüben konnten. Es kam zu einem regen Austausch zwischen dem Kreml und den Lagern der verschiedenen Thronbewerber, doch obwohl ein zweiter »Pseudo-Dmitri« eine optimistische Gefolgschaft an seinen Hof in Tuschino unweit von Moskau lockte und obwohl er ein rechtgläubiger Russe (und damit eine Art Patriot) war, konnte er die vielen Fraktionen, die nun um die Hauptstadt wetteiferten, nicht vereinen. Während sich der Staat Moskowien weiter zerfleischte, trat Zar Wassili an die Schweden heran. Im Gegenzug für die »ewige Freundschaft« des Kreml (und folglich für die ewige Feindschaft gegenüber den Polen) verpflichtete sich Schweden, Schuiski bei der Niederwerfung der rebellischen Kosaken und der verhassten Prätendenten zu helfen. Im Jahr 1609 marschierte ein schwedisches Heer, wie abgesprochen, aus dem Baltikum nach Süden, um Nowgorod in seinen Besitz zu bringen.

Aber die Polen blieben die wichtigsten Akteure in der Schlacht um den russischen Thron. Niemand kann sicher sein, wann die Kandidatur Wladislaws, des Sohnes von Sigismund III., zuerst zur Sprache kam, und im Rückblick scheint die Wahl geradezu defätistisch zu sein. Immerhin hätte ein Abkommen mit den Polen Moskau Frieden bringen oder ihm wenigstens ein paar anständige Militärverbände bescheren können, mit deren Hilfe sich ein restaurierter Thron festigen ließ. Wladislaw hätte auch eine neue Dynastie von makellos königlichem Blut gründen können, in welche die Bojaren-Clans nach Wassilis Beseitigung einheiraten würden. Die Befürworter dieser Alternative behaupteten, dem durch und durch katholischen König Sigismund in Geheimverhandlungen das Versprechen abgerungen zu haben, dass sein Sohn vor der Annahme der russischen Krone zum orthodoxen Glauben konvertieren werde. Doch im Sommer 1609 ergriff Sigismund selbst die Initiative. Er verfügte bereits über Spione im Kreml sowie über Soldaten im Dienst des Prätendenten in Tuschino, doch nun führte er sein eigenes Heer nach Russland hinein. Sein Ziel war Smolensk, das er rasch erobern wollte, um dann im Triumph nach Moskau weiterzumarschieren. Hätte Boris Godunow nicht jene mächtige Festung gebaut, wäre der Feldzug vielleicht anders ausgegangen und hätte gewiss eher geendet. Doch es dauerte zwei Jahre, in denen Tausende von Bürgern ums Leben kamen, bis Smolensk an die Polen fiel.[92] Die Russen brauchten fast 50 Jahre, um es zurückzuerobern.

Die sogenannte Zeit der Wirren, die mit der zum Scheitern verurteilten Herrschaft von Boris Godunow begann, war eine Saga der Zerstörung, des Mordes und Verrats, aber ihr letztes Kapitel, das sich im Kreml abspielte, sollte das finsterste von allen werden. Im Juli 1610 zwang eine Gruppe von Bojaren, unterstützt von Kirchenführern und ausgewählten Bürgern, Wassili zur Abdankung. Sie stellten seine permanente Neutralität sicher, indem sie ihn ein Mönchsgelübde ablegen ließen und ihn dann praktisch im Tschudow-Kloster einsperrten. Mit der mürrischen Zustimmung der Stadtväter übernahm ein siebenköpfiger Bojarenrat die einstweilige Macht, angeblich um die Thronbesteigung Wladislaws vorzubereiten.[93]

Sie mochten die vermögendsten und angesehensten Adligen des Landes gewesen sein, aber die Bojaren dieses kurzlebigen Rates waren innerhalb der hohen Mauern ihres Kreml gefangen – und ebenso in der Geisteshaltung, die jene Mauern über lange Jahrzehnte hinweg begünstigt hatten. Da Einheiten von Kosaken, Banditen und früheren Sklaven weiterhin fast alle Vororte Moskaus plünderten, konnten sich die sieben Ratsmitglieder nur an das Schema klammern, das sie kannten. Trotz der Tatsache, dass viele Russen offenbar unverändert einheimische »Zaren« bevorzugten (Tuschino war gefallen, aber »Dmitri« blieb bis Dezember 1610 in Freiheit), hätten sich die Bojaren niemals einen ungehobelten Prätendenten auf dem Thron vorstellen können, genauso wenig wie eine andere Form der Macht für sie in Frage gekommen wäre. Vielmehr beabsichtigten sie, der Tradition ihrer Vorfahren folgend, das Volk mit einem neuen Zaren zu überwältigen, mit Wladislaw Sigismundowitsch, einem königlichen Erben, der dem Rat ermöglichen sollte, die von ihm ersehnte verschlossene, privilegierte und straff verwaltete Welt wiederzuerschaffen. Sie boten Wladislaw die Krone nicht einfach an, sondern baten ihn eindringlich darum, diese anzunehmen. Hofbeamte wurden sogar beauftragt, die Schätze des Kreml (und die Wonnen seiner Küchen) gewissermaßen als Ansporn aufzulisten. Die Moskauer Reichskleinodien – das Zepter und der Juwelenkragen, die Mützen Monomachs, Kalitas und Godunows – waren erst der Anfang; sollte der Fürst auf den Wunsch der Bojaren eingehen, könne er sich in goldene Roben und pelzbesetzte, mit Perlen gesäumte Samtumhänge hüllen. Außerdem würde er goldene und silberne Teller und Gefäße, Edelsteine, Zobel und riesige Bargeldmengen erhalten.[94]

Statt einen Prinzen willkommen zu heißen, musste sich das Kremlpersonal jedoch bald auf ein Söldnergesindel einstellen, das Winterquartiere benötigte. Wie sich zeigte, hatte der Bojarenrat größere Angst vor seinem eigenen Volk als vor ausländischen Kriegern. Es gab im Kreml bereits etliche Söldner, darunter die Margerets, aber im Spätsommer 1610 gestattete der Rat einem polnischen Offizier, dem Hetmann (Kosakenhäuptling) Stanislaw Zolkiewski, zur Gewährleistung der öffentlichen Ordnung weitere Soldaten nach Moskau zu verlegen. Es war keine reibungslose Aktion, und für einen Moment schien die Stadt kurz vor der Rebellion zu stehen, doch schließlich brachte Zolkiewski Teile seines Heeres in dem ummauerten Bereich von Kitai-Gorod und der Weißen Stadt sowie eine Gruppe, unter seiner eigenen Führung, direkt im Kreml unter.[95]

Laut dem Hetmann benahmen sich die Polen einwandfrei, aber es gab auch Berichte über Arroganz, Habgier und die lästigen Forderungen, die mehrere tausend Mann unweigerlich stellten.[96] Patriarch Hermogen war der prominenteste Vertreter derjenigen, die gegen die papistische Horde auftraten, und während sich das lange Warten auf Wladislaw um einen Monat nach dem anderen ausdehnte, gewann der alte Mann Anhänger jenseits der Kremlmauern. Seine Botschaft – und das Schamgefühl der Bürger, die den Zusammenbruch ihrer gesamten Kultur fürchteten – löste den Widerstand der Rechtgläubigen in den Provinzen aus. Dann traf die Nachricht ein, dass Sigismund nie geplant habe, seinen Sohn zu entsenden, sondern selbst nach der Krone greifen wolle. Hermogen verkündete dies von seinem Thron in der Entschlafens-Kathedrale des Kreml herab und wetterte über die Gefahren einer katholischen Herrschaft. Gleichzeitig verließ der diplomatische Zolkiewski den Kreml. Der Befehl über seine Garnison wurde, auf Sigismunds Wunsch, einem brutalen Offizier namens Alexander Gosiewski übergeben. Seine Einstellung lässt sich durch den (erfolglosen) Versuch charakterisieren, die jährlichen Palmsonntagsprozessionen des Kreml im Interesse der öffentlichen Ordnung abzusagen.[97] Zwar war er auch für den Tod Tausender von Zivilisten verantwortlich, doch kaum eine Handlung wäre eher dazu angetan gewesen, rechtgläubige russische Seelen in Aufruhr zu bringen.

Jegliche Vorspiegelung, dass polnische Soldaten zu Erlösern Russlands werden könnten (auch unter idealen Bedingungen ein unwahrscheinlicher Gedanke), wurde durch die Ereignisse vom Vorfrühling 1611 zunichtegemacht. Alle außer ein paar Adelsfamilien, die von der ausländischen Garnison in Moskau beschützt wurden, betrachteten diese bald als feindliche Besatzungsarmee. Außerhalb der Zitadelle – und vor allem außerhalb Moskaus – organisierten erschöpfte Bürger Widerstandsbewegungen mit dem Ziel, die Katholiken zu vertreiben, die Geißel des Banditentums zu besiegen und die heiligen Stätten, darunter auch den Kreml, zurückzuerobern. Nicht alle Gruppen arbeiteten zusammen, doch für etliche Aufständische erlangte die Befreiung der Hauptstadt Vorrang. Im März 1611, kurz nach Ostern, erfuhr man in der Stadt, dass russische Soldaten aus Rjasan durchgebrochen seien, und die Moskowiter reagierten, indem sie den Kreml angriffen, um die katholische Garnison zu überrumpeln. Gosiewskis Gegenschlag war gnadenlos. Der Kreml wandte sich mit brutaler Gewalt gegen seine eigene Stadt. Jacques Margeret geht in seinem Bericht nicht ins Detail, aber ein anderer Ausländer merkt an, dass die Kleidung der Männer, die der französische Befehlshaber nach einem ihrer Einsätze gegen die Rebellen zurück in die Festung führte, mit so viel Blut durchtränkt gewesen sei, dass sie wie Metzger ausgesehen hätten.[98]

Gosiewski ordnete zudem an, sämtliche Bezirke zu zerstören, in denen Unruhestifter Zuflucht gesucht haben könnten. Mit Billigung der verängstigten Bojaren wurden Teile Moskaus angezündet. »Daraus entstund ein solcher Brand vnnd Blutbad«, schrieb ein deutscher Diplomat namens Adam Olearius, der zwei Jahrzehnte danach Zeugen befragte, »daß inner zwey Tagen die grosse weit umbgriffene Stadt Mußcow / außgenommen das Schloß und die steinern Kirchen / gantz eingeäschert / der Mußcowiter über zweymahl hundert tausend umbkommen / vnd die übrigen verjaget worden seynd«.[99] Nur die Reihen geborstener Schornsteine wiesen wie anklagende Finger dorthin, wo vor dem mächtigen Feuer Häuserzeilen gestanden hatten. Hermogen wurde wegen seiner ungestümen antipolnischen Predigten im Tschudow-Kloster inhaftiert. Dann plünderten die Söldner mehrere Tage lang das, was von Moskau noch übrig war. Als sie nichts mehr zu stehlen fanden, verschanzten sie sich hinter den rauchgeschwärzten Mauern des Kreml, um auf Sigismund zu warten. Die Mönche im Tschudow-Kloster, welche die Festung mit ihnen teilten, fasteten und beteten, während sich die Mitglieder des Bojarenrates wie die trauervollen Gastgeber einer Hausbesetzerkommune mit ihren verbliebenen Schreibern zusammenkauerten.

Im Jahr 1611 hörte der Staat Moskowien auf zu existieren. Es gab keine legitime Regierung, keinen Herrscher, und die Hauptstadt war von ausländischen Soldaten besetzt. Smolensk war an die Polen gefallen, Nowgorod befand sich in schwedischer Hand, und ein großer Teil der fruchtbarsten ländlichen Gebiete lag brach oder war durch die Kämpfe verwüstet worden. Weder ein Zar noch das legendäre Charisma des Kreml retteten die russischen Lande vor der endgültigen Zerstückelung, sondern dies vollbrachten die Menschen selbst. Hermogen, der nun in seiner Zelle verhungerte, schrieb trotz zunehmender Schwäche einen Brief nach dem anderen, und seine leidenschaftlichen Rufe zu den Waffen wurden aus dem Tschudow-Kloster hinausgeschmuggelt, um dann Mönche und wartende Bürger an der Wolga und im Nordosten zu erreichen. Der orthodoxe Glaube, den er heraufbeschwor, konnte vielerlei bedeuten, aber Frömmigkeit, verbunden mit Schuldbewusstsein und Scham, Hass auf Teufel und Ausländer sowie Heimatliebe und Anbetung der örtlichen Heiligen erzeugten eine explosive Mischung.

Unter den Tausenden, die dem Aufruf zur Befreiung des russischen Volkes gehorchten, war ein Händler namens Kusma Minin in der Wolgastadt Nischni Nowgorod. Im Jahr 1612 wurde das Heer, das er aufzustellen half, unter Führung des Soldatenfürsten Dmitri Poscharski zu der Streitmacht, welche die Polen am meisten fürchteten. Zusammen mit mehreren anderen Militärverbänden, besonders mit demjenigen, der nun von dem Nationalistenführer Fürst Dmitri Trubezkoi befehligt wurde, hätte diese Truppe einen separaten Staat innerhalb der umfassenden russischen Gebiete gründen können. Stattdessen nahm die vereinigte Miliz den Kreml ins Visier, denn letztlich verfügte keine Festung in Russland über eine vergleichbare geheiligte Macht.

Doch der Kreml wurde noch weitere 18 Monate von einem schrumpfenden Heer ausländischer Söldner besetzt. Wie immer bildete er ein eigenes kleines Universum. Moskau war zu einer Wüste geworden, die Lebensmittelvorräte wurden knapp, und nie schienen erfreuliche Nachrichten einzutreffen, doch wie alle Soldaten beklagten sich die Angehörigen der Garnison am lautesten, wenn sie nicht bezahlt wurden. Der Bojarenrat besaß kein eigenes Bargeld, weshalb er die Schatzkammer plünderte. Dies war sozusagen eine Regierungsangelegenheit, weshalb man zunächst das Gold- und Silbergeschirr einschmolz, um Münzen herstellen zu können. Das Geld, 1611 geprägt in der Münze der Zaren, wurde mit dem Namen »Zar Wladislaw« versehen. Aber Schätze haben ihren eigenen Zauber, und bald verpackten Gosiewski und Mitglieder der russischen Elite Hunderte von Zobelpelzen, entfernten Edelsteine und rafften Samtstoffballen sowie herrliche goldene Gewänder an sich.[100] Wie sich absehen ließ, sank der Preis von Gold und anderen

Kostbarkeiten, verglichen mit alltäglicheren Waren, infolge des Überangebots ganz erheblich, und mit einer Goldkette war kaum ein Kohlkopf, geschweige denn ein Laib Brot zu erstehen. Einfallsreiche Soldaten begannen nun zu desertieren, sobald sie einen Fluchtweg durch die Mauerreihen finden konnten.

Nicht einmal Gosiewski blieb bis zum Ende. Bevor sie den Kreml im Frühjahr 1612 verließen, nahmen der Hetmann und seine engsten Gefolgsleute die kostbarste der Königskronen sowie das Ornat und andere Kleinodien aus der Blütezeit der Rjurikiden an sich. Die sogenannte Mütze des Godunow, an der zwei enorme sri-lankische Saphire funkelten, war eines der wertvollsten Beutestücke der Besatzer, aber die Söldner stahlen auch eine für den ersten Dmitri vorgesehene Krone und einen goldenen, mit Juwelen geschmückten Stab.[101] Daneben verschwanden die goldene Mütze Iwan Kalitas sowie Ikonen, Kreuze, Edelsteine und Pelze.[102] Einiges davon gelangte über die Grenze – zwei juwelenbesetzte Anbetungsobjekte, eine Ikone und ein Reliquiar, landeten 1614 in München, und sie sind noch heute in der Schatzkammer der Residenz –,[103] doch vieles wurde von Kosakenbanden geraubt, die jede zu gemächlich nach Westen reisende Person überfielen. Und Russland wurde ärmer, ungeachtet dessen, wer die Kostbarkeiten in seinen Besitz brachte. Die Plünderung der Schatzkammer war eine primitive Variante der Kapitalflucht, und während die heutige Generation Schweizer Bankkonten nutzt, vergruben die Diebe von 1612 jegliches Gold, das sie nicht hinausschmuggeln konnten. »Darauff ist das Schloß / der Großfürstliche Schatz / Kirchen vnd Kloster gantz außgeplündert / vnd ein vngläubliches Gut / an Gold / Silber / Perlen / Edelgesteinen vnd andern kostbaren Sachen weggebracht und nach Polen geschicket worden. Die Soldaten sollen / wie Petrejus schreibet / aus übermuth ihre Röhre mit grossen Zahlperlen geladen vnd in die Lufft geschossen haben.«[104]

Die restlichen Soldaten der Garnison verharrten noch mehrere Monate nach Gosiewskis Ausreise. Im Sommer 1612 war Moskau im Namen des russischen Volkes überwiegend zurückerobert worden, und nur der Kreml und Kitai-Gorod blieben unter der Kontrolle der Bojaren und der Polen. Abgeschnitten von fast jedem regelmäßigen Nachschub, verwandelte sich der Kreml von einem Militärslum in eine Leichenkammer. Im September verhungerten die ersten Soldaten. Ein ausländischer Kaufmann, der die Entschlafens-Kathedrale besuchte, entdeckte einen Sack voller Menschenschädel und Beinknochen in einem flachen Grab unweit der Mauern. Außerhalb des Kreml wagten sich die ebenfalls hungernden Moskowiter nicht mehr aus den Häusern, denn man hörte Gerüchte, dass polnische Soldaten nachts auf der Suche nach saftigem Fleisch durch die Vororte pirschten. Der Kreml wurde zu einem Symbol des Entsetzens. Hinter seinen Mauern schlugen sich die Söldner um die Knochen toter Kameraden, schossen auf Krähen und duellierten sich um Rattenkadaver.[105] Von 3000 Mann war die Garnison auf ungefähr 1500 geschrumpft. Erst im Oktober schafften die Befreier den Durchbruch, und bis dahin war die Zitadelle so gut wie ausgestorben.

Es gab keine heilige Stätte, die nicht ausgeraubt worden war.[106] Während die Menschen ihre Toten zählten, trauerten sie wohl kaum den verbrannten kostbaren Manuskripten und Büchern oder ihrer für immer verlorenen Geschichte nach.[107] Ein Beobachter hätte sogar meinen können, dass dies ein guter Zeitpunkt für russische Patrioten sei, einen neuen Anfang zu machen. Die Menschen hatten ihr Land vor der Vernichtung gerettet, die Zaren waren tot, und nun konnte eine neue Elite, vielleicht mit einer Art Parlament, eine bessere, aufgeklärtere Zukunft für alle planen. Aber obwohl sich das russische Volk in der Tat eine Stimme verschafft hatte, erwies sich der Impuls der Zeit als konservativ. Die Nation führte immer noch Krieg an vielen Fronten (die Schweden und Polen hatten jeweils beträchtliche russische Gebiete an sich gebracht), der Kreml war eine klaffende Ruine, und die alte Elite der großen Bojaren hatte jedermann enttäuscht. Trotz alledem schien die Vergangenheit – in verschwommener, rosarot getönter und romantischer Form – sicherer zu sein als umstrittene und unerprobte Alternativen. Von all den Dingen, die 1612 geraubt oder zerstört worden waren, trauerten die Menschen schließlich nicht um Godunows Saphirkrone oder um Stapel von Tafelgeschirr. Der Verlust, der die Russen, die sich anschickten, den Kreml und ihre Regierung wiederaufzubauen, wirklich schmerzte, war der des grausamen Stabes, den Iwan der Schreckliche aus dem magischen Horn eines Einhorns hatte schnitzen lassen.[108]

5 Ewiges Moskau

Vier Jahrzehnte nach dem Ende der Wirren traf ein syrischer Priester am Rockzipfel seines Vaters, des orthodoxen Patriarchen von Antiochia, in Moskau ein. Den Europäern ist er als Paul von Aleppo bekannt, und seine Reisen machten ihn zum Schriftsteller. Pauls Vorzug war, dass er mehr bemerkte als andere: die Perlen und die Bestickung am Pluviale eines Bischofs oder den ranzigen Geruch von rohem Fleisch, der dem Atem eines Stammesangehörigen anhaftete. In unserem Zeitalter der Political Correctness lohnt es sich allein wegen seiner Grantigkeit, ihn zu lesen. Während sich sein Besuch in Russland ausdehnte, wurde der junge Paul bei mehreren Gelegenheiten durch die Strenge der religiösen Fastenzeiten seiner Gastgeber beinahe zu Fall gebracht. Der Gestank der ungewaschenen russischen Mönche ekelte ihn an. Auch die endlosen heiligen Rituale erschöpften ihn, und selten beendete er einen Tag, ohne sich über Schmerzen in Beinen und Rücken zu beklagen. Damit nicht genug, die brutale, unerträgliche Kälte hatte zur Folge, dass »Hände und Füße und Nase« des armen Syrers »etliche Male fast abgebissen worden wären«. Das erste Beispiel ereignete sich Anfang Januar 1655 nach einer Zeremonie im Freien aus Anlass des Dreikönigsfestes. Am Ende waren Paul und sein Vater, wie sich vorhersehen ließ, »so sehr von der Kälte angegriffen, dass wir die Messe in der Kathedrale nicht abhalten konnten«.

Diese Prüfung fand auf einer Plattform auf dem Eis der Moskwa statt. Schon die ersten Zeilen der Beschreibung des Syrers haben etwas schauerlich Vertrautes an sich. Jeden Januar, schrieb er,

> »bauen sie eine große Einfriedung aus Latten auf diesem Fluss, denn er strömt in der Nähe des Kaiserlichen Palastes vorbei; und der Patriarch schreitet mit den Oberhäuptern der Geistlichkeit und der Klöster und mit allen niederen Priestern, in ihren Gewändern zu zweit nebeneinander, in

großer Prozession hinan (...) zum Wassertor. Der Kaiser folgt ihnen mit seinen hohen Staatsbeamten, zu Fuß und mit seiner Krone auf dem Haupt; aber sobald sie das Gebet beginnen, entblößt er den Kopf, und er bleibt bis zum Ende dort, so dass er der furchtbar strengen Kälte ausgesetzt ist.«

Wie es sich fügte, war der Zar, Alexej Michailowitsch Romanow (1645–1676), in jenem Januar 1655 nicht in Moskau, doch in jedem anderen Jahr hätte er auf seinen eisigen Schwall Flusswasser gewartet, während die Höflinge dabeigestanden und ihn beobachtet hätten. Danach, so der Brauch, »kehrt seine Majestät auf seinem königlichen Schlitten, der innen mit rotem Samt bedeckt und außen mit Gold- und Silbernägeln beschlagen ist, zu seinem Palast zurück. Die Schabracken der Pferde sind aus Zobelfellen gefertigt.«[1]

Ein Jahrhundert nachdem die ersten Engländer der Zeremonie beigewohnt hatten, war das Ritual des moskowitischen Dreikönigsfestes mit all dem Samt und Gold, den Höflingen und den glanzvollen Priestern zurückgekehrt. Der Kontrast zum Kreml nur 43 Jahre zuvor hätte kaum krasser sein können. 1612 wäre der Gedanke an einen königlichen Schlitten oder gar an ein königliches Gesäß, das darauf Platz nahm, geradezu absurd erschienen. Damals hatte es keinen Zaren gegeben, und vermutlich verfügte die Schatzkammer nicht einmal über eine passable Krone, geschweige denn über die prächtigen Roben, welche die Höflinge in anderen Zeiten getragen hatten. Wie auch immer, während sich die Syrer im Jahr 1655 anschickten, am Kreml-Hof vom Souverän empfangen zu werden, mussten sie die gleichen langwierigen Vorbereitungen über sich ergehen lassen wie Jenkinson und Chancellor ein Jahrhundert vor ihnen. Auch sie wurden in den ehrfurchtgebietenden Saal geleitet, in dem der Zar den Vorsitz über einen Hof von Würdenträgern führte, deren »Kleidung mit Gold, Perlen und Edelsteinen besetzt war«. Alexejs Krone, die einem hohen Kalpak ähnelte, war »mit großen Perlen und den kostbarsten Gemmen bedeckt«, und sein Umhang aus gelbem Brokat wies so viel Gold und Spitzen und bunte Edelsteine auf, »dass er den Betrachter blendete«.[2] Ein Festessen wartete im Facettenpalast. »Der erhabene Kaiser saß im Zentrum«, verzeichnete sein Gast, »an einer großen Tafel, die mit Silber überladen war.«[3]

Jedem, der mit der jüngeren Geschichte vertraut war, dürfte diese Szene seltsam genug erschienen sein, doch die Moskauer Aura der Zeitlosigkeit wirkte noch erstaunlicher, wenn man sie mit den Tumulten im Westen verglich. Die Engländer trieben ihre Experimente mit der Revolution auf die Spitze, aber zur Zeit Pauls von Aleppo drangen die Herausforderungen an die traditionelle Autorität in fast jedem Winkel Europas an die Oberfläche. Und durch das Wirken von Männern wie Galileo und Descartes drohte sogar das Universum aus dem Rahmen auszubrechen, in den die Religion es gezwängt hatte. Die erste Hälfte des 17. Jahrhunderts war eine Zeit der Abenteuer. Es war die Ära der Pilgerväter und der *Mayflower*, der Niederländer in Connecticut und der ersten Gelehrten in Harvard. Forscher wagten sich im Norden zur Buffin-Bucht und im Süden und Osten nach Tasmanien vor; daheim, in London und Paris, unternahm man Versuche (mit gemischtem Erfolg), der Öffentlichkeit ein neues Getränk namens Kaffee zu verkaufen. Vor allem jedoch entwickelte sich die Kriegswissenschaft ständig fort, hauptsächlich weil die europäische Welt fast unablässig unter Waffen stand. Die von Handwerkern hergestellten Geschütze wurden immer präziser und die Schlachtformationen tödlicher denn je. Soldaten wurden als Fachkräfte ausgebildet, Drill und Disziplin verfeinerten sich. Das Tempo des Wandels verhieß, dass das Europa der Frühen Neuzeit reicher und mächtiger werden würde als jede andere Region des Planeten. In diesem aufregenden Kontext schien der russische Hof geradezu gelähmt zu sein.

Entscheidend ist jedoch, dass die vom Kreml erzeugte Illusion eine bewusste Erfindung war. Wie die Kleinodien und die goldenen Gewänder waren die von Paul beschriebenen Zeremonien nur Imitationen. Der Luxus des Stillstands hatte sich Russland zu Beginn des 17. Jahrhunderts nicht geboten, da es keinen stabilen Boden besaß, auf dem es stehen konnte. Das alte Regime war verschwunden, die alte Landschaft verwüstet. Vielleicht sehnten sich die herrschenden Familien teils aus diesem Grund nach nichts anderem als der vermeintlichen Leichtigkeit der Tage ihrer Großväter. Der Bürgerkrieg, der 1612 endete, war in keine Revolution umgeschlagen und die Thronbesteigung des neuen Zaren nicht durch einen Putsch ermöglicht worden. Während sich der

Rauch über dem Kreml Ende 1612 verflüchtigte, gab es niemanden, weder am Hof noch anderswo, der das Gefühl gehabt hätte, frische Ideen könnten nützlicher sein als überlieferte Frömmigkeiten.[4] Im Gegenteil, durch die Entbehrungen des Krieges war die allgemeine Sehnsucht nach einem goldenen Zeitalter gewachsen, in dem der Wahre Zar in Glanz und Prunk auf seinem Thron saß.

Die Elite schien im Lauf des folgenden halben Jahrhunderts an dieser Position festzuhalten. Während sich die Regierung Russlands neu formierte, wurde die Hauptrolle zunächst von der alten Führungsschicht gespielt. Man stellte erneut eine fragile Ordnung her, und die Erben des alten Adels (und sogar einige überlebende Mitglieder aus der vorherigen Epoche) klammerten sich an die Symbole, Gebete und Relikte der Vergangenheit, um ihre Vormachtstellung abzusichern. Der Zar sollte – nachdem sie ihren Mann endlich gefunden hatten – Stabilität gewährleisten. Die Kirche, von Hermogen in eine heroische Versteinerung gepresst, würde wieder die Kulissen und die Glocken liefern.[5] Ein weiteres Element der Kontinuität bildeten die von der Regierung beschäftigten Offiziellen. Mehr als die Hälfte des Personals der *prikasy* des Landes (wobei keineswegs alle Beamten Adlige waren), die 1613 in Büros der einen oder anderen Art (nicht unbedingt in Moskau) arbeiteten, tat dies bereits seit Gudunows Zeit, und Verwaltungsposten waren mehr oder weniger erblich.[6] Im moskowitischen Staat gab es keine Schulen oder gar Berufsakademien, weshalb Väter ihre Söhne für die begrenzte Zahl von Arbeitsplätzen ausbildeten. Das Land war zerrüttet und die Schatzkammer leer, doch erneut setzte sich die Wiederholung durch, die Erinnerung an Dinge, die gewiss nicht anders sein konnten.

Sobald der neue Zar ernannt war, wodurch dem Schicksal der russischen Nation ein rückwärtsgewandtes Siegel aufgedrückt wurde, näherte sich das Kreml-System einer paralyseartigen Starrheit an. Teils von der Furcht erfüllt, dass das Volk ihn verunglimpfen werde, wenn es Schwäche oder Zweifel wahrnahm, schloss der Hof seine Reihen. Priester kehrten zurück, deklamierten die alten Gebete in ihrer vollen Länge und beharrten auf der Vollkommenheit des russischen Glaubens. Das Verfahren des *mestnitschestwo*, der Ämtervergabe durch Rang und Geburtsrecht, wurde in seiner ganzen Ehre wiederhergestellt.

Doch während die Elite sowohl der Kirche als auch des Staates hoffte, ihre Macht und ihren Reichtum behaupten zu können, indem sie unwillkommenen Wandel ablehnte, ließ sich die Welt nicht für immer in Schach halten. Der Erfolg der innovativen Nachbarn Moskaus war ein ständiger Vorwurf und auch eine Bedrohung. Zwangsläufig stand der Kreml bald vor einer unangenehmen, destabilisierenden Wahl. Er konnte sich weiterhin in die mottenzerfressenen Glorien der Vergangenheit hüllen und dadurch jegliche Rückkehr zu dem destruktiven Lärm der Zeit der Wirren vermeiden, oder er konnte sich ungeachtet der Risiken Europa annähern und dadurch seinen Platz auf dem Kontinent wahren. Für jede dieser Möglichkeiten schien der Preis viel zu hoch zu sein.

Die Kremlbewohner des 17. Jahrhunderts entschieden sich für einen Kompromiss. Statt ein Risiko einzugehen, wählten sie den fadenscheinigen Mantel der Nostalgie. Sein verstaubter Stoff diente manchen als Uniform, während er für andere rasch zu einer Art Tarnung wurde, doch in beiden Fällen war er bereits sehr alt. Jedes Mal, wenn man einen Flicken hinzufügte – eine Reihe hastig formulierter Gesetze, einen verzweifelten Versuch, das Heer zu modernisieren –, wurden die letzten authentischen Fäden noch faseriger. Das Gewebe hätte niemals unbegrenzt zusammenhalten können, und am Ende des 17. Jahrhunderts fiel es völlig auseinander, um einen Kreml zu enthüllen, der bereit war, seine eigene Version des Absolutismus zu beherbergen, jener bahnbrechenden europäischen Herrschaftsform, die der französische Sonnenkönig Ludwig XIV. verkörperte.[7] Mit neuen Namen in den königlichen Gemächern, einem neuen Heer, das von ausländischen Generalen befehligt wurde, und neuen kulturellen Einflüssen aus Moskaus eigenem sich rasch erweiterndem Herrschaftsbereich, war diese Erscheinungsform Festung freilich weit entfernt von den ersehnten Glanztagen Iwans des Schrecklichen und seines herrlichen goldenen Hofes.

Andererseits sind die kollektiven Träume einer Nation überaus kraftvoll, und wenn irgendein *djak* in einer schlaflosen Nacht auf den Gedanken gekommen wäre herauszufinden, ob die Illusion der ewigen dynastischen Größe Moskaus von den Menschenmengen jenseits der Kremlmauern immer noch geteilt wurde, hätte er nur die Reisenotizen

Pauls von Aleppo stibitzen müssen. Damals, im Jahr 1655, wäre es kein Problem gewesen, einen Beamten zu finden, der aus dem Arabischen übersetzen konnte. Seite um Seite hätte bestätigt, dass die höfische Version der heiligen Kontinuität immer noch lebendig genug war, um die Welt in ihren Bann zu schlagen. »Der Ursprung dieser kaiserlichen Familie Moskowiens wird von Personen, welche die Wahrheit der Geschichte prüfen, auf Rom zurückgeführt«, schrieb Paul von Aleppo. »Man beachte, wie sich diese erhabene Rasse, von jenem Zeitalter bis heute, in ununterbrochener Folge erhalten hat!«[8] Wie sehr der Kreml sich auch änderte, jener Chor sollte noch für Jahrzehnte – nein, Jahrhunderte – unterhalb seiner Mauern widerhallen.

Im Winter 1612/13 hätte allein der Gedanke, die Erbfolge sicherzustellen, einen Russen bis ins Mark frösteln lassen können. Gleichwohl musste das Land einen neuen Herrscher finden, und die einzige Hoffnung auf künftige Einheit bestand darin, eine Reihe einflussreicher Personen zu konsultieren, was bedeutete, dass eine Ständeversammlung zu tagen hatte. Sie wurde im November 1612 im Namen der beiden bedeutendsten adligen Befreier Russlands, also der Fürsten Poscharski und Dmitri Trubezkoi (der Bürger Kusma Minin, Poscharskis Verbündeter und Finanzier, besaß kaum offizielles Gewicht), einberufen. Im Januar 1613, Wochen nach dem geplanten Eröffnungsdatum, versammelten sich Hunderte von Delegierten im ramponierten Kreml, um sich zu beratschlagen. Unterwegs waren ihre Schlitten über verlassene Gräber gerast, und nur kreisende Krähenschwärme hatten das Weiß des Schnees durchbrochen. Die Orte und Dörfer, an denen die Reisenden vorbeikamen, waren halb leer, und die Menschen der noch verbliebenen Haushalte hatten sämtlich düstere Geschichten zu erzählen. Am Ende von alledem hatte auch Moskau den Delegierten wenig Frohsinn zu bieten. Ausgebrannt, hungrig und von Kanonenkugeln zernarbt, war die Stadt ein Bild des Jammers. Während sich die Delegierten in der einzigen Räumlichkeit versammelten, die man rechtzeitig hatte ausbessern können, um sie alle aufzunehmen – einem Saal im Flusspalast des Kreml –, war die Stimmung düster. Diese Kleinadligen, Priester und loyalen Kosaken hatten einen schrecklichen Preis für die Zukunft Russlands gezahlt, und nun mussten sie sich einen Weg durch die Trümmer bahnen. Sogar ihre Schlafquartiere waren halb verfallen. Da außerhalb der Festung kaum ein Obdach zu finden war, gaben sich viele mit unbeheizten Räumen in den Überresten der alten Kreml-Paläste und -Villen zufrieden.

Ganz oben auf der Geschäftsordnung stand die Wahl eines Zaren. Niemand dachte an eine Parlamentsherrschaft (diese Vorstellung war sogar 30 Jahre später in England noch schockierend genug); trotzdem hatte sich die russische Politik gewandelt. Die Aufgabe, einen Herrscher zu wählen, war an sich schon bedeutsam, aber man meinte auch, das russische Volk solle einen Teil der Verantwortung dafür übernehmen, dass eine künftige Regierung gerecht sein würde.[9] Anfangs war der Spitzenkandidat Fürst Poscharski, den viele für den Erlöser der Nation hielten, aber seine bescheidene Herkunft machte ihn für die alten Clans unwählbar. Zu ihren Kandidaten gehörten Wladislaw, Sigismund und wenigstens ein Habsburger, doch Sprecher aus weniger vornehmen Reihen erklärten sämtliche Ausländer für inakzeptabel.[10] Der patrizische Krieger Dmitri Trubezkoi machte einen besseren Eindruck, doch hatte er sich zu sehr mit den in Misskredit geratenen propolnischen Bojaren identifiziert. Bald schon hielten die Delegierten nach einem Kandidaten Ausschau, der sie am wenigsten spaltete – nach dem harmlosesten, nicht dem brillantesten Bewerber. Schließlich konzentrierten sich ihre Hoffnungen auf einen 16-Jährigen, den Sohn von Filaret Romanow. Sein respekteinflößender Vater, der ein viel überzeugenderer Anwärter gewesen wäre, war 1610 von den Polen gefangen genommen worden und noch nicht nach Moskau zurückgekehrt. Ohne seinen Schutz hatte der junge Michail Romanow den Vorzug, dass er als völlig argloses (wenn auch blaublütiges) Opferlamm erschien.

Nachdem die Entscheidung getroffen war, machte sich eine Delegation nach Kostroma auf, der Provinzstadt, in der Michail und seine Mutter kurz vorher Zuflucht gesucht hatten. Die Männer fanden einen bleichen Knaben vor, unschlüssig und wahrscheinlich verängstigt. Es war ein wenig verheißungsvoller Beginn, und Michail Romanow änderte sich nach der Krönung nicht allzu sehr. Er herrschte von 1613 bis 1645, aber die Macht wurde stets von anderen ausgeübt. Zuerst handelte es sich um seine Verwandten mütterlicherseits, doch dann kehrte sein Vater aus Polen heim. Im Jahr 1619 wurde Filaret Romanow zum Patriarchen berufen – ein Amt, das er seit Jahren anstrebte –, und fortan konnte er seinen Traum verwirklichen und bis zu seinem Tod im Jahr 1633 die Macht im Kreml ausüben.[11] Der Titel »Großer Herrscher«, mit dem Michail ihn bedachte, deutete auf einen höheren Status als den des Zaren hin, was der Realität entsprach. Vater und Sohn hatten nichts gemeinsam. Während Filaret kräftig und von imposanter Statur war, wirkte Michail eher schlaff, denn er war »schon in seiner Jugend mit schwachen Beinen und einem Tic im linken Auge geschlagen«, wie Isaac Massa notierte. »Er selbst kann nicht schreiben«, fügte der Niederländer hinzu, »und ich bin nicht sicher, dass er zu lesen vermag.«[12] Sein bester Zug schien Sanftheit zu sein, jedenfalls aus einer gewissen Entfernung. Er war »ein Anhänger von Frieden und Freundschaft mit allen christlichen Königen«, schrieb später Samuel Collins, der englische Arzt seines Sohnes, »gutmütig gegenüber Fremden und sehr religiös«.[13]

Allerdings hatte diese Freundlichkeit ihre Grenzen. Als Michail auf den Thron gesetzt wurde, lag Russland noch im Krieg mit mehreren ausländischen Heeren und auch mit sich selbst. Er verdankte seine Position – und sein Land – Gruppen einfacher Bürger (etwa den Kosaken, die für die Vertreibung der Polen gekämpft hatten), doch sein Hof beabsichtigte nicht, Macht oder Reichtum mit anderen zu teilen. Wenige der Bauern, die an der Befreiung Russlands mitgewirkt hatten, wurden vermögend, ja, selbst den Mühen der Leibeigenschaft entging kaum einer von ihnen. Und da im Land weiterhin Spannung herrschte, lebten die Mitglieder des Hofes in einem Zustand dauernden Argwohns. Da sie die Schulen Godunows und Schuiskis durchlaufen hatten, neigten sie dazu, Widerspruch reflexartig zu unterdrücken. Die meisten Bürger akzeptierten die Vorstellung von einem neuen Zaren, doch jegliche Zweifler brachte man bald in den finstersten Kerkern durch das dröhnende Bersten ihrer eigenen Knochen zum Schweigen. Die neue Geschichtsversion wurde nicht sanft eingeführt. Sogar die Tatsache, dass der junge Michail gewählt worden war, musste einer erdichteten Fabel von göttlicher Gnade weichen.[14] Weder damals noch in Zukunft empfahl es sich, Zweifel an dieser Version oder überhaupt an den Romanows anzumelden. »Der Kaiser hat Spione an jeder Ecke«, berichtete Doktor Collins in den 1660er Jahren. »Nichts wird auf einem Fest, einer öffentlichen Versammlung, bei einer Beerdigung oder Trauung getan oder gesagt, ohne dass er davon Kenntnis bekäme.« Und der Kreml hütete seine eigenen Geheimnisse eifersüchtig. »Es bedeutet den Tod«, fuhr der Arzt fort, »wenn jemand enthüllt, was im Palast des Zaren geäußert wird (...) Niemand wagt ein Wort über die Ereignisse am Hof fallenzulassen.«[15]

In Wirklichkeit war der Stil der Romanows ein Novum, das sich als historisches Erbe ausgab. 1613 hatte der designierte Zar Glück, dass einige der Reichskleinodien (darunter ein paar Geschenke an Boris Godunow) den Plünderern entgangen waren, doch die Krönung stand bevor, und mehrere andere Objekte mussten neu hergestellt werden. Ein Problem ergab sich, als die Handwerker entdeckten, dass die Schatzkammer fast kein Gold mehr enthielt, doch sie kauften das erforderliche Metall in letzter Sekunde von örtlichen Händlern.[16] Als Michail Romanows Krönung endlich stattfand, legte man beim Ritual Nachdruck auf Kontinuität. Beispielsweise machte der neue Zar nach der Zeremonie, wie üblich, den Rjurikiden-Gräbern jenseits des Platzes in der Kathedrale des Erzengels Michael seine Aufwartung, und die Romanows adoptierten all diese Knochen (einschließlich derjenigen des angeblichen Zaren Dmitri) als stellvertretende offizielle Vorfahren.[17] Später ließ man ähnliche Sorgfalt bei Michails Trauungsfeiern walten, die 1624 und erneut (nach dem Tod seiner ersten Frau) 1626 stattfanden. Iwan Gramotin, der mit alledem betraute hohe Beamte, durchsuchte die Palastunterlagen, um Details vergangener Fürstenhochzeiten zu finden, und achtete stets darauf, die effektvollsten Gesten einzubeziehen. Dann nahm er eine Reihe kalkulierter Veränderungen vor, etwa indem er der Familie Romanow eine größere zeremonielle Rolle in den öffentlichen Szenen zuwies oder indem er der Stadt einen zusätzlichen Feiertag bescherte. Das Ziel bestand darin, Unterstützung für die Romanow-Dynastie als Ganzes aufzubauen und sie genauso majestätisch und unsterblich wirken zu lassen wie ihre Vorgängerin.[18]

Gold war nicht das Einzige, an dem es 1613 mangelte. So viel Holz war geplündert und verbrannt worden, dass der Zar nirgendwo Platz nehmen, geschweige denn den Vorsitz über seinen Hof führen konnte.[19] Geröllhaufen waren immer noch über die Plätze des Kreml verstreut, Ruß und Asche befleckten die Mauern, und mehrere Straßen waren blockiert. Die *prikasy* hatten als Kasernen gedient, und als die Befreier zurückkehrten, fanden sie die Leichen der eingesperrten Verteidiger bündelweise zu ihren Füßen vor.[20] Der Kreml hätte ein heiliger Ort sein sollen, doch diese Festung war grausig und entweiht. Zudem war sie kaum geschützt. Tore wackelten, Ziegel und einige der weißen Grundsteine waren abhandengekommen. Schutt und Aas verstopften den Graben zwischen der Festung und dem öffentlichen Platz.[21] Die Notwendigkeit, das Symbol der moskowitischen Souveränität wiederaufzubauen, wäre eine Herausforderung für jegliche Regierung gewesen, erst recht jedoch für eine angeschlagene.[22] In den ersten Monaten der neuen Herrschaft wurden siebenmal die Steuern erhöht, um die Finanzierung eines dringenden Reparaturprogramms zu ermöglichen.[23]

Die Arbeit begann sogleich, und der Facettenpalast wurde rechtzeitig für Michails Krönung restauriert (oder, besser gesagt, geflickt). Aber der Wiederaufbau anderer Viertel, nicht zu reden davon, dass die gesamte Zitadelle eine angemessen königliche Atmosphäre erhalten sollte, würde viel länger dauern. In der Vergangenheit war der Kreml, wie wir wissen, so häufig niedergebrannt, dass man ihn fast routinemäßig rekonstruieren musste. Moskowitische Handwerker konnten sogar ein großes Haus mit Hilfe vorgefertigter Holzblöcke innerhalb von Stunden errichten. 1613 gab es jedoch fast keine Bauarbeiter mehr, und Rohstoffe, darunter auch Nutzholz, waren so gut wie verschwunden. Man entfernte Balken und Türen aus dem Palast des verstorbenen Wassili Schuiski, um Michails Unterkunft reparieren zu können, und 1616 stand eine Residenz für den Zaren bereit, doch wiederverwertete Materialien strahlen selten wirklichen Glanz aus. Ohnehin brannten die Palastgebäude 1619 und 1626 (mit noch größerer Heftigkeit) erneut ab.[24] Der Bedarf an Geld und Material wie auch Spezialisten war unstillbar. Sogar im Steinbruchbezirk Mjatschkowo, der immer noch die Mehrheit der Moskauer Bausteine lieferte, mangelte es an Fachkräften.[25]

Michail Romanows Agenten begriffen sofort, dass sie sich im Ausland umsehen mussten. Man leitete ein Verfahren ein, durch das letztlich Hunderte von ausländischen Experten, darunter Dutzende begabter Künstler und Handwerksmeister, nach Russland gelangten. Viele kamen des Geldes wegen, denn sie erhielten einen angemessenen Lohn sowie Kost und Logis und wertvolle Prämien in Form von Pelzen und Stoffen. Ein Mann, der sich ein paar mit Moskauer Fellen gefüllte Truhen für den Verkauf in der Heimat verschaffen konnte, erzielte unweigerlich einen ansehnlichen Gewinn, und die Reise war zudem ein Abenteuer.[26] Für manche stellte sie auch eine Möglichkeit dar, der heimischen Drangsal zu entkommen. Moskau bot eine Zuflucht vor dem Dreißigjährigen Krieg (1618–1648) in Europa. Statt sich vor dem Gemetzel in Deutschland verstecken zu müssen, konnte ein Handwerksmeister zu einer lebhaften und schöpferischen, polyglotten Gemeinschaft stoßen, die vom Zaren beschäftigt wurde und der die besten russischen Künstler sowie Kollegen aus fernen Gebieten wie Persien und dem Kaukasus angehörten. Andere Migranten flohen vor dem Gesetz, darunter ein Juwelier aus Oxford, dessen Vater (soweit wir wissen) 1608 wegen Handels mit Edelsteinimitationen verhaftet worden war.[27] Keiner der Handwerker wohnte im Kreml, doch die besten arbeiteten dort, genau wie viele der Baumeister und Techniker (und der ausländischen Ärzte, deren Arbeitsbedingungen die günstigsten von allen waren). Wiederum – und zum letzten Mal in ihrer Geschichte – wurde die Festung zu einem Zentrum der künstlerischen Innovation internationalen Maßstabs. Gleichzeitig öffneten sich Russlands Tore für die neuen Ideen und Moden, die Ausländer zwangsläufig importierten.

Die einflussreichste Gruppe von Bauexperten könnte aus England – oder zumindest von den Britischen Inseln – eingereist sein. Jakob I. legte Wert darauf, die Handelsbeziehungen zu erneuern, die er Jahre zuvor mit Godunow geknüpft hatte. Sobald die Landwege wieder sicher waren, entsandte er Spezialisten, die bei Michails Bauarbeiten Hilfe leisten sollten. Der erste, der wahrscheinlich die Handelsstraße von Archangelsk nach Moskau benutzte, traf im Jahr 1615 ein, und Anfang der 1620er Jahre arbeitete bereits eine Reihe »englischer Ausländer« im Kreml. Die bekanntesten waren John Taler (oder Taller) und ein Schotte namens Christopher Galloway.[28] Leider sind die Aufzeichnungen über ihre Tätigkeit sehr spärlich, denn es wäre interessant zu erfahren, wie sehr sich die Hofdolmetscher abmühen mussten, während besorgte russische *djaki* (und Handwerker) zusahen, wie die Neuankömmlinge ihre Winkel und Lineale auspackten. Doch außer ein paar Kontobüchern, aus denen hervorgeht, wie die besten Meister entlohnt wurden, sind die Bauwerke selbst die einzigen noch vorhandenen Zeugen.

Den ersten neuen Auftrag erteilte Filaret, der Vater des Zaren. Der Patriarch wollte sich ein persönliches Wahrzeichen schaffen, weshalb er beschloss, den Gebäudekomplex um den Turm herum zu erweitern, den sein Rivale Boris Godunow nur zwei Jahrzehnte vorher mit Gold geschmückt hatte. Alle Spenden an die Kirche galten als religiöse Akte und konnten teuer sein (in diesem Fall kostete das Geschenk ungefähr 3000 Rubel, eine enorme Summe), doch Filarets neuer Glockenturm war auch eine Art Replik. Der Turm steht nicht mehr, aber die Unterlagen zeigen, dass er ebenfalls eine bedeutungsvolle Inschrift trug. Während Zar Boris' Lettern seine eigene Herrschaft und den Ruhm seines Sohnes verewigt hatten, feierte Filaret mit seinem Schriftzug den Zaren Michail und dessen Vater. Sosehr diese Geste ins Auge gefallen sein mochte, erwies sich der architektonische Einfluss des verlorenen Turmes – zu einer Zeit, da so vieles andere in Russland wiederaufgebaut werden musste – jedoch als viel nachhaltiger. Teils weil er eine einzige massive Glocke aufnehmen musste, war sein Entwurf (möglicherweise von John Taler) bis dahin beispiellos.[29] Die Konstruktion mündete in eine geräumige Kammer und wurde von einem dekorativen zeltförmigen Dach gekrönt. Jene Silhouette sollte, in neuen Versionen, bald am Horizont von Moskau und seiner weiteren Umgebung aufragen.

Es war, als ob die Romanows, obwohl sie sich mit aller Macht an die Vergangenheit klammerten, die russische Kultur und Identität gegen ihren eigenen Willen veränderten. Die Zarenfamilie schlief am liebsten in traditionellen Holzsälen,[30] doch Michails Architekten bauten ihm gleichwohl einen neuen Ziegelpalast, durch dessen Vollendung, Ende der 1630er Jahre, der Kreml-Stil erneut weiterentwickelt wurde. Die königlichen Gemächer (*terema*; *terem* im Singular) wurden über dem

Parterre und den Fundamenten von Gebäuden errichtet, welche die Italiener Iwans und Wassilis III. im späten 15. und frühen 16. Jahrhundert geschaffen hatten, doch wiewohl sie dadurch in eine Tradition eingegliedert wurden, war ihr Entwurf schwerlich als Huldigung an die Vergangenheit zu verstehen. Konstruiert von einer überwiegend russischen Gruppe, der Baschen Ogurzow, Trefil Scharutin, Antip Konstantinow und der mysteriöse John Taler angehörten, verfügte der sogenannte Terem-Palast über zahllose komplizierte Ornamente und war in seiner Farbenpracht gestaltet wie eine westliche Phantasievorstellung vom Orient. Man hatte das Dach vergoldet und die Fenster kunstvoll verglast; jeder Eingang und jeder Architrav waren kurvenreich geschnitzt, und die meisten Steindetails stachen durch leuchtende Farben hervor: Blau, Rot, Ocker, Grün und Weiß.[31] Die üppigen Interieurs, die während der Herrschaft von Michails Sohn Alexej Michailowitsch vollendet wurden, waren mit deutschem Leder, überzogen von Blattgold und Blattsilber, ausgekleidet. In den 1660er Jahren polsterte man auch die Türen mit vergoldetem Leder, und sogar die Decken schimmerten vor Silber.[32] Die russischen Baumeister fügten ein halbes Dutzend Kirchen hinzu, deren Kuppeln das Ganze mit dem Rhythmus exotischer Formen abrundeten. Die wichtigsten Gemächer wurden im letzten Viertel des 20. Jahrhunderts restauriert, und Palastbesucher können sie nun hinter den beiden mächtigen Löwen auf dem Absatz der steinernen Wendeltreppe besichtigen. Die Kirchen dagegen sind mit einem verschnörkelten goldenen Gitter versperrt, freilich von erlesener Qualität. Hier waltet Stille, und die Türen hinter der Fläche sind fast immer versiegelt.

Doch in Michails Zeit war der Hof betriebsam und hieß europäische Handwerker willkommen, die Maschinen herstellen konnten. 1633 installierte der Uhrmacher und Ingenieur Christopher Galloway eine Wasserpumpanlage am Fuß des Swiblow-Turms, der eine Ecke der Kremlmauer oberhalb der Moskwa einnahm. Bis dahin hatte man das Wasser für die Festung per Hand hinaufschleppen müssen; fortan war das Verfahren mechanisiert. Ein paar Jahre später beschrieb Paul von Aleppo das Wunder: »Nachdem [Galloway] vier oder fünf große Brunnen ausgehoben und über ihnen Bögen, hohle Säulen und

Kanäle gebaut hatte, brachte er draußen ein Eisenrad an. Wann immer sie Wasser zu irgendeinem Zweck benötigen, drehen sie dieses Rad mit einer Hand, und das Wasser strömt in großer Fülle heraus.«[33] Das neue System ermöglichte es, hängende Gärten auf den Palastterrassen anzulegen und – später – den privaten Innenhöfen auf den oberen Etagen Teiche hinzuzufügen. In einem davon soll der künftige Zar Peter der Große angeblich erste Experimente mit einem Spielzeugboot unternommen haben.

Das beeindruckendste neue Gebäude, das 1625 vollendet wurde, war der renovierte und erweiterte Erlöser-Turm. Seine Architekten mussten ihn noch weiter aufragen lassen, da der Uhrmechanismus, den Galloway zu entwerfen begann, einen beträchtlich größeren Innenraum erforderte, während das Zifferblatt an der Außenseite mehr Höhe benötigte.[34] Obwohl der Turm praktischen Zwecken dienen sollte, hätte man die allgemeine Wiedergeburt Moskaus mit keinem anderen Bauwerk zelebrieren können. Allerdings ging die Feier ein wenig zu weit, denn die oberen Ränge des Turms wurden mit einer Reihe nackter menschlicher Gestalten namens *bolwany* verziert. Die spielerischen, freistehenden Statuen erregten sofort Ärgernis und wurden prompt in Stoffkaftane gehüllt.[35] Aber dies war eine Kleinigkeit, die man in der Hast, all jene stilvollen Kurven und Kielbögen nachzuahmen, bald vergaß. Die Silhouette des Turms, der ersten – und für einige Jahre der einzigen – hohen und zugespitzten Struktur in den Kremlmauern, wurde kurz darauf zum Emblem für ganz Moskau. Seit Michails Zeit ist der Turm auf zahllosen Gemälden und Postkarten zu sehen, und häufig repräsentiert er die Stadt für die Fernsehkameras der Welt. In den 1950er Jahren inspirierte er die »Stalin-Gotik« der typischen Moskauer Wolkenkratzer.[36]

Teils wegen dieses Kultstatus wird die Gestaltung des Erlöser-Turms in den meisten Lehrbüchern dem Russen Baschen Ogurzow zugeschrieben; gelegentlich zollt man auch dem schottischen Ingenieur Christopher Galloway etwas Anerkennung. Seit kurzem besteht jedoch ein neues Interesse an den vergessenen Verbindungen des Gebäudes zum Westen. In einer Untersuchung wird es, fast ketzerisch, mit möglichen Vorfahren in Tournai, Gent und im fernen Aberdeen verglichen.[37] Sollte es je wiedergefunden werden, so könnte ein vor langer Zeit verloren gegangenes Archivdokument aufzeigen, dass weder Ogurzow noch Galloway die Formgebung ersannen. Vielmehr mag diese Auszeichnung einem Mann gebühren, der in der russischen Urkunde Wilim Graf genannt wird – ein weiteres rätselhaftes Mitglied der Gruppe »englischer Ausländer«, die nach Michails Thronbesteigung einreiste. Das Verschwinden des Dokuments, in dem einst von Graf die Rede war, kommt extremen Patrioten gelegen, aber es ging wahrscheinlich rein zufällig verloren, als das Archiv Anfang des 20. Jahrhunderts verlagert wurde.[38]

Was Galloway betrifft, so nahm ihn die Uhrmacherei vollauf in Anspruch. Michail Romanow war von Uhren fasziniert, und der schottische Meister fertigte in Russland mehrere an (darunter mindestens zwei für den Terem-Palast). Aber Galloway übertraf sich, als er den Auftrag für den wichtigsten Zeitmesser übernahm, der das Erlöser-Tor des Kreml dominieren sollte. Während er seine ersten Entwürfe für die neue Uhr zeichnete, wurde das existierende Stück, das fast eine Tonne wog, abmontiert und (für 48 Rubel) an ein Kloster in Jaroslawl verkauft. Dann hoben erfahrene Glockengießer unter den Augen des Meisterkampanologen Kirill Samoilow die Gruben aus, stellten Formen her und gossen 13 Glocken, um die alten zu ersetzen.[39] Im Januar 1626 befand sich die neue Uhr an ihrem Platz. Der Zar und sein Vater waren so entzückt, dass sie ihren schottischen Ingenieur mit Zobel- und Marderfellen, einem silbernen Becher sowie meterlangen Satin- und Damaststoffen belohnten. Das gleiche fürstliche Geschenk sollte er zwei Jahre später erhalten, als die Uhr nach dem Zusammenbruch infolge einer weiteren Feuersbrunst restauriert, am Turm hochgezogen und erneut zum Schlagen gebracht wurde.

Unglücklicherweise wurde auch diese zweite Uhr durch ein späteres Feuer beschädigt, und später ging ihr berühmtes Zifferblatt verloren. Schilderungen aus den 1650er Jahren und eine Zeichnung in den Erinnerungen eines Reisenden namens Augustin Meyerberg (der Moskau nach 1680 besuchte) verweisen auf einen großzügig proportionierten Zirkel mit himmelblauer Lackierung. Die Oberfläche war mit silbernen Sternen besetzt, und am oberen Ende strahlten eine goldene Sonne und ein goldener Mond.⁴⁰ Einen Europäer, der die astronomischen Uhren in Prag oder Venedig gesehen hatte, dürfte diese Vorrichtung nicht überrascht haben, doch sogar Ausländer waren von Galloways Mechanismus fasziniert. Sein Zifferblatt besaß nicht zwölf, sondern 17 Abschnitte, obwohl im Winter nicht einmal acht benutzt wurden. Die erste Stunde (wie ›ein Uhr‹ im Russischen immer noch genannt wird) folgte dem Sonnenaufgang, die letzte endete bei Sonnenuntergang. Moskau liegt auf 55 Grad nördlicher Breite (genau wie Edinburgh, und nur 2 Grad südlich von Juneau in Alaska), weshalb die Tageslänge (und die Zahl der Stunden) im Lauf des Jahres erheblich variiert. Im 17. Jahrhundert bezahlte man einen Uhrhüter dafür, dass er das Blatt von Galloways Zeitmesser zweimal pro Tag drehte, damit die erste und die letzte Stunde der Sonne angepasst blieben.⁴¹ Überdies war es, wie Simon Collins (aus Braintree), einige Jahre später bemerkte, nicht der Minutenzeiger, der Umdrehungen vollführte, sondern das Blatt selbst. »Auf unseren Zifferblättern bewegt sich der Zeiger zur Ziffer«, schrieb er. »Auf den russischen dagegen bewegt sich die Ziffer zum Zeiger. Ein gewisser Mr. Holloway [sic], ein sehr einfallsreicher Mann, erfand das erste Zifferblatt jener Art, denn da sie [die Russen], sagte er, allen Menschen zuwiderhandelten, zieme es sich, dass ihr Werk dem entspreche.«⁴²

Die Metallarbeiten für die große Uhr wurden höchstwahrscheinlich im Kreml selbst vorgenommen. Unter den ersten Romanows begann eine Blütezeit für die Werkstätten, die bereits (mit Unterbrechungen) seit Iwan dem Schrecklichen in der Zitadelle gediehen. Im 15. Jahrhundert hatten sie ihre Existenz in der großfürstlichen Rüstkammer begonnen, aber in den 1650er Jahren wirkten in ihnen auch Gold- und Silberschmiede, Juweliere, Graveure, Stickerinnen, Sattler und Gerber neben der ganzen Bandbreite vortrefflicher Künstler und Experten, die Waffen herstellten und reparierten. Im 17. Jahrhundert konnte von einer staatlichen Konjunktur keine Rede sein – dafür verschlang die Armee zu große Bargeldmengen –, doch während sich die Nation draußen mühte, ihre Steuern zu zahlen, nahm der Glanz der Kremlwerkstätten stetig zu.

Die meisten Rohstoffe wurden importiert oder wiederverwertet (der Silberabbau begann in den Besitzungen der Zaren erst recht spät im

17. Jahrhundert), aber die Experten nutzten alles, was sie in die Hände bekamen. Die Kremlwerkstätten produzierten nicht nur russische Kronen und Diademe, sondern auch mit Goldfäden bestickte Gewänder. Die Verwahrung wurde bald zu einem Problem, doch es war sogar noch schwerer, genug Platz für die Ausführung der Arbeiten zu finden. Die Haupträumlichkeiten der Rüstkammer lagen in einem großen dreistöckigen Gebäude hinter dem Terem-Palast (nicht weit vom Dreifaltigkeits-Tor), aber nahebei waren kleinere Werkstätten über das Palastgelände verstreut (beispielsweise betätigten sich die Stickerinnen unweit der Gemächer für königliche Frauen). Einige der anspruchsvollsten Metallarbeiten, darunter das Gießen von Kanonen und Glocken, fanden jenseits der Kremlmauern am anderen Ufer der Neglinnaja statt.[43] Ein anderes kleines Reich, das sich auf Pferde und Kutschen spezialisierte, schmiegte sich nahe des Palastes ans Borowizki-Tor. Zu seinem Personal gehörten Goldschmiede und Schneider sowie die Meister, die Sättel, Steigbügel, Schuhe und Peitschen lieferten. 1673 waren in diesem Marstallamt, das sich später am Torhaus einen Uhrenturm im besten europäischen Stil zulegte, auch acht Veterinäre beschäftigt.[44]

Die Ikonenmaler belegten eine ganze Etage der eigentlichen Rüstkammer. Dort muss ein reges Treiben geherrscht haben, und der Fußboden dürfte von den Muscheln übersät gewesen sein, die man zum Mischen von Farbe benutzte. Zu den Pflichten der Künstler gehörte es unter anderem, Möbel und Palastwände zu streichen sowie Bauzeichnungen anzufertigen. Daneben arbeiteten sie an Militärkarten, weshalb manche von ihnen aufgefordert wurden, den Zaren auf Reisen zu begleiten (dadurch hatte Simon Uschakow, der die Rüstkammer-Werkstätten zwischen 1664 und 1686 leitete, Gelegenheit, in der von den Polen dominierten Ukraine die Kunst der katholischen Welt aus erster Hand kennenzulernen[45]). Ihr Schwerpunkt lag jedoch auf religiöser Kunst, zu der die Hofexperten Tausende von Ikonen, welche die Zaren separat in der Bilderkammer (*obrasnaja palata*) lagerten, studieren konnten. Etliche davon waren sehr alt, doch durch die Beschäftigung mit Meisterwerken aus der Vergangenheit wurden die Künstler keineswegs zu bloßen Kopierern. Schon am Beginn des 17. Jahrhunderts erschienen markante Farben und neue Formen in der russischen Malerei, und der Innovationsprozess verlangsamte sich zu keinem Zeitpunkt. Als zum Beispiel der Befehl erging, die Fresken in der Entschlafens- und der Erzengel-Kathedrale zu renovieren, brachte ein Team unter Iwan Paissein eine neue Interpretation der beschädigten Originale hervor.[46] Und da der Kreml begabte Künstler aus dem ganzen Reich heranzog, wurde an den frisch verputzten Wänden so etwas wie eine Meisterklasse für eine neue Generation russischer Maler abgehalten.[47] Schon vor den 1640er Jahren begannen manche, europäische Kunstwerke zu untersuchen (häufig mit Hilfe der Kupferstiche in den illustrierten Bibeln von Matthäus Merian und Johannes Piscator).[48] Allmählich nahmen die Gesichter auf den neuesten Ikonen Kontur an, und Apathie wich einem Hauch von Emotion, wenn nicht gar Fleischlichkeit. Abgesehen von ein paar prominenten Ausnahmen scheinen die meisten Mäzene der Ikonenmaler damit einverstanden gewesen zu sein.[49]

Die größten Änderungen wurden jedoch durch die Bedürfnisse des expandierenden russischen Heeres ausgelöst. Die Kreml-Speicher waren Fundgruben schimmernder Bewaffnung: Schwerter und Dolche, Äxte, Helme, Rüstungen, Bögen, Pfeile und Schusswaffen zu Tausenden. In vielen Fällen waren es exquisite, für den Zaren geschaffene Stücke, aber alle sollten ihre Funktion im Krieg erfüllen können. Noch in den 1660er Jahren überwogen Schwerter sowie Pfeile und Bögen in der Sammlung, doch die meisten waren zu Staubfängern geworden. Mittlerweile kam es auf Musketen, Karabiner, Pistolen und Artilleriegeschütze an. Die Werkstätten der Zaren lieferten Hunderte dieser Objekte.[50] Doch ein großes Waffenarsenal anzulegen bedeutete noch lange nicht, dass man es auf den Schlachtfeldern des 17. Jahrhunderts effektiv einsetzen konnte. Diese Lektion hatten die Russen bereits in der Zeit der Wirren gelernt, als ihr Land von den Schweden und Polen überfallen wurde. Die russischen Strelizen und Milizangehörigen sahen sich zum ersten Mal Berufssoldaten aus Europa gegenüber und merkten zu ihrem Entsetzen, wie unwirksam ihre altehrwürdigen Kampfmethoden geworden waren. Wie sehr Westler ihnen auch missfallen mochten, Michail und dann Alexej Romanow blieb nichts anderes übrig, als deren militärischen Rat zu erbitten.

Die erste Gruppe traf in den 1630ern ein. Inzwischen hatten Beamte aus Moskau die Niederlande, England und Deutschland nach Experten abgesucht, die ein russisches stehendes Heer ausbilden und anführen konnten. Die Tage der traditionellen Kavallerie- und Strelizen-Einheiten näherten sich ihrem Ende; einige der Strelizen erfüllten ihre lebenslange Dienstpflicht gegenüber dem Zaren letztlich dadurch, dass sie auf seinen Baustellen arbeiteten.[51] Die Ausländer machten sich sofort ans Werk, hoben über 60 000 Mann aus und verstärkten ihre Reihen durch gut besoldete Kämpfer aus ihren eigenen Ländern (hauptsächlich Deutsche, aber auch etliche Schotten).[52] Die meisten wurden auf Kosten des Zaren ausgestattet, und viele ihrer Waffen stammten aus der Kreml-Rüstkammer.[53] Gegen Mitte des Jahrhunderts verbrauchte die Armee nach einer vorsichtigen Schätzung regelmäßig ein Achtel der russischen Jahreseinnahmen.[54]

Dieser Aufwand machte sich 1654 bezahlt, neun Jahre nach dem Tod von Zar Michail Romanow, als sein Sohn und Nachfolger Alexej Michailowitsch Smolensk zurückeroberte, das die Polen seit 1610 besetzt hielten. Der Sieg war ein Anlass für die alte Welt, das Reich der goldenen Gewänder und in die Ferne starrenden Heiligen, eines ihrer letzten Schauspiele zu veranstalten. In späteren Jahren sollten Außenstehende die schiere Zahl von Alexejs Soldaten bewundern.[55] Aber auf solche irdischen Dinge kam es den Zuschauern an jenem Tag nicht an. Alexejs Rückkehr war ein Fest der religiösen Danksagung und Hingabe. Paul von Aleppo beschrieb die Szene:

> »Zuerst kam ein Banner, begleitet von den Schlägen zweier Trommeln und gefolgt von den Soldaten in drei gleichmäßigen Reihen, womit auf den Namen der Dreifaltigkeit hingedeutet wurde: Wenn das Banner weiß war, trugen sämtliche Soldaten, die ihm folgten, weiße Uniformen; war es blau, trugen die, welche ihm folgten, ebenfalls Blau; und das Gleiche galt, wenn es rot oder grün oder rosa war, um jede mögliche Farbe einzubeziehen. Die Anordnung und Ausgestaltung erschienen wahrhaft bewundernswert, und sie alle, Infanterie wie Kavallerie, bewegten sich im Namen der Dreifaltigkeit voran. Sämtliche Banner waren neu, denn der Kaiser [das heißt die Kremlwerkstätten] hatte sie kürzlich, bevor er zu seiner Expedition aufbrach, hergestellt. Sie waren groß und außerordentlich und verblüfften den Betrachter durch ihre Schönheit, die Ausführung der darauf gemalten Figuren und den Reichtum ihrer Vergoldung.«[56]

Der Fall von Smolensk, der mit jenen Trommeln und Fahnen gefeiert wurde, ebnete Moskau den Weg zu Verhandlungen über die (zunächst befristete) Annexion Kiews. Darüber hinaus konnte sich Moskau in das Territorium der heutigen Ukraine und in Teile Weißrusslands (einer Region, die ungefähr dem heutigen Belarus entspricht) ausdehnen. Eine weitere moskowitische Expedition hatte 1637 die Pazifikküste erreicht, aber durch den Sieg im Westen rückte die riesige Kontinentalmacht, die nun fast die gesamte russische Welt beherrschte, direkt in die politische Umlaufbahn Europas. Zudem wurde Europa dadurch für immer zum Mittelpunkt der Aufmerksamkeit des Kreml-Hofes. Angezogen von den Perspektiven und dem Wohlstand, machten sich Handwerker und Gelehrte aus Kiew und anderen alten Städten der ehemaligen südwestlichen Rus nach Moskau auf. Im Gegensatz zu den Spezialisten aus England und den deutschen Landen blieben diejenigen, die mit der neuen Welle intellektueller und künstlerischer Migration herangeschwemmt wurden, häufig in Moskau, nicht zuletzt weil sie den orthodoxen Glauben ihrer Gastgeber teilten. Ihr Einfluss war beispiellos, denn bei ihnen handelte es sich nicht um Ketzer, sondern um Eingeweihte. Andererseits waren ihre Ausbildung und ihre Weltsicht im Wesentlichen europäisch geprägt. Niemand hätte es ahnen können, doch die Trommelschläge des heiligen Hofes von 1655 sollten bald nicht mehr annähernd ausreichen, um den Lärm des unerbittlichen Wandels zu übertönen.

Obwohl der Kreml nach außen ein Bild der Stabilität präsentierte, wurden die Herausforderungen immer zahlreicher. Gegen Ende von Michails Herrschaft mutmaßte ein schwedischer Diplomat sogar, dass ein Aufruhr in Moskau bevorstehe.[57] Kurz danach, als ein junger Monarch, Alexej Michailowitsch, auf dem Thron saß, erfüllte sich die Prophezeiung. Im Jahr 1648 sollte die Festung eine wütende Revolte erleben.

Nach den Wirren war das russische Volk wachsam geworden, was Ungerechtigkeit und Korruption am Hof anging. Durch den Tod des alten Zaren gelangten diese Spannungen an die Oberfläche. In den ersten Jahren von Alexejs Herrschaft konzentrierte sich das Misstrauen auf einen Bojaren namens Boris Morosow. Dieser Mann hatte als Lehrer des Prinzen gedient, was er sich nun zunutze machte. Die Leiche von Zar Michail war 1647 kaum kalt, als Morosow sich selbst zum Schatzkämmerer und Oberhaupt mehrerer wichtiger Ämter ernannte. Sein Einfluss auf Alexej wurde durch die Ehefrauen der beiden verstärkt, denn sie heirateten ein Schwesternpaar: die Töchter des Adligen Ilja Miloslawski.[58] Der entzückte Prinz schenkte seinem Lehrer eine prächtige silberne Hochzeitskutsche, die innen und außen mit Goldbrokat geschmückt und deren Kabine mit Zobelfellen ausgelegt war. Der Emporkömmling baute sich rasch einen Palast im Kreml, richtete sich dort mit seiner jungen Frau ein und begann, seinen Klienten einflussreiche Hofämter zu verschaffen. Die berüchtigtsten dieser Männer waren Leonti Pleschtschejew und Pjotr Trachaniotow, zwei weitere Schwager, sowie Nasari Tschistoi, ein Kaufmann, der sich nun auch als reformfreudiger Bürokrat aufführte. Die konservativen Bürger Moskaus konnten sie allesamt nicht ausstehen. Tschistoi wurde mit einer verhassten neuen Salzsteuer identifiziert, doch in erster Linie galten er und die anderen drei als Eindringlinge, Betrüger und Verräter an den historischen russischen Sitten.[59]

Der Funke entzündete sich am 1. Juni 1648. Der Zar und sein Gefolge hatten den Kreml für eine Pilgerreise verlassen, und als sie zurückritten, empfing eine Schar Bittsteller Alexej mit Brot und Salz und ersuchte ihn, sich ihre Klagen über »die unerträglich hohen Steuern und Abgaben, durch die sie überfordert würden«, anzuhören. Sie hatten auch eine Liste spezifischer Beschwerden über Pleschtschejew mitgebracht. Alexej lauschte erstaunt, versprach, über die Bittschrift nachzudenken, und ritt in den Kreml hinein. Aber während sein Pferd davontrabte, wandten sich die Bojaren und die Wächter hinter ihm gegen die Protestierer. Die Dokumente, die ihre Anführer vorbereitet hatten, wurden auf der Stelle vernichtet, wonach man die Bittsteller, die der Hofgesellschaft am nächsten gekommen waren, verprügelte und einige der lautstärksten verhaftete.

Am folgenden Tag, als Alexej einen Gottesdienst besuchen wollte und auf den Stufen seines Kreml-Palastes erschien, fand er auf dem Platz unter sich eine noch größere und zornigere Menge vor. Die Menschen verlangten, dass er Pleschtschejew, ihre derzeitige Hassfigur, vor Gericht stellte, dass er sich über ihre Beschwerden äußerte und ihre verhafteten Kameraden freiließ. Alexej zog sich in den Palast zurück, und es war Morosows Umgang mit diesem zweiten Vorfall, durch den die öffentliche Wut in Gewalt umschlug. Moskauer Ladenbesitzer, Kleinhändler und Handwerker drängelten sich auf dem Kreml-Platz. Morosow ergriff die Initiative und befahl den Strelizen, die Übeltäter fortzujagen und das Festungstor zu schließen. Aber die Strelizen, deren erblicher Status im Zuge der Modernisierung des Heeres eingeschränkt worden war, konnten nicht mehr als verlässliche Truppe bezeichnet werden. Statt den Hof zu schützen, kehrten sie dem Schatzkämmerer, der ihren Sold reduziert hatte, den Rücken. »Die Musketiere weigerten sich, Morosows Befehl zu gehorchen«, verzeichnete ein anonymer schwedischer Autor. »Manche gingen zu Seiner Zarischen Majestät und verkündeten, dass sie ihn freudig beschützen würden, doch dass es ihnen widerstrebe, sich die Menge um des Tyrannen und Verräters willen zum Feind zu machen.«[60] Was noch schwerer wog, die Strelizen hatten den Demonstranten sogar mitgeteilt, dass sie niemanden zurückhalten würden. »Die Strelizen«, heißt es in dem Bericht eines weiteren Ausländers, »deren Lohn so sehr gesenkt und verringert worden war, dass sie nicht mehr davon leben konnten, verbündeten sich mit dem gemeinen Volk.«[61]

Nun wurde der Kreml zu einem Magneten für die Protestierer. Der Zar erschien ein zweites Mal, um der Menge Vorhaltungen zu machen, doch seine Worte hatten kaum eine Wirkung. Der Pöbel stürmte Morosows Palast. Die dortigen Schätze (nicht zuletzt die silberne Kutsche), die, wie es schien, auf ihre Kosten angehäuft worden waren, trieben die Menschen zur Raserei, und

> »all die herrschaftlichen und kostbaren Dinge, die sie fanden, hackten sie mit Krummschwertern und Äxten in Stücke; das Geschirr aus Gold und Silber schlugen sie platt, die wertvollen Perlen und anderen Schmuckstücke zerrieben sie zu Pulver, stampften darauf und trampelten sie mit Füßen, warfen sie aus den Fenstern und duldeten nicht, dass das geringste Ding fortgebracht wurde, wobei sie laut riefen: To Naasi Kroof, was heißt, dies ist unser Blut.«[62]

Auch wirkliches Blut wurde an jenem Tag in großen Mengen vergossen. Morosow gelang es zu entwischen, doch einer seiner Helfer erlitt einen tödlichen Sturz, während der Kreml-Palast des Bojaren geplündert wurde. Nasari Tschistoi, der im Bett gelegen hatte, um sich von einem Reitunfall zu erholen, wurde in seinem Versteck aufgespürt und umgebracht. Der deutsche Diplomat und Reisende Adam Olearius, dem Tschistoi ein schmerzlich hohes Bestechungsgeld abgepresst hatte, schrieb hämisch: »[Sie] schlagen ihn mit Prügeln zu tode / vnd den Kopff so weich / daß man ihn nicht mehr hat kennen können / vnd werffen ihn in den Mistpful / schlagen darauff Kisten und Kasten auff.«[63] In seiner Verzweiflung war der Zar bereit, Pleschtschejew auszuliefern, und man führte den unglücklichen Beamten aus dem Erlöser-Tor des Kreml hinaus, wobei er von einem Henker mit einem brauchbar aussehenden Beil begleitet wurde. Doch bevor das Todesurteil verlesen werden konnte, ergriff der Pöbel den Gefangenen und ermordete ihn. Olearius verzeichnete: »[Sie] schlagen den Plesseou vnter des Büttels Händen mit Prügeln zu tode / vnd den Kopff so weich als Brey / daß ihnen das Gehirn vmbs Gesichte sprützet / zerrissen seine Kleider / schleppen den Leib nackend auff den Marckt im Kothe vmbher.«[64] Der Kopf selbst wurde später von einem Mönch abgehackt, der vor sich hin murmelte, dass der Tote ihn einmal habe verprügeln lassen.

Die Moskauer Menge ließ ihre Wut konzentriert an Bojaren, Bürokraten und einer kleinen Gruppe sehr vermögender Personen aus. Aber irgendjemand fand unweigerlich Getränkevorräte. Am selben Nachmittag watete eine Bande Plünderer knietief durch Morosows Wein, und einige ertranken später darin. Außerhalb des Kreml beruhigte sich die Stadt, doch eine letzte Tragödie stand noch bevor. Bei Sonnenuntergang waren Feuer an fünf verschiedenen Stellen in Moskau gelegt worden. Die Flammen fegten durch die ausgetrockneten Straßen und töteten Hunderte, vielleicht Tausende von Bürgern. Ein Autor schätzt, dass möglicherweise 15 000 Häuser zerstört wurden; alle Kommentatoren sind sich einig, dass die Hälfte der Stadt abbrannte.[65] Manche Moskauer behaupteten, Morosow selbst habe die Feuer entzündet, um seine Flucht zu verschleiern, während andere glaubten, die Flammen seien ein Fluch gewesen, von dem man sich nur durch die Verbrennung von Pleschtschejews blutigen Überresten befreien könne. Folglich übergoss man die kopflose Leiche mit Wodka und schleppte sie zu der Glut. Olearius wurde versichert: »Und gleich wie dasselbe allgemach zu verbrennen beginnen/ hat auch das Fewr abgenommen/ vnd sich selbst für ihren Augen/ welches zu verwundern gewesen/ gelöschet.«[66]

Nach dem Brand entsandte Alexej den Patriarchen, zusammen mit zwei beim Volk beliebten Bojaren, damit er die Protestierer zur Ordnung rief. Trachaniotow, der aus der Stadt geflohen war, wurde ergriffen und zur Hinrichtung zurückgebracht, aber Alexej persönlich bat um Morosows Leben, und so fand man die Kompromisslösung, den Schatzkämmerer »für alle Zeiten« ins Kirill-Beloserski-Kloster zu verbannen. Zunächst hatten sich die Aufrührer durchgesetzt, und ihr Sieg machte sich buchstäblich bezahlt, denn Gelder wurden verteilt und einige Steuern reduziert. Es kam sogar zu einem Zwischenspiel, in dessen Verlauf mitfühlendere Amtsleiter, darunter Nikita Romanow, der großzügige Onkel des Zaren, Morosows Männer im Kreml ablösten. Ausländische Beobachter meldeten einen umfassenden Wechsel des Regierungspersonals, doch die Reform war von kurzer Dauer. Ende Oktober kehrte Morosow nach Moskau zurück, und kurz darauf waren seine überlebenden Mitarbeiter und er wieder an der Macht.[67]

Auch in anderen Städten kam es zu Revolten, aber man brachte dem Zaren persönlich weiterhin fast überall eine geradezu instinktive Loyalität entgegen. 1649 berief der ernüchterte und entschlossene Alexej eine weitere Ständeversammlung ein, um die Gesetze zu kodifizieren, soziale Hierarchien einzurichten und die öffentliche Stimmung ein wenig zu entgiften. Die Menge hatte Gerechtigkeit gefordert, und ihr Zar reagierte mit einem Gesetzbuch. Das Dokument wurde bekannt für die Einschränkungen, die es den bäuerlichen Leibeigenen auferlegte, deren sehr begrenztes Recht, die Höfe ihrer Gutsbesitzer zu verlassen, nun völlig aufgehoben wurde, so dass sie für immer an den Boden gefesselt waren.[68] Dies war eine Geste der Kulanz gegenüber den bedrängten provinziellen Milizangehörigen, und auch weitere Maßnahmen untermauerten eine Gesellschaftsordnung, die Veränderungen verhindern sollte. Doch die Wellen der Unruhe ließen sich nicht so leicht glätten. Die vielen Spannungen der Epoche – etwa der Druck auf die Strelizen, die mit unerwünschten Neuerungen konfrontiert waren, auf die Stadtbewohner, die Mühe hatten, immer höhere Steuern zu zahlen, und stets auf die orthodox Gläubigen, die unter den Ungerechtigkeiten böser Günstlinge litten – konnten beinahe jederzeit in Gewalt umschlagen. Für den Rest des Jahrhunderts blieb die Moskauer Volksmenge ein sprunghafter und wütender Chor unterhalb der Kremlmauern.

Die schrecklichste Katastrophe entzog sich jedoch der menschlichen Kontrolle. Im Jahr 1654 wurde Moskowien von der Pest ereilt. Paul von Aleppo erfuhr, dass fast eine halbe Million Menschen gestorben sei, »wodurch die meisten Straßen leer von Bewohnern sind«. Hunde und Schweine fraßen zur Zeit seines Besuches immer noch Menschenleichen, und den Kirchen »mangelte es an Geistlichen«. In Moskau wirkten die Stadttore »still, da es keine Soldaten zu ihrer Bewachung gibt«, und die Straßen »furchtbar verwüstet«.[69] Die Angst vor Ansteckung war so groß, dass man sogar die Türen und Fenster von Alexejs Palast zugemauert hatte, um den Pesthauch fernzuhalten. Aber Schlösser an den Toren genügten nicht, um diesen Feind auszusperren, und die Todesrate bei den Mönchen und anderen Kremlbewohnern lag zwischen 80 und 95 Prozent.[70] Der Zar befand sich zum Glück auf einem Feldzug, und seine Familie hatte sich in Sicherheit gebracht, doch als die Pest abebbte, fand man nur noch 15 Diener im Palast vor. Alexejs eigener Stellvertreter, Michail Pronski, war im September 1654 gestorben, kurz nachdem er einen schaurigen Bericht für seinen Zaren geschrieben hatte.[71]

Die Tragödie löste mehrere zusätzliche Reformen aus. Aus praktischen Gründen wurden neue Richtlinien erlassen, um weitere Beerdigungen auf ausgewählten Moskauer Friedhöfen zu verhindern, darunter auf fast allen im Kreml (allerdings nicht in der Erzengel-Kathedrale). Das Verbot ist bis heute in Kraft geblieben, womit der Kreml seit 1655 faktisch nicht mehr als Begräbnisstätte dient.[72] Mittlerweile gab sich der Zar seiner Hypochondrie hin. Kräuter und Alchemie jeglicher Art hatten ihn schon immer fasziniert, und er schickte seine Beauftragten in die Grenzgebiete, wo sie nach Heilmitteln gegen die Pest Ausschau halten sollten. 1655 genehmigte er eine besonders extravagante Bestellung von drei Einhornhörnern; zwei waren von höchster Qualität und eines, für das Frauenquartier gedacht, von etwas geringerem Format. Allein die größeren Exemplare kosteten 5000 Rubel (man vergleiche dies mit den 3000 Rubeln, die Patriarch Filaret für den Bau seines verschwenderischen Turmes aufgewendet hatte), aber Einhornhörner waren, wie jedermann wusste, ein sicheres Mittel gegen die Pest. Wie die wilden Stammesangehörigen aus dem Süden erklärten, brauchte man es nur mehrere Male pro Tag in Pulverform mit Wasser zu vermischen.[73] Als Alternative bot sich Rhabarberwein an. Auch das war eine Moskauer Spezialität, und der Zar achtete sorgsam auf die Pflanzen, die in seinem Apothekergarten unter den Kremlmauern wuchsen.

Manche Bürger waren davon überzeugt, dass die Pest den Jüngsten Tag ankündigte, denn in diesem Zeitalter der Unruhe war die Furcht vor dem göttlichen Zorn allgegenwärtig. Außerdem erwies sich das 17. Jahrhundert als eine besonders aufreibende Zeit für die russische Kirche. In den 1650er Jahren erschütterte eine Krise die Grundlagen des orthodoxen, halb theokratischen Moskau, und sie spaltete auch den Kreml im wahrsten Sinne des Wortes genau in der Mitte. Die Auswirkungen sollten sich als unumkehrbar erweisen, und ironischerweise bestand deren Hauptursache in der hartnäckigen Weigerung der Kirche, selbst die mildesten neuen Ideen zu dulden.

Seit seiner Gründung im Jahr 1589 war das Moskauer Patriarchat der einzige orthodoxe Sitz außerhalb muslimischer Kontrolle. Seine Oberhäupter hatten den Glauben unbeirrbar verteidigt. Da die religiöse Gärung die ganze christliche Welt ergriff, hätte keine Grenze den neuen Gedanken Einhalt gebieten können, doch die russische Kirche gab sich alle Mühe. Von Oxford und Bologna bis hin nach Krakau taten sich die europäischen Universitäten durch ihre Philosophen hervor, wohingegen die Moskowiter, die Galloways Uhr und seine Wasserpumpanlage bestaunten, keinen Zugang zu weltlicher Gelehrsamkeit hatten. Genau das war es, was sich die einzige wirklich intellektuelle Schicht des Landes, bestehend aus den Priestern und Mönchen, weiterhin wünschte. Schon durch ihre Zeitberechnung hoben sie sich von den übrigen Ländern ab, denn sie zählten ihre Jahre von der Schöpfung der Welt an. Galloway verließ Schottland im Jahr 1620, doch als er

Moskau erreichte, fand er sich, ähnlich wie Alice nach ihrem Sturz in das Kaninchenloch, im Jahr 7128 wieder. Russische Theologen und Volksmystiker waren fasziniert von Zahlen – viele kannten sich in den numerologischen Aspekten der Offenbarung des Johannes aus –, aber die rationalistische Mathematik Europas kam ihnen so bedrohlich vor wie Schwarze Magie.

Der Versuch, verunreinigende neue Ideen abzuwenden, führte zu einer frostigen Einstellung gegenüber Ausländern im Sold des Zaren. Rechtgläubige Besucher mochten als relativ harmlos gelten, doch die Kirche verdächtigte andere Europäer der Ketzerei (Filaret hatte den Lutheranern immer eine besonders starke Abneigung vorbehalten), denn man wusste, dass sie zu ihrem Vergnügen tranken und Tabak rauchten und sogar in der Fastenzeit Fleisch aßen. Manche beschäftigten russische Arbeiter und Bedienstete, womit sie die Kinder der Orthodoxie in unterwürfigen Positionen hielten und allen möglichen unsagbaren Ansteckungen aussetzten. Unter Michail Romanows Herrschaft hatten Kirchenführer den leichtfertigen Kontakt zwischen Russen und Ausländern durchweg verdammt, aber die dabei erzielten Gewinne (auch jene des Zaren selbst) waren zu attraktiv, als dass die Gesetzgeber ihnen hätten widerstehen können. Erst im Anschluss an den Aufruhr von 1648, als die Menschen begannen, die Steuerfreiheit der Ausländer in Frage zu stellen, sprach man endlich über reale Einschränkungen.[74] Die Kirche zögerte nicht, ihren Vorteil zu nutzen. 1652 erging ein lästiger neuer Erlass an die in Moskau ansässigen Europäer: Sie hätten ihre Häuser in den teuersten Bezirken innerhalb von vier Wochen zu verkaufen, selbst wenn sie sich mit Spottpreisen bescheiden müssten. Fortan, verfügte die Regierung, sollten die »Deutschen« in einem speziellen neuen Vorort jenseits der Jausa wohnen. In diesem Reservat würden sie reden, rauchen, sich rasieren und sogar ihre verhassten Kirchen bauen können, ohne russische Seelen zu verderben.

Die Feindschaft der Kirche gegenüber Fremden ging jedoch teils auf tiefere Ängste bezüglich des Verhaltens ihres eigenen Volkes zurück. Keine Klostermauer schien hoch genug zu sein, um russische Mönche vor dem lüsternen Benehmen weihnachtlicher Menschenmengen zu schützen, und einige hatten sogar Blicke auf unverhohlen sexuelle

Spiele im Winterdunkel erhascht. »Dahin zielen auch ihre Däntze/ welche sie zum theil mit üppigen bewegungen der Glieder verrichten. Es sollen bißweilen die herumb schweiffende Comedienspieler im dantzen gar den Hintersten/ vnd weis nicht was mehr/ entblössen ...«, schrieb Adam Olearius. Der Weihnachtskarneval, eine spezielle Zeit der Unordnung, in der junge Männer Tiermasken trugen, deute auf noch schlimmere Verworfenheit hin. Olearius fuhr fort: »Sie seynd den fleischlichen Lüsten vnd Unzucht also ergeben/ daß auch etliche mit dem abschewlichen Laster/ so wir Sodamiterey nennen/ sich zubeschmitzen/ vnd nicht alleine pueros muliebria pati asvetos (wie Curtius redet) sondern auch Männer und Pferde darzu gebrauchen.«[75] Reformer waren sowohl besorgt als auch fasziniert. Anfang der 1650er Jahre verurteilten sie so gut wie alles – von Trunkenheit bis hin zu Dudelsäcken, Tänzen und der Laxheit ländlicher Priester.[76] Doch ungeachtet der Vorschriften setzten sich die Feiern unvermindert fort.

Wenn die Kirchenführer nicht die Volksreligion anprangerten, wurden sie von der Furcht gequält, dass sie selbst unbewusst vom Pfad des Glaubens abgewichen sein könnten. Durch ihre ersten Kontakte mit orthodoxen Klerikern aus der Ukraine und Weißrussland erhielten die russischen Bischöfe einen unwillkommenen Einblick in die Unterschiede, die sich zwischen ihren eigenen religiösen Praktiken und denen aller anderen entwickelt hatten. Sitten, die in Russland zur Tradition geworden waren, etwa die Bekreuzigung mit zwei statt mit drei Fingern, erwiesen sich als Verfälschungen der wahren und apostolischen »griechischen« Religion. Fehler hatten sich in ihre hochgeschätzten Übersetzungen der heiligen Schriften eingeschlichen. Obwohl Moskau Anspruch auf die universelle religiöse Führungsrolle erhob, musste es peinlicherweise feststellen, dass es der Anleitung bedurfte (womit sich erklärt, was der Patriarch von Antiochia 1655 in Moskau zu suchen hatte). Als sich die blühende Stadt Kiew dem moskowitischen Staat anschloss, ergab sich ein neues Problem, da sie über eine eindrucksvolle, hauptsächlich von Geistlichen betriebene Akademie verfügte. Es war schlicht untragbar, dass eine Provinz Moskau auf diesem Gebiet gleichkam.

Einer der Priester, die einen ganz besonderen Wert auf den Vorrang der russischen Kirche und die Perfektion ihrer Lehre legten, war der neueste Moskauer Patriarch namens Nikon. Dieser Mann, vielleicht der ehrgeizigste, der je das Amt innehatte (obwohl an anderen Bewerbern kein Mangel ist), wurde 1652 ernannt. Weit über 1,80 Meter groß, war er genauso anmaßend wie intelligent. Zunächst fand Alexej eine willkommene Zuflucht in Nikons Entschlossenheit. Zudem war der Patriarch ein Gelehrter, und er besaß Gerüchten zufolge die beste Bibliothek in Russland. Aber das neue Kirchenoberhaupt strebte auch nach der Autorität eines früheren priesterlichen »großen Herrschers«: nach der Filarets. Bei seiner Inthronisierung soll Nikon verlangt haben, dass Zar Alexej »ihm in geistlichen Angelegenheiten gehorcht«, was beinahe wie ein Griff nach der Macht anmutete. »All das«, schrieb ein ausländischer Gesandter eifrig nieder, »wurde versprochen.«[77]

Der Patriarch griff gern zu Effekthascherei, um sein Publikum zu überwältigen. Er zog die Nonnen mit den flinkesten Fingern zur Herstellung seines Ornats heran. Am Ostersonntag 1655 erschien er in einem mit Gold und Edelsteinen besetzten Gewand, das unglaubliche 30 000 Rubel wert war; »sogar Nikon selbst empfindet manche seiner Kostüme als zu schwer«, kommentierte Paul von Aleppo.[78] Auch ein Ensemble mit guten Nebendarstellern war ihm lieb, und häufig zelebrierte er die Messe mit einem Gefolge von 75 Priestern. Wie ein frommer Zar – und mit ähnlichen Mitteln – finanzierte er 1653 ein neues Kloster in den Waldai-Hügeln bei Nowgorod. Kurz danach ließ er ein Modell der Kirche des Heiligen Grabes anfertigen, das für die Planung seines Klosters Neu-Jerusalem genutzt wurde. Der Bau begann 1656 auf dem zum Dorf Woskressenskoje gehörigen Land, 65 Kilometer westlich von Moskau an der Istra. Laut Paul von Aleppo, der Nikon inzwischen durchschaute, war der Patriarch ein »großer Anhänger von Gebäuden, Monumenten und Sammlungen«.[79]

Aber der Kreml war das tatsächliche Fundament von Nikons Hof. Obwohl es in der Festung allmählich enger wurde, schenkte Alexej ihm etwas Land im Norden der Entschlafens-Kathedrale, damit er seinen Plan für eine heilige Hauptstadt, ein Weltzentrum der Orthodoxie, innerhalb der Kremlmauern verwirklichen konnte. Außerdem lieh der Monarch ihm Kapital, damit er sich einen Palastkomplex – mit mehreren Audienzsälen und neuen Kirchen, deren berühmteste den zwölf Aposteln geweiht war – bauen konnte. Mithin brannte man eine Million Ziegelsteine und holte deutsche Architekten ins Land. Im Verlauf der Arbeit durfte Nikon einige Strelizen des Zaren als Hilfskräfte einsetzen.[80] Paul von Aleppo besuchte den Gebäudekomplex, als dieser 1655 fertiggestellt wurde, und schrieb: »Er hatte sieben Säle, eine Backstube und eine große Küche, so dass die Hitze zu den Räumen darüber aufstieg (...) Ganz oben hat er [Nikon] einen Diwan errichtet, der über das Land hinausblickt, und von dort hat er zum Zweck geheimer Absprachen einen Durchgang zum Palast der Kaiserin anlegen lassen.« Einer der anderen Säle war so gewaltig, dass sein Fliesenboden »einem See glich«, und sämtliche Räume waren im üppigsten Stil ausgestattet. Kurzum, schloss der Syrer: »Diese Gebäude sind ein Gegenstand des Erstaunens für jedermann, denn sogar in den königlichen Palästen gibt es kaum etwas, das sich mit ihnen messen könnte.«[81]

Als der Lärm der Maurerhämmer endlich verstummte, zog der Patriarch ein. Ein Mann, der außerhalb der Stadt Güter mit ungefähr 35 000 Leibeigenen besaß, konnte sich jeglichen Luxus leisten. Nikons Bäckerei lieferte ihm mehrere Brotsorten und ungezählte erlesene russische Pasteten, seine Brauerei versorgte ihn mit Kwass und Bier. Kein Mönch mit Tonsur durfte Fleisch essen, doch in den Teichen und Lagerräumen des Patriarchen wimmelte es von Fischen, und seine Köche bereiteten sie auf erstaunliche Art zu, indem sie das zerhackte Fischfleisch in Gestalt von Lämmern oder Gänsen formten, es auf seltene Meeresmuscheln häuften, die größeren mit den kleineren Fischen füllten und alles auf silbernen und goldenen Tellern servierten.[82] Frisches Gemüse und Obst wurden auf Nikons Nutzflächen knapp jenseits der Stadtmauern angebaut, aber er behielt sich einen speziellen Garten auf seinem Kreml-Grundstück für seltenere, gewöhnlich importierte Pflanzen vor und gab einen erklecklichen Anteil der Kirchenmittel für Tulpenzwiebeln aus.[83] Abends tappte der oberste Führer des russischen Glaubens nach langen Gebeten über die Felle auf seinem Zimmerboden, um dann unter Gänsedaunendecken zu schlafen. Man munkelte, dass er nicht immer allein war, sondern hin und wieder hübsche junge Nonnen bewirtete.[84]

Aber ungeachtet seiner eigenen Vergnügungen forderte Nikon strikte religiöse Disziplin von allen anderen (einmal schalt er sogar den Patriarchen Makarius von Antiochia, weil dieser in einer privaten Räumlichkeit Teile seiner schweren Amtskleidung abgelegt hatte). Die Strafen, mit denen er moralische Verfehlungen ahndete, schockierten seine syrischen Gäste. Fast jedes Kloster, das sie besichtigten, enthielt ein Gefängnis voller Mönche, die »in Zuständen des Rausches gefunden« worden waren. Viele von ihnen wurden nicht nur eingesperrt, sondern mussten auch »schwere Ketten sowie Holzklötze an Hals und Beinen tragen«. Der Abt des Dreifaltigkeitsklosters des heiligen Sergius, des vielleicht größten Klosters in Russland, wurde wegen Annahme von Bestechungsgeldern zur Verbannung verurteilt und musste Getreide mahlen.[85] Um die neuen Vorschriften durchzusetzen, teilte der Patriarch sämtlichen Klöstern Wächter zu, die »strikt aufpassen, indem sie durch Türspalten spähen und sich überzeugen, ob die Bewohner fromme Demut praktizieren, die Fastenzeiten einhalten und ihre Gebete sprechen; oder ob sie sich betrinken und sich amüsieren«.[86] Beim Gedanken an eine derartige Überwachung könnten die Edelfrauen in den exklusiveren Klosterzellen des Kreml nach dem einen oder anderen Schluck Honigwein innegehalten haben, um einen Schauder zu unterdrücken.

Als Nächstes mussten die religiösen Praktiken Russlands bereinigt werden. Dazu lud Nikon Experten aus der Ukraine und Weißrussland sowie den orthodoxen Patriarchen der osmanischen Welt ein, die intensive Wochen in seinem Palast verbrachten. Fast täglich drangen neue Reformen aus den Audienzsälen. Priester sollten künftig andere liturgische Gewänder tragen, darunter Kapuzen und Schädelkappen griechischen Stils. Neue Gebetbücher seien erforderlich, und Gelehrte aus der Ukraine und Weißrussland sollten die gesamte Bibel neu übersetzen. Das Kreuzzeichen sei nicht mehr mit zwei, sondern korrekt mit drei »griechischen« Fingern zu machen. Auf dem Gebiet der Architektur verlangte Nikon, Kirchen nicht mehr mit Türmen zu versehen (diese waren unter Wassili III. eingeführt worden, und das prominenteste Beispiel bildete der Hauptturm der Basilius-Kathedrale). Im Erlass des Patriarchen wurden Kuppeln angeordnet und sogar ihre Zahl festgelegt: eine, drei oder fünf. Solche Veränderungen hatten zur

Folge, dass jahrhundertealte russische Praktiken umgestürzt wurden, von denen man viele in den Tagen des letzten Wahren Zaren, Iwans des Schrecklichen, debattiert und gebilligt hatte. Die sich anschließenden Attacken der sogenannten Altgläubigen auf das »neue« Verfahren leiteten sich von dem Gedanken her, dass nur Diener des Antichrist versuchen würden, die historisch sanktionierte russische Liturgie und die religiösen Bräuche zu untergraben.[87]

Offenkundig kochten die Emotionen in der Welt des Glaubens über. Nikon machte sich durch seinen Dogmatismus viele Feinde, vor allem einen Protopopen namens Awwakum, der den geistlichen Vater Russlands als »Großen Betrüger und Sohn einer Hure« bezeichnete.[88] Der Patriarch erregte auch dadurch Ärgernis, dass er mehrere Kirchen ausplündern ließ, um die erforderlichen Baumaterialien für Waldai und Woskressenskoje zu erhalten. Persönliche Probleme – die Eifersucht derjenigen, die er brüskierte; der durch seine Tyrannei ausgelöste Hass; der Groll über die Pracht seiner irdischen Güter – vertieften die Kluft innerhalb der Geistlichkeit nicht nur im Kreml, sondern auch in den entferntesten Provinzgemeinden. Nachdem sich die Kirche gespalten hatte, konnte sie, was immer die ursprünglichen Gründe gewesen sein mochten, die Fiktion ihrer apostolischen Reinheit nicht mehr aufrechterhalten. Und der kritische Trend der Altgläubigkeit, der in den 1660er Jahren an Schwung gewann, vermischte sich bald mit einem allgemeineren Misstrauen gegenüber der Regierung und brachte eine kleine, doch hartnäckige nationale Gegenkultur hervor.[89]

Unterdessen sollte innerhalb des Kreml ein weiteres Duell, diesmal zwischen den miteinander rivalisierenden Höfen Nikons und des Zaren Alexej, die künftigen Grenzen jeglicher geistlichen Macht definieren. Der Patriarch und Alexej waren einst Freunde gewesen. Die beiden Männer dinierten häufig gemeinsam, Nikon ging mit den Kindern des Monarchen wie ein Onkel um, und der steinerne Korridor zwischen den beiden großen Palästen wurde durch viele schwer auftretende Füße angewärmt. Alexej war zudem so fromm, dass manche ihn insgeheim den »jungen Mönch« nannten. An jedem Tag während der Großen Fastenzeit verbrachte der Zar fünf oder sechs Stunden in der Kirche und krümmte seinen Körper zu über tausend Niederwerfungen.[90] Paul von Aleppo, obwohl selbst Priester, war erschöpft, doch »der Brauch hat die [Russen] unempfindlich für Müdigkeit gemacht. Wir waren von Befremden erfüllt und konnten die Kirche nie verlassen, ohne nach so langem Stehen zu taumeln (...) Ihnen gegenüber wahrten wir den Schein trotz unserer innerlichen Wut und Qual.«[91] »Albtraumhafte Religiösität« war die Wendung, die einem Historiker bei der Beschreibung von Alexejs Hof einfiel.[92]

Unter anderem weil Alexej infolge von Kriegszügen häufig abwesend war, blieben die Beziehungen zwischen den beiden Palästen mehrere Jahre lang freundschaftlich. Es war jedoch unvermeidlich, dass Nikons diktatorische Art irgendwann zu seinem politischen Sturz führen würde. Er plante mit einiger Sicherheit, den Kreml in eine östliche Version des Vatikans zu verwandeln, ein internationales Zentrum des religiösen Glaubens, in dem nicht der Staat, sondern die Kirche die Hauptregeln aufstellte.[93] Aber Alexej hatte eine zu mächtige Position, und die Traditionen seines Hofes waren zu tief verwurzelt. Niemand weiß genau, warum es zu seinem Bruch mit Nikon kam, doch dessen Weigerung, einen Bischof zu ernennen, könnte die Ursache gewesen sein. Um 1658 hörten die beiden Männer auf, gemeinsam zu dinieren. Auch befahl Alexej dem Patriarchen, den Titel »Großer Herrscher« fallenzulassen. Daraufhin hielt Nikon eine Predigt in der Entschlafens-Kathedrale, in welcher er den Zaren der Treulosigkeit bezichtigte. Ein paar Wochen später, im Sommer 1658, verließ er seinen Palast und die Hauptstadt. Als unverwüstlicher Selbstdarsteller trat er jedoch nicht von seinem Amt zurück. Stattdessen zog er in sein Kloster Neu-Jerusalem an der Istra und erließ weiterhin Edikte als Oberhaupt der russischen Kirche.[94] Daneben erlaubte er die Verbreitung eines zersetzenden Gerüchts, nach dem er seine Tage in schweren Ketten verbringe, um sich selbst – weil ein nichtsnutziger Zar dazu nicht imstande sei – für die Vernachlässigung seiner religiösen Pflichten zu bestrafen.[95]

Das Kräftemessen dauerte sechs weitere Jahre. Dann, in der Dunkelheit vor Sonnenaufgang am 18. Dezember 1664, näherte sich ein Schlitten aus den Landgebieten dem Kreml; er beförderte einen warm eingehüllten Passagier und eine kleine Gruppe von Bediensteten in die Hauptstadt. Mehrere Reihen von Wächtern an den Stadttoren erkannten den imposanten alten Priester nicht, der das Drama der Überraschung dann vollauf nutzte. Grandios mit seinem perlenüberkrusteten Pektorale und seinem Ornat, stürmte Nikon in die Entschlafens-Kathedrale und übernahm den Gottesdienst, wobei er das Gewölbe dominierte, als hätte er es nie verlassen.[96] Es war eine Herausforderung sowohl an den Zaren als auch an die Kirche, eine Bekräftigung der Rechte des Rebellen, die Umstände zu bestimmen, unter denen er seinen Auftrag erfüllen würde. Daraufhin berief Alexej einen Gerichtshof ein, der über Nikons Zukunft entscheiden sollte. Dem Gremium gehörten Bojaren, Mitglieder des Zarenrats, 65 hohe Kirchenvertreter und die Patriarchen von Alexandria und Antiochia an (Makarius und Paul reisten zum zweiten Mal nach Moskau), und es trat im Dezember 1666 im Bankettsaal des Palastes zusammen. Das Ergebnis stand nie in Zweifel, zumal die beiden ausländischen Besucher, die der finanziellen Unterstützung durch Moskau bedurften, gewusst haben dürften, welches Urteil sie aussprechen sollten. Man befand Nikon für schuldig, die russische Kirche zur »Witwe« gemacht zu haben. Bevor der große Mann in die lebenslange Verbannung geschickt wurde, brachte man ihn in eine Zelle im Tschudow-Kloster, wo man ihm den Bart abschnitt, ihm den schimmernden Ornat abstreifte und schließlich das Pektorale von seinem Hals löste.[97] Sein Versuch, die Kirche in eine souveräne Macht zu verwandeln, war gescheitert. Das Amt des Patriarchen sollte sich nie völlig von dem Schlag erholen, während der Kreml – immer noch eine heilige Stätte – maßgeblich der Kontrolle weltlicher Herren überantwortet wurde.

Der weitere Wandel verlief mit wechselndem Tempo; der Kreml trug nach wie vor die Maske der Tradition, doch in den 1660er Jahren sonnte sich der innere Zirkel des Zaren im Wohlstand des wachsenden kontinentalen Reiches. Alexejs englischer Arzt Samuel Collins erklärte, was ihm nach der Rückkehr seines Gebieters von einem Feldzug nach Wilna aufgefallen war:

> »Seit Seine Majestät in Polen war und die Häuser der dortigen Fürsten sah und Vermutungen über die ihrer Könige anstellte, sind seine Gedanken

fortgeschritten, und er beginnt, seinen Hof und seine Gebäude herrschaftlicher zu gestalten, seine Zimmerfluchten mit Gobelins zu versehen und anderswo Häuser zu ersinnen, die dem Vergnügen dienen.«[98]

Tatsächlich ließ Alexej in den späten 1660ern den 30 Jahre alten Terem-Palast – und vor allem die Räume seiner eigenen Familie – durch und durch modernisieren. Europäische Bagatellen wie Stühle, Schränke und sogar Betten gehörten nicht zur russischen Tradition.[99] All das sollte sich fortan ändern. Die Privatgemächer wurden neu gestrichen, und statt eintöniger religiöser Szenen sah man an den Wänden nun Bilder von Pflanzen oder Planeten am Himmel. Der damalige Erbe, ebenfalls Alexej (dem ein früher Tod beschieden war), erhielt eine Wohnung, die man mit importierten blauen und gelben Seiden- und Samtstoffen verzierte. Zugleich erschienen auch Tische und Stühle, Vitrinen und Bücherregale im königlichen Inventar, obwohl der Zar weiterhin »in Hemd und Unterhose zwischen einer üppigen Zobel-Bettdecke und einem Laken« schlief.[100]

Der Kauf jener Vitrinen belegt, dass Alexej zum Sammler geworden war, und sein Geschmack tendierte, wie der vieler anderer vermögender Europäer der Epoche, zum Exotischen. Ausländische Agenten beschafften die Schätze nach Verzeichnissen, die er seinen Sekretären diktierte, und bald lieferten sie eine Truppe aus mehreren Dutzend livrierten Zwergen. Auf den nagelneuen Möbeln des Kreml häuften sich tropische Muscheln und fabelhafte Stoßzähne. In der königlichen Bibliothek tauchten ein paar europäische Wissenschaftsbände auf, unheilige Bücher, die störrische Altgläubige als »Exkremente« verwarfen.[101] Mit Hilfe von Samuel Collins unternahm der Zar eine Reihe naturwissenschaftlicher und alchemistischer Experimente, wozu er etliche neue Geräte – Ampullen, Linsen und Messinstrumente – aus deutschen Landen importierte. Diese fremdartigen Objekte hatten keine russischen Namen, weshalb man in vielen Fällen ihre ursprüngliche Bezeichnung beibehielt. Damit begann eine lange Tradition der Übernahme deutscher naturwissenschaftlicher Begriffe in die russische Sprache.[102]

Collins hatte jedoch recht, wenn er darauf hinwies, dass Alexej sein wirkliches Vergnügen weit außerhalb der erstickenden Enge des Kreml suchte. Auch nach der Modernisierung muss er die alte Festung als bedrückend empfunden haben. In den 1660er Jahren verzichtete Alexej auf Pläne, das Interieur mehrerer der wichtigsten Kreml-Gebäude, unter anderem des Facettenpalasts, zu restaurieren, um sich eigenen Projekten außerhalb der Mauern widmen zu können.[103] Er hatte sich stets für die Falknerei begeistert, und sein Gut in Ismailowo, ungefähr acht Kilometer nordöstlich des Kreml, wurde in erster Linie für diesen Sport entwickelt. In jenem Jahrzehnt ließ der Zar dort einen Palast, Kirchen, einen Musterhof und sogar einen kleinen Zoo bauen, für den er Löwen, Tiger, Eisbären und ein Paar amerikanischer Stachelschweine einführte.[104] Die dichten Wälder um einen weiteren vorstädtischen Palast, im nahe gelegenen Preobraschenskoje, verschafften dem Zaren ebenfalls Ablenkung und frische Luft. Doch sein ehrgeizigstes Projekt war ein Palais, das er auf dem Gelände eines weiteren früheren Jagdschlosses errichtete: in Kolomenskoje, südwestlich des Kreml an der Moskwa.

Der neue Komplex war von Beginn an als zweiter – und modischerer – Zarenhof konzipiert. Die Wiesen am Fluss hielten zwar keinen Vergleich mit Versailles aus, dessen Transformation im fernen Frankreich begonnen hatte, doch der neue Palast des Zaren barg jeglichen Luxus, den sich Architekten einfallen lassen konnten. Das Hauptgebäude, das 1663 abgeschlossen wurde, bestand ganz und gar aus Holz; es hatte ein Schindeldach mit kunstvollen Giebeln, schnörkelhafte Fenster und massive Außentreppen. Der prächtige Thronsaal verfügte, wie sein Gegenstück im antiken Byzanz, über ein Paar mechanischer Löwen. Aus Kupfer gefertigt und mit Schafleder überzogen, standen sie zu beiden Seiten von Alexejs Thron, und nach der Berührung eines verborgenen Hebels rollten sie mit den Augen und brüllten genau wie ihre ursprünglichen Vorbilder.[105]

Während der Bann des Kreml gebrochen wurde, war der Zar nicht der Einzige, dem der Sinn nach einer neu gestalteten Unterkunft stand. In den 1660er Jahren ärgerten sich auch Regierungsvertreter über ihre veralteten Räumlichkeiten. Bittsteller brachten ihre Papiere immer noch zu dem Platz unter dem Glockenturm Iwan der Große. In Krisenzeiten strömten die Mengen weiterhin zu den Stufen des Kreml-Palasts. Aber die Zahl der Hofkanzleien war seit Michail Romanows Thronbesteigung erstaunlich rasch gewachsen, und sein Sohn hatte weitere, mit immer größerem Personal, hinzugefügt.[106] Die Amtsgebäude waren nach der Zeit der Wirren nicht hinreichend restauriert worden, und um 1670 befanden sich manche der *prikasy* in einem gefährlichen Zustand. Daraufhin schmiedeten Alexejs Männer Pläne für die Verlegung sowohl der Schreiber als auch der Dokumente in die Weiße Stadt und nach Kitai-Gorod, wo sie in geräumigeren Gebäuden untergebracht werden sollten. Der ehrgeizigste dieser Umzüge scheiterte an den Kosten, doch durch kleinere derartige Aktionen wurde das Wirken der Regierung innerhalb der Stadt deutlicher.[107] Daneben diente die Expansion zur Vorbereitung von Reformen, wie sie nur von einer großen Beamtenschaft durchgeführt werden konnten.

Die Geographie der Macht und die symbolische Resonanz des Kreml wandelten sich auch für eine andere Gruppe. Die Bojaren, welche die Festung in den 1660ern verließen, taten dies in erster Linie unter dem Druck des Zaren. Obwohl einige Mitglieder der einflussreichen Clans seit Jahrhunderten beachtliche Kreml-Villen besessen hatten, forderte Alexej nun nachdrücklich jedes leerstehende Anwesen zurück. Sein Hof schwoll an, denn er zögerte nicht, neue Männer in die höchsten Ränge zu erheben, und bald gab es so viele frischgebackene Adlige, dass das alte Gemäuer nicht mehr alle aufnehmen konnte.[108] Die Übrigen, nun etliche Dutzend vornehmer und betitelter Männer, kolonisierten die Weiße Stadt. Sie füllten den Bezirk mit Villen und Palästen des neuesten Stils und rauschten im Glanz ihrer Juwelen durch die Straßen, um Kreml-Veranstaltungen beizuwohnen.

Das Gepränge war kein Ersatz für wirkliche Macht. Der Hof vergrößerte sich, doch nur wenige zählten zu Alexejs engstem Zirkel, und viele andere lagen miteinander in Fehde.[109] Aber während sich die Politik auf die Person des Zaren konzentrierte, erfasste der Wohlstand ganz Moskau. Das Ausländerviertel, das 1652 gegründet worden war und nun mehrere kostbare Villen enthielt, wurde zu einem Ableger Westeuropas im Kern eines sonst orthodoxen Reiches. Weit davon entfernt, die Infektionen durch das wissenschaftliche Gedankengut und durch die unreine Ernährung einzugrenzen, was konservative Kirchenvertreter ursprünglich gehofft hatten, diente es als Magnet für jeden vermögenden Russen, der einen Besuch wagen wollte. Der berühmteste unter ihnen war, seit den 1680er Jahren, der künftige Peter der Große. Mittlerweile hatten einige von Alexejs reichsten Adligen hinter ihren jüngst hochgezogenen Wänden im Stadtzentrum begonnen, sich wie ihr Zar als Sammler zu betätigen, weshalb sie ihre prachtvollen Räume mit Globen und Gemälden, baltischem Bernstein, europäischen Büchern und wissenschaftlichen Instrumenten vollstopften.[110]

Kurz, eine neue Leidenschaft für Überfluss und Glanz war am Hof festzustellen, wodurch der allgemeinen orthodoxen Feierlichkeit ein weltlicher Hauch verliehen wurde. 1671 lockerte sich die Atmosphäre noch weiter auf. Alexej heiratete zum zweiten Mal, und seine neue Gemahlin, die 19-jährige Natalia Naryschkina, brachte eine erfrischende Aura der Jugend und des Optimismus mit. Es mag ihrem Einfluss zu verdanken sein, dass der Zar mit dem ersten Theater Russlands experimentierte. 1672 importierte er eine Truppe deutscher Schauspieler und stellte ihnen eine kleine Bühne in seinem Palast in Preobraschenskoje zur Verfügung. Die erste Darbietung war abschreckend ernst – »die Tragikomödie von Ahasveros und Ester« –, doch der Zar schaute wie gebannt ganze zehn Stunden lang zu.[111] Die Miloslawski-Residenz im Kreml, die Alexej in den 1670ern beschlagnahmte (hauptsächlich um die enorme Zahl erwachsener Frauen im königlichen Haushalt irgendwo unterbringen zu können), wurde ein paar Jahre später umgebaut, um Platz für ein Theater zu schaffen, und erhielt den entzückenden Namen *Poteschny dworez*, Lustpalast. (Sehr viel später, in den 1920er Jahren, sollten die Stalins in diesem Gebäude wohnen.)

Auch die nächste Generation des Herrscherhauses war vielversprechend und besaß ein Potential für Brillanz. Alexejs intelligenteste Kinder wurden unter Aufsicht von Simeon Polozki erzogen, einem verwestlichten Geistlichen und Dichter aus Weißrussland, der die Akademie in Kiew absolviert hatte (erst 1685 wurde die erste Hochschule Russlands, die Slawisch-Griechisch-Lateinische Akademie, in einem Kloster knapp außerhalb der Kremlmauern gegründet). Obwohl heute einige Zweifel an dem Bericht bestehen, dieser Lehrer habe seinen Schutzbefohlenen

Latein beigebracht – eine Neuerung, die ihnen Zugang zu den Literaturen der katholischen Welt verschafft hätte –, ist belegt, dass sie in Musik und Dichtung sowie in Kalligraphie und der Interpretation religiöser Texte ausgebildet wurden.[112] Nach Alexejs Tod spiegelten die Reformen seines Erben Fjodor Alexejewitsch (1676–1682) die progressiven Ideen wider, die er im Unterricht aufgenommen hatte. Fjodors Berater veranlassten ihn, die Folter in seinen Gefängnissen abzuschaffen. Sie förderten das Tragen kürzerer Gewänder, was Kirchenmänner immer noch für unzüchtig und skandalös hielten. Außerdem beseitigten sie das erstickende System des *mestnitschestwo*, also der Ernennungen nach Rang und Geburtsrecht. So wurde die Zerstörung der Rangordnungsverzeichnisse des Kreml zu einem der bedeutendsten Akte von Fjodor Alexejewitschs Herrschaft. Beförderungen im Dienst des Zaren, am Hof und im Heer sollten fortan nicht mehr auf rituellem Status, sondern in erster Linie auf Leistung beruhen. Die Verzeichnisse, jene Symbole reaktionären Denkens und reaktionärer Bräuche, wurden verbrannt.

»Das 17. Jahrhundert«, schreibt ein russischer Historiker, »war eine Epoche derart radikalen Wandels, dass sogar die Prinzipien, nach denen sich die russische Kultur definierte, umgestaltet wurden.«[113] Moskau hatte all das miterlebt, und sein Kreml hatte viele der wichtigen Änderungen wohl oder übel gefördert. Aber die alte Zitadelle war weiterhin zugleich der Vergangenheit und der Zukunft zugewandt, als werde die Handlungsweise ihrer Führer von einem wahnsinnigen doppelköpfigen Adler bestimmt. Die meisten Kulturen entwickeln sich stufenweise, und das Tempo des Wandels wird häufig durch gebildete Stadtbewohner in Berufsorganisationen oder Gilden vorgegeben. In Russland existierten keine derartigen Gruppen, und die Sehnsucht des Volkes nach einer stabilen, gleichbleibenden Gerechtigkeit unter Gott und dem Zaren ließ Innovationen an der Spitze unzweifelhaft gefährlich erscheinen. Die Spannungen waren zum Teil so stark, dass manche Autoren von einer Kulturkrise im späten 17. Jahrhundert sprechen.[114] Da die Altgläubigen jegliche ausländische Neuerung, von Tabak bis hin zu Druckwerken, ablehnten, waren sie besonders entsetzt über das, was sie in jener Ära als Apostasie und Dekadenz des Hoflebens betrachteten. Ihre Proteste schwelten jahrzehntelang, doch als stärker zielgerichtete und grundlegendere Beschwerden hinzukamen, war das Ergebnis explosiv. Der Einfluss der Altgläubigen innerhalb des erblichen Korps der Strelizen war groß, und 1682 kollidierten die alte und die neue Welt in einem blutigen Aufstand.

Die Revolte fiel mit dem Tod von Alexejs Nachfolger, Zar Fjodor, zusammen. Der junge Mann hatte seit langem gekränkelt, doch gleichwohl kamen Gerüchte auf, er sei vergiftet worden. Schlimmer noch, eine Wahlversammlung, einberufen vom Adel und auf eine kleine Gruppe innerhalb Moskaus beschränkt, brach die übliche Nachfolgeregelung, als sie eine unerwartete Entscheidung bekanntgab. Nach Fjodor war sein Bruder Iwan Alexejewitsch (1666–1696) an der Reihe. Dieser Jugendliche war zwar fromm und pflichtbewusst, aber auch schwer behindert und körperlich schwach. Hingegen hatte ein Sohn aus Alexejs zweiter Ehe alle beeindruckt, die ihn zu Gesicht bekamen. 1682 war Peter Alexejewitsch erst zehn Jahre alt, doch das Gremium wählte ihn einstimmig zum Mit-Zaren.

Es war ein vernünftiger politischer Kurs, doch einige Außenstehende vermuteten eine Verschwörung mit dem Ziel, Iwan, den wahren Zaren, abzusetzen. Traditionalisten murmelten außerdem, dass Peters Verwandte mütterlicherseits, die Naryschkins, ein Komplott schmiedeten, um den Thron an sich zu reißen. Die aufgebrachten Strelizen hatten genau das erwartet und nutzten die Chance, die ungeliebten Bojaren zu Sündenböcken für eine Reihe von Missständen zu machen, darunter die Brutalität ihrer eigenen Offiziere, die »lateinischen« Neuerungen im Gebetbuch, der ungehinderte Vormarsch des Antichrist und ihr kümmerlicher Sold. Nur Wochen später, am 15. Mai, verbreitete jemand ein Gerücht, dass Zarewitsch Iwan im Kreml von Übeltätern ermordet worden sei. Das Datum fiel mit dem Jahrestag eines früheren angeblichen Mordes zusammen, nämlich dem an Prinz Dmitri von Uglitsch im Jahr 1591, und man zog die offensichtlichen Parallelen. Die Strelizen stürmten die alte Festung, um die Wahrheit herauszufinden (man zeigte ihnen den lebendigen Iwan) und um ihrer aufgestauten Wut Luft zu machen. Unter ihren Opfern war der unpopuläre Leiter des *Strelezki prikas*, Ju. A. Dolgoruki, dem sie tatsächlich einiges vorzuwerfen hatten. Aber die Musketiere fielen auch über die Verwandten und Anhänger des vermeintlichen »Usurpators« Peter her, einschließlich seines Onkels Iwan Naryschkin, von dem man glaubte, er habe die Krone aufprobiert, und der deswegen nun auf den Spießen starb. Andere Unglückliche, darunter mehrere ausländische Ärzte, wurden wegen Hexerei und Giftanschlägen in den Tod gehetzt. Traditionalisten durch und durch, hackten die Strelizen die meisten ihrer Opfer in Stücke.[115]

Auch der designierte Zar Peter Alexejewitsch wurde vor die furchterregende Menge gebracht. Der Zehnjährige stand neben seiner Mutter und einem mächtigen Verwandten, Artamon Matwejew, als grobe Hände den Letzteren packten und ihn auf die messerscharfen Klingen auf dem Palastplatz warfen. Manche meinen, dieser frühe Horror habe Peter sein Leben lang nicht losgelassen; später beunruhigten sein manischer Blick und seine zuckenden Muskeln ausländische Besucher.[116] Aber letztlich überlebte er und durfte sogar seine Krone aufsetzen. Nach vielen harten Verhandlungen kam der Hof überein, beide Jungen gleichzeitig salben zu lassen (in den Kremlwerkstätten wurde ein Doppelthron für sie angefertigt). Da der eine ein Einfaltspinsel und der andere noch ein Kind war, bemächtigte sich Alexej Michailowitschs formidable Tochter Sofia, Peters Halbschwester, sofort der Regentschaft. Dies war die Lösung, auf welche die ehrgeizige und gebildete Prinzessin von Anfang an hingearbeitet hatte.

Während Sofias Regentschaft stand der Kreml für die moskowitische Tradition in einer Stadt, deren Hof zwischen der alten und der neuen Welt hin und her gerissen wurde. Untersetzte bärtige Männer, deren Roben vor Perlen glitzerten, konnten durch die beschlagenen Fenster des Palastes beobachtet werden, aber die Vorausschauenden lernten nun Deutsch in den verräucherten Schänken des Ausländerviertels. Sofia, die sich wie eine Kaiserin kleidete, leitete eine blendende Regierung mit Hilfe ihres Beraters Wassili Golizyn. Den Höhepunkt bildete 1686 ein Vertrag des Ewigen Friedens mit Polen. Zu den für Russland günstigen Bedingungen gehörte die unbefristete Übertragung Kiews an die Moskowiter.[117] In unmittelbarer Umgebung beaufsichtigte Golizyn (dessen eigene Residenz so prunkvoll war wie die jedes Königshauses) die nach einem Großbrand im Jahr 1682 dringend erforderlichen Renovierungen im Kreml, darunter Reparaturen am Facettenpalast. Durch die Arbeiten wurden einem Gebäude aus der Herrschaft Iwans III. komplexe neue Details hinzugefügt.[118]

Aber der Altweibersommer des moskowitischen Russland sollte von kurzer Dauer sein, denn nun ging Peters Stern auf. Er verbrachte seine Jugendjahre in der vorstädtischen Residenz in Preobraschenskoje, dessen Name sich passenderweise von dem russischen Wort für »Umgestaltung« ableitet. Die frommen Strelizen mit ihrer Fixierung auf Worte und Symbole wären gut beraten gewesen, diesen Umstand zur Kenntnis zu nehmen. Als Zar würde Peter ihre Traditionen umstoßen und schließlich ihre gesamte Welt zerstören. Einer seiner frühesten Akte war ein Anschlag auf die Idee der Zeit selbst. Bald entledigte er sich des Kirchenkalenders, um Russland stärker dem katholischen Europa und dem Annus Domini anzugleichen. Außerdem beseitigte er die himmelblaue Uhr über dem berühmten Erlöser-Tor. Was derartige Geräte betraf, hatte der Zar einen nordeuropäischen Geschmack. Im folgenden Jahrhundert würde die Kreml-Uhr, die er in Amsterdam bestellte, jeden russischen Tag und jede Nacht mit militärischer Präzision in zwölf genau gleiche Stunden teilen.

6   Klassische Ordnungen

Am 6. Januar 1696 wohnte der 29-jährige Mit-Zar Iwan Alexejewitsch dem jährlichen Gottesdienst zum Dreikönigsfest an der Moskwa bei. Der Zar trug Gold, der Hof herrliche Damastgewänder und Pelze. Man sah schimmernde Reihen von Strelizen, Kantoren, Ikonen und von Priestern in perlenbesetzten Roben. Es war eine klassische Feier des Gedenktages und eine der letzten.[1] Nur gut drei Wochen später, am 29. Januar, starb Zar Iwan. Dem Brauch gemäß musste das Begräbnis innerhalb von 24 Stunden stattfinden; das Iwans wurde am folgenden Nachmittag abgehalten. Man wusch die Leiche und hüllte sie in ein goldenes Tuch. Sie machte ihre letzte Reise auf dem königlichen Begräbnisschlitten lediglich ein paar Dutzend Meter über den Platz hinweg zu der im 16. Jahrhundert entstandenen Kathedrale des Erzengels Michael. Der Patriarch ging voran, und der Sarg wurde von einer Prozession Ikonen tragender Priester begleitet. Jeder Schritt auf das Grab zu schien von dem rhythmischen Läuten einer Glocke beantwortet zu werden. Dem Schlitten folgten die schwarz gekleideten nichtgeistlichen Trauernden. Die wichtigsten waren der Halbbruder des Toten, sein Mit-Zar Peter, sowie (weit hinter den Männern) seine Witwe, die beherzte Praskowja Saltykowa.[2] Die Kreml-Nonnen sangen Bestattungshymnen (später legten sie eine detaillierte Rechnung vor). Kerzen, Weihrauch und Gebete vervollständigten die Trauerfeier. Außerdem dürften die Kriminalitätsziffern in die Höhe geschossen sein, denn die Mörder und Diebe der Stadt sahen königliche Zeremonien wie diese stets als günstige Gelegenheit.[3]

Neunundzwanzig Jahre später, in der Kälte eines weiteren nördlichen Januars, wurden die Begräbniskerzen erneut angezündet. In der nagelneuen Stadt St. Petersburg, 635 Kilometer nordwestlich von Moskau, war Iwans einstiger Mitherrscher ebenfalls gestorben. Diesmal würde es keine Prozession und keine Beerdigung im Kreml geben, und die Beisetzung fand erst mehrere Wochen später statt. Man brach völlig mit der Tradition von Jahrhunderten und stellte Peters Leichnam in einem speziellen Saal im neuen Petersburger Winterpalais zur Schau. Es fehlte nicht an Ikonen und Gebeten, aber der offene Sarg lag auch zwischen einer erlesenen Kollektion militärischer Auszeichnungen, und zum Hintergrund gehörten klassische Säulen und vier weiße Pyramiden.

Da kein Präzedenzfall für diese seltsame Szene existierte, mussten die Berater des verstorbenen Kaisers das Schauspiel selbst ersinnen. Nachdem sie sich darauf geeinigt hatten, dass er in der neuen Peter- und-Paul-Kathedrale beigesetzt werden solle, bestand das Problem darin, eine Prozession von dem Saal, in dem er aufgebahrt war, zu dem Mausoleum am anderen Ufer der zugefrorenen Newa zu arrangieren. Am Tag der Beerdigung, dem 10. März 1725, marschierten Trommler und sogar Trompeter an der Spitze des Leichenzugs. Das Strelizenkorps war Jahre vorher aufgelöst worden, weshalb die Strecke mit 10 638 uniformierten Soldaten neuen Stils gesäumt war. Einen Kontrapunkt zu dem unvermeidlichen Glockengeläut bildete der tiefere Bass von Kanonen auf den nahen Festungsmauern; sie wurden scheinbar stundenlang in einminütigen Intervallen abgefeuert, während sich die Reihe der Höflinge, Priester, Offiziere und ausländischen Gäste über fast 800 Meter Eis vorarbeitete.[4] Weder der Patriarch noch die Nonnen waren zugegen, was man sich 30 Jahre zuvor nicht hätte vorstellen können.

Das 18. Jahrhundert repräsentierte das klassische Zwischenspiel des Kreml. Fünfhundert Jahre lang hatte die Zitadelle die königliche Kultur Moskaus getragen wie eine Arche und die Illusion genetischer Kontinuität während einer grandiosen Abfolge von Katastrophen aufrechterhalten. Doch während Peters Herrschaft wurden viele zerbrechliche Trophäen der Vergangenheit fortgeschwemmt, da sich eine reformierende Flut über die Hofpolitik und die Hochkultur ergoss. Als Erstes kam es zur Beseitigung des Strelizenkorps und zur radikalen Umbildung des Hofes. Dann wurde das Amt des Patriarchen abgeschafft, und auch weitere Aktionen schränkten die Macht und den Reichtum der Kirche ein. Aber die folgenschwerste von Peters Reformen war seine Entscheidung, den Hof nach St. Petersburg zu verlegen, wonach der

Kreml verwaist und isoliert war. Zu dem Zeitpunkt, als die Frau seines Enkels, die in Deutschland geborene Kaiserin Katharina die Große, den Thron 1762 bestieg, war die Zitadelle nicht mehr der religiöse und administrative Kern einer rückständigen Regierung. Stattdessen war sie ein weiterer Ort für die Darstellung und Ausübung von Macht geworden – wesentlich für manche zeremonielle Zwecke, recht teuer und beeindruckend, doch nicht das, was eine blaublütige Person sich jeden Tag wünschte. Der Kreml hatte einen gewissen Nutzen, war voll von historischen Raritäten, und die ärgerlichen Moskowiter hingen unverändert an ihm, doch bei aller Mühe (und die gab Hoheit sich wirklich) war es unmöglich, dort ein zivilisiertes Leben zu führen.

Es fällt stets schwer, sich den historischen Kreml auszumalen, nicht zuletzt weil sich die gegenwärtige Version so eingeprägt hat. Die Tatsache, dass es so wenige Zeichnungen gab – und schon gar keine, in denen die europäische Technik der perspektivischen Darstellung verwendet wurde –, erschwert die Aufgabe noch mehr. Aber zu Beginn von Peters Herrschaft, in den letzten Jahren des 17. Jahrhunderts, änderten sich die Bilder.[5] Peter war der erste russische Monarch, der die Druck- und Gravierkunst intensiv förderte und sie für weltliche Zwecke einsetzte. Ein Niederländer, Adriaan Schoenebeck, führte ihm vor, was ein guter Graveur leisten konnte.[6] Schoenebecks Stiefsohn Pieter Picart (1668–1737) und russische Kollegen wie Iwan und Alexej Subow schufen später alle bedeutenden Landschaftsbilder aus der Zeit von Peters Herrschaft, darunter (im Jahr 1707/08) die berühmte *Ansicht Moskaus von der Steinbrücke*.[7] Dank der perspektivischen Darstellung sowie der strengen Schulung der Künstler wurde der Kreml endlich in drei Dimensionen eingefangen, und in den folgenden Jahren ließen die Größe und Qualität des Papiers, das den besten Druckern des Landes zur Verfügung stand, eine breite, sogar umfassende Sicht zu.

Wenn ich nachzuempfinden versuche, wie man unter Peter dem Großen im Kreml lebte, kommen mir monochrome Stiche jedoch seltsam stumm vor. Gewiss, sie sind schön, doch ein Teil ihrer Schönheit liegt in ihrer Ausgeglichenheit. Klassische Landschaftskünstler wurden nicht dazu ausgebildet, das Chaos eines kulturellen Zusammenbruchs zu erfassen. Dafür müssen wir uns Geräusche vorstellen. Peter liebte Lärm, und er machte so viel davon, dass die Kreml-Bewohner ihm vermutlich mit benommener Erleichterung nachwinkten, wann immer er in den Sattel stieg, um den zweistündigen Ritt zum königlichen Jagdgut in Preobraschenskoje zu bewältigen. Dort zog er es vor, seine Mußezeit zu verbringen, besonders bis in die späten 1690er Jahre hinein. Sobald er verschwunden war, konnten die Kreml-Heiligen ungestört in ihren silbernen Krypten schlafen, während Priester und Mönche die Luft mit ihrem unbegleiteten, hypnotischen Gesang erfüllten.[8] Unterdessen wurden die königlichen Frauen, auf der anderen Seite des Platzes und hinter den überdachten Stufen, von nichts Schrillerem gestört als den Protesten ihrer gefangenen Papageien. Natürlich hörte man auch Kirchenglocken und die Klänge von Galloways Uhr, aber dies waren Geräusche, die das Kremlpersonal kontrollieren konnte. Die Festung war daran gewöhnt, ihre eigene Lärmkulisse in der Gewalt zu haben.

Die erste Belästigung mag der Krach einer Kindertrommel gewesen sein. Schon als Junge spielte Peter Soldat mit den Palastzwergen, doch als er heranwuchs, wurde die Phantasiewelt ernster. Diesen Zaren zog es stets hin zu Geschützen und Seilen und Werkzeugtaschen. Schon mit 13 oder 14 Jahren gründete er zwei Regimenter in Preobraschenskoje. Man tat sie zunächst als Sandkastensoldaten ab, doch das Semjonowski- und das Preobraschenski-Regiment waren die Vorläufer seiner künftigen Elitegarden. Sie setzten sich aus einer Gruppe seiner eigenen Freunde, unbeschäftigten Mitgliedern des Palastpersonals und einer Handvoll regulärer Soldaten und ausländischer Offiziere zusammen, doch bald waren ihre Übungen keine bloßen Spiele mehr. Die Kanonenkugeln, die Peters Männer abfeuerten, waren echt, und seine Pistolenschüsse hatten manchmal zur Folge, dass die Opfer blutend im Gras liegen blieben. Peter selbst spielte häufig die Rolle eines Kanoniers, eines gemeinen Soldaten, der Befehle von oben entgegennehmen musste, doch niemand bezweifelte je, wer die Autorität hatte, andere zu töten.

Trotz seiner Vorliebe für Preobraschenskoje drückte sich der Mit-Zar nicht vor seinen Pflichten im Thronsaal.[9] Er legte den kurzen Ritt zum Kreml regelmäßig zurück, und am Ende der 1680er Jahre dominierte seine schlaksige, unbeholfene Gestalt den dortigen königlichen Rat. Mit seiner Eheschließung im Jahr 1689 hielt er sich an das Kreml-Protokoll, aber kein Zugeständnis an die Tradition konnte die Verschwörungen verhindern, die seine Halbschwester, Regentin Sofia, und ihr enger Freund Golizyn gegen ihn ausheckten. In einer Augustnacht des Jahres 1689 war verzweifeltes Hufgetrappel zu hören, als Peter (angeblich im Nachthemd) aus Preobraschenskoje floh, nachdem er erfahren hatte, dass Strelizen zu seiner Ermordung ausgesandt worden seien. Er machte erst halt, als er das Dreifaltigkeitskloster des heiligen Sergius, 65 Kilometer außerhalb der Hauptstadt, erreichte. Von dort berief er den gesamten Hof ein, ähnlich wie Iwan der Schreckliche, der die Bojaren 1564 gezwungen hatte, den gleichen Weg nach Nordosten einzuschlagen. Bis zum 9. September gelang es Peter, außerhalb der Kremlmauern die Macht an sich zu reißen und jede Möglichkeit für seine Schwester zu beseitigen, ihre Regentschaft zu einer lebenslangen Herrschaft auszuweiten. Golizyn wurde verhaftet und verbannt, Sofia stand eine Existenz in vornehmer Ungnade bevor.[10] Eine Zeit lang war der Königspalast – abgesehen von Mit-Zar Iwan – eine leere Hülle, ein Käfig für adlige Damen und exotische Vögel.

Das Schweigen sollte nicht andauern. 1690 wurde Peters erstes Kind, ein Sohn namens Alexej, geboren. Als wollten sie das Geschrei des frisch gewickelten Kleinkinds übertönen, läuteten die Kremlglocken nach Kräften, und Priester in Weiß und Gold stimmten die üblichen Gebete an. Aber explosivere Geräusche waren eher nach Peters Geschmack. Wie ein Beobachter meldete: »Von Ausländern geführte Infanterieregimenter wurden im Kreml aufgestellt, wo sie Geschenke und Wodka (...) und den Befehl erhielten, Schüsse abzufeuern, was den Frieden der Heiligen und der alten Zaren Moskaus störte.«[11] Es war ein Hinweis auf die große Kakophonie der Zukunft. Im Sommer 1696 wurde das störendste Rattern vor den Fenstern der Festung von schweren Maurerkarren verursacht, die das Gelände als Abkürzung benutzten, besonders wenn der Zar nicht daheim war.[12] Doch dann, im Januar 1697, inszenierte Peter ein Spektakel, um seinen Sieg über die Türken beim Kampf um den Schwarzmeerhafen Asow zu feiern. Sein Vater Alexej Michailowitsch hatte beschlossen, die Soldaten nach alter

Art anzuführen – eine Nachstellung der Szenen aus Jerusalem –, als er 1655 mit Glanz und Gloria aus Smolensk zurückkehrte. Peter teilte den Glauben seines Vaters (er wich nie von den religiösen Praktiken der Orthodoxie ab), aber die Metaphern, die er im Hinblick auf die Armee bevorzugte, waren die des imperialen Rom. Das Erlöser-Tor, so wichtig für Hofrituale in anderen Zeiten, war kein Teil seiner Zeremonie, und seine Parade beschränkte sich nicht auf das heilige Gelände zwischen dem Erlöser-Tor und der Basilius-Kathedrale, das nun als Roter Platz bezeichnet wurde. Stattdessen wählte Peters Organisator eine freie Fläche und beauftragte die Kreml-Künstler, einen klassischen Triumphbogen zu bauen (sie mussten sich an Zeichnungen orientieren, denn es handelte sich um eine neue Idee), auf dem nicht nur Bilder von Mars und Herkules, sondern auch von höchst unrussischen Lorbeerkränzen zu sehen waren.[13]

Durch den Bogen wurde irdische Macht gepriesen, und er befreite den siegreichen Zaren von der Kremlgeographie, von Jerusalem und allem Zubehör, denn nun konnte er seine Triumphfeiern überall veranstalten – er benötigte nur ein angemessenes Areal – und die ganze Stadt mit Lärm erfüllen. Tagsüber ertönten Trommeln, Kanonen und Trompeten, während sich die Festlichkeiten am Ort seiner Wahl fortsetzten. Bei Nacht vernahmen die Moskowiter das Knallen von Feuerwerkskörpern. »Wenn du einen Russen durch Musik erfreuen willst«, hatte Dr. Collins Jahre zuvor, unter der Herrschaft von Peters Vater, geschrieben,

> »dann hol dir ein Ensemble von Billingsgate-Nachtigallen, dazu einen Schwarm Schrei-Eulen, ein Dohlennest, ein Rudel hungriger Wölfe, sieben Schweine an einem windigen Tag und genau so viele Katzen mit ihren Nebenbuhlerinnen und lass sie Lachrymae singen. Das wird ein Paar russische Ohrmuscheln stärker entzücken als sämtliche Musik in Italien.«[14]

Johann Korb, der Sekretär der Habsburger Gesandtschaft in Moskau in den 1690er Jahren, zeigte sich kaum mitfühlender. »Die den Russen geläufige Melodie ist durch ihre für das Gehör unangenehme Harmonie eher geeignet, das Herz noch mehr in Traurigkeit zu versetzen, als es zu kühner, kriegerischer Tatkraft zu erheben. Eine Totenklage ist es, was sie anstimmen; edle kriegerische Triebe zu entfachen, das verstehen sie nicht«, schrieb er. Aber die Russen seien versiert darin, Lärm zu machen: »Die Instrumente dieser Musik sind zumeist Jatumeen und Trommeln.«[15] Durch die Asow-Feier kamen das einen ganzen Tag andauernde Geläute der Kremlglocken, das Stampfen und Schnauben von Pferden auf dem Exerzierplatz, das Bellen von Hunden und das Dröhnen endloser Reihen marschierender Stiefel hinzu. Abgesehen von dem vernichtenden Tosen der Flammen müssen es die aufdringlichsten Laute gewesen sein, unter denen Moskau seit Jahrzehnten gelitten hatte.

Nachdem der letzte Feuerwerkskörper zu Asche geschrumpft war, flaute der Lärm um den Kreml für eine Weile ab. Aber das Leben in Preobraschenskoje und gewiss auch in den wunderbaren Villen des nahen Deutschen Viertels sah anders aus. Dort, hauptsächlich im Palast des Schweizer Soldaten Franz Lefort, hörte Peter zum ersten Mal europäische Musik, die Streich- und Holzblasinstrumente aus einer anderen Welt. Sogar die lautesten Instrumente wurden jedoch von unregelmäßigen Explosionen ohrenbetäubenden männlichen Gelächters übertönt, welche die Musik stets zu begleiten schienen. Peter gründete die Parodie eines Hofes, die »Allzeit scherzende und trunkene Versammlung«, deren Vergnügungen skandalös waren. 1699 berichtete Korb über eine Feier in Leforts Villa, bei der »ein nachgeäffter Patriarch [auftrat], gefolgt von der ganzen Szenerie einer theaterhaften Geistlichkeit«. Peters früherer Lehrer Nikita Sotow habe sich eine Mitra aufgesetzt. Diese

> »zierte ein Bacchus, dessen vollständige Nacktheit die Augen an zügelloses Wesen gemahnte. Cupido und Venus waren die Abzeichen des Hirtenstabes, auf daß man deutlich erkenne, welcher Art die Herde war, die er hütete. Auf ihn folgte die übrige Schar der Bacchanten. Die einen trugen große, mit Wein gefüllte Krüge in den Händen, andere Met, dort Bier und Branntwein.«

Die Kirche hatte Tabak als »Weihrauch des Teufels« bezeichnet, doch Peter liebte ihn. Korb merkte an:
»Und da mitten im kalten Winter die Schläfen nicht mit Lorbeer umwunden werden konnten, trugen sie Schalen voll luftgetrockneten Tabakkrautes einher, das sie anbrannten, um sich in allen Winkeln des

Palais herumzutreiben und aus dampfender Kehle äußerst angenehme Düfte und den Bacchus höchst lieblich dünkendes Räucherwerk auszuatmen.«[16]

Die Traditionalisten waren natürlich entsetzt. Nicht der Wandel selbst (den sogar der gesegnete Zar Alexej in seinen späteren Jahren begrüßt hatte), sondern Peters Pandämonium erschütterte die Mauern. Im satten Kerzenlicht des Kreml neigten sich bärtige Schatten und verschmolzen miteinander; ihr Geflüster verlor sich im tiefen Samt und in den anschwellenden Gebeten. Dies war schließlich Russland, und manch einen hatte man wegen minderer Freveltaten als denen Peters ausgepeitscht. Doch genau das war Sinn der Sache: Peters Hof brach die alten Regeln vorsätzlich. Jedes Mitglied, ob als Fürst oder als Bäckerssohn geboren, gehörte ihm durch Peters Gnade an. Während die Elite des Zaren früher Zeremonien in der Kathedrale und in den Palastsälen hatte beiwohnen müssen, war die jetzige verpflichtet, im Rausch an Spielen teilzunehmen. Es gab keine andere Möglichkeit, sich in der Nähe des Souveräns aufzuhalten. Und Peter konnte die Bedingungen beliebig diktieren und ändern; seine Gefolgsleute wandelten fast jedes Mal, wenn er ein Glas hob, auf einem schmalen Grat zwischen Hingabe und blinder Furcht.[17] Niemand konnte sich je völlig sicher fühlen. Nikita Sotow, der nackte Würdenträger, den der schockierte Korb erwähnt, wurde später, als alter Mann, gezwungen, eine erniedrigende Scheinehe vor einem Publikum aus Gästen zu schließen, die groteske Masken trugen und eine Gruppe von Tanzbären bei sich hatten. Man bediente sich sogar eines Pseudoorchesters, dessen Mitglieder Flöten und Hörner bliesen und mit den Palasttellern schepperten.[18]

Die Opposition, die sich aus Konservativen, enttäuschten Strelizen und den unverwüstlichen Anhängern Sofias zusammensetzte, wuchs und begann, Pläne zu schmieden. Aber zuerst kam es zu einem überraschenden Intermezzo. Im März 1697 nahm Peter vorübergehend Abschied von Russland. Kein Zar war seit der Ära der Goldenen Horde ins Ausland gereist, doch dieser hielt sich nicht an derartige Präzedenzfälle. Er scharte ungefähr 200 junge Adlige um sich, übertrug Franz Lefort und zwei der besten Moskauer Diplomaten die Gesamtleitung des Staates und brach unter dem Pseudonym Peter Michailow (durch das niemand hinters Licht geführt wurde) nach Europa auf. Teils war die Große Gesandtschaft eine Erkundungstour, welche die Möglichkeit bot, sich aus erster Hand über Schiffe, Wissenschaft und europäische Sitten zu informieren. Für Peter Michailow war sie jedoch auch ein weiteres sogenanntes Spiel, und er verbrachte Wochen auf niederländischen und englischen Werften, wo er sich häufig als einfacher Seemann ausgab. Aber der unkonventionelle Monarch achtete auch darauf, seinen diplomatischen Beitrag zu leisten, weshalb sich seine Delegation einige Zeit im Kensington-Palast Wilhelms III. (der Zar quartierte sich in Deptford ein) sowie im Wien der Habsburger aufhielt. Peter weilte noch am österreichischen Hof, als er erfuhr, dass das Deutsche Viertel in Moskau und sein Thron zu Zielen eines Putsches der Strelizen geworden waren. Als ihn die Nachricht im Sommer 1698 erreichte, war das Schlimmste bereits überstanden. Seine loyalen Generale, darunter Alexej Semjonowitsch Schein, der Held von Asow, hatten die militärische Situation sofort gemeistert. Außerdem hatte sein Trinkbruder Fjodor Romodanowski, in seiner Eigenschaft als Peters Stellvertreter und Geheimpolizeichef, die Jagd nach Verschwörern eingeleitet. Gleichwohl wurde es Zeit heimzukehren.

Der Zar brach sein ausländisches Abenteuer unverzüglich ab. Er ritt innerhalb von vier Wochen direkt nach Moskau und traf nachts im Kreml ein. Laut Korb betrat er die Festung »in schweigender Nacht« und »ersättigte das Vaterherz einigermaßen an der holden Kindlichkeit des prinzlichen Sohnes, küßte ihn zu dreimalen, zeigte noch auf vielerlei andere Weise seine Vaterliebe und begab sich dann in seine Behausung aus Ziegelwerk in [Preobraschenskoje] zurück, ohne seine Gemahlin, die Zarin, gesehen zu haben, die ihn eine in mehreren Jahren herangereifte Abneigung verschmähen läßt«.[19] Jewdokia Lopuchina, die Gemahlin, von der die Rede war, hatte nichts mit irgendeiner Verschwörung zu tun, doch ihre konservative Art und ihre unsympathische Sippe ließen Peter kalt. Inzwischen war der Zar ohnehin zutiefst verstrickt in die Beziehung zu seiner deutschen Mätresse Anna Mons, die in seinem geliebten Ausländerviertel wohnte. Bis zum folgenden Frühjahr, als er Jewdokia zwang, den Schleier zu nehmen, war der Kreml mit seinen stickigen *terema* der beste Ort, an dem er sie sich selbst überlassen konnte.

Im September begann das neue Jahr im alten Russland, und Peter plante, es unvergesslich zu machen. Kaum war er im Hof seines Vorstadtpalastes vom Pferd gestiegen, als er bereits nach Barbieren rief. Das archaische Russland hatte sich seiner Herrschaft zum letzten Mal widersetzt. Am 26. August 1698, als die Moskauer Elite zu den rituellen Kniefällen vor dem Zaren nach Preobraschenskoje eilte, nahm Peters seltsame Kampagne ihren Anfang. Er wollte, dass seine Untertanen möglichst so aussahen – und dachten – wie die Europäer, die er gerade besucht hatte. Die ersten Bärte, die geschoren wurden, waren die von Romodanowski und Schein, aber Peters Blick verharrte länger auf den Zweiflern und Gegnern in der Menge. Bevor das neue Jahr anbrach, hielt Schein, nun mit bleichem Kinn, ein üppiges Festessen ab. »Bojaren, Schreiber und Offiziere waren in fast unglaublicher Menge, auch Schiffsknechte in großer Zahl zusammengeströmt«, verzeichnete Korb. »Der Zar mengte sich öfters unter sie, teilte Obst aus und beehrte noch dazu den nächstbesten mit der Anrede ›Bruder‹. Das Krachen von 25 Geschützen verkündete jeden feierlichen Trinkspruch.«[20] Auch künstliches Gelächter hallte im Saal wider. Bis zum Morgengrauen hatte das Rasiermesser des Barbiers Hunderte von Gesichtern entblößt.

Die Strelizen standen als Nächste auf Peters Liste. Die Ankündigung wurde in Preobraschenskoje gemacht, doch ihre Folgen waren überall zu spüren. »Rings um meine Residenzstadt«, schrieb Peter, »will ich an Mauern und Wänden Schandpfähle und Galgen errichten und alle und jeden eines grauenvollen Todes sterben lassen.«[21] In Wirklichkeit hatten die Inquisitoren ihr Werk bereits begonnen, das heißt, sie folterten die Strelizen in Gruppen von jeweils 30 Mann. Dadurch sollte herausgefunden werden, wer die Soldaten zu ihrer Revolte angestiftet hatte, doch gleichzeitig führte man der Welt vor, wer das Sagen hatte. Korb berichtete:

> »Man peitschte die Attentäter aufs grausamste, brachte sie, falls damit das verstockte Schweigen noch nicht gebrochen war, mit den wunden von Blutgerinnsel und Eiter triefenden Rücken ans Feuer, damit durch

das langsame Rösten der Haut und des kranken Fleisches die scharfen Schmerzen unter entsetzlichen Qualen bis ins Mark der Knochen und bis zu den Nervenspitzen dringen konnten.«[22]

Das letztliche Opfer der Jagd war keine andere als Sofia. Peter hatte ihre Schuld ohnehin vorausgesetzt und sie für die Anstifterin des Komplotts zu seinem Sturz gehalten. Deshalb hatten die Foltern überwiegend den Zweck, die Anklage gegen sie zu untermauern. Wie vorauszusehen war, erreichten die Vernehmer ihr Ziel, und die frühere Regentin wurde dazu verurteilt, den Rest ihres Lebens als Nonne im Neujungfrauenkloster zu verbringen. Dieser Gebäudekomplex war, wie der Kreml, normalerweise ruhig und exklusiv, doch keine Mauer konnte die bitteren Geräusche der Rache des Monarchen von den Straßen fernhalten. Nachdem Peter seine Untersuchung beendet hatte, befahl er, die Strelizen-Siedlung am Südufer der Moskwa niederzureißen und zu verbrennen. Gleichzeitig begannen seine Henker ihr Werk. Viele Strelizen wurden aufgehängt, manche gerädert und andere geköpft. Peter selbst spielte zuweilen den Scharfrichter, denn er ergötzte sich an dem dumpfen Aufschlag des Beiles und dem Spritzen des Blutes. Romodanowski, Lefort und mehrere andere Adlige folgten seinem Beispiel, denn das Foltern und Töten galt, wie die Rasur und die Trinkgelage, als Loyalitätstest.

Die Blutbäder wurden täglich, auch sonntags, neu inszeniert. Insgesamt richtete man – entweder in Preobraschenskoje oder unterhalb der Kremlmauern – 1182 Strelizen hin. Wie Peter verfügt hatte, wurden die verstümmelten Körper an Galgen zur Schau gestellt und die abgetrennten Köpfe auf Pieken gespießt. Einige Strelizen knüpfte man vor Sofias Kloster auf, damit sie die Leichen durch ihr kleines Zellenfenster betrachten konnte. Viele wurden an den Eisenhaken der Kremlmauern aufgespießt. In der Morgendämmerung vibrierte die Luft unter den Flügelschlägen und dem Gezeter der schmausenden Krähen. Danach hörte man in Moskau viele Jahre lang die Redensart: »Wo eine Zinne ist, findet man den Kopf eines Strelizen.«[23]

Am 19. Dezember 1699 wurde dem russischen Volk befohlen, das kommende neue Jahr an einem ungewohnten Datum, nämlich am 1. Januar, zu feiern. Man solle sich auf Feuerwerk und Festlichkeiten einstellen, und die Artillerie werde eine ganze Woche lang auf dem Roten Platz ballern. »Zum Zeichen des Frohsinns«, wies der Zar an, hätten die Bürger einander wohl oder übel ein glückliches neues Jahr zu wünschen, und alle wurden aufgefordert, ihre Heime mit Festbäumen wie Kiefern und Fichten zu schmücken. Die Vermögendsten hätten ihre Häuser zu öffnen und jedermann Gastfreundschaft zu gewähren.[24] Der große Reformer unternahm einen überstürzten Versuch, von Europa zu lernen. Vier Tage später erfuhren die Adligen, welche Kleidung sie zu tragen hatten, nämlich kurze (skandalöse) »ungarische« Mäntel; man stellte Modepuppen zur Schau, damit die Untertanen des Zaren genau wussten, was ihm vorschwebte.[25] Obwohl der Kreml eine abgeschiedene und konservative Umgebung blieb, wurden die verwöhnten und zurückgezogenen Frauen der alten Elite bald bedrängt, ihre Gesichtsschleier aufzugeben. Die heftigste Opposition ging von den Altgläubigen aus. In ihren Augen war Peter bestenfalls ein Wechselbalg (ein »Deutscher«) und schlimmstenfalls das Geschöpf des Antichrist.[26] Das schwere Stampfen seiner ausländischen Stiefel, murmelten die Gläubigen überzeugt, sei nichts anderes als der Hufschlag des Teufels.[27]

Nicht alle Reformen Peters ereilten Russland aus heiterem Himmel. Die Kirche befand sich seit den Tagen Filarets im Aufruhr. Die Ungeduld des Zaren über kirchliche Einmischungen (1698 hatte er den Versuch des Patriarchen, die Strelizen zu retten, zurückgewiesen[28]) reflektierte den breiteren Konsens des 18. Jahrhunderts, dass sich die Religion auf ihre eigene, rasch schrumpfende geistliche Sphäre beschränken solle.[29] Und viele sonstige Änderungen wurden durch die Notwendigkeit militärischer Reformen bewirkt. Infolge der Herrschaft Iwans des Schrecklichen und des sich anschließenden Jahrhunderts der Wirren und Unruhen war jegliche Möglichkeit verflogen, dass Russland ein moderner europäischer Staat werden würde. Später waren die Pläne der Reformer an den Ängsten ihrer Kollegen und häufig auch an Geldmangel gescheitert. Aber Russland konnte sich nur dann gegen die Europäer behaupten, wenn es sich neu organisierte und bewaffnete. Allein um an der Ukraine festzuhalten (und Peter wollte stets mehr), musste der Zar seine Heere und deren fiskalischen Unterbau dem Vorbild der Mächte angleichen, die Russland jenseits des Dnepr und des Don gegenübertraten. Gewiss, Peters Radikalismus beleidigte und schockierte manche Angehörige der moskowitischen Elite, doch ihre eigene kollektive Zielstrebigkeit war so schwach geworden, dass sie ihm keinen Widerstand leisten konnten.

Art und Umfang des Wandels liefen im Grunde genommen auf eine Revolution hinaus. Klassische Verweise – auf Bacchus, auf die Siegesgöttin oder Jupiter – sind heute so vertraut, dass man sich kaum vorstellen kann, welchen Anstoß sie im Russland des späten 17. Jahrhunderts erregten. Bis dahin hatten nur wenige russische Adlige ausländischen Boden betreten, und fast niemand verstand irgendetwas von klassischer Kunst oder Dichtung. Alle, die ihren Priestern lauschten, hielten Standbilder (ob bekleidet oder nicht) für götzendienerisch. Was die große Mehrheit des russischen Volkes betraf, die Bürger, die sich verbeugten und bekreuzigten, wenn sie an einer Kirche vorbeigingen, so verabscheuten sie Rom mit all seinen Ketzereien. Aber im frühen 18. Jahrhundert brachen ein ganzes Pantheon antiker Gottheiten, Jahrhunderte klassischer Kunst und verwirrende Mengen bildlicher Skulpturen, oftmals weibliche Aktdarstellungen, mit dem Ungestüm einer angreifenden Horde über das orthodoxe Russland herein. Wie Lindsey Hughes, Peters britische Biographin, einfühlsam erläuterte, konnte niemand außerhalb der Hofelite die Bezüge auch nur annähernd verstehen. Als ein Schreiber im Jahr 1701 Neuerwerbungen für Peters Rüstkammersammlung katalogisierte, verzeichnete er einen silbernen Globus, auf dem »zwei Männer« saßen, »ein großer, der einen Hut, mit Flügeln daran und an seinen Füßen, trägt«.[30] Offensichtlich hatte er keine Ahnung, dass es sich um Merkur handelte.

Neue Gebäude veränderten die Moskauer Atmosphäre noch umfassender. Zuerst kam der Sucharew-Turm, den Peter in den 1690ern in Auftrag gab. Ursprünglich ein Torhaus an der Straße, auf der er zum Dreifaltigkeitskloster des heiligen Sergius geritten war, wurde der Bau zu einem so imposanten Wahrzeichen wie der Erlöser-Turm des Kreml. Seit 1701 beherbergte seine dritte Etage Peters neue Schule der Mathematik und Navigation, während seine oberen Kammern als Observatorium benutzt wurden.[31] Ein weiterer Turm (mit knapp 81 Metern kurzfristig einer der höchsten Moskaus) war Teil einer Kirche auf dem Stadtgut von Peters Vertrautem, einem Höfling aus einfachen Verhältnissen namens Alexander Menschikow. Bis die schmale Spitze von einem Blitzschlag umgeformt wurde, ließ sie die Gestaltung des künftigen St. Petersburg erahnen. Peter persönlich befahl Veränderungen in der Nähe des Roten Platzes. Zunächst ließ er (wieder einmal) den gefährlichen improvisierten Markt entfernen, der auf den Platz übergriff, und dann, 1699, errichtete er im Rahmen einer breiteren Kampagne gegen Volksheilmittel und allgemeine bäuerliche Ignoranz eine eindrucksvolle dreistöckige Apotheke.[32] Wie der stets sarkastische Korb anmerkte, war nicht jeder zufrieden. »Vorher, so hörte man vielfach klagen, kam man durch den Schutz allbekannter Heilmittel, die man nicht zu kaufen brauchte, zu hohen Jahren und grauem Haar«, erinnerte sich der Habsburger Diplomat. »Jetzt ist das Sterben teurer und schneller, weil der Gebrauch der Medizinen die Natur schwächt.«[33]

Während sich all diese Umbauten vollzogen, wurde der Kreml im Juli 1701 von einem besonders brutalen Feuer nahezu verzehrt. Die Flammen erfassten die ganze Festung, zerstörten sämtliche Holzvillen und entkernten sogar die Steinhäuser. Auf Jahre hinaus besaßen einige Palastgebäude keine Dächer, Türen oder Fenster. Viele Büros der *prikasy*, darunter die angesehene Kanzlei für auswärtige Angelegenheiten, brannten bis auf die Grundmauern nieder, und obwohl der Wiederaufbau 1703 begann, wurden nicht alle restauriert. Zahlreiche Beamte mussten sich nach behelfsmäßigen Unterkünften umsehen oder nach Kitai-Gorod und in die Weiße Stadt ziehen, um bessere Räumlichkeiten zu finden.[34]

Peter sah die Zerstörung jedoch als Gelegenheit. Fast unverzüglich ließ er die am stärksten beeinträchtigte Fläche, ein großes Dreieck in der Nähe des Nikolski-Tors, räumen, und im Januar 1702 hielt das Kremlpersonal die Ankunft »aller möglichen Lieferungen« für ein gewaltiges neues Gebäude fest.[35] Das geplante Arsenal sollte Peters Markstein im Kreml werden. Ein Stich von Adriaan Schoenebeck zeigt einen Eingang, den klassische Säulen und Giebel, römische Götter und ein furchterregender russischer Doppeladler flankieren. Unter dem Adler wurden 26 Wappen, welche die größer gewordene Zahl russischer Provinzen repräsentierten, nach Rücksprache mit der Kanzlei für auswärtige Angelegenheiten hinzugefügt.[36] Die einheimischen Maurer begehrten auf, als ein Sachse namens Christoph Conrad zur Beaufsichtigung der Arbeit angestellt wurde, und weitere Vorwürfe folgten im Winter 1713, als das halb fertige Dach einstürzte.[37] Es dauerte weitere zehn Jahre, bis man das Gerüst abbauen konnte, doch zu jenem Zeitpunkt gab es keinen Widerstand mehr gegen den importierten europäischen Stil.

Der neue Klassizismus passte nicht recht zum Kreml, und in Wahrheit hätte ein Zar, der sich breite Straßen und gerade Gebäudereihen wünschte, niemals komfortabel in der ehrwürdigen Festung wohnen können. Peter sehnte sich danach, einen Platz für seine eigene Version des Moskauer Deutschen Viertels zu finden, das so gepflegt wirkte, dass ein italienischer Besucher meinte, die Häuser sähen aus »wie Särge«.[38] Der Zar dachte zurück an die Nächte, die er mit Franz Lefort in gemischter (und wüster) Gesellschaft verbracht hatte, und an die Tage, die im Stil des Habsburger Hofes verbracht worden waren. Aus einer solchen Perspektive glich der Kreml einer keifenden unverheirateten Tante, die sich hartnäckig weigerte zu sterben (doch deren Besitz zu wertvoll war, als dass man ganz darauf hätte verzichten können). Als sich Peter von der Enge der alten Gebäude verabschiedete, brach er mit den Traditionen der moskowitischen Politik. Bald würde er sich als Peter I. bezeichnen und den formellen Vatersnamen, den seine Vorgänger bevorzugt hatten, fallen lassen. Nachdem er nicht mehr an die Genealogie gebunden war und nicht länger im Dienst der alten Stätten und heiligen Zeremonien stand, konnte er selbst entscheiden, wo die Macht ausgeübt werden, welche Symbole sie entwickeln sollte und auch, wie er die Kremlflächen nutzen konnte, deren Anordnung jahrhundertelang die Rituale seiner Ahnen vorgegeben hatte.[39]

Natürlich würde er sich auch eine neue Hauptstadt bauen. Der längste Feldzug in Peters Leben begann im Jahr 1700 mit einem Bündnis gegen Schweden. Die Große Gesandtschaft des Zaren hatte Riga auf ihrer europäischen Reise besucht, und Peter behauptete nun, die Schweden hätten ihn herabgesetzt. Außerdem hörte man (wahrscheinlich fingierte) Gerüchte, dass die Schweden ihrerseits planten, die nördlichen Handelsstädte Russlands, darunter Nowgorod, Pskow und Archangelsk, anzugreifen.[40] In Wirklichkeit könnten Peter und seine Verbündeten, Christian V. von Dänemark und August II. von Polen und Sachsen, beschlossen haben, sich die Unerfahrenheit des neuen schwedischen Herrschers, des 18-jährigen Karl XII., zunutze zu machen. Aber das erwies sich als Fehlkalkulation. Der asketische Schwede war, wie sich herausstellte, ein noch beherzterer Krieger als Peter, und im November 1700 erlitten die Russen, die viermal mehr Soldaten aufgebracht hatten als Karl, eine vernichtende Niederlage in Narwa an der Ostseeküste. Über 10 000 russische Leben wurden ausgelöscht, 150 Geschütze erbeutet, und Peter sah sich zur (schmählichen) Flucht gezwungen.[41] Die militärische Eisenzeit Russlands begann mit einer Katastrophe.

Die sich anschließenden Siege verdankten sich wahrscheinlich eher Karls niedriger Meinung über Peter als russischem Heldenmut auf dem Schlachtfeld. Seit 1701 wurde der Hauptteil der schwedischen Armee durch Kriege mit Polen und Sachsen in Anspruch genommen. Konfrontiert mit einer kleineren Streitmacht, gewannen die Russen eine Reihe von Schlachten und eroberten im Oktober 1702 die Festung Nöteborg (Schlüsselburg) am Ladogasee. Im folgenden Frühjahr besetzten russische Soldaten eine schwedische Siedlung namens Nyenkans weiter südlich an der Newa. Nach einer Bootsfahrt, auf der Peter die strategischen Möglichkeiten des tiefliegenden Deltas abschätzte, wählte er eine flussabwärts gelegene Insel, welche die Finnen Yannisaari nannten, für seine eigene Verteidigungsstellung. Der Ort wurde im Sommer 1703 an Peters Namenstag von russischen Priestern geweiht. So karg, isoliert und trostlos er erscheinen mochte, war dies der Kern des künftigen St. Petersburg.[42]

Moskau zahlte einen üblen Preis für Peters Abenteuer. Jahrelang bestand die konkrete Gefahr, dass die Schweden die russische Hauptstadt direkt angriffen. Der Renaissance-Kreml wäre ein leichtes Ziel für ihre europäischen Geschütze gewesen, weshalb Peter anordnete, die Zitadelle stärker zu befestigen. Im Jahr 1707 holte er seine besten Belagerungstechniker herbei und ließ sie Gruben für 18 massive Bollwerke nach niederländischen Entwürfen ausschachten.[43] Dazu mussten Sand- und Holzberge mitten in der geschäftigsten Stadt Russlands verlagert werden, was bedeutete, dass man Straßenverkäufer und Handelssäle verdrängte und sogar Alexej Michailowitschs geliebten Apothekengarten umpflügte. Anfangs ließen sich die Baumeister infolge des Geldmangels Zeit, doch im Oktober 1707 schlug Peters Sohn Alexej Petrowitsch vor, jedes Bollwerk einem spezifischen Bojaren zuzuweisen. Die Liste, die schließlich gebilligt wurde, las sich wie ein letzter Namensaufruf des historischen Moskowien: Die beiden ersten Bastionen wurden Peter und seinem Sohn zugeteilt, doch dann kamen Golizyn, Dolgoruki, Saltykow, Prosorowski und all die anderen großen dynastischen Familien.[44] Es war die ehrgeizigste Ergänzung der Kremlbefestigungen seit der Zeit Iwans III. Dreißigtausend Arbeiter waren an dem Projekt, dem größten der Epoche in Russland, beteiligt. Am Ende hatte man ein Gewirr aus Zivilgebäuden und Marktbuden entfernt, und der Kreml war hinter einer Doppelreihe frisch aufgeworfener Erdwälle gefangen.[45] Der Eingriff entsprach dem Stand der jüngeren europäischen Militärwissenschaft, aber er führte auch zu einer tiefen Wunde im mittelalterlichen Zentrum der Stadt.

Peters Heere trugen letztlich den Sieg davon. Im Juni 1709 wurde eine schwedische Streitmacht unter Führung Karls XII. bei Poltawa in der Zentralukraine geschlagen. Die Feiern waren obligatorisch, verschwenderisch und laut. Man konnte Feuerwerke und Kanonenschüsse, Fanfaren, Trommler und russische Flöten bewundern. Die Hauptattraktion war ein Triumphzug durch Moskau im Januar 1710. Peter ritt hinter dem Preobraschenski-Regiment in die Stadt ein. Sein Weg war mit sieben Holzbögen klassischen Stils geschmückt, deren Inschriften den »Mars« und »Herkules« Russlands priesen, das heißt den Kaiser, der siegte wie ein römischer Gott. Es kostete ein kleines Vermögen, die nur kurzfristig vorhandenen Bögen zu entwerfen und zu errichten, doch die russischen Adligen wetteiferten nun begierig darum, die Kosten zu tragen. Alexej Subow stellte zum Gedenken die üblichen Stiche her – diszipliniert, erzählerisch, von klassischem Design; sie zeigen Prozessionen nach europäischer Art, ohne lange Gewänder, Pelzmützen und struppige Bojaren.[46] Jedes Detail wurde sorgfältig wiedergegeben, von dem Schwert in der Hand eines geschnitzten Gladiators an einem Triumphbogen bis hin zu den Dreispitzen der wirklichen Soldaten, aber der Kreml, das landumschlossene Relikt aus einer anderen Zeit, spielte kaum eine Rolle. Peter benutzte die Festung lediglich als zusätzliches Requisit. Deren Türme ließen sich gut mit Girlanden verzieren, und die Tore sahen imposant aus, wenn man sie mit Tausenden bunter Lampen beleuchtete.[47]

Durch seine Außenpolitik sicherte Peter Russland einen Platz an der europäischen Tafel. Moskowien war so gut wie vergessen, als ein neues, kaiserliches Russland die Bühne betrat. Seit 1721, der Unterzeichnung des Friedens von Nystad mit Schweden, dehnte sich das Russische Reich, das sich bereits vom Pazifik bis zum Dnepr erstreckte, auch an der Ostseeküste von Wyborg nach Riga aus und umfasste Teile Kareliens sowie mehrere Ostsee-Inseln. Doch im Herzen von allem, im Kreml, begann ein Zeitalter der Finsternis. Die Wende vollzog sich wahrscheinlich 1711, als sich der größte Teil der Regierungsgeschäfte nach St. Petersburg verschob. Peter verließ Moskau natürlich nicht als Einziger, sondern mit seiner Gemahlin, seiner Familie und dem üblichen Schwarm von Gardisten, Lakaien und Spitzeln. Die Zitadelle des alten Staates muss seltsam leer gewirkt haben.

Auch die Adligen waren hin und her gerissen zwischen den Annehmlichkeiten und der Vertrautheit Moskaus einerseits und den Beförderungschancen an Peters baltischem Hof andererseits. 1714 löste Peter das Problem für mindestens tausend von ihnen, denn er erließ einen Befehl, der sie zwang, mit ihren Haushalten in seine neue Stadt an der Newa umzuziehen. Laut einem Bericht von 1701 gab es zu Beginn von Peters Herrschaft innerhalb der Kremlmauern 43 signifikante Haushalte (*dwory*); fünf von ihnen standen Höflinge und den anderen 38 hochrangige Geistliche vor.[48] Dreißig Jahre später war selbst diese niedrige Gesamtzahl auf zehn geschrumpft. Ebenso hatte sich die Zahl der vermögenden Höflinge verringert, die an teuren Adressen in der Umgebung wohnten.[49] Man beschwerte sich allgemein über die Diebe und Grobiane, die sie auf den exklusiven und einst modischen Moskauer Straßen abgelöst zu haben schienen.[50]

Moskau blieb die »erste Hauptstadt«, doch mit der Zeit wickelte der Monarch immer weniger Geschäfte im Kreml ab. Seit Jahren führte

Peter seine Gespräche in Preobraschenskoje, von wo er auch zahlreiche Dekrete herausgab. Lediglich die großen Papierordner blieben im Kreml und stapelten sich in requirierten Räumen, von denen viele nie als Büros vorgesehen waren. Die Koordinationsprobleme verschärften sich besonders in Kriegszeiten, da Peter ständig umherreiste. 1711 schuf der Zar im Interesse der Effizienz ein völlig neues Gremium, den zehnköpfigen Senat, der das Land von Tag zu Tag verwaltete, wenn er sich auf einem Feldzug befand. Zwei Jahre lang kam der Senat in einem Gebäude hinter der Verkündigungs-Kathedrale des Kreml zusammen, aber als das Gremium nach Norden zog, blieb (abgesehen von einer neuen, weniger glanzvollen Regierung für Moskau) nur das Papier übrig. In den folgenden Jahren wurde in Berichten auf die Aktivitäten von Mäusen angespielt.[51]

Im Rahmen derselben Reform ersetzte man die *prikasy* durch »Kollegien«. Dadurch wurde die Regierung keineswegs übersichtlicher, sondern die Ämter vervielfältigten sich; etliche blieben in Moskau oder ließen dort ausgedehnte Unterbehörden zurück. Kurz, die adligen Politiker mochten verschwunden sein, doch ihre Kollegen von niedrigerem Rang zogen nun mit Ehefrauen, Dienstboten und Pferden in die Festung. Manche Palastgebäude – vornehmlich jene, die als Bäckereien und Speicher gedient hatten – wurden zu Büro- und gar inoffiziellen Mietshäusern gemacht.[52] Durch die Ankunft der Verwaltungsbeamten benötigte man mehr öffentliche Einrichtungen, darunter ein Untersuchungsgefängnis und mehrere Pranger. Auch eine Schänke entstand.[53] Die Gemächer der Zarenfamilie blieben unberührt, was allerdings in einer Stadt der Kälte und Feuchtigkeit auf ein Todesurteil hinauslief. Am Ende von Peters Herrschaft waren große Bereiche des alten Kreml-Palasts unbewohnbar geworden.

Derweil beauftragte man, um Peters Krieg bezahlen zu können, eine Gruppe von Bürokraten, den beiden großen Kreml-Klöstern Geld abzupressen. Durch die Beschlagnahme eines Teils des klösterlichen Vermögens setzte der Kaiser nur die Aktivitäten seines Vaters und anderer fort, und er ließ nicht die geringste Reue erkennen. Beispielsweise wurden die Ausgaben und die Steuerprivilegien der Kreml-Kathedralen und -Klöster im Zuge einer umfassenderen Prüfung unter die Lupe genommen. Zu den Anträgen, die man ablehnte, gehörte einer von der Verkündigungs-Kathedrale. Wie sich herausstellte, hatte ihr Personal seit Jahren überhöhte Kerzenbestellungen eingereicht, angeblich damit man Ersatz zur Hand hatte, falls sich die vorhandenen Kerzen wunderbarerweise von selbst entzündeten.[54] Zwei Jahre später, als der Patriarchenhof zugunsten einer Mönchskanzlei abgeschafft wurde, begann man, die Kircheneinnahmen zentral einzuziehen, und 1706 verloren die religiösen Stiftungen des Kreml wie alle anderen die Steuerfreiheit, die ihnen die unabhängige Kontrolle über Land und Leibeigene ermöglicht hatte.[55] Im Jahr 1721 beseitigte Peter das Patriarchat schließlich ganz und gar, und die großartigen Gebäude, die Nikon in den 1650ern hatte errichten lassen, wurden neuen Zwecken zugeführt. Die Kirchenoberhäupter traten nun in Form eines Komitees, des Heiligen Synods, zusammen. Die Atmosphäre war gedämpft, wenn nicht trist, denn Bürokraten verfügen niemals über das Charisma von wundertätigen Heiligen. Zudem änderte Peter die Regeln für die Verifizierung von Wundern, was bedeutete, dass jahrelang fast nichts für diese Kategorie in Frage kam.[56] Moskau hatte noch seinen Metropoliten, der in der Kathedrale vorbetete und die Prozessionen bei großen Festen anführte, aber der Sitz des Patriarchen in der Entschlafens-Kathedrale blieb leer.[57]

Damit begann sich auch die Bedeutung der Zitadelle zu wandeln. Einigen erschien sie als Wahrzeichen und Talisman, als Schmuckstück, doch im frühen 18. Jahrhundert wurde es möglich, sie in einem ganz anderen Licht zu sehen. Das ewige Moskau war ein Mythos, denn Peters Reformen hatten bewiesen, dass man Menschen zwingen konnte, in einer sich rasch verändernden säkularen Zeit zu leben. Mittlerweile war die Vergangenheit endlich zu Geschichte geworden, wodurch sich dem Kaiser und seinen engen Freunden ein neuer Zeitvertreib bot. Peter initiierte eine Reihe von Maßnahmen, um das, was er als »Raritäten« bezeichnete, katalogisieren, aufbewahren und erforschen zu lassen.[58] 1701 begann er damit, dass er dem Personal seiner Palastwerkstätten auftrug, ein Inventar der Kremlschätze herzustellen, möglicherweise mit dem Ziel, Bargeld aufzutreiben. Zu einem Zeitpunkt, da der reichste Mann Russlands, Sofias Mitverschwörer Wassili Golizyn, gerade Güter im Wert von 71 000 Rubel verloren hatte, vermutete man, dass Peters Schatzkammer ungefähr 250 000 Rubel enthielt.[59] Ein Jahrhundert nach der Zeit der Wirren, als so vieles verloren gegangen oder geraubt worden war, erschien dies als zufriedenstellende Summe. Und das Inventar als solches könnte das Interesse des Kaisers geweckt haben. In Europa hatte er Schlösser besucht, in denen Schätze nicht die Gestalt von heiligen Objekten oder von Bargeld im Safe, sondern von Kunstwerken annahmen. 1718 ließ Peter Teile der Kreml-Schatzkammer ausstellen, nachdem er Vitrinen für die erlesensten Stücke hatte anfertigen lassen.[60] Goldene Becher, Perlengewänder und juwelenbesetzte Schwerter, kurz zuvor noch Elemente des zeremoniellen Lebens, konnten nun von seinen Gästen bewundert werden wie die Relikte einer untergegangenen Zivilisation.

Daneben befahl Peter den Kirchen, Kathedralen und Klöstern seines Reiches, dem Senat ihre interessantesten Urkunden und Papiere zur Prüfung und zur möglichen Abschrift vorzulegen.[61] Traditionell war es die russische Kirche, die Aufzeichnungen über die Vergangenheit führte. Zwar widersetzte sich der Heilige Synod weiterhin dem Gedanken, dass jemand das Material durcharbeiten und ein Geschichtswerk schreiben könne (seine Verdammung enthielt Worte wie »sinnlos« und »betrügerisch«), aber Peters neue Sammlung bildete die Grundlage eines wertvollen Archivs für die Historiker späterer Zeiten. Durch eine Reform des Alphabets im Jahr 1708, die eine rationale Schrift für die Verwaltung hervorbringen sollte, wirkten viele ältere Dokumente noch exotischer. Und dann folgte eine Schatzsuche, die ebenfalls durch den Gedanken an halb vergessene Manuskripte inspiriert wurde. Seit Jahren munkelte man über Wertsachen und eine unbezahlbare Bibliothek, die Sofia Palaeolog, die Großmutter Iwans des Schrecklichen, aus dem verlorenen Byzanz gerettet und nach Moskau mitgebracht habe. Sie sei seit langem irgendwo unter dem Kreml vergraben, und ihre fabelhaften Reichtümer verlockten nun die gottlosen Kremlbewohner dieses ganz anderen Zeitalters. Die erste Suche wurde von Fjodor Romodanowski veranlasst, der die Ausgrabungen für Peters Arsenal nutzte, um nach verborgenen Gewölben zu fahnden (später behauptete er, zwei vollständige unterirdische Paläste entdeckt zu haben, was jedoch nie bestätigt wurde). 1724 begann ein *djak* namens Ossipow eine zweite Ausgrabung am Tainizki-Tor, die ein Jahrzehnt später mit dem Segen des Senats fortgesetzt wurde. Etliche erschöpfte Diener schichteten eine Menge Erde um, fanden jedoch nichts.[62] Trotzdem sollten sich die Gerüchte und der Traum im Lauf der Jahrhunderte als weit dauerhafter erweisen, als es jedes versteckte alte Pergament hätte sein können.

Der Kreml wurde zu einem Touristenziel. Peter ließ sogar eine Eintrittsgebühr erheben. Bei aller Welterfahrenheit war der Habsburger Gesandte Johann Korb nach seinem Rundgang durch die Relikte und Ikonen tief beeindruckt.[63] Aber überall sah er Zeichen der Vernachlässigung, von Gärten, die »ungepflegt daliegen, durch menschliche Trägheit dem Untergang preisgegeben«, bis hin zu königlichen Gemächern, die durch Moos und geborstene Dachrinnen beschädigt waren.[64] Um die Mitte des Jahrhunderts verfiel der Kreml zu einem russischen Fontainebleau, zum Stiefkind des Versailles von St. Petersburg. Tatsächlich schrieb ein russischer Adliger, der 1756 das alte Schloss Fontainebleau besuchte (Auslandsreisen waren inzwischen fast alltäglich geworden), er habe das Gefühl, »im Kreml-Palast in Moskau zu sein. Es gibt keine Symmetrie irgendeiner Art; [das Schloss] besteht hauptsächlich aus Kammern und Eingangstoren. Kurz gesagt, jeder einzelne Fürst scheint irgendwo etwas nach den gerade vorherrschenden architektonischen Regeln gebaut zu haben.«[65]

So ungemütlich der Kreml war, er stand nie völlig leer. Die Zitadelle hatte im neuen kaiserlichen Russland zwei Hauptzwecke. Erstens war sie immer noch ein wertvolles Symbol der scheinbaren Kontinuität. In den folgenden Jahrzehnten gab es keinen besseren Ort, an dem man einen Zaren hätte krönen können, besonders wenn der Kandidat wahnsinnig, außerehelich geboren, ein mutmaßlicher Königsmörder oder weiblichen Geschlechts war. Zweitens bildete der Kreml den Kern Moskaus, und niemand hatte Russland je ohne hauptstädtische Unterstützung regiert. Als Peter seinen ältesten Sohn Alexej 1718 enterbte, hielt er einen fingierten Verratsprozess im Bankettsaal des Kreml ab, womit er der brodelnden Opposition einer Stadt entgegentrat, die sich noch nicht daran gewöhnt hatte, hinter St. Petersburg zurückzustehen (und die vielleicht immer noch an das Erstgeburtsrecht glaubte). Am

3. Februar 1718 lauschte der Hof schweigend, während Alexej unter Tränen auf seinen Thronanspruch verzichtete. Der neue Erbe, Peters Sohn Pjotr Petrowitsch, noch ein Säugling, wurde unmittelbar danach in der Entschlafens-Kathedrale zum Thronfolger ausgerufen. Zudem konnten sich die moskowitischen Gaffer unterhalb der Kremlmauern von Peters absoluter persönlicher Herrschaft überzeugen, indem sie die Elitegardisten betrachteten, die Tag und Nacht zu fünft oder zehnt Patrouille gingen.[66]

Die Wahl Moskaus für die erste Krönung der neuen Ära hatte ebenfalls politische Hintergründe. Alexej starb im Juni 1718 in St. Petersburg, möglicherweise durch die Hand seines Vaters und unzweifelhaft nach wochenlangen Folterungen, die sein Vater beaufsichtigt hatte. Aber der designierte Zar, der von Peter angebetete Pjotr Petrowitsch, überlebte seine frühe Kindheit nicht. In seinen letzten Jahren hatte Peter der Große keinen offensichtlichen Erben mehr. Nun würde er eine Wahl treffen und sein Volk bewegen müssen, sie (sogar nach seinem Tod) zu akzeptieren. Der damalige Hofideologe Feofan Prokopowitsch veranlasste die erforderliche Gesetzesreform (in der es hieß, dass jeder Zar fortan das Recht haben solle, seinen eigenen Nachfolger zu bestimmen), doch Legitimität war nicht allein durch den bloßen Buchstaben des Gesetzes zu erzielen. 1722 beschloss Peter, das Reich seiner zweiten Frau Katharina anzuvertrauen. Geboren als Marta Skawronska, kam sie aus der litauischen Provinz und hatte früher als Wäscherin gearbeitet. Ihre Herkunft lieferte jedoch nur einen von vielen möglichen Einwänden dagegen, dass sie als Kaiserin Russlands herrschen könne. Keine Frau (mit zweifelhaften Ausnahmen wie Jelena Glinskaja und Peters Halbschwester Sofia) hatte je die russischen Lande regiert. Und Peter wollte sie persönlich krönen. Kein Patriarch würde den Vorsitz führen, kein toter Zar musste ersetzt werden, und keine Gruppe von Bojaren in goldenen Gewändern würde das Kreuz küssen. Legitimität war das Hauptproblem, weshalb Peter die Zeremonie klugerweise in der Entschlafens-Kathedrale des Kreml abhalten ließ. Danach würde jeder neue Souverän seinem Beispiel folgen.

Das Skript, die Symbole und die Samtuniformen waren sämtlich petrinische Schöpfungen. Die Vorbereitungen für Katharinas großen

Tag dürften so gründlich gewesen sein wie Makaris Pläne für Iwan den Schrecklichen, und die Atmosphäre war vermutlich genauso angespannt. Die Zeremonie wurde als »Krönung« (*koronazija*) bezeichnet – ein europäischer Begriff, den Peter gegenüber dem traditionellen russischen *wentschanije* bevorzugte. Doch nachdem sich die Mitglieder des Krönungsausschusses von der einen Tradition abgewandt hatten, achteten sie darauf, die eindrucksvollsten europäischen Entlehnungen mit Zugeständnissen an den russischen Geschmack zu verbinden. Peters Berater machten sich so kundig wie möglich über die Bräuche des antiken Rom und des Heiligen Römischen Reiches, aber sie studierten auch das alte Byzanz, denn dort hatten immerhin Kaiserinnen geherrscht.[67] Sie stellten fest, dass die Reichsinsignien eine zentrale Rolle spielten. Zwar verfügten sie über ein Zepter und einen Reichsapfel, aber sie beschlossen, auch eine neue Krone in Auftrag zu geben, da es der herkömmlichen russischen juwelenbesetzten Mütze an der erwünschten Eleganz fehlte. Unter tiefster Geheimhaltung traten sie an einen Juwelier namens Samson Larionow heran, dessen Gewerbe darin bestand, »Dinge mit Diamanten für Ihre Kaiserliche Hoheit anzufertigen«. Er hatte die Aufgabe, eine Krone herzustellen, die aussehen sollte, als wäre sie »alt, nicht neu gemacht«.[68]

Auch die Kremlgebäude bedurften der Sanierung, und die Vorbereitungen begannen im Jahr 1722. Handwerker wurden in die Kremlwerkstätten geholt, die seit einem Jahrzehnt recht untätig gewesen waren. Als Erstes renovierte man den Facettenpalast. In den Jahren zwischen seiner Thronbesteigung und seiner Abreise nach St. Petersburg hatte Peter erlaubt, den Palast für Theatervorführungen zu benutzen. Infolgedessen hatten die Überreste der alten Fresken irreparable Schäden erlitten, und nun mangelte es an der Zeit und den Mitteln, sie zu restaurieren. Stattdessen wurden die ehrwürdigen Wände, wie Kupferstiche des Hofes zeigen, mit Tuch überzogen, und die geschnitzten Details erhielten durch rote und goldene Farbe ein völlig neues Aussehen.[69] Der Bankettsaal erfuhr die gleiche gutgemeinte Aufmerksamkeit. Während die Maler tünchten und ausbesserten, bauten andere Handwerker die Throne, Laufgänge und Galerien, die man für das Herrscherpaar und seine Gäste benötigte. Die Termine waren eng, und man verzichtete auf die Renovierung des Terem-Palasts, der mit blinden Augen auf den Kathedralenplatz starrte. Jemand schätzte, dass allein die Reparatur seiner Fensterrahmen 50 000 Rubel gekostet hätte.[70]

Am 5. Mai 1724 wurde Moskau durch Trompetenklänge geweckt. Achtundvierzig Stunden lang kündigten die Herolde der Stadt und ihren zahllosen hochkarätigen Besuchern an, dass die Krönung bevorstand. Die Kremlglocken läuteten wie immer, doch dies war eine neue Art Schauspiel, und Peter beabsichtigte, das alte Gemäuer in den Grundfesten zu erschüttern. Am 7. Mai betraten Katharina und er die Kathedrale unter Umständen, die sich sehr von denen bei Peters eigener Krönung drei Jahrzehnte zuvor unterschieden. Anstelle der Strelizen waren Mitglieder der neu gegründeten Garderegimenter zugegen, anstelle der Bojaren in ihren Gewändern sah man etliche Höflinge in europäischer Kleidung. In der Menge waren viele Ausländer zu entdecken, nicht zuletzt die Angehörigen von Peters verheirateten Töchtern. Was die Hauptdarsteller betraf, so trug Katharina ein besticktes purpurnes Gewand mit Goldbesatz (importiert aus Paris) und Peter Reithosen sowie einen mit Silber bestickten Kaftan aus himmelblauer Seide und eine dazu passende Mütze mit einer prächtigen weißen Feder. Die Prozession, angeführt von uniformierten Marschällen und Peters engsten Beratern, glänzte in den Farben des Regenbogens, nicht zu vergleichen mit der goldenen Einfarbigkeit in Peters Jugend.

Die Versammlung war auch gesellschaftlich viel gemischter als alle, die bei früheren Ereignissen in Moskauer Kathedralen erschienen waren. Etliche der Höflinge hatten nicht in den Reihen der alten Clans auf eine Beförderung gewartet. Man hatte es mit neuen Namen, neuen Sitten und einer neuen Anmaßung zu tun. Noch bedeutsamer war, dass Peter, nicht die Kirchenführung, im Mittelpunkt stand. Die Erzbischöfe sprachen ihre Gebete, doch er ernannte die neue Kaiserin, die zu seinen Füßen kniete, um die Krone zu empfangen, jenes alte und neue Meisterstück, »verziert mit Perlen, Diamanten und einem mächtigen Rubin von wunderbarer Schönheit und größer als ein Taubenei«.[71] Die Kathedrale war still, als Peter sich bückte, um seiner Gemahlin das Diadem aufzusetzen, aber draußen warteten Signalgeber, um sogleich die ersten Geschützsalven abfeuern zu lassen.[72]

Der Kaiser kränkelte seit Monaten, und mit den Geschehnissen in der Entschlafens-Kathedrale endeten seine öffentlichen Aktivitäten an jenem Tag. Aber Katharina musste noch zwei wichtige Termine einhalten. Wie alle Monarchen des alten Moskowien plante die einstige Wäscherin, die Gräber ihrer Adoptiv-Vorfahren zu besuchen. Unter einem goldenen Baldachin dahinschreitend, der an den vier Ecken von ausgewählten Bediensteten getragen wurde, führte sie ihr Gefolge über den Platz hinweg zur Erzengel-Kathedrale. Im Innern hielt sie Zwiesprache mit den Geistern Iwan Kalitas, Dmitri Donskois und Iwans des Schrecklichen. Auch Iwan Alexejewitsch, dem Halbbruder, der einst an Peters Seite geherrscht hatte, bot sie Gebete dar. Es war eine theatralische Meisterleistung, eine Verknüpfung mit der Vergangenheit Moskaus. In der tranceartigen Atmosphäre des Sakraments könnte die neue Kaiserin nahezu aufrichtig geglaubt haben, dass sie einen Platz in dieser bizarren Erbfolge hatte. Die Ironie verstärkte sich durch Katharinas besondere Verehrung des jungen Prinzen Dmitri von Uglitsch, dessen angebliche Leiche eine so merkwürdige Funktion in den Legitimitätsstreitigkeiten zu Beginn des 17. Jahrhunderts gehabt hatte.[73]

Der Tag endete mit Schlemmerei und einem weiteren Feuerwerk, doch an alledem war Moskau nicht beteiligt, sondern es bildete nur den Hintergrund. Bei früheren Krönungen hatte man Geschenke in Form von Speisen und Getränken an die Bürger verteilt, aber diese Feier war Peters Elite vorbehalten. Jenen, die im Kreml wohnten oder dort arbeiteten oder beteten, war die rasche und oberflächliche Renovierung einzelner Gebäude befremdlich erschienen, doch die plötzliche Ankunft eines farbenprächtigen, sich spreizenden Hofes hatte eher einer Invasion geglichen. Auf den gerade verbreiterten und gesäuberten Straßen des Zentrums wimmelte es von fremden Seidenstoffen und Trachten. Breitschultrige Gardisten in Uniform hielten die gewöhnlichen Bürger in Schach. Und als die Höflinge, die über die Feuchtigkeit und die unbequemen Räume gemurrt hatten, verschwunden waren, glitt der Kreml wieder zurück in seinen unvermeidlichen Verfall.

Damit war die Bühne für die kaiserliche Ära bereitet. Vom frühen 18. bis zum Ende des 19. Jahrhunderts trafen aufeinanderfolgende Autokraten – Männer und Frauen, raubgierig, verrückt, aus dem Ausland und manchmal sogar kompetent – die Entscheidung, sich im Kreml krönen zu lassen. Mit sehr wenigen Ausnahmen wählten sie eine gepflegtere Unterkunft (und eine sympathischere Begleitung), wenn es Zeit wurde, ihre letzte Ruhestätte zu finden, und fast alle wurden in St. Petersburg beerdigt. Aber am Beginn jeder Herrschaft – und häufig, wenn die Gardisten kaum die Schwerter, mit denen der siegreiche Kandidat an die Macht gelangt war, in die Scheide gesteckt hatten – spendierte sich der Hof neue Kostüme und begab sich nach Moskau, um eine Serie von Krönungsbällen abzuhalten. Im Kreml wurden die Kathedralen repariert und gefegt, feuchte Stellen abgedeckt und Küchen mit Vorräten für enorme gastronomische Unternehmungen gefüllt. In der alten Weißen Stadt und in Kitai-Gorod jagte man einen Schwarm von (teils recht wohlhabenden) Hausbesitzern aufs Land und richtete Zimmer für modischere und anspruchsvollere Bewohner her. Fast alle höfischen Würdenträger hatten Unterkünfte in Moskau – viele besaßen noch Villen in der alten Hauptstadt –, aber wenn man ihre Klagen und ihren Klatsch liest, kann man ein kollektives Atemholen nachempfinden, während sie sich auf die Kälte und den Schmutz, die Ungelegenheiten und den unvermeidlichen Kotgeruch einstellten.[74]

Der Ausgleich, abgesehen von den Formalitäten und den Bällen, bestand für viele darin, dass sie sich entspannen konnten. Die erste Hauptstadt Russlands hatte sich eine behagliche Atmosphäre der Schäbigkeit und der dörflichen Anarchie bewahrt, die starr dreinblickende Höflinge mit der Herzlichkeit eines apfelbäckigen alten Kindermädchens empfing. 1762, als die Verpflichtung, dem Zaren am Hof zu dienen, endlich umgewandelt wurde und Adlige ihren eigenen Wohnort wählen konnten, siedelten manche sofort aus St. Petersburg in die alte Hauptstadt über.[75] »Sie unterhalten hier eine große Zahl von Gefolgsleuten«, bemerkte ein englischer Reisender, »stillen ihren Appetit nach einer gröberen und teureren Pracht im alten Stil der feudalen Erhabenheit und werden nicht, wie in St. Petersburg, vom kaiserlichen Establishment in den Hintergrund gedrängt.«[76] Kaiserin Katharina die Große (1762–1796) äußerte in ihren eigenen Memoiren eine ähnliche Meinung: Die Moskauer Adligen würden »gern ihr ganzes Leben damit zubringen, sich in einer übertrieben reich vergoldeten gebrechlichen Karosse sechsspännig umherfahren zu lassen, ein Symbol des falsch verstandenen Luxus, der da herrscht und den Augen der Masse die Unsauberkeit des Herrn, die völlige Unordnung seines Hauswesens und seiner Lebensführung verbirgt«. Auch die Moskauer Damen schienen sie anzuwidern, denn ihr schwerer Schmuck und ihre kostbare Garderobe (»großartig«, spottete die scharfsichtige Katharina) wirkten gemein und unangemessen, da ihre Diener so schlecht gekleidet und nur in Maßen reinlich seien. »Kaum wagt man zu behaupten«, schloss die Kaiserin, »dass sie ebensogut Menschen sind wie wir.«[77]

Aber die erste Hauptstadt war kein verschlafenes Nest. Vielmehr erreichte ihr Adel im 18. Jahrhundert einen Höhepunkt an Brillanz, als hätte die alte Elite nur auf Peters Tod gewartet, um freiwillig die Lektionen zu lernen, die er ihr hatte aufzwingen wollen. In den Moskauer Salons (ebenfalls wenige Jahre zuvor ein noch undenkbares Konzept) herrschte eine lebhafte Stimmung; man las und diskutierte, flirtete und schickte intelligente Söhne auf die europäische Tour. Eine Architekturschule, geleitet von dem einflussreichen Dmitri Uchtomski (1719–1774), wurde 1749 in der Nähe des Kreml eröffnet, und im Jahr 1755 entstand in Moskau auch die erste russische Universität.

Ein Thema für die Soirées war die Wiederentdeckung der antiken Welten. 1738 hatte ganz Europa (dem Moskau sich nun zurechnete) fasziniert beobachtet, wie Arbeiter bei Neapel die Stadt Herculaneum freilegten, die seit dem Ausbruch des Vesuv im 1. Jahrhundert unter Vulkanasche geruht hatte. Als die Teilnehmer einer spanischen Expedition ein Jahrzehnt später Pompeji ausgruben, gehörten russische Adlige zu den Ersten, welche die Stätte skizzierten und auswerteten. Dies hätte der Beginn einer ähnlichen Aufregung über die Vergangenheit Russlands sein können, und tatsächlich erforschten mehrere geographische Expeditionen, angeführt von Wladimir Tatischtschew, einige russische Standorte, darunter den des mittelalterlichen Wladimir. Doch was diese Pioniere vorfanden, war alles andere als zufriedenstellend. Nicht nur der Stil erwies sich als verwirrend (es gab keine Ordnung, keine Geometrie, keine Ausgewogenheit), sondern auch die Überreste, die vorwiegend aus leicht verderblichem Holz bestanden, waren enttäuschend.[78] Man stimmte darin überein, dass das klassische Italien besser erhalten und auch weitaus malerischer sei.[79]

Die Gestaltung von Städten und ihren Gebäuden lag allen am Herzen. St. Petersburg war ein herrliches Projekt gewesen (jedenfalls im Rückblick), und andere Zentren strebten nun nach dem gleichen Stil. Damals war es selbstverständlich für russische Planer, sich durch Europa inspirieren zu lassen. Diese Mode hatte Peter der Große begründet, der 1709 die erste russische Ausgabe von Giacomo Barozzi da Vignolas berühmter Abhandlung *Regola delli cinque ordini d'architettura* (Regeln der fünf Ordnungen der Architektur) persönlich überwachte. Der Autor erklärte die Regeln von Symmetrie und Proportion, bestand auf Messungen (anstelle der üblichen Spekulation und Improvisation) und erließ Stilvorschriften, durch die das Werk zur Bibel der russischen Architekten des 18. Jahrhunderts wurde.[80] Um die Mitte des Jahrhunderts gehörte es auch zur gehobenen Bildung, dass man die Schriften von Vitruvius und Palladio gelesen hatte. Was die Verbesserung existierender Anlagen betraf, so waren viele russische Reisende besonders beeindruckt von Michelangelos Neugestaltung des Kapitolinischen Hügels in Rom. 1763 brannte die mittelalterliche Stadt Twer nieder, und ihr Wiederaufbau bot Gelegenheit, die gerade erlernten Lektionen zu erproben. Als sich das neue Zentrum mit makellos klassizistischen Linien, breiten Straßen und einer großzügigen Eleganz erhob, wurde dies als Triumph gefeiert. Die Leichtigkeit Twers war ein Vorwurf an das wuchernde, schlammige Chaos ihrer Schwesterstädte. Damit begann das Rennen, alle russischen Städte in Muster europäischer Ordnung zu verwandeln.[81]

Doch das Problem des alten Kreml bestand weiter. Während die gebildete Schicht Moskaus über Pläne debattierte, ihre Stadt rational zu gestalten, klammerten sich die (zahlenmäßig überlegenen) einfachen Bürger an ihre alten religiösen Stätten.[82] Ein Herrscher nach dem anderen improvisierte. Beispielsweise wies Kaiserin Elisabeth (1741–1761) ihren Lieblingsarchitekten Bartolomeo Francesco Rastrelli (1700–1771) Ende der 1740er Jahre an, ihr ein neues Winterpalais im Kreml zu bauen. 1749 fertiggestellt (und um einiges bescheidener als der St. Petersburger Namensvetter, den Rastrelli ebenfalls für Elisabeth errichtet hatte), überlebte dieses vornehmlich aus Holz bestehende Bauwerk, das sich über mehrere Flügel hinzog und Besucher aus der Fassung zu bringen schien, bis 1838. Hier sollte Napoleon 1812 mehrere quälende Wochen verbringen, in denen er vergeblich auf die Kapitulation Russlands vor der Grande Armée wartete.[83]

Durch das Winterpalais wurde der Kreml nicht komfortabler, und es war Elisabeths Nachfolgerin Katharina der Großen beschieden, die Initiative zu generellen Verbesserungen zu ergreifen. Hier verbirgt sich eine gewisse Ironie, da die in Deutschland geborene Kaiserin Moskau so entschieden ablehnte. Ihre Eindrücke vom Kreml hatten sich durch Besuche unter Elisabeths Herrschaft nicht positiv verändert und schon gar nicht durch die Krankheit, an der sie dort als junge Braut litt (weshalb sie sich den Kopf kahl scheren lassen musste). Die stets fleißige Katharina betrachtete Moskau als »Sitz der Trägheit«, und nicht einmal dessen bedeutende Geschichte schien sie zu entzücken. »Nie kann ein Volk mit mehr Objekten des Fanatismus zu tun gehabt haben«, wetterte sie, »und mehr Wunderbildern auf Schritt und Tritt, mehr Kirchen, mehr Geistlichen, mehr Klöstern, mehr Gläubigen, mehr Bettlern, mehr Dieben, mehr nutzlosen Dienstboten in den Häusern – und was für Häuser, welcher Schmutz ...«[84] Trotz alledem begriff Katharina, dass die ikonische Festung Moskaus einen besonderen Platz in russischen Herzen hatte. Sie ließ sich in der Stadt krönen, blieb danach noch mehrere Monate in Moskau und kehrte im Lauf ihrer Herrschaft mehrere Male zur Abwicklung von Staatsangelegenheiten zurück. Was Parks und Landschaftsplanung und exotische Säle betraf, war kein europäischer Monarch jener Zeit ehrgeiziger als sie.[85] Ihre Hauptbemühungen konzentrierten sich auf St. Petersburg und die vorstädtischen Paläste, mit denen sie es umgeben wollte, aber sie konnte sich nicht von Moskau lösen.

Katharina war ursprünglich (mit 14 Jahren) als Prinzessin Sophie Auguste Friederike von Anhalt-Zerbst nach Russland gekommen. Es war ihr Los, die Gemahlin des unattraktiven Enkels von Peter dem Großen, des künftigen Peter III., zu werden.[86] Sie war bereits von ihm entfremdet, als man 1761 einen Architektenausschuss ernannte, der den Moskauer Senat über den Zustand des Kreml vor der Krönung

1. Simon Uschakow (1626–1686)
Pflanzung des Baumes der russischen Herrschaft, 1668

2. Entschlafens-Kathedrale des Kreml

3. Moskauer Schule des 16. Jahrhunderts: *Der Einzug in Jerusalem* (Palmsonntag)

4. *Die Gesegnete Heerschar des Himmlischen Zaren* (Mitte des 16. Jahrhunderts)

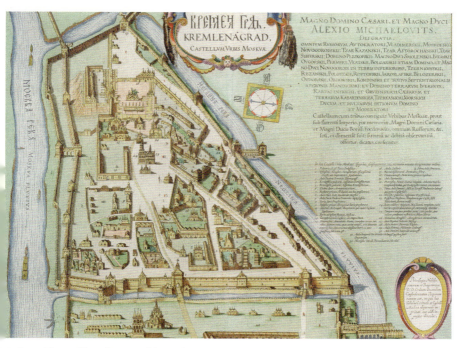

5. Joan Blaeu, Kremlenagrad (1662)

6. Glockenturm Iwan der Große

7. Feiern im Facettenpalast zur Krönung von Zar Michail Fjodorowitsch Romanow, Juli 1613

8. *Eine Palmsonntagsprozession vor dem Kreml*, Zeichnung nach den Skizzen des deutschen Diplomaten Adam Olearius (gest. 1671)

9. Pieter Picart (1638–1737) und Schüler, Panorama von Moskau im Jahr 1707 (Detail)

10. Baschenows Modell des Großen Kreml-Palastes. Endgültig gebilligte Version: der zentrale Teil der Fassade vom Fluss Moskwa her gesehen, 1772–1773; Maßstab 1:48

11. Baschenows Modell des Großen Kreml-Palastes. Erste Version: Blick auf ein Fragment des zentralen Teiles von innen, 1769–1773; Maßstab 1:48

12. Johann Christian Oldendorp, *Der Brand von Moskau vom 15. bis 19. September 1812*

13. Fjodor Jakowlewitsch Alexejew, *Kathedralenplatz im Moskauer Kreml* (frühes 19. Jahrhundert)

14. Jean-Baptiste Arnout, *Blick auf den Kreml und den Erlöser-Turm*

15. Blick auf den Patriarchenhof, F. Dreher nach F. G. Solnzew (1801–1892)

16. Der Helm des Fürsten Alexander Newski, F. Dreher nach F. G. Solnzew (1801–1892)

des jungen Zaren unterrichten sollte. Es war ein besorgniserregendes Thema, denn die Zitadelle hatte 1737 einen weiteren verheerenden Brand erlebt. Infolgedessen mussten die Fresken in den Hauptkathedralen dringend renoviert werden, nicht zuletzt weil die beschädigten Decken häufig Regen und Schneeschmelze durchsickern ließen, was die Gottesdienste im Innern beeinträchtigte.[87] In der alten Kathedrale des Erlösers am Walde drangen ausgewachsene Bäume durch das Dach.[88] An anderen Stellen war es durch die hässlichen Schäden üblich geworden, bei Staatsanlässen zeitweilig Bretterzäune aufzustellen, um die am schlimmsten betroffenen Gebäude zu verbergen, darunter auch das Arsenal Peters des Großen.[89] Russische Handwerker hatten Übung darin gewonnen, Geröll und feuergeschwärzte Steine hinter enormen goldverbrämten Bannern zu verbergen, aber offensichtlich würde man sehr bald Geld ausgeben müssen.

Letzten Endes war es nicht Peter III. (der ermordet wurde), sondern Katharina selbst, die zu den Kremltoren eilte, um im September 1762 die Hauptrolle bei den ausgedehnten Krönungsfeierlichkeiten zu spielen. Die Zeremonie war nach beliebigen Maßstäben, sogar nach russischen, verschwenderisch.[90] Katharinas Reichskrone, speziell zu diesem Anlass hergestellt, enthielt fast 5000 Diamanten; ihre übrige Ausstattung (das Kleid war eine spektakuläre Kreation aus Silberbrokat mit einem Hermelinbesatz) kostete mindestens 20 000 Rubel. Diese Beträge hätten für eine Menge Regenrinnen und Farbtöpfe ausgereicht. Aber obwohl das Gepränge den Atem stocken ließ, sollte sich der langsame Verfall hinter den Kulissen noch einige Zeit fortsetzen. Erst acht Jahre später, 1770, billigte Katharina einen Terminplan für die Renovierung der Hauptkathedralen. Nur nüchterne und fromme Künstler, schrieb sie, hätten die Arbeit zu leisten: »Menschen von der Art, wie man sie in Klöstern findet.« Diese Personen hätten zu begreifen, dass die Renovierungen »ohne nachträgliche Änderungen« vorzunehmen seien; »wo Gold ist, muss es ersetzt werden, doch nicht durch gelbe Farbe«. Aber Katharina billigte auch die Verwendung von modernen Ölfarben (wegen ihrer größeren Beständigkeit). Sie hatte nicht wissen können, dass dies den alten Stuck ruinieren würde. Außerdem wurde durch ihren Eingriff ein Präzedenzfall geschaffen. Man säuberte und übermalte die

Fresken für fast jede künftige Krönung, so dass es im frühen 20. Jahrhundert zu einer Quälerei wurde, sich die Originale unter den grellen Ölfarben vorzustellen.[91] Und es mangelte immer noch an Platz – an einer wirklich imposanten Fläche – für Staatsereignisse. Elisabeths Palast war klein (jedenfalls nach kaiserlichen Maßstäben), die alten *terema* konnten nicht mehr bewohnt werden, und der Facettenpalast wirkte beengt und antiquiert. Auch Alexej Michailowitschs Holzschloss in Kolomenskoje, das Katharina hatte beziehen wollen, war in einem derart baufälligen Zustand, dass sie seinen Abriss befahl.[92] 1767, als die Kaiserin, beeinflusst von den Lehren ihrer Freunde, der Pariser *philosophes*, eine Gesetzgebende Kommission zusammentreten ließ, die über die Regierung Russlands nachdenken sollte, hatte der Kreml nur einfachste Räumlichkeiten zu bieten. Zunächst blieb den 460 Delegierten nichts anderes übrig, als im Tschudow-Kloster zu tagen, und ihrem ersten Treffen mit Katharina, »dem neuen Justinian«, das in einem Audienzsaal aus dem 17. Jahrhundert stattfand, fehlte die erforderliche Eleganz. Schließlich verlagerte sich die ganze Versammlung, zusammen mit einem kleinen Heer von Angestellten, nach St. Petersburg.[93]

In Katharinas glanzvollem neuem Zeitalter kam die Baufälligkeit des Kreml einer nationalen Schande gleich. Was sich die Kaiserin wünschte und was Moskau benötigte, war ein Rahmen für wahrhaft majestätische Zusammenkünfte: ein Palast und eine Aufmarschfläche, Plätze und allerwenigstens ein anständiger Versammlungssaal (vorläufig beschrieben als »Anwesenheitsort«). Dann stellte sich die Frage nach dem Architekten, denn dies war ein Projekt von imperialen Dimensionen. Am besten eignete sich Wassili Baschenow (1737–1799) für die Aufgabe. Man erwartete weithin, dass er der schöpferische Held Russlands sein würde, denn er hatte bereits als Jugendlicher ein hoch dotiertes Stipendium in Europa erhalten und Beifall (sowie eine Medaille) in Paris errungen. In Italien hatte man ihn zum Mitglied sowohl der Bologneser als auch der Florentinischen Akademie gewählt. Er war fasziniert von der Petersbasilika in Rom und wurde beflügelt durch das Potential der Architektur, das Reich und die aufgeklärte Macht zur Geltung zu bringen. Durch und durch Moskowiter, war Baschenow im Kreml und seiner Umgebung aufgewachsen. Nichts hätte für ihn reizvoller sein können als die Möglichkeit, die ikonenhafte Stätte umzugestalten und vielleicht der Michelangelo Moskaus zu werden. Anstelle des Dritten Rom von Iwan III. schwebte Baschenow ein Nachfolgestaat des ersten, kaiserlichen Originals vor. Sein Ideal war keine selbstbezogene Theokratie, sondern das weltliche Reich der Vernunft. Kennzeichnenderweise hielt er Peters von der Klassik inspiriertes Arsenal für das schönste Gebäude auf dem Kreml-Hügel.[94]

Im Jahr 1768 akzeptierte Baschenow einen Auftrag von der »Kreml-Expedition« der Regierung.[95] Angetrieben durch den Erfolg Twers, forderte eine kleine, von Katharina überwachte Gruppe den Architekten auf, einen Bericht vorzubereiten sowie einen Zeitplan für unerlässliche Renovierungen und für neue Behausungen zu erstellen. Aber Baschenow gab sich nicht mit ein paar Reparaturen und einem neuen Versammlungssaal zufrieden. Seine Kritiker in St. Petersburg, darunter der Dichter Gawrila Derschawin, witterten eine Katastrophe. Nach ihren Informationen waren die Pläne so ehrgeizig, dass sie die Natur selbst herauszufordern schienen.[96] Genau das taten Europäer wie Christopher Wren und »Capability« Brown seit Jahrzehnten, und es war nichts anderes als das, was Rastrelli im Ostseesumpfland von St. Petersburg vollbracht hatte; aber nun ging es um Moskau, und Baschenows Projekt galt von der ersten Sekunde an als kontrovers.

Baschenow unternahm zunächst eine Bestandsaufnahme. Seit Peters Zeiten gab es, wie er wusste, Pläne, die Achse des Kreml zu verschieben und einen neuen Haupteingang in der Nähe des Arsenals zu bauen, so dass sich die Festung, die Moskau einst vor aus dem Süden anrückenden Heeren hatte schützen sollen, Petersburg in Richtung Nordwesten zukehren würde.[97] Baschenow spielte mit dieser Idee, verwarf sie jedoch bald zugunsten einer Prachtfassade an der Seite des Moskwa-Ufers, die auf den Bezirk Samoskwaretschje hinausblickte. Diese Orientierung nach Süden würde vom Wasser her einen prächtigen Zugang zu dem neuen Palast ermöglichen. Im Innern des Kreml würde man mehrere eindrucksvolle Plätze anlegen können (oder, genauer gesagt, ein Oval, einen Kreis und einen rhombusförmigen Exerzierplatz). Der verfluchte

Schlamm würde für immer unter geometrischen Marmorplatten verschwinden, und der geplante Palast – ein gewaltiges Bauwerk – könnte dann über einer spektakulären, eine halbe Meile langen Kolonnade im Erdgeschoss aufragen. Bei aller Massivität würde er infolge seiner lockeren Proportionen gleichsam schweben; er könnte mit Flügeln und Kuppeln versehen werden und die Petersbasilika in Rom übertreffen. Während Baschenows Bleistift über eine Seite nach der anderen huschte, bildete sich ein Plan für den größten Palastkomplex Europas, einen zweiten Kapitolinischen Hügel, heraus. Gewiss, es war bedauerlich, dass eine alte Festungsmauer mit ihren Türmen im Weg stand, aber das gleiche Problem musste sich den Verbesserern in Rom gestellt haben.

Die seit langem ruinierten *prikasy* verschwanden als Erste. Umstrittener war der Abriss einer den Märtyrern von Tschernigow geweihten Kathedrale, doch das aus dem 16. Jahrhundert stammende Gebäude litt unter Jahrzehnten der Vernachlässigung und war einsturzgefährdet. Danach konzentrierten sich die Zerstörer auf einen Mauerabschnitt und drei Türme am Ufer der Moskwa. Soweit Baschenow ermitteln konnte, war Katharina begeistert. Sie griff sogar ein, um sicherzustellen, dass die Küchen nahe genug an dem geplanten Bankettsaal sein würden, und anfangs studierte sie jedes Detail der Ausgrabungspläne. Es hatte den Anschein, dass das gesamte zentrale Moskau neu ausgerichtet werden würde, als habe man die Lektionen von Twer endlich gelernt.

Baschenow war wie besessen. Da er nun eine Gesamtvision hatte, machte er sich daran, ein detailliertes Modell des neuen Komplexes herzustellen. Nachdem das erste von seiner Gönnerin Katharina abgelehnt worden war, begann er geduldig von neuem. Jahrelang beschäftigte er sich mit der Formgebung und brachte sein Konstrukteursteam in einem speziellen Musterhaus (zwischen dem Arsenal und dem Tschudow-Kloster) unter, das 53 Fenster besaß und dessen Bau ein ganzes Jahr dauerte. Die liliputanischen Paläste im Innern waren Meisterwerke. Die Modellierer benötigten gut abgelagertes Holz, das Baschenow im demolierten Kolomenskoje besorgte. Nach der Fertigstellung jeder Hülle rührten seine Leute Gips für die winzigen Formen an und fügten hier und dort echten Marmor hinzu, um die Politur und die Farbtöne zu testen.

Der Architekt musste sich über die Wechselwirkung von Licht und Farben sicher sein, weshalb von Beginn an Künstler mit seinen Zeichnern zusammenarbeiteten. Sie hatten klitzekleine, detailgetreue Versionen der künftigen Wand- und Deckenpaneele für die Interieurs zu erschaffen. Katharina sprach ein Machtwort, als sie erfuhr, dass auf ihre Kosten »fertige Gemälde« für ein bloßes Modell hergestellt wurden, doch mittlerweile hatte man bereits 60 000 Rubel in Baschenows Miniaturen gesteckt.[98] Die Modelle waren so realitätsnah, dass sie ihrerseits zu Sehenswürdigkeiten wurden. Außerdem schufen sie die Voraussetzung für eine Art Architekturhochschule, denn der brillante Matwej Kasakow, Baschenows Stellvertreter, benutzte sie zur Ausbildung junger technischer Zeichner. Die Pläne bildeten einen herrlichen Blickpunkt für die Träume der Reformer. Katharina selbst verfügte, dass Baschenows Musterhaus für Besichtigungen zu öffnen sei, »außer für niedere Personen«.[99]

Die Pest, die Moskau 1771 heimsuchte, hatte jedoch keinen Respekt vor Klassenzugehörigkeit oder Bildung. Sie war auch nach den Maßstäben des 18. Jahrhunderts mörderisch, und durch sie kam etwa ein Viertel der Moskauer Bevölkerung (knapp unter 57 000 Menschen) um.[100] Auf dem Höhepunkt der Infektion, im August und September 1771, starben in der Stadt täglich nicht weniger als 900 Menschen, und die Überlebenden zitterten vor panischer Angst. Ein Aufruhr brach infolge des Gerüchts aus, dass Pestbeulen an der Ikone der Jungfrau erschienen seien, die sich in einer öffentlichen Kapelle unweit des Kreml befand. Neben einem der wichtigsten Stadttore versammelten sich Menschenmengen (und trugen zur Verbreitung der Pest bei). Amwrossi, der Erzbischof Moskaus, befahl, die umstrittene Ikone im Tschudow-Kloster zu verwahren, bis die Epidemie abgeklungen sei. Aber dieser Akt – eine Verletzung der Rechte des Volkes, seine Jungfrau zu sehen, anzubeten oder sogar ihr gemaltes Gesicht zu berühren – rief eine unheilvolle Erhebung hervor. »Moskau ist eine Menschenmenge«, schrieb Katharina an Voltaire, »und keine Stadt.«[101] Der Pöbel stürmte den Kreml, brach in das Kloster ein und spürte Amwrossi später auf, um ihn zu ermorden.[102] Unterdessen stand Baschenow Wache in dem Musterhaus und behütete seinen neuesten Prototyp, während die Aufrührer draußen vorbeirannten. Seine Schüler flüsterten, dass er bereit sei, sein Werk bis zum Tod zu verteidigen.[103]

Die Arbeit an dem Projekt wurde erst zu Beginn des Jahres 1772 fortgesetzt. Düster, doch entschlossen testete Baschenow Proben des hellen Mjatschkowo-Steins und baute eine Ziegelfabrik. Seine Männer machten Fortschritte bei der Abstützung der historischen Gebäude (insbesondere der drei großen Kathedralen und des Glockenturms Iwan der Große), die jeder Russe unbedingt retten wollte. Er dürfte besorgt innegehalten haben, als er erfuhr, dass sich die ersten Risse in den Wänden der Erzengel-Kathedrale gebildet hatten. Zu diesem Zeitpunkt wurden die Abbrucharbeiten vorwiegend am Flussufer durchgeführt, was einen schönen Ausblick auf das alte Gebäude ermöglichte, doch das verunreinigte Grundwasser beschädigte die Gesteinsschicht. Trotzdem gelang es, den ersten Grundstein am 9. August 1772 zu legen. Ein riesiger Platz wurde für die Zeremonie geräumt; dorische Säulen an seinen vier Ecken repräsentierten Europa, Asien, Afrika und Amerika. Eine der Säulen trug eine Inschrift in Alexandrinern, in welcher der Kreml mit den besten Bauwerken des klassischen Griechenland und des antiken Rom verglichen wurde. Während man den ersten Graben aushob (passenderweise in der Nähe von »Europa«), verzeichnete einer der Anwesenden, dass »sich in jedem Gesicht Freude widerspiegelte, verbunden mit dem Wunsch, den glücklichen Abschluss des Baus zu erleben«.[104]

Aber Katharina verlor den Mut. Sie blieb Baschenows beiden Widmungsfeiern fern, zumal derjenigen im Juni 1773, als der Architekt persönlich die zeremoniellen Ziegelsteine, welche das Fundament für die Hauptflügel des Palastes bilden sollten, mit den Emblemen Katharinas und ihres Sohnes Paul legte. Das aufwendige Ereignis täuschte bereits über einen beunruhigenden Mangel an Mitteln hinweg. Baschenows Kritiker machten die Monarchin nun auch auf die Wahrscheinlichkeit aufmerksam, dass die Erzengel-Kathedrale weitere Schäden davontragen werde. Der Architekt reiste nach St. Petersburg, vielleicht um Bargeld zu erbitten, doch die Belastung war so erdrückend, dass er erkrankte und dass man die Arbeit für mehrere Monate einstellen musste. Die Natur war, wie die Skeptiker vorhergesagt hatten, stärker als der menschliche Wille. Auch eine Änderung der Mode erwies sich als verhängnisvoll für den großen Palast. Die Faszination Europas für Ruiniertes und Exotisches wuchs, und auch Katharinas Geschmack wandelte sich. Plötzlich bevorzugte sie gotische Elemente und wollte die Chinoiserie erforschen.

Baschenow sollte seinen Palast nie bauen. Sein wichtiges Vermächtnis im zentralen Moskau ist ein atemraubender Privatwohnsitz, das Paschkow-Haus auf einem Hügel gegenüber dem Kreml (heute ein Teil der Lenin-Bibliothek). Statt den Kreml umzuwandeln, musste das moskowitische Genie an Projekten in Zarizyno, das Katharina sich als eine erhabene Landresidenz vorstellte, außerhalb der Stadt arbeiten. Er plante eine Reihe gotischer Parkgebäude für das Anwesen, doch sie wurden nie fertig gestellt. Was den Kreml betraf, so war Baschenows dauerhafter Beitrag sein unglaublich detailliertes Modell. In einem späteren Zeitalter wurde es in den Kreml-Museen ausgestellt, was jedoch schwierig war, da es einen ganzen Saal für sich allein beanspruchte. In der Sowjet-Ära tauchte es im Donskoi-Kloster auf; dieses verstaatlichte Gelände hatte immerhin genug Platz (in der früheren Kathedrale) für das Exponat. Aber als die Mönche 1991 zurückkehrten, verschwand das Modell erneut für 20 Jahre. Erst im Sommer 2012 gelangten Teile im Schtschussew-Museum für Architektur ans Tageslicht. Das Museum besitzt keinen hinreichend großen Ausstellungsraum für das Modell, doch man kann nun endlich, durch mehrere Bruchstücke in zwei separaten Sälen, etwas von seiner strengen Schönheit erahnen.

Letztlich löste nicht Baschenow das Problem des neuen »Anwesenheitsorts« im Kreml, sondern sein Schüler und Kollege Matwej Kasakow. Der Sohn eines Seemanns – er selbst hatte Russland nie verlassen (und nicht einmal St. Petersburg besucht) – wurde ursprünglich an der Uchtomski-Architekturschule ausgebildet. Zu seinen frühen Arbeiten gehörten einige Gebäude in Twer sowie Restaurierungen im Kreml selbst. Später hatte er mit Baschenow am nie vollendeten Palastbau zusammengewirkt und häufig die reale Arbeit, vom Behauen der Steine bis zur Vorbereitung der Fundamente, beaufsichtigt. Kasakow, ein Konstrukteur von ungewöhnlichem Talent, zeichnete auch zahlreiche Kremlszenen, darunter die von ihm geleitete Restaurierung der Kathedrale des Erlösers am Walde, sowie jedes Stadium der Entfaltung von Baschenows Plan.[105] Als der neue Moskauer Erzbischof Platon einen Architekten für seinen Amtssitz suchte, dessen Lage, direkt neben dem Tschudow-Kloster, von Katharina persönlich gebilligt worden war, fiel die Wahl zwangsläufig auf Kasakow. Der sogenannte Tschudow-Palast wurde 1776 vollendet, und obwohl sich die Bewohner über den Lärm beschwerten, den die nahen Geschütze an öffentlichen Feiertagen machten, entwickelte er sich bald zur gemütlichsten Adresse in der gesamten Festung.[106]

1776 errang Kasakow einen noch strahlenderen Preis: den Auftrag (den Baschenow nicht hatte erfüllen können) für den neuen Versammlungsort. Das Gebäude ist immer noch eines der schönsten auf dem Kreml-Hügel. Heute als Senatspalast bekannt, hat es einen dreieckigen Umriss, ist im klassizistischen Stil ausgeführt und wird von einer eleganten Kuppel gekrönt, die man gerade noch über dem Roten Platz sehen kann. Bei seiner Eröffnung erhielt der prächtige Empfangssaal, 27 Meter hoch und 24,7 Meter breit, universelles Lob, ebenso wie die anmutigen Proportionen seiner Innenhöfe und großartigen oberen Gemächer. Kasakows Senat sollte als Vorbild für klassizistische Bauten im ganzen Russischen Reich dienen, und der Architekt verschönerte seine Heimatstadt danach durch ein neues Quartier für die Universität (1782–1793), ein großartiges Gebäude für die Adelsversammlung (1793–1801) und zahlreiche Privathäuser von mächtigen Dimensionen.[107]

Gleichwohl erhoben sich Fragen nach dem russischen Charakter des neuen Stils. Man hat das 18. Jahrhundert in Russland als eine Ära der »Begrenzung und der Lehrzeit« beschrieben.[108] Wenn der Staat Moskowien einem Baum glich, dann war es Peters Ziel, einen völlig neuen Spross zu erschaffen, den kräftigen Wurzelstock zu behalten, doch die sichtbaren oberirdischen Pflanzenteile durch etwas Produktiveres und möglicherweise Anziehenderes zu ersetzen. Die neue Pflanze erblühte unter Katharina, aber sie blieb ein experimenteller Mischling. Die Frage der russischen Identität war vielschichtig, und in der kommenden Epoche des Nationalstaats wurde sie durch den Erfolg der Autokratie, insbesondere die Expansion des Reiches, noch komplizierter. Zum

Zeitpunkt von Katharinas Tod im Jahr 1776 schrieb und sprach man an ihrem Hof Französisch. Auch das Reich, das sie von St. Petersburg aus regierte, war nicht mehr ganz und gar russisch, denn es umfasste große Teile Polens, das frühere Khanat der Krim und Bereiche des Kaukasus sowie sibirische Territorien bis hin zur Pazifikküste. Allein der Staat war das vereinigende Element, denn es gab keine einheitliche Kultur für sämtliche Gebiete. Russland stand vor einem Dilemma. Nicht mehr zufrieden damit, ein Lehrling Europas zu sein (zumal Frankreich nach 1789 von der Revolution verschlungen wurde), würde es versuchen, zu seinen Wurzeln zurückzukehren und die erstrebte Einzigartigkeit zu erreichen, indem es eine halb vergessene Sprache und eine eklektische Reihe visueller Stile wiederbelebte. Doch Peters Mischling hatte sich zu weit entwickelt. Welche Traditionen unter den Bauern, die der Scholle am nächsten waren, auch noch bestehen mochten, es war den Nachkommen der kosmopolitischen Elite, den Höflingen und Hütern des Kreml, mittlerweile unmöglich, all die neuen Dinge, die sie gelernt hatten, aufzugeben. Der Weg zurück zum alten Moskowien existierte einzig in romantischen Träumen.

7   Feuervogel

Ein Höfling, dessen Geschäfte ihn zu Beginn des 19. Jahrhunderts nach Moskau führten, dürfte sich über die Reise gefreut haben. Zum einen bedeutete dies, dass er St. Petersburg entkommen konnte, wo alles zwei- oder dreimal teurer war als anderswo und wo sich das Leben um reine Äußerlichkeiten drehte. Zum anderen konnte er sich von der emotionalen, fast atavistischen Anziehungskraft der älteren Stadt überwältigen lassen. Wie der englische Ingenieur John Perry bemerkte: »Mosko ist der einheimische Ort, dem die Russen zugeneigt sind (…) dort haben sie all ihre Bequemlichkeiten.«[1] Die von der Zeit verschlissene Stadt war durch und durch russisch. Trotz etlicher dynamischer Projekte in Katharinas Zeit hatte es kein Planer geschafft, sie zu zähmen. In ihren Innenhöfen mischte sich das Ländliche mit dem Neuen, man traf auf einen beruhigenden Stallgeruch, und sogar große Verkehrsstraßen wurden häufig durch Relikte der Verteidigungsmauern und verschmutzte Flussbiegungen blockiert.[2]

Trotz all der nagelneuen Villen mit ihren Kolonnaden machte die Stadt auf Besucher einen mittelalterlichen Eindruck. Nach einem Jahrhundert der Gesetzgebung, die nach Steinen und Ziegeln rief, wurden drei Viertel der Gebäude, darunter auch das neue Theater, immer noch aus Holz gefertigt.[3] Durch jüngst verlegte Rohrstränge gelangte Frischwasser aus einem 32 Kilometer entfernten Dorf in die Stadt, aber bei Sonnenuntergang – und sogar dicht neben dem Kreml – drängten sich Frauen mit gefüllten Wäschekörben und Fuhrmänner mit ihren durstigen Pferden an den abschüssigen Flussufern. In den baufälligen Marktreihen zwängten sich Pastetenverkäufer zwischen Buden hindurch, die alles Mögliche – von Stoff und Papier bis hin zu Messern und ovalen Honigmelonen – anzubieten hatten. Hier konnte ein Mann seine zweitbesten Stiefel, die bequemen, tragen und sich erlauben, eine

Stunde in den Buchläden an der Nikolskaja-Straße oder in der Zeitung *Wedomosti* zu schmökern.[4]

Im Jahr 1810 war Moskau die größte und wahrscheinlich auch wohlhabendste Stadt im Russischen Reich. Seine Bevölkerung belief sich, wie man 1811 berechnete, auf knapp über 270 000 Menschen, wiewohl die Zahl je nach Jahreszeit stark schwankte. Zwar war es die zweite Hauptstadt, doch wurde es hauptsächlich als Winterstadt angesehen, in der Provinzadlige zusammen mit ihrem Gefolge an Dienstboten und mit den Händlern, die sie immer im Schlepptau hatten, die kälteren Monate verbrachten. Aber es war auch eine zunehmend kultivierte Stadt, die Russlands erste Universität und drei Akademien, jenes hölzerne Theater, 14 Druckerpressen und separate, exklusive Clubs für den Adel und vermögende Kaufleute besaß.[5] Die Reichen mochten reicher sein als je, doch ihr Monopol auf den gebildeten Diskurs hatten sie verloren. Eine völlig neue Schicht, die Intelligenzija, hatte in den vergangenen Jahrzehnten die Bühne betreten, und obwohl ihr Einfluss recht gering blieb, machten die blassen, ernsthaften, mit Tinte bekleksten Typen nun fast vier Prozent der Stadtbevölkerung aus.[6] Die größte Gesellschaftsgruppe bestand indessen aus Dienern, Händlern und kleinen Handwerkern; sie alle waren Leibeigene und mussten ihren Herren jährliche Zahlungen leisten oder ihnen als Schuldknechte dienen. Ein einziger Adliger konnte seinen Moskauer Haushalt mit mehreren hundert derartigen Beschäftigten betreiben. Die Belegschaft umfasste nicht nur Köche und Kindermädchen und den Jungen, der den Kutschenhof fegte, sondern auch die Mitglieder seines Chors und sogar seine leibeigenen Künstler. Keine dieser Personen durfte sich ohne Genehmigung entfernen oder gar (in den meisten Fällen) heiraten. Ihre Sklaverei war etwas, das manchen ihrer nachdenklicheren Gebieter allmählich Unbehagen bereitete.[7]

Zu allen Jahreszeiten waren Männer in Moskau Frauen gegenüber in der Mehrzahl, manchmal im Verhältnis zwei zu eins. Der Grund dafür war der wachsende Brauch, dass Leibeigene, um ihren Zahlungsverpflichtungen nachkommen zu kommen, ihre Dörfer gewöhnlich in den ruhigsten Monaten des Agrarjahres verließen und sich anderswo nach Arbeit umschauten. So waren saisonbedingt Tausende zwischen

Moskau und den Provinzen unterwegs. Ihre Bemühungen wurden durch die (wenn auch geringen) Beträge gerechtfertigt, die sie verdienten, indem sie Schuhe verkauften oder Dächer reparierten oder sogar in Fabriken arbeiteten. Neben seinem Status als Handelsstadt großen Stils wurde Moskau auch zu einem Zentrum der Papier- und Textilproduktion. Um 1812 gab es über 400 Fabriken, und einige waren zur Empörung Katharinas der Großen in der alten Stadtmitte gegründet worden.[8] Außerdem fand man dort Kasernen, Exerzierplätze und – für die berühmte russische Seele – unzählige Klöster.

An der Spitze dieser ungleichmäßigen sozialen Pyramide befand sich die winzige adlige Elite Moskaus, der die Welt zu gehören schien.[9] Die Angehörigen dieser goldenen Gruppe, unbefangener als früher, hatten nun die Freiheit, sich an dem Besten zu erfreuen, was Europa an Kunst, Mode und Luxus zu bieten hatte, und sie widmeten einen großen Teil ihres Lebens der Eleganz. Sie spielten um Geld, und sie tranken Champagner, doch das Europa, das sie so gut kannten, hatte sie auch gelehrt, zu ihrem Vergnügen Konversation zu machen. Wenn sie in mondänen neuen Salons zusammenkamen, redeten sie über Kultur, Sprache, Russlands Zukunft und, immer öfter, über seine Vergangenheit. Wagten sie sich auf das Gebiet der Prosa vor, so erfüllte eine Sehnsucht nach Geschichte (und in manchen Fällen eine Besessenheit vom Tod) ihre Schriften mit romantischen Merkmalen und ließ an die großen Deutschen – Schiller, Herder, Goethe – denken, die so viele von ihnen nun lasen.[10] Aber selbst wenn sie nicht die höflichere französische, sondern die russische Sprache benutzten, suchten die meisten nach einem Echo von Italien oder einem gotischen Schaudern des Entzückens im Lob der Landschaft. Lyrische Schriften von Autoren wie Gawrila Derschawin (1743–1816) und Konstantin Batjuschkow (1787–1855) zählten zu den besten, doch auch sie neigten dazu, eine vorhersehbare Reihe von europäischen, im Gegensatz zu russischen, Szenerien heraufzubeschwören, wobei sie griechische und lateinische Versformen benutzten.[11]

Die Gefühle, welche diese Dichter beim Anblick Moskaus empfinden sollten, dürften damals auch die Norm für andere Europäer gewesen sein. Lyrische Oden fielen den sensiblen Reisenden der Ära leicht, und die meisten teilten die Begeisterung für traurige Haine, Schäferinnen und die Ruinen um Athen, Rom und den Golf von Neapel.[12] Und aus ebendem Grund, einen Widerhall solcher antiken Stätten zu finden, streiften russische Besucher in den letzten Jahren des 18. Jahrhunderts durch den Kreml.[13] Gewiss, irgendwo auf diesem Hügel herrschte stets ein geschäftiges Treiben. Die Klöster des Kreml waren durchdrungen vom Gemurmel über heilige Angelegenheiten, Kathedralen konnten riesige Menschenmengen anziehen, und in den dunkleren Winkeln verbargen sich Vagabunden und Beutelschneider.»Die schlimmste Räuberhöhle in Moskau«, so die Meinung eines Zeitgenossen über den Kreml.[14] Aber eine literarische Seele konnte immer ein ruhiges Plätzchen finden, und wenn einem Autor die Ruinen gefielen, betrat er vielleicht den Palasthof. Dort konnten die Zwänge der Stadt wirklich der Stille weichen. Die *terema* waren so gut wie verfallen; von den älteren Gebäuden diente nur noch der Facettenpalast als Bühne für Hofereignisse. Alexej Michailowitschs Poteschny-Palast, ebenfalls in einem armseligen Zustand, wurde 1806 für den gerade berufenen Kreml-Kommandanten (ein neuer Posten) zusammengeflickt, doch obwohl er von Zeit zu Zeit mehrere Adelsfamilien beherbergte, konnte man hier nicht von einem pulsierenden Leben sprechen.[15] Das Auge ruhte zufrieden auf dem Bauwerk, das Rastrelli in den 1740er Jahren für Elisabeth konstruiert hatte (wenngleich es nun als beengt galt), während die Personalunterkunft dahinter, in der Heeresoffiziere und höhere Kremlbedienstete wohnten, mühelos ignoriert werden konnte (genau wie die Schutthaufen auf den nahen Flächen).[16] Insgesamt hatte der Kreml etwas Romantisches an sich, obgleich er italienischen Maßstäben nicht gerecht wurde. Seinen Ruinen war ein Hauch von Pathos eigen, und sie enthielten mehr als eine Prise orientalischer Gewürze.

Als junge Braut hatte sich Katharina die Große Mitte des 18. Jahrhunderts in ihren Briefen über die verschiedenen Unannehmlichkeiten des Kreml beklagt. Als ihr Sohn, Kaiser Paul, 1797 gekrönt wurde, zogen es große Teile seines Gefolges aus den gleichen Gründen vor, sich außerhalb der Zitadelle einzuquartieren.[17] Aber andere wurden durch die Romantik und den Reiz der Gotik von der alten Stätte angelockt. Auch Fürstin Golowina, die zur Krönung des neuen Zaren in Moskau eintraf, beschwerte sich wie die meisten über den Mangel an

Umkleideräumen und Boudoirs, doch der Gesamteindruck der Festung bezauberte sie. »Man müsste das Talent eines Historikers haben, um mit bloßen Worten all die Ehrfurcht zu beschreiben, die der Kreml hervorruft«, vertraute sie ihrem Tagebuch in jenem Frühjahr an.

»Man würde die Feder eines Poeten benötigen, um die Impressionen zu preisen, welche dieser alte und wunderbare Ort erregt, diese Kathedrale, dieser Palast, dessen gotischer Stil mit den Terrassen, Brüstungen und Gewölben ihm eine Aura des Phantastischen verleiht und der durch seine Höhe ganz Moskau gebieterisch überragt.«[18]

Die Fürstin hatte nicht wirklich den Wunsch – und keine offensichtliche Möglichkeit –, die Vergangenheit des Kreml exakt zu erforschen. Ihre Reaktion beruhte auf einem Phantasiebild, und in ihr verband sich die klassische Empfindsamkeit der Frau aus gutem Hause mit einem unausgereiften (doch konservativen) Nationalismus und einer guten (nicht bedrohlichen) Portion des Makabren. Für sie – wie für andere am Hof – war der Kreml zu einem Requisit in einem ganz neuen Theater geworden. Nach der Französischen Revolution lehnten Katharinas Erben alles ab, was an liberalen Kosmopolitismus denken ließ. Vielmehr legte Zar Paul bei seinem Amtsantritt Wert darauf, seine Nähe zum Geist des alten Moskowien zu bekräftigen. Vor seiner Krönung entschied er sich, am Palmsonntag in die alte russische Hauptstadt einzuziehen, wodurch Anklänge an Jahrhunderte zurückliegende Festlichkeiten geweckt wurden. »Die Prozession«, schrieb Golowina, »war gewaltig.«[19] Die Zeremonie selbst, mit ihren Hinweisen auf Wiedergeburt und göttliche Berufung, fand am Ostertag statt.[20]

Als Neuinszenierung der Vergangenheit war das Schauspiel jedoch voller Widersprüche. Paul ritt zur Krönung in den Kreml hinein (während einstige Herrscher zu Fuß gegangen waren); er säumte die Plätze mit neuen Geschützen, und bald beschäftigte er sich mit Plänen, die gesamte Festung umzubauen. Der von ihm gewählte Architekt war Kasakow, in dessen Anweisungen von einem neuen Palast, einer Reitschule und hängenden Gärten die Rede war.[21] Hätte dieser Zar länger gelebt, wäre es höchstwahrscheinlich zu einer Reihe von Abrissen gekommen, und ein Teil der geräumten Fläche hätte als Exerzierplatz für seine Soldaten gedient, die sich am Vorbild des von Paul bewunderten Preußen orientierten. Die Umstände bewirkten jedoch, dass sogar sein 1799 gebilligter Plan, die nun verwahrlosten Erdbastionen Peters des Großen zu entfernen, hinausgeschoben und dann vergessen wurde.[22]

Paul war nie ein populärer Monarch. Er schien die schlimmsten Eigenschaften eines religiösen Mystikers mit dem Sadismus eines Drillfeldwebels zu vereinen, und seine Frankophobie (die mindestens in gleichem Maße auf seine Mutter wie auf Robespierre zurückzuführen war) irritierte die mit den *philosophes* aufgewachsenen Höflinge. Katharina hatte die Pariser Moden und Geschmäcker gefördert und war erst bei der Aussicht, es irgendwann mit einem ungeschlachten Pöbel zu tun zu haben, zurückgeschreckt. Paul dagegen war Mitglied einer reaktionären Gruppe, welche die gesamte Kultur der königsmörderischen Franzosen ablehnte.[23] Seinen Untertanen wurde die Benutzung von Worten – etwa »Vaterland«, »Bürger« oder »Club« – verboten, die, wie er argwöhnte, einen revolutionären Beiklang hatten. Unter seinem zunehmend repressiven Regime mussten Gästelisten für Bälle und Soirees vor der Veranstaltung gebilligt werden, und sogar Musik unterlag der Zensur. Paul, der Uniformen und Stiefel liebte, zwang der Nation auch in Sachen Bekleidung seine Ansichten auf. Runde Hüte (im Gegensatz zu Dreispitzen) wurden aus politischen Gründen verboten, und modische Fräcke waren ein Blickfang für seine Gendarmen, von denen viele Gartenscheren bei sich trugen, damit sie die geckenhaften Rockschöße auf der Stelle abschneiden konnten.[24]

Der Präzedenzfall lag auf der Hand, denn Paul war ein großer Bewunderer Peters des Großen, doch während Peters Reformen sein Reich umgestaltet hatten, wirkten Pauls Maßnahmen lediglich boshaft. Seine Feinde gewannen jedes Mal an Selbstvertrauen, wenn sie ihn mit seinen Soldaten dahinstolzieren sahen. Die Verschwörer zögerten nur deshalb, weil sie nicht ohne Einwilligung des mutmaßlichen Erben Alexander Pawlowitsch, des ältesten Sohnes des Tyrannen, handeln konnten. Im März 1801 erhob der junge Mann jedoch keine Einwände mehr gegen eine barmherzige Verhaftung. Der letzte Akt war indes weder human noch allzu gerecht. In den Lehrbüchern spricht man gewöhnlich von einem »Handgemenge«, womit die Erwähnung von Blutvergießen, geschweige denn eines vorsätzlichen Mordes, vermieden wird. In Wirklichkeit stürmte eine Gruppe von Höflingen bei Nacht unter dem Vorwand, ihn verhaften zu wollen, in die Schlafkammer des Kaisers. Als Paul versuchte, sich hinter einem Vorhang zu verstecken, warf einer der Männer ihm eine schwere Schnupftabakdose an den Kopf. Dann fielen die anderen über den Verletzten her und schlugen ihn tot, obwohl später keiner zugab, ihm den entscheidenden Hieb versetzt zu haben.[25] Der Mord wurde nie untersucht. Er hätte als eines der populärsten Verbrechen der russischen Geschichte eingeordnet werden können (es wäre interessant, eine solche Liste zu erstellen), aber stattdessen gilt er nur als ein weiterer scheußlicher Königsmord. Jahrzehntelang wurde der Ort des Verbrechens in St. Petersburg von Fürsten wie Passanten gemieden.[26]

Der neue Kaiser, Alexander I. (1801–1825), war Katharinas Lieblingsenkel gewesen. Der 25-Jährige – sensibel, intelligent, doch bekannt für seine Willensschwäche – mag seine eigene, wenn auch passive Rolle bei der Ermordung seines Vaters bedauert haben. Jedenfalls war es ein ungünstiger Beginn für die neue Herrschaft, doch die Zeitgenossen ließen die tragischen Omen außer Acht, während sie ihren neuen Monarchen willkommen hießen. »Du leuchtest wie ein göttlicher Engel/ Vor Güte und Schönheit«, schrieb der Historiker Nikolai Karamsin (1766–1826) in einer Ode über Alexanders Thronbesteigung.[27] »Welch eine Schönheit und dazu welch eine Seele!«, erklärte ein weiterer adliger Anhänger; ein dritter verglich ihn mit Apoll.[28] Obwohl Alexander darauf bestand, dass seine Krönung in einem bescheidenen und geschäftsmäßigen Rahmen abzuwickeln sei, strömten so viele Menschen aus diesem Anlass nach Moskau, dass sich die Stadtbevölkerung zeitweilig verdoppelte.[29] In den Augen seines Volkes – wenn auch nicht in der Praxis – versprach der neue Kaiser die Erfüllung der von Katharina der Großen erweckten Hoffnungen auf ein goldenes Zeitalter der Vernunft und Gerechtigkeit. Man sprach von der Emanzipation der Leibeigenen, von Gesetzbüchern und Wohlstand. Monatelang versammelten sich enorme Menschenmengen, nur um einen Blick auf das Gesicht des jungen Mannes zu erhaschen.

Die Wolke am Horizont verkörperte ein Europäer von niedrigerer Herkunft: der korsische Emporkömmling Napoleon. Dieser brillante Stratege hatte sich zum Herrn fast ganz Westeuropas aufgeschwungen. Er hatte das letzte revolutionäre Regime in Frankreich gestürzt, sich zum Kaiser gekrönt und benahm sich nun so, als wäre er jedem Autokraten in der bekannten Welt ebenbürtig (oder überlegen). Sein Erfolg und der relativ aufgeklärte Gebrauch, den er davon zu machen schien, hatten ihm Respekt und in manchen Kreisen Lobhudelei eingetragen. Er galt als Held der Epoche, als Mann, der ebenso mühelos mit einem Infanteristen plaudern wie einen Prinzen von Geblüt vor den Kopf stoßen konnte. Bis 1806 hatte er fast alle Heere in Europa (einschließlich Russlands) besiegt, eine neue Kontinentalordnung diktiert und die Auflösung des Heiligen Römischen Reiches herbeigeführt. Die Frankophilen innerhalb der russischen liberalen Elite waren gefesselt, obwohl sie ihm nicht immer beipflichten konnten. Doch in Moskau, das die Kultur Deutschlands oder sogar Englands immer höher geschätzt hatte als die Gallomanie von St. Petersburg, wirkte der französische Vormarsch wie ein Ruf zu den patriotischen Waffen.[30]

Ein neues Thema verbreitete sich in den donnerstäglichen Soirees der Moskauer Salons: das der nationalen Identität. Durch die amerikanische Unabhängigkeit war eine Debatte über Bürger und ihr Herrschaftsrecht eröffnet worden, während die Französische Revolution und der neue französische Kaiser die gleichen Fragen im Herzen Europas aufwarfen. Der Weltbrand veranlasste die russischen Patrioten, sich zu spalten. Manche wurden von der napoleonischen Vision einer geordneten neuen Regierungsform inspiriert, doch viele stellten die Vitalität des russischen Staates jenem Verfall gegenüber, durch den so große Bereiche Europas unter die Kontrolle des Korsen geraten waren.[31] Freilich war es ein Problem, dass die Höflinge Russlands immer noch auf Französisch korrespondierten, flirteten und ihren Sorgen Ausdruck verliehen; es gab keine wirklichen russischen literarischen Werke, keine einheimische Hochkultur. Aber Russland war ein mächtiger Staat, und die Patrioten lobten seine spezifischen Tugenden. Sie entschieden, dass die Autokratie den Maßstab für die historische Größe ihres Landes liefere. Der starke Staat russischen Stils sei vielleicht sogar die höchste Errungenschaft der Nationalkultur, wiewohl der orthodoxe Glaube ähnliche Ansprüche erheben könne. Sergej Glinka, der ältere Bruder des Komponisten Michail, gehörte zu den frühesten Befürwortern dieser Argumentation in Moskau, aber ihr bekanntester – und unzweifelhaft produktivster – Verfechter war Nikolai Karamsin. Seine *Aufzeichnung über das alte und neue Russland* erschien 1811; darin vertrat er einen antieuropäischen Standpunkt und rühmte die Romanow-Dynastie, noch bevor Napoleon in Russland einmarschiert war.[32]

Der Staat, der Karamsin vorschwebte, war tief in der Vergangenheit verwurzelt, und die Geschichtswissenschaft diente als Werkzeug zur Erforschung seiner Tugenden. Der Historiker benötigte Jahrzehnte, um sein größtes Werk, seine vielbändige *Geschichte des russischen Staates*, zu vollenden, doch außerhalb seines Arbeitszimmers gewann das Interesse an der russischen Vergangenheit, fast stets aus einem nationalistischen Blickwinkel, schon vor 1812 umfassende Beliebtheit. Eine Elite, die nicht mehr fähig war, die vorpetrinische Schrift zu lesen, widmete sich der mühsamen Aufgabe, sie zu verstehen. Ein Jahrhundert nach der Alphabetreform Peters des Großen verwirrten die Dokumente, die er mit Leichtigkeit gelesen hätte, seine Nachfolger und faszinierten sie schließlich. Alte Papiere wurden gesammelt, in Holzschränken aufgestapelt und ausgiebig studiert. Die Gesellschaft für Geschichte und russische Altertümer entstand im Jahr 1804 an der Moskauer Universität, und adlige Laien begannen gleichzeitig, mittelalterliche Chroniken zu bearbeiten und zu veröffentlichen.[33] Vor den Augen des Volkes wurde eine Geschichte, die verloren gegangen war – man hatte ihre Dokumente verbrannt, vergraben oder unkenntlich gemacht –, allmählich und auf aufregende Art neu entdeckt. Es sollte Jahre dauern, bis die Knochen der realen russischen Vergangenheit endlich freigelegt wurden, doch die Forschung war unzweifelhaft seriös geworden.

Auch alte Gebäude weckten das Interesse der Zwicker tragenden Altertumsforscher. Das architektonische Erbe Russlands wurde in den ersten Jahrzehnten von Alexanders Herrschaft gründlicher untersucht denn je, was nicht unbedingt hieß, dass Ruinen gewissenhaft gepflegt wurden. Bei der romantischen Methode ging es nicht darum, die Geschichte zu erhalten, sondern eher darum, sie nachzuempfinden.

Diese Generation klammerte sich an ihre beliebtesten Symbole und Wahrzeichen, sie schrieb Oden an efeubedeckte Steine und verwarf das Lästige, das Unansehnliche und offensichtlich Riskante. Wenn reale Dinge nicht sensationell genug erschienen, waren die Romantiker auch bereit, sie abzuändern. Damals, zu Beginn des 19. Jahrhunderts, wurde das farbenprächtige Äußere der Basilius-Kathedrale auf dem Roten Platz kurzzeitig »der Authentizität halber« weiß gestrichen.[34] Der Gedanke an ein Staatsarchiv, das größer war als die Interessen oder Geschmäcker jeder Privatperson, hatte moskowitische Geister noch nicht erfasst. Im Jahr 1806, als viele der mittelalterlichen Schätze des Kreml verlagert werden mussten, sah sich der Kommandant bemüßigt, seinem Personal durch einen spezifischen Befehl zu verbieten, dass es die kleinen (und damit leicht tragbaren) Stücke der Sammlung verkaufte.[35] In dieser Situation rief Alexanders Krönung die üblichen Sorgen über die Baufälligkeit des Kreml hervor, und im ersten Jahrzehnt der neuen Herrschaft kam es in der Festung zu Zerstörungen in einem ehrgeizigen oder gar unbesonnenen Ausmaß. Die Leitung hatte Pjotr Stepanowitsch Walujew (1743–1814), ein früherer Schützling von Zar Paul, dessen Prioritäten sich an der Wahl der Adjektive ablesen lassen, mit denen er die Gebäude auf dem königlichen Anwesen beschrieb: »ruiniert«, »gefährlich«, »schmutzig« und »unordentlich«.[36] Allerdings waren die Kremlmauern inzwischen so mächtige Symbole der russischen Vergangenheit, dass man sie für die Krönung reparierte, stabilisierte und säuberte. Doch andere Gebäude, darunter die Sretenski-Kathedrale (errichtet von Iwan dem Schrecklichen) und ein zerbröckelnder Turm über dem Eingang zu den *terema*, wurden bedenkenlos abgerissen (später veräußerte man die Einzelteile des Turmes und des Kreml-Palastes von Boris Godunow). Dahinter, knapp unterhalb der Kremlmauern, wurden zwei der ältesten Palastschmieden als sogenannte Schandflecke zertrümmert.[37] 1806 demolierte man den Wodoswodnaja-Turm in einer Ecke am Flussufer und baute ihn im selben Jahr wieder auf, während der Palast der Kaiserin Elisabeth ein Obergeschoss und einen Säulengang erhielt. Die Gesamtkosten der Reparaturen innerhalb der Zitadelle beliefen sich zwischen 1801 und 1809 auf 110 000 Rubel.[38]

Verbesserungen im Geist der Ordnung und Harmonie wurden im

Allgemeinen von den Wohlgesonnenen begrüßt. Wann immer eine Ruine verloren ging, konnte man neue öffentliche Flächen nutzen, und manche erwiesen sich als populär. Im Jahr 1808 demolierten Walujews Männer einen Abschnitt der aus dem 17. Jahrhundert stammenden Stadtmauer, der seit langem zerbröselte und eine Zuflucht für Kriminelle und andere zweifelhafte Gestalten bildete. Obwohl jeder Wandel die Bürger nach Luft schnappen ließ, fand sich die Öffentlichkeit mit dem Verlust dieses Wahrzeichens ab, als man an seiner Stelle die Pläne für den ersten Vergnügungspark Moskaus enthüllte. Der Park, Springbrunnen inklusive, erlaubte den Moskauern, abends spazieren zu gehen und gewiss auch ihre neuen, aus Frankreich importierten Kostüme zur Schau zu tragen. »Kaum jemand sorgte sich um das, was in Europa geschah«, schrieb ein Zeitgenosse. »Alle konzentrierten sich auf das große Ereignis des Tages: die Eröffnung des neuen Presnja-Freizeitparks.«[39] Der erste Moskauer Boulevard, der Twerskoi, wurde ebenfalls damals fertiggestellt und machte das Stadtzentrum an Sommerabenden noch attraktiver. Um 1811, kurz vor dem Vaterländischen Krieg, müssen sich die feinen Leute Moskaus überaus privilegiert gefühlt haben. Ein Detail, das die Planer seltsamerweise vergessen hatten, war die Installation eines Brandschutzsystems.

Diesem traumähnlichen Zwischenspiel wurde durch einen Besuch des Zaren im Juli 1812 ein Ende gesetzt. Die militärische Lage hatte sich drastisch verschlechtert. Die Beziehungen zwischen Alexander I. und Napoleon waren immer gespannter geworden und dann zwischen 1809 und dem Sommer 1812 abgerissen. Niemand hätte sagen können, was der französische Kaiser durch den Einmarsch in Russland zu erreichen hoffte, und es wäre genauso schwierig gewesen, exakt zu beschreiben, was in den Russen vorging, als sie darauf verzichteten, mit ihm Frieden zu schließen, doch eine Reihe vermeintlicher Beleidigungen, übertriebener Kränkungen, wirtschaftlicher Spannungen und territorialer Ängste trieb die beiden Regime an den Rand der Konfrontation. Angesichts des kommenden Gemetzels war das diplomatische Versagen weniger eine Schlafwandelei als ein *danse macabre*. Im Winter 1811/12 stellten die Franzosen das größte Heer auf, das die Welt je gesehen hatte:

eine multinationale Streitmacht aus allen Teilen des napoleonischen Europa, die für immer als Grande Armée berühmt werden sollte.[40] Die Heerschar betrat am 24. Juni 1812 russischen Boden – am Mittsommertag, einem guten Zeitpunkt für die Kriege Russlands. Vier Tage später ritt Napoleon persönlich in die Stadt Wilna ein.

Die Invasion überraschte Alexander, und man fürchtete ein paar Tage lang, dass er persönlich versuchen werde, den militärischen Gegenschlag anzuführen. Zum Glück konnte er überredet werden, sich stattdessen der Kräftigung der nationalen Moral zu widmen. Sein Besuch Moskaus im Juli hatte den Zweck, die Stadt aus ihrer Erstarrung aufzurütteln sowie – angesichts der Begabung des französischen Kaisers, Rebellionen des gemeinen Volkes zu entfesseln – pronapoleonische Sympathien im Keim zu ersticken. In beiderlei Hinsicht war der Zar erfolgreich. Überall drängten sich riesige Menschenmengen um den gutaussehenden Monarchen, und der Kreml war zum Bersten gefüllt. In Ballsälen und auf Boulevards wurde das Streben nach Eleganz von einer neuen Mode abgelöst: dem Patriotismus. »Die Stutzer hörten auf, sich in die Brust zu werfen«, schrieb der satirisch gesinnte Alexander Puschkin später. »Herr Soundso schüttete den französischen Schnupftabak aus seiner Tabakdose; ein anderer verbrannte ein Dutzend französischer Broschüren; ein Dritter gab den Château Lafitte auf und aß stattdessen Kohlsuppe. Alle schworen, nie wieder Französisch zu sprechen.«[41] Viele boten Bargeld, leibeigene Soldaten und sogar ihre persönlichen Dienste für die nationale Sache an. Purpurne Seidenzelte wurden auf den Plätzen der Stadt aufgeschlagen, und junge Männer warteten in munteren Schlangen, um sich der Armee des Zaren anzuschließen. Gleichzeitig jedoch – und trotz der Reden vom Moskauer Ruhm – schmiedeten manche Bürger Fluchtpläne. Es hatte den Anschein, dass Napoleon in ihre Richtung statt nach St. Petersburg marschieren werde.

Die Nachrichten sollten derartige Befürchtungen bald bestätigen. Die Grande Armée schien ungehindert vorzurücken und erreichte zügig die Mauern von Smolensk. Die Franzosen waren entschlossen, die Festungsstadt auf ihrem Weg nach Osten einzunehmen – sie sollte als vorgeschobene Operationsbasis und als Versorgungszentrum dienen.

Im August 1812 erwartete Napoleon, dass Smolensk sofort fallen und vielleicht sogar eine Armee, die versklavten Menschen allenthalben Brüderlichkeit und Freiheit versprach, freudig begrüßen würde. Was folgte, war jedoch kein schlichter Widerstand. Die massiven Mauern oberhalb des Dnepr waren dem ersten leichten Angriff gewachsen. Dann, vielleicht durch zufällige Funken (oder, kaum denkbar, durch Brandstiftung), brach ein Feuer aus, das, wie ein Zeuge später schrieb, »kreiselnd in die Luft sich erhob, Smolensk überdeckte, und mit unheilverkündendem Geprassel die ganze Stadt verzehrte«.[42] Napoleon war zufrieden und verglich den Anblick der brennenden Stadt mit »dem Ausbruch des Vesuv«.[43] Aber seine Berater sahen ihre künftige Nachschubbasis in Flammen aufgehen – und damit auch die beste Hoffnung, dass das russische Volk Napoleons Version der Freiheit akzeptieren werde.

Als die Feuer erloschen, nahmen die französischen Offiziere eine kurze Inspektion vor. Viele der wohlhabenden Einwohner von Smolensk waren vor der Ankunft des Feindes geflohen, doch Hunderte hatten hinter Boris Godunows russischen Ziegeln in der Falle gesessen. Die Bilder verursachten sogar den vom Krieg abgehärteten Veteranen Übelkeit. »Einer der deutschen Soldaten war fassungslos über den Anblick, der sich ihm bot, als er durch die mit menschlichen Überresten gepflasterten Straßen zog. ›Auch ich zog darüber weg, wie Tausende vor und nach mir, als ich zwischen zwei niedergebrannten Häusern einen schmalen Garten bemerkte, in welchem unter Obstbäumen, die verkohlte Früchte trugen, fünf oder sechs im eigentlichen Sinne des Wortes gebratene Menschen lagen‹«, schrieb er.[44] In Moskau verbreitete sich die Kunde von dem Feuer in Windeseile. Berichte über unbarmherzige Flammen und glühende Hitze bedurften in einer Stadt mit der Geschichte Moskaus keiner Ausschmückung. Am selben Tag erhöhten sich Pferdemieten in der Hauptstadt um das Vierfache, und bei Abendanbruch waren die Ausfahrtstraßen durch Kutschen und Karren verstopft.[45] Die meisten Menschen machten sich nach Süden und Osten auf, nach Rostow oder sogar Kasan. In der Wolgastadt Nischni Nowgorod verdreifachten sich die Mieten für Sommerhäuser über Nacht.[46]

Die Verteidigung Moskaus hing von zwei Männern ab. Mit den

Militäreinsätzen war Fürst Michail Kutusow betraut, der in den russischen Kriegen gegen die Türkei gekämpft und später in Österreich an einer gescheiterten Kampagne gegen Napoleon teilgenommen hatte. Kutusow, ein ehemaliger Gouverneur von St. Petersburg und Kiew, wusste um die strategische und psychologische Bedeutung Moskaus, doch in erster Linie ging es ihm um das Überleben und den letztlichen Sieg ganz Russlands. Derweil war die Zivilregierung von Moskau auf den reichen und konservativen Grafen Fjodor Rostoptschin angewiesen. Dieser Mann, noch selbstgefällig in den ersten Monaten des Jahres 1812, widmete sich nun der patriotischen Sache und beteuerte sogar nach der Katastrophe von Smolensk, dass er den Franzosen niemals die Moskauer Stadtschlüssel aushändigen werde. Dieses Versprechen hielt er später ein, obwohl sich damals wenige hätten vorstellen können, wie radikal er es zu erfüllen gedachte. Zunächst jedoch bereitete er die Verteidigung Moskaus vor. Fast alle mit den erforderlichen Mitteln schmiedeten Fluchtpläne, doch die verbliebenen Einwohner, das arme oder »dunkle Volk«, wurden mit Waffen ausgerüstet. Wieder einmal säuberte man die Kremlgeschütze und richtete sie auf die Straßen.[47] Die patriotische Haltung des Gouverneurs brachte ihm am 6. September einen handgeschriebenen Dankesbrief des Kaisers ein. Wie so vieles im Russland jener Zeit war er in makellosem Französisch abgefasst.[48]

Die Ernte des Jahres 1812 war üppig, das Obst – Äpfel und Pflaumen – vortrefflich.[49] Jenseits der Kämpfe ließ sich die Gefahr, die nun das Leben Zehntausender junger Soldaten bedrohte, leicht ignorieren. In Moskau zirkulierten alle möglichen Gerüchte, aber die Versuchung, zu hoffen und sich nicht unterkriegen zu lassen, ließ einige Mutige auch jetzt noch in der Stadt ausharren. Kutusow selbst war zuversichtlich und versprach wiederholt, die Stadt um jeden Preis zu halten. Am 7. September 1812 führte er seine Soldaten in die blutigste eintägige Schlacht, die Europa je erlebt hatte. Das Duell um Moskau – in Borodino bei Moschaisk – war das reine Gemetzel. Die brutalen Kämpfe zogen sich unter fast unablässigem Artilleriefeuer auf einer begrenzten Fläche vom Morgengrauen bis zur Abenddämmerung hin. Man schätzt die gesamten russischen Verluste auf 45 000, die französischen auf 28 000, doch die Zahlen vermitteln keinen Eindruck von dem Massaker und der Verschwendung von Leben.

Wie es Napoleons Gewohnheit entsprach, inspizierte er das Schlachtfeld, nachdem die Geschütze verstummt waren.

»Der Kaiser begab sich jetzt auf das Schlachtfeld. Keines hatte jemals noch einen so schauderhaften Anblick dargeboten. Alles trug dazu bei: Ein wolkenschwerer Himmel, ein kalter Regen, ein heftiger Wind, in Asche gelegte Wohnungen, eine durchwühlte, mit Trümmern aller Art bedeckte Ebene (...) überall erblickte man Soldaten, die unter Leichen umherirrten, und selbst in den Tornistern der gefallenen Waffengefährten nach Lebensmitteln suchten.«

Viele fanden Schutz unter Leichenhaufen, und ein Russe soll tagelang im Innern eines verstümmelten Pferdekadavers überlebt haben, indem er an dem entblößten Fleisch nagte. Im folgenden Frühjahr, als die Russen endlich das Schlachtfeld räumten, begruben sie insgesamt 35 478 Pferde, doch die Zahl der menschlichen Leichen war noch höher.[50] Im Spätoktober 1812, während die französische Armee zurückwich, argwöhnten die Soldaten, dass sie auf das frühere Schlachtfeld gestoßen waren, als sie dunkle Krähenschwärme vor dem weißen Schneehintergrund kreisen sahen. Im Gefolge ihrer matten Schritte verzog sich die glatte Landschaft bald durch das Auftauchen zahlloser halb verschütteter, grausiger Gestalten.[51]

Im Verlauf der Schlacht hielt Moskau eine Nachtwache und eine religiöse Prozession im Kreml und um den Roten Platz ab. Die Gläubigen strömten in die Entschlafens-Kathedrale, um zu beten. Andere meldeten sich freiwillig, um die 22 000 Verwundeten (die Granaten und enormen Kugeln hinterließen furchtbare Verletzungen) zu versorgen, die bereits in den Lazaretten und provisorischen Krankenstationen der Stadt eingetroffen waren.[52] Im Grunde war Moskau nun so gut wie wehrlos. Rostoptschin behauptete immer noch, es werde standhalten, doch noch bevor er ausgeredet hatte, erging der Befehl, die historischen Schätze der Stadt zu verpacken und fortzuschaffen. Schmuck, Ikonen und Gold aus dem Kreml wurden nach Süden und Osten zur Wolga und nach Wladimir gekarrt; andere Objekte, darunter solche aus dem Archiv des Tschudow-Klosters, vergrub man unter den Kremlmauern.⁵³ Aber die Zeit drängte. Am 13. September, als sich manche seiner Adjutanten bereits auf ein neues Gefecht gegen die Franzosen einstellten, verkündete Kutusow seine Entscheidung, die alte Hauptstadt aufzugeben. »Moskau ist nicht ganz Russland«, erklärte er. »Um Russland zu retten, brauchen wir eine Armee. Um die Armee zu retten, müssen wir von dem Gedanken Abschied nehmen, Moskau zu verteidigen.« An jenem Abend blieb dem vor Wut kochenden Rostoptschin nichts anderes übrig, als einen allgemeinen Rückzug anzuordnen, darunter den der Kreml-Garnison. Sie marschierte zu den Klängen einer Militärkapelle aus der Stadt hinaus, angeblich weil »eine Garnison nach dem Kodex Peters des Großen eine Festung nur unter Musikbegleitung aufgibt«.⁵⁴ Allzu bald wurden das Getrommel und das Geräusch der marschierenden Stiefel jedoch von Stille abgelöst.

Nachdem sich die letzten Soldaten entfernt hatten, war es an Rostoptschin, Moskau zu verlassen. Zu seinen abschließenden Akten gehörte ein Befehl, die Feuerwehr aufzulösen und die Flotte städtischer Feuerlöschboote zu versenken. Außerdem ließ er die Gefängnistore öffnen, was zu einer Nacht der Plünderungen führte, deren Ausmaß bis heute unbekannt ist. Die Freilassung des Moskauer »schmutzigen, ekelhaften Pöbels«, wie Zeugen kommentierten, und die Ankunft zusätzlicher opportunistischer Plünderer aus den umliegenden Landgebieten halfen jedoch dem Empfang, den Rostoptschin für die Franzosen geplant hatte. Er hinterließ eine an die Eindringlinge adressierte Nachricht am Tor seines eigenen Gutes in Woronowo im Südwesten Moskaus. Darin beschrieb er, was er im Sinn hatte:

> »Acht Jahre lang habe ich der Verschönerung dieses Landgutes mich gewidmet, und ich lebte glücklich hier im Schoße meiner Familie. Die Bewohner des Gutes, 1720 an Zahl, verlassen es bei Eurer Annäherung, und ich, ich stecke selbst mein Haus in Brand, damit es nicht besudelt werde durch Eure Gegenwart! Franzosen, ich habe Euch meine beiden Häuser in Moskau überlassen, mit einem Mobiliar im Wert von einer halben Million Rubel. Hier aber werdet Ihr nur einen Aschenhaufen finden!«⁵⁵

Den Soldaten der Grande Armée erschienen jene Anwesen allerdings immer noch gut genug. Viele Offiziere waren so zuversichtlich, was die ihnen bevorstehenden Vergnügungen anging, dass sie Abendkleidung eingepackt hatten.[56] Der Comte de Ségur erinnerte sich bis zu seinem Tod an die Szene. Er schrieb:

> »Diese Hauptstadt (...) war ein weitschichtiges und abenteuerliches Gemisch von 295 Kirchen und 1500 Schlössern, mit ihren Gärten und den dazu gehörenden Gütern und Baulichkeiten. Diese von Backsteinen aufgeführten Palläste (...) gruppirten sich um eine hohe Festung von dreieckiger Form. Diese war mit einem weiten Doppelkreise von Festungswerken umzogen, der eine halbe Stunde im Umfang hatte, und wovon der äußere noch mehrere Palläste, Kirchen und unbebaute, steinige Strecken umschloß, der innere aber einen ausgedehnten Bazar, das Quartier der Kaufleute, enthielt, wo die Reichthümer von vier Welttheilen in glänzendem Vereine anzutreffen waren. Diese Gebäude, diese Palläste, ja selbst die Kaufläden, waren sämmtlich mit polirtem und farbig angestrichenem Eisen bedeckt (...) Von einem einzigen Sonnenstrahle erglänzte diese stolze Stadt in tausendfältiger Farbenpracht. Bei ihrem Anblick blieb der entzückte Wanderer geblendet stehen (...) Unter dem frohlockenden Zurufe aller Völker der Erde wähnten wir auf diesem unermeßlichen und imposanten Schaugerüste einherzuschreiten.«[57]

Dies war endlich eine Sache, an die erschöpfte Soldaten glauben konnten, eine Belohnung, die den Preis an Blut und Mühe und monatelangen Märschen rechtfertigte. Napoleon, dem die Eroberung großer Städte nicht fremd war, machte halt, um auf die übliche Delegation zu warten. Doch nach einer langen Pause, als niemand mit den Stadtschlüsseln sowie mit Brot und Salz erschien, wurde man sich der Tiefe des Moskauer Schweigens bewusst. Die unheimliche Stille hielt an, und erst als sich die Franzosen dem Kreml näherten, dessen Tore verriegelt waren, wurde sie durch »ein wildes Gebrüll« von innen gebrochen. Die Festung war nicht völlig aufgegeben worden, sondern rund 500 Soldaten hatten sich hier nach dem Abzug des Hauptkonvois verschanzt; zu ihnen war eine Menge unordentlicher Zivilisten, darunter auch Frauen, gestoßen, sämtlich »im Zustand völliger Trunkenheit«. Ihre Verwünschungen (»die fürchterlichsten Flüche«) hagelten nun auf die Franzosen nieder. Moskau war ohne einen Schuss gefallen, doch man benötigte Geschützfeuer, um die Kremltore zu öffnen, und sogar dann stürzte sich ein Verteidiger auf einen Angehörigen von Napoleons Vorhut und bearbeitete ihn mit den Zähnen, bevor andere Franzosen herbeieilten und ihn unschädlich machten.[58] So verzögerte sich der große Einzug des Eroberers durch das Borowizki-Tor, doch seine Genugtuung über die Einnahme der russischen Zitadelle blieb ungetrübt. »Als er aber diesen gothischen und zugleich modernen Pallast der Romanow's und Ruruk's (...), jenes Riesenkreuz des großen Iwans, so wie den schönsten Theil der Stadt erblickte, den der Kremlin beherrscht, und welchen die in dem Bazar noch eingeschlossenen Flammen verschonen zu müssen schienen, da erwachte seine erste Hoffnung wieder.« Der Thron war noch am Platz, wie er feststellte, und sogar die unzähligen Uhren des Kreml tickten weiter.[59] »Die Stadt ist so groß wie Paris«, schrieb der Kaiser an seine Frau. Moskau schien »mit allem ausgestattet« zu sein.[60]

Aber in derselben Nacht änderte sich das Bild. Während Napoleon, umgeben von den besten Männern seiner Armee, im Kreml ruhte, bemerkten seine Wachposten auf den hohen Ziegelmauern ein neues Glühen in der Moskauer Dunkelheit. Seit dem Eintreffen der Franzosen waren mehrere kleine Feuer ausgebrochen, und für jedes hatte man die Fahrlässigkeit der Soldaten verantwortlich gemacht. Diesmal jedoch war der Brand allem Anschein nach vorsätzlich gelegt worden, und zwar in einer koordinierten Kampagne, die einen Äquinoktialwind aufs Beste nutzte. »Alle hatten gesehen«, schrieb Sédur später, »wie in Lumpen gehüllte Menschen, mit den scheußlichsten Gesichtern, und wüthende Megären in den Flammen sich umhertrieben, und so ein gräßliches Abbild der Hölle vervollständigten.« Ein Feuerball ließ sich auf dem Schloss des Fürsten Trubezkoi nieder, das völlig abbrannte. Auf dieses Signal hin wurde die Börse angesteckt; Zeugen berichteten, sie hätten als Polizisten verkleidete Russen gesehen, welche die Flammen mit teerbedeckten Lanzen schürten. Die Franzosen hackten mit Säbeln auf die hartnäckigsten Brandstifter ein, doch die grausigen Hiebe genügten nicht, um die Fackeln von jeder Faust abzutrennen.[61] Innerhalb einer Stunde schlug die Feuersbrunst in ein stetiges Brüllen um, unterbrochen von Explosionen und dem Poltern zusammenbrechenden Mauerwerks und einstürzender Metalldächer. Der französische Kaiser und seine Berater waren in höchster Gefahr, denn im Kreml-Arsenal befanden sich noch Sprengstoffe. Auch sie selbst hatten kurz zuvor eine Geschützbatterie in die Festung gebracht und sie zur Sicherheit unter den Palastfenstern positioniert. Eine ganze Nacht lang und am folgenden Morgen hing die Zukunft von Napoleons Feldzug – genau wie sein Leben – von den Launen durch die Luft wirbelnder Funken ab.[62]

Einige Stunden lang blieb der Kaiser in seiner Palastsuite, schritt auf den Parkettfußböden hin und her und schaute durch alle Fenster, an denen er vorbeikam. Der ersehnte Schatz schrumpfte vor seinen Augen zusammen, und er verfluchte die Barbarei der Russen. Trotz des Flehens seiner Adjutanten weigerte er sich jedoch, sofort aufzubrechen. Am Abend des 15. September war der Feuersturm, wie sich einer seiner Offiziere erinnerte, so hell, dass man im Innern des Kreml ohne Öllampen lesen konnte. Aber der folgende Tag war der schlimmste von allen. Auch Napoleon konnte nicht mehr ausharren, als das Kreml-Arsenal schließlich Feuer fing. Man traf die Entscheidung, sich zum Petrowski-Palast an der Straße nach Petersburg zurückzuziehen. Mittlerweile war die Zitadelle jedoch, wie Ségur schrieb, »von einem Flammenmeere umlagert«.

Keines der Haupttore des Kreml war verwendbar, doch dann stießen die Besatzer auf ein Seitentor in den Felsen oberhalb des Flusses. Hier lag einer der Geheimgänge des Kreml, ein Vermächtnis von Jahrhunderten improvisierter Reparaturen und Umbauten, doch als die kaiserliche Gruppe das Tor hinter sich schloss, entdeckte sie, dass ihre Situation sich kaum verbessert hatte. Die eroberte Stadt war eine brennende strukturlose Einöde. »Eine einzige enge und krumme Straße, die ganz in Feuer stand«, fuhr Ségur fort,

> »bot sich uns dar, stellte aber eher den Eingang in die Hölle, als ihren Ausgang vor. (...) Wir wandelten auf einem glühenden Boden, unter einer prasselnden Flammendecke, zwischen feuersprühenden Mauern. Die durchdringende Hitze versengte uns die Augen, und doch mußten wir sie offen halten, um auf die Gefahr unsere Blicke zu richten. Verzehrende Glutluft, mit Funken gepaarte Asche und leckende Flammenzungen erschwerten unsern kurzen, trockenen, keuchenden, schon vom Rauche fast erstickten Athem.«[63]

Die französische Elite entkam an jenem Tag mit Hilfe eines Einheimischen, der die Wege kannte, doch Tausende saßen weiterhin in der Falle und waren zu einem grausamen Tod verurteilt. Ségurs Bericht müssen die Schilderungen russischer Zeugen gegenübergestellt werden, die davon sprachen, dass französische Soldaten Amok liefen; sie hätten geplündert, Gewalttaten begangen, Rache genommen. Jeder Russe sei als mutmaßlicher Brandstifter behandelt worden. Manche habe man zu Kriegsgefangenen gemacht, andere auf der Stelle mit dem Säbel niedergestreckt.[64] Für die Überlebenden, die in der rötlichen Dunkelheit kauerten, waren die Friedhöfe die einzige Zuflucht vor der Hitze und den herabfallenden Trümmern. Nach dem sechstägigen Feuer, dem schlimmsten, das Moskau je erlebt hatte, kehrten Reihen kläglicher Gestalten, so unwirklich wie Gespenster, in ihre zerstörte Stadt zurück. Selbst als der Rauch verflogen war, stanken die Ruinen nach Verwesung und Ruß und Tod; sogar in mehreren Kilometern Entfernung erregte der Geruch noch Übelkeit.[65] Kaum ein grünes Blatt war zu sehen, fast kein Baum erhob sich am Horizont. Eine bittere Wirtschaftssituation herrschte. Jeder konnte eine elegante Schnupftabakdose oder eine Garnitur silberner Löffel an sich raffen, doch Nahrungsmittel jeder Art waren praktisch nicht zu haben. In den Feldern hinter Moskau bauten französische Soldaten ihre Lagerfeuer aus Mahagonimöbeln und vergoldeten Fensterrahmen. Aber bei den Mahlzeiten konnten sie nur auf »halb geröstetes, noch blutendes Pferdefleisch« hoffen.[66]

Inmitten der Verwüstung stand der Kreml mehr oder weniger unversehrt da, ein Symbol für Russen, ein Wahrzeichen für die Obdachlosen und, unmittelbarer, ein Magnet für die zurückkehrenden Franzosen. Napoleon zog am 18. September wieder in die Zitadelle ein. Seine Stimmung hatte sich verschlechtert, und zwei Tage später ließ er bekanntgeben, dass »Moskau, eine der schönsten und reichsten Städte der Welt, nicht mehr existiert«.[67] Trotzdem bestand der Korse auf dem fruchtlosen Versuch, eine Art Lebensordnung unter den Ruinen aufzubauen. Obwohl fast niemand von der einheimischen Bevölkerung sie unterstützte, wurde eine Moskauer Verwaltung ernannt, welche die Leichen einsammeln und den Frieden aufrechterhalten sollte. Theatervorführungen wurden in Auftrag gegeben, und Konzerte, bei denen ein italienischer Solist unter Klavierbegleitung auftrat, fanden zum abendlichen Zeitvertreib statt.[68] Die Entscheidung, behelfsmäßigem Luxus zu frönen, die auch zu jedem anderen Zeitpunkt absurd gewesen wäre, erwies sich als eine der katastrophalsten in Napoleons gesamter Karriere. Mit den milderen Herbsttagen schwanden auch die letzten Optionen für die Franzosen dahin. Napoleon konnte schwerlich gehofft haben, dass er in der Lage sein würde, seine Armee den Winter hindurch in dieser Stadt zu ernähren und unterzubringen. Auch für den riesigen Pferdestall war fast kein Futter vorhanden. Ein Rückzug schien unvermeidlich, und je rascher er begann, desto besser wären, wie Napoleon später zugab, die Chancen für seine Männer gewesen. Vorläufig jedoch schmollte der General und verbrachte während der drückenden Nachmittagspause lange Stunden damit, in seinem Essen zu stochern und, einen Roman in der Hand, seine gedrungene Gestalt auf einer damastüberzogenen Chaiselongue auszustrecken.[69]

In dem, was vom realen Moskau noch übrig war, hatten die Franzosen begonnen, ihren Preis einzutreiben. Abgesehen davon, dass Napoleons Männer bereits Pelze und Schmuckgegenstände und Kaschmirschals geraubt hatten, wurden sie auch dazu angespornt, alles einzupacken oder zu schänden, was den verhassten Russen teuer sein mochte. Die systematische Entweihung des Kreml schloss sich an. Reichlich vorhanden sind Geschichten darüber, dass die Franzosen Kirchen als Pferdeställe benutzten, dass Gold und Silber eingeschmolzen wurden (man errichtete zu diesem Zweck eine Schmiede) und dass entwürdigende Finger die Särge der alten Heiligen erforschten. Es hieß sogar, die »Bestien« hätten der verehrten Leiche von Zarewitsch Dmitri den Kopf abgehackt.[70] Napoleon hatte sich auf das Goldkreuz kapriziert, das an der Spitze des Glockenturms Iwan der Große schimmerte. Er befahl, es abzumontieren, zu verpacken und fortzukarren, damit der Pariser Invalidendom damit verziert werden könne. Als dieser Schatz (in mehreren Fragmenten) den Boden erreichte, stellte sich heraus, dass er lediglich aus vergoldetem Holz bestand. Doch immerhin gelang es den Franzosen dadurch, dass sie verschiedene Ikonenuntersätze, Lampen und Palastbeschläge herausrissen, insgesamt 325 Pud (5317 Kilo) Silber und 18 Pud (294 Kilo) Gold einzuschmelzen. Diese Ziffern, die in jeder russischen Quelle zitiert werden, wurden mit Hilfe einer Waage ermittelt, welche die Franzosen in der Entschlafens-Kathedrale aufgestellt hatten. Eine der Säulen soll noch Jahrzehnte danach mit einer Strichliste bekritzelt gewesen sein.[71]

Während sich die Okkupation hinzog, wurde sogar Napoleon ungeduldig; er drillte und inspizierte seine Soldaten mit jedem Tag häufiger. Auch Kutusows Russen hatten sich neu formiert. In der zweiten Oktoberwoche wurde eine Vorhut nach Westen strebender französischer Soldaten in die Falle gelockt und niedergemetzelt. Als der erste Schnee am 13. Oktober fiel, gab Napoleon endlich den Befehl, den Rückzug vorzubereiten. Behindert durch Reihen überladener Fuhrwerke und durch pralle Beutel mit Schätzen, war die Grande Armée gleichwohl bereit heimzukehren. Aber der französische Kaiser musste seinen Rachedurst noch stillen. Als sein Gefolge am 19. Oktober durch die Tore hinausmarschierte, hinterließ er Anweisungen, den Kreml zu verminen. Gehorsam verlegten seine Pioniere, unter Führung von Marschall Mortier, Sprengstofffässer unter dem Facettenpalast, dem Arsenal, den größeren Schutztürmen und dem Glockenturm Iwan der Große. Laut Ségur wurden wenigstens 183 000 Kilo Explosivstoff in den unterirdischen Palastgewölben aufgestapelt.[72] Zwei Tage später, um 1.30 Uhr morgens, ließ ein mächtiger Knall die Erde erzittern; Fenster wurden im Umkreis von Kilometern zerschmettert, und mehrere Zuschauer, die zu der Szene geeilt waren, trugen im Lauf der Detonationen Verletzungen durch fliegende Glasscherben und Steinsplitter davon. Eine Bande Plünderer, die den Kreml nach dem Abmarsch des letzten Franzosen betreten hatte, wurde in die Luft geschleudert, worauf, wie Ségur es ausdrückte, »alle diese Mauertrümmer, die zerbrochenen Gewehre und der Russen verstümmelte Gliedmaßen in Gestalt eines schauderhaften Regens in der Ferne niederfielen«.[73]

Napoleon hörte die Explosionen in einem 40 Kilometer entfernten Biwak. Sofort gab er eine Proklamation heraus, in welcher er die Sprache aufgriff, die er nach dem Moskauer Feuer benutzt hatte: »Der Kremlin, das Arsenal, die Magazine sind vernichtet; verschwunden ist von der Erde jene alterthümliche Citadelle, jener stolze Czaarenpallast, dessen Ursprung von dem Entstehen der Monarchie sich herschreibt.«[74] Es war eine kühne und wütende Aussage, doch sie traf nicht zu. Das Arsenal war tatsächlich eine Ruine, der Facettenpalast hatte Feuer gefangen, einer der äußeren Türme war bis auf die Fundamente zusammengebrochen, das Nikolski-Tor und mehrere andere Türme lagen in Trümmern, der ikonische Glockenturm Iwan der Große hatte umfassende Schäden erlitten, und der angrenzende Filaret-Turm war dahin. Aber die Minen hatten die Festung nur verwundet, nicht zerstört.

Der Schaden in Moskau als Ganzem war viel größer. In den Wochen nach dem französischen Rückzug entfernten die Moskowiter die Leichen von 11 959 Menschen und 12 576 Pferden. Hier und dort hatten unheimliche Haufen geschwärzten Fleisches ganze Straßen blockiert.[75] Teile der Stadt waren weitgehend vom Feuer verschont worden, doch die meisten zentralen Bezirke lagen in Schutt und Asche. Auf der Twerskaja-Straße hatten nur zwölf Häuser standgehalten, und lediglich zwei standen noch über den Ruinen von Kitai-Gorod.[76] »Das ganze linke Ufer der Stadt sah genauso aus wie ein großes schwarzes Feld«, schrieb ein Zeuge später. »Viele Kirchen waren unversehrt, doch um sie herum verteilten sich die ausgebrannten Überreste von Gebäuden. Hier stand noch ein Ofen, dort lag eine Dachplatte aus Metall. Manchmal hatte das Haus überdauert, und die Nebengebäude waren verschwunden, anderswo sah man nur noch einen Schuppen.«[77] Insgesamt waren ungefähr 6500 der 9000 Hauptgebäude der Stadt zertrümmert worden.

Heimkehrende Flüchtlinge, die *beau monde* des alten Moskau, empfanden oft die bittersten Gefühle, sobald ihnen die Wahrheit bewusst wurde. Wie es ein Onkel des Schriftstellers Iwan Turgenew ausdrückte: »Der Rachedurst ist eine Quelle des Ruhmes und der künftige Garant unserer Größe. Niemand will Frieden.«[78] Moskaus glühender Schmelztiegel sorgte unzweifelhaft dafür, dass die Rhetorik des Nationalismus erglänzte, aber wie immer hingen die langfristigen materiellen Folgen vom Status des Betreffenden ab. Der Preis, den gewöhnliche Moskowiter gezahlt hatten – die Armen, denen die Mittel zur Neuorganisation und zum Wiederaufbau fehlten –, war unübersehbar. Zahlreiche vermögende Moskauer Kaufleute – 10 000 oder mehr – standen ebenfalls vor dem Bankrott. Ihr Inventar und ihre Villen waren zerstört, und viele mussten sich für den Rest ihrer Tage mit dem Betrieb ordinärer Marktbuden durchschlagen.⁷⁹

Die wirkliche Elite jedoch, die Stroganows und Trubezkois, die oberste Höflingsschicht, verkraftete ihre Verluste in der sicheren Umgebung sonstiger Anwesen. Obwohl die hohen Würdenträger in den folgenden Jahrzehnten den kostspieligen Gedenkzeremonien in der Entschlafens-Kathedrale beiwohnten und obwohl sie sich in Scharen einstellten, um jedes neue Porträt der Kriegshelden zu bewundern, wurde ihr Lebensunterhalt nicht dauerhaft beeinträchtigt, und mit der Zeit bauten viele noch prächtigere Wohnsitze als die, welche sie verloren hatten. Auch die Kluft zu den Franzosen sollte bald überbrückt werden. Man streitet weiterhin über die Ursachen des Moskauer Feuers, aber Ségur konnte behaupten, seine Version aus erster Hand erhalten zu haben. Denn Rostoptschin zog 1815 nach Frankreich, wo er mit Ségur Gespräche führte. Bald knüpften die beiden sogar verwandtschaftliche Bande, da Rostoptschins Tochter Ségurs Neffen ehelichte.⁸⁰

Der Wiederaufbau Moskaus begann in einer Atmosphäre der Erschütterung. Da russische Soldaten noch im Feld (und Franzosen auf russischem Boden) waren, konnten die Bürger keine leichten Triumphe erringen. Der Kreml wurde hastig abgesperrt und diente in jenem Winter unter anderem als Speicher für Wertsachen, die ehrliche Menschen gefunden und abgegeben hatten.⁸¹ Aber er war auch eine halbe Ruine und alles andere als sicher. Der patriotische Heroismus, den die Moskauer Flammen entzündet haben sollten, wurde nicht von allen geteilt. Nicht einmal die Polizei schrak vor Plünderungen zurück. Für jeden kam es in erster Linie auf das reine Überleben an. Zynismus und schlichte Habgier waren unübersehbar, als Bauern aus dem Umland in die Stadt strömten, um die letzten Habseligkeiten unter den Trümmern hervorzuklauben.

Aber das Leid hatte die christlichen Überzeugungen vieler Menschen gestärkt. Es gab eine Empfindung, die zum Beispiel Sergej Glinka zum Ausdruck brachte, dass Russland in seiner christusähnlichen Gestalt sich selbst (und unzweifelhaft Moskau) geopfert habe, um ein sündhaftes Europa vor der Vernichtung zu retten.⁸² Etliche meinten auch, dass die Heiligen weiterhin Wunder auf Moskauer Boden wirkten. »Und was ich nicht glauben würde, hätte ich es nicht mit eigenen Augen gesehen«, schrieb ein russischer Ermittler nach der Abschiedsexplosion der französischen Pioniere an Rostoptschin,

> »war die Tatsache, dass trotz des schrecklichen Bebens, welches die Fenster in fast allen Häusern in Moskau zersplittern ließ und in 40 Werst [42 Kilometern] Entfernung gehört werden konnte, nicht nur die wunderwirkenden Bilder des Erlösers am Erlöser-Tor und Nikolas des Wundertätigen am Nikolski-Tor unbeschädigt blieben, sondern dass auch die Lampen, die vor ihnen hingen und es immer noch tun, und sogar das Glas, das die Bilder selbst bedeckt, nicht zerbrachen.«[83]

Wie durch ein weiteres Wunder waren auch die Leichen der Heiligen mehr oder weniger unversehrt davongekommen. Der Moskauer Metropolit versicherte seiner Herde (wobei er einen seltsamen Sinn für Prioritäten enthüllte), dass die sterblichen Überreste von Zarewitsch Dmitri vor der Ankunft der Franzosen aus dem Kreml hinausgeschafft worden seien (diese Ehre sollte er sich in späteren Zeiten mit Lenin teilen). Welcher Leiche die französischen Soldaten auch den Kopf abgehackt hatten, jedenfalls war es nicht diejenige, mit der die Russen ihren dynastischen Heiligen identifizierten.[84]

Immerhin hatten sich also die heiligen Mysterien im Herzen der Moskauer Festung erhalten. Welche Rolle genau sie für die hungernden, verängstigten Überlebenden in jenem Winter der Obdachlosigkeit spielten, ist unklar. Die in Lumpen Gekleideten hinterließen keine Erinnerungen. Aber als Russen einer anderen Schicht die Geschichte des Feuers zu erzählen begannen, schien der Schlüssel zur Auferstehung Moskaus in der Seele der Stadt verborgen zu sein. Tolstoi verglich die Stadt 40 Jahre später mit einem zertrampelten Ameisenhaufen:

> »Doch ebenso wie man beim Anblick der um den zerstörten Haufen herumrennenden Ameisen aus der Streitbarkeit, Energie und unendlichen Menge der wimmelnden Insekten trotz der völligen Vernichtung des Haufens erkennen kann, daß alles zerstört ist außer einem immateriellen, unzerstörbaren Etwas, das die ganze Kraft des Haufens ausmacht – so erkannte man selbst in jenem Moskau vom Monat Oktober, obgleich es

dort weder eine Obrigkeit noch Kirchen noch Heiligtümer noch Reichtum noch Häuser gab, dennoch dasselbe Moskau wieder, das es im August gewesen war.«[85]

Das »unzerstörbare Etwas« war vielleicht genau der Volksglaube – die instinktive Zuneigung zu vertrauten Heiligen und lokalen Schreinen –, den Planer und aufgeklärte Höflinge seit so langer Zeit abgetan hatten. Ein paar Jahre später, Mitte des 19. Jahrhunderts, sollte es Tolstois Generation sein, die den Volksglauben wiederentdeckte.

In den ersten Monaten nach dem Feuer lag der Schwerpunkt jedoch auf dem Wiederaufbau. Im Mai 1813 berief Alexander I. einen Sonderausschuss ein, der mit der Rekonstruktion der Stadt beginnen sollte. Die ersten Pläne waren in jenem Herbst fertig. Etliche Großprojekte wurden 1814 in Angriff genommen, doch es sollte noch einige Zeit dauern, bis die Hauptplätze und -boulevards nicht mehr wie riesige Baustellen aussahen, und noch länger, bis die Einwohnerzahl der Stadt zu ihrem Vorkriegshöchststand zurückkehrte.[86] Der Zar blieb Moskau drei weitere Jahre lang fern. Mittlerweile gab es überall Bauprojekte, und die unmittelbaren Spuren des Todes und der Plünderungen waren weggefegt worden.[87]

Moskau muss in jenen Jahren einen ungewöhnlich geräumigen Eindruck gemacht haben. Müll und Schutt wurden endlich von neuen, eleganten Plätzen verdrängt. Drei Architektengenerationen sahen sich letztlich gerechtfertigt, als der Rote Platz seine gegenwärtige Form annahm und als der Kreml aufhörte, eine von Burggräben umgebene Insel zu sein. Peters Erdbastionen wurden abgerissen, und man leitete die Neglinnaja in den Untergrund, um am Fuß der Kremlmauern Platz für den neuen, neun Hektar großen Alexandergarten zu schaffen.[88] Dessen Entwurf – mit Landschaftsgestaltung, Brunnen und Grotten – erinnerte an Italien. »Moskau wird schön«, teilte der städtische Postmeister seinem Bruder 1820 mit. »Man legt einen Park um die Kremlmauern an, der nicht schlechter sein wird als die Presnja-Teiche.«[89] Die Verbesserungen waren so radikal, dass manche Besucher aus der Fassung gebracht wurden. 1839 konnte ein Franzose, der Marquis de Custine, der aus Paris angereist war, sein Erstaunen kaum unterdrücken.

»Was würde Iwan III., der Wiederhersteller, man kann wohl sagen der Gründer des Kremls, gesagt haben, wenn er seine alten Moskowiter am Fuße der heiligen Feste rasirt, frisirt, in Fracks, weißen Pantalons und gelben Handschuhen bei Musik nachlässig hätte dasitzen und süßes Eis vor einem glänzend erleuchteten Kaffeehause schlürfen sehen?«[90]

Der Ausschuss zur Rekonstruktion Moskaus amtierte bis 1842. Als er seine Bücher zum letzten Mal schloss, konnten die Mitglieder einander beglückwünschen. Das Feuer hatte sich als günstige Gelegenheit erwiesen, und die Planer hatten einen großen Teil des mittelalterlichen Wirrwarrs der Stadt, zumindest im Zentrum, bereinigt. Die Dorfatmosphäre war ersetzt, der Traum von einer klassizistischen Ordnung realisiert worden. Strenge Vorschriften bewirkten, dass die meisten neuen Bauten einem festen Muster entsprachen, welches der Stadt eine ungewohnte Harmonie verlieh, während ihre Ausuferung dadurch eingegrenzt wurde, dass man Häuser auf kleineren, regelmäßigeren Grundstücken zusammenfasste. Auch die Distanz Moskaus von St. Petersburg hatte sich verringert, denn die Hauptstädte wurden nun durch einen öffentlichen Postkutschendienst miteinander verbunden, so dass man die Reise in zwei oder drei Tagen zurücklegen konnte. Bald verringerte sich die Zeitspanne noch weiter, denn 1851 wurde eine neue Eisenbahnlinie, eine der ersten Russlands, zwischen den Städten eröffnet, was wiederum den Handel förderte und einen lokalen Bauboom auslöste.[91] Zu den weiteren Annehmlichkeiten Moskaus gehörten zusätzliche (ölbetriebene) Straßenlaternen, eine bessere Kanalisation, neue Brunnen und ein Feuerwehrdienst, der über mehr als 1500 Mann und 450 Pferde verfügte.[92]

Der Kreml selbst war der Aufmerksamkeit eines Sonderausschusses vorbehalten, den man nicht mit Rationalisierung, sondern mit authentischer Rekonstruktion beauftragt hatte. Es ging darum, das Monument, das Moskau und sogar Russland wie kein anderes definierte, zu bewahren und zu hüten. Während die Stadt um ihn herum nach dem nun vertrauten klassizistischen Vorbild modernisiert wurde, verschob sich die Bedeutung des Kreml auf subtile Weise: Als nationales Emblem musste er sich nun in nationaler Gestalt neu erfinden. Sein Wert für die Hebung der Moral wurde so weithin anerkannt, dass man trotz der sonstigen Strapazierung der kaiserlichen Mittel ein üppiges Budget für die Restauration verabschiedete. Ende 1813 hatten die Architekten 294 500 Rubel (eine fürstliche Summe) allein für die Wiederherstellung der Kathedralen ausgegeben.[93] In ihrem Streben nach Authentizität konsultierten einige Experten, darunter der in Italien geborene Dementi Gilardi, die Zeichnungen und Grundrisse, die der bahnbrechende Architekt Uchtomski ein halbes Jahrhundert zuvor geschaffen hatte. Sogar im Fall umfangreicher Schäden ermutigte man die Baumeister, die Fundamente und die ursprünglichen Steinschichten beizubehalten, und wo Neubauten unvermeidlich waren, wie im Fall mehrerer Festungstürme, sollten sie allem, was überdauert hatte, angepasst werden. Die Silhouetten, die sich vor dem nackten Horizont erhoben, waren den Einheimischen unten auf den Straßen nun wichtiger als je zuvor.

Aber die Aufgeweckteren könnten etwas Seltsames an der Form der neuen Turmspitzen bemerkt haben. Die Architekten des Nachkriegs-Moskau, wie russische Intellektuelle im Allgemeinen, legten Wert darauf, das historisch wichtigste Monument der Nation auf eine angemessen russische Art zu reparieren. Für eine Generation, die es als Kompliment erachtete, die Vermächtnisse der Vergangenheit zu verbessern, bedeutete dies in der Praxis, dass die Baumeister, die den Kreml restaurierten, einen romantischen oder gar gotischen Stil pflegten. Ossip Bowe, ein Schüler von Kasakow, versah den Nikolski-Turm mit einer neuen (und beispiellosen) dekorativen Spitze; Karl Rossi aus St. Petersburg entwarf eine Mischung aus Stuck, Kuppeln und noch mehr pseudogotischen Details für das Himmelfahrts-Kloster. Die fertige, der heiligen Katharina geweihte Kirche war so verschnörkelt (und so auffällig, da sie an der Hauptroute vom Roten Platz in den Kreml stand), dass man sie sogar damals als unpassend empfand. Die gleiche Kritik richtete sich gegen einige Projekte, die Filarets zerstörtes Gebäude neben Iwan dem Großen ersetzen sollten, doch die extravagantesten Pläne, die gotische Türme und klassische Friese einschlossen, wurden zugunsten eines einfacheren und nüchterneren Gebäudes von Gilardi abgelehnt, das sich auf Zeichnungen aus den 1750er Jahren stützte.[94]

Unter den besonders kontroversen Ruinen war die Nikola-Gostunski-Kirche, die aus dem Jahr 1506 stammte und eine Ikone Nikolas, des vom Volk am innigsten geliebten Heiligen, beherbergte. Sie stand auf einer offenen Fläche hinter dem Glockenturm Iwan der Große. Markant und zerbrechlich, hatte sie während der französischen Belagerung stark gelitten, und im Jahr 1816, kurz vor dem lang erwarteten Besuch Alexanders I., betrachteten die Planer sie nicht als nationale Kostbarkeit, sondern als Schandfleck. Einige Mitglieder des Kreml-Ausschusses sprachen sich für ihre Rekonstruktion aus, vielleicht als weitere Übung im pseudogotischen Stil, doch andere erkannten das Potential des Geländes für große Militärparaden, und diese Gruppe setzte sich letztlich durch. Daraufhin wurde die alte Kirche im August 1817 von einem Trupp Soldaten auf Befehl der Stadtarchitekten abgerissen.

Aber die Zerstörung einer Kirche von so hohem Alter, die genau den Geist symbolisierte, für dessen Schutz die Moskowiter gelitten hatten, war nicht unkompliziert. Wie Walujew zehn Jahre zuvor entdeckt hatte, hegte jedermann ein Interesse an den Kremlgebäuden, und nach 1812 meinten viele, dass die überlebenden Monumente Moskaus wenigstens teilweise seinem Volk gehörten. Der Metropolit Awgustin fand die Lösung. Ein Jahrhundert später wurde dies die bevorzugte Taktik, wenn Stalins junge Kommunisten eine Kirche zerstören mussten. »Ich stimme [dem Abriss] zu«, schrieb der Metropolit,

> »aber nur unter der Bedingung, dass Sie die Arbeit bei Nacht ausführen und dass [die Kirche] am Morgen nicht nur abgetragen ist, sondern auch, dass man die Stätte völlig räumt und alles entfernt, damit nichts auf die frühere Existenz einer Kirche hindeutet. Ich kenne Moskau: Wenn Sie etwas auf die übliche Art abreißen, werden Sie die Gerüchte nicht ersticken können. Sie müssen die Bürger überrumpeln, und dann werden alle still sein.«[95]

Es war ein schlauer, wenn auch nicht gerade demokratischer Standpunkt. Awgustin stellte fest, genau wie später die Bolschewiki, dass ein Gebäude tatsächlich aus der Erinnerung verschwinden konnte.

Der Kreml als Ganzes wirkte ohne das alte Wahrzeichen immer noch komplett. Nach den überlieferten Gemälden zu urteilen, trat die Zitadelle aus dem Zeitalter der Reparaturen mit äußerster Eleganz hervor, obwohl Künstler dazu neigten, die Abfallhaufen und die Gerüste zu unterschlagen. Die meisten Bilder aus dieser Ära zeigen die sich weiß und golden über die Stadt erhebende Festung; allerdings wurden die Ziegelsteine einmal sogar schockierend blutrot gestrichen.[96] Dies war offenkundig ein Areal, das den Reichen und Gebildeten gehörte, den Adligen und den feineren Damen. Durch die Augen der Künstler können wir einen Blick auf die gut gekleideten Menschenmengen werfen: auf die Herren mit ihren Zylindern und polierten Stöcken, auf die Damen mit ihren Hauben, Handschuhen und Krinolinen. Sie hätten führende Bürger jedes europäischen Staates sein können, und ihre Welt lässt kaum an Russland (geschweige denn an das romantische Moskowien) denken. Was sie kennzeichnet, ist nicht die Geschichte ihrer Nation, sondern ihr gegenwärtiger Wohlstand. Pferdekutschen rasen an den Klostertoren vorbei, während uniformierte Kreml-Gardisten, das Schwert an der Seite, Habachtstellung einnehmen. Das Gefühl der Exklusivität wird durch die langen schmiedeeisernen Zäune und die Schilderhäuschen mit ihren hellen diagonalen Streifen betont. Ein Aquarell aus den 1820er Jahren von Ossip Bowe zeigt einen restaurierten Mauerabschnitt am Roten Platz und auch (ein persönlicher Triumph für ihn, denn er hatte für sie gekämpft) die frisch gepflanzten Linden um die alten Bollwerke.[97] Die Festung war zu einem Ort geworden, an dem die Elite promenieren konnte. Bald versammelten sich ihre Angehörigen dort, um ihre Schoßhunde und ihre Sonnenschirme vorzuführen.

Offensichtlich benötigte die russische Nation noch etwas anderes, nicht bloß diesen Themenpark für reiche Müßiggänger. Die Erinnerungen an 1812 waren das Eigentum aller Bürger. Wie es schien, konnte auch Alexander die Geschichte von Moskaus großer Krise nicht leiden, denn er dachte lieber an seine siegreichen Momente (besonders an seinen Einzug in Paris im Jahr 1814 an der Spitze seiner Soldaten).[98] Aber Zehntausende von Opfern – und die Moskauer Asche – ließen sich nicht leicht vergessen. In einem kurzen Zwischenspiel messianischer Leidenschaft war der Kaiser bereit, sich von Visionen des russischen Volkes und seines mystischen Opfers inspirieren zu lassen.[99] 1813 schrieb sein Hof einen Wettbewerb für ein permanentes Denkmal an das Epos von 1812 aus. Bezeichnenderweise plante man nicht, es im Kreml errichten zu lassen; eine solche Umwälzung mochte Alexander nicht ins Auge fassen. Vielmehr musste ein Platz – und eine Idee – in Moskau gefunden werden, und dann würde es der Stadt gehören. Bauwerke, Ahnengalerien, Brunnen, Statuen und Parks wurden skizziert und erörtert, doch schließlich einigte man sich darauf, dass dieses Wahrzeichen eine Kathedrale sein solle, ein heiliges, Christus dem Erlöser geweihtes Gebäude. Die erste Runde des Wettbewerbs kam und ging. Vorläufige Zeichnungen – von einer Version der Petersbasilika bis hin zu Giacomo Quarenghis Abwandlung des Pantheons in Rom – wurden bald verworfen.[100] Noch während universalistische Ideen wie diese in St. Petersburg durchgesprochen wurden, nahm das Moskauer Denken eine nationalistische Wendung. 1818 installierte man ein Standbild für die Sieger von 1612, Minin und Poscharski, auf dem Roten Platz. Man hatte es zunächst für Minins Heimatstadt Nischni Nowgorod vorgesehen, aber in Moskau repräsentierte es eine Nation, die sich orthodox, konservativ und stolz gab.[101] Bezeichnenderweise war der Helm, den der bronzene Poscharski in seiner linken Armbeuge wiegte, bewusst einem Original nachgebildet, das, wie man fälschlich vermutete, Alexander Newski gehört hatte.[102]

In den folgenden Jahren sollte der Sieg über Napoleon den Anstoß zur Errichtung zahlreicher Gebäude überall in Russland geben, etwa der Kasaner Kathedrale (welche die von französischen Einheiten erbeuteten Fahnen sowie die Schlüssel zu vielen von den Eindringlingen besetzten Städten enthielt). Aber die Vorbereitungen für Moskaus eigenen Schrein stockten weiterhin. Die Architekten waren anscheinend hin und her gerissen zwischen der alten »klassischen« Welt und Moskaus neuem, prorussischem Nationalismus. Dann, im Jahr 1817, billigte Alexander endlich ein Vorhaben, die Kathedrale im universellen europäischen (statt in einem erkennbar russischen) Stil zu bauen. Die siegreiche Bewerbung des Architekten Alexander Witberg sah vor, dass sich das Gebäude auf den Sperlingshügeln hoch über Moskau erheben würde. Witberg selbst beschrieb den Stil als »ägyptisch-byzantinisch-gotisch«, und obwohl es schwer ist, sich ein vollständiges Bild davon zu machen, zeigen seine Skizzenbücher, was ihm vorschwebte.[103] Das Gebäude – das enorm gewesen wäre – umfasste Obelisken und Säulen und eine gewaltige byzantinische Kuppel. Sein Geist war international, und es sollte inklusiv, nicht rein slawisch sein. Aber von Anfang an bauten sich Spannungen um das Projekt auf. Obwohl man genug Bargeld auftrieb und 11 275 unglückselige leibeigene Arbeiter für die langwierige Konstruktion zusammenholte, wurde Witbergs Vision nie verwirklicht. Alexander I. starb im Jahr 1825. Sein Bruder und Erbe Nikolaus war jedoch nie von universeller Bruderschaft angetan.

Der Marquis de Custine besuchte Russland im Jahr 1839. Er war ein gesellschaftlicher Außenseiter in Frankreich, wo seine Homosexualität ihm Kritik und erheblichen persönlichen Schmerz eingetragen hatte, und er suchte in Russland nach einem Thema für seine wahre Passion: die Schriftstellerei. Das Reich im Osten galt nicht mehr als abgelegene Provinz; nach seinem Sieg über Napoleon hielten die meisten es für eine lenkende Kraft der europäischen Politik. Zudem wurde man durch seine gewaltige Größe und seine ungenutzte Macht fasziniert. Während die osmanische Türkei weiter verfiel, schickte Russland sich an, ihren Platz zu übernehmen, indem es die Grenze zwischen Europa und Asien überspannte und die Stellung zwischen der Welt der modernen Errungenschaften und dem brodelnden, verlockenden Strudel des Orients hielt. Wie viele Europäer seiner Zeit – und besonders die Franzosen – hoffte Custine, aus erster Hand eine orientalische Barbarei für sein Buch zu finden, und wie manch anderer Besucher Russlands mit einer ähnlichen Mission war er am Ende konsterniert.

Es gab die üblichen Unannehmlichkeiten. Wie jeder, der nach Russland reiste, schien er dazu verurteilt zu sein, ungeheure Flächen, ein extremes Klima und das außergewöhnliche Trinkvermögen russischer Männer zu beschreiben. In mancher Hinsicht waren dies, im Verein mit der Aufmerksamkeit einer stets hellhörigen Staatspolizei, genau die Dinge, nach denen Custine Ausschau hielt. Auch an dem neuen Kaiser, Nikolaus I., bewunderte er einiges. Dieser Zar war stattlich, wenn auch streng; er benahm sich, wie es einem wahren Despoten gebührte, und runzelte die Stirn unter der Last der Verantwortung. Obwohl er ein Korsett trug, was Custine beklagte, sah er vom Hals ab »mehr deutsch als russisch« aus.[104] Die Einzigartigkeit der Macht des Kaisers, seine absolute, doch einsame Eminenz hatte eine hypnotisierende Wirkung.

»Wenn ich in Petersburg lebte«, bemerkte Custine, »würde ich Hofmann werden, nicht aus Liebe zu der Macht, nicht aus Habsucht und kindischer Eitelkeit, sondern um zu entdecken, auf welchem Wege man zu dem Herzen dieses Menschen gelangen kann, der von allen andern Menschen verschieden ist.«[105]

Was jedoch das authentische Lokalkolorit anging, so erschien der Hof in St. Petersburg dem Ausländer janusköpfig. Es hatte große Mühe seitens Peters des Großen und der Reformer in der Ära Elisabeths und Katharinas gekostet, doch 1839, als Custine Moskau besuchte, war Russland fast so europäisch wie heute. Seine Geschäftsleute verdienten Geld durch den europäischen Handel, seine Bibliotheken waren mit europäischen Büchern gefüllt, und seine jungen Adligen begaben sich auf Reisen wie sonstige vermögende Europäer. Selbst diejenigen, die in der Heimat blieben, übernahmen weiterhin alles, was ihnen gefiel, aus Europa: von der Mode bis zur Technologie und sogar (mit explosiven Ergebnissen) bis hin zu politischen Ideen. Vor diesem Hintergrund förderte Nikolaus den russischen Nationalismus, doch seine Variante des Themas war eigener Art. 1833 definierte sein konservativer Berater Sergej Uwarow das russische Volkstum als »Orthodoxie, Autokratie, Nationalität«. »Das Kunststück war«, wie der Musikologe Richard Taruskin kommentierte, »Vaterlandsliebe nicht mit den Bewohnern des Landes, sondern mit der Liebe zum dynastischen Staat zu assoziieren«.[106]

Custine akzeptierte die autokratische Politik als Teil des touristischen Angebots (ein Handel, den ausländische Besucher seitdem immer wieder eingegangen sind), aber das, worin er wirklich schwelgte, war die offizielle Förderung des Russentums. Zwar war dieses nie mehr als eine teure Vorspiegelung des Palastes, aber das Hofleben hatte unzweifelhaft einen nationalistischen Anstrich gewonnen. Ganz im Gegensatz zu Jahrzehnten der Differenziertheit führte Nikolaus eine »nationale« Kleiderordnung für gewisse Hofveranstaltungen ein. Custine, der diese Neuerung als etwas Zeitloses verkannte, beschrieb die komplizierte Kopfbedeckung, die Frauen von Stand seit kurzem tragen mussten: »Es ist dies ein alter Putz und er giebt dem ganzen Anzuge etwas Nobeles und Originelles, was schönen Personen sehr gut steht, die häßlichen aber noch häßlicher macht.« Über die Trauung einer Königstochter schrieb er entzückt: »(...) die schönen Tuchgewänder, die hellen wollenen oder seidenen Gürtel der russisch, d. h. persisch gekleideten Männer, die Mannichfaltigkeit der Farben, die Unbeweglichkeit der Personen gaben dem Ganzen das Aussehen eines großen türkischen Teppichs.«[107] Was dem Franzosen zu schaffen machte, war nicht das Exotische und Fremdartige, sondern das Europäertum des Hofes: das Ausmaß, in dem die »registrierten und gedrillten Tataren« im Schatten Katharinas der Großen nach einem zivilisierten Leben trachteten. »Ich werfe den Russen nicht das vor, was sie sind«, erklärte er, »sondern den Umstand, dass sie vorspiegeln zu sein, was wir sind.«

Dies war eine Meinung, der manche Angehörige der russischen Elite bald beipflichten sollten. In einer Ära, in der jeder gebildete Bürger über die Zukunft des Landes diskutierte, sahen etliche Denker die Rettung im Traditionellen, Slawischen und Orthodoxen. Moskau war die geistige Heimat solcher Menschen, und zum Zeitpunkt von Custines Besuch hatte sich die Stadt zu einem Mekka für konservative Historiker und Philosophen entwickelt. Unter ihnen waren der Archäologe Iwan Snegirjow, der auch als Literaturzensor arbeitete (eine seiner Aufgaben bestand darin, die Bibel nach Aufwiegelungen zur Unruhe zu durchforschen), die Künstler und Restaurateure Fjodor Solnzew und Alexander Weltman sowie deren Gönner aus den Clans der Golizyns und Stroganows.[108] Das Leben dieser Menschen drehte sich um historische Forschung, religiöses Ritual und loyalen Dienst für ihren Kaiser. Um das Moskau zu finden, das sie sich vorstellten, brach Custine nach Moskau auf.

Bei seiner Ankunft in der alten Stadt wurde er nicht enttäuscht. »Dieser erste Anblick der Hauptstadt des Slawenreiches«, schrieb er,

> »die sich glänzend in der kalten Einöde des christlichen Orients erhebt, macht einen Eindruck, den man nicht wieder vergessen kann. (...) die ganze Ebene ist mit Silbergaze bedeckt; drei- bis vierhundert (...) Kirchen bilden vor dem Blicke einen unermeßlichen Halbkreis und wenn man sich der Stadt zum ersten Male zur Zeit des Sonnenunterganges, bei einem Gewitterhimmel nähert, glaubt man einen feurigen Regenbogen über den Kirchen Moskaus schweben zu sehen, – das ist der Heiligenschein der heiligen Stadt.«

Noch größere Wonnen erwarteten ihn im Kern der Stadt:

> »Glauben Sie mir, die Zitadelle von Moskau ist keineswegs das, was sie nach den gewöhnlichen Angaben sein soll. Es ist kein Palast, kein Nationalheiligthum, in welchem die historischen Schätze des Reiches aufbewahrt werden; es ist nicht das Bollwerk Rußland, das verehrte Asyl, wo die Heiligen, die Beschützer des Vaterlandes schlafen – es ist weniger und mehr als Alles dies, es ist mit einem Worte das Gefängniß der Gespenster. (...) Bei dieser wunderbaren Schöpfung vertritt die Stärke die Stelle der Schönheit, die Laune die der Zierlichkeit; sie ist der Traum eines Tyrannen, aber gewaltig, entsetzlich wie der Gedanke eines Menschen, der den Gedanken eines Volkes beherrscht. Es liegt etwas Unverhältnißmäßiges darin (...) Die ganze Bauart steht nicht im Verhältniß zu den Bedürfnissen der modernen Civilisation. Der Kreml ist die Hinterlassenschaft der Fabelzeit, wo die Lüge unumschränkte Königin war, ein Kerker, ein Palast und ein Heiligthum, ein Bollwerk gegen das Ausland, eine Bastille gegen die Nation, die Stütze der Tyrannen, das Gefängniß der Völker.«[109]

Das Problem war, zumindest aus romantischer Sicht, dass Nikolaus Modernisierungspläne schmiedete. Der Autokrat hatte sich in Moskau immer wohl gefühlt. 1818, als Alexander noch Kaiser war, hatte er den alten, von Kasakow 1776 für Erzbischof Platon gebauten Tschudow-Palast übernommen, und statt nach seiner Thronbesteigung auszuziehen, hatte er ihn mehrere Male erweitert und adaptiert. Trotz all seiner Anstrengungen kam ihm das Gebäude, das nun als »Nikolaus-Palast« bekannt war, jedoch »klein und unbequem« vor. Eine neue Residenz wurde benötigt, zumal er beabsichtigte, mehr Zeit in der historischen Stadt zu verbringen. »(...) wir werden Ihnen die neuen Arbeiten zeigen, die wir im Kreml vornehmen«, versprach Nikolaus dem Franzosen. »Ich habe die Absicht, diese alten Gebäude dem Gebrauche, den man jetzt davon macht, mehr anzupassen.«[110] Custine war entsetzt. »Das ist eine Profanation«, schrieb er. »Ich hätte an der Stelle des Kaisers meinen neuen Palast lieber in die Luft gehangen, ehe ich einen Stein von den alten Wällen des Kremls verrückte.«[111]

Es war die klassische Fehleinschätzung eines Ausländers. Wo Custine eine Stätte sah, die ihm so fabelhaft vorkam wie das alte Peking, nicht unbedingt einen Themenpark, sondern eine Schatzkammer, gewahrte Nikolaus sein Erbgut und daneben einen Katalog des Verfalls. Da er die Ehrfurcht der Konservativen vor Moskau ganz und gar teilte, plante er nicht, die Festung im europäischen Stil umzubauen. Die alte Architektur Russlands repräsentierte nach einmütiger Meinung der Slawophilen das Wesen des moskowitischen Geistes für die moderne Zeit. Und auf denselben Geist konnte man zurückgreifen, um etwas Neues zu bauen oder, wie ein Konservativer es ausdrückte, »um die jüngste Generation über die Solidität und moralische Kraft Russlands zu unterrichten«.[112] Das zweite Vorbild, neben Moskowien, war für die Architekten Byzanz, denn dort handelte es sich doch gewiss um das Ideal eines starken, orthodoxen Staates, eines religiösen Reiches und Prototyps für alles, was die Herrscher Russlands dem papistischen und protestantischen Europa (wieder einmal) entgegenstellen wollten. In den 1830er Jahren gab es nicht mehr viel vom alten Byzanz, was man hätte nachahmen können, aber entscheidend war der Gedanke.

Der russische Pastichestil, den Nikolaus bewunderte, berief sich mit einer krassen Missachtung von Geschichte und Geschmack auf seine angeblichen Vorgänger. Der schrille, oftmals ausländerfeindliche russische Chauvinismus mit seinem Slawophilentum war unter Nikolaus wohlbedacht und selektiv. Zudem stand er für eine elitäre Pose, deren Kosten, was abgewürgte Reformen betraf, in erster Linie von den Armen getragen wurden. Die Pose schlug jedoch bald in eine Gewohnheit um. Der Große Kreml-Palast sollte zu einem ihrer auffälligsten Monumente werden, zu dem architektonischen Gegenstück der Marotte, weltgewandte (und Französisch sprechende) Höflinge in die »Landestracht« zu stecken.

Der Direktor der Kreml-Bauvorhaben, Baron Bode, erlebte, wie Nikolaus seine Entscheidung traf:

> »Im Herbst 1837 kam der Kaiser nach Moskau. Seine Majestät hatte den alten Palast für zu hässlich und klein befunden und schritt nun um ihn herum, beginnend mit der Bojarenterrasse, wo ein neuer großer Saal gebaut werden sollte. Nachdem sich der Kaiser all der Unannehmlichkeiten dieses Projekts und jener der Vergrößerung des Thronsaals vergewissert hatte, blieb er am Ende der Empfangsräume, das heißt am Arbeitszimmer

der verstorbenen Kaiserin Maria Fjodorowna, stehen, musterte die Pläne und befahl, dem Palast einen neuen großen Saal [gegenwärtig der Thron- oder Andreas-Saal] hinzuzufügen (...) Auch machte man den Kaiser darauf aufmerksam, dass der alte [unter Elisabeth errichtete] Palast in Verfall geriet. Er war in großer Eile nach dem Feuer von 1812 im Jahr 1817 zur Ankunft des verstorbenen Kaisers Alexander I. wiederaufgebaut worden (...) Nach einer sorgfältigen Untersuchung der Decken und Dächer überzeugten sich die [Ingenieure] davon, dass es unmöglich war, die Sicherheit des Palastes bei künftigen Feiern zu garantieren. Wahrscheinlich das Letztere bewog den Kaiser, einen neuen Palast bauen zu lassen, der massiver sein und in größerem Einklang mit der Würde der ersten Hauptstadt stehen sollte.«[113]

Als Nächstes musste ein Architekt gefunden werden, und obwohl mehrere im folgenden Jahrzehnt an dem Palast arbeiteten, trug niemand eine größere Verantwortung als Konstantin Thon (1794–1881). Sein Name steht heute für den pseudobyzantinischen Baustil, der den offiziellen Nationalismus Nikolaus' I. in der Mitte des 19. Jahrhunderts versinnbildlichte, doch Thon war kein vulgärer Slawophiler. Er wurde in St. Petersburg ausgebildet und verbrachte seine professionellen Entwicklungsjahre in Europa. Als Nikolaus auf ihn aufmerksam wurde, hatte er bereits in Paris und Rom gearbeitet, wo er half, einen antiken Palast auf dem Palatinischen Hügel zu restaurieren.[114] Thon verstand es, sich auf die Wünsche des russischen Autokraten einzustellen. Sein Werk in Moskau, darunter der majestätische Endbahnhof (1844–1851), verband eine Hommage an imaginäre Vergangenheiten mit jeglichem Komfort der Moderne. Das rjurikidische Moskowien war eine unmittelbare Inspiration für ihn (Thon studierte dessen alte Kirchen), und die Spätantike in ihrer autokratischen, orthodoxen Form wurde von byzantinischen Kuppeln heraufbeschworen, für die man stets große Goldmengen benötigte. Die meisten Kritiker sind der Ansicht, dass es den Ergebnissen an der Eleganz der wirklichen mittelalterlichen Gebäude Moskaus mangele. Ein Experte bezeichnet Thons Werk als »eine horizontale, erdgebundene Masse«, ein anderer spricht von »ausgedörrter Herrlichkeit«.[115] Aber die beiden größten Bauwerke des Architekten sollten dem Verlangen des Zaren nach Raum – und Prunk – gerecht werden, während sie gleichzeitig genau die Vergangenheit zelebrierten, die durch ihre Errichtung ausgelöscht wurde.

Der Große Palast ging nicht aus dem ersten Moskauer Auftrag des Architekten hervor und war nicht einmal sein berühmtestes Projekt. 1831 hatte Thon die Arbeit an einer alternativen Christ-Erlöser-Kathedrale begonnen, mit der des Jahres 1812 gedacht werden sollte. Diesmal gab der derzeitige Kaiser seine Zustimmung, und das Gelände, am Ufer der Moskwa unweit des Kreml, war leichter zu erschließen als Witbergs verwaiste Terrasse auf den Sperlingshügeln. Der neue Bau war als riesige Basilika im byzantinischen Stil gedacht (manche Forscher sprachen lieber von einem »altrussischen« Stil), ein Monument weniger für das russische Volk als für den russischen Staat.[116] Die Techniken, die Thon am Moskauer Endbahnhof verfeinerte, kamen ihm besonders zustatten, als es galt, die Kuppel abzusichern. Aber selbst dieser ehrgeizige Architekt konnte sich nicht zwei Ungetümen zugleich widmen. Für den größten Teil der 1840er Jahre bewegte sich sein Schwerpunkt fort von der neuen Kathedrale hin zu dem Palast auf dem Kreml-Hügel.

Die Arbeit war ermüdend, teuer und grenzenlos frustrierend. Jeder Bauunternehmer wollte seine eigenen Arbeiter einsetzen (Thon selbst bevorzugte Eisenbahntechniker), die Koordination war ein Albtraum, und die Kosten schossen von Monat zu Monat in die Höhe.[117] Auch Nikolaus machte Schwierigkeiten, denn sein unerträgliches Interesse führte dazu, dass er häufige Berichte verlangte und ständig kleinkarierte Befehle erteilte. Jedes Mal, wenn der arme Thon, welcher der russischen Winterkälte ausgesetzt war, ein paar Arbeitstage verpasste, fühlte er sich bemüßigt, wie ein Schuljunge um Entschuldigung zu bitten.[118] Von seinem Stützpunkt in St. Petersburg versuchte Nikolaus, den Bodenbelag und die Dachziegel zu spezifizieren; er stellte unablässig technische Fragen nach der Heizung und erkundigte sich nach den Entwicklungsstadien der Küchen und Schornsteine und Abflussrohre. Auch war er sehr bemüht, die steigenden Kosten im Auge zu behalten. Wie Bode vorsichtig erklärte: »Seine Kaiserliche Majestät zeigte eine persönliche Anteilnahme an praktisch jedem Detail, und vom Anfang bis zum Ende der Arbeiten wurde alles gemäß den Anweisungen Seiner Kaiserlichen Majestät erledigt.«[119]

Das Hauptproblem war die Lage des Palastes. Nikolaus wollte, dass er an der Südwestecke des Kreml-Hügels stand, doch jedes dortige Gebäude würde ältere Paläste und deren Kirchen beeinträchtigen. Ein gigantischer Büroturm in der Mitte des Vatikans hätte nicht mehr Aufsehen erregen können. Aber Thon hatte eine geschickte Lösung parat: Er würde ausgewählte wichtige Bauten in seinen Plan einbeziehen. Wie zerbrechliche versteinerte Geschöpfe würden der Facettenpalast, Teile des Terem-Palasts und zahlreiche Kirchen – darunter mehrere der ältesten des Kreml – von der neuen Konstruktion verschlungen und ein Teil von ihr werden. Die neuen Bereiche des Palasts verbanden sich mit den alten durch eine Galatreppe und einen durch eine Kuppel gekrönten Empfangssaal. Der Erlöser am Walde, die älteste Kirche auf dem Kremlboden, fand sich in einem Innenhof wieder, und Thons Mauern ragten an drei Seiten über ihr auf. Der Goldene Palast der Moskauer Zaren wurde unter dem Georgs-Saal, der Reserve-Palast unter Thons neuem Andreas-Saal und der historische Bojarenhof unter dem Wladimir-Saal begraben. Eine Illusion von Kontinuität setzte sich durch. Sogar die alten hängenden Gärten wurden durch ein dunstiges, mit Palmen gefülltes Treibhaus nachempfunden. Es war ein listiges Verfahren, doch nicht alle Besucher zeigten sich erfreut. »Wie sich der russische Geschmacksausschuss dazu verstiegen hat, einen Schandfleck von so mächtigen Proportionen auf einer derart heiligen Fläche zu verursachen«, schrieb der Graf von Mayo nach einem Besuch im Jahr 1845, als die Arbeit noch im Gang war, »können nur diejenigen begreifen, die über die Gebäude auf dem Trafalgar Square gegrübelt haben.«

Nach seiner Eröffnung im Jahr 1849 war der Große Kreml-Palast das größte Bauwerk auf dem Kreml-Hügel, und es bleibt das imposanteste. In jener Hinsicht repräsentierte es die Werte seines kaiserlichen Gönners einwandfrei, doch der erwähnte Graf von Mayo kann nicht als Einziger gedacht haben, dass er »eher einer Baumwollfabrik in Manchester« glich »als der kaiserlichen Residenz im heiligen Kreml«.[120] Der fertiggestellte Koloss, der rund zwölf Millionen Rubel in Anspruch genommen hatte, enthielt den größten Empfangssaal, den man in Russland je gesehen hatte: eine riesige Fläche, die fast 61 Meter lang und dreimal so groß wie der Facettenpalast war. Und dabei handelte es sich

um nur eine von fünf ähnlichen Flächen; der Palast konnte mehrere separate Menschenmengen zugleich aufnehmen. Neben den öffentlichen Räumen enthielt das Gebäude auch 700 Privatwohnungen.[121] Die elegantesten, abgesondert vom eigentlichen Wohntrakt, waren für die Kaiserfamilie reserviert. Der Zar sah sich als großen Streiter für eheliches Glück.
Allem Anschein nach war Nikolaus überaus entzückt. Bei der feierlichen Eröffnung beschrieb er seinen Kreml-Palast

»als ein schönes Bauwerk, das eine neue Zierde meiner geliebten alten Hauptstadt sein wird, umso mehr, als es ganz und gar mit den umliegenden Gebäuden harmoniert, die uns heilig sind, im gleichen Maße wegen der weltlichen Erinnerungen, die sich mit ihnen verknüpfen, wie wegen der großen Ereignisse unserer Nationalgeschichte.«[122]

Er hatte die Eröffnung so terminiert, dass jene Heiligkeit hervorstach. Der Große Kreml-Palast wurde zu Ostern 1849 eingeweiht. Der Zar und seine Familie verrichteten ihre Ostergebete in der restaurierten Kirche des Erlösers hinter dem Goldenen Gitter, also in Zar Alexej Michailowitschs Lieblingsgotteshaus, das nun in das neue Gebäude eingegliedert war. Zum ersten Mal seit Pauls Krönung im Jahr 1797 hatte ein russischer Herrscher Ostern in Moskau verbracht, und zum ersten Mal seit Jahrzehnten hatte man die Erlöser-Kirche des Empfangs einer derart vornehmen Gruppe für würdig befunden. Der neue Metropolit erklärte überschwänglich in seiner Predigt, dass

»Souveräne, wie Privatpersonen, ihre Häuser bauen, um ein friedliches, angenehmes Heim zu besitzen, das ihrem Rang und den Erfordernissen ihrer gesellschaftlichen Aufgaben entspricht. Damit gab sich unser Zar jedoch nicht zufrieden, denn er wünscht kein separates Leben zu führen, sondern eines, das in völliger Eintracht mit dem seines Volkes und seines Reiches verläuft. Er geruhte zu wünschen, dass sein Wohnsitz den Zaren und das Reich symbolisieren solle, und stellte eine Gebote-Tafel oder ein gemeißeltes Buch her, in dem jeder über unsere gegenwärtige Größe, das ehrende Gedenken an die Vergangenheit und über ein Beispiel für die Zukunft nachlesen kann.«[123]

Dieses »ehrende Gedenken« erwies sich jedoch als selektiv. In Wirklichkeit wurde durch Thons großen Palast ein neuer Kreml geschaffen, denn man bevorzugte und renovierte Stätten, die als wichtig galten, während man andere vollständig missachtete. Alexej Michailowitschs Erlöser-Kirche, wie mehrere weitere Kirchen im Palast, erhielt eine neue prominente Rolle sowie eine elegantere Umgebung. Auch ein neues Dach, das den lästigen undichten Stellen ein Ende machte, wurde konstruiert. Doch man riss eine der ältesten Kirchen auf dem Kremlgelände ab, einen Bau, der dem heiligen Johannes dem Vorläufer gewidmet war. Mit ihm verschwanden ein ganzes Kapitel der vormongolischen Geschichte Moskaus sowie manche Erinnerung an das spätere Palastleben.

Die Kirche des heiligen Johannes war ein im 15. Jahrhundert entstandenes Ziegelsteingebäude am Borowizki-Tor. Sie stach nicht hervor, aber sie könnte die erste religiöse Stätte auf dem gesamten Hügel gewesen sein. Durch die übliche Geschichte von Feuer und Sanierung hatte sich ihr ursprüngliches Äußeres verändert, und sogar Archäologen spendeten ihr nur verhaltenes Lob, aber der Ort war nach Ansicht aller Moskowiter heilig. 1814 hatte man bei Renovierungen in der Nähe des Gebäudes Holzpfähle gefunden, was zu Mutmaßungen darüber führte, dass dies die Kremlbehausung Peters des Wundertäters gewesen sei.[124] Iwan Snegirjow sprach von der »ältesten Kirche«, und andere betonten, dass ihr Fest, der Johannistag, mit dem Iwan-Kupala-Tag, einem Mittsommerfest, zusammenfalle, das russische Folkloristen gerade erst wiederentdeckt hatten. Die allgemeine Aufregung verstärkte sich nach dem letztlichen Abriss der Kirche, als man Knochen, darunter einen Pferdeschädel, in den tiefsten Erdschichten unter der Kirche fand, was darauf hindeutete – so hofften die Experten –, dass hier einst Tieropfer erbracht worden waren.[125]

Iwan Sabelin, ein junger Angestellter im Rüstkammer-Museum des Kreml, fasste die Ereignisse später zusammen. 1846 weilte Nikolaus I. in Moskau, um seine Bauarbeiten zu inspizieren. Dabei fiel ihm auf, dass die alte Kirche einen besonders schönen Blick von der Moskauer Steinbrücke auf seinen neuen Palast verstellte. Die Letztere ließ sich nicht verrücken, und der Palast war sein Stolz, also musste die Kirche verschoben werden; die Details überließ er den Architekten. Nur die Angst vor öffentlicher Empörung – die Lektion aus Walujews Tagen – verhinderte die unmittelbare Zerstörung. Sogar Baron Bode sah ein, dass die Kirche zu zerbrechlich war, als dass man sie intakt hätte verlagern können. Stattdessen wurden der Abriss und Pläne gebilligt, die heiligen Objekte in einem Raum über dem Borowizki-Tor unterzubringen. Das einzige andere Zugeständnis lieferte die Aussage, dass man vielleicht eines Tages eine Gedenktafel an der Stelle anbringen werde, wo die Moskowiter, wie die Experten annahmen, seit ihrer ursprünglichen Bekehrung zum christlichen Glauben gebetet hatten.[126]

»Als man die Kirche zerstört hatte«, schrieb Sabelin, »war die Sicht vom anderen Flussufer noch hässlicher. Eine krumme Fläche, breit und leer, öffnete sich an der ältesten Stelle Moskaus zwischen Gebäuden, die ebenfalls einer Krümmung folgten und keine regelmäßige Fassade besaßen.«[127] Custine hatte ebenfalls nichts für den neuen erhabenen Stil übrig. Zwar fehlte ihm Sabelins Geschichtssinn, doch er empfand die gleiche Abneigung gegenüber neuen weißen Platten. Er musterte die ebenen Oberflächen und massiven Linien auf den Plänen von Thons Palast und schloss entrüstet: »Alle, die noch ein Gefühl für das Schöne behielten, sollten sich vor dem Kaiser auf die Knie werfen und ihn um Gnade für den Kreml bitten. Was der Feind nicht vermochte, vollbringt der Kaiser selbst; er zerstört die heiligen Mauern, von denen die Minen Napoleons kaum eine Ecke abzusprengen vermochten.«[128]

8 Nostalgie

Durch die Suche nach einem authentischen Russland wurde eine neue Art Energie freigesetzt. Indem importierte Ideen sich mit wiedergewonnenen russischen Gedanken verschränkten oder mit ihnen kollidierten, entstanden die Voraussetzungen für ein kulturelles goldenes Zeitalter. Von Alexander Puschkin bis Lew Tolstoi, von Glinka bis Tschaikowski erlangten die Künste einen Gipfel, mit dem sich kaum ein anderes Land in Europa messen konnte. Was immer Custine sich gewünscht haben mochte, die Kreativität beschränkte sich nicht auf offenkundig »nationale« Themen, und vieles davon ging über die Politik und sogar über Fragen der Identität hinaus.[1] Doch ein Zweig des spätkaiserlichen russischen Kulturlebens, jedenfalls seiner Moskauer Variante, beschäftigte sich mit kaum etwas anderem. Das 19. Jahrhundert war das goldene Zeitalter der russischen Geschichtswissenschaft. Es begann mit Nikolai Karamsin und endete mit dem lesenswerten, breitgefächerten Werk von Wassili Kljutschewski (1841–1911). Zwischen den beiden stand ein weiterer Gigant: Sergej Solowjow (1820–1879), der Autor einer enzyklopädischen Geschichte Russlands in 29 Bänden. Er besaß Material für viele weitere Fortsetzungen, doch er starb mitten im Satz im Alter von 59 Jahren.[2]

Heutzutage erweckt ein großer Teil seiner Schriften einen veralteten, recht schwerfälligen Eindruck. Wie Karamsin war Solowjow einer der Menschen, die Josef Stalin später als Archivratten bezeichnete. Seine rasch produzierten Arbeiten machen wenig Zugeständnisse an den Leser, während das Werk seiner weniger begabten Zeitgenossen voll von Informationen sein mag, doch häufig allzu schwülstig daherkommt. Seit Jahren zucken abgehärtete Moskauer Bibliotheksangestellte mitleidig die Achseln, wenn sie mir Bände aushändigen, die schon lange vor unser aller Geburt niemand mehr bestellt, geschweige denn gelesen hatte. In der zweiten Hälfte des 19. Jahrhunderts hatte der Prozess der Entdeckung jedoch etwas wirklich Erregendes an sich. Dies lag nicht nur daran, dass die Darstellungen selbst dramatisch waren (obwohl dies natürlich seine Vorteile hatte). Entscheidend war vielmehr, dass die Geschichtsforschung eine wichtige Rolle spielte. Die Vergangenheit, die russische Vergangenheit, lieferte nun den Rohstoff für die nationale Identität, und während ein Schriftsteller vom Kaliber Fjodor Dostojewskis alles unter dem Gesichtspunkt der Religionsphilosophie betrachten mochte, benötigten Menschen von prosaischerem Typ ihre Fakten. Im Moskau des 19. Jahrhunderts standen Historiker bereit, um die Leser durch den Beweis zu inspirieren, dass die gesamte Entwicklung Russlands auf Erden – bezeugt durch die vorpetrinische Vergangenheit – heilig, kostbar und einzigartig sei.[3]

Systeme dynastischer Herrschaft müssen unablässig ihre Kontinuität betonen. Diesen Sachverhalt hatte der Kreml, das Haupttheater für Staatsschauspiele, seit Jahrhunderten immer wieder miterlebt. Sogar zur Glanzzeit von St. Petersburg, als man auf Moskauer Bräuche, Kleidung und Kalender verzichtete, hatte die alte Hauptstadt erheblichen Einfluss auf die Idee der russischen Nation. Aber als St. Petersburg begann, die anilinfarbene Luft der Industriellen Revolution Europas einzuatmen, repräsentierte Moskau endgültig den Ort, an dem Russland am authentischsten war.[4] Man äußerte nicht unbedingt Bedauern über die Reformen Peters des Großen, aber die Nostalgie nach einer slawischen Authentizität, die viele verloren geglaubt hatten, verstärkte sich. In den Moskauer Salons und zunehmend auch den Bibliotheken beschworen Konservative ihre kollektive Vergangenheit als Geschichte eines neuen Byzanz, eines Dritten Rom und eines heiligen Reiches herauf (und das alles in einem). Im Kreml, einer der wichtigsten Stätten der Bewegung, arbeiteten Historiker und Künstler zusammen, um alte Gebäude zu restaurieren, Museen zu gründen und die Archive in den Griff zu bekommen.

In der zweiten Hälfte des 19. Jahrhunderts war Moskau zu einem Zentrum von Aktivitäten geworden, welche die Fachgebiete der Geschichtswissenschaft, Archäologie, Baudenkmalspflege und sogar der Folklore umfassten.[5] Seine Universität veranstaltete die Zusammenkünfte, auf denen einschlägige Vorträge gehalten wurden (und stattete sowohl Kljutschewski als auch Solowjow mit prestigeträchtigen Lehrstühlen aus); seine vermögenden Adligen kauften und bewahrten ganze Archive, förderten Gelehrte und sammelten Kunstgegenstände. Im Jahr 1861 nahm die Stadt einen Schatz an Büchern und sonstigen Objekten aus dem Nachlass des verstorbenen Petersburger Sammlers Graf Nikolai Rumjanzew entgegen, und andere adlige Mäzene erwarben Manuskripte, die sonst vielleicht verschwunden wären. Die meisten waren, in der Tradition von Aristokraten aller Zeiten, damit einverstanden, ihre Sammlungen für die wissenschaftliche Forschung (durch auserwählte Personen) zu öffnen.[6] Künstlern, die mehr materieller Unterstützung bedurften, bot Moskau nun auch Zugang zu moderneren Gönnern, nämlich den reichsten und rücksichtslosesten Kaufleuten und Industriellen. Der bekannteste war wahrscheinlich der Handelsmagnat Pawel Tretjakow, der die Grundlage für die hervorragende städtische Galerie einheimischer Kunst legte, als er Moskau 1892 seine Sammlung (und ein Gebäude zu deren Unterbringung) schenkte.[7]

Das Ausmaß des kulturellen Wandels spiegelte sich immer stärker in der Hofatmosphäre wider. Man sehnte sich nach der Reinheit früherer Zeiten, die man sich als Epoche frommer Reichtümer vorstellte. Am Ende des Jahrhunderts war es Nikolaus II. (1894–1917), Gottes letztem gesalbtem Zaren, sogar gelungen, sich einzureden, dass einfache Menschen ihn mit einer einfachen Liebe verehren könnten.[8] Nostalgie (die ursprüngliche Bedeutung des Wortes verknüpft es mit Heimweh) war geradezu die Summe seiner politischen Aktionen. Im April 1900 feierte Nikolaus Ostern als erster Zar in Moskau, seit Nikolaus I. 1849 den Großen Kreml-Palast eröffnet hatte, und das Ereignis war ein Meilenstein für sein eigenes Seelenleben. Er schrieb seiner Mutter: »Welche Freude ist es für uns [Nikolaus und seine Gemahlin Alexandra], liebe Mama, uns hier im Kreml mit allen seinen verschiedenen Kirchen und Kapellen auf die Heilige Kommunion vorzubereiten. Wir verbringen den größten Teil des Tages damit, sie aufzusuchen und zu entscheiden, in welche Kirche wir zum Morgengottesdienst oder zur Messe oder zur Vesper gehen sollen. Wir lesen auch viel Geschichte über die ›Moskauer Zeit‹ [d. h. die Zeit der Wirren]. Ich habe nie gewußt, daß ich solche

Höhen religiöser Verzückung erreichen würde, zu denen mich diese Fasten emporgehoben haben (...) Ich bin jetzt so ruhig und glücklich, und alles hier stimmt zum Gebet und zum Seelenfrieden.«[9] Die Romanze des neuen Zaren mit Moskau setzte sich fort. 1906, zum zehnten Jahrestag seiner Krönung, schuf Nikolaus' renommierter Juwelier Carl Fabergé eines der berühmtesten seiner Ostereier, dessen Motive sich auf den Kreml und die Entschlafens-Kathedrale stützten.[10] Der bezaubernde Schmuckgegenstand war in jenem Jahr das Geschenk des Zaren an seine Gattin, doch die nostalgischen Vergnügungen der beiden hatten noch andere Höhepunkte. Beispielsweise hatte das Paar im Februar 1903 einen unvergesslichen moskowitischen Kostümball abgehalten, zu dem sämtliche Gäste in authentisch wirkenden Gewändern des 17. Jahrhunderts erschienen waren. Wie Nikolaus in seinem Tagebuch verzeichnete: »Der Saal, gefüllt mit historischen russischen Menschen, sah sehr hübsch aus«, und ein Teilnehmer beschrieb die Szene als »gelebten Traum«.[11] Obwohl Russland kurz vor Bürgerunruhen stand, löste während Nikolaus' Herrschaft eine Jubiläumsfeier die andere ab; die spektakulärste, im Jahr 1913, galt dem 300. Jahrestag der Thronbesteigung der Romanows.[12] Sie gipfelte nach einer Reise des Herrscherpaars durch das Land in ausgedehnten Festivitäten im Kreml.[13] Die loyalen Historiker Moskaus veranstalteten eine Sonderausstellung zur Begleitung der Bankette und Bälle: eine groß angelegte Feier Moskowiens mit 147 seltenen vorpetrinischen Ikonen sowie Stoffen, Silber und einer Vorführung originaler Dokumente. Viele der Objekte hatte man sich aus Privatsammlungen in der Stadt ausgeliehen. Für die Elite – und auch für die Bourgeoisie – war die Ehrung der goldenen Vergangenheit zu einem patriotischen Akt geworden.[14]

Im Allgemeinen schien die Vergangenheit jene am meisten anzusprechen, die sich vor möglichen Änderungen fürchteten. Das 19. Jahrhundert wird häufig mit der Belastung durch den Übergang assoziiert, der Radikale wie Alexander Herzen (1812–1870), Michail Bakunin (1814–1876) und Georgi Plechanow (1857–1918) – die Begründer des russischen Sozialismus beziehungsweise des Anarchismus und der russischen marxistischen Bewegung – hervorbrachte. Anfang des 20. Jahrhunderts gab es in Russland mehrere revolutionäre Parteien, zahlreiche potentielle politische Attentäter und eine aufkeimende Gewerkschaftsbewegung. Damals verschwendeten wenige der wohlhabenderen Moskauer – die Notare und Professoren, die Geschäftsleute mit ihrem neuen Geld und ihren handgerollten Zigarren – allzu viele Gedanken an schmierige Jugendliche und hausgemachte Bomben. Fast niemand hatte vom Kommunismus gehört, und die meisten erinnerten sich an die Revolution als einen Horror, der einst die Franzosen heimgesucht hatte. Es gab viele – darunter mehrere Historiker –, die den Impuls, Terrorakte zu begehen, als psychische Störung einstuften.[15] Doch die Ungerechtigkeit und Unbeugsamkeit der zaristischen Herrschaft trieben aufgeklärte Russen fraglos an den Rand der Verzweiflung, und das Elend war der Ansporn zur Gründung heimlicher, illegaler Arbeiterorganisationen.

Auf den Straßen Moskaus und in den Kellerräumen, in denen Menschen wohnten, die keine Zigarren rauchten, sprach man jedoch selten über die Revolution oder gar über Karl Marx. Die Stadtbevölkerung wuchs in dem Jahrzehnt nach 1861 um 65 Prozent und überstieg 1902 gut und gern eine Million.[16] Die Neuankömmlinge, die in den Kneipen, auf den Märkten und an den Straßenbuden herumlungerten, mochten arm sein, aber viele konnten sich immerhin billige Souvenirs leisten.[17] Alte Fotos (von denen die Russen begeistert waren) zeigen um die Jahrhundertwende Menschenmengen in einer mit Läden und Reklameschildern gesäumten Stadt, und plötzlich findet man überall Folklore und historische Hinweise. Einige der Werbeplakate enthielten Märchenbilder (die Nixe, *russalka*, war beliebt) und andere Wahrzeichen wie die Basilius-Kathedrale und den Sucharew-Turm, doch der Kreml war ein immer wiederkehrendes, unvermeidliches Motiv. Er erschien auf Ansichtskarten, Titelbildern von Zeitschriften und auf dem Deckel schmuckvoller Pralinenschachteln – dazu auf Tausenden, wenn nicht Millionen Ikonen. In den 1890er Jahren produzierten die Werkstätten in Palech und Mstjura die Letzteren wie Seifenstücke. Die Handwerker in einem einzigen Dorf (Cholmy) konnten bis zu zwei Millionen pro Jahr liefern, und bald benutzten sie das Bildnis des Kreml als Kürzel für das heilige Russland.[18] Mit der Zeit erblickte man die Festung auch auf Massenerzeugnissen wie Schals und Briefmarken, auf gedruckten Kalendern und Souvenir-Theaterprogrammen.[19] Der russische Stil war zu einem Markenartikel und der Kreml zu seinem sofort erkennbaren Warenzeichen geworden.

Allerdings handelte es sich bei jenem Stil um eine Erfindung des 19. Jahrhunderts. Er stützte sich auf frühe Kunstwerke, die Erzeugnisse einer von der klassizistischen Revolution noch unbefleckten Epoche sowie auf Russlands verstreute Kirchen, auf Bauernkostüme und Ikonen aus einer Reihe unterschiedlicher Schulen, aber die Leistung des 19. Jahrhunderts bestand darin, diese verschiedenen, eklektischen und nicht immer wahrhaft russischen Gegenstände zu interpretieren und zu einem völlig neuen künstlerischen Idiom zusammenzuführen. Die Mode, charakterisiert durch eine Schwäche für Zwiebelkuppeln und *kokoschniki* (russische Ziergiebel), war keineswegs streng. Elsterngleich sammelten ihre Vertreter alles Mögliche von bäuerlichen Holzschnitzereien bis hin zu Trinkgefäßen, und hier kamen die Kremlschätze zu ihrem Recht. Weitgehend unberührt und häufig von Mäusen und Fäulnis geplagt, waren die Relikte des vorpetrinischen Moskowien in der Festung seit einem Jahrhundert kaum mehr als Gerümpel gewesen; im besten Fall stellten sie eine Kollektion beliebiger Raritäten dar. Der Prozess ihrer Wiederentdeckung nahm Jahrzehnte in Anspruch. Aber am Ende wurden ein vernachlässigtes Sortiment von Ikonen und ornamentalen Waffen, eine Ansammlung unbequemer, schwerer zeremonieller Ornate und die Motive in einer Reihe halbverfallener Gebäude zur Inspiration für die kulturelle Wiedererweckung des Landes. Ihre komplizierten und leicht exotischen Farben, Formen und Beschriftungen symbolisieren seitdem Russland sowohl in dessen eigenen Augen als auch in denen anderer.

Die Gegenstände in der Rüstkammer waren seit den Tagen Peters des Großen bei mehreren Anlässen ins offizielle Blickfeld gerückt. Bereits 1755 hatte sich ein Palastangestellter namens Argamakow für die Schaffung eines permanenten Ausstellungsraums eingesetzt. Aber erst 1801, als Alexander I. kurz vor seiner Krönung Interesse bekundete, zog der Zustand der Kreml-Sammlung ernste Besorgnis auf sich.[20] Wie sich zeigte, befanden sich Tausende von Objekten, nahezu Ramsch, in den verschiedenen Tresoren des Kreml. Ikonen waren mehr oder weniger geläufig, doch der ursprüngliche Zweck einiger der übrigen Stücke blieb ein Rätsel. Ein ins Auge fallender goldener Krug, bestehend aus einer großen exotischen Muschel mit einer Metallhülle, stellte ein solches Geheimnis dar, aber sogar die vertrauteren Objekte waren manchmal schwer zu identifizieren.[21] Die Sammlung umfasste kunstvolle religiöse Ornate, nicht zuletzt einige perlenüberkrustete Mitren aus dem 17. Jahrhundert, doch hinzu kamen juwelenbesetzte Becher und Hofgeschirr, niellierte Trinkgefäße, Mengen von Schwertern und Bögen, Sätteln, Zaumzeug und geschmückten Rossharnischen. Nichts davon war in den vergangenen Jahrzehnten untersucht worden, und manche Dinge fielen buchstäblich auseinander.

Sobald man in St. Petersburg Notiz von der Sammlung genommen hatte, wurden Fragen aufgeworfen. Ein heikles Problem waren die Kosten des Amtspersonals. Dessen Zahl schien, wie die Buchhalter feststellten, in die Höhe geschossen zu sein, obwohl die Sammlung weiterhin verfiel. Daraufhin organisierte der Direktor sämtlicher Kremlarbeiten, der gewissenhafte Pjotr Walujew, unverzüglich sowohl das Personal als auch die Schätze neu, obwohl er meinte, man solle sämtliche »nutzlosen« Objekte verkaufen.[22] Anderen fiel es zu, den wahren Wert der alten Gewänder und der eingetrübten Schwerter zu erkennen. Eine hoffnungsvolle Theorie – vorgebracht von keinem Geringeren als dem Präsidenten der Petersburger Akademie der Künste, Alexej Olenin (1763–1843) – besagte, dass eine wissenschaftliche Untersuchung solcher Gegenstände die klassischen (das heißt europäischen) Ursprünge der mittelalterlichen russischen Kultur enthüllen und damit eine seit langem verlorene Verbindung zu den gemeinsamen Vorfahren Europas in Griechenland und Rom bestätigen werde.[23] Es war zu jenem Zeitpunkt eine verlockende Idee, und im Jahr 1806 befahl der Zar, die verbliebenen Stücke in der Rüstkammer und den ihr angegliederten Werkstätten für weitere Nachforschungen in Ordnung zu bringen.[24]

Olenin arbeitete seit 1807, als er zu einer kleinen Gruppe von Experten und Enthusiasten gestoßen war, an der Sammlung. Ein Katalog, vorbereitet von A. F. Malinowski, wurde im selben Jahr veröffentlicht. Die Aufgabe, die Authentizität der Objekte zu untermauern, wurde durch den Eifer vermögender Patrioten erschwert, die Gegenstände aus ihren eigenen Tresorräumen anboten, sowie durch ein paar Spenden sozial gesinnter Bauern, die auf den Feldern ihrer Herren gemachte Funde nach Moskau transportierten.[25] 1810 vollendete der Architekt I. W. Jegotow ein spezielles Gebäude, im besten klassizistischen Stil, in dem die Kollektion untergebracht werden sollte. Walujew übernahm die Funktion des Kurators, der er sich mit seiner gewohnten Energie widmete.[26] Doch die Schwierigkeiten dauerten fort. Panik stellte sich ein, als man beim Vormarsch Napoleons in letzter Minute packen musste; die 1814 aus Nischni Nowgorod zurückgekehrten Schätze waren so grob behandelt worden, dass einige der empfindlichsten Stücke, darunter Stoffe und Porzellan, nicht wiedergutzumachende Schäden davongetragen hatten.[27] Die Verluste verschlimmerten sich dadurch, dass eine erhebliche Zahl kleinerer Objekte, etwa Sammlungen seltener Manuskripte (und auch Karamsins Archiv), während des Moskauer Brandes verschwunden waren.

Die Zerstörung war katastrophal – 1814 muss die Palastsammlung dem Treibgut nach einem großen Schiffbruch geglichen haben –, doch Napoleons Einmarsch löste einen neuen Respekt für das Vermächtnis des alten Russland aus. Obwohl man nicht unbedingt genau wusste, was ein Objekt darstellte und in welchen Kontext es gehörte, war am Hof und unter manchen Intellektuellen eine neue Einschätzung zu entdecken, nach der Russland eine eigene Kunst entwickelt hatte, die vom Stil und Geist der europäischen abwich. Der Amtsantritt Nikolaus' I. im Jahr 1825 verlief nicht reibungslos, sondern provozierte eine (gescheiterte) Revolte durch unzufriedene Angehörige der russischen Intelligenzija, doch auch dadurch wurden die Patrioten motiviert. Der Kaiser machte sich ihre Energie für sein politisches Programm zunutze, indem er auf Russland konzentrierte Kunst- und Stilformen am Hof so eifrig förderte, wie er den Dissens niederschlug. Die exakte Geschichte dieses Russentums war jedoch ein Problem, das Nikolaus zwang, um Rat nachzusuchen, in erster Linie bei seinen Hofexperten. Es war verwirrend genug, sich mit einer unverständlichen Schrift auseinandersetzen zu müssen, denn Altrussisch kam Nikolaus' Generation geradezu spanisch vor. Aber man musste auch schwierige Fragen nach der Herkunft von Objekten beantworten; wenn keine eindeutige Dokumentation vorlag, war es fast unmöglich, irgendetwas zu datieren.

Nikolaus war kein Gelehrter, und sein Interesse hatte stets pragmatische Züge. Angesichts dieser Sammlung von Wertsachen, deren Ursprung und Verwendungszweck häufig unbekannt waren, hatte die Betonung der offiziellen Nationalität für ihn weiterhin Vorrang, weshalb er jemanden benötigte, der die Vergangenheit interpretieren konnte. Olenin wusste genau, wer eine Empfehlung verdient hatte. In den 1830er Jahren riet er seinem Kaiser, den preisgekrönten Künstler Fjodor Solnzew (1801–1892) einzustellen und die Kreml-Sammlung durch ihn erforschen und kategorisieren zu lassen.[28] Im späteren Leben erinnerte sich Solnzew, dass es seine Aufgabe gewesen sei, die »alten Bräuche, Trachten, Waffen, klerikalen und imperialen Ausstattungen, die alltäglichen Objekte sowie die archäologischen und ethnographischen Einzelheiten« vom 6. bis zum 18. Jahrhundert zu dokumentieren.[29] Seine Ausführung des Mammutprojekts (wenn auch nicht sein Name) würde bald berühmt werden, und sie beeinflusst noch heute die Vorstellung der meisten Menschen von »echtem« russischem Stil.

Solnzews Arbeit beschränkte sich nicht auf das Kopieren; der Zar beauftragte ihn zusätzlich, eine Reihe russischer Motive zu schaffen, mit denen ein neues »Kreml«-Tafelservice mit 500 Porzellangedecken verziert werden sollte. Dieser Auftrag nahm 16 Jahre in Anspruch (die letzten Stücke wurden 1847 gebrannt), aber das Service war spektakulär und wurde immer dann benutzt, wenn der Hof ein russisch-nationalistisches Motiv benötigte, insbesondere bei der Romanow-Dreihundertjahrfeier von 1913.[30] Ein zweites Service, diesmal für Nikolaus' Sohn, den Großfürsten Konstantin Nikolajewitsch, wurde Ende der 1840er Jahre gebrannt. Für beide Aufträge ließ Solnzew sich durch seine Forschungen im Kreml inspirieren, und obwohl einige der Gegenstände, die er nachahmte, von ausländischen Meistern im Dienst des Zaren (oder bestenfalls von Russen, die den Anweisungen von Deutschen, Schotten und Persern folgten) hergestellt worden waren, wurde das Porzellan zu einem Wahrzeichen der nationalen Kunst. Zum Beispiel hielt man sich bei einer ganzen Serie von Kreml-Tellern an Entwürfe des 17. Jahrhunderts, während die charakteristische Form des sogenannten Alexander-Newski-Helms (der ironischerweise in einem nostalgischen Moment unter dem ersten Romanow-Zaren entstanden war) für den Deckel der neuen Kaffeekanne von Großfürst Konstantin wiederverwertet wurde.[31]

1834 betraute man den überlasteten Solnzew auch mit der Renovierung einer Zimmerflucht im alten Teil des Kreml-Palastes, die Michail Romanow gehört hatte.[32] Die *terema* wurden (und sind es immer noch) zu einem Vorzeigeobjekt für diese neue – erfundene – Version der Vergangenheit. Die Farben der Wände und Kacheln waren kräftig und üppig, die Muster komplex und organisch, als hätten ihnen die Wiesenblumen in einem russischen Märchen als Vorbild gedient. Manche Designs waren authentisch (Solnzew rettete und kopierte alles, was sich erhalten hatte), aber viele wurden improvisiert, und einige verdankten sich Höhenflügen der schöpferischen Phantasie. Beispielsweise findet man unter dem Mobiliar Stücke, die Solnzew aus Kolomenskoje geborgen und nachgebildet hatte, doch die mit schweren Vorhängen versehenen Betten – die es in dem wirklichen *terema* nie gegeben hatte – besaßen keine historische Beziehung zu den Gemächern, in denen sie platziert werden sollten. Auch das Farbschema, in dem tiefe Rot- und Grüntöne überwogen, war ausgewählt worden, um die von Solnzew gewünschten romantischen Gefühle heraufzubeschwören.[33]

Alles in allem war die Restaurierung, an der auch Architekten wie Thon und F. F. Richter mitwirkten, fast so kreativ wie ein völlig neues Design. Indem der Künstler und seine Verbündeten ein Phantasiebild pflegten, schufen sie eine Art Fälschung (in dieser Hinsicht hat man Solnzew mit dem Briten Augustus Pugin und dem Franzosen Eugène Viollet-le-Duc verglichen[34]). Aber die Fälschung war ungeheuer einflussreich, und für die meisten kommt sie einem Eindruck von der moskowitischen Vergangenheit am nächsten. Ein weiteres Ergebnis war die Wiederentdeckung (in vieler Hinsicht die Wiedererfindung) des Kreml als eines Kunstwerks. Dies fiel mit einer breiteren Akzeptanz der heimischen Landschaft zusammen, denn in den 1850er Jahren begann sogar die Aristokratie Russlands einzusehen, dass die Weißbirken, die überall auf ihren Gütern wuchsen, genauso malerisch sein konnten wie ein Zypressenhain in Italien.[35]

Der Kreml wurde zu einer Schatzkammer für die wiederauflebende Kultur. Russen waren es gewohnt, die klassische und die europäische bildende Kunst zu betrachten, doch nun konnten sie auf jedes in der Heimat entstandene Meisterwerk stolz sein. Als der letzte Teil von Solnzews umfangreicher Aquarellsammlung, der sechsbändigen *Altertümer des russischen Staates*, 1853 erschien, markierte er eine Wende im russischen Kunstverständnis und -geschmack. Die meisten hier gezeigten Schätze stammten aus der Rüstkammer des Kreml. Dazu gehörten die berühmte pelzbesetzte Mütze des Monomach, doch auch bestickte Stoffe, Schwertgriffe, Lampenhalter, Karosserien und verziertes Sattelzeug. Die Farben – Rot, Gold, Smaragdgrün und Ultramarin – waren strahlend und klar. In Solnzews Händen hatte jedes ehrwürdige Stück eine so blendende Vollkommenheit erlangt, dass auch der letzte Gedanke an kulturelle Minderwertigkeit, geschweige denn an Schimmelpilz, vertrieben wurde.[36]

In Wirklichkeit jedoch drangen Motten und Schimmel erneut in die Sammlung vor, noch während Solnzew daran arbeitete. Schuld daran war das 1810 entstandene Museumsgebäude. Jegotow, der Brände vermeiden wollte, hatte auf Öfen verzichtet, und in den 1830er Jahren schickte sich die allgemeine Feuchtigkeit an, das zu zerstören, was die Mäuse und Napoleon übersehen haben mochten. Solche Verwüstungen waren im Zeitalter des russischen Nationalismus untragbar, weshalb Nikolaus I. Pläne für ein völlig neues Museum genehmigte. Dafür wurde ein Grundstück neben dem Borowizki-Tor vorgesehen, damit Konstantin Thon das Museum an den Großen Palast anbauen konnte.[37] Es war von gleichem Stil und gleicher Solidität, und es stand (ebenfalls wie der Palast) auf einem Gelände von einzigartiger archäologischer Bedeutung. Leider wurde das Grundstück zu hastig vermessen und ausgeschachtet, und wenn sich darunter eine alte Straße oder eine Eremitenhöhle befunden hatte, würde Moskau es nie herausfinden. Auch würde lokalen Archäologen die Möglichkeit verwehrt bleiben, die Ruinen von Godunows Palast, des letzten großen Gebäudes an dieser Stelle, zu untersuchen.[38] Eine weitere Enttäuschung ergab sich 1851, als das Personal von Thons neuem Rüstkammer-Museum entdeckte, dass man keine Vorkehrungen für Konservierungsarbeiten getroffen hatte.

Die Angestellten, die sich ohnehin bereits unterbezahlt fühlten, mussten ihre Exponate in einem Keller des benachbarten Großen Palastes säubern, reparieren oder erforschen.[39]

Überhaupt erweckte der Kreml nach dem Bau des Museums mehr denn je den Eindruck, das exklusive Eigentum der russischen Zaren zu sein. Experten, die dort arbeiteten, standen bei ihrer Ankunft häufig vor verschlossenen Türen.[40] Was die Öffentlichkeit anging, so beschränkte sich der Zugang im Wesentlichen auf Moskowiter und spezielle, vorher überprüfte Gäste. Ein recht liberales System wurde unter dem Nachfolger Nikolaus' I., Alexander II. (1855–1881), eingeführt, doch seit den 1880er Jahren verhängte man im Palast straffere Kontrollen. Eintrittskarten konnten nur bei der Polizeiverwaltung beantragt werden, und das Verfahren dürfte die heutigen Restriktionen harmlos erscheinen lassen. Im Jahr 1914 mussten potentielle Besucher entweder den Beweis erbringen, dass sie in Moskau wohnten, oder zwei Wochen zuvor einen schriftlichen Antrag (in einem separaten Amt in einem anderen Gebäude) stellen.[41] Die Öffnungszeiten des Museums – 10 bis 14 Uhr an drei Tagen der Woche zwischen September und Mai – grenzten Besuche noch stärker ein. Trotz alledem konnten der Palast und die Rüstkammer zusammen in den letzten Jahren des Zarismus durchschnittlich etwa eine Viertelmillion Gäste verbuchen.[42]

Für Ausländer galten andere Vorschriften, die deutlich machten, wie eng der neuerschaffene Nationalismus Russlands mit der amtlichen orthodoxen Kirche verknüpft war. Als eine Auswahl der Rüstkammerschätze für die Pariser Weltausstellung von 1867 vorgemerkt wurde, weigerten sich die russischen Behörden, die Stücke dorthin transportieren zu lassen, weil heilige Objekte nicht vulgären Blicken ausgesetzt werden dürften.[43] Das Pariser Publikum musste sich mit einer Reihe Zeichnungen zufriedengeben. Sechzig Jahre zuvor hatte man nicht gezögert, einige Stücke aus demselben Bestand zu verkaufen, und nicht selten verschimmelten Objekte in Kellerräumen, doch Ausländer, Kuratoren und Spezialisten eingeschlossen, durften nichts in Augenschein nehmen, es sei denn, sie machten sich die Mühe, bei der Moskauer Polizei vorstellig zu werden.

Denjenigen allerdings, die sich eine Eintrittskarte beschaffen konnten, ermöglichte die Rüstkammer Einblicke in eine andere Welt. Es handelte sich um eine Familiensammlung der Romanows, das Privateigentum einer Herrscherdynastie, wodurch ihr etwas Eklektisches und Unausgewogenes verliehen wurde. Darüber hinaus war sie nicht einmal ganz komplett, denn 1858 hatte Alexander II. befohlen, einige der Gegenstände, nämlich Möbel und ausgesuchtes Tafelsilber, in sein eigenes Museumsprojekt zu verlagern, das restaurierte Haus der Romanow-Bojaren an der nahen Warwarka-Straße.[44] Einige andere Lücken ließen auffälligerweise an ungeklärte Verbrechen denken: Kleinere Edelsteine im Taschenformat waren seltener als die schweren, berühmten Schmuckstücke, die man nie hätte verkaufen können. Waffen und Transport standen im Vordergrund (ein ganzer Raum war zeremoniellen Kutschen gewidmet), aber es gab kaum eine Spur des alltäglichen Palastlebens, schon gar nicht der adligen Frauen. Ein anderes Zimmer war für Baschenows extravagantes Kreml-Modell reserviert, ein Objekt, das rasch zu der nutzlosen Vorrichtung wurde, die es noch heute ist, und neben ihm stand ein älteres Modell des Palastes in Kolomenskoje, ein Relikt Moskowiens, das der Nation nun inniger am Herzen zu liegen schien. Die glanzvollsten Attraktionen waren bekannte Kostbarkeiten wie die königlichen Insignien. Sie wurden in zwei Räumen verwahrt – eine spezielle Vitrine enthielt nur die Mütze des Monomach –, und Besucher konnten sich auch die Krönungsgewänder anschauen. Ihnen hatte man Diplomatengeschenke hinzugefügt, darunter die einzigartigen intarsierten Throne aus Isfahan (einer für Boris Godunow, der andere für Alexej Michailowitsch), eine Kutsche, die der englische König Jakob I. übersandt hatte, und die schönste Kollektion englischen Tudor-Silbers auf der Welt.[45]

Ungeachtet des gestiegenen Interesses war der Kreml keine öffentliche Institution und gewiss kein Museum. Sein Schicksal hing von Entscheidungen ab, die am Hof in St. Petersburg getroffen wurden, sowie von dem Budget, das die dortige Regierung entbehren konnte.[46] Glücklicherweise hegten drei der fünf russischen Kaiser des 19. Jahrhunderts eine unverkennbare Vorliebe für Moskau, und sogar der reformfreudige Alexander II., der 1818 im Nikolaus-Palast des Kreml geboren wurde, bezeichnete die Stadt (die er nicht mochte) als »mein Heimatland«.[47] Die Jahre efeuumwucherter Vernachlässigung näherten sich ihrem Ende. »Wie Moskau das Herz Russlands ist«, heißt es in einem Reiseführer von 1856 feierlich, »so ist der Kreml nicht nur das Herz und die Seele unseres aus weißem Stein gebauten Moskau, sondern auch der Same, aus dem unser russischer Zarismus erwachsen ist.«[48] Die Pietät war aufrichtig, doch sie wurde rasch zu einem Anachronismus. Europa wandelte sich, und nicht einmal das aus weißem Stein gebaute Moskau konnte sich von der übrigen Welt isolieren. 1856 war das Jahr, in dem Henry Bessemers neues Verfahren zur Erzeugung von Stahl aus Roheisen die internationale Fertigung zu revolutionieren versprach. Auch die Geschichte der Menschheit selbst wurde neu geschrieben. Außerhalb Düsseldorfs, bei Erkrath, hatten Arbeiter Teile eines Schädels gefunden, der später als Modell für die Identifizierung der Neandertaler galt. Drei Jahre später, 1859, sollte Charles Darwin sein epochales Buch *Über die Entstehung der Arten durch natürliche Zuchtwahl* veröffentlichen.

Allen Bemühungen der Konservativen zum Trotz war es unmöglich, Fortschritte von derartigen Dimensionen zu bremsen. Im Dampfzeitalter konnte ein politisches System, das sich auf Zwang und politische Unterdrückung stützte, selbst wenn es durch regelmäßige Mengen heiligen russischen Sentiments geölt wurde, nur heißlaufen und absterben. Die klügeren Mitglieder der politischen Schicht Russlands hatten dies bereits unter Alexander I. begriffen, und 1855 wurde der Weg zu begrenzten Änderungen durch den Tod seines obstruktiven Nachfolgers, Nikolaus' I., geebnet. Die, für sich genommen, größte Reformmaßnahme (deren Fünfzigjahrfeier die Romanows 1911 bewusst ignorierten) wurde sechs Jahre später, nämlich 1861, durchgeführt. Als Alexander II. seinem Vater nachfolgte, ließ er keinen Zweifel daran, dass er beabsichtigte, die Institution der Leibeigenschaft abzuschaffen. Es war eine vernünftige, fast unwiderstehliche und seit langem diskutierte Entscheidung. Sie wurde zu einem Zeitpunkt getroffen, als man die Sklaverei überall in den zivilisierten Staaten in Frage stellte. Das Entsetzen der Konservativen war natürlich vorhersehbar. Im russischen Fall schien ihre Sache vom Monarchen selbst verraten worden zu sein.

»Wehe Russland«, schrieb ein in Moskau ansässiger Historiker, »wenn es diese Säule aus eigenem Antrieb zerschlägt und die jahrhundertealten Bande gegenseitigen Nutzens zerreißt.«[49] Wäre Karamsin noch am Leben gewesen, hätte er wahrscheinlich etwas Ähnliches geschrieben. »Leibeigene können befreit werden«, hatte er einmal gewitzelt, »sobald es möglich ist, Wölfe gut zu füttern, während Schafe unverletzt bleiben.«[50]

In Wirklichkeit war das Emanzipationsmanifest eingeschränkt, kompliziert und vorsichtig – weit entfernt von den prinzipienfesten Standpunkten der Sklavereibekämpfer in der englischsprachigen Welt. Aber das Ende der Leibeigenschaft stellte einen heroischen Bruch mit der Vergangenheit dar, und danach folgte ein Programm weiterer bedeutender Reformen. In den kommenden Jahren unterzeichnete Alexander II. Gesetze, die eine bescheidene Kommunalverwaltung, ein ausgedehntes Erziehungswesen und weitreichende juristische Neuerungen, darunter Geschworenengerichte, vorsahen. Vielleicht wäre er noch weitergegangen, hätte sich die politische Stimmung im Frühjahr 1866 nicht durch einen Anschlag auf ihn verschlechtert (um es milde auszudrücken). Der bestürzte Alexander II., bereits deprimiert über den Tod seines ältesten Sohnes, des Kronprinzen Nikolai Alexandrowitsch, begann nun, sich fast ausschließlich auf eine konservative Clique von Beratern zu verlassen.[51] Die folgenden 15 Jahre waren durch Explosionen, Schüsse und das Gehämmer beim Bau von Schafotten gekennzeichnet. Doch dieser repressive Krieg gegen den Terror erwies sich als unnütz, denn im März 1881 wurde der Kaiser, nun Anfang sechzig, trotz der Anstrengungen seiner Spione durch eine Bombe zerfetzt, die man auf der Strecke seiner Kutsche nach St. Petersburg deponiert hatte. Es dauerte mehrere Stunden, bis er starb, und die Szene (besonders das Blut) ging seinen loyalen Untertanen in ganz Russland nicht aus dem Kopf. In der Kaiserfamilie selbst wagte kaum jemand, darüber zu sprechen.

Alexanders Erbe, Alexander III., vergaß nie, dass er den Thron der Qual seines Vaters verdankte. Er erwies sich als unbeugsamer Reaktionär, und seine Herrschaft war eine lange Epoche der Verhaftungen, der Zwangsemigration und der Strafverbannung, der Zensur, der Scheinheiligkeit und des allgegenwärtigen Einsatzes von Spitzeln. Sie begann jedoch mit einer Krönung. Das Ereignis wurde bis zum Frühjahr 1883 hinausgezögert, was den Palasthandwerkern erlaubte, die Kulisse neuen Geschmäckern anzupassen. Seit der Herrschaft Peters des Großen war der Facettenpalast (der zuweilen auch als Theater gedient hatte) innen verputzt, mit Stoff ausgekleidet und mit klassischen Medaillons behängt worden.[52] Vor seiner Krönungsfeier beauftragte Alexander eine Gruppe von Ikonenmeistern aus Palech, den Interieurs »ihre Erscheinung aus alten Zeiten« zurückzugeben. Die Gruppe, angeführt von den Brüdern Beloussow, rackerte sich monatelang ab, wobei sie sich hauptsächlich an Uschakows Zeichnungen aus dem 17. Jahrhundert orientierte, und obwohl den Ergebnissen Subtilität abging (sie erinnerten mich an den falschen Mediävalismus der Präraffaelitischen Bruderschaft), ließen die Reihen früherer Fürsten und Bojaren unzweifelhaft an die heilige Ära der dynastischen Herrschaft denken.[53] Die Tischgäste, die sich am Krönungsnachmittag im Innern versammelten, nahmen zwischen üppig bemalten Wänden Platz. Im Mittelpunkt des Raumes konnten sie die langen Regale bewundern, die sich, wie in der fernen Vergangenheit, unter antikem Gold und Silber aus der Kreml-Sammlung bogen. Draußen standen jedoch keine römischen Triumphtore, und sogar das zu diesem Anlass geschaffene aufwendige Gedenkalbum verfügte über eine anspruchsvoll russische – nicht klassische – graphische Gestaltung.[54]

Die Krönung fiel mit der (lange erwarteten) Einweihung der Christ-Erlöser-Kathedrale zusammen. Als Denkmal für die befreiende Macht, die das Volk durch sein Opfer im Jahr 1812 entfachte, hätte Thons riesiger Schrein unter anderen Umständen als Anfechtung der Dominanz des Kreml am Moskauer Himmel gelten können. In der Kathedrale waren wichtige Kriegsreliktе untergebracht, und in ihre Wände hatte man eine Liste mit den Namen der Gefallenen eingemeißelt. Das Gebäude konnte 10000 Menschen aufnehmen, und seine Kuppel, ein unbesungenes Wunder der Technik des 19. Jahrhunderts, war noch höher als der Zeichen setzende Glockenturm Iwan der Große. Der ursprüngliche Plan für die Galaeröffnung der Kathedrale sah Kanonen, Trompeten und die Premiere von Tschaikowskis »Ouvertüre 1812« vor. Aber die Ermordung Alexanders II. führte zu einem Aufschub und sogar zu einem Umdenken hinsichtlich der Symbolik. Am 30. Mai 1883, während die neue Kaiserfamilie und die Reihen der Minister und Priester von der Entschlafens-Kathedrale zu Thons Gebäude und wieder zurück schritten, lag es auf der Hand, dass die Kathedrale in diesem neuen Zeitalter der Reaktion die Aufgabe haben würde, die gebieterische Reichweite der Dynastie am Fluss entlang auszudehnen und die öffentliche Fläche Moskaus im Dienst der Autokratie zu verschlingen.[55] Etliche Jahre nach seinem Tod, am 30. Mai 1912, wurde eine gewaltige Statue Alexanders III. am Kopf der Kathedralenstufen enthüllt. Nikolaus II. und seine Gattin (sie in einem entzückenden weißen Kleid und mit einem Sonnenschirm) schauten zu, ebenso wie sämtliche Priester und Berater, doch das Ungetüm, das über der Menge aufragte und Moskau und den Kreml von seinem massiven Thron herab anstarrte, ließ das Gefühl entstehen, dass die Stadt von einem Riesen erobert worden sei.[56]

Mittlerweile hatte sich der Kreml jedoch einen eigenen Riesen zugelegt und damit für einen Ausgleich gesorgt. Heutzutage steht das berühmteste Denkmal an die Ermordung Alexanders II. in St. Petersburg. Alexander III. gab den Schrein, nun bekannt als Kirche unseres Erlösers auf dem vergossenen Blut, 1883 in Auftrag, und er wurde in einem kompromisslos nostalgischen (das heißt nachahmenden) neorussischen Stil gebaut, inklusive farbenprächtiger Mosaikpaneele und der serienmäßigen Zwiebelkuppeln. Während St. Petersburg durch den Bau jahrelange Belästigungen erduldete (und immer noch unter dem fertigen Gebäude leidet), fand die Moskauer Elite ihren eigenen Weg, des ermordeten Zaren zu gedenken. S. N. Tretjakow, der Bruder des Kunstsammlers, ergriff die Initiative und schlug vor, dass das Monument in der Nähe des Kreml-Palasts stehen solle, in dem Alexander II. geboren worden war. Das Grundstück der alten *prikasy* wirkte genau passend, und eine Erdvermessung erregte den gebührenden Schauder, denn sie förderte Hunderte von Skeletten zutage, was auf eine hastige Bestattung, vielleicht während eines Mongolenangriffs, hinwies.[57] Dieser Hinweis auf ein blutiges Ereignis aus der Vergangenheit sorgte für einen guten Anfang, doch obwohl er den Ort heiligte, konnte er wenig zum Entwurf des künftigen Monuments beitragen. Statuen harmonierten nicht mit dem alten Kreml, und Alexander hatte sich nie für Roben und Kerzen begeistern können. Am Ende benötigte man drei Ausschreibungen und lange Diskussionen, um sich auf einen Sieger zu einigen. Unterdessen hatte das Projekt – das die Beteiligten für eine religiöse Prüfung zu halten schienen – groteske Ausmaße angenommen.[58] Zudem hatte es einen königlichen Gönner in Gestalt des Bruders von Alexander III. gewonnen, den frommen, prüden und reaktionären Großfürsten Sergej Alexandrowitsch, der im Frühjahr 1891 Generalgouverneur von Moskau wurde.

Der Grundstein für das Kreml-Monument Alexanders II. wurde unter Glockenklängen und 133 Kanonenschüssen, dem vollen Salut, am 14. Mai 1893 gelegt (vorher hatte man die ausgegrabenen Schädel in aller Stille zur Moskauer Universität gebracht). Fünfeinhalb Jahre später, im August 1898 und nach Ausgaben von knapp zwei Millionen Rubeln, eröffnete der neue Zar, Nikolaus II., das fertige Bauwerk. Es erhob sich an der Moskwa und fiel noch stärker ins Auge, wenn es nachts beleuchtet wurde. Sein Mittelstück bestand aus einer Bronzestatue des ermordeten Kaisers von ungefähr vierfacher Lebensgröße. Zu ihr führte unter freiem Himmel eine von 152 Säulen umgebene Galerie – eine nutzlose Fläche, welche die Moskowiter rasch mit dem Spitznamen »Kegelbahn« bedachten. Rosa Granit aus Finnland vervollständigte das Ensemble, das sogar den einfältigsten Mitgliedern der Moskauer Intelligenzija verhasst war. Im Innern hatte man romantisch-historische Motive gewählt. Ein Team von Künstlern hatte einen Mosaikzyklus innerhalb der Kolonnade geschaffen, der die Besucher durch 900 Jahre angeblich kontinuierlicher russischer Geschichte führen sollte. Die Hauptrollen spielten 33 amtlich gebilligte Herrscher von Wladimir bis hin zu Nikolaus I. und schließlich – wenn man einen Blick hinauswarf – Alexander II. selbst.[59] Die Inschrift an der Fassade lautete: »Für Alexander II. mit der Liebe des Volkes.«[60]

Seltsamerweise schienen zahlreiche gewöhnliche Moskowiter, nachdem sie sich ein paar Monate lang daran gewöhnt hatten, das Alexander-Denkmal zu einem Teil ihres Alltagslebens zu machen. Es war säkular und zugänglich, und von der Spitze hatte man eine herrliche Aussicht. Die gepflasterte Fläche unter der Kolonnade wurde zu einem Lieblingsaufenthaltsort für Damen, welche die Sehenswürdigkeiten genießen wollten, und auch für die Herren, die müßig auf sie warteten. Tausende von bescheideneren Sterblichen betrachteten die Mosaiken als nützliche Einführung in die Geschichte ihrer Nation oder wenigstens als Ausflugsziel, wenn man bei Regenwetter Besucher unterhalten musste. Die Leitung einer Moskauer Textilfabrik schlug flink Kapital aus der Situation und vermarktete ein gewebtes Kopftuch mit der Abbildung des Monuments (in Rot auf einem cremefarbenen Grund); es war umgeben von einer geschmackvollen grünlichen Borte aus königlichen Porträts in Form von Medaillons.[61]

Diese behagliche Version der Vergangenheit wurde immer verführerischer, als sich das Tempo des wirtschaftlichen Wandels erhöhte. Während die Bevölkerung Moskaus rasch wuchs und Schornsteine und laute Maschinen ihre Ruhe störten, nahm die Nostalgie zu. Zugleich wurde das russische Identitätsgefühl der Menschen durch endlose verführerische ausländische Waren und dreiste Ideen bedroht. Nicht einmal der Kreml war ungefährdet. 1893 machte ein Bürger namens Koschewnikow auf den kläglichen Zustand der Zitadelle aufmerksam, verglichen mit den Oberen Handelsreihen (heute allgemein als GUM bekannt), dem Glas-und-Eisen-Palast, der den Kreml nun an der anderen Seite des Roten Platzes herausforderte. Angesichts der umfangreichen Bauarbeiten und der generellen Erneuerung benötigte der Kreml dringend Hilfe. Seine Renovierung, schrieb Koschewnikow in einem Essay in der Zeitschrift *Russisches Archiv*, sei »die heilige Pflicht von Söhnen gegenüber ihren Vätern«. Er fuhr fort: »Um so zu werden, wie sie sein sollten, dürfen die Kremlmauern nicht verputzt noch gestrichen werden, sondern sie müssen – ringsherum und von oben bis unten – mit handgemalten Illustrationen geschmückt werden (...), die Szenen aus dem Drama der Geschichte Russlands zeigen.« Er schlug patriotische Motive vor: die heroische Position Russlands am Kreuzweg der Kontinente, seine Geschichte des heiligen Kampfes und seines Krieges gegen die Ungläubigen, die Asiaten und die »Armeen des fanatischen Islam«.[62] Der Gedanke wirkt heute absurd, doch damals hätte es einen wilden Ansturm gegeben, hätte man Künstler aufgefordert, sich um den Auftrag zu bewerben, allen voran wahrscheinlich die beiden Brüder Viktor und Apollinari Wasnezow (1848–1946 bzw. 1856–1933). Deren Arbeit umfasste in jenen Jahren Gemälde, Keramiken, Holzschnitzereien und sogar architektonische Entwürfe für genau das Moskowien, das sich die Nation zu wünschen schien.[63]

Das wirkliche Kremlleben war nicht romantisch, aber es hatte wenig von der neuen kommerziellen Raserei auf den Straßen Moskaus an sich. Seit dem Bau von St. Petersburg hatten sich die Aktivitäten in der Festung verlangsamt. 1909 beherbergte das Tschudow-Kloster, das zu seinen Glanzzeiten 300 Mönchen und ihren Bediensteten Obdach geboten hatte, nur noch 72 Männer, von denen 23 nichtreligiöse Palastangestellte waren.[64] Das Himmelfahrts-Frauenkloster hatte sich auf ähnliche Weise zurückentwickelt; 1917 wohnten in ihm nur noch 51 Nonnen.[65] Beide Institutionen hatten neue Einkommensquellen finden müssen – die Männer verkauften Kerzen, heilige Schriften und Hostien, die Frauen stellten Palmkreuze und Kunstblumen für den Markt her.[66] Zudem wirkten, obwohl die Zeremonien für die Zaren immer noch beeindruckend waren (und obwohl der Synodale Chor, der in der Entschlafens-Kathedrale sang, ein Wunder des Moskauer Kulturlebens blieb), die täglichen Gottesdienste in vielen Kreml-Kirchen oberflächlich. »Die Andacht war primitiv«, erinnerte sich eine Besucherin nach einer Abendmesse im Jahr 1911. »Die Diakone und die Sänger hatten sehr unangenehme Bassstimmen, die Kirche war leer und dunkel, und das Ganze erschien mir als eine sehr unliebsame Erfahrung.«[67]

Außerhalb der Kirche – auf einem Boden, auf dem jüngst Unkraut und sogar Bäume gewachsen waren – herrschte nun fast überall eine trübsinnige Exerzierplatzordnung. Zwar durften Besucher, wenn sie anständig gekleidet waren, tagsüber auf dem Hügel spazieren gehen, doch der Kathedralenplatz war von Zäunen umschlossen und wurde durch eine Reihe von Schilderhäuschen bewacht. Nachts versperrte man sämtliche Einfahrten und Hauptdurchgangsstraßen. Die Wachen, vom permanenten Palastpersonal gestellt, wurden sorgfältig hinsichtlich abweichender politischer Meinungen überprüft. Zu den anderen Bewohnern gehörten Polizisten und Grenadiere; unter den Vollzeitangestellten des Kreml waren auch mehrere Ärzte und Architekten, eine

Hebamme und mindestens sieben Buchhalter. Ein Heer von Dienern (zu ihrem eigenen gut dokumentierten Unbehagen bekannt als »Lakaien«[68]) vervollständigte das Personal. Viele wohnten vor Ort – 1905 gab es rund 200 offiziell Ansässige –, doch unter einfachen Bedingungen (kaum jemand besaß mehr als ein einziges kleines Zimmer), und die Atmosphäre dürfte recht beklemmend gewesen sein. Sogar gelegentliche Schlafgäste wurden beobachtet und manchmal verhaftet.[69]

Das Personal führte ein gemächliches, teils langweiliges Berufsleben. 1862 ließ sich Sofia Behrs, die Tochter eines ansässigen Palastarztes, in einer Kreml-Kirche trauen. Der Bräutigam war Lew Tolstoi, der die Szene später heranzog (inklusive seiner peinlichen, hastigen Suche nach einem sauberen Hemd), um Kittys und Lewins Trauungszeremonie in seinem Roman *Anna Karenina* zu beschreiben. Wie die fiktionale Kitty hatte die reale Sofia den ganzen Tag in Tränen verbracht, doch es gelang ihr, sich in Gegenwart »vieler Fremder (…), die am Hof tätig waren«, zu beherrschen. Tolstoi kommentierte, was diese Zuschauer anging: »Alle, die nicht bis zum Portal hatten vordringen können, belagerten die Fenster, stießen sich gegenseitig zurück, zankten sich und spähten durch das Gitterwerk.«[70] Normalerweise hatten diese Personen so wenig zu tun, dass die minder wichtigen Bewohner des Kreml – manchmal ganze Familien – gezwungen waren, ihre Zimmer monatelang zu räumen, wenn die Kaiserfamilie eine große Zahl bedeutender Gäste (wie bei fast jedem Staatsanlass) unterbringen musste.[71] »Das Leben hier im Kreml beschwert mir das Herz«, schrieb Tolstois junge Frau, als sie die Wohnung ihrer Eltern später besuchte, »weil es mich an meine Jungmädchenzeit erinnert, als ich noch ein zielloser und untätiger Mensch war.«[72]

Die Umstände waren nicht förderlich für energische Bemühungen. Es muss ein sehr seltsames Gefühl gewesen sein, aus der Stadt zu den ruhigen Plätzen des Kreml überzuwechseln, der Schildwache zuzunicken und das Rüstkammer-Archiv zu betreten. Das Gebäude war herrlich, eine goldene Farbenpracht. Die schlecht beleuchteten Schreibtische dagegen waren schmal, überladen und streng zweckbetont. Doch die nationalistischen Historiker des 19. Jahrhunderts konnten der Festung nicht fernbleiben, denn ein weiterer großer Schatz der Rüstkammer, neben ihren Edelsteinen und ihrem üppigen Gold, war die dortige Dokumentensammlung. Die meisten dieser Papiere hatten ihre Existenz in den moskowitischen *prikasy* begonnen und waren, während sich die Kremllandschaft veränderte, wie unerwünschtes Gepäck von Regalen in Speicher und Tresorräume befördert worden. Die Sammlung enthielt Rechnungsbücher und Verträge, Details der Feuerschutzgesetzgebung sowie die Namen sämtlicher Ausländer im Dienst des Kreml. Die Papiere konnten nur unvollständig sein – Teile des Archivs waren verbrannt oder durch die vielen Umstrukturierungen der Verwaltung in Romanow-Zeiten verschwunden –, aber es handelte sich um Rohmaterial für wirklich professionelle Forschungen. Während die Lakaien nebenan im Palast mit matten Daumen die Silberlöffel polierten, begann eine neue Gruppe von Historikern zu schreiben.

Sie arbeiteten nicht unter spezieller Beleuchtung oder mit sauberen weißen Handschuhen, denn sie unterschieden sich von den Spezialisten, die heutzutage Archive benutzen, und sie teilten gewöhnlich eine besondere Zielsetzung und Geisteshaltung miteinander. Die ältere Generation wurde vertreten durch Iwan Snegirjow (1792–1868), den erzkonservativen Historiker, Ethnographen und offiziellen Zensor. Er wirkte seit den 1830er Jahren als Professor in Moskau, und zu seinen Veröffentlichungen gehörten historische Darstellungen berühmter Monumente, etwa mehrerer Kreml-Kirchen. Bald erreichten Nachrichten über seine Leistungen sogar das ferne Britische Museum in London. Snegirjow hatte Freude daran, Dokumente zu entschlüsseln, die vermögende Mäzene nicht lesen konnten (»Sie sagen, die Schrift des 17. Jahrhunderts sehe wie Stenographie aus«, schrieb er 1841[73]), und er nutzte diese Fertigkeit, um Türen in die verlorene Welt der vorpetrinischen Zaren zu öffnen.

Wie Snegirjows Tagebücher jedoch zeigen, befand er sich nicht bloß auf einer wissenschaftlichen, sondern auch auf einer religiösen Suche. Er nahm regelmäßig sowohl im Tschudow-Kloster als auch in der Entschlafens-Kathedrale am Gottesdienst teil, und seine Liebe zu staubigen Papieren war ein Element seines tiefen Glaubens. Mit anderen Worten, seine Lektüre und seine Schriften galten der Suche nach der imaginären Stadt, die – voll von Heiligen und immer noch unberührt von Europa –

seine geliebte Kunst und Religion hervorgebracht hatte. Jenseits der Kirche umfasste sein Freundeskreis viele der konservativen Patrioten Russlands sowie die Creme des künstlerischen Moskau. Er verbrachte Abende in der Gesellschaft von Schriftstellern wie Sergej Glinka und Iwan Turgenew, er blieb Fjodor Solnzew im Kreml auf den Fersen, und er belehrte Konstantin Thon über das Gebäude, das dieser zu errichten plante. Der Schriftsteller Alexander Weltman (1800–1870), später Kurator des Rüstkammer-Museums, schloss mit ihm Freundschaft, ebenso wie die Adligen – hauptsächlich Golizyns –, die Snegirjow sponserten, indem sie alte Manuskripte zur Entschlüsselung für ihn erwarben. Seine Frau dagegen war von seinen mönchischen Neigungen nicht begeistert, und er wiederum hielt sie für wild und vulgär, wenn nicht für leicht verrückt. Im täglichen Leben suchte er Zuflucht in Bibliotheken. »Ich kümmerte mich um meine eigenen Angelegenheiten«, schrieb der Historiker im Januar 1843, »die durch meine Frau stark behindert wurden.«[74]

Abgesehen davon, dass Snegirjow seine Beziehungen zur Elite pflegte, brachte er seinen Einfluss ein, um Begabungen zu fördern und neue Geister für seine Projekte zu gewinnen. Unter seinen Protegés war ein mittelloser junger Mann aus Twer namens Iwan Sabelin (1820–1908). 1837, als er sein Studium aus Geldmangel aufgeben musste, stellte Snegirjow ihn ein und ließ ihn an Dokumenten in dem nun zugänglichen Kreml-Archiv arbeiten. Zum Ausgleich für seine magere Bezahlung erhielt der junge Mann eine Unterkunft im Kavalleriegebäude hinter dem Kreml-Palast, und er nutzte die Gelegenheit, sich in das Leben früherer moskowitischer Zaren zu vertiefen. Dieser Thematik widmete er seine besten Jahre, doch er leitete auch erfolgreiche archäologische Expeditionen in die Krim-Steppe.[75] 1842 billigte Snegirjow einen Artikel Sabelins, der sich auf die Kremlpapiere stützte. Genau 20 Jahre nach dieser ersten Veröffentlichung legte der Jüngere eines von mehreren Meisterwerken vor, eine Untersuchung des Kreml im 17. Jahrhundert mit dem Titel *Das häusliche Leben der moskowitischen Zaren*.

Snegirjow und sein Schützling lebten in einer Welt abseits liberaler Reformen und revolutionärer Politik. Für den Ersteren war Patriotismus eine heilige Pflicht, die sich kaum vom Gottesdienst unterschied.

1855 zum Beispiel, am Tag nach dem Tod Nikolaus' I., während die Glocken läuteten und die Kanonen oberhalb der bestürzten, lärmenden Menge dröhnten, schloss sich Snegirjow einer ausgewählten Gruppe der Moskauer Elite im Tschudow-Kloster des Kreml an, um der Verlesung des Manifests zur kaiserlichen Nachfolge zu lauschen. Die düstere Stimmung war viel eher nach seinem Geschmack als das Gedränge der schrillen Masse. »Es ist bemerkenswert«, notierte er, »dass Nikolaus I. am selben Tag und zur selben Stunde (Freitagmittag) starb, als Christus für uns am Kreuz litt.«[76] Es spielte keine Rolle, dass der verstorbene Zar ein unerträglicher Besserwisser gewesen war oder dass er große Teile eines von Snegirjow bewunderten Gebäudes hatte zerstören lassen. Einem treuen Untertanen blieb nichts anderes übrig, als den toten Herrscher mit religiöser Ehrfurcht zu betrachten.

Sabelins Patriotismus hatte eine viel weniger religiöse Tonlage. Er war kein Anhänger von Nikolaus I. und machte ihm Vorwürfe wegen des Schadens, den der Kaiser durch seinen hässlichen Kreml-Palast und die verpfuschten Reparaturen angerichtet habe. Als Sohn armer Eltern begrüßte er die Befreiung der Leibeigenen 1861 mit Tränen der Freude, obwohl er dann auf weitere liberale Forderungen verzichtete.[77] Wie Snegirjow glaubte er jedoch auch, dass Russland eine vom Schicksal ausersehene Nation sei. Sein Lieblingsärgernis waren die radikalen Studenten, die künftigen Totengräber des Zarismus. Außerdem verurteilte er die ansehnliche Zahl von Emigranten, die sich, gewöhnt an den Komfort westeuropäischer Städte, kritisch über Russland äußerten. Dabei berief er sich auf das russische Sprichwort, dass »man Streitigkeiten nicht aus der Hütte hinaustragen solle«. Aber die Ideen, die das nationale Leben seiner Meinung nach am stärksten beeinträchtigt hätten, seien den polnischen katholischen Untertanen des Zaren anzulasten, einer erheblichen Reichsminderheit mit ausgeprägten Beziehungen zu Europa. »Freiheit, Unabhängigkeit, Autonomie, Selbstverwaltung«, schrieb er 1861 abschätzig, »sind zurzeit der Krankheitsstoff unserer Ideen, vergleichbar mit einer Seuche.«[78]

Derartiger Chauvinismus war das verborgene Gift im neorussischen Gedankengut. Die Suche nach kultureller Reinheit konnte leicht aus dem Gleis geraten, die Liebe zu allem Russischen zu Groll gegenüber dem Fremden und Unvertrauten verkommen. Das Geschwür des Antisemitismus hatte sich über das gesamte Europa des 19. Jahrhunderts verbreitet, doch in Russland wurden die schlimmsten Sporen bewusst gepflegt. Infolgedessen war die russische Version so dreist, dass sich Großfürst Sergej Alexandrowitsch, der Bruder Alexanders III., 1891 berechtigt fühlte, vor seinem Amtsantritt als Generalgouverneur der Stadt die Entfernung der Juden aus Moskau zu verlangen. Noch überraschender mutet es an, dass sich die Stadtbehörden seinem Wunsch fügten. 1891/92 vertrieb die Ortspolizei zwei Drittel der jüdischen Bevölkerung Moskaus aus ihren Heimen. Über 15 000 Menschen waren gezwungen, auf den Straßen zu überleben und sich der wenig verlässlichen Barmherzigkeit der Provinzen auszuliefern.[79] Es war ein seltsames Vorgehen, um die Loyalität und Zuneigung des Volkes zu gewinnen, doch eine Kaste moskowitischer Chauvinisten stimmte dem zu. Sabelin war phantasievoller (was, mit dem Großfürsten verglichen, nicht viel besagte); dennoch gab der alte Mann 1905, als sein geliebtes Moskau von einer brutalen Revolution heimgesucht wurde, ebenfalls dem »ewigen Juden [*wetschny schid*] mit seinen Intrigen« und vornehmlich »den jüdischen [*schidowskije*] Zeitungen« die Schuld. Nikolaus II. hatte festgelegt, dass »neun Zehntel der Unruhestifter Juden sind«[80] – eine Ansicht, die Sabelin (originär) teilte. »Wir hatten die Petscheneggen«, verzeichnete er in seinem Tagebuch, »die Polowzer, die Tataren, die Polen, Dutzende anderer Europäer unter Führung der Franzosen der Aufklärung. Nun haben wir es mit dem revolutionären Einmarsch der Juden zu tun (...), die das russische Volk als das wertloseste von allen darstellen.«[81]

Damit gelangte die Nostalgie in den Bereich der tiefsten Verzweiflung, denn sie schürte Hass, missbrauchte die Geschichte und erzeugte einen falschen, mörderischen Stolz. Aber diesmal erhöhte die Intoleranz den Reiz des russischen Stils sogar noch, jedenfalls in konservativen Kreisen. Es ist schwierig, an der nationalistischen Bewegung Gefallen zu finden, aber in den letzten Jahrzehnten des 19. Jahrhunderts kam sie den meisten Menschen nicht abscheulicher vor als Russlands eigene Version der englischen Arts-and-Crafts-Bewegung. Um 1900 beeinflusste die Vorliebe für die sogenannte russische Erneuerung, das heißt für die Gestalten und Formen der moskowitischen hohen Kunst und der wiedererlangten Folklore, alle möglichen Gebiete: von der Malerei und Architektur bis hin zum Journalismus, zur Literatur und zum Textildesign. Wie der Vorsitzende der Moskauer Architektengesellschaft 1910 klagte, hatte das »Material aus der Vergangenheit« die nationale Vorstellungskraft derart unter Kontrolle, dass es so gut wie unmöglich war, »ein neues, unverfälschtes Wort zu sagen«.[82]

Die erste Kaiserliche Russische Archäologische Gesellschaft wurde 1846 in St. Petersburg von Nikolaus' II. Gnaden gegründet. Moskau folgte diesem Beispiel im Jahr 1864, doch die Interessen seiner Archäologischen Gesellschaft wichen von denen des Petersburger Pendants ab.[83] Eine wohlverdiente Reputation auf dem Gebiet der Dokumentenanalyse ließ sie zu einer der einflussreichsten Befürworterinnen des Gebäudeschutzes im Reich werden, obwohl ihre bedeutendste Kampagne, ein Projekt zur Reparatur der Entschlafens-Kathedrale des Kreml, im besten Fall kontrovers und im schlechtesten destruktiv wirkte.[84] 1918, unter einem anderen Regime, verurteilte die postrevolutionäre künstlerische Elite Moskaus die Behandlung der Fresken durch die Archäologische Gesellschaft als Vandalismus – die Restaurateure hätten sich damit begnügen sollen, spätere Farbschichten abzukratzen und die frühesten freizulegen –, aber der Schaden hätte viel schwerer sein können. Denn die orthodoxe Kirche hatte beabsichtigt, das berühmteste Interieur des Kreml mit byzantinischen Mosaiken ausstatten zu lassen – übermalte Fresken waren, damit verglichen, weit weniger unpassend. Die Archäologische Gesellschaft setzte sich auch in einer Auseinandersetzung über den Sockel durch, auf dem Fioravanti das Gebäude im 15. Jahrhundert errichtet hatte, und vor dem Ausbruch des Ersten Weltkriegs gelang es einer Gruppe von Ingenieuren, den gesamten Kathedralenplatz zu senken, wodurch das Wahrzeichen zu seinen ursprünglichen Proportionen zurückkehrte.[85]

Der Pfad, auf dem die Gesellschaft zu solchen Errungenschaften voranschritt, war jedoch alles andere als eben. Sabelin, seinerseits ein bekannter Archäologe, nahm 1869 an ihrem großen Kongress teil, den er für ein Schlüsselereignis hielt, was die Beziehung der Stadt zu ihrer eigenen Vergangenheit betraf. Doch der Kongress wurde für ihn zu einer grausamen Enttäuschung. Wie viele ähnliche Treffen davor und danach erschien ihm dieses als eine Art Viehausstellung, als ermüdende Parade enger, eigennütziger persönlicher Interessen. »Es ist langweilig, es auch nur zu Papier zu bringen«, schrieb er in seinem Tagebuch. »Niemand versteht das Geringste von dem Fachgebiet.« Mit verzeihlichem Ärger vermerkte er auch, dass der große Historiker Michail Pogodin (1800–1875) Sabelins *Häusliches Leben der moskowitischen Zaren* nicht einmal erwähnt habe.[86] Doch aufgeblasene Männer mit goldenen Uhrketten (Solnzew war ebenfalls zugegen) machten nur einen Teil der Probleme der Gesellschaft aus. Von sentimentaler Altertümelei bis hin zu den Launen des Zaren hatten ihre Projekte stets die frustrierendsten Hindernisse überwinden müssen, und dies galt besonders für ihr erstes und größtes Vorhaben: den Bau eines öffentlichen Museums neben dem Kreml.

Als Alexander I. verlautbarte, dass er ein solches Museum gründen wolle, dachte er an eine Reihe von Ausstellungen, welche die Geschichte Russlands durch das Prisma des Krieges erzählen würden. Die Archäologische Gesellschaft berief 1869 einen Ausschuss unter dem Vorsitz von Fürst Alexej Uwarow ein, und bald dachten seine Mitglieder angestrengt über Exponate und ihren Wert für ein nach Fakten lechzendes Publikum nach. Die Thematik – Fortschritt, Romantik und russische Einzigartigkeit – wurde nie in Frage gestellt, aber das Museum bewegte sich bald von Alexanders kindischer Fokussierung auf das Militär fort. Das Komitee zog es vor, seinen Aufgabenbereich auf die gesamte russische Geschichte – und vor allem die Moskaus – zu erweitern. Das geplante Gebäude, das den Namen von Zarewitsch Alexander Alexandrowitsch (dem künftigen Alexander III.) tragen sollte, wurde bald schlicht als Staatliches Historisches Museum bekannt.[87]

Die Gesellschaft machte quälend langsame Fortschritte. Ein Grund für die Verzögerung war die Polytechnische Ausstellung von 1872, ein ungewöhnlich erfolgreiches Ereignis, das auf den öffentlichen Flächen um den Kreml zur Zweihundertjahrfeier des Geburtstags von Peter dem Großen abgehalten wurde. An attraktiven Ständen in großzügigen, wenn auch provisorischen Pavillons lud man die Moskowiter ein, die besten Leistungen der Wissenschaft (einschließlich der Geschichtswissenschaft) zu erforschen, und die Ausstellungsstücke, darunter kurz vorher entdeckte Dokumente und alte Siegel aus dem Innern der Festung, wurden zum Stadtgespräch.[88] Der Appetit der Öffentlichkeit war unzweifelhaft angeregt worden, und die Historiker brannten darauf, zum nächsten Stadium überzugehen. Während die Festzelte und die bunten Lampen abgebaut wurden, erfuhren die Mitglieder der Archäologischen Gesellschaft zu ihrer Freude, dass einige der interessantesten Objekte der Ausstellung als permanente Exponate für ihr Museum vorgemerkt worden waren, und auch, dass man ihrem neuen Gebäude einen ganzen Block am nördlichen Ende des Roten Platzes zugewiesen hatte. Er war nur einen Steinwurf vom Kreml entfernt, was den Befürwortern des modischen russischen Stils ein zusätzliches Argument dafür lieferte, den Entwurf des Museums von dem der Zitadelle abzuleiten. Dabei vergaß man bequemerweise, dass viele besonders ikonische Züge der Festung nach den Ideen von Ausländern gestaltet worden waren.

Unter den Architekten entbrannte ein heftiger Wettbewerb. Zu denen, die Entwürfe vorlegten, gehörten Fjodor Schechtel (später berühmt für seine Interpretationen der russischen Moderne, einer Art Jugendstil) und Nikolai Schochin, einer der Architekten des auffälligen neuen Polytechnischen Museums. Den Sieg, mit einem Entwurf namens »Vaterland«, trug jedoch Wladimir Scherwud (Sherwood), ein Russe britischer Herkunft, davon. Sein eklektischer Plan war durch und durch russisch (jedenfalls in dem Sinne, wie man den Begriff damals auslegte), und der Kreml diente ihm offensichtlich als Inspiration. Bogenfenster und ein Zeltdach, ausgeklügelte Giebel, gewundene Kurven und gotische Veranden – Scherwuds Skizze hatte alles außer Kohärenz. Sabelin blieb (was ihm hoch anzurechnen war) skeptisch. Auf einem frühen Treffen der Leitungsgruppe wandte er ein, dass der Stil auf eine Ansammlung disparater, unvereinbarer Teile hinauslaufe, und er bemerkte verschmitzt, dass die Facettendetails des Mauerwerks hier und da auf italienischen Vorbildern beruhten. »In Italien existierten sie nicht«, erwiderte ein Heuchler aus dem nationalistischen Lager barsch, »und da Aristotele [Fioravanti] im russischen Stil baute, müssen die [Facetten] russischen Ursprungs sein.«[89]

Weitere Debatten standen bevor, als die Ausstellungssäle eingerichtet werden mussten. Dies war schließlich eine seltene Chance, auf öffentliche Kosten eine definitive intellektuelle Aussage zu machen. Experten mit sehr unterschiedlichen Ansichten ereiferten sich über Fragen wie den Platz Europas, die Bedeutung des einfachen Volkes, den Rang militärischer Angelegenheiten und (natürlich) über die Zugangsbedingungen. Aber letzten Endes wurde das Museum weitgehend nach Sabelins Vorstellungen gestaltet, zumal er 1884, nach Uwarows Tod, den Posten des geschäftsführenden Direktors übernahm.[90] Die Räume, in leuchtenden Farben gestrichen, waren grandios – ein einladender Ort für einen Spaziergang, was immer man sich ansehen wollte. Die Moskowiter strömten in Scharen in die Galerien und wurden in den weitläufigen Sälen mit einer faszinierenden und unerwarteten Welt bekannt gemacht. Dinosaurierknochen, erfuhren sie, seien in ihren eigenen Wäldern gefunden worden. Urnenbegräbnisse hätten auf verschwundenen Kurgans unweit der Twerskaja-Straße stattgefunden. Unter ihren eigenen Straßen sei man auf Spuren heidnischer Opfer (und, prosaischer, auf alte Münzen) gestoßen.[91]

Solche Dinge waren viel unterhaltsamer als jedes Verzeichnis muffiger Zaren. Zwar wandte die Archäologische Gesellschaft relativ wenig Energie für Feldarbeiten auf, doch Sabelin hatte stets betont, dass Archäologie und Geschichtsschreibung »die rechte und die linke Hand desselben wissenschaftlichen Organismus« seien.[92] Durch diesen Gedanken erhielt der Kreml einen seltsamen Reiz. Normalerweise gestattete die Palastverwaltung keine Ausgrabungen auf dem heiligen Hügel. Zumeist konnten sie nur im Rahmen planmäßiger Bauarbeiten vorgenommen werden, was die wissenschaftlichen Möglichkeiten einschränkte.[93] Aber niemand leugnete, dass hier Schätze verborgen waren. In den 1830er Jahren, als Thon das Gelände der alten Palastgebäude für seinen großen Monolithen vorbereitete, hatten sich die Experten versammelt wie ein neugieriger Krähenschwarm. Unter ihren ersten Entdeckungen war 1837 eine vollständig intakte verschollene Kirche. Im 14. Jahrhundert hatte Jewdokia, die fromme Gemahlin Dmitri Donskois, sie zum Gedenken an die Erweckung des Lazarus bauen lassen, was der Wiederentdeckung ein gewisses Pathos verlieh.

Als das vergessene Gebäude zwischen den Palastfundamenten freigelegt wurde, stellten immer mehr Moskowiter die Frage, was dort sonst noch verloren gegangen sein könne.[94]

Die Antwort lautete: Relikte aus vormongolischen Zeiten, gar nicht zu reden von späteren enorm wichtigen Objekten. Unter den beeindruckendsten, auf die man ebenfalls bei Thons Palastbauarbeiten stieß, waren mehrere horizontal verlegte Eichenbalken von gewaltiger Größe. Laut Sabelin stammten sie aus Iwan Kalitas Herrschaft und bildeten die Überreste der Eichenmauer, die er im Winter 1339 um die Festung hatte errichten lassen.[95] Ihre Platzierung und die Indizien für tiefe Erdarbeiten an einer Linie vom Borowizki- zum Erlöser-Tor erlaubten Historikern, sich die Größe und Form der ursprünglichen Festung vorzustellen, die bescheidener waren als angenommen. Kleinere Objekte lieferten Hinweise auf das Leben der ersten Bewohner der Zitadelle. Man fand Silberschmuck aus der vormongolischen Rus, ein Sortiment Münzen und sogar ein leeres Gewölbe, das – sein Inhalt war seit langem verfault – als Getreidespeicher für eine frühe Siedlerbevölkerung gedient haben musste.[96] 1847 erbrachte der Abriss der Kirche des heiligen Johannes des Vorläufers am Borowizki-Tor noch mehr Silbermünzen und ein Paar Ohrringe. Als die gerade gegründete Archäologische Gesellschaft ihre Aufmerksamkeit auf diese Gegenstände richtete, behaupteten erregte Spezialisten, dass der Kreml im 9. Jahrhundert besetzt worden und vielleicht sogar die Stätte heidnischer Rituale gewesen sei.[97]

Die bei weitem spannendste Episode begann jedoch 1891, als ein Professor namens Eduard Tremer aus Straßburg in Moskau auftauchte. Er war vorgeblich auf der Suche nach einem seltenen Buch, und sein Anliegen faszinierte die Stadtbewohner, denn er erklärte, nach einem Band Ausschau zu halten, der 1479, mit dem Gefolge von Sofia Palaeolog, nach Moskau gelangt sei.[98] Als Erbin von Byzanz habe sie eine Sammlung mitgebracht, die längst verlorene Bücher in griechischer, lateinischer, hebräischer und aramäischer Sprache, Codizes, seltene Manuskripte und Klassiker enthalten habe. Es soll sich um mindestens 800 Werke gehandelt haben, was Höflinge wie Andrej Kurbski und Maxim Grek im 16. Jahrhundert bestätigt hatten. Sofias ungebildeter Ehemann, Iwan III., hatte mit den Büchern nichts anfangen können, und sein Sohn Wassili beschäftigte sich so intensiv mit der Jagd, dass es ihm an Zeit für die Lektüre fehlte. Iwan der Schreckliche dagegen soll die Bücher wegen ihrer Schönheit und möglicherweise ihres Inhalts bewundert haben. Die Sammlung bildete den Kern seiner legendären Bibliothek und war ein so kostbares Vermächtnis, dass er sich nicht von ihr trennen wollte. In den 1550er Jahren lud er den Deutschen Johannes Wettermann ein, die antiken Schriften ins Russische zu übersetzen. Der Weise erschien pünktlich in Moskau und wurde mit der großen Sammlung bekannt gemacht, doch es behagte ihm nicht, sich Iwans Vorschriften zu unterwerfen. Er weigerte sich, im geheimen Dunkel eines Gewölbes zu arbeiten, und bot stattdessen an, den Schatz zu kaufen. Iwan hatte einen seiner Wutanfälle, entließ Wettermann (damals eine sehr glimpfliche Strafe) und ordnete an, die gesamte Bibliothek, die in zwei mächtigen Steintruhen verwahrt wurde, in eine Kammer unter seiner Festung zu schaffen und hinter zwei Eisentüren zu verschließen.[99]

Tremer verwies sein Publikum auf einen Artikel, der 1834 in einer obskuren Zeitschrift veröffentlicht worden war. Der Autor, ein Rechtsprofessor aus der Ostseestadt Dorpat, hieß Christoph Christian Freiherr von Dabelow. Im Lauf seiner Forschungen in Riga, Narva und Reval, schrieb Dabelow, habe er mehrere alte Notizbücher entdeckt, deren Einträge teils an die Handschrift Iwans des Schrecklichen erinnerten. Nach der Entzifferung des restlichen Textes schloss er, dass die Notizen Fragmente einer verlorenen Liste seien, die Wettermann bei seinem kurzen Aufenthalt im Kreml während der 1550er Jahre angefertigt hatte. Der Katalog umfasste mindestens acht Bände antiker Geschichtsschreibung, darunter ein Werk Ciceros; daneben wurden handschriftliche Manuskripte von Tacitus, Sallust und Livius, ein Exemplar des *Codex Justinianus* und Teile von Virgils *Aeneis* erwähnt. Unter den griechischen Texten waren angeblich verschollene Werke von Aristophanes und Polybius; hinzu kamen viele andere Werke aus der Hofbibliothek von Konstantinopel.[100]

Von Dabelow war im Dunst von Dorpat untergetaucht, aber Tremer, der erschien, als die historische Forschung bei den Moskauern Anklang fand, wurde zu einer Berühmtheit. Er gab bekannt, dass er in Leiden Dokumente entdeckt habe, die aus einer im 14. Jahrhundert angefertigten Kopie eines älteren Manuskripts zu stammen schienen. Der größere Teil davon befinde sich wahrscheinlich in Moskau und sei mit Sofia eingetroffen. Der Text, nach dem er fahnde, sei ein verlorener Abschnitt der *Ilias*, über den, wie er höre, hartnäckige Gerüchte unter den Archivaren im Kreml zirkulierten.[101]

Die Vorstellung von einer Bibliothek mit unbezahlbaren Werken sorgte für eine Sensation. Gefühlsgeladene Artikel erschienen in der Moskauer Presse, und pedantische Dispute sollten die Fachzeitschriften auf Jahre hinaus füllen.[102] Sergej Alexandrowitsch, der reaktionäre Generalgouverneur von Moskau (und als Direktor des Historischen Museums mittlerweile auch Sabelins Chef), gründete sofort eine Kommission, welche die Fakten untersuchen und Vorschläge für die erforderlichen Ausgrabungen machen sollte. Den Vorsitz führte Fürst Schtscherbatow, und unter den Mitgliedern befand sich der skeptische Sabelin; beide repräsentierten gleichzeitig das Historische Museum. Unter Aufsicht der Kommission nahmen Arbeiter Ausschachtungen unter den historisch bedeutendsten Türmen des Kreml vor, wobei sie auf Verteidigungsanlagen stießen, doch keine Spur der versiegelten Türen fanden. Sie unternahmen einen weiteren Versuch, die Korridore freizulegen, die im Mittelalter strategisch wichtige Palastgebäude miteinander verbunden haben könnten. Besondere Aufmerksamkeit schenkten sie der Erzengel-Kathedrale, da manche vermuteten, die Bücher seien in der Nähe von Iwans Grab versteckt worden. Die Arbeit war nicht völlig fruchtlos, denn man stieß auf mehrere verloren geglaubte Bauten, darunter das Fundament der Schatzkammer des 15. Jahrhunderts.[103] Was die Forscher natürlich nicht fanden, war Iwans Bibliothek.

Die Schaffung des Historischen Museums allein war eine monumentale Leistung, doch der unermüdliche Sabelin publizierte darüber hinaus noch weitere Arbeiten. Sein letztes großes Werk, *Die Geschichte der Stadt Moskau*, erschien in mehreren Bänden zwischen 1902 und 1905. Das Buch entstand unter der Ägide der Moskauer Stadtverwaltung, der reichen und erhabenen Duma, und es sollte zur Förderung des Bürgerstolzes dienen.[104] Doch obwohl Sabelins offizielles Thema die Stadt war, entschied er sich, eine Geschichte des Kreml in Form eines Rundgangs zu schreiben. Die Zitadelle war seine erste Liebe gewesen, und nun stellte er Anekdoten zusammen, die er in Jahrzehnten eigenständiger Forschung gesammelt hatte. Sein Buch enthält Berichte über das Hofleben, die Regierung und sogar über die Gefängnisse. Es verknüpft Kenntnisse der Architektur mit einem Sinn für Dramatik und dem Konzept der Vorherbestimmung. Detailliert und gelehrt, ist es auch eine Hymne an den Kreml der Märtyrer und russischen Helden, was erklärt, warum das Buch im frühen 21. Jahrhundert, dem neuen Zeitalter des historischen Chauvinismus, mehrere Male neu aufgelegt worden ist.[105] Aber Sabelins Buch war nicht die ultimative Darstellung des zaristischen Kreml. Dieser Lorbeer gebührt dem (nun ebenfalls neu herausgegebenen) Werk von Sergej Bartenew (1863–1930).

Sergej war der Sohn des prominenten Moskauer Historikers Pjotr Bartenew, des Gründungsherausgebers der Zeitschrift *Russisches Archiv*. Als solcher entschied sich der junge Mann natürlich gegen die Geschichte und für die Musik und das Komponieren. Aber der Kreml besaß eine besondere Anziehungskraft für ihn, und schließlich nahm er dort einen Posten als Kurator an. 1912 veröffentlichte er sein bekanntestes Buch, eine elegante Geschichte des Großen Kreml-Palasts, die sowohl auf Russisch als auch (zum doppelten Preis) auf Französisch gedruckt wurde. Der Band behandelte die historische Entwicklung der Stätte, mit einem Überblick über den ursprünglichen Steinpalast Iwans III., bevor die Leser auf einem atemberaubenden Gang durch den gegenwärtigen Palast, seine Kirchen und Zeremoniensäle geführt wurden. Einige der zahlreichen Schwarzweißfotos sind heute die letzten vorrevolutionären Zeugnisse von Gebäuden, etwa des Erlösers am Walde, die später zerstört werden sollten. Der Autor spricht nicht von den jüngeren Restaurationsarbeiten (er zeigte Interieurs, als wären sie perfekt erhaltene Versionen ihrer ursprünglichen Erscheinungsform), aber das Buch ließ russische Herzen fraglos stolz werden.

Bartenews ehrgeizigstes Vorhaben war jedoch eine dreibändige Geschichte der gesamten Festung: *Der Moskauer Kreml in Vergangenheit und Gegenwart*.[106] Zwar erschienen nur die ersten beiden Bände, doch sie enthielten so gedrängte Informationen wie eine Enzyklopädie. Die Leser konnten darin, wenn sie einen Schreibtisch von hinreichender

Größe besaßen, die exakten Dimensionen jeder Zinne und jedes Turmes finden. Sie waren in der Lage zu ermitteln, wie die Mauern gebaut und überdacht wurden, welche Art Fundamente man aushob und häufig auch, wer was bezahlte. Wenn sie eine chronologische Lektüre bevorzugten, konnten sie den Geschichten der Moskauer Zaren folgen und sich all das mit Hilfe von russischen und ausländischen Karten und Zeichnungen aus fünf Jahrhunderten ausmalen. Bartenew zitierte Experten wie Karamsin und Kljutschewski, aber er verwendete auch langatmige Exzerpte aus Originaldokumenten. Das Buch war schwer zu lesen und hätte nur von jemandem geschrieben werden können, der im Kreml wohnte und von ihm verführt worden war. Tatsächlich hatte Bartenew den offiziellen Segen des Kreml-Hauptverwalters Fürst Odojewski-Maslow, und die beiden waren Nachbarn im Kavalleriegebäude.[107] *Der Moskauer Kreml* reflektierte den akademischen Geist seiner Zeit, doch auch die wichtigsten Phantasien des 19. Jahrhunderts über die Zitadelle, einschließlich einer peniblen, beinahe religiösen Ehrerbietung.

Bartenews *Moskauer Kreml* war in der blumigen russischen Hofsprache des 19. Jahrhunderts verfasst, aber jeder kann sich noch heute an der originellsten Idee des Autors erfreuen: einer Karte des Kreml, die mit den Umrissen aller bekannten Bauten, ob verschollen oder noch existent, versehen ist. Vier Farben – Rot, Gelb, Blau und Grün – liefern eine chronologische Anleitung, in der noch vorhandene Gebäude rot und verschollene mittelalterliche Gebäude (die ältesten) grün markiert sind. Die Karte ist recht groß (über 0,28 Quadratmeter), aber die Details sind so winzig, dass ein Vergrößerungsglas und viel Geduld erforderlich sind, um die Namen und Daten individueller Monumente zu erkennen. Auf diese Weise kann man die Höfe der Bojaren des 15. Jahrhunderts, die Schemen der Kirchen sowie die rechteckigen Umrisse der alten *prikasy* und der Bastionen Peters des Großen identifizieren (die Letzteren sind gelb, da sie aus dem Barock datieren). Die komplexen Formen längst abgerissener Palastgebäude, unter den roten Linien von Thons viel neuerem Bauwerk, sind blau gefärbt. Es ist ein faszinierendes Dokument, und es wird noch heute benutzt. An meinem ersten Forschungstag in der Kreml-Bibliothek brachte mir das Personal ein gerahmtes Exemplar und ließ es zur weiteren Verwendung an meinem Pult zurück.

Wie die meisten historischen Quellen muss allerdings auch dieses schöne Objekt kritisch betrachtet werden. Bartenews Karte zeigt den Kreml nicht so, wie er ihn kannte – oder wie die Festung im Lauf der Geschichte wuchs und sich veränderte –, sondern so, wie er ihn sich vorzustellen wünschte. Die historischen Entwicklungen, sogar der Verlust von Kirchen und die Zerrüttungen infolge der Erdwälle Peters des Großen, deuten sämtlich auf ein edles Resultat, eine wunderbare Gegenwart hin. In Wirklichkeit dürfte es fast an jeder Stelle Ungewissheiten, keine klaren Linien, gegeben haben. Was wichtiger ist: Die Karte lässt nichts von der allgegenwärtigen Unruhe des sich nähernden modernen Lebens ahnen. Zum Beispiel wird das Kohlekraftwerk, das kurz zuvor auf dem Kremlgelände fertiggestellt worden war, sorgsam weggelassen. Man hatte es für die Stromversorgung der Illuminationen bei der Krönung von Zar Nikolaus II. im Jahr 1896 gebaut, und es blieb ein halb geheimer, fast beschämender Zusatz zum Palastkomplex, nicht zuletzt weil die Stadt als Ganzes vier weitere Jahre auf ihr erstes Kraftwerk warten musste.[108] Mehr noch, die meisten Straßen verharrten bis in die 1920er Jahre hinein im Gas-(oder Kerzen- und Öl-)Zeitalter. Die neue Anlage des Kreml stiftete so viel Verwirrung, dass die Palastoffiziellen jahrelang über die Uniformen des technischen Personals diskutierten. Die Frage war noch nicht entschieden, als die Monarchie im Februar 1917 zusammenbrach.[109]

Ein anderes Thema, das Bartenew auf seiner Karte nicht anrührt, ist der Architekturstil (als existierendes Gebäude wird Thons Palast in dem gleichen triumphalen Rot angezeigt wie die Entschlafens-Kathedrale), und er gibt keinen politischen Kommentar ab. Also muss der Leser über Vorkenntnisse verfügen, wenn er die Bedeutung einer kleinen roten Kontur, gekennzeichnet durch das Symbol des Autors für heilige Stätten, mitten auf dem Senatsplatz verstehen will. Gemeint ist ein weiteres Monument, ein solides Metallkreuz im neurussischen Stil, das Viktor Wasnezow entworfen hatte, um den Schauplatz eines Mordes zu markieren, der Konservative und loyale russische Patrioten entsetzt hatte. 1910, als Bartenews Karte herauskam, war das Denkmal erst zwei Jahre alt, und seine Geschichte dürfte jedem Kremlbewohner frisch im Gedächtnis gewesen sein.

Das Drama begann im Januar 1905, als Großfürst Sergej Alexandrowitsch, dessen reaktionäre Ansichten ihn zu einer idealen Zielscheibe für Terroristen gemacht hatten, zu seinem eigenen Schutz sowie dem seiner Familie und seines Personals in den Kleinen Nikolaus-Palast (zur Unterscheidung von dem Großen Palast, den Nikolaus I. später erbauen ließ) übergesiedelt war. Das Blatt hatte sich für den Großfürsten seit der Thronbesteigung seines Neffen Nikolaus II. gewendet. Er mochte ein hingebungsvoller Ehemann und ein fürsorglicher Gebieter seines eigenen Personals sein, doch seine Starrheit als Administrator wurde dem Hof rasch peinlich. Am 1. Januar 1905 trat er als Generalgouverneur von Moskau zurück, aber die Todesdrohungen setzten sich fort. Großfürst Sergej sollte das erste königliche Opfer des sich abzeichnenden revolutionären Sturmes werden. Das russische nationalistische Projekt hatte es nicht geschafft, alle Bürger einzubeziehen. Die Masse der Armen ließ sich nicht überzeugen, denn historische Kunst war den Arbeitern in ihrer stickigen Dunkelheit gleichgültig, genau wie den mit Schulden ringenden Bauern. Solche Menschen mochten Spaß an Feierlichkeiten haben, sie mochten ihrem Zaren zujubeln, doch die bittere Not ihres Lebens machte jeden revolutionären Funken für sie interessant. Unter den am stärksten Entfremdeten waren die Studenten, die sich über die Repressivität des Reiches, seinen Chauvinismus und seine arrogante Unterstellung empörten, dass die Armen ihr Schicksal verdient und sogar Freude daran hätten. Im Jahr 1904 wurde das volle Ausmaß der Schwäche Russlands durch einen Krieg gegen Japan enthüllt. Wiederum waren es die Bedürftigsten, welche die Hauptlast trugen, denn sie mussten sich nicht nur mit Lebensmittelknappheit und längeren Arbeitszeiten abfinden, sondern auch den Großteil der zum Tode verurteilten Fußsoldaten ins Feld schicken. Die imperiale Elite unterschätzte die öffentliche Meinung immer wieder und führte jeglichen Protest auf das Wirken einzelner Querulanten zurück. Im Januar 1905 wurde eine Ansammlung friedlich demonstrierender Menschen in St. Petersburg von den Kosaken des Zaren in Stücke gehackt. Diese Gräueltat, allgemein als Blutsonntag bekannt, löste einen landesweiten Aufstand aus. Die öffentliche Wut war einer der Gründe dafür, dass Sergej Alexandrowitsch, der in Moskau täglich mit einem Angriff rechnete, seinen Adjutanten, um deren Leben er fürchtete, verbot, eine Kutsche mit ihm zu teilen.

Der Attentäter, Iwan Kaljajew, war Mitglied der Sozialrevolutionären Partei, die darauf abzielte, das damalige System im Namen der Bauern zu zerstören. Er hatte den Kreml mehrere Male besucht – sein Gesicht war den Wächtern vertraut –, aber als er am 17. Februar durch die Tore schritt, verbarg sich in den Zeitungen, die er gewöhnlich bei sich trug, eine Bombe. Niemand schenkte ihm an jenem kalten Nachmittag besondere Beachtung. Die Räder der Karosse des Großfürsten knirschten durch den Schnee, und der Kutscher peitschte die Pferde auf das Nikolski-Tor zu. Während das Gefährt das Senatsgebäude umrundete, schleuderte Kaljajew seine Bombe, die das Opfer im nächsten Moment zerfetzte. Die Ehefrau des Großfürsten, Jelisaweta Fjodorowna, welche die Explosion gehört hatte, eilte aus dem Palast, in dem das Paar kurz zuvor Mittag gegessen hatte. Sie warf sich in den blutbefleckten Schnee und raffte die Leichenteile ihres Mannes zusammen. Ein Schuljunge erinnerte sich später, dass seine Freunde und er am folgenden Tag während einer Schlittenfahrt weitere Fleischreste fanden. Mehrere Finger des Großfürsten, an denen immer noch schwere Ringe steckten, wurden auf das Senatsdach geblasen.[110] Solche Details hätten auf Bartenews Karte niemals erwähnt werden können.

Die Revolution von 1905 traf Moskau mit gewaltiger Kraft. Weder die Reichsbehörden noch die Duma waren auf die Empörung des Volkes vorbereitet. Einige Angehörige der gespaltenen Bourgeoisie schlossen sich den Rufen nach Reformen an, während andere jede proletarische Forderung als Aufruhr verdammten. Sabelin, inzwischen ein alter Mann, schrieb ein trübsinniges Wörterverzeichnis in sein Tagebuch, das Lexikon einer sich ändernden Welt. »Revolution«, begann er. »Büro – Resolutionen – Petitionen – Delegierte – Kader. Qualifikationen. Funktionen. Funktionieren. Sich qualifizieren. Provokateur.« Später im selben Jahr sinnierte er, dass

»alle aufgehört haben zu bitten; stattdessen VERLANGEN sie dringend, dass sich ihr Leben zu verbessern habe, dass der Arbeitstag zu kürzen und der Lohn zu erhöhen sei, und das verlangen sie SOFORT. Daneben verlangen sie die SOFORTIGE Einführung einer demokratischen Republik. Russland [Rus] ist zu einem Irrenhaus geworden (...) Man könnte an eine Pest- oder Cholera-Epidemie denken.«[111]

Dies war natürlich keine vorübergehende Plage. Im Januar 1905 streikte ein Drittel der Moskauer Arbeiterschaft aus Protest gegen das Blutsonntag-Massaker in St. Petersburg. Im Frühjahr verhärtete sich die öffentliche Meinung noch mehr, und politische Parteien der Linken, darunter Demokraten und Sozialisten, gewannen erheblich an Boden. Daraufhin bewaffneten sich die extremsten Konservativen, und Russland erlebte eine Reihe von Zusammenstößen zwischen den Protestierenden und Selbstschutzgruppen wie den Schwarzhundertern, einer nationalistischen und antisemitischen Schlägerbande. In Moskau versammelten die Letzteren sich unter dem Banner der *Moskowskije wedomosti*, der von Männern wie Sabelin bevorzugten Zeitung. Die Pogrome, die andere russische Städte heimsuchten, wurden in Moskau nur deshalb abgewendet, weil es bereits den größten Teil seiner Juden verloren hatte. Vergeblich warnte der Ministerpräsident, Graf Sergej Witte, den Zaren davor, »einen entschlossenen Militär zu finden und die Rebellion durch reine Gewalt niederzuschlagen«.[112] Nikolaus fiel nichts anderes ein als Repression; in den kommenden Monaten löste sich sein Traum von einer mystischen Vereinigung mit dem Volk auf. Angesichts krasser staatlicher Brutalität reagierten die Arbeiter – und sogar Duma-Mitglieder – mit weiteren Streiks, und im Oktober kam die ganze Stadt zum Stillstand. Nur die Armee und die Polizei schienen die Meinung des Kaisers zu teilen, dass der Einsatz von Soldaten die beste Lösung sei. Dies gestand Nikolaus II. in einem Brief an seine Mutter, in dem er jammerte: »Ich hatte niemanden, auf den ich mich hätte stützen können, ausgenommen den biedern [Polizeichef] Trepow.«

Witte konnte den Zaren immerhin überreden, eine Verfassung zu bewilligen, woraufhin die Massen im Oktober 1905 erneut auf die Straßen drängten, diesmal, um zu feiern. Aber das »Geschwür«, wie Nikolaus sich ausdrückte, war »aufgegangen«.[113] Rechtsextreme Dummheit provozierte den nächsten Ausbruch. Am 18. Oktober, dem Tag nach der Verlesung des Verfassungsmanifests, töteten rechte Ordnungshüter einen führenden Moskauer Sozialisten, Nikolai Bauman, was weitere Konflikte nach sich zog. In jenem Winter kam es, während sich die Stadt am Rande der Anarchie befand, zu neuen Massenstreiks, und in den Arbeitervierteln wurden Barrikaden errichtet.[114] Das Jahr endete mit offenen Straßenschlachten. Trepow und die Kosaken sorgten bis Ende Dezember für Ordnung, doch das Regime hatte an moralischer Autorität verloren. In den folgenden Jahren wurden Proteste durch Verhaftungen und eifriges Erhängen von Missetätern zum Schweigen gebracht, aber in den Arbeitervierteln waren keine Trinksprüche auf den Kreml zu hören.

An dieser Stelle wäre es leicht, nach Anzeichen für die künftige Katastrophe zu suchen. Der Revolutionsführer Leo Trotzki nannte 1905 später eine »Generalprobe«, doch die Straßen mit roten Arbeiterfahnen führten in jenem Herbst nicht direkt zum Jerusalem des Bolschewismus. In den neun Jahren bis zum Beginn des Ersten Weltkriegs gab es genug Zeit und Raum für Leute wie Bartenew, ihre nostalgischen und romantischen Karten herzustellen, und für Verleger, Wasnezows Gemälde der mittelalterlichen russischen Welt zu vervielfältigen (und zu verkaufen).[115]

Aber es empfiehlt sich, von nostalgischen Träumen Abschied zu nehmen. Der Vorhang senkt sich für immer über den Kreml der Zaren, und man kann sich kaum noch mit der letzten Krönung befassen, die 1896 stattfand. Die Inthronisierung Nikolaus' II. konzentrierte sich auf das Geheimnis der Souveränität, auf das heilige Band zwischen dem Zaren und dem Volk.[116] Seine Wurzeln reichten zurück zu einem Phantasiebild von Byzanz, »dem idealen christlichen Staat«, und dann zu einer Welt, die viel heller leuchtete als das eintönige Europa mit seiner langweiligen Mittelschicht.[117] Die vom Glück begünstigten Gäste, welche die Krönungsalben mit solchen Sentiments empfingen, konnten im Voraus eine Kontinuität mit ähnlichen Feiern der Vergangenheit herstellen. Die Bücher, in bestem, neu erfundenem russischem Stil, waren voll von prächtigen Bildern, darunter mehreren der beiden vorhergehenden Krönungen, und der Text enthielt eine lebhafte tausendjährige (nicht völlig ungenaue) Geschichte der Zeremonie, damit die erforderliche Ehrfurcht geweckt wurde. Jedes Stück der Insignien wurde sorgfältig beschrieben, jede Geste analysiert. Das reine Gewicht der Bände mit ihrem opulenten Papier reichte wahrscheinlich aus, um den Empfängern den Atem zu verschlagen.

Die Weltpresse schloss sich den Kommentaren an, indem sie frühere Zaren aufführte und die Präzedenzfälle für jedes Detail des bevorstehenden Schauspiels beschrieb. In Russland druckte man eine Reihe billiger Geschichtswerke, um die öffentliche Nachfrage zu decken. Eines davon, Tokmakows *Historische Beschreibung jeder Krönung der russischen Zaren, Kaiser und Kaiserinnen*, liest sich wie ein Tatsachenbericht, obwohl fast jede Einzelheit aus dem Zeitraum vor Peter dem Großen auf Mutmaßungen beruht. Der Band enthielt sogar ein Porträt Rjuriks mit Lebensdaten, wiewohl niemand weiß, ob er überhaupt existierte, geschweige denn wie er aussah (unverfänglich genug bildete der Künstler ihn mit dunklen Augen, Schnurrbart und Bart ab).[118] Die andere fixe Idee galt der Kontinuität, weshalb man Geschichten über die dynastischen Gräber und die Throne der Romanows verbreitete. Was die Entschlafens-Kathedrale anging, deren Kuppeln vor der großen Reparatur durch die Archäologische Gesellschaft immer noch leckten, so wurde sie im Krönungsalbum charakterisiert als »von bescheidener Größe, doch führend hinsichtlich ihrer historischen Bedeutung und ihrer Riten, das kostbarste Herz Russlands und seiner ersten Hauptstadt Moskau«.[119]

Die öffentliche Aufregung verstärkte sich, aber Nikolaus selbst hatte wenig Interesse an dem kommenden Ereignis. Wie er seiner Mutter im Frühjahr 1896 schrieb, erinnerten die Vorbereitungen ihn immer wieder an die Krönung seines Vaters und damit unvermeidlich an dessen Krankheit und Tod. »Meine liebe, gute Mama«, vertraute er ihr am 27. April an,

> »ich glaube, wir sollten alle diese schwierigen Zeremonien in Moskau als eine große, von Gott gesandte Feuerprobe betrachten, denn bei jedem Schritt werden wir wiederholen müssen, wo hindurch wir in den glücklichen Tagen vor dreizehn Jahren gegangen sind. Ein Gedanke allein tröstet mich: daß wir in unserm Leben nicht wieder durch den Ritus hindurch

müssen, daß die nachfolgenden Geschehnisse friedlich und glatt abrollen werden, und dazu, glaube ich, wird Gott uns helfen.«[120]

Es war einer seiner wenigen zutreffenden vorausschauenden Kommentare, was ihm am Tag der Krönung jedoch kaum nutzte. Die langen Feierlichkeiten ermüdeten den neuen Kaiser. Die Gewänder, die Heere von fleißigen Nonnen genäht hatten, waren schwer, und er machte sich auch Sorgen um seine stolze Frau in ihrem massiven Kleid. Wie immer wurde er durch das »Meer von Köpfen« entschädigt, durch sein Volk, das sich versammelt hatte, um seine Liebe für ihn zu bekunden. Tausende drängten sich auf den begrenzten Flächen des Kathedralenplatzes: eingeladene Würdenträger, uniformierte Wächter und Repräsentanten aus allen Winkeln des Reiches. Als die berühmten Glocken des Kreml erklangen, hätte Nikolaus sich vorstellen können, er befände sich im Mittelpunkt eines zeitlosen Schauspiels, heilig und lichtdurchflutet, als wäre ein mittelalterliches Gemälde – allerdings keines mit blutbefleckten Schwertern und Folterszenen – auf wunderbare Weise zum Leben erweckt worden.

Aber das strahlende Tableau wurde bald durch die Nachricht von Massentoden bei der Krönungsfeier des Volkes auf dem Chodynka-Feld getrübt. So hätte der Tag nicht verlaufen sollen. Man hatte geplant, ein traditionelles Krönungsfestessen zu veranstalten – das rituelle Geschenk, das moskowitische Zaren ihren Untertanen bei solchen Gelegenheiten darboten. Wie die Londoner *Times* (in ihrem selbstgefälligsten Tonfall) angekündigt hatte: »Nicht weniger als fünftausend arme Menschen werden während des Aufenthalts des Zaren und der Zarina in Moskau untergebracht und gespeist werden, und am Tag der Krönung wird man ein Festmahl für zehntausend arme Menschen abhalten.«[121] Aber die Freiluftfeier für Moskowiter hätte nicht schlimmer missraten können. Im Morgengrauen waren Besucherscharen zu den Ständen gestürmt, an denen Nahrungsmittel und Krönungssouvenirs bereit lagen, und vor den entsetzten Journalisten der Welt hatte sich die Menge in ein Gewirr aus verwundeten, niedergetrampelten und sterbenden Körpern verwandelt. Manche führten die Panik später auf ein Gerücht zurück, dass es nicht genug Speisen gebe, und viele lenkten die Aufmerksamkeit auf den tückischen, unebenen Boden. Wenn Menschen stürzten, bestand keine Hoffnung, sie zu retten. »Wahrscheinlich um 2000 Personen kamen auf der Stelle um«, schrieb die in London erscheinende *Graphic*, »wobei man annimmt, dass viele der 1200, die in Krankenhäusern sind, nicht überleben werden.« Etliche der Leichen seien »so verstümmelt und entblößt [gewesen], dass eine Identifizierung fast unmöglich war«.[122]

Während sich die Moskauer Friedhöfe mit Toten füllten, glitzerte der Kreml wie ein Weihnachtsbaum. Es gehörte zur Tradition, Lampen im Verlauf von Krönungen brennen zu lassen (bei Illuminationen hatte nicht einmal Alexander III. geknausert), doch sie blendeten die Menge, tauchten die Säle für die eingeladenen Gäste in ein zu künstliches Licht und zogen sogar Passanten zu den Festlichkeiten an. Kaiserin Alexandra hatte den ersten Schalter umgelegt, wonach der Glockenturm Iwan der Große und dann die anderen wichtigen historischen Stätten des Kreml erleuchtet wurden. »Wie Diamanten, Rubine und Smaragde unter einer Menge anderer Edelsteine«, schrieb ein Chronist voller Bewunderung, »glänzten Iwan der Große und die Kreml-Türme über der illuminierten Hauptstadt und ihrem Lichtermeer.«[123] Die russischen Nationalfarben – Weiß, Blau und Rot – ergänzten die fabelhaften Konturen unter niedrigen Frühlingswolken. Die Abende waren in jenem Mai feucht, die allgemeine Stimmung düster und schmerzerfüllt, doch die Festung loderte über den zusammengedrängten Dächern wie das Phantasieschloss eines Kindes, ein Traumheim für den Prinzen und die Prinzessin in einem Märchen.

9 Akropolis

Konservatismus war nicht das Einzige, was im Russland Nikolaus' II. auf der kulturellen Tagesordnung stand. Auch eine drängende, kraftvolle Forderung nach Wandel war im 19. Jahrhundert laut geworden. Die Außenwelt nahm diese Signale erst recht spät zur Kenntnis. Es dauerte lange, bis sie bemerkte, wie kreativ rastlose Energie sein konnte. Im Mai 1913 feierte, wie in jedem Lehrbuch liebevoll verzeichnet wird, Igor Strawinskis Ballett *Le sacre du printemps*, inszeniert und aufgeführt von Sergei Diaghilevs brillanten Ballets Russes, seine Premiere in Paris. Das Publikum – dem Maurice Ravel und Gertrude Stein angehörten sowie natürlich die Tanzkritiker sämtlicher Zeitungen von *New York Times* bis *Le Figaro* – fuhr schon bei den verworrenen Fagottsoli, die es in eine Szenerie der Entführung und des Opfers geleiteten, entsetzt zusammen. Manche lobten die heidnische Wildheit auf der Bühne später, aber viele zeigten sich empört über ein, wie sie meinten, barbarisches Schauspiel.[1] Hätten die Kritiker ihren Wasnezow gekannt oder sich mit jüngerer russischer Kunst beschäftigt, wären sie vielleicht nicht ganz so überrascht gewesen. Heutzutage ähnelt die Produktion, obwohl innovativ als Ballett, in erster Linie einem Essay in Folklore und Archaismus des späten 19. Jahrhunderts.[2] Die in dem Stück angedeutete Bedrohung schließlich war symptomatisch für viele andere öffentliche Debatten in Russland, wo sich Konflikte entwickelten, die viel langlebiger sein sollten als die Hysterie von Ballettrezensenten in den Feuilletons. In der Politik wie in der Kunst war das Reich an seiner Zerreißgrenze angelangt.

Durch eine im Februar 1914 eröffnete Ausstellung bahnten sich manche der Spannungen einen Weg an die Oberfläche, zumindest in der Malerei. Die Gesellschaft der Kunstliebhaber an der Bolschaja Dmitrowka hatte sich aus diesem Anlass mit flotten gelben Fahnen geschmückt, und obwohl die Besucher spärlich gesät waren, tat dies dem Enthusiasmus der Künstler keinen Abbruch. Einige Mitglieder der beteiligten Vereinigung, die sich Karo-Bube nannte, hatten in Frankreich gearbeitet, und jemand hatte Picasso überredet, ein Gemälde zu der Veranstaltung zu schicken. Auch Georges Braque und Henri Le Fauconnier leisteten Beiträge, doch die Mehrzahl der ausgestellten Werke stammte von Einheimischen. Leuchtende Farben erfüllten die Luft wie unerwartete Klänge. Zum Beispiel war Aristarch Lentulows Bild der Basilius-Kathedrale noch überschäumender als das Gebäude selbst, und sein kubistisches Moskau loderte geradezu. Gleichwohl entging etlichen Kritikern die Vitalität von alledem. Sie stellten fest, dass die Gruppe eine starke Vorliebe für *nature morte* habe (»es gibt eine Menge Äpfel«), beklagten jedoch, dass die ehrgeizigeren Gemälde dem Naturalismustest nicht standhielten. Tatsächlich trotzten einige Bilder jeglicher Vernunft. Eines war beispielsweise mit grünlichen geometrischen Formen bedeckt, in deren Mitte der Künstler einen Lottoschein eingefügt hatte. Beim Nachlesen im Katalog erfuhr man, dass es den Titel »Dame in der Straßenbahn« trug.[3] Der Maler, Kasimir Malewitsch, war ein Mann, der nicht nur Kritiker, sondern auch seine Kollegen verärgerte. »Schöpfung«, sollte er bald schreiben, »ist nur dann auf Bildern vorhanden, wenn ihre Form nichts von dem übernimmt, was bereits in der Natur erschaffen ist.«[4]

Moskau entdeckte seine lebhafte Phantasie im Zeitalter der Avantgarde wieder. Die Stadt beherbergte Neuerer aller Art, von dem Komponisten Alexander Skrjabin bis hin zu dem Theaterregisseur Konstantin Stanislawski. Das architektonische Vermächtnis jener Zeit, das sich in den Ziegelsteinen und dem gekrümmten Schmiedeeisen von Fjodor Schechtels im *style moderne* gebauter Villen erhalten hat, lässt die meisten Besucher immer noch vor Erstaunen innehalten, wenn sie in den Straßen unweit der Patriarchenteiche auf rosa Wände und gemalte Blumen stoßen. So diskreditiert sie heute erscheinen, waren die damaligen politischen und gesellschaftlichen Hoffnungen nicht weniger erregend. Naturwissenschaft, Kunst und soziale Phantasie verbanden sich miteinander: Optimisten träumten von universellem Glück, von Überfluss und Unsterblichkeit. Derselbe Philosoph konnte über Volkshandwerk und Raumflüge zum Mars schreiben, derselbe Künstler konnte über die psychische Resonanz einer Farbe und über Raketenantriebe nachdenken. Sogar der Kreml spielte eine Rolle, denn ein Visionär, inspiriert durch den spirituellen Weg Russlands, schlug vor, seine Kuppeln und Türme zum Prototypen für eine Reihe utopischer Kommunen zu machen.[5] Für ihn (und für zahllose andere) war die ikonische Silhouette der Festung weniger ein Erbstück als ein Wegweiser in eine Zukunft, in der Russlands einzigartiger Geist die Welt erlösen konnte. Fast alles schien möglich zu sein, und Hoffnung, unrealisiert und ungeprüft, vereinigte die Phantasten in ihrer gemeinsamen Sache. Unter den hohen, abweisenden, sehr unutopischen Mauern des realen Kreml entfaltete sich die Energie des russischen Silbernen Zeitalters ebenso in Regenbogenfarben wie in jenen dröhnenden, schamanistischen Klängen.

Hilfreich war, dass gleichzeitig die Wirtschaft florierte. Zu Beginn des 20. Jahrhunderts bestand die Moskauer Elite fast ausschließlich aus Familien, deren Reichtum sich auf Handel, Industrie und Investitionen gründete. Millionärsfamilien wie die Tretjakows und Rjabuschinskis, die Morosows und Botkins hatten erheblichen politischen Einfluss, und ihre Vertreter beherrschten die regierende Kammer der Stadt, die Duma.[6] Viele waren einfallsreiche öffentliche Spender, und sie finanzierten die neuen Konzertsäle und Kunstgalerien und experimentellen Theater, in denen Stücke wie Anton Tschechows *Kirschgarten* erstaufgeführt wurden.

Zu ihren anderen Plänen zählte ein Projekt für ein unterirdisches Verkehrssystem, die Metro, die, wie die Ingenieure hofften, im Jahr 1920 eröffnet werden würde.[7] Solche Technologien gestatteten Moskau, sich in jeder Hinsicht auszuweiten. Allein 1916 wurden im Straßenbahnnetz 405 Millionen Fahrten unternommen, über 300 für jeden Bürger.[8] Eine andere neue Technik, der Fahrstuhl, löste eine Revolte gegen die Einengungen des allgegenwärtigen pseudobyzantinischen Baustils aus. »Mit dem Beginn des neuen Jahrhunderts«, schrieb Boris Pasternak,

»änderte sich alles wie durch Zauberei. Moskau wurde plötzlich vom Geist des Handels und Gewerbes großer Hauptstädte ergriffen (…) Bevor man sich versah, ragten an jeder Straße gigantische Ziegelgebäude zum

Himmel auf. In jenem Moment brachte Moskau – und nicht, wie bislang, St. Petersburg – eine neue russische Architektur hervor, die einer jungen, modernen, kraftvollen Metropole.«[9]

Die Früchte des raschen Wachstums der Stadt wurden nicht gleichmäßig verteilt. Die Hassgefühle von 1905, von der Polizei unterdrückt und zum Schweigen gebracht, schwelten wie eine Glut, die auf einen Luftzug wartete. Hier und dort wurden sie durch Gruppen von Revolutionären am Leben erhalten, vornehmlich durch unterschiedliche marxistische Aktivisten, die teils mit größeren illegalen Parteien verknüpft waren. Soziale Ungerechtigkeit half ihnen, ihr Programm zu entwickeln, und verschaffte ihnen eine potentielle Anhängerschaft von Millionen. Die Armen selbst hatten natürlich wenig Macht, was die Vernachlässigung und den Verfall der Bezirke erklärte, in denen sie leben mussten. In Moskau wurden sie durch chronischen Wohnungsmangel gezwungen, sich in Kellergeschossen und Kasernen zusammenzudrängen, Betten stundenweise zu mieten und sich Wanzen zusammen mit ihren politischen Ideen zu teilen. Kein Wunder, dass die Stadt eine der höchsten Todesraten in Europa hatte.[10] Die Hauptursachen waren die emporschnellende Säuglingssterblichkeit und ein allgemeiner Mangel an sauberem Wasser und sanitären Anlagen; hinzu kam, dass es kaum eine Arbeitsgesetzgebung gab, dass sich routinemäßig Industrieunfälle ereigneten und dass es der Stadt dauernd an Krankenhausbetten fehlte.[11] Die abscheuliche, provokative Kluft zwischen Reich und Arm wurde stetig größer.

Und dann, ohne einen Gedanken an Kunst oder Brot, trat Russland in den europäischen Krieg ein. »Lasst die Einheit des Zaren und Seines Volkes noch stärker werden«, erklärte Nikolaus II. in seinem Manifest. »Lasst Russland wie eine einzige Person aufstehen.«[12] Wie die jeder europäischen Nation schwelgten auch die Untertanen des Zaren in solcher Rhetorik und vergaßen ihre anderen Sorgen für eine letzte inbrünstige Zeitspanne. Am 28. Juni 1914 wurde der österreichische Erzherzog Franz Ferdinand erschossen. Am 23. Juli erhielt Serbien ein österreichisches Ultimatum, in dem ein Straffeldzug angedroht wurde. Die Serben wandten sich an Russland um Hilfe, und St. Petersburg, das von slawischer Bruderschaft und Macht auf dem Balkan träumte, reagierte positiv. Die russische allgemeine Mobilmachung begann am 30. Juli. Im August hisste Moskau seine Nationalfahne, begann Sammlungen für den Krieg und bejubelte jede neue Rekrutenschar, die an den Kremlmauern vorbeimarschierte.

Die Zitadelle war den modernen Geschäftsmännern Moskaus in letzter Zeit irrelevant vorgekommen. Das wirkliche Leben hatte sich auf die Banken, die Handelsreihen, die Restaurants und Theaterparketts konzentriert. Aber durch den Krieg wurde dem Kreml eine neue Bedeutung verliehen: eine praktische neben seiner zeremoniellen Rolle. Da er nicht durch feindliches Maschinengewehrfeuer bedroht wurde, konnte er als Lager für die Kronjuwelen Russlands und den Großteil der Goldvorräte der Nation dienen. Man richtete einen speziellen Tresorraum ein, der die Schätze des imperialen St. Petersburg sowie die staatlichen Goldreserven verletzlicher Verbündeter wie Rumänien aufnehmen konnte.[13] Zudem erlaubte der Status des Kreml als kaiserlicher Palast und als Eigentum der Zaren den Romanows, ihn einem neuen Zweck zuzuführen. Im Jahr 1914 ordnete Kaiserin Alexandra an, irgendwo auf dem Kreml-Hügel ein Offizierslazarett einzurichten. Dieses Zugeständnis an nichtadlige Bürger wog schwer, denn es implizierte eine Entweihung des gesegneten Bodens, doch andererseits galt es, den heiligen Charakter dieses Krieges hervorzuheben. Außerdem wurde durch ein Lazarett mit dem Namen der Kaiserin etwas Intimes, eine direkte persönliche Verbindung, geschaffen. Man dachte an 50 Betten oder auch an einige mehr, »sollten sie alle besetzt sein«.[14] Als die ersten Patienten eintrafen, bat die Kaiserin, über den Namen und die Verwundungen jedes Offiziers unterrichtet zu werden. Der Eindruck, dass diese Männer nahezu zur Familie gehörten, konnte sich Ostern 1915 (und wiederum 1916) nur verstärken, denn jeder der Patienten im Kaiserin-Alexandra-Fjodorowna-Krankenhaus erhielt ein persönliches Geschenk: ein kleines Porzellanei, handgeschmückt mit dem Reichswappen.[15]

Was als nobler Akt begonnen hatte, wurde jedoch bald zur Absurdität, denn der Krieg erwies sich als Katastrophe für Russland. Die Soldaten waren tapfer – ihr Mut angesichts des Todes hatte legendäre

Züge –, aber sie zögerten, diesen bitteren Krieg auszufechten. Allein im ersten Jahr kamen rund vier Millionen Mann um.[16] Die Soldaten fielen besser ausgerüsteten und besser geführten Feinden, ihrem kümmerlichen Nachschubsystem und dem Niedergang der Moral zum Opfer. Hätte sich die Kaiserin die Zeit genommen, die Berichte über »ihre« Offiziere zu studieren, wäre sie alarmiert über die Details der Geschosswunden, der Kopfverletzungen und Amputationen gewesen. Das Kreml-Lazarett begann seine Existenz im Geist von Marie Antoinettes Bauernhof im Versailles des 18. Jahrhunderts, inklusive schneeweißer Bettwäsche, doch es endete in Chaos und Elend. Die Verwundeten litten größte Not, denn ihre Zahl war erdrückend. Abgelenkt von den Hofproblemen, verlor die Kaiserin das Interesse und überließ das Lazarett der Moskauer Stadtregierung.[17] Ironischerweise war durch die Gründung von Alexandras Kreml-Krankenhaus ein wenig besuchtes und recht eintöniges Museum mit einer dem Moskauer Krieg von 1812 gewidmeten Sammlung verdrängt worden.

Die Russische Revolution von 1917 änderte den Ruf des Kreml radikal, denn sie verknüpfte ihn für immer mit der roten Fahne. Die ersten Ereignisse jenes Dramas fanden jedoch in St. Petersburg statt, dessen deutsch klingender Name bei Kriegsausbruch in das slawischere Petrograd umgewandelt worden war. Abgesehen von dieser erfrischenden Umtaufe hatte sich die patriotische Begeisterung der Stadt nach 1914 genauso rasch aufgelöst wie die Moskaus. Ob unter nationalen Politikern in der Reichs-Duma oder unter Fabrikarbeitern, welche die Soldaten stellten, die Reihen derjenigen, die den Glauben an Nikolaus II. verloren hatten, schienen mit jedem Tag zu schwellen. Im September 1915 hatte der Zar den persönlichen Oberbefehl über die Streitkräfte übernommen – ein Schachzug, durch den die Kriegsbemühungen und dann die Monarchie selbst zum Tode verurteilt wurden. Sobald er an der Front Befehle erteilte, schien er die Schuld an jeder neuen Niederlage zu tragen, während seine Regierung daheim – unter der zweifelhaften Führung etlicher unpopulärer Minister und seiner im Ausland geborenen Gemahlin, der »deutschen« Kaiserin Alexandra – von einer Krise in die andere taumelte.

Die jahrhundertealte Institution des Zarismus zerbrach jedoch nicht in der Schlacht, sondern infolge unzureichender Brotlieferungen. Zwar hungerten die Menschen in der Hauptstadt seit Monaten, hauptsächlich durch Defekte des Verkehrssystems, doch als Katalysator diente ein unerwarteter Wandel. Am Internationalen Frauentag, dem 23. Februar 1917, waren die Volksmengen bereit, ihre Sorgen kurzfristig zu vergessen und an friedlichen Märschen für die Gleichberechtigung teilzunehmen. Zu ihrer Überraschung stießen die Demonstranten auf keinen nennenswerten Widerstand durch die Kosaken des Zaren. Das Fehlen von Repressionen, verbunden mit realen Beschwerden über ihre Ernährung und ihre Freiheit, führte dazu, dass sich in den beiden folgenden Tagen größere Menschenmengen versammelten, und bald waren die Straßen des Stadtzentrums überwiegend in den Händen der Protestierer. Am 25. Februar schlug die Unruhe durch eine fatale Einmischung Nikolaus' II. in eine Revolution um. Von seinem Hauptquartier an der Front befahl der Zar dem Chef des Petrograder Militärbezirks törichterweise, »die Unordnung bis morgen zu beseitigen«. Blutvergießen schloss sich an, genau wie im Jahr 1905, aber diesmal waren viele Garnisonssoldaten, darunter eine große Zahl jugendlicher Rekruten, genauso unzufrieden wie die Demonstranten.[18] Fast über Nacht erschienen Tausende, um zusammen mit den Petrograder Arbeitern die Brutalität und offenkundige Ungerechtigkeit des Zaren anzuprangern. Während sich die Instrumente der staatlichen Kontrolle vor den Augen des Volkes auflösten, schienen alte Ängste und Verbote dahinzuschmelzen. Anfang März 1917 war Nikolaus II., der letzte Romanow-Zar, gezwungen abzudanken.[19]

Nach raschen Verhandlungen machte die Reichs-Duma den Weg frei für eine neue Provisorische Regierung. Mit Anzügen bekleidete Politiker, bereits Männer von gestern, feilten an den juristischen Details, während sich diejenigen, die das Tempo forciert hatten – die schlaksigen Jungen und erschöpften Frauen, die Soldaten und aufsässigen Polizisten –, zu stürmischen, siegesfrohen Versammlungen trafen und ehrgeizige Beschlüsse über die Freiheit und die Rechte aller Menschen verabschiedeten. Viele bildeten Selbstverwaltungsräte (oder Sowjets) an ihren Arbeitsplätzen und verbrachten ihre Tage und Nächte mit leidenschaftlichen, improvisierten Debatten. Obwohl alle weiterhin hungerten, war die Stimmung in der Stadt optimistisch, wenn nicht gar von Jubel geprägt. Niemand konnte sich vorstellen, wie schwer die künftigen Probleme sein würden. Man glaubte sogar, den Krieg gewinnen zu können. Russland war eine Republik geworden.

Moskau folgte dem Beispiel der Reichshauptstadt ohne große Proteste. Zunächst hatte die Polizei jeglichem Wandel Widerstand leisten wollen, aber als die Nachricht von Nikolaus' Abdankung die Stadt erreichte, zerfiel die alte Ordnung wie ein mottenzerfressener Vorhang. Ein britischer Geschäftsmann, Allan Monkhouse, betrat die von ihm geleitete Fabrik und stellte fest, dass die Maschinen seltsam leise waren. Er fragte eine Gruppe von Arbeitern, was geschehen sei, und sie antworteten »im Chor und mit nur einem Wort: ›Freiheit‹«.[20] Die Plätze draußen füllten sich bereits mit Menschen. »Die Mehrheit der Menge bestand aus Personen, die am selben Morgen für die Gesundheit der kaiserlichen Familie gebetet hatten«, sollte ein Moskauer Arbeiter, Eduard Dune, später schreiben. »Aber heute fand ein Fest auf den Straßen statt (...) Ich empfand jene Atmosphäre der Freude, in der dir jeder, dem du begegnest, nahezustehen scheint, als wäre er dein Fleisch und Blut, in der Menschen einander mit liebevollen Augen betrachten.«[21] Am Nachmittag hatte man die Gefängnisse geöffnet und die Opfer der zaristischen Unterdrückung freigelassen. Flinke Unternehmer füllten ihre Stände mit roten Baumwollbändern, die innerhalb von Minuten ausverkauft waren. Die Feiernden rissen die Bänder eifrig in kleinere Streifen, damit jeder das Abzeichen der Revolution tragen konnte.[22] Auch die Elitetruppen, die ausgeschickt worden waren, um dem Volksfest ein Ende zu machen, marschierten bald mit roten Fetzen an ihren Bajonetten in die Stadt und ließen fröhlich die »Marseillaise« erklingen.

Die Befreiung Moskaus hatte nichts mit der kaiserlichen Familie zu tun, deren Angehörige sich zumeist noch in Petrograd aufhielten, aber die Zitadelle und Residenz der Romanows konnte nicht lange unangetastet bleiben. Weniger als vier Tage nach dem Rücktritt des Zaren besaß Moskau eine neue Stadtregierung, inklusive nagelneuer Gummistempel und eines imposanten Vorrats an Briefbögen. Erlasse wurden verstreut wie Konfetti; man gründete Komitees, billigte Freiheiten und skizzierte neue Rechte. Es dauerte nicht lange, bis der Kreml auf einer Tagesordnung erschien. Als früheres kaiserliches Eigentum gehörte er nun keiner Dynastie oder Clique mehr. Stattdessen erhob die neue Verwaltung im Namen des demokratischen Moskau Anspruch auf ihn und entließ im selben Atemzug die Palastangestellten als Handlanger des gestürzten Zaren.[23] Damit war die Sache in den Augen der Revolutionäre für die kommenden Monate erledigt.

Das Dekret, mit dem man den Kreml im Namen Moskaus übernahm, sollte ebenfalls der Freiheit dienen, doch wie so vieles in diesen dramatischen Wochen war es schlecht durchdacht. Der große von Mauern umgebene Komplex konnte nicht so leicht reformiert werden. Dagegen sprachen schon, um nur ein Hindernis zu nennen, die gewaltigen Goldvorräte. Auf den Straßen außerhalb der Zitadelle wimmelte es von Menschen, manche hatten Feuerwaffen, und ehemalige Häftlinge waren unterwegs, weshalb das geschmähte Palastpersonal rasch darauf hinwies, dass es am qualifiziertesten sei, sich um die Festung und die Wertsachen im Innern zu kümmern. Die neue Verwaltung machte einen Rückzieher, und bald erteilte Fürst Odojewski-Maslow, der es geschafft hatte, seinen Posten als Kreml-Direktor (und seinen Kremlwohnsitz) zu behalten, wie früher Befehle. Ungeachtet des Standpunkts der Moskauer Regierung machte der Fürst deutlich, dass kein Stück des Palasteigentums anderen (nicht einmal den Militärvertretern der Stadt) ohne seine schriftliche Genehmigung auszuhändigen sei. Außerdem verfügte er mit eisiger Zuversicht, dass sämtliche Objekte, die in den ersten Stunden der Revolution verschwunden seien (darunter viele Palastpferde), unverzüglich zurückgegeben werden müssten.[24]

Auch das bescheidenere Personal des Kreml schmiedete Pläne. Im April 1917 gründete es eine Gewerkschaft, die eine angemessene Bezahlung, Arbeitsplatzgarantien und – rührenderweise – das Recht verlangte, Palastangestellte nicht als Lakaien bezeichnen zu lassen. Ihre Gehälter seien seit 1902 nicht erhöht worden, schrieben die Gewerkschaftsvertreter, und zudem viel niedriger als die ihrer Kollegen in Petrograd. Ihnen lag daran, diese Ungerechtigkeit auszuräumen, doch in erster Linie wollten sie ihre Pensionen schützen und ihre Wohnungen behalten. In einer Zeit der Mietinflation und der gesellschaftlichen Unsicherheit war sogar ein Kellergeschoss in einem alten Gebäude ein Vermögenswert.[25] Odojewski-Maslow versuchte, die Drahtzieher der neuen Gewerkschaft ausfindig zu machen, doch es gibt keinen Hinweis auf Disziplinarmaßnahmen.[26] Schließlich benötigte er in jenem Frühjahr alle verfügbaren Kräfte, um das alte Bollwerk zu verteidigen – ein Ziel, das sich am besten erreichen ließ, wenn die Abläufe intakt blieben. Die Rufe nach höherem Lohn und garantiertem Ruhestand verhallten ungehört, aber das Personal vergrub sich in seinen kleinen Wohnungen, fand Platz für obdachlose Freunde und Verwandte und wartete ab.

Doch für die Künstler Moskaus war es eine Zeit, in der sie vorausschauen mussten. Im April war das Interesse an einem Treffen, bei dem ihre Rolle in dem neuen Staat erörtert werden sollte, so groß, dass man es in einem Gebäude abhielt, in dem normalerweise der beliebte Zirkus Salomon auftrat.[27] Dreitausend Menschen stellten sich ein, um ihre Meinungen über Demokratie und Kunst auszutauschen und um über Themen wie Theater und Musik und die Zukunft von Büchern zu diskutieren. Malewitsch und sein visionärer Rivale Wladimir Tatlin waren beide anwesend, ebenso wie einige Mitglieder der Karo-Bube-Vereinigung (vornehmlich Pjotr Kontschalowski), aber auch – in völlig anderer Gewandung – Gestalten wie der millionenschwere Sergej Schtschukin (für den Matisse gerade eine Version von *La Danse* gemalt hatte) und der Kurator der Tretjakow-Galerie, Igor Grabar, der gefeierte Verfasser einer kurz zuvor veröffentlichten Geschichte der russischen Kunst.

Abgesehen von der Erregung der Stunde war es die Gelegenheit, das Kulturleben Russlands umzugestalten, welche diese sehr unterschiedlichen Persönlichkeiten zusammenführte. Die Idealisten unter ihnen sprachen vom Schöpfergeist in jeder Seele, und man hörte viele inbrünstige Versprechen, Clubs und Unterricht für die Massen zu organisieren. Damit glich der verwaiste Kreml immer noch einem verlassenen Wrack auf einem Jahrmarktsplatz, aber zum Glück hegte die Avantgarde seit langem einen Plan für ihn. Er sollte zum Kern eines Supermuseums gemacht werden, welches das existierende Historische Museum und mehrere Villen im Stadtzentrum (darunter später auch Schtschukins eigene) zu einem riesigen inspirierenden Komplex zusammenfassen würde. In seinen mitteilsameren Momenten nannte sogar der biedere Grabar den Kreml »Russlands Akropolis«, und der Begriff fand Anklang. In der nun jedermann zugänglichen Zitadelle könne das Beste von allem gezeigt werden (Grabar schwebte bereits eine Auswahl vor); in der enormen Ausstellungshalle würden die Besucher eine Reise in die Zukunft der Welt unternehmen. Ein Brief, den Grabar in jenem Juni an Alexander Benois schrieb, den man mit der Leitung der Petrograder Eremitage betraut hatte, strahlte schöpferischen Optimismus aus.[28] Und Benois berichtete ihm vielleicht über ähnliche Schritte in der anderen Hauptstadt durch eine Gruppe um Maxim Gorki, darunter Größen wie Iwan Bilibin, Fjodor Schaljapin und Wladimir Majakowski.[29]

Für Grabar, genau wie für Benois und seine Freunde, bestand die Priorität jedoch darin, die Schätze der Vergangenheit zu bewahren. Andere Künstler träumten vielleicht davon, die Geschichte völlig zu zerschmettern, alles von der Plakatkunst bis hin zu den Wohnflächen umzumodeln, doch Grabar war eher daran interessiert, den Kreml und seinen Inhalt zu schützen.[30] Bei diesem hingebungsvollen Projekt half ihm der Numismatiker W. K. Trutowski, ein Hauptakteur der Moskauer Archäologischen Gesellschaft, der später als erster Kurator der Rüstkammer in der neuen Ära diente.[31] Die Moskauer Behörden waren ebenfalls an Grabars geplanter Akropolis interessiert, aber sie hatten nie genug Zeit oder Bargeld, um die Dinge anzupacken. Wie Petrograd wartete Moskau auf die Einberufung einer gewählten Konstituierenden Versammlung, die eine gesetzliche Basis für den jungen Staat schaffen sollte. Zudem lag Russland als Ganzes noch im Krieg. Die bedrängte Stadtregierung, die kaum Rubel für die Gebäudeinstandhaltung (und überhaupt keine für utopische Pläne) entbehren konnte, verwendete einen Teil des Sommers 1917 darauf, exotische Pflanzen aus den Palasttreibhäusern zu verkaufen.[32]

Bis zum Herbst wurde also viel geredet, doch keine Entscheidung getroffen, wodurch sich der Kreml nicht von fast allen anderen Institutionen des Landes unterschied. Im Rückblick liegt es auf der Hand, warum die demokratische Revolution Russlands scheiterte. Euphorie, so schön sie war, konnte die Gegensätze der Nation nicht lange übertünchen. Die Provisorische Regierung, unfähig, das Land aus dem Krieg hinauszuführen, und knapp an Kanonen und Brot, torkelte wieder zurück in die Repression, erhöhte die Arbeitszeit, bestrafte Streikende und bedrohte die revolutionäre Linke. Ihr Engagement für den Grundbesitz und die Bourgeoisie beraubte sie der Chance, Bodenreformen in den Landgebieten durchzuführen (ein entscheidendes Versäumnis in einem Reich von Bauern), und hinderte sie daran, die Arbeiterrechte ins Reine zu bringen. Im September kam sogar der Achtstundentag dieser wohlmeinenden, doch schwachen Regierung zu radikal vor. Ihr Konservatismus konnte nur vorteilhaft für die Linke sein, etwa für gut organisierte Gruppen von Bolschewiki, die in den großen Städten und unter Wehrpflichtigen des Heeres und der Flotte agierten. Im größeren Rahmen wurden die Sowjets – die Räte, die das Volk selbst gewählt hatte – immer selbstbewusster und, in politischer Hinsicht, effektiver. Sie, nicht die Provisorische Regierung, sprachen mit der legitimen Stimme der Demokratie. Die Nachrichten von der Front wurden mit jeder Woche finsterer, und die Soldaten des Heeres hatten begonnen zu desertieren. Im Oktober 1917, als sich die politischen Führer der Räte zu ihrem Zweiten Kongress versammeln wollten – einem von der ermatteten Provisorischen Regierung völlig unabhängigen Ereignis –, wurde ihr Weg zur Macht nur noch von amtlicher roter Tinte blockiert.

Die Räte hatten ein Sortiment von Delegierten für ihr nationales Treffen gewählt, und der Kongress, seinerseits eine kubistische Flickarbeit politischer Parteien, schickte sich an, über das ganze Spektrum von Hoffnungen zu debattieren. Die Linke überwog, aber ihre Parteien konnten sich über kein Thema einigen, seien es Eigentumsrechte oder Russlands Verpflichtung, den Krieg fortzusetzen. Um das, was er für Zeitverschwendung hielt, zu verhindern, kam der Bolschewikenführer Wladimir Lenin dem Kongress zuvor (und usurpierte die demokratischen Rechte des Volkes), indem er die Macht kurz vor dem offiziellen Versammlungsbeginn an sich riss. Er ließ das Winterpalais im Namen der Arbeiter, Soldaten und Matrosen stürmen, während er in Wirklichkeit den Putsch einer einzigen Partei inszenierte. Am 25. Oktober 1917 alten Stils – am 7. November laut dem Kalender, den seine Partei später einführte – gab Lenin ein Manifest heraus, in dem er verkündete, dass Russland nun in den Händen des Volkes sei. Seine Parole »Alle Macht den Räten« ließ an eine umfassende Arbeiterregierung denken, doch tatsächlich plante er ein bolschewistisches Direktorat, eine Diktatur des Proletariats, deren Einzelheiten irgendwann in der Zukunft festgelegt werden sollten. Wie einer der Teilnehmer in hohem Alter einräumte, hatte die bolschewistische Elite, so entschlossen sie war, die Macht zu ergreifen, »nur die verschwommenste Vorstellung« davon, was sie mit ihr anfangen sollte.[33] In den frühesten Tagen war Lenins Partei kaum in der Lage, die vollständige Kontrolle über Petrograd für sich zu beanspruchen. Bevor sie Fortschritte erzielen konnten, standen die bolschewistischen Anhänger, die sich zu (fast immer bewaffneten) Einheiten, genannt Militärische Revolutionskomitees, organisiert hatten, vor der Aufgabe, ihre Herrschaft zu konsolidieren. Keine Stadt, die sie an sich bringen mussten, war wichtiger als Moskau.

Die Gegenrevolution, die sie in der alten Hauptstadt erwartete, wurde von der Stadtregierung selbst angeführt. Sobald die Nachricht aus Petrograd eintraf, hatte sie Dutzende von Freiwilligen – hauptsächlich Militärkadetten – rekrutiert. Auf bolschewistischer Seite befanden sich Berufsrevolutionäre, Arbeiter (die sogenannten Roten Garden) sowie eine Anzahl von Soldaten, die jegliche Fortsetzung des Krieges ablehnten. Alle waren mit tödlichen Waffenmengen ausgerüstet; seit dem Frühjahr hatten sich Granaten und Patronen aus den Fabriken verflüchtigt. Die Kämpfe wurden gnadenlos geführt.[34] Während Russen auf Russen schossen, ging das Leben in der Stadt jedoch weiter. An einem der dunkelsten Tage schaute sich Allan Monkhouse eine Aufführung des *Kirschgartens* im Moskauer Künstlertheater an, wonach seine Heimfahrt allerdings durch eine heftige Maschinengewehrsalve unterbrochen wurde.[35] Straßenbengel stachelten einander auf, an den Kugeln an der Ecke der Nikitskaja-Straße vorbeizurennen; wer von ihnen unvorsichtig war, riskierte einen sinnlosen Tod.[36] Wilde Kämpfe wurden um die städtische Duma und das Telegraphenamt ausgefochten, doch das Zentrum des Ringens bildete der Kreml.

Die Roten hatten die Zitadelle besetzt, sobald Lenins Signal aus Petrograd eingetroffen war. Die Probleme begannen, als sie das Areal nicht halten konnten. Eine Abteilung von Militärkadetten und antibolschewistischen Soldaten (in späteren sowjetischen Berichten häufig als »Junker« bezeichnet) griff zu einer simplen List: Ihr Anführer Rjabzew marschierte auf die Tore zu und erklärte der Besatzungsmacht, dass ihr Putsch in Moskau gescheitert sei. Das bolschewistische Regiment im Kreml öffnete, wie so viele leichtgläubige Verteidiger der Vergangenheit, das Dreifaltigkeit-Tor, wonach Rjabzew die Zitadelle sogleich stürmte und drohte, die Insassen zu lynchen. Seine Männer verschanzten sich im Kleinen Nikolaus-Palast, nahmen die übrigen Roten als Geiseln und stellten Wachen an jedem Tor auf. Die Goldreserven blieben laut mehrerer Zeugen unberührt, aber die Waffen im Arsenal wurden rasch requiriert.[37]

Es verstand sich, dass die Bolschewiki Moskau erst dann in ihrer Gewalt haben würden, wenn sie erneut vom Kreml Besitz ergriffen hatten, doch ihre Methoden entsetzten fast alle. Kurz nach Rjabzews Triumph beschossen auf den Sperlingshügeln stationierte Geschütze die ehrwürdigen Mauern. Es war, als werde die heiligste Stätte des Landes geschändet; man hörte sogar (unzutreffende) Gerüchte, dass die Basilius-Kathedrale in Trümmern liege. Russland habe nicht genug Munition gehabt, um den europäischen Krieg zu gewinnen, bemerkte ein Kreml-Priester, doch den Menschen scheine es nicht an Patronen zu fehlen, um sich gegenseitig zu beschießen.[38] Für ein paar Stunden stellten die Bolschewiki – erschrocken über den Schaden, den sie möglicherweise anrichteten – das Feuer ein, aber der Artilleriekommandeur, ein Astronomieprofessor namens Schternberg, missachtete die Proteste seiner Kameraden und richtete die Kanonen zum zweiten Mal auf die Festung.[39] Als die Nachricht von dem Bombardement Petrograd erreichte, erklärte der neue Volkskommissar für das Bildungswesen, Anatoli Lunatscharski, empört seinen Rücktritt. »Der Kreml«, schrieb er, »in dem zur Zeit die wichtigsten Kunstschätze Petrograds und Moskaus aufbewahrt werden, steht unter Artilleriefeuer (...) Ich kann das nicht aushalten. Das Maß ist voll.«[40]

In Wirklichkeit kapitulierten die Junker am selben Tag (und Lunatscharski kehrte prompt auf seinen Posten zurück). Die Kämpfe hatten jedoch fast eine Woche gedauert, und Hunderte von Moskowitern waren umgekommen. Auf den Palasthöfen hinter den Kremlmauern lagen nun starre Leichen in ihrem Blut. Das Moskauer Proletariat trauerte um die Opfer der Gegenrevolution, die Bourgeoisie um ihre gefallenen Studenten und ihre enttäuschten Hoffnungen. Die toten Kadetten, die ihr Leben, wie einer der konservativen Geschichtsprofessoren der Stadt klagte, »für Gott weiß was« gegeben hatten, wurden am 13. November (alten Stils) beigesetzt. Man hielt einen langen Gottesdienst in der im Stadtzentrum gelegenen Großen Himmelfahrtskirche ab, aber danach war es schwierig, einen Friedhof zu finden, dessen Besitzer die Särge akzeptieren wollten, denn die Gegenrevolution hatte sich gespalten und war verängstigt.[41] Immerhin wurden die Arbeiter in Teilen des heiligsten russischen Bodens beerdigt, denn man hob ihre Gräber am Fuß der Kremlmauern aus. Dort war kurz zuvor ein kaiserliches Podium zur Verabschiedung der in die Schlacht ziehenden Soldatenreihen errichtet worden.[42] Diesmal beauftragte man einen getreuen Vertreter der revolutionären Künstlertruppe, den Architekten Pawel Malinowski, die Requisiten und die Gedenkparade zu organisieren.[43]

Der amerikanische Journalist John Reed reiste von seinem Petrograder Stützpunkt nach Moskau, um über die Bestattung zu berichten. Am 10. November sah er einen »nicht endenwollenden Strom roter Banner«, während die trauernden Menschen der Stadt, unter der Choreographie von Malinowski, zu Tausenden über den Roten Platz schritten. Am Abend zuvor hatte sich Reed mit einem studentischen Führer einen Weg an den dunklen Mauern entlang gebahnt, wobei er vorsichtig dem Klang der Schaufeln folgte, um die Gemeinschaftsgräber zu erreichen. »Wir kletterten hinauf«, schrieb er, »und blickten in zwei mächtige Gruben, zehn bis fünfzehn Fuß tief und etwa vierzig Meter lang, wo gegen hundert Arbeiter und Soldaten bei dem Scheine mächtiger Feuer schaufelten.« Eine Schicht genügte nicht, um ein Werk dieser Dimension abzuschließen, und als der Journalist umkehren wollte, erschien eine neue Gruppe: »Die Männer sprangen in die Gruben hinein, packten die Picken und Schaufeln und arbeiteten in tiefem Schweigen.« Auf diese Weise würden die Gruben trotz des Schnees und der Dunkelheit am Morgen bereit für die Mengen weinender Trauergäste, die mit rotem Tuch umhüllten Särge, die »unzähligen aus häßlichen Kunstblumen gefertigten Kränze« und das Meer improvisierter roter Fahnen sein. Schon durch den Schauplatz bestätigte sich, welchen Wandel das Leben aller Menschen durchgemacht hatte. Der Student hatte Reed mit einer Geste zu den Erdhaufen hinüber erklärt: »Hier an diesem heiligen Ort, dem heiligsten in ganz Rußland, werden wir unser Liebstes zur ewigen Ruhe betten. Hier, wo sich die Gräber der Zaren befinden, sollen unsere gefallenen Brüder schlafen.«[44]

An diesem Grab gab es keine Priester. Auf einer speziell einberufenen Sitzung hatte die Kirche am 9. November die Beisetzung von einfachen Bürgern in heiligem Boden verurteilt. Sie bot an, die gegen die Zaren und Heiligen gerichtete Blasphemie durch Gebete und einen Umzug ungeschehen zu machen. Die kirchliche Segnung wurde jedoch von der Moskauer Revolutionsregierung untersagt. Am 21. November, als Kirchenführer trotzdem versuchten, zu den Gräbern vorzudringen und Weihwasser zu versprühen, fanden sie sich sowjetischen Bajonetten gegenüber.[45] In den kommenden Jahren wurde die Stätte jedoch zu einem religiösen Symbol neuer Art, einem von den Kommunisten gepflegten Relikt. Ihre Märtyrer verliehen sämtlichen Paraden auf dem Roten Platz eine besondere Würde, denn ihr Opfer war, wie das Christi, zu einem heiligen Akt geworden. Das neue Regime erhob Anspruch auf die Geschichte, denn es war genauso begierig, seine Wurzeln in heiliger Erde zu vergraben, wie einst die Zaren. Aber obwohl der Ort historische Bedeutung hatte und im Lauf der Jahrhunderte durch Rituale wie den Palmsonntagsumzug geheiligt worden war, dürften die Moskauer Arbeiter bemerkt haben, dass sich die Gräber außerhalb, nicht innerhalb der Kremlmauern befanden.[46]

Während sich die Bolschewiki bemühten, ihre nationale Macht zu konsolidieren, verharmlosten sie die vernichtende Wirkung ihrer Geschütze. Der Kreml, behaupteten sie, habe durch die Schlacht um Moskau kaum gelitten. Grabar, der nun für das neue Regime arbeitete, beharrte darauf, dass der Schaden weniger bedauernswert sei als die schwerfälligen Restaurierungen des vergangenen Jahrzehnts.[47] Die Wahrheit war allerdings viel weniger angenehm. Sogar die treuherzigsten Anhänger der neuen Regierung gaben zu, wenn auch nur unter vier Augen, dass der Zustand des Kreml eine nationale Schande sei. Die bolschewistische Artillerie hatte die Hauptkuppeln der Entschlafens-Kathedrale und die Mauern der Zwölf-Apostel-Kirche zerschossen. Die beiden anderen bedeutenden Kathedralen, die der Verkündigung und die des Erzengels Michael, waren durchlöchert, und auch die Mauern beider Klöster sowie der ikonische Glockenturm Iwan der Große hatten Kugel- und Granatschäden davongetragen. Die Kremlmauern wiesen Breschen auf, und mehrere Türme waren dem Zusammenbruch nahe. Durch ein Wunder (glaubten die meisten Menschen) war die Ikone des heiligen Nikola über dem Nikolski-Tor wie im Jahr 1812 verschont worden, doch die Mauer dahinter war geborsten und geschwärzt. Im Innern der Gebäude lagen Ikonen und Bücher unter Schutthaufen. Das Arsenal war geplündert worden, genau wie die Sakristei des Patriarchen mit ihren Perlen und ihrem Gold. Anderswo hatten sich von Palastschätzen und Kircheneinrichtung nur noch Glasscherben, Holzsplitter und grelle Fragmente erhalten.[48]

Trotz eines schwindelerregenden gesetzgeberischen Programms (und ohne Haushaltsplan) versuchten die gerade an die Macht gekommenen Moskauer Bolschewiki, die ramponierten Gebäude und die darin lagernden Kostbarkeiten zu schützen.[49] Für ein paar aufregende Tage übertrug man Kasimir Malewitsch die Zuständigkeit für die Kunst, aber das konnte nicht gutgehen. Der Mann, der die Hungrigen später aufforderte, »Raphael im Namen der Zukunft zu verbrennen«, wandte sich bald geeigneteren Aufgaben zu. Grabar, unterstützt von einer Künstlergruppe, welcher der kubistische Karo-Bube-Vertreter Lentulow angehörte, wurde um Hilfe gebeten, aber wirkliche Fortschritte ließen sich nur mit dem Beistand der Zentralregierung erzielen.[50] Schließlich zog eine Übergangsverwaltung ins Kavalleriegebäude: Matrosen und Schützen mit guten revolutionären Qualifikationen, doch ohne Einfühlungsvermögen für Antiquitäten. Glücklicherweise waren die meisten mittleren Palastangestellten noch im Amt und bewachten die Reste des kaiserlichen Erbes, doch niemand wusste, wie und wann sie bezahlt werden würden. Vielleicht zum Ausgleich dafür beteiligten sich einige an Gaunereien, stahlen tragbare Objekte und schmuggelten die verbliebenen Waffen aus dem Arsenal hinaus.[51] Bald zeigten sie ihren

Freunden die verborgenen Passagen, die zur Betreibung des Kohlekraftwerks am Dreifaltigkeit-Tor angelegt worden waren.[52]
Schachereien und Verbrechen waren typisch für die Zeit. Während die offizielle Wirtschaft Russlands zum Stillstand kam, da das Bankwesen und die Produktion gelähmt waren, entwickelte sich ein inoffizieller Markt, auf dem man Ringe und Uhren gegen Lebensmittel, Waffen gegen Eisenbahnkarten, Pelzmäntel gegen Kohlebrocken eintauschte. Obwohl Diamanten auf den zwielichtigsten Straßen zum Verkauf standen, wurde Brot fast unerschwinglich. Selbst ein Biedermann wie Grabar hätte sich zu einem illegalen Handel verleiten lassen können, denn im Frühjahr 1918 überstieg der Preis eines Brotlaibs sein Tagesentgelt bei weitem.[53] Später verstaatlichte die neue Regierung die Villen der Reichen samt Inventar, wodurch eine frische Welle der Luxusgüter, diesmal erbeutet von halb offiziellen Banden, den Markt überschwemmte. In dieser absurden Wirtschaft konnten eine Brosche oder Halskette, die früher ein Vermögen gekostet hatten, für Speisereste geopfert werden, damit man ein paar Stunden länger überleben konnte. Kurzfristig waren viele Banden jedoch stärker an Rache als an Profit interessiert. Niemand kann beziffern, was der wütende Pöbel im Winter 1917/18 zerstörte. Die Gefahr bestand darin, dass Gegenstände von künstlerischem oder historischem Wert für die Nation unwiederbringlich verloren gingen. Das geschah in vielen Fällen. Ein typischer Verlust betraf ein aus dem Kreml gestohlenes goldenes Reliquienkästchen von 1486, ein seltenes Exemplar mittelalterlicher Goldschmiedekunst, gefertigt von russischen Handwerksmeistern.[54]
Als Lösung bot es sich an, einem untadeligen Bolschewiken die Leitung zu übertragen, doch Lenins Team in Petrograd brauchte mehrere Monate, um sich selbst zu organisieren. In jenem Zeitraum gab es im Land kaum ein Museum, dessen Personal völlig von Diebereien freigesprochen werden konnte. Aber als sich die Rechtgläubigen Russlands auf ihre Weihnachtsfeier vorbereiteten, wurden die Resolutionen endlich zügiger verabschiedet, und am 5. Januar 1918 wandte sich Lunatscharski dem Kreml zu. In seinem Erlass hieß es: »Alle Gebäude auf dem Gelände des Kreml, alle künstlerischen und historischen Monumente, ungeachtet der ursprünglichen Besitzverhältnisse oder

der Tatsache, dass sie von spezifischen Abteilungen oder Institutionen, einschließlich der Kirchen, Kathedralen und Klöster, benutzt werden, stellen das Eigentum der Republik dar.«[55] Nun kam es darauf an, das künstlerische Vermächtnis des Volkes vor ihm selbst zu retten.

Es war eine klassische Prüfung für die neue Staatsmacht, und die Bolschewiki bestanden sie nur mit Mühe. Ein spezielles Gremium, das Volkskommissariat für die Erhaltung Historischer und Künstlerischer Denkmäler, wurde gegründet, um den Aktivitäten, in erster Linie schlichtem Vandalismus, ein Ende zu setzen, durch die das Erbe der Nation bedroht wurde. »Der Hass, den das russische Volk den vorherigen Eigentümern gegenüber empfindet, sollte sich nicht gegen unschuldige Objekte richten«, verfügte Lunatscharski.[56] Gleichwohl wurden Landgüter weiterhin verbrannt, und Plünderer versammelten sich vor den Toren der großen städtischen Paläste. Der hoffnungsvolle Plan, den Kreml zu einem Museum zu machen, musste aufgeschoben werden. Vorläufig hatte er wieder die weniger glanzvolle Rolle eines Riesensafes für die Wertsachen Moskaus zu spielen. Mehr noch, die Moskauer Filiale des neuen Denkmäler-Kommissariats war bereits als Kreml-Kommissionsgeschäft bekannt, weil so viele Kästen mit wiedererlangter Beute in der Festung verstaut wurden. Ihr Oberhaupt, zuständig für das gesamte Moskauer Erbe, war Pawel Malinowski.

Der 49-jährige Architekt, der den damaligen Höhepunkt seiner Arbeit mit dem Bau einer Sommervilla für einen provinziellen Mehlhändler namens Nikolai Bugrow erreicht hatte, empfand seine neuen Pflichten als berauschend. Knapp zwei Jahre lang (bis jemand mit besseren Beziehungen den Posten ergatterte) war Malinowski verantwortlich für den Inhalt sämtlicher Moskauer Museen und Bibliotheken, Galerien, Herrenhäuser sowie des gesamten Kreml. Wie erwartet machte er sich in der Zitadelle ansässig, obwohl seine Gegenwart dort nicht allgemein begrüßt wurde. Eine seiner Mitarbeiterinnen traf an ihrem ersten Arbeitstag ein und fand das Gebäude menschenleer vor. Zwar klopfte sie an mehrere Türen, aber niemand war bereit, ihr den Weg zu Malinowskis Büro zu weisen (»Sabotage«, vertraute ihr der Kommissar an, als die beiden sich endlich gegenübersaßen).[57] Obwohl er ihre

17. Fjodor Jakowlewitsch Alexejew, *Kathedrale des Erlösers am Walde*, (1800–1810)

18. Interieur des Facettenpalastes

19. Anfang des 20. Jahrhunderts entstandene Ansichtskarte des Denkmals für Zar Alexander II.

20. Straßenszene in der Nähe des Erlöser-Turmes und der Kremlmauern, ca. 1898

21. Bartenews Karte des Kreml, aus *Der Moskauer Kreml in Vergangenheit und Gegenwart*, frühes 20. Jahrhundert

. Henri Gervex, Studie für *Die Krönung von Zar Nikolaus II. und Zarina Alexandra der Mariä-Himmelfahrts-(Entschlafens-)Kathedrale am 14. Mai 1896*

23. Berittene Soldaten bewachen das Nikolski-Tor nach der Februarrevolution von 1917

24. Schrapnellschäden am Tschudow-Kloster nach der Beschießung im November 191

25. Lenin bei der Einweihung von S. T. Konjonkows Gedenk-Basrelief »Genius«, 7. November 1918

26. Alexander Gerassimow, *Josef Stalin und Kliment Woroschilow im Kreml*, 1938

27. Siegesparade auf dem Roten Platz, 1945

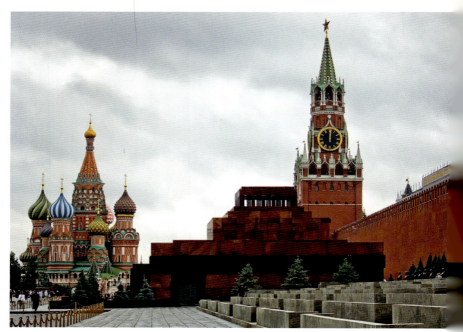
28. Das Lenin-Mausoleum auf dem Roten Platz

29. Eine Gruppe von Parteigrößen, darunter Leonid Breschnew, Nikolai Podgorny, der DDR-Staatsratsvorsitzende Walter Ulbricht, Michail Suslow und der mongolische Staats- und Parteichef Jumschagin Zedenbal, auf der Tribüne des Lenin-Mausoleums während einer Ehrenveranstaltung für die Sieger der Allunions-Jugendveranstaltung im September 1966

Sowjetpräsident Michail Gorbatschow und der russische Präsident Boris Jelzin auf einer Kreml-Pressekonferenz, Oktober 1991

31. Das Äußere des Facettenpalastes mit der rekonstruierten Roten Treppe

32. Der russische Präsident Wladimir Putin (links) und der ehemalige Präsident Boris Jelzin auf den zeremoniellen Palaststufen während der Amtseinführung Putins am 7. Mai 2000

einzige Hoffnung war, betrachteten die Mitglieder des konservativen Moskauer Establishments – die Kunstexperten und Hochschullehrer, die er übertrumpft hatte – ihren neuen Kollegen als Eindringling und Wichtigtuer: als »abstoßenden, hässlichen kleinen Mann, der kein Vertrauen erweckt«.[58]

Noch ärgerlicher, jedenfalls für alle übrigen selbsternannten Hüter der russischen Kultur, war ein weiterer Neuzugang im Kavalleriegebäude des Kreml. Als Malinowskis Stellvertreter amtierte ein zweitrangiger Künstler namens Jewgeni Oranowski (»ein absoluter Trottel und wahrscheinlich auch boshaft«[59]). Seine Aufgabe war es, die Schätze Moskaus, darunter alles, was die Roten Garden ihm brachten, zu verbuchen und zu verwahren.[60] Es galt, Zerstörung, Export und Schwarzhandel zu verhindern, weshalb ihm kein Gemälde und kein Schmuckstück entgehen durften. Wenn Bürger ihre historisch oder künstlerisch wertvollen Objekte bei sich zu Hause behalten oder sogar wenn die Kuratoren etablierter Museen ihre Sammlungen nicht aufgeben wollten, mussten sie fortan bei Oranowski entsprechende Dokumente beantragen. Unregistrierte Wertsachen konnten jederzeit beschlagnahmt werden. Zur Registrierung hatte man im Kreml vorzusprechen: nur dienstags, donnerstags und samstags, 12.30 bis 14 Uhr.[61]

»Jeden Tag ein neuer Erlass«, kritzelte ein Moskowiter an eines der Häuser, »aber Brot gibt es immer noch nicht.« An Erlassen herrschte tatsächlich kein Mangel. Andererseits schienen sogar die Funktionäre im Unklaren über den Status des verstaatlichten Eigentums zu sein, darunter alles, was die reichsten Bürger Moskaus bei ihrer Flucht aus dem Land zurückgelassen haben mochten. In der Verwirrung wurde Oranowskis kleines Büro jeden Morgen mit einem Sammelsurium von Objekten vollgestopft.[62] Unter den geplünderten (»verwahrten«) Stücken, von denen viele in Kisten in der Rüstkammer des Kreml aufgestapelt waren, befanden sich Anfang Januar 1918 europäische Gemälde, Antiquitäten und 30000 Bücher aus der Bibliothek von Alexej Uwarow, dem verstorbenen Gründer der Moskauer Archäologischen Gesellschaft.[63] Im März beklagte sich der leitende Offizier des Kreml-Arsenals schriftlich, weil man dort so viele Dinge irrtümlich gespeichert habe (etwa Instrumente aus einem örtlichen Kirchenorchester sowie

Rundfunk- und Telegraphenzubehör), dass seine Männer keinen Platz zum Arbeiten mehr hätten.⁶⁴

Oranowskis Verfahrensweise lässt sich aus seinen Memoiren ableiten. Als seine Männer und er den Großen Kreml-Palast in seinen ersten Wochen durchsuchten, entdeckten sie ein Versteck mit Wertsachen, welche die Provisorische Regierung Anfang 1917 zur sicheren Aufbewahrung nach Moskau hatte transportieren lassen. Es handelte sich um Porzellan und Gold, doch auch um Kisten erlesener Weine, welche diese strengen Bolschewiki nicht als Kostbarkeiten (oder Kunst) in flüssiger Form, sondern als unerträgliche Verlockung betrachteten. Oranowski befahl, den Inhalt sämtlicher Flaschen in die Palastkanalisation zu gießen. Wie er nicht ohne Stolz schrieb: »Das trunkene Aroma jener Weine durchzog den Palast noch viele Monate.«⁶⁵

Und es gab weitere Lichtblicke im Leben des pflichtgetreuen Durchschnittskünstlers. Der Kurator des Rüstkammer-Museums, Trutowski, war sein unerschütterlicher Verbündeter, und ein Kreml-Priester, Archimandrit Arseni, ermöglichte eine gewisse Zusammenarbeit mit der Kirche. Im Februar 1918 bat der adlige Besitzer des Gutes Kuskowo, eines verblüffend gestalteten Anwesens am Rand von Moskau, Oranowski persönlich um Hilfe bei der Rettung einer Kollektion seltenen Porzellans.⁶⁶ Häufiger jedoch war Oranowski einer Atmosphäre unterdrückter Wut ausgesetzt. Jenseits des Kreml kannten vermögende Personen ihn als Funktionär, der den Inhalt ihrer privaten Safes überprüfte und sich (oder dem neuen Staat) zu allem verhalf, was als Kunst eingestuft werden konnte, bevor Lenins Geheimpolizei den Rest konfiszierte. Die übrigen Mitglieder der künstlerischen Elite Moskaus, die sich immer noch für die einzig möglichen Hüter von Kunstgegenständen und Büchern hielten, konnten ihn nicht ausstehen und machten sich über sein ungehobeltes Benehmen und seine Neigung lustig, beim Essen die Porzellanteller des Palastes zu benutzen.⁶⁷ Niemand wollte ihm irgendetwas freiwillig überlassen. Unter diesen Umständen hatte sein Eifer in jenem Hungerwinter eine heldenhafte Note – ebenso wie die langen Arbeitsstunden, die er in ungeheizten Räumen verbrachte, und die Leidenschaft für die »Verwahrung« von Schätzen, welche die Bolschewiki sonst vielleicht zu Bargeld gemacht hätten. Er kämpfte gegen die Händler und ihn beschimpfende Menschenmengen und sogar gegen die Polizei. Unter den Stücken, die seine Männer der Letzteren 1918 entrissen, waren zwei mit Diamanten besetzte Pistolen, die General Brussilow, dem legendären Oberbefehlshaber im Ersten Weltkrieg, gehört hatten.[68]

Allerdings fühlte sich kaum jemand in den trüberen Tagen jenes ersten Winters wie ein Held. Die Mönche und Nonnen, die Archivare, Maler und Palastangestellten kochten sich Tee, heizten winzige Öfen ein und zitterten in der niemanden verschonenden Kälte. Obwohl Moskauer Künstler immer noch von ihrer avantgardistischen Akropolis träumten, benötigte man einen starken – religiösen oder politischen – Glauben, um in den ersten Monaten des Jahres 1918 auf eine rosige Zukunft für den Kreml zu hoffen. Die Interieurs waren düster, geradezu bedrohlich, wenngleich loyale Diener des alten Regimes versuchten, die heiligen Räume durch Schlösser zu sichern. Kirchenmänner schmiedeten Pläne, ihre Schätze zu vergraben, und laut zahlreicher Gerüchte hatten sie bereits begonnen, manche Gegenstände durch einen Geheimtunnel unter den Mauern hinauszuschaffen. Aber am augenfälligsten war die Unordnung. Vor den Palastfenstern lagen keine Leichen mehr, doch die Trümmer waren noch nicht weggeräumt worden, genauso wenig wie der Abfall, der sich im Schnee häufte und Nebelkrähen und Ratten anzog. Wann immer ein leichtes Tauwetter einsetzte, überzogen sich die Einfahrten mit Schlamm, und auf dem Platz bildete sich eine Pfütze, die den Glockenturm Iwan der Große auf ihrer schäumenden Oberfläche widerspiegelte. Einer von Lenins Beratern schob die Schuld später ungeniert anderen zu, indem er bemerkte: »Napoleon ließ den Kreml 1812 nicht unordentlicher, ruinierter und schmutziger zurück, als es die Herren Junker [1917] taten.«[69]

Es war ein Winter, in dem die Zukunft des Kreml mancherlei Wendung hätte nehmen können. Weiterhin bestand die Möglichkeit, dass er zu einem Museumspark werden würde; andererseits verwandelte er sich bereits rasch in eine befestigte Bank für die Wertsachen der Nation. Obwohl seine Gebieter von Reparaturen redeten, wurde wenig unternommen, und der Kreml hätte durchaus Opfer eines weiteren Feuers werden oder halb zerfallen können.[70] Erst vier Monate nach Lenins Putsch wurde über sein Schicksal entschieden. Mittlerweile setzte ein Bürgerkrieg die bolschewistische Elite unter Druck. Sie benötigte eine sichere Hochburg sowie eine zentraler gelegene Hauptstadt, von der sie ihre Gebietskontrolle ausweiten konnte. Moskau hatte beides zu bieten – und noch etwas mehr, denn es war erfüllt von historischer Resonanz – ein Vorzug, der mehrere schwache Regime der Vergangenheit gerettet hatte. Petrograd hatte als Wiege der proletarischen Revolution gedient, doch Moskau war die Mutter der Lande des russischen Volkes.[71] Lenin persönlich konnte die Stadt nicht leiden, aber es gab kaum eine andere Wahl.[72] Im Februar 1918 beschloss die bolschewistische Regierung in aller Stille, ihre Hauptstadt wieder dorthin zu verlegen.[73]

Der Umzug betraf mehrere hundert Seelen, darunter die gesamte Mitgliedschaft der neu gebildeten Regierungsorgane, nämlich des Zentralen Exekutivkomitees und des Rates der Volkskommissare, sowie die wichtigsten ihrer zahlreichen Mitarbeiter. Im Mittelpunkt von alledem befand sich Lenin selbst, eine nun so kostbare Gestalt, dass man ihn beschützen musste wie die Königin in einem Bienenkorb. Die logistische Pein, eine vollständige Kriegsregierung verlagern zu müssen, war nicht annähernd so bedrückend wie die Sorge um Lenins Leben. Am Ende hielt man das Vorhaben geheim und ließ allen Lauschern Falschinformationen (darunter ein Dementi jeglicher Umzugspläne der Regierung) zukommen. Nicht einmal Regierungsangehörigen (darunter Lenin) wurde im Voraus mitgeteilt, wie und wann sie abreisen würden.[74] Um potentielle Attentäter noch gründlicher abzulenken, sorgte Lenins Kollege Wladimir Bontsch-Brujewitsch dafür, dass die Mitglieder des Zentralen Exekutivkomitees – Politiker, Soldaten und Matrosen – ein Täuschungsmanöver in Eisenbahnwaggons aus dem Bestand des Zaren unternahmen.[75] Die abenteuerliche Aktion, bei der man zwei vollständige Züge einsetzte, fand am Sonntag, dem 10. März, statt. Erst nach langer amtlicher Geschäftigkeit und allerlei Gegenproben konnten sich die Passagiere in ihren Abteilen mit tiefen Ledersitzen und monogrammierten Teppichböden niederlassen.

Lenin, der mit seiner Frau und seiner Schwester einen weniger auffallenden Zug hinter den beiden anderen benutzte, traf am folgenden

Abend in Moskau ein. Wahrscheinlich hatte er von Anfang an gehofft, den Kreml zu seinem Stützpunkt zu machen, weshalb die Tscheka, verantwortlich für Sicherheit und (später) Terror, die Zitadelle in den Belagerungszustand versetzt hatte.[76] Seit März 1918 beschränkte sich der Zugang zum Kreml auf Personen mit einem Passierschein, dem begehrten *propusk*, der nur vom Kommandanten ausgestellt werden konnte.[77] Diesen Posten erhielt ein früherer Matrose namens Pawel Malkow, der eng mit der Geheimpolizei zusammenarbeitete; seine Vollmachten ließen sich mit denen Malinowskis in dessen Reich der Kunst vergleichen (übertrafen sie jedoch bald). Die Wohnverhältnisse im Kreml blieben jedoch schäbig, zumal Lenin und sein Gefolge ankamen, bevor man die Telefonleitungen installiert und die neuen Wachposten aufgestellt hatte. Wie viele andere hohe Funktionäre verbrachte der Führer der ersten proletarischen Revolution der Welt die erste Nacht im Fünf-Sterne-Hotel National. Zu seinen Nachbarn gehörten andere bolschewistische Größen, und weitere hatte man im nahe gelegenen Hotel Metropol (prächtig, aber durch Artilleriebeschuss beschädigt) und im weniger imposanten Hotel Ljux untergebracht.[78]

In den kommenden Jahren, als die Regierung wuchs und immer mehr Funktionäre, aufgeblasen und unter Zeitdruck, in die bolschewistische Hauptstadt zogen, wurden frühere Hotels und sogar ehemalige Villen als Spitzenquartiere benutzt. Man verteilte ihr Porzellan und ihre Bettwäsche, mit Wappen gekennzeichnet, an ehrgeizige Provinzler, von denen viele mit kaum mehr als einer Garnitur Kleidung in der Hauptstadt eingetroffen waren.[79] Unterkünfte wurden bald so knapp, dass viele froh waren, wenn sie sich ein Zimmer teilen konnten, während eine Wohnung als Luxus galt. Aber jeder Politiker, auch wenn er die einstigen Quartiere der Bourgeoisie als bequem empfand, strebte irgendwann danach, im Innern des Kreml zu wohnen. Er überragte alles. Wenn sich die großen Tore schlossen, was bald für alle der Fall war, die auf den offiziellen Passierschein der neuen Elite verzichten mussten, verschwand die Stadt nahezu aus dem Blickfeld. Durch die Erhöhung des Kreml minimierten sich ihre ameisengleichen Bemühungen und ihre kleinen Hoffnungen noch mehr. Entweder gehörte man dazu, oder man war außen vor.

Lenin wollte nach nur einer Nacht in den Kreml einziehen. Seine Berater hatten geplant, im Senat eine Wohnung und Büros für ihn einzurichten, aber die Vorbereitungen sollten noch einige Wochen in Anspruch nehmen. Infolge seiner Ungeduld hatten sie keine andere Wahl, als vorläufig zwei Zimmer im Kavalleriegebäude für ihn räumen zu lassen.[80] Dies war ein schlechtes Omen für Oranowski und sein Personal. Ihre Arbeit (die sie in Konflikt mit den kontaktreichen Kunsthändlern brachte, die Geld für Lenins Sache bereitstellten) wurde bereits unter die Lupe genommen, und nun schienen auch ihre Räumlichkeiten zu verschwinden. Aber Lenin blieb nicht lange in seinen beiden beengten Zimmern. Später im selben Jahr siedelte er, wie geplant, in eine großzügigere, dauerhafte Wohnung in der dritten Etage des Senats über. Nun hatte er Platz für eine Bücherei, und seine Frau Nadeschda konnte dort auch ihre heißgeliebte Katze halten.[81] Zu den modernen Nuancen gehörten ein Erickson-Lift und eine beheizte Innentoilette (Marke Ideal Standard).[82] Doch Lenin sehnte sich auch nach frischer Nachtluft, und im Jahr 1920 wurde seine Kremlwohnung auf dem Dach durch ein behelfsmäßiges Arbeitszimmer erweitert, das sich in den Winkeln des großen Gebäudes verbarg. Hier ruhte er sich gern jeden Abend aus und ließ sich von der Stille der durch den Bürgerkrieg gelähmten Stadt einlullen. Achtzig Jahre später äußerte sich der Kurator von Lenins Kreml-Wohnungsmuseum nostalgisch über jenes Dachzimmer. Es war ein Relikt aus den ersten heroischen Tagen, in denen die Führer noch nicht alles bauen konnten, was sie sich wünschten.[83]

Die Regierungsarbeit hatte natürlich Priorität, weshalb man Konferenzzimmer und Büros benötigte. Im Senat hatten stets Versammlungen stattgefunden – das war sein Zweck –, und damit bot er sich als Ort für das neue Revolutionskabinett an. Der Rat der Volkskommissare kam in einem langen Saal zusammen; seine Mitglieder wählten Ledersessel um einen mit grünem Wollstoff überzogenen Tisch. An einem Ende stand ein altmodischer russischer Ofen, an dem die Raucher zu sitzen hatten, damit sie den bekanntermaßen untadelig lebenden Führer der Bolschewiki nicht belästigten.[84] Größere Tagungen, die Kongresse und Konferenzen der Bolschewistischen Partei, die zumeist in jährlichem Wechsel stattfanden, wurden manchmal im Großen

Kreml-Palast abgehalten. Da sich diese Veranstaltungen über mehrere Tage hinziehen konnten, musste eine Kantine eingerichtet werden, und jemand wählte dafür den aus dem 15. Jahrhundert stammenden Facettenpalast aus. Soldaten in ihren schmierigen Röcken drängten sich neben Parteivertretern, die nie verstummten und stets in Eile waren. Bereits 1922 sah man, trotz der diskreten Bemühungen des Palastpersonals, Ruß an den historischen Wänden und Fettflecke auf den Teppichen und dem Parkett. Dampf hatte den alten Putz gelockert und Zigarettenrauch die Luft verdichtet. In der Nähe benutzten Bewohner einige Räumlichkeiten, darunter eine Kirche, zum Trocknen ihrer Wäsche. Die Fenster standen im Sommer und Winter offen, und wie ein Inspekteur später anmerkte, vertieften Schnee und Wind die von den Insassen angerichteten Schäden.[85]

Der rasende Bedarf an Platz ließ wenig Zeit für Empfindsamkeiten. Regierungsangestellte brauchten Toiletten und Schreibbüros, die Geheimpolizei benötigte Keller, und alle hatten Bedarf an Reinigungs- und Instandhaltungspersonal. Hinzu kamen die Soldaten und die Garnison mit ihren umfangreichen und explosiven Waffenlagern. Das Land außerhalb des Kreml wurde von Armut und Bürgerkrieg gequält, doch die Mitglieder der neuen Elite beschäftigten Dienstmädchen und teils sogar Köche. Lenin selbst hatte einen loyalen Chauffeur namens Stepan Gil. Auch den alten Palastangestellten war es gelungen, sich an ihre Arbeitsplätze zu klammern, und manche brachten ihren neuen Herren bei, mit Porzellan, Messern und Gabeln umzugehen.[86] Gegen Mitte 1918 wimmelte es im Kreml von Haushälterinnen und Fahrern, persönlichen Leibwächtern und Kindermädchen für etliche Herrscherfamilien neuen Stils. In jenem Sommer wohnten 1100 Personen im Kreml, von denen 450 seit der Revolution eingezogen waren.[87] Durch zusätzliches Personal und Dienstboten erhöhte sich der Bestand bis Ende 1920 auf 2100. Der alte Kreml mit seinen offiziell nur 200 Angestellten hatte einen derartigen Zustrom nie erlebt. Die verschiedenen Bewohner wurden in 325 Wohnungen gestopft, die diesen Namen nicht immer verdient hatten.[88]

Leo Trotzki, der in den ersten Monaten eine fast genauso wichtige Funktion erfüllte wie Lenin, passte sich der neuen Umgebung mühelos an:

»Mit seiner mittelalterlichen Mauer und seinen zahllosen goldenen Kuppeln schien der Kreml als eine Festung der revolutionären Diktatur ein völliges Paradoxon. (...) Bis zum März 1918 war ich niemals im Kreml gewesen, wie ich überhaupt von Moskau nichts gekannt habe, außer einem einzigen Gebäude: dem Butyrkigefängnis, in dessen Turm ich sechs Monate während des kalten Winters 98/99 zugebracht hatte.«[89]

Nun lebte er in einer Welt der vergoldeten Spiegel und der Möbel aus karelischer Birke: »Der Geruch eines müßigen Herrentums strömte aus jedem Sessel.« Eine Uhr, geschmückt mit Figuren von Amor und Psyche, blieb ihm im Gedächtnis. Kurz nach seinem Einzug hatte ihr »silbernes Stimmchen« eines seiner hastigen Amtsgespräche mit Lenin unterbrochen. »Wir sahen einander an«, schrieb er, »als hätten wir uns bei dem gleichen Gefühl ertappt: aus der Ecke belauschte uns versteckt die Vergangenheit. Von allen Seiten von ihr umgeben, verhielten wir uns zu ihr ohne Respekt, aber auch ohne Feindschaft, nur etwas ironisch.«[90]

Eine ganz andere Stimmung war denen eigen, die um ihre Zimmer kämpfen mussten. Was Unterkünfte betraf, so gab es nur drei brauchbare Bauwerke: den Senat, das Kavalleriegebäude und einen Teil des Großen Palastes. Viele der übrigen, darunter der Kleine Nikolaus-Palast, waren zu stark beschädigt, als dass man sie hätte benutzen können (obwohl Lenin mehrere Male versuchte, die Experten zu überstimmen),[91] während lettische Gardeabteilungen nun die Kaserne belegten. Trotzkis Schwester Olga und ihr Mann Lew Kamenew zogen in das Kavalleriegebäude (sie waren so erhaben, dass sie es als unter ihrer Würde empfanden, Miete zu zahlen), ebenso wie Stalin, der sich für kurze Zeit eine Unterkunft mit seinem künftigen Handlanger Wjatscheslaw Molotow teilte. Andere, darunter der proletarische Dichter Demjan Bedny, erhielten Zimmer im »Fräuleinkorridor« des Großen Palastes. Diesem Anbau mangelte es an sanitären Einrichtungen, und in ihm war es ständig zu kalt.[92]

Sowohl Malkow als auch sein Genosse Malinowski schlossen sich der Jagd nach Wohnraum an.[93] Während der Architekt die Paläste durchforstete, richtete sich Malkows Aufmerksamkeit auf die Kirche. Wie er sich erinnerte, folgten die religiösen Bewohner des Kreml »mit flatternden schwarzen Gewändern (...) ihren eigenen Regeln und kümmerten sich nicht um unsere«. Schlimmer noch, »ich musste diese Leute, überwiegend gegnerische Brüder, mit permanenten und einmaligen Passierscheinen für den Kreml ausstatten. Wie kann man ihn unter solchen Umständen vor feindlichen Elementen schützen!«[94] Es sei allgemein bekannt, dass Wertsachen unter der flatternden Kleidung der Priester verschwanden. Bei einer Gelegenheit behauptete Malkow, die kirchliche »Festung«, gefüllt mit aus dem Kreml hinausgeschmuggelten Schätzen, in der Stadt entdeckt zu haben. Bei aller Voreingenommenheit hatte er recht. Durch ein Archivdokument vom April 1918 wird bestätigt, dass Malkows Polizei tatsächlich einen Vorrat von Gegenständen aus dem Tschudow-Inventar »wieder in Besitz nahm«, darunter 13 Kreuze, vier goldene Ikonen, sieben diamantenbesetzte Mitren, einen goldenen Stern und ein goldenes Kästchen mit heiligen Relikten. Außerdem hatten Gläubige fünf Kelche, zwei Evangelien, Lampen, Mitren und andere Kostbarkeiten aus dem Himmelfahrts-Kloster entfernt.[95]

Die Bolschewiki verdammten sämtliche Kirchenmänner als Spione. Im Juli 1918 wurde Malkow beauftragt, die meisten Mönche des Tschudow-Klosters zu vertreiben (im Fall der Frauen lief noch eine separate Untersuchung).[96] Bis Ende Juli war ungefähr ein Drittel der Klosterinsassen des Kreml verschwunden, doch zum Kern der verbliebenen Männer und Frauen gehörten die hartnäckigsten und frömmsten von allen.[97] Sie argumentierten – und glaubten aufrichtig –, dass es ihre Pflicht sei, an den alten Schreinen zu beten. Auch versprachen sie, körperliche Arbeit zu leisten, indem sie Hostien buken und ihre Zellen schrubbten. Die Tage der Nonnen waren jedoch gezählt, als ein Funktionär namens Kusnezow seinen Vorgesetzten im Spätsommer Bericht erstattete. Nur noch 36 Frauen seien im Kreml-Kloster übrig geblieben, meldete er, und die meisten seien zu alt und gebrechlich, um die angekündigten klösterlichen Pflichten zu erfüllen. Mindestens 19 seien über 50 und damit in einem Alter, in dem »eine Frau als nicht mehr arbeitsfähig betrachtet wird«.[98] Mit dieser würdelosen Note wurde einer religiösen Tradition, die 600 Jahre lang auf dem Kreml-Hügel geblüht hatte, ein Ende gesetzt.

Malkow konnte nun Teile des alten Klosters als Wohnräume verwenden. Aber der Mangel wuchs unerbittlich, und infolge der beengten Verhältnisse brodelten die Rivalitäten im Kreml. Die Situation spitzte sich zu, als Trotzkis Frau Natalia Iwanowna den Traumberuf Malinowskis und damit die Leitung der Moskauer Kunstwelt übernahm. Die neue Chefin war angetan von der Idee, den Palast in ein Museum umzuwandeln. Im Jahr 1920 entfachte diese Überzeugung einen erbitterten Streit mit Stalin. Dabei ging es um Zimmer in dem Flügel zwischen dem Großen Kreml-Palast und der Rüstkammer. Die Räume, elegant eingerichtet und lichtdurchflutet, waren in der Tat begehrenswert. Lunatscharski wohnte bereits dort, und ein oder zwei benachbarte Suiten befanden sich im Besitz anderer glücklicher Genossen, doch Natalia Iwanowna war nicht erfreut über die Kunde, dass sich der rüpelhafte georgische Kommissar ihnen anschließen wollte. Wie sie in ihren Briefen an Lenin erklärte, führte der Anbau direkt zu den Schätzen der Rüstkammer. Er eigne sich am besten als Teil eines großen Museums und solle versiegelt werden; ohnehin sei er unbequem und »höllisch kalt«, denn er besitze weder eine Heizung noch ein modernes Rohrleitungssystem.

Der Streit spielte sich zwischen so wichtigen Akteuren ab, dass Lenin persönlich einschreiten musste. Er stellte ein paar Nachforschungen an und entdeckte zu seinem Entsetzen, dass die Verwendung der königlichen Zimmerfluchten als Notquartiere üble Folgen gehabt hatte: »Samoware wurden unter Gobelins aus dem 18. Jahrhundert aufgestellt und Babykleidungsstücke auf Augsburger Tafeln getrocknet.«[99] Dies war allermindestens eine Brandgefahr. Stalin wurde es nicht gestattet, sich die noblen Räume anzueignen, und andere Kolonisten mussten ebenfalls bald ausziehen. Aus Stalins Sicht endete die Episode jedoch nicht mit einer Niederlage. Als er 1921 von der Südfront des Bürgerkriegs zurückkehrte, belohnte Lenin ihn mit der Wohnung Nr. 1 im sogenannten Poteschny Korpus, einem Teil von Alexej Michailowitschs zerbröckelndem Poteschny-Palast. Die Suite war so groß, dass Diener und Kinder eigene Zimmer hatten, doch ihr Platz in Lenins Wertschätzung, bevor er sie Stalin überschrieb, lässt sich daran ermessen, dass die vorherige Bewohnerin eine ihm sehr teure Frau gewesen war: seine angebliche Geliebte, die schöne Inessa Armand.[100]

»In der Stadt sprachen viele von Orgien im Kreml«, schrieb ein Rotgardist in seinen Erinnerungen an jene Jahre. Er bezog sich nicht auf Sex (davon würde später die Rede sein), sondern auf das, was die meisten Menschen damals in erster Linie bewegte: das Essen. »Die russische Intelligenzija«, fuhr er fort, »wusste, dass die Schätze von Generationen russischer Zaren [im Kreml] aufbewahrt wurden, und vermutete, dass sich die Bolschewiki den Wanst vollschlugen.«[101] In einer Zeit, da das ganze Land hungerte, waren solche Gerüchte nicht nur verständlich, sondern auch überaus schädlich. Jenseits der Kremlmauern, in einem Staat der Missernten und verlassenen Bauernhöfe, nahm der durchschnittliche Moskowiter 1918 lediglich 1700 Kalorien pro Tag zu sich, was einer Hungerration nahekam.[102] Jegliche garantierte Versorgung, so schlicht sie sein mochte, galt als Luxus. Warme Mahlzeiten gehörten zu den Vergünstigungen des Kremllebens, wenngleich sie weit von den späteren Bacchanalien der Sowjetzeit entfernt waren. Untere Kremlmitarbeiter mussten sich mit Grundnahrungsmitteln zufriedengeben, und auch die Elite speiste zunächst bescheiden. »Man bekam nur Salzfleisch«, schrieb Trotzki. »Im Mehl und in den Graupen war Sand. Nur roter Ket-Kaviar war im Überfluß vorhanden, infolge des fehlenden Exports.«[103]

Die Enthaltsamkeit dauerte jedoch nicht lange. Innerhalb von Monaten bildete sich hinter den Kremlmauern eine Hierarchie heraus: »Höhere« kommandierten »niedrigere« Mitarbeiter herum, und fast alle führten ein üppigeres Leben als die normalen Sterblichen in der Außenwelt. Die Rechtfertigung lautete, dass fleißige Staatsdiener ihre Zeit nicht mit praktischen Dingen verschwenden sollten, doch die Folge war eine Luxusinflation. Unter der Sowjetregierung spielte die Bevölkerung angeblich die Rolle des neuen Zaren, aber zumindest in dieser Hinsicht waren seine Führer gern bereit, das Volk zu vertreten. Die in Moskau umlaufenden Gerüchte über Privilegien der Funktionäre waren schon 1920 so zersetzend geworden, dass Lenin eine Sonderkommission zu ihrer Untersuchung einsetzte.

Die Ergebnisse deuteten auf ein Bild selbstgerechter und wachsender Exzesse hin. Die Mehrzahl des Kremlpersonals aß in der Kantine des Zentralen Exekutivkomitees, wo jedem pro Mahlzeit nur knapp über

100 Gramm Fleisch oder Fisch zugeteilt wurden. Auch für Brot, Gemüse, Reis, Butter und Zucker gab es alles andere als orgiastische Rationen. Einen Aufruhr hätte eher das Verzeichnis der Details auslösen können, die der Elite vorbehalten waren. Man meinte, dass Minister im Rat der Volkskommissare bei jedem Essen 300 Gramm Fleisch oder Fisch, das Doppelte der großzügigen Reis- oder Makkaroniration der anderen Mitarbeiter und das Vierfache der regulären Brotmenge benötigten.[104] Aus keinem späteren Dokument ging jemals hervor, dass diese Portionen offiziell verringert wurden.[105] Im Gegenteil, die Zahl der Privilegien erhöhte sich. Zum Beispiel konnten Spitzenfamilien, denen das Leben im Kreml nicht behagte, bald mit einem reich gefüllten Esskorb (und mit ihrer Dienerschaft) zu ihren Landsitzen aufbrechen. In den frühen 1920er Jahren wurden die auswärtigen Villen ehemaliger Millionäre, vornehmlich die eines Ölmagnaten namens Subalow, an die Stalins und Dserschinskis Russlands übertragen. Seit 1918, als sich Lenin in Nischni Nowgorod von Schusswunden erholte, verbrachte er dort immer mehr Zeit und genoss das Klima in einer Villa, die nicht lange zuvor einem General Reinbot und seiner Frau gehört hatte.[106]

Die Landhäuser auf dem Gut Subalowo lieferten die Kulisse für viele der Feiern und der vergnüglichen Sommertage, welche die Kremlkinder der 1930er Jahre später in ihren Memoiren beschrieben. Schon zu Lenins Zeit herrschte Überfluss an staatlichen Erholungsheimen, wie man sie euphemistisch bezeichnete. »Wir werden dafür Gold ausgeben«, hatte Lenin im Mai 1918 versprochen. »Doch [die Heime] können nur dann Modelleinrichtungen sein, wenn wir deutlich machen, dass sie die besten Ärzte und das beste Verwaltungspersonal haben und nicht die üblichen sowjetischen Kurpfuscher und Esel.«[107] Der Führer wünschte sich auch geheime Verkehrsverbindungen zwischen sämtlichen Freizeitanlagen und dem Kreml, doch vorläufig musste sich seine vom Glück gesegnete Elite mit einem kleinen Fuhrpark begnügen. Man konnte ihn finden, wenn man am Kavalleriegebäude und am sogenannten Kinderflügel des Palastes vorbeiging und durch einen Stuckbogen schritt. Die Garagen waren verfallene, nach benzindurchtränkten Lumpen stinkende Gebäude, und sie umschlossen einen Hof für Lastwagen, Panzerfahrzeuge und andere mechanische Ungetüme. Eine vernachlässigte Ecke dahinter bot Malkow das ruhige Plätzchen, das er 1918 benötigte, als er den Befehl erhielt, die Lenin-Attentäterin Fanja Kaplan zu erschießen. Er versuchte, die Hinrichtung zu tarnen, indem er die Motoren mehrerer Lastwagen laufen ließ, bevor er das Feuer eröffnete. Ebenfalls an dieser Stelle hatte er Benzin über ihre Leiche gegossen und sie verbrannt.[108] Im Hintergrund funkelten, bereit für die neuen Herren des Kreml, eine Reihe Packards, ein Rolls-Royce und mindestens eine der Lieblingslimousinen des Zaren: ein Delaunay-Belleville (bis man ihn Lenins Chauffeur im März 1918 mit vorgehaltener Waffe abnahm).[109]

Die Autos wurden im Innern der Mauern geparkt, weil sich die neuesten Bewohner des Kreml nicht nur vor Diebstahl, sondern auch vor Entführung und Ermordung fürchteten. Diese Ängste waren vollauf berechtigt. Als die Regierung im März 1918 einzog, hatte der schlimmste Abschnitt des Bürgerkriegs kaum begonnen; in den kommenden Monaten würden Kämpfe am Don, im Ural, in Sibirien, in der Ukraine und sogar unweit von Moskau ausbrechen. Trotzki half dem Sowjetvolk, den Krieg in Europa hinter sich zu lassen, doch auch diese Entscheidung erwies sich als kontrovers. Der Vertrag mit Deutschland, unterzeichnet im März 1918 in Brest-Litowsk, zog die Übergabe einiger der fruchtbarsten Gebiete (in Polen, im Baltikum und in der Ukraine) des Russischen Reiches nach sich und war zudem ein Verrat an den bestehenden Bündnissen. Gleichzeitig machte das Sozialprogramm des neuen Regimes ihm in der Heimat Feinde unter den Bewohnern wohlhabender Straßen. Die unglückselige Bevölkerung, die erneut zwischen zwei Stühlen saß, kämpfte manchmal für ihr Land oder ihre Familie, hin und wieder für Lenins Versprechen und, wohl am häufigsten, für ihr reines Überleben. Dann und wann von den Briten, den Amerikanern und sogar den Franzosen unterstützt, trat eine zusammengewürfelte Ansammlung aus Monarchisten, Nationalisten, Lokalpatrioten und Anarchisten den Roten entgegen. In einem finsteren Moment im Frühsommer 1918 wurde die Krise so bedrohlich, dass Lenin die präventive Ermordung der gesamten Zarenfamilie anordnete, die in einem Herrenhaus in der Ural-Stadt Jekaterinburg gefangen gehalten wurde. Seine Offiziere gehorchten sofort. Für Moskau selbst trat der Notfall im Jahr 1919 ein, als sich Anton Denikin, ein General der Weißen Armee, von Tula und Orjol her näherte, so dass sich die neue Hauptstadt auf eine Belagerung einstellen musste.[110] Die Feindseligkeiten setzten sich bis 1921 fort; sie ruinierten ein Land und eine Generation, die bereits einen Weltkrieg durchlitten hatten.

Der Kampf um die Zukunft Russlands führte zur Verbrennung ganzer Dörfer und zur Abschlachtung von Kindern; in seinem Verlauf fand jede denkbare Grausamkeit statt, von Verstümmelung bis hin zu Kannibalismus. Durch den Konflikt erreichte die Kunst des Mordens neue Höhepunkte, was sogar Menschen erschütterte, die mit Erzählungen über mittelalterliche Heilige aufgewachsen waren. Aber Gewalttaten stellten nicht die einzige Drangsal dar, welche die Bürger des neuen Sowjetstaats nun auf sich nehmen mussten. Der Erste Weltkrieg hinterließ eine Grippe-Epidemie, und Russen starben, wie alle anderen, zu Zehntausenden. Die Massenbewegung von Flüchtlingen erleichterte die Verbreitung von weiteren Geißeln, darunter Ruhr, Typhus und Cholera (zwei Desinfektionskammern wurden für Kremlbesucher eingerichtet)[111]. Niemand kann sicher sein, wie viele Bürger von Lenins neuer Republik starben, denn es war unmöglich, Aufzeichnungen zu führen, aber man schätzt, dass in den Jahren 1917 bis 1921 zwischen neun und 14 Millionen Menschen umkamen.[112] Weitere zwei oder drei Millionen ergriffen die Flucht, manche nach Europa, andere nach China. Denen, die zurückblieben, stand eine düstere Zukunft bevor. Moskau schien sich geleert zu haben, denn seine Bevölkerung war um ungefähr 50 Prozent dezimiert. Die Überlebenden, abgemagert und hohläugig, beobachteten die Ereignisse zaghaft, verwirrt und eingeschüchtert.

Das neue Regime konnte sich ohne die physische Unterstützung durch diese Menschen, ihre Arbeitskraft und Kampffähigkeit nicht behaupten. Aber daneben benötigte es etwas unter den Umständen noch viel Unwahrscheinlicheres: wahren revolutionären Glauben. Denn Lenins Ehrgeiz richtete sich schließlich auf nichts Geringeres als die Umgestaltung der Welt. Militärische Siege waren entscheidend für seine Sache, und die Rote Armee, gelenkt von Trotzki, führte eine effektive, wenn auch zuweilen verzweifelte Kampagne, um alle Formen der organisierten Gegenrevolution im Feld niederzuschlagen. Doch hinter den Linien – und unzweifelhaft in Moskau – war die Tscheka, Felix Dserschinskis sogenannte Außerordentliche Kommission, das sichtbarere Instrument des neuen Zeitalters. Kriegerischer als die Geheimpolizei, rücksichtsloser als die meisten Armeen, stützte sie sich auf Terror, Einschüchterung und ungeahnte Blutbäder. Im August 1918 entfesselte sie in Moskau infolge des gelungenen Attentats auf einen führenden Petrograder Bolschewiken und des Mordversuchs auf Lenin ein Programm der Massenhinrichtungen. Die Leichen, Tausende von ihnen, wurden oftmals genau dort zurückgelassen, wo sie zusammengebrochen waren. Das Ziel bestand darin, den Überlebenden beizubringen, wie sie zu denken hatten, und im Hinblick auf Kulturrevolutionen war es ein Beispiel wie aus dem Lehrbuch. Zu den Opfern gehörten Unternehmer und Priester, Weißgardisten und sogar Ladeninhaber. Im Spätsommer 1918 erglänzte die Sonne allmorgendlich über dichten Schmeißfliegenwolken.

Zu was auch immer Kugeln gut sein mochten, sie waren nicht geeignet, die Herzen der meisten Menschen zu gewinnen. Dies erwies sich als Problem, denn die Bolschewiki waren keine bloßen Gangster. Auf dem Papier – und an manchen Orten in der Realität – bildeten sie eine Regierung von Visionären, und in dieser Hinsicht sollten ihnen die Kulturschaffenden Russlands Beistand leisten. Die Optimisten des Kunstbetriebs hatten 1917 gejubelt, denn sie sahen die Revolution als Chance, lange gehegte Phantasien zu verwirklichen und das menschliche Leben neu zu gestalten. Es dauerte einige Jahre, bis sie begriffen, dass ihr neuer Mäzen im Grunde ein Traditionalist war und dass Lenins Träume rostigen Dingen glichen, die nicht zu den Sternen aufstrebten. Raumschiffe und kubistische Gemälde waren unerheblich. Wie alle am Ende entdeckten, war der Fortschritt für den Marxismus ein einspuriger Weg, auf dem die Menschen der Welt Stück um Stück voranruckelten wie die Reisenden in einem alten Bus mit widerspenstigem Getriebe. Die einzige reale Aufgabe der Künstler war es, auf die murrenden Passagiere einzuwirken, damit sie nicht vom Weg abwichen. Dazu mussten sie zunächst einen neuen Kanon von Heiligen und gefallenen Helden kommunistischen Stils schaffen, denn dies galt als beste Methode, eine abergläubische, zweifelnde Bevölkerung zu inspirieren. Mit anderen Worten, wie die Höflinge fast jedes Zaren der alten Zeit wurden die Diener der Revolutionsregierung aufgefordert, die russische Geschichte politisch zu nutzen.

Der »feudale« Kreml, Bastion und Symbol einer ebensolchen Vergangenheit, war offensichtlich ein guter Ausgangspunkt, ebenso wie der Rote Platz und fast das ganze zentrale Moskau. Hier konnte man die Geschichte umfassend neu interpretieren. Die Arbeit begann im November 1917 mit dem Märtyrer-Requiem an den Kremlgräbern, und sie setzte sich fort, als die erste rote Fahne auf dem Senatsdach gehisst wurde. Begehrliche Augen schielten unzweifelhaft schon damals zu den Doppeladlern der Zaren hinauf, denn sie thronten allzu sichtbar über der proletarischen Zitadelle, doch zuerst mussten eindeutigere Ziele angestrebt werden. Im April 1918 wurde durch einen von Lunatscharski gebilligten Erlass des Zentralen Exekutivkomitees verfügt, dass Denkmäler ohne künstlerischen Wert – Reiterstatuen jüngerer Zaren waren Paradebeispiele – unverzüglich zu entfernen seien. An ihrer Stelle sollten neue Werke, welche die Werte und Helden der Revolution verherrlichten, so rasch wie möglich geplant und errichtet werden. Die Kommissare schrieben eine Reihe künstlerischer Wettbewerbe aus, die, wie man hoffte, Kandidaten neuer Art – nicht den üblichen, sich dauernd wiederholenden Kreis bourgeoiser Ästheten – anziehen würden. Auch hoffte man (es wurde sogar verordnet), dass sich die Bewerber auf billige Materialien beschränkten. Die siegreichen Designer würden ungeachtet ihrer (vorzugsweise proletarischen) Herkunft die Mittel für die Schaffung der ersten ikonischen Symbole der neuen, populären Vergangenheit erhalten.[113]

Selbstverständlich war Zerstörung der bei weitem einfachste Teil des Unternehmens. Ende April 1918 stieß Lenin auf eine Gruppe von Angehörigen der Kreml-Garnison, die sich einer schweren Arbeit widmeten. Wie es heißt, hatten sie die Initiative ergriffen, um das Kreuz auf Wasnezows neorussischem Monument für den ermordeten Großherzog Sergej Alexandrowitsch zu beseitigen. Bald verschwand das gesamte Bauwerk, und Lenin sprach davon, es durch ein Denkmal für Kaljajew, den Mörder des Großherzogs, zu ersetzen.[114] Andere zaristische

Karbunkel, darunter Statuen von Alexander III. (neben der Christ-Erlöser-Kathedrale) und Alexander II. (im Kreml), folgten dem Kreuz des Großherzogs in einen Karren, worauf sich ein Unbekannter mit diesem samt dem geladenen Metall davonmachte (wahrscheinlich mit Hilfe von Mitgliedern der Kreml-Wache).[115] Die Aufgabe, neue Dinge herzustellen, war dagegen kompliziert. Revolutionäre Kunst hatte ikonoklastisch zu sein, und im Geist der Epoche betraute man das Volk damit, die siegreichen Vorschläge des Wettbewerbs für neue Denkmäler auszuwählen. Allerdings waren die künstlerischen Instinkte einiger Arbeiter und der meisten Bauern konservativ. Mit jenem Widerspruch begann der Pfad, der zu all den langweiligen Büsten von Männern mit Bärten – Marx, Lenin, sogar Spartakus und Tschaikowski – führte.

Lenins eigener Geschmack war – in Bezug auf Skulpturen wie auf vieles andere – der eines Provinzschulmeisters. Nach Beratung mit einem jungen Architekten, N. D. Winogradow, stellte er eine Liste der historischen Figuren zusammen, deren Büsten er auf den Sockeln Russlands sehen wollte. Auch forderte er, dass belehrende Inschriften und Basreliefs an wichtigen Gebäuden, beginnend mit dem Kreml, angebracht wurden. Lenin drang ebenfalls darauf, dass man ein großes Standbild von Tolstoi gegenüber dem Haupteingang der Entschlafens-Kathedrale des Kreml errichtete.[116] Heutzutage sind solche Monumente – und natürlich ähnliche Statuen von Lenin selbst – Klischees der Sowjetkunst, aber in den frühen 1920er Jahren wimmelte es von viel aufregenderen, wenn nicht gar schockierenden Projekten. Von Lentulow und Malewitsch bis Wladimir Tatlin sehnten sich die Neuerer danach, dem Volk ihre Arbeiten zu präsentieren. Der proletarische Dichter Michail Gerassimow versuchte einmal, den Kreml als gigantischen Dynamo darzustellen, der die Seele der Nation durch eine neuartige magnetische Energie elektrisierte.[117] Lenin schäumte vor Wut in seinem Zimmer. Niemand schien in der Lage zu sein, eine Büste von Karl Marx anzufertigen, wenn Lenin der Sinn danach stand.[118]

Unmittelbarer Druck ging 1918 vom Kalender aus, denn am 1. Mai sollte der Arbeiterkarneval, die erste große Feier der ersten proletarischen Revolution der Welt, abgehalten werden. Moskau war erst seit drei Monaten wieder die Hauptstadt, doch Lenin zeigte sich wie immer empfänglich für Massenpropaganda, und das bedeutete eine Parade auf dem Roten Platz. Der Kreml hatte ein revolutionäres Antlitz vorzuweisen. Für die Gestaltung des Schauspiels engagierten die Bolschewiki zwei berühmte Brüder, die Künstler Leonid und Viktor Wesnin. Geld wurde versprochen, Urlaub organisiert, und Pawel Malkow suchte die Stadt nach Fahnentuch für die erforderlichen Girlanden ab. Ende April stellten die Tischler Gerüste auf und bauten eine Bühne. Überall standen Kisten mit Fahnen und langen Seilen. Die Kellerwerkstätten an den Kremlmauern wurden gesäubert, und jeden Tag erschienen Frauen mit geschäftigen Gesichtern.

Die Frauen hatten die Aufgabe, enorme rote Stofftücher zusammenzunähen. Der Zweck ihrer Arbeit wurde deutlich, als die Sonne am Morgen der Feier aufging. Bemerkenswerterweise war der runde Kutafja-Turm des Kreml völlig in rotes Tuch eingewickelt worden. Eine Doppelreihe roter Fahnen führte von dort zum Dreifaltigkeits-Turm und ließ einen scharlachroten Korridor ins Innere der Festung entstehen. Immergrüne Kränze verhießen Frühling und natürliche Fülle, während feurige Banner die Freiheit der Arbeit und den Sieg der Sowjetrepublik verkündeten. Aber das bittere Motiv der Opferung wurde nicht vergessen. Deshalb bedeckte man die Märtyrergräber neben der Kremlmauer mit Rasen und überhäufte sie mit frischen Blumen. Jede vorbeimarschierende Gruppe senkte zum Zeichen des Respekts ihr Banner, und schwarze Fahnen säumten die Kremlmauern hinter den Erdhügeln. Im August, als der Erlöser-Turm und seine Uhr repariert wurden, stellte ein Mechaniker die berühmten Glocken neu ein. Auf Jahre hinaus spielten sie um 6 Uhr eine forsche, laute Version der »Internationale«, doch um 9 und wiederum um 15 Uhr ließen sie, wann immer die neue Regierung es verlangte, auch einen Trauermarsch ertönen.[119]

Nur Tage nach der Maiparade fand im Kreml ein denkwürdiger Gottesdienst statt. Seit Jahrhunderten versammelten sich Moskowiter einer gewissen Schicht in der Entschlafens-Kathedrale zum größten Fest der orthodoxen Religion, der christlichen Feier des ewigen Lebens. Ebenfalls seit Jahrhunderten überbrachte eine Kreuzprozession, der sich

Hunderte von Gläubigen anschlossen, der Öffentlichkeit die Osterbotschaft mit Ikonen, gesungenen Gebeten und Scharen von Priestern. Es war ein heiligeres und wahrscheinlich noch beliebteres Fest als das Weihnachten Westeuropas, und im Jahr 1918 fiel es auf ein Datum kurz nach dem bolschewistischen Maifeiertag. Dieses Zusammentreffen mag Lenin bewogen haben, eine Sondergenehmigung zu erteilen, damit man die Entschlafens-Kathedrale wie üblich für den Gottesdienst und die Prozession öffnen konnte.[120] Oranowski, der für Kremlschätze aller Art verantwortlich war, beschrieb die Episode als die anstrengendste seines Lebens. Lettische Grenadiere standen nervös Wache, als die großen Glocken läuteten und die Menschenmengen eintraten. Sieben Jahrzehnte lang sollte der Kreml kein Osterfest wie dieses mehr erleben.[121] All diese Aktivitäten durften nicht wiederholt werden, denn schließlich stand das Leben der Führer auf dem Spiel, ganz zu schweigen von dem Gold und den heiligen Kunstwerken. Ein Gesuch, im November 1918 eine kleinere Prozession zu veranstalten, lehnte Malkow unter dem Vorwand ab, dass das einstige Kircheneigentum im Kreml katalogisiert werden müsse.[122]

Außerhalb des Kreml spitzte sich der Kampf um Russland mittlerweile immer stärker zu. Die Kirche entwickelte sich rasch zum einzigen großen Rivalen der Bolschewiki um die Seele der Nation. 1917, vor dem bolschewistischen Putsch, war es Laien möglich gewesen, gleichzeitig utopische und orthodoxe Ideen zu vertreten oder den Maifeiertag und Ostern im selben Geist der Hoffnung zu zelebrieren. Sogar Pioniere wie Tatlin besaßen orthodoxe Wurzeln, und viele der Avantgardisten hatten ihre größte Inspiration in alten Ikonen entdeckt. Lenins Partei dagegen konnte sich mit solchen Loyalitätskonflikten nicht abfinden. Wahrscheinlich ermordete sie mindestens 9000 Priester, hauptsächlich im Jahr 1918; wie Lenin bemerkte: »Je mehr Vertreter der reaktionären (...) Priesterschaft wir erschießen können, desto besser.«[123] Auch Heiligen erging es oftmals schlecht. Im Frühjahr 1918 erkundigte sich eine Gruppe von Gläubigen, die über die Schließung des Kreml beunruhigt waren, ob sie sich um die Überreste des Metropoliten Alexi, des Gründers des Tschudow-Klosters, kümmern und den Sarg zur sichereren Aufbewahrung entfernen dürften.[124] Es war eine bescheiden formulierte Anfrage, mit der man Lenin keine Unannehmlichkeiten bereiten wollte. Die Gläubigen waren der Meinung, dass Alexis Leiche, wie die jedes anderen Kreml-Heiligen, gepflegt werden müsse, da der fromme Mann, unverdorben sogar durch die Geißel des Todes, wahrhaft gegenwärtig sei. Durch eine von Lenin geschriebene Notiz wurde einer seiner Mitarbeiter jedoch angewiesen, die Bitte abzulehnen. Vielmehr sei der Sarg sofort zu öffnen und sein Inhalt in Anwesenheit von Zeugen zu untersuchen.[125] Die Vorkehrungen dauerten länger als erwartet, doch im Jahr 1919 legten mehrere »naturwissenschaftlich ausgebildete« Bolschewiki Alexis Überreste im Rahmen einer nationalen Kampagne gegen den Kult der vorrevolutionären Heiligen frei.[126]

Diese brutalen Gesten halfen, der Ausübung des religiösen Glaubens ein Ende zu setzen, aber Lenins Partei musste sich noch etwas Substantielles einfallen lassen, das als Ersatz dienen konnte. Durch diese Priorität erklärt sich weitgehend, weshalb Lenin so ungeduldig auf das Fehlen von Denkmälern reagierte. Obwohl seine Kampagne für »Denkmalspropaganda« im April 1918 eingeleitet worden war, entdeckte man Ende Mai immer noch keinen Marx auf den Sockeln in und um Moskau. Sowohl Lunatscharski als auch Malinowski sahen sich nun seiner »Überraschung und Empörung« ausgesetzt, und bald forderte er, die Faulenzer bloßzustellen und einzusperren. Um Mitte Juli war jeder bedeutende Bildhauer emsig dabei, die ihm zugewiesene Persönlichkeit zurechtzumeißeln. Marx, Engels und Auguste Blanqui standen oben auf der Liste, doch Brutus und Robespierre sowie Chopin, Voltaire, Beethoven und Lord Byron waren ebenfalls vertreten. Wie immer fiel es dem zuständigen Komitee schwer, weibliche Prominente zum Ausgleich für die unvermeidlichen Regimenter von Männern zu finden. Auf einer Liste mit 62 Namen war nur eine einzige Frau vertreten (die revolutionäre Volkstümlerin Sofia Perowskaja). Vielleicht deshalb erhielt der stets hilfreiche Oranowski den Auftrag, eine Skulptur der verstorbenen Schauspielerin Vera Komissarschewskaja herzustellen, welche die Rolle der Nina in der ersten Saison von Tschechows *Möwe* gespielt hatte.[127] Durch ihre Nominierung verdoppelte sich der weibliche Anteil, doch das Projekt wurde weiterhin durch alle möglichen Faktoren – von Mangel an Farbe bis zu schierer Inkompetenz – bedroht. Im September

1918 verschwand eine Büste des im 18. Jahrhundert lebenden Gesellschaftskritikers Alexander Radischtschew (angefertigt von Leonid Scherwud, dem Sohn des moskowitischen Architekten) ganz einfach, bevor sie enthüllt werden konnte. Lenin hörte sich den Bericht darüber mit »einem tiefen Abscheu des Geistes« an.[128]

Gewiss, man konnte auch einige Triumphe verzeichnen. Im Frühjahr 1918 hatte der Bildhauer S. T. Konjonkow (der »russische Rodin«) den Auftrag übernommen, das von Lenin so ersehnte Kreml-Basrelief zu entwerfen. Vorgeblich sollten damit die 1917 Gefallenen geehrt werden, aber das eigentliche Motiv bestand darin, die christlichen Ikonen zu verdrängen, vor denen die Gläubigen (und auch die weniger Gläubigen) immer noch haltmachten, um sich zu verbeugen und sich still zu bekreuzigen. Im November 1918 wurde Konjonkows Lösung, ein Engel namens »Genius«, enthüllt. Die Arbeit setzte sich aus 49 separaten, leuchtend glasierten Stücken zusammen, doch ihr Stil verdankte sich eher der Folklore als dem Kubismus. Den Hintergrund bildete eine aufgehende Sonne, und die Gestalt hielt eine rote Fahne in der einen ihrer gigantischen Hände und grüne Palmenzweige in der anderen.[129] Damit wussten die Architekten und Bildhauer der Avantgarde Bescheid: Ihre Aufgabe war es nicht, höhere Wahrheiten oder individuelle Kreativität zum Ausdruck zu bringen, sondern die russischen Massen zu erziehen. Die avantgardistische Zeitschrift *Lef* mochte verkünden, dass die Zeit gekommen sei, die konservative Kunst, die stets eine »passive Mentalität, weich wie Wachs, erfordert« habe, hinter sich zu lassen.[130] Aber Lenins Motive waren weniger rein und die letztlichen Ergebnisse keineswegs utopisch.

Das letzte Gefecht in dieser Schlacht um die Seele der Nation war das finsterste von allen. Während die Kämpfe im Bürgerkrieg abflauten, fegte eine Hungersnot, unbarmherzig wie eine alttestamentliche Plage, über Russland hinweg. Das Leid war mindestens so groß wie das des gerade vergangenen Krieges, was so unterschiedliche Spender wie die Regierung der Vereinigten Staaten und den Papst bewog, erhebliche materielle Hilfe zu leisten.[131] In Russland erbot sich die orthodoxe Kirche, die selbst geschwächt war, Geld zu sammeln und bei der Verteilung von Lebensmitteln zu helfen. Ihr Oberhaupt, Patriarch Tichon, ging so weit, ein Verzeichnis von Objekten herzustellen, die Gemeindekirchen als Teil ihrer Spendenaufrufe verkaufen konnten.[132] Lenin ignorierte diese Bemühungen jedoch und rief dazu auf, den gesamten Kirchenbesitz zu beschlagnahmen. Dabei war der Kapitalwert nebensächlich. »Jetzt und erst jetzt«, erklärte er in einer geheimen Anweisung, »da es Kannibalismus in den Hungergebieten gibt und da die Straßen mit Hunderten, wenn nicht Tausenden von Leichen übersät sind, können wir (und müssen wir also) die Konfiszierung von kirchlichen Wertgegenständen mit der wütendsten und mitleidlosesten Energie durchführen.«[133] Der Bürgerkrieg war fast gewonnen, und diese letzte Anstrengung würde nach Lenins Meinung den Sieg garantieren.

Die Entscheidung, den Kirchenbesitz aufzulösen, wurde Ende Dezember 1921 im Kreml getroffen. Unter dem Vorsitz des ungeduldigen Trotzki machte das Zentrale Exekutivkomitee sorgfältige Pläne, um Widerstand zu vermeiden. Es legte sogar fest, dass die beschlagnahmten Schätze nicht mit Güterwagen, sondern in Personenzügen zu befördern seien. Die Reaktion der Öffentlichkeit rechtfertigte diese Maßnahmen vollauf. Sogar in Moskau, wo die vorbereitende Agitation und Propaganda umfassend bis an die Sättigungsgrenze gewesen war, entfachten die Requirierungen herzzerreißende Proteste. Niemand verstand, warum die Regierung angebetete Objekte fortschaffte, zumal es immer noch kein Brot gab. »Die Hungernden brauchen nicht Gold, sondern Essen«, beschlossen die Arbeiter in einer Fabrik, und jemand wagte anzudeuten, dass die Hungersnot die Schuld der »Bourgeois« im Kreml sei. Wenn Lenin und seine Leute ihre Ämter niederlegten, flüsterte man, werde ihnen vielleicht eine Regierung folgen, die alle ernähren könne.[134] Solche Reden machten die Bolschewiki nervös, denn dies war der Atem des Bürgerkriegs, das Gift der Weißen Garden und der Priester. Die *Iswestija* forderte Arbeiter und Bauern auf, die priesterliche Gegenrevolution »mit einem glühenden Eisen auszubrennen«.[135]

Ende Frühjahr 1922 ließ Moskau seine Räuber los. Bewaffnete Banden verpackten Evangelien, Ikonenuntersätze und Kelche; Kirchen wurden durchsucht, geöffnete Särge blieben klaffend zurück. Gläubige weinten, als man bleierne und silberne Sargdeckel davontrug, manchmal aus Ortskirchen und manchmal aus den großen Kathedralen der

Festungsstädte Russlands. In Petrograd brach eine besonders eifrige Gruppe Särge in der Peter-und-Paul-Kathedrale auf. Die Männer rissen eine Perlenkette vom Hals der toten Katharina der Großen, aber als sie Peters Sarg öffneten und vor der riesigen, überraschend lebensähnlichen Leiche standen, wichen sie entsetzt zurück und stellten ihre Mission ein.[136] Es war ein seltener Sieg für das alte Regime. Andernorts waren die Roten durchaus bereit, ihre Maschinengewehre abzufeuern. Obwohl Lenin gewiss mehr als genug zu tun hatte, wollte er »tagtäglich« über die Zahl der erschossenen Priester informiert werden.[137]

Die Kreml-Kirchen waren von allgemeinen Angriffen nicht ausgenommen. Im Gegenteil, der Vorwurf, dass ihre »hohen Tiere« wie Zaren lebten, besiegelte ihr Schicksal. Die Moskauer sahen zu, wie Ikonenlämpchen und -schirme von den Wänden gerissen wurden. Grabar erhielt keine Antwort auf seine schriftlichen Beschwerden darüber, dass empfindliche Gemälde aus dem späten 15. Jahrhundert nicht ungeschützt im Freien überdauern könnten.[138] In der von Alexej Michailowitschs bevorzugten Erlöser-Kirche hinter dem Goldenen Gitter wurde eine silberne Ikonostase mit Werken von Uschakow und seinen Zeitgenossen zum Zerschmelzen demontiert. Silberne Türen und verzierte Reliquienschreine im Tschudow-Kloster gingen ebenfalls verloren. Doch trotz all der Zerstörung war die gesamte Beute aus dem Kreml in Form von Barren geringer als die Napoleons.[139] Und in einer Zeit, als der marode Weltmarkt mit russischem Beutegut jeglicher Art überschwemmt wurde, hätte eine halbe Tonne Gold die Revolution ohnehin nicht absichern können.

Die gesamte Kampagne gegen die religiöse Kunst lief den sowjetischen Wirtschaftsinteressen zuwider. Eine besser informierte Regierung hätte sich vielleicht die Zeit genommen, den Wert von Kunstschätzen, Reliquien, einzigartigen Ikonen und sogar kleineren religiösen Werken beurteilen zu lassen. Derartige Versuche scheiterten häufig am Eifer der örtlichen Konfiszierer, die, ungeachtet ihrer spezifischen Anweisungen über Kunstgegenstände, alle Stücke einfach in Kisten packten und diese ohne einen zweiten Blick zu den Gießereien befördern ließen.[140] Von den wenigen Funktionären, die das Verfahren beeinflussen konnten, schaltete sich nur der erschöpfte, wortkarge Grabar ein, um wenigstens einen Teil des kostbaren Erbes der Nation zu retten. Er bat den staatlichen Makler sogar, eine Weile abzuwarten, während er selbst und seine Kollegen dafür sorgten, dass man die große religiöse Kunst Russlands in Europa verstand (und angemessen zahlte).[141] Aber die bolschewistische Verbohrtheit setzte sich durch, denn hier ging es nicht nur um eine Finanzierungsaktion, sondern auch um die Vernichtung der Kirche und um den Tod Gottes. Die großen Ikonensammlungen der Welt – darunter die in Schweden und in den Vereinigten Staaten – stammen aus jener Zeit der Räumungsverkäufe. Manche Schätze, darunter etliche der bestickten Ornate im Washingtoner Hillwood-Museum, wurden in Moskauer Wohltätigkeitsläden erworben.

Die Experten konnten nur darauf dringen, dass die allerbesten und berühmtesten Objekte in der Rüstkammer bewertet wurden. Insgesamt packte man im Museum in den neun Monaten der Kampagne über 10 000 individuelle Exemplare der Kirchenkunst aus. Aber es war unmöglich, alle ausfindig zu machen und zu retten. Grabar verbrachte schlaflose Nächte damit, Stücke zu verteidigen, die sonst hätten verschwinden können; er jagte hinter jeder neuen Lieferung her und riss manche Objekte fast in letzter Sekunde aus den Schmelzöfen.[142] Es war eine ermüdende und deprimierende Arbeit, doch wie alle anderen in der Künstlergemeinschaft saß er in der Falle, denn die Bolschewiki waren die einzigen noch existierenden Mäzene. Museumsdirektoren konnten entweder mit ihnen zusammenarbeiten oder sich wie die Priester den Kugeln aussetzen.

Während die Orthodoxie wiederholte Schläge hinnehmen musste, genoss eine andere Religion – oder zumindest ein Glaubenssystem – offenkundige staatliche Förderung. Der Bolschewismus war jedoch weder weltfremd noch ätherisch, und nach 1924 wurde Lenins Grab zu seinem heiligsten Symbol. »Eines Tages«, erklärte Lenins Genosse Leonid Krassin, »wird diese Stelle bedeutsamer für die Menschheit sein als Mekka oder Jerusalem.«[143] Nach Lenins Tod wählten seine trauernden Kollegen für ihn einen Bestattungsort neben den Volksgräbern von 1917, und zu seiner Ausgestaltung engagierte das Komitee Alexej Schtschussew, einen Architekten, der sich (wie Witberg im Jahr 1813) unter anderem von den ägyptischen Pyramiden inspirieren ließ.[144]

Schtschussews Entwürfe (mehrere Mausoleen wurden gebaut, zuerst aus Holz, dann aus Marmor) erwiesen sich als würdevoll, wenn auch streng, und die Grabstätte selbst war so heilig, dass sie die Märtyrergräber, die sich in eine Reihe gesichtsloser Blöcke verwandelten, völlig überschattete. Sie verdrängte auch Konjonkows mehrfarbiges Basrelief, das nun, verglichen mit dem Schrein, geradezu leichtfertig wirkte.

Fortan würde der Kreml wieder ausschließlich der Elite gehören. An seinen Mauern gab es keinen Platz mehr für Spontaneität. Die Revolution war für viele Dinge ausgefochten worden, doch am Ende fiel der Sieg einer bunt gemischten Gruppe aus Drahtziehern, Gangstern und Managern zu. In der brutalen und funktionellen Atmosphäre des künftigen Zeitalters übte die Avantgarde keinen Reiz aus, und ihre Pläne für den Kreml wurden, genau wie viele ihrer utopischeren Hoffnungen, zu den Akten gelegt. Das Verfahren nahm noch ein paar weitere Jahre in Anspruch, denn Träume sterben langsamer als Menschen, aber nach dem ersten Sowjetjahrzehnt hatte der kurze, heiße Altweibersommer des Akropolis-Kreml schließlich sein Ende erreicht.

10 Rote Festung

Bewacht und verriegelt, muss der Kreml der 1920er Jahre unnahbar und menschenverachtend gewirkt haben. Unter jenen furchterregenden Mauern war Moskau jedoch weiterhin von der Energie und Hoffnung der Revolution erfüllt. Die frühen 1920er Jahre erwiesen sich als Blütezeit für Utopisten, und sie waren auch relativ günstig, jedenfalls vorübergehend, für Tausende von moskowitischen Kleinhändlern. Während die Künstler und Träumer ihre Pläne für ein futuristisches Leben auf hohem Niveau skizzierten, begnügten sich die Händler (die weit zahlreicher waren) damit, Käufe und Verkäufe zu tätigen und ihr Auskommen in den Buden und auf den Gehsteigen der realen Welt zu bestreiten. Davon abgesehen war hinter Kirchentüren immer noch eine wortkarge Frömmigkeit zu finden, und bei jedem noch so kurzen Spaziergang in der Stadt traf man wenigstens einmal auf den orthodoxen religiösen Glauben. Der deutsche Sozialist Walter Benjamin betrachtete das allgemeine Chaos hingerissen und entzückt. Das Moskau des Jahres 1927, schrieb er, sei ein Ort, an dem das Leben sich abspiele, »als wären nicht 25° unter Null, sondern voller neapolitanischer Sommer«. Das Einzige, was ihn nervös machte, waren die zahllosen Schreine. Die Kuppeln und goldenen Dome Moskaus erinnerten Benjamin an eine »Architektur der Ochrana«. In den Vorzimmern, fürchtete er, »kann man sich auch (…) über Pogrome beraten«.[1]

Moskau blieb eine Mischung aus Altem und Neuem, doch für eine Weile schien das eindeutig Behelfsmäßige die Oberhand zu gewinnen. Dies war eines der vielen frustrierenden Probleme für die überschwänglicheren Anhänger der Revolution, die den ersten Arbeiterstaat der Welt aufbauen wollten. Weit davon entfernt, sich an Freizeit, Gesundheit und universeller Bruderschaft zu erfreuen, schien das Sowjetparadies dauernd von Dämonen bedrängt zu werden. Die beunruhigendsten unter ihnen waren in Moskau der Wohnungsbau, das Gesundheitswesen und der Arbeitsmarkt. Der Massenexodus der Bürgerkriegsjahre war bald vergessen, denn die Bevölkerungszahl der Stadt schraubte sich in die Höhe. Neben den Bürokraten, Geheimpolizisten und Parteimitgliedern erschienen in jedem Sommer Zehntausende von Migranten in der Hauptstadt, die sämtlich auf Saisonarbeit hofften und ein Bett benötigten. Die Arbeitslosigkeit vervierfachte sich zwischen 1921 und 1927; Anfang 1929 erreichte sie einen Höhepunkt von fast 33 Prozent. Unabhängig davon war jedermann auf das Verkehrssystem, auf Ärzte und Lebensmittel angewiesen, und die städtischen Dienstleistungen standen bald unter einer kaum erträglichen Belastung. »Was für ein Sozialismus ist das«, fragte ein Redner auf einer Fabrikarbeiterversammlung im Frühjahr 1926, »wenn die Arbeiter vierzig Rubel für ihre körperlichen Anstrengungen und die Leute an der Macht dreihundert Rubel dafür erhalten, dass sie uns den Weg zum Sozialismus zeigen? Es ist wieder genau wie früher, als Priester allen den Weg zum Himmel gewiesen haben.«[2]

Das Projekt zur Umgestaltung Moskaus drängte offensichtlich. Andererseits war die Herausforderung reizvoll, und sie zog einige der ehrgeizigsten Männer Europas an. In den 1920er und 1930er Jahren schlug eine Reihe von Stars, darunter Erich Mendelsohn, Walter Gropius und Le Corbusier, neue Gebäude für die sozialistische Hauptstadt sowie allgemeinere, umfassende Entwürfe vor. Auch den Sowjetarchitekten gingen ständig neue Ideen durch den Kopf. Befreit von den alten Zwängen und Vorlieben, planten Innovatoren wie El Lissitzky und Konstantin Melnikow gläserne Wolkenkratzer und ganze Vororte auf Stelzen. Es gab sogar eine 1920er Version der Gartenstadt mit einer Industriezone und einem Bereich für Arbeiterwohnungen.[3] Allerdings fehlte es an Geld, und nur ein Bruchteil dieser Pläne wurde je realisiert, doch die Zwischenkriegsjahrzehnte des 20. Jahrhunderts waren wahrscheinlich der einzige Zeitraum in der Geschichte Russlands, in dem seine Architekten die Welt anführten, statt hinterherzulaufen.[4]

Anfangs erbrachte die Revolution auch eine gewisse Ausbeute für die Architekturschützer. Wie Igor Grabar erkannt hatte, kam die entschlossene staatliche Expropriation sehr reicher Bürger einer Einladung gleich, deren Liegenschaften unter die Lupe zu nehmen. Nicht einmal die Kirche konnte die Expertenteams von sich fernhalten. Erforderlich war nur eine Genehmigung auf dem entsprechenden Formular. Da Grabar solche Blätter im Grunde selbst drucken konnte, fand er trotz seines gedrängten offiziellen Programms Zeit, die groß angelegte Beseitigung alten Mörtels zu beaufsichtigen. Er hielt Ausschau nach echter russischer Kunst, womit er die mittelalterliche Variante meinte, und um sie zu finden, war er bereit, fast alles zu zerstören, was nicht mindestens 150 Jahre alt war. Auch andere nutzten diese seltene Möglichkeit, Nachforschungen anzustellen. Zum Beispiel arbeitete eine Gruppe unter dem Architekten Pjotr Baranowski von 1923 bis 1928 daran, die seit langem verloren geglaubte Villa des Magnaten Wassili Golizyn aus dem 17. Jahrhundert freizulegen.[5] Das wurde dadurch ermöglicht, dass man den Stuck von einem quadratischen Häuserblock im Stadtzentrum abmeißelte, die alten Fenster zum Vorschein brachte und einen hässlichen Dienstbotenanbau zertrümmerte. Ganz abgesehen von seiner offenkundigen historischen Bedeutung war das restaurierte Gebäude eine Rarität in einer Stadt, die so viel von ihrem Erbe verloren hatte, und die Freude kannte kaum Grenzen.[6] Sogar die Geheimpolizei nahm Anteil, obwohl sie in erster Linie sicherstellen wollte, dass sie die uneingeschränkte Kontrolle über etwaige Geheimgänge hatte, die Golizyn und Großfürstin Sofia zwischen den Kellern der Villa und dem Kreml gebaut haben könnten.[7]

Die Umwandlung der Stadt wurde also nicht von einer finsteren Kabale gelenkt. Zunächst hatte das Ganze nicht einmal ein rationales Muster. Während einige alte Bauten wiederhergestellt wurden, riss man andere ab. Die Zerstörung begann 1922 mit einer im 19. Jahrhundert entstandenen, Alexander Newski geweihten Kapelle, die nach Meinung eines futuristischen Beschwerdeführers den Straßenverkehr in der Innenstadt blockierte. Die orthodoxe Kirche war ohnmächtig, und Grabar als künstlerischer Berater der Stadt legte keinen Protest ein, da er das Gebäude für unansehnlich hielt. Die Kapelle wurde rasch dem Erdboden gleichgemacht, wodurch sich die Schleusentore für eine Flut ähnlicher Pläne öffneten.[8] Bald fühlte sich Grabar geradezu beschwingt. Abgesehen davon, dass ihm praktisch alles missfiel, was seit den Tagen von Konstantin Thon errichtet worden war, billigte er auch gern die Vernichtung eines geschätzten älteren Bauwerks, wenn er die Materialien für ein attraktiveres oder prestigeträchtigeres Projekt nutzen konnte.[9] Die Bilderstürmerei der 1920er Jahre war für ihn doppelt vorteilhaft: Eine versöhnliche Haltung gegenüber dem neuen Regime half ihm einerseits, seinen beneidenswerten Posten zu behalten, während er sich andererseits auf häufige Belohnungen in Form der wiederverwertbaren Ziegel für seine eigenen Renovierungsvorhaben freuen konnte.[10]

Gegen 1927 bereitete der Druck, jeglichen Änderungswunsch des neuen Regimes zu akzeptieren, jedoch manchen anderen im Lager der Architekturschützer erhebliche Kopfschmerzen. In jenem Jahr versuchten sie (erfolglos), den Abbruch des letzten der großen Moskauer Barock-Triumphbögen, des sogenannten Roten Tores, zu verhindern. Einige schlossen sich dann einem Gremium namens *Staraja Moskwa* (Altes Moskau) an, um die beliebtesten noch vorhandenen Wahrzeichen zu retten. Pjotr Sytin, der Autor mehrerer maßgeblicher Geschichtswerke über Moskau, hatte eine besondere Vorliebe für den Sucharew-Turm Peters des Großen, den er sich als Mittelpunkt eines weiteren neuen Museums vorstellte. Pjotr Baranowski, der die Arbeit an der Golizyn-Villa geleitet hatte, verwendete kostbare Zeit auf die Kasaner Kathedrale, ein häufig umgestaltetes Gebäude aus dem 17. Jahrhundert am Roten Platz, und restaurierte sie sorgfältig nach dem ursprünglichen Entwurf. Andere Architekten widmeten sich genauso gewissenhaft dem Tschudow-Kloster des Kreml, dessen Hauptkirchen (nun ohne Mönche) Wahrzeichen des altrussischen Stils waren. Wie die Basilius-Kathedrale und die Kremlmauern stellten sie das wesentliche Erbe des Volkes dar, und Moskau hätte nicht auf sie verzichten können. Aber ein Wendepunkt zeichnete sich ab, und als Katalysator diente wahrscheinlich der zehnte Jahrestag der bolschewistischen Revolution im November 1927. Kurz darauf wurden die Restaurierungswerkstätten in Leningrad (dem einstigen Petrograd) geschlossen, wodurch die alte Reichshauptstadt dem Verfall überlassen blieb. Anderswo – sogar in Moskau – verstärkte sich der Druck, religiöse Gebäude und kaiserliche Stätten zu »säubern« (das heißt zu beseitigen). Außerdem war das besorgniserregende Gerücht in Umlauf, dass Lunatscharski, der zum Bautenschutz neigende Bildungskommissar, kurz davor stehe, gestürzt zu werden.[11]

Als Stalin seine Pläne für einen radikalen wirtschaftlichen Wandel ankündigte, waren die Befürworter der kulturellen Kriegführung begeistert. Die Vorlage für die Umformung des Landes bildete ein 1928 eingeleiteter industrieller und landwirtschaftlicher Fünfjahresplan. Er sah eine völlig neue Sowjetwirtschaft vor, einen Traum (oder Albtraum) von riesigen Fabriken und Kraftwerken sowie von Treckern, die im Verband über Kilometer goldenen Weizens rollten. Stalin ordnete an, Millionen Privathöfe zu kollektivieren und das Getreide zu beschlagnahmen. Die Folgen für alles Alte oder Strauchelnde lagen auf der Hand. Eine Ideologie, die den Tod von Millionen Bauern im Namen der Zukunft rechtfertigen konnte, würde ihren Fortschritt schwerlich durch den Anblick bejahrten Gemäuers bremsen lassen. Das Donnern von Dynamit hallte in Moskau wider. Es war eine zweite Revolution, der sogenannte große Bruch mit der Vergangenheit, und fünf Jahre später wurde der Sieg ausgerufen. Der endgültige Plan für die Rekonstruktion Moskaus (»ein Angriff auf das Alte«) trat erst 1935 in Kraft, doch mittlerweile hatte sich die Landschaft völlig verändert. »Das alte, feudale, adlige, kaufmännische und bourgeoise Moskau wuchs und entwickelte sich langsam«, erklärte die Zeitschrift *Klassenkampf* 1934. »Aber durch den Sieg des Proletariats sind hier neue Seiten von welthistorischer Bedeutung aufgeschlagen worden (...), im Namen Stalins hat ein neues Stadium beim Bau der sozialistischen Hauptstadt begonnen.«[12]

Eines der Opfer war der Sucharew-Turm, der unter dem nun vertrauten Vorwand der Verbesserung des Verkehrsflusses zerstört wurde. 1934 vereinnahmte man Baranowskis liebevoll restaurierte Kasaner Kathedrale als Speisesaal für die Männer, welche die Metrotunnel gruben, und zwei Jahre später wurde sie abgerissen, angeblich um den Weg für die gewaltigen Paraden auf dem Roten Platz freizumachen.[13] Sogar der neu entdeckte Palast der Golizyns wurde gesprengt, diesmal um Platz für eine enorme Bank zu schaffen. Auf einem Planungstreffen, bei dem man Modelle von innerstädtischen Gebäuden auf einer Karte platzierte, entfernte Stalin einmal die Miniatur der Basilius-Kathedrale vom Roten Platz, um sich kurz vor Augen zu führen, wie die Gegend ohne sie aussehen würde.[14] Die Kirche blieb verschont, doch Moskau verlor Hunderte anderer historischer Gebäude sowie viele der gewundenen zentralen Straßen und belaubten Innenhöfe, die ihm seine dörfliche Seele verliehen hatten. Im besten Fall verfrachtete man städtische Denkmäler auf Walzen, um sie zu versetzen, wenn es Zeit wurde, eine Allee zu erweitern; das Haus des Generalgouverneurs an der Twerskaja, ursprünglich von Kasakow gebaut, wurde 1937, genau wie der ehemalige Englische Club, auf diese Weise verlagert.[15] Das Ergebnis war eine beängstigende Leere, der es an Behaglichkeit und Individualität ebenso mangelte wie an schattigen Bäumen. Stalin brauchte Platz für all die Panzer und marschierenden Soldaten, und deshalb werden seine Erben noch heute vom Wind gepeitscht.

Doch ungeachtet der Panzer waren die meisten religiösen Denkmäler ohnehin zum Tode verurteilt. In dem offenen Krieg, den die wirtschaftliche Umwandlung seit 1929 erforderte, mussten loyale Bürger ihre aktive Antireligiosität beweisen. »Dynamit«, verkündete ein solcher Klassenkämpfer, »ist zu einem wirklichen Verbündeten in unserer kompromisslosen Schlacht gegen die Orthodoxie geworden.«[16] Innerhalb von sechs Monaten wurden im Jahr 1929 400 religiöse Gebäude in Moskau geschlossen, darunter die letzte noch »arbeitende« Kirche im Nowodewitschi-Kloster.[17] Im Juli 1929 riss man einen der beliebtesten Schreine Moskaus ab, die Kapelle der Iberischen Jungfrau, um den Massenzugang zum Roten Platz zu erleichtern. Es sei höchste Zeit, müssen die Planer argumentiert haben, denn diese Kirche stehe den Menschenmengen im Weg. Aber insgeheim dürften sich die neuen Herrscher Moskaus auch Sorgen wegen ihres Zaubers gemacht haben, der immer noch so stark war, dass sich vorbeimarschierende Kommunisten, trotz ihrer roten Fahnen, zuweilen bekreuzigten.

Stürmische Leidenschaften konnten auf allen Seiten ins Feld geführt werden. Christen fühlten sich bedrängt und niedergetrampelt, aber die bolschewistische Elite, deren Entscheidungen ihren eigenen halb geheimen Zwecken dienten, machte sich eine Bewegung zunutze, die zumindest in den Städten genauso echt und tief empfunden war wie die der orthodox Gläubigen im anderen Lager. 1929 zog eine »Anti-Weihnachts«-Demonstration im größten Park der Moskauer Innenstadt 100 000 Teilnehmer an. »Anti-Weihnachts«- und »Anti-Ostern«-Märsche in den beiden folgenden Jahren waren ähnlich populär.[18] Die kirchenfeindliche Arbeiterklasse, die Jahrzehnte der Repression und sogar Gewalt von Seiten der Inquisitoren des alten Regimes durchgemacht hatte, war euphorisch. Die Atheisten in ihren Reihen mochten manchen Problemen zwiespältig gegenüberstehen – beispielsweise konnten sie sich nie mit der Endgültigkeit eines gottlosen Todes abfinden –, doch sie wussten, dass sie nichts mehr mit Priestern und stur auswendig gelernten Gebeten zu tun haben wollten. Ihre Radfahrfestivals, Freiluftpicknicks und Flaggenparaden wurden zwar von der Regierung gesponsert, aber die Kraft dieser Revolution ging von wirklichen russischen Seelen aus.[19]

Es dauerte nicht lange, bis sich die Aufmerksamkeit dem hochtrabendsten Kirchengebäude in Moskau zuwandte, Konstantin Thons Christ-Erlöser-Kathedrale. Auch nach 1917 konzentrierte sich hier das nun fragmentarische religiöse Leben. Die berühmten Chöre sangen weiterhin dort, wenn sich eine Möglichkeit bot, und bis 1929 standen die Gläubigen an den großen Türen Schlange nach immergrünen Zweigen und Weihnachtssegnungen. Anders als der Kreml, dem es gegenüberlag, war dieses Gebäude jedoch zu keiner Neuerfindung fähig, denn niemand hielt es auf Dauer für denkbar, dass sich das höhlenartige Innere, zumal mit all dem Marmor, zu einem großartigen Arbeiterclub eignen würde. 1931, als die Planer einen Standort für ihr Renommierstück, den Palast der Sowjets, suchten, beschloss man, die Kathedrale abzureißen. Inzwischen hatten die zahllosen Rechtgläubigen der Stadt gelernt, vorsichtig zu sein. Sehr wenige wagten zu protestieren. Der alternde Künstler Apollinari Wasnezow versuchte, Thons herrisches Bauwerk (und die Kunstwerke darin) zu verteidigen, aber er stützte sich nicht auf den Glauben, sondern auf den Gedanken des kulturellen Erbes. »Es ist leicht«, schrieb er, »etwas zu zerstören, doch wenn ein kulturelles und künstlerisches Denkmal spurlos verschwunden ist, wird es zu spät für Reuegefühle sein.«[20]

Die Parteizeitung *Iswestija* lehnte es ab, Wasnezows Brief zu drucken. Dies war das unübersehbare Anzeichen dafür, dass man den Abriss auf höchster Ebene gebilligt (wenn nicht veranlasst) hatte. Das massive Gebäude, dessen Planung sieben Jahrzehnte in Anspruch genommen hatte, verschwand in den folgenden Wochen von der Bildfläche. Während die Geheimpolizisten wie immer penetrant zuschauten, entfernten Arbeitertrupps das Blattgold und Kupferblech von den Kuppeln. Andere mühten sich, mehrere schwere Glocken herunterzulassen, wieder andere beseitigten die Schnitzereien und Kacheln im Innern. Als alles bereit und das Gelände gesichert war, jagte man die Hülle in einer einzigen Nacht in die Luft und hinterließ eine Ruine, deren Räumung Monate in Anspruch nehmen sollte. Die Beute wurde auf Reihen von Pferdefuhrwerken geladen (der sowjetische Traum von allgemeiner Mechanisierung war noch nicht verwirklicht), und etliche Künstler und Konstrukteure versammelten sich wie raubgierige Störche. Manche hofften, das Glockenmetall wiederverwerten zu können, andere beabsichtigten, die Bronzetüren und die geschnitzten Statuen zu verpacken und zu exportieren. Trotz der Weltwirtschaftskrise der 1930er Jahre ließen sich irgendwo stets Käufer finden.[21]

Durch die Zerstörung der Kathedrale änderte sich die Silhouette Moskaus ganz und gar. Aber wie die Zweifler bereits murmelten, verstanden sich die Bolschewiki besser darauf, die Wahrzeichen der Stadt zu entfernen, als sich über Erneuerungen zu einigen. Unablässig wurden phantastische Pläne geschmiedet, je unmöglicher desto besser. Einer sah vor, ein turmhohes Kommissariat für Schwerindustrie auf dem Grundstück der alten Handelsreihen (des GUM-Gebäudes) zu errichten; Iwan Leonidows Skizzen zeigten, dass er den Kreml selbst übertreffen wollte.[22] Dann folgte der Kongresspalast, ebenfalls ein künftiges höchstes Bauwerk der Welt, auf dem Gelände von Thons verlorener Kathedrale. Hinzu kam die gigantische Bank, für die man die Villa der Golizyns abgerissen hatte, und es gab stets Pläne für mächtige Fabriken. Freilich war es in allen Fällen viel leichter, Entwürfe herzustellen als verrückte Ideen zu verwirklichen. In Wahrheit glich die Stadt weniger einer Tabula rasa als einem Schutthaufen, und die Trümmer wuchsen 1934 noch höher, als man schließlich die Mauern und Tortürme von Kitai-Gorod zerstörte.[23] »Wer geglaubt hatte, Moskau zu kennen, stellte bald fest, dass er *dieses* Moskau nicht kannte«, witzelten die Humoristen Ilf und Petrow.[24] Die Stadt wurde im Grunde nie wieder stimmig, und noch heute stößt man auf seltsame Lücken und hässliche, merkwürdig verlaufende Straßen. Deshalb fragt sich manch ein Besucher, mit wunden Füßen und verzweifelt, was den Planern durch den Kopf gegangen sein mag.

Die – oder eine – Antwort lautet, dass sie versuchten, eine moderne Stadt mit konzentrischen Kreisen zu schaffen, deren Mittelpunkt der Kreml, immer noch in seiner mittelalterlichen Gestalt, sein würde.[25] Doch hier mussten sich die Träume der Planer den Absichten einer mächtigeren Elite fügen, denn was sich in oder nahe der Festung abspielte, stand nie öffentlich zur Debatte. Hätten die Moskauer Bürger das Sagen gehabt, wäre der Kreml vielleicht zu einem großen Museum, einem Park oder sogar zum Stützpunkt für künftige Weltraummissionen geworden. Möglicherweise hätten ihn auch Anhänger irgendeines religiösen Glaubens oder sogar militante Atheisten für sich beansprucht. Aber bei aller visionären Glorie lag die Revolution nicht mehr in den Händen des Volkes. Der Kreml, wie die Staatsmacht, war etwas, das nur sehr wenigen gehörte. Manches musste umformuliert werden, denn der Kreml bestand, Büchern ähnlich, auch aus einem Text, aber am Ende lehrte die neue Elite, Stalins Clique, die alten Mauern, bolschewistisches Russisch zu sprechen. In ihren Händen wurde der Kreml zur Festung des Roten Russland, zu einer Silhouette mit fünf strahlenden elektrischen Sternen, die der Welt als Kürzel für die Sowjetmacht dienten und wahrscheinlich weiterhin dienen werden.

Infolge seiner Bedeutung als Zitadelle der Nation entfaltete sich das architektonische Schicksal des Kreml nach einer Reihe einzigartiger Regeln. Die Bolschewiki (zuerst Madame Trotzkaja persönlich) stuften seine Gebäude, je nach ihrem historischen oder künstlerischen Wert, in vier Kategorien ein. 1925 modifizierte man das ursprüngliche System, um den Begriff der Nützlichkeit einzuführen, wodurch der neuen Regierung jäh eine beträchtliche Fläche zur Verfügung stand. Die Kolonnade um das frühere Denkmal für Alexander II. (Kategorie 3) wurde innerhalb von Wochen abgetragen, und man machte den Ort, an dem die Moskauer Jugend vor dem Krieg an Sommernachmittagen spazieren gegangen war und geflirtet hatte, zu einem Benzinlager.[26] Aber nach Trotzkajas anfänglichem Plan hatte man die ältesten Kirchen und die beiden Klöster wegen ihrer historischen Bedeutung (Kategorie 1) abgeschirmt, und wenige erwarteten, dass das erste wichtige Kremlgebäude, das völlig verschwinden sollte, die kleine Konstantin-und-Helena-Kirche in der Südostecke der Zitadelle sein würde.[27] Sie wurde 1928 auf Befehl des Exekutivausschusses zerstört, vorgeblich um die nahen Gärten zu vergrößern und um einen neuen Sportplatz anlegen zu können.

Ein Jahr später, als immer noch eine Menge Schutt herumlag und nichts auf einen Sportplatz hindeutete, wagte der Direktor der Lenin-Bibliothek, ein langjähriger Bolschewik namens Wladimir Newski, gegen den Verlust des kulturellen Erbes zu protestieren, doch er war ein Rufer in der Wüste.[28] Eine weniger wortreiche Eingabe machte der kurz vorher ernannte Architekturdirektor des Kreml, D. P. Suchow, der sich bereits um seinen Posten sorgte.[29] Seine Genossen und er verbuchten im Frühjahr 1928 einen kleinen Erfolg, als Pläne zur Zerstörung der im gotischen Stil errichteten Katharinenkirche im Himmelsfahrts-Kloster sowie ein Projekt zur Einschmelzung der Kremlglocken hintangestellt wurden.[30] Doch der Aufschub war kurz. Nur ein Jahr später, im April 1929, sickerte die Nachricht durch, dass beide Kreml-Klöster (Kategorie 1) dem Untergang entgegensahen. Kein geringeres Organ als das höchste Parteigremium, das Politbüro, wies einen in letzter Minute von Lunatscharski vorgebrachten Protest als »antikommunistisch im Geist sowie durch und durch unanständig im Ton« zurück.[31] Wie auf ein Stichwort hin wurde der Bildungskommissar im Juli seiner Pflichten enthoben. Das Gelände der beiden Klöster merkte man für eine Militärakademie vor.

Diesmal sollte es sich in der Tat um einen schweren Verlust handeln. Das Tschudow-Kloster, in den Tagen der Mongolenherrschaft von dem Metropoliten (und Heiligen) Alexi gegründet, war eine der wichtigsten Stätten Russlands. Seine ältesten Gebäude galten als bedeutende Monumente; einige seiner Ikonen (und die Ikonostase in der Klosterkathedrale) waren seltene Kunstwerke, ebenso wie die Fresken und die Wandschnitzereien; zudem barg der Boden historische Gräber, darunter das von Alexi selbst. In jüngeren Jahren hatte man in der Krypta auch die Überreste von Großfürst Sergej Alexandrowitsch beigesetzt, was allerdings kein Trumpf für die Denkmalschützer gewesen sein dürfte. Plausibler war es, wenn die Verteidiger der Gebäude um die Möglichkeit nachsuchten, die Interieurs, die kaum jemand gesehen hatte, zu zeichnen und zu fotografieren. Die führenden Bauschutzexperten des Landes plädierten für mehr Zeit, um das kostbare Objekt erforschen und katalogisieren zu können. Schließlich habe auch Lenin die bedeutende Rolle der Gebäude anerkannt, denn er habe einmal ein Reparaturprogramm für die Granatschäden von 1917 gebilligt. Wie der Architekt Suchow und sein Verbündeter, der Konservator und Historiker N. N. Pomeranzew, Michail Kalinin 1929 mitteilten, sei es zudem paradox oder gar tragisch, dass »wertvolle Denkmäler unserer Kultur, die in den ersten Jahren der Revolution materielle Not überstanden«, in angeblich aufgeklärteren Zeiten verschwinden könnten.[32]

Das Himmelfahrts-Frauenkloster war nicht weniger wichtig. Seit Jahrhunderten hatte dieses führende religiöse Gebäude als Bestattungsort für die königlichen Frauen Russlands gedient. Die erste dort beigesetzte hohe Dame war Dmitri Donskois Witwe Jewdokia, die Gründerin des Klosters, gewesen; zu weiteren Vertreterinnen der Herrscherfamilien zählten die heißgeliebte erste Frau Iwans des Schrecklichen, seine intrigante Mutter Jelena Glinskaja und seine Großmutter Sofia Palaeolog. Da sich die königlichen Särge in mächtigen steinernen Sarkophagen befanden, war dies allein vom archäologischen Standpunkt aus eine enorme Fundgrube, denn sie enthielt Grabbeigaben, Schnitzereien und Stoffe, und aus dem jahrhundertealten Staub konnten zahllose wissenschaftliche Hinweise herausgekratzt werden. Im Sommer 1929 beschafften Mitglieder der Restaurierungswerkstatt des Kreml (gefördert vom Bildungskommissariat, das seinerseits bald in Vergessenheit geraten sollte) die erforderlichen Mittel, deckten sich mit Millimeterpapier ein und schickten sich an, das gesamte Gelände zu vermessen.[33] Das Gold und Silber des Klosters war 1922 überwiegend beschlagnahmt worden, aber niemand hatte die Ikonostase in der Hauptkathedrale begutachtet. Im Juli demontierten Experten sie zur sicheren Aufbewahrung. Gleichzeitig wurden die Platzierung und der Zustand der königlichen Särge rasch verzeichnet, bevor man sie in letzter Minute in einer der Krypten der Erzengel-Kathedrale unterbrachte.[34]

Die Situation war, gelinde gesagt, peinlich für alle Beteiligten. Jeden Morgen versammelten sich Gruppen von Männern an den Klostermauern. Vielleicht zündeten sie sich gegenseitig ihre Zigaretten an, vielleicht lachten sie gemeinsam über einen aktuellen Witz. Die erhaltenen Fotos zeigen Männer mit hageren Gesichtern. Sie tragen verstaubte Stiefel und verbringen ihre kurzen Pausen salopp in Hemdsärmeln. Alle waren Spezialisten, und alle hatten Passierscheine für den Kreml und polizeiliche Genehmigungen, aber die einen vermaßen und skizzierten die Monumente, während sich die anderen überzeugten, dass das Dynamit für die Sprengungen korrekt angebracht war. Das Vertrauen zwischen den beiden Gruppen dürfte schwach gewesen sein. Eines Morgens, als ihre Instandhaltungsversuche und Vermessungsarbeiten noch keineswegs abgeschlossen waren, trafen die Kunsthistoriker ein, um festzustellen, dass das andere Team ihre Forschungsgegenstände, die alten Mauern, zertrümmert hatte.

Es war unmöglich, Abhilfe zu schaffen. Statt Zeit mit Protesten zu verschwenden, wandten sich die Experten den Fresken des Tschudow-Klosters zu, insbesondere in der Kathedrale, die ebenfalls dem Wunder des Erzengels Michael geweiht war und aus dem 16. Jahrhundert stammte. Man hatte den Leiter des Kreml-Denkmalschutzes gewarnt, dass nur Wochen für die Aufzeichnungen zur Verfügung stünden, und Anfang Dezember bat er einen Kollegen, A. I. Anissimow, einige der besseren Exemplare abzumeißeln und zu lagern. Inzwischen war die Außentemperatur gefallen. Die Konservatoren müssen in den unbeheizten Gebäuden geflucht haben, während sie ihre Handschuhe immer wieder abzogen, um auf ihre starren, schmerzenden Finger zu blasen. Am Morgen des 17. Dezember 1929 entdeckte Anissimow, der glaubte, man habe ihm noch zwei weitere Wochen eingeräumt – eine kurze Frist für eine so heikle Aufgabe –, dass das Bauwerk vor der Dämmerung gesprengt worden war. Den Rest des Winters brachte er damit zu, das Geröll zu durchstöbern und alle brauchbaren Fragmente zu retten, solange er noch Zeit hatte. Teile dieser Sammlung werden nun wie Edelsteine im Kreml-Museum aufbewahrt.[35] Wladimir Newski von der Lenin-Bibliothek beklagte sich schriftlich über den Verlust zweier »Einrichtungen von Bedeutung für die Architektur Russlands im 15., 16. und 17. Jahrhundert (...), die das Werk von russischen Meistern des 15. Jahrhunderts enthielten, nämlich erstaunliche Fresken und alte Stücke von unvorstellbarer Perfektion«.[36] Sowohl er als auch der unglückselige Anissimow sollten ihre Tage bald in einem von Stalins Lagern beschließen.

Niemand schenkte der Behauptung Glauben, dass das Zentrale Exekutivkomitee das Klostergelände des Kreml für eine Militärakademie benötige. Auch im Zeitalter der Modernisierung fanden sich wenige Moskauer Architekten, die den Bau übernehmen wollten. Schließlich erbarmte sich I.I. Rerberg, der heute vor allem dafür bekannt ist, dass er einen der Moskauer Bahnhöfe entwarf.[37] Der resultierende Gebäudekomplex war unpraktisch, und es fiel schwer, sich auszumalen, welch eine Militärausbildung neben dem Versammlungssaal des Politbüros stattfinden konnte.[38] Die Akademie wurde bald geschlossen, wonach man ihre Räume in Büros, einen Speisesaal und, ein paar Jahre später, in ein Kreml-Theater umwandelte. Die Tatsache, dass Stalin und seine Mitarbeiter bereit gewesen waren, sich mit all dem Lärm und Staub abzufinden, lässt vermuten, dass sie in Wirklichkeit den Anblick eines Klosters, auch wenn es leer war, nicht ertragen konnten, denn für eine Akademie hätten sich alle möglichen anderen Standorte angeboten. Aber wie sie gehofft hatten, verschwanden die Gotteshäuser spurlos. Im Jahr 2007 versicherte mir ein früherer Kremlbewohner sogar, dass solche Gebäude nie existiert hätten. Achselzuckend über meine Ignoranz, wiederholte er: »Im Kreml hat es nie ein Kloster gegeben.«[39] In seinem Fall hatten die Bolschewiki offensichtlich Erfolg gehabt.

Es war viel leichter, für eine gewisse Umgestaltung von Thons Großem Kreml-Palast zu plädieren. Diesmal ging es darum, ein besseres Konferenzzentrum bereitzustellen. Genau das war natürlich auch der Zweck des Palasts der Sowjets auf dem Grundstück der ehemaligen Christ-Erlöser-Kathedrale, doch der Wolkenkratzer befand sich noch in der Planungsphase (und würde letztlich nie über sie hinauskommen). Für den Moment benötigte die Kommunistische Partei ein Gebäude, das Platz für mehrere tausend Delegierte und für Betriebsanlagen wie Toiletten und Speisesäle bot. Das Bolschoi-Theater stellte eine Notlösung dar, doch der Große Palast im Kreml war viel entwicklungsfähiger. Ein Team unter Leitung des Architekten I. A. Iwanow-Schiz begann die Arbeit im Jahr 1932 und war angewiesen, sie innerhalb von 18 Monaten, rechtzeitig für den 17. Kongress der Kommunistischen Partei, abzuschließen.[40] Die stämmigen Männer mit Schubkarren und sperrigen Geräten zogen erneut ein, doch jeder musste zuvor, und zwar täglich, von den Sicherheitsorganen überprüft werden. Rudolf Peterson, der Pawel Malkow als Kreml-Kommandant abgelöst hatte, erinnerte sich später an einen logistischen Albtraum.[41]

Es gab nur wenige Zuschauer, die um die nach den Orden des heiligen Andreas und des heiligen Alexander benannten Palastsäle trauern konnten. Wie so viele andere Bauwerke jüngeren Datums war der Große Palast eher üppig als geschmackvoll. Rasch entfernte man das Blattgold und den falschen Marmor und führte die beiden mächtigen Säle zu einem einzigen zusammen. Dieser gigantische Raum, nach einem verstorbenen Mitarbeiter Lenins Swerdlow-Saal genannt, wurde dann ohne große Proteste der Konservatoren mit Holz (das Stalin bevorzugte) getäfelt und mit gestuften Sitzreihen ausgestattet. Ominöser war die Bedrohung für nahe gelegene Stätten, darunter manche der ältesten auf dem Kreml-Hügel. Der im 15. Jahrhundert gebaute Facettenpalast diente seit mehreren Jahren als Kantine, doch Architekten beäugten nun seine Rote Treppe, den letzten Überrest (wenn auch in Form einer Kopie) der überdachten Stufen, die einst die königliche Terrasse auf der ersten Etage mit dem Kathedralenplatz verbunden hatten. 1934 riss man dieses Relikt ab, um Platz für einen behaglicheren Speisesaal und komfortablere Toiletten zu schaffen. Auch das älteste Gebäude Moskaus, die Kathedrale des Erlösers am Walde, bereitete Probleme. 1932 verwendete man dieses beliebte Gebetshaus für eine Ausstellung kommunistischer Trauerkränze, vornehmlich derjenigen Lenins und Swerdlows.[42] In den 1990er Jahren teilte Alexej Rykows Tochter, die einst in der Nähe gewohnt hatte, einem Forscher mit, dass ihr Vater das Schicksal der Kirche für besiegelt gehalten habe, weil sie die Fenster der Wohnung verdunkelte, die Stalins Handlanger Lasar Kaganowitsch zur Zeit von Rykows Sturz im Jahr 1932 geerbt hatte.[43] Derart triviale Gründe, die eines Zaren wie Nikolaus I. würdig gewesen wären, mögen eine Rolle gespielt haben, aber es ist genauso wahrscheinlich, dass Stalins Höflinge Kirchen einfach nicht in Ruhe lassen konnte. Die Tatsache, dass diese einzigartig war, eine Zeugin der fernsten Vergangenheit der Nation, hatte wenig Gewicht für die sowjetischen Pläne. Das Gebäude war dem Palast gefährlich nahe, und in einem Zeitalter der strahlenden elektrischen Beleuchtung roch es nach Kerzenwachs, Zarismus und Mäusen.

Der Erlöser am Walde stürzte in einer Frühlingsnacht ein, möglicherweise am 1. Mai 1933. Feuerwerke waren sehr nützlich, wann immer Explosionen getarnt werden mussten. Obwohl Archivquellen nun bestätigen, dass das Politbüro die Entscheidung zum Abriss der Kirche im September 1932 traf, bleiben die Einzelheiten der Zerstörung, die fast mit Sicherheit von der Geheimpolizei vorgenommen wurde, ziemlich vage.[44] Man unterdrückte die Berichterstattung, damit der Verlust der Kirche im Ausland kein Aufsehen erregte. 1955, zwei Jahrzehnte nachdem sie sich in Staub aufgelöst hatte, veröffentlichte der Kunsthistoriker Arthur Voyce eine Studie über den Kreml mit einem bebilderten Abschnitt über dessen ältestes Gebäude, das er fälschlich für noch existent hielt.[45] Auch heute sind keine Fotos der Sprengung verfügbar, ebenso wenig wie Angaben über das Schicksal der ursprünglichen Steinmeißeleien. 1933 beabsichtigte man nicht, an die Ränder der Geschichtsschreibung zu kritzeln, sondern vielmehr ganze Kapitel umzuarbeiten und unbequeme Ereignisse auszuradieren, als hätten sie sich nie abgespielt. Sogar die Fundamente der Kirche gingen verloren. 2009, als ich die verborgenen Kammern des Kreml besichtigen konnte, warf meine fachkundige Führerin einen Blick über den Palasthof hinweg und schürzte die Lippen. Ihr Urteil über den Sowjetblock, der nun auf dem Grundstück der alten Kathedrale steht, war sparsam: »Ein Schweinestall bleibt immer ein Schweinestall.«

Die Umfirmierung des Kreml gewann an Tempo. Bis 1937 waren die Bildnisse des heiligen Nikolaus und des Erlösers auf Stalins Befehl von ihrem jeweiligen Torhaus verschwunden. Lediglich der Vorschlag (von

Stalins engem Freund Abel Jenukidse), die ziegelroten Außenmauern hellgrau zu streichen, ließ das Regime innehalten. Es gab diese Idee auf, doch 1935 wurden die Doppeladler auf den Türmen Grabars Empfehlung gemäß schließlich entfernt.[46] Zunächst ersetzte man sie durch drei riesige metallüberzogene Sterne, verziert mit Halbedelsteinen in Form des Hammers und der Sichel der Kommunistischen Partei, aber die Metallbeschläge rosteten bald und die Sterne waren insgesamt zu schwer. 1937, zur Feier des 20. Jahrestags der Revolution, wurden sie ihrerseits abmontiert und gegen die roten Sterne ausgetauscht, die heute jeder kennt. Gefertigt aus rubinrotem Glas und von innen durch elektrische Lampen erleuchtet, sorgten sie (jeder hat einen Durchmesser von über drei Metern) für genau das richtige Image, und sie waren so stabil, dass sie das Sowjetreich überdauerten.[47] Der Kreml hatte seine moskowitische Vergangenheit hinter sich gelassen. Düsterer und schwer bewacht, war er der perfekte Fokus für die windgepeitschten Plätze und die Granitboulevards von Stalins Hauptstadt.

Im Innern der Zitadelle gab es jedoch weiterhin einige Winkel, welche die Reformer nicht zu verbessern suchten. Nicht einmal Stalin hob eine Hand gegen die Entschlafens-Kathedrale, wiewohl zur Finanzierung staatlicher Projekte unablässig Objekte aus ihrer Schatzkammer entschwanden.[48] Als Ort, an dem jeder Herrscher seit Iwan dem Schrecklichen gekrönt worden war, muss das Gebäude eine besondere Faszination ausgeübt haben, nicht zuletzt auf Stalin selbst. Auch die Verkündigungs- und die Erzengel-Kathedrale blieben bestehen; allerdings litten ihre Fresken und Ikonen stark unter der Feuchtigkeit, die sich sofort nach ihrer Verriegelung im Jahr 1918 herabsenkte. 1938 erklärten mehrere Experten aus dem Kreml-Rüstkammer-Museum diese Gebäude für »chaotisch, schmutzig und unordentlich«. Zwanzig Jahre nach Beginn des neuen Zeitalters war es ein Schock, die kostbaren Kronleuchter in einem Scherbenhaufen auf dem Fliesenfußboden vorzufinden. Auch Kirchenschätze, die man in einem Museum hätte verwahren müssen, waren wie Trödel in ein paar Schränken aufgestapelt.[49] Allerdings konnten die Kuratoren, so aufrichtig ihre Bedenken waren, kaum Abhilfe schaffen, denn ihr eigenes Museum hatte schon genug Probleme.

Vor dem Sturz ihres Mannes war es Natalia Trotzkaja gelungen, die Rüstkammer als staatliches Museum zu erhalten, aber sie war nicht zu der erwarteten Attraktion für die Öffentlichkeit geworden. Bestenfalls fanden sich jeden Monat ein paar Gruppen ein, stets mit vorheriger Anmeldung und häufig aus den höheren Rängen der Gewerkschaften und der Verwaltung. Ein Ausländer, der in den 1930er Jahren an einer Besichtigung teilnahm, bemerkte überrascht, wie der russische Betreuer neidische Blicke auf einen Baedeker in seiner Tasche warf. Wie sich herausstellte, hatte der Russe, ein Ortsansässiger, den Kreml nie zuvor betreten, geschweige denn etwas Verlässliches über seine Vergangenheit lesen können.[50] Immerhin war das Rüstkammer-Museum bis zum Krieg, als sich Moskau Bombardements und einem möglichen Einmarsch gegenübersah, nicht völlig geschlossen. Sein Hauptproblem bestand darin, Regierungsplünderer abzuwehren, die Kunstschätze zumeist als harte Devisen in Form von Stückgut betrachteten.[51] Als Erstes kam Pomgol, das 1921 gegründete Komitee zur Bekämpfung der Hungersnot. Ab 1928 war das Finanzkommissariat (Narkomfin) an der Reihe, dessen Devisenbedarf sich in der Zwischenkriegszeit mit jedem Schritt zur Industrialisierung und zur Wiederbewaffnung erhöhte. Es spielte keine Rolle, welche Bedeutung ein Objekt in der großen Sammlung hatte. Entscheidend war, es ins Ausland zu schaffen, und Ikonen, perlenbedeckte Gewänder, Juwelen und Fabergé-Eier boten sich für den Export an. Außerhalb Moskaus wurden auch die letzten Klöster der Nation eines nach dem anderen geschlossen, und Wertsachen aus ihren Tresoren tauchten fast allwöchentlich zur Katalogisierung (und zur Auswahl für den Export) im Kreml auf. 1929 war Dmitri Iwanow, der Museumsdirektor, dem Stress nicht mehr gewachsen und zog sich mit angegriffener Gesundheit in den Ruhestand zurück. Unterdessen hatten viele seiner fähigeren Angestellten ihre Ämter ebenfalls aufgegeben.[52]

Iwanows Nachfolger war ein wahrer Sohn des neuen Regimes. In diesem Stadium wurden Posten im Arbeiterparadies auf der Grundlage sozialer Herkunft statt nach relevanter Berufserfahrung vergeben.[53] Der einzige Dienstherr des Landes – der Staat – beförderte Arbeiter »von der Werkbank« auf Direktorenposten, in Vorstände von erzieherischen und wissenschaftlichen Einrichtungen und, im Fall des Kreml, in die Leitung eines Museums mit unbezahlbaren Kunstwerken. Sergej Monachitin, den man 1929 aus der Waffenfabrik Borez in den Kreml holte, zielte darauf ab, das »patriarchalische« Erbe des Museums zu beseitigen, was bedeutete, dass er auf die regelmäßigen Forderungen der Industrialisierer nach Gold einging.[54] 1930, im Jahr des 16. Parteitags, erklärte er sich auch bereit, der Verteidigung eine Ausstellung zu widmen. Dazu ließ er in seinen nun leeren Schaukästen Gegenstände anordnen, welche die Stahlproduktion und die Waffenherstellung veranschaulichen sollten. Das marxistische Muster des historischen Fortschritts legte die Themen für spätere Ausstellungen fest, die oft Stadien in der Entwicklung der Produktionsmittel anzeigten. Da in der Sammlung des Museums kaum noch etwas vorhanden war, das einen Eindruck vom Leben slawischer Arbeiter in der sogenannten Feudalzeit vermitteln konnte, musste man Modelle anfertigen und Landschaftsbilder malen lassen, um die angemessene Stimmung zu erzeugen. Mit anderen Worten, Fälschungen ersetzten die realen Schätze, die das Museum verloren hatte.

Es war ein vergebliches, fast tragisches Unterfangen. Während die Angestellten die Herrlichkeiten des Museums, die nur noch nach ihrem Silber- oder Goldwert eingestuft wurden, zusammenpackten, ersetzten ihre Chefs die Exponate durch Gegenstände, die nichts mit der Stätte, ihrer Geschichte oder der gelebten irdischen Realität zu tun hatten. Und ihr Gehorsam rettete sie nicht einmal vor der Verhaftung. Im Dezember 1934 wurde Stalins Genosse Sergej Kirow in seinem Leningrader Büro von einem Mann ermordet, dem es gelungen war, sich einen gültigen Passierschein ins Parteihauptquartier der Stadt sowie eine geladene Pistole zu verschaffen. Stalin schloss daraus, dass die Sicherheitsvorkehrungen überall gestrafft werden müssten. Den Mitgliedern seines Gefolges, der wirklichen Elite, wurde jeweils eine hauptberufliche Mannschaft von Leibwächtern zugeteilt, und alle mussten Vorsichtsmaßregeln treffen, die sich von Überwachungsgeräten in ihren Autos bis zu Geheimcodes für fast jeden ihrer Schritte erstreckten.[55] Eine Säuberung des Kremlpersonals war unvermeidlich, und es gab keine Ausnahmen für Monachitins Team.[56] Der Direktor des Rüstkammer-

Museums wurde von Kuprijan Maslow abgelöst, einem früheren Rote-Armee-Kommandeur mit zwölf Jahren Erfahrung bei den Sicherheitsorganen.[57] Andere Museumsangestellte verschwanden in der Lubjanka, der Hochburg der Moskauer Geheimpolizei, und viele der übrigen kündigten und ergriffen die Flucht, bevor sie das gleiche Schicksal erlitten. 1936 war das Rüstkammer-Museum kaum noch funktionsfähig.

Gleichwohl wollte der neue Direktor, dass die Institution erfolgreich aussah und sich der Welt so heiter wie möglich präsentierte. Im April 1936, als jeder Moskowiter, der einen neuen Anzug benötigte, mit einer sechsstündigen Schlange rechnen musste, verfügte Maslow, dass seine Angestellten »saubere Kleidung zu tragen« sowie »gepflegt und höflich in ihrem Umgang miteinander und mit Besuchern« zu sein hätten. Er behauptete, dass sich jeder, wie hungrig er auch sei, zu einem Lächeln zwingen könne, aber um sicherzugehen, dass seine Leute gestriegelt und gebügelt waren, richtete er eine Personalgarderobe ein, aus der sich die modisch stärker Benachteiligten, sobald ein Besucher nahte, etwas Respektables herausgreifen durften. Diese Garderobe hätte ihrerseits in einer Ausstellung über das sowjetische Leben vertreten sein können, denn sie enthielt das ganze Sortiment örtlich produzierter, doch knapper Kleidungsstücke, nämlich Krawatten und Schuhe, Hüte, Hemden, Kragen und sogar Damenstrümpfe.[58] Anfang 1939 war jedoch fast niemand mehr da, der die Sachen tragen konnte, denn das Museum besaß nur noch zwei Touristenführer.[59]

Der 17. Parteitag der KPdSU fand im Januar 1934 in dem umgebauten Kreml-Palast statt. Fast 2000 Delegierte reisten aus sämtlichen Republiken und Regionen des Sowjetreiches an. Zwei Wochen lang hörten sie zahlreichen weitschweifigen Reden und inszenierten, ermüdenden Debatten zu. Der Saal war stets überheizt, und die Redner, die sich häufig drei oder vier Stunden hintereinander ausließen, konnten in den letzten Reihen akustisch nicht immer verstanden werden, doch die Stimmung der Zusammenkunft war so euphorisch, dass man später vom »Parteitag der Sieger« sprach. Unter vier Augen taufte ihn zumindest ein Zuschauer jedoch in »Parteitag des Siegers« um.[60] Josef Stalin hatte seinen Vorrang innerhalb der Parteielite Ende 1929 gefestigt, als die staatlich kontrollierte Presse seinen 50. Geburtstag feierte (in Wirklichkeit seinen 51.⁶¹), indem sie den »Personenkult«, wie das Phänomen später genannt wurde, vom Stapel ließ. Er hatte sämtliche Rivalen durch seine gnadenlose Politik bezwungen. Zur Zeit des Kongresses im Jahr 1934 war Trotzki geflohen, aber alle anderen marschierten zum Rednerpult, um ein Loblied auf Stalin zu singen. Es handelte sich um Sinowjew und Kamenew (Lenins einstige Berater), Bucharin, Rykow und Tomski (ein Trio, dem man kurz zuvor Widerstand gegen Stalins besonders maßlose Wirtschaftspläne vorgeworfen hatte). Diese Veteranen des bewaffneten Kampfes, der politischen Auseinandersetzung und des Bürgerkriegs waren innerhalb von fünf Jahren tot, und mehr als die Hälfte der Delegierten, die sie bejubelt hatten, sollte ebenfalls verhaftet oder erschossen werden.

Einen Schlüssel zu Stalins scheinbar gespenstischer Macht lieferte das Netz aus Spitzeln und Schlägern, die nur ihm Bericht erstatteten.⁶² Seit Iwan III., wenn nicht schon eher, legte jedes Regime im Kreml einen ungesunden Nachdruck auf Kontrollsysteme, Schlösser und Gucklöcher, Wächter und Geheimgänge, aber Stalin war extrem. Die Methoden, die er nach Lenins Tod übernahm, hatten sich auf zwanghafte Geheimhaltung gestützt. Es gab Chiffren und Codes für fast jede Regierungstätigkeit, und Informationen über alles Mögliche – von sozialen Unruhen bis hin zum wirklichen Zustand des Wirtschaftslebens der Nation – waren Verschlusssachen.⁶³ Der Wert, den man dem Verfahren zumaß, wurde 1922 verdeutlicht, als ein führender Bolschewik eine Belohnung von 100 Millionen Rubel für die Rückgabe einer Aktentasche mit Geheimdokumenten und einem Verschlüsselungscode aussetzte.⁶⁴ Im Innern des Kreml benutzten die Führer des Landes den gesamten Bürgerkrieg hindurch ein System von Feldtelefonen, das sie für sicherer hielten als eine konventionelle Zentrale, bis 1923 neue Geheimverbindungen installiert werden konnten.⁶⁵ Aber die Tscheka (und ihre Nachfolger, die GPU und das NKWD) bespitzelte alle, und darüber hinaus machte ein noch engerer Zirkel, Stalins persönliches Netzwerk, seinem Büro direkt Meldung nicht nur über die Wirtschaft, sondern auch über lokalen Klatsch und die Marotten des Kreml-Kommandanten. Bald kam die Technologie ins Spiel – der Kreml war durchsetzt mit Rohrsystemen, Geheimpassagen und Abhörgeräten[66] –, aber sorgfältige Verhöre, stundenlange Lektüre und diverse Formen von Kleinkriminalität im Namen des Staates (etwa Einbrüche und Erpressung[67]) bildeten das Rückgrat des Systems. »Man konnte nicht einmal niesen«, bemerkte ein früherer Kremlmitarbeiter, »ohne dass die GPU Bescheid wusste.«[68]

Obwohl Stalin im Kreml wohnte, lag sein Büro ursprünglich im Gebäude des Zentralkomitees am nahen Alten Platz, wo Bürokraten die Personalakten und andere operative Unterlagen der Partei bearbeiteten. Sein Umzug in ein sichereres Quartier wurde durch einen angeblichen Anschlag auf ihn ausgelöst. 1931 übernahmen die Geheimabteilung des Zentralkomitees und er eine Bürosuite in der Ecke des Senatsgebäudes (nun umgetauft in »Kreml-Korpus Nr. 1«) am Nikolski-Tor. Stalins neues Sanktum bestand aus zwei Zimmern; es war schmucklos, rauchgeschwängert und mit Büchern, Landkarten, einem Globus und Porträts von Lenin und Kutusow ausgestattet.[69] Um es zu erreichen (wenn man die erforderlichen Papiere besaß), stieg man eine kurze teppichlose Treppe vom Innenhof hinauf und überquerte ein mit Bewachern gefülltes Vorzimmer. Dahinter, an einem beeindruckenden Korridor (»wie ein Museum«, erinnerte sich ein Zeuge[70]), lagen mehrere Büros. Das größte war ein Empfangszimmer, in dem Stalins Privatpersonal arbeitete. Bis zu seinem Tod im Jahr 1935 war Iwan Towstucha die rechte Hand des Führers. Danach wurde diese Funktion von Alexander Poskrjobyschew ausgeübt, dem Chef der Geheimkanzlei, der nicht nur Stalins Terminkalender, sondern auch die Nachrichtendienstberichte koordinierte.[71] Niemand betrat Stalins Zimmer, ohne mit Poskrjobyschew gesprochen zu haben, und niemand sprach mit Poskrjobyschew ohne ein Nicken von Nikolai Wlassik, Stalins Hauptleibwächter. Der Generalsekretär schlug nicht nur Nutzen aus Geheimnissen, sondern auch aus der Macht der Einschüchterung.

Stalins anderer Trumpf war in vielen Fällen schiere materielle Freigebigkeit. Der moskowitische Staat der ersten Romanows hatte durch die Gewährung von Privilegien funktioniert (im Gegensatz zur Anerkennung von Rechten), und Stalins Hof bediente sich einer ähnlichen Methode.[72] In den 1930er Jahren waren die Läden leer und der Privathandel so gut wie ausgestorben, weshalb Güter und Dienstleistungen zugeteilt statt auf dem offenen Markt erworben wurden. Dadurch konnten Individuen nicht mehr unter einem Verbraucherangebot wählen. Sogar gewöhnliche Beschäftigte, darunter gelernte und ungelernte Arbeiter, erhielten neben ihrem Wochenlohn kleine Lebensmittelpäckchen. Parteimitglieder, also die Elite, durften mit einer Reihe zusätzlicher Vergünstigungen rechnen, in denen sich winzige Statusunterschiede widerspiegelten. Manche machten Urlaub in Badeorten am Schwarzen Meer, andere durften Kaviardosen öffnen, doch jegliches Sonderrecht war ein Beweis sozialer Wertschätzung, und sein Entzug kündete häufig Schmach und mögliche Verhaftung an. Im Schatten des Gulag der dreißiger Jahre waren ein Stück Stoff oder ein Paar Stiefel nicht bloß knapp und teuer, sondern ihr Eintreffen war auch eine große Erleichterung für den Empfänger. Wenn jemand eine kostbare Sendung auspackte, eine Belohnung für die Mühen der Parteimitgliedschaft, dann war eine kostenlose Fischkonserve genauso viel wert wie ein amtlicher Strafaufschub.

Solche kleinen Freuden waren während des Parteitags besonders wichtig. Es war ohnehin eine Ehre für Provinzler, Moskau, geschweige denn den Kreml, zu besuchen, doch noch andere Details deuteten auf den Wert von Parteimännern hin. Beispielsweise ließ man sämtlichen Delegierten auf dem 16. Parteitag im Juni 1930 mehrere Warengutscheine zukommen. Wenn sie den Umschlag öffneten, der vermutlich einen amtlichen violetten Stempel trug, erfuhren sie, dass sich die Gutscheine gegen drei Stück rationierter Seife (zwei von Haushaltsqualität und eines, das nicht ganz so grob war), jeweils 800 Gramm Fleisch und Käse, ein Kilo Salami sowie Konserven, Zucker und Zigaretten einlösen ließen. Außerdem wurden die Delegierten mit einem Gummiregenmantel, Anzugstoff, zwei Garnituren Unterwäsche und einem Paar Schuhe bedacht. Wie ein Zyniker in seinem privaten Tagebuch verzeichnete, dürften die Parteimänner, welche die Reden über die »wirtschaftlichen Errungenschaften« des Landes mit »stürmischem Applaus« begrüßten, an ihr eigenes Frohlocken gedacht haben, als sie nur Stunden vorher ein kostbares Stück Seife in ihrem Herbergszimmer ausgepackt hatten.[73] Es mochte demütigend gewesen sein, mit allen Übrigen Schlange zu stehen und die feudalistischen Spenden zu akzeptieren, aber niemand wollte sein Paket mit Wurst, wasserdichtem Regenmantel und weiteren Gaben dadurch verlieren, dass er später bei der Abstimmung zögerte. Auf diesem Parteitag vereinbarte man triumphierend, die Ziele des Fünfjahresplans der Nation innerhalb von vier Jahren zu erreichen.

In einem solchen System war es selbstverständlich, dass die Elite Anspruch auf das Beste hatte. Der Kreml wirkte exklusiver als jeder Club. Zuerst, in den frühen 1920er Jahren, erschien ein Laden (mit der phantasielosen Bezeichnung »Kreml«) in der ersten Etage des früheren Küchenblocks, wo nur Personen mit einem Sonderausweis Handelsartikel betrachten oder gar kaufen durften. Die Einrichtung des verschlossenen Ladens erwies sich als so gute Idee, dass jede öffentliche Institution (von der Geheimpolizei bis hin zu größeren Fabriken und Bergwerken) sie mit sich verringernder Angebotsfülle nachahmte.[74] Um die Privatsphäre der Kremlkunden zu schützen (besonders als die Räumlichkeiten ins GUM verlegt wurden), verkleidete man die Schaufenster der Elitegeschäfte mit Riesenplakaten der Vorkämpfer für die Hungernden und Unterdrückten der Welt, Lenin und Marx.[75] Dann folgten private Kliniken, Kurorte und Speisesäle. Lidia Schatunowskaja, die in den zwanziger Jahren über der Kremlkantine wohnte, erinnerte sich, dass dort stets ein reges Treiben herrschte. Am frühen Abend schienen sich, wie ein anderer Zeuge, Sergej Dmitrewski, bestätigte, sämtliche Politiker Moskaus in dem Gebäude zu versammeln. Man servierte traditionelle russische Speisen, dazu selbstgebackenes Brot, kleine Pasteten, Milch, Kwass und endlose Tassen Tee, aber die Preise waren, wie Schatunowskaja anmerkte, »im Grunde symbolisch«. Während Moskau darbte und die Bauern hungerten, verweilten die Kremltischgäste lautstark bei fettiger Suppe und Gurken, und ihre Gespräche wandten sich – an diesem sicheren Ort – unweigerlich den Männern an der Spitze zu.[76] Allerdings unterschieden sich die Hygienemaßstäbe kaum vom allgemeinen Standard. Man liest mit diebischer Freude, dass fast jedes Mitglied dieser scheinheiligen Elite dauernd über irgendeine Krankheit klagte.[77]

Obwohl Gerüchte über die verschlossenen Geschäfte und die privaten Kurorte das Charisma der Macht stärkten, musste die Wahrheit in einem Arbeiterstaat unbedingt verschleiert werden. Kein Bürger sollte seinen Reichtum zur Schau stellen, und eigentlich konnte es auch niemand, denn der Staat war fähig, alles so rasch wieder an sich zu reißen, wie er es ausgeteilt hatte. Sogar hohe Politiker und Verwaltungsbeamte mussten Anträge beim Sekretär des Zentralen Exekutivkomitees, Abel Jenukidse, einreichen, um sich Wohnungsreparaturen sowie Reisegeld und Erholungsaufenthalte genehmigen zu lassen.[78] Auch gab es keine speziellen, prunkvollen Gewänder für Stalins Inkarnation des Kreml-Hofes. »Die Tischdecken sind sauber«, schrieb Dmitrewski, »aber die Atmosphäre ist häuslich.« Er bezweifelte, dass sich in den 1920er Jahren irgendwo in der Festung mehr als drei Smokings entdecken ließen, und Lunatscharski (»der Stutzer«) war der Einzige, der regelmäßig ein solches Kleidungsstück trug. Der Protokollchef im Volkskommissariat für Auswärtige Angelegenheiten, ein Mann namens Florinski, versuchte einmal, den gebührenden Eindruck zu machen, indem er sich für den Empfang eines ausländischen Besuchers einen Zylinder borgte. Als eine Schar Jungen ihn auf der Straße unweit des Kreml erblickte, jubelten sie, hüpften neben seinem Auto her und riefen: »Der Zirkus ist da, der Zirkus ist da!«[79]

Die Geschichten über den häuslichen, bescheidenen Lebensstil im Kreml werden durch fast jede Quelle bestätigt. Nicht Wohlstand allein, sondern die Korruption der Macht ruinierte Kinder wie Wjatscheslaw Molotows Tochter, die schon in ihren Schultagen alkoholabhängig wurde.[80] Stalins Tochter Swetlana Allilujewa beteuerte, dass ihre Kindheit behaglich, doch nicht luxuriös gewesen sei. »Die Wohnung hatte zwei Kinderzimmer, und ich teilte meines mit dem Kindermädchen«, schrieb sie. »An den Wänden gab es keinen Platz für Bilder, denn sie waren mit Büchern gesäumt. Außerdem waren da eine Bibliothek, Nadias [der Name von Stalins Frau] Zimmer sowie Stalins winziger Schlafraum, in dem ein Tisch mit Telefonen stand (…) Die Unterkunft war gemütlich, mit bürgerlichem Mobiliar.«[81] Viele andere Wohnungen erinnerten eher an spärlich eingerichtete Hotelsuiten, und manchen schien es eindeutig an Möbeln zu fehlen, denn die besseren Überbleibsel aus den Palästen – elegante Stühle und Anrichten, vergoldete Spiegel und dergleichen – waren von den Räubern aus dem Finanzkommissariat beschlagnahmt und exportiert worden.[82] »Wir lebten wie auf einer Insel«, berichtete Nami Mikojan, »aber sie war weder exotisch noch üppig. Hinter den roten Ziegelmauern fühlten wir uns wie in einem bequemen, schweigenden Gefängnis.«[83]

Eine andere Bewohnerin fügte jedoch hinzu, dass die Bedienung in der Zitadelle tadellos gewesen sei: »höflich, diskret, unaufdringlich«.[84] In diesem Land der proletarischen Freiheit befahl man dem Personal, das die Holzöfen des Kreml allmorgendlich anfachte, weiche Pantoffeln zu tragen, damit die Kommissare ausschlafen konnten.[85] »Der Komfort«, erläuterte Nami Mikojan, »ließ sich an der Reinlichkeit der Bettwäsche ablesen.«[86] Die Elite verfügte über Hausangestellte und Kindermädchen, und jeder Mann im Zirkel der Macht konnte erwarten, dass Tänzerinnen und Schauspielerinnen nach einem Auftritt ein Glas Wein mit ihm tranken. Wlassik und Poskrjobyschew hatten eine Vorliebe für junge Frauen, Jenukidse war begeistert vom Ballett, Bontsch-Brujewitsch veranstaltete legendäre Partys für Künstler, und Michail Kalinin, der alternde Ministerpräsident, mochte Operetten.[87] Auch die populärsten Bühnenstars wussten, dass sie keine andere Wahl hatten, als zu gehorchen, wenn sie zu einem späten Abendessen eingeladen wurden. Schließlich befanden sich viele begabte Frauen in den sibirischen Arbeitslagern.

Verhältnisse zwischen Politikern und attraktiven weiblichen Berühmtheiten waren gestattet (und wurden in den verborgenen Höhlen der Geheimpolizei begrüßt), weil sie die Beteiligten erpressbar werden ließen.[88] Anders sah es jedoch bei Skandalen aus, denn man erwartete von Sowjetführern, dass sie der Öffentlichkeit ein moralisch einwandfreies Bild präsentierten. Ihre zügellosesten Partys fanden in sicherer Entfernung von Moskau statt, das heißt auf ihren Datschas und in Urlaubsorten.

Es war allgemein bekannt, dass Jenukidse Tänzerinnen schätzte und dass Geheimpolizeichef Jagoda lasterhaft war, doch solange ihr Privatleben unsichtbar blieb, konnte der Mythos vom guten Bolschewiken weiterbestehen. Als Kalinin und die bezaubernde Primadonna Tatjana Baltsch eines Abends in einem Moskauer Verkehrsstau ertappt wurden, mussten sie ihre Indiskretion teuer bezahlen. Eine Menschenmenge bildete sich um das stehende Auto, und Bürger, die den Politiker und die sanfthäutige Schönheit an seiner Seite erkannten, pfiffen und stießen Beleidigungen aus und warfen mit Steinen und Erdklumpen.[89] Wie ein unartiger Schuljunge sah der große alte Mann der russischen Politik am nächsten Morgen einem peinlichen Gespräch mit Stalin entgegen.

Es waren also nicht die weißen Laken und die parfümierte Seife, sondern der Zugang zu Informationen und Patronage, die das Leben im Kreml so begehrenswert machten. Wer die Festung verließ, meinte, fast alles zu verlieren. Sogar in den zwanziger Jahren, als Teile der Zitadelle Slums glichen, erwies es sich als nahezu unmöglich, Bewohner auszuquartieren.[90] Von Bontsch-Brujewitsch bis zum Proletarierpoeten Demjan Bedny setzten die im Kreml Ansässigen alle Mittel ein, um ihre Wohnung zu behalten.[91] Wenn jemand starb, kam es zu einem wilden Ansturm auf die freiegewordene Unterkunft. 1931 sollte die Überbelegung auf dem Hügel verringert werden, weshalb man etliche Mieter aufforderte, in das gerade fertiggestellte Haus an der Uferstraße, einen Luxuswohnblock nahe der Moskwa, umzuziehen. Aber die Nachfrage war sehr gering. Das neue Gebäude besaß zwar ein Mineralbad und Privatläden, eine Klinik und ein Kino, dazu Zentralheizung und eine ständige Heißwasserversorgung, während der Kreml nur über Gemeinschaftsbadezimmer und altmodische Öfen verfügte, doch jeder begriff, dass ein ehrgeiziger Politiker in der Festung wohnen musste.

Eines Abends, am 8. November 1932, als ihr Mann im Kreml bei einem Diner zur Feier des 15. Jahrestags der bolschewistischen Revolution verweilte, zog sich Stalins Frau Nadeschda Allilujewa in ihr hübsch möbliertes Schlafzimmer mit dem himbeerfarbenen Teppich zurück. Sie war für eine Abendgesellschaft gekleidet, aber nun entfernte sie die Rose aus ihrem Haar. Dann warf sie den Mantel ab, den sie bei ihrem letzten, kummervollen Spaziergang um den Palast getragen hatte. An ihrem Frisiertisch, auf dem ihre Fläschchen mit Chanel-Parfüm standen, hob sie die Walther-Pistole auf, die ihr Bruder aus Berlin geschickt hatte, und schoss sich ins Herz.[92] Stalin schaute nicht in ihr Zimmer, bevor er später in seiner eigenen kleinen Kammer ins Bett ging, und so war es die Haushälterin Karolina Till, welche den Leichnam am folgenden Morgen in einer Blutlache vorfand. »Alles kam mir so seltsam vor«, erinnerte sich Swetlana, die damals noch keine sieben Jahre alt war. »Plötzlich weinten alle, und wir wurden zur Datscha, nach Subalowo, fortgeschickt.«[93]

Nadeschda war Depressionen und Stress erlegen. Sie hatte die Erzählungen vom Leid der Bauern, die Morde und Lügen nicht mehr aushalten können. Stalin blieb ihrer Beerdigung im Nowodewitschi-Kloster fern, doch der Verlust traf ihn heftiger, als er je zugab. Er verließ die Kremlwohnung, die sie geteilt hatten (zuerst tauschte er sein Quartier mit Bucharin, um dann in den Senat zu ziehen). Im Allgemeinen jedoch veranlasste der Tod seiner Frau, den er als Verrat empfunden zu haben scheint, den Parteiführer, extreme Maßnahmen zu ergreifen. Während amtlich verlautbart wurde, dass Nadeschda an einer Blinddarmentzündung gestorben sei, schickten sich seine Helfer an, die Wahrheit zu unterdrücken. Man entließ oder verhaftete, einen nach dem anderen, sämtliche Kremlbedienstete, die Bescheid wussten. Gegen Ende 1935 dürften jede Putzfrau und jeder Koch in der Zitadelle direkt für die Geheimpolizei gearbeitet haben. Akten im Archiv von Nikolai Jeschow, der später das Volkskommissariat für Innere Angelegenheiten (NKWD) leitete, lassen erkennen, dass die Kampagne zur Vertuschung der Gründe für Nadeschdas Tod sogleich begann und sich bis zum Vorabend des kommenden Krieges hinzog. Unter den Opfern waren der Kreml-Kommandant Rudolf Peterson, den man dafür verantwortlich machte, dass die Angelegenheit überhaupt durchgesickert war, und Nadeschdas Pate Abel Jenukidse, der Chef der Zentralen Exekutivkommission und Lenker des elitären Kremllebens.

Aber Stalins besser geplante Kampagnen richteten sich stets gegen mehrere Ziele. Nadeschdas Tod fiel mit seinem langen Feldzug gegen Lenins einstige Berater Lew Kamenew und Grigori Sinowjew zusammen. Keiner von beiden stellte 1932 eine konkrete Bedrohung dar, doch Stalins Lieblingstaktik lief darauf hinaus, Feinde nicht nur abzuschieben, sondern völlig zu vernichten. Aus diesem Grund enthielten die Akten, welche die Polizei seit Sommer 1933, Fall um Fall, zusammenstellte, Fragen nach Nadeschda, nach dem Kremlklatsch, aber auch nach den angeblichen Verbrechen von Stalins alten Widersachern. Alle

Details verschränkten sich miteinander, und viele verängstigte Zeugen (oder Angeklagte) wurden sich des Gesamtplans erst bewusst, wenn in der zweiten, dritten oder noch späteren polizeilichen Vernehmung eine seltsame, irrelevante und unerwartete Frage auftauchte. In jenem Stadium waren die meisten zu verwirrt, um der Kugel ausweichen zu können.

Im Sommer 1933 meldete eine höhere Angestellte in der Bibliothek des Zentralen Exekutivkomitees, dass einige ihrer Kollegen ausländische Zeitschriften ausliehen. Vor allem eine Bibliothekarin, eine frühere Aristokratin, die sich auf Persien spezialisierte, scheine sich zu viel Klatsch anzuhören und sogar zur Kenntnis zu nehmen, welche Autos die Parteichefs fuhren. Diese Frau namens Muchanowa interessiere sich für Signalsysteme, und ihr Bruder sei Ingenieur. Zur Krönung des Ganzen sei sie mit den Kamenews und auch mit ein paar früheren Trotzkisten befreundet.[94] Alle würden einander Hilfe leisten, was zum Beispiel Wohnungen oder Lebensmittel oder Passierscheine für den Kreml angehe. Genau solche Dinge wollte die Polizei wissen.

Der Fall (ein Lügengespinst) wurde in jenem Sommer zunächst nicht weiter verfolgt, und er hätte, wie so viele andere, als Akte in den Gewölben der Lubjanka enden können: abgestempelt, zusammengeschnürt und zerbröckelnd. Muchanowa, die von ihrer Vorgesetzten als »typisch bourgeois, immer krank« beschrieben wurde, gab ihren Posten in der Kreml-Bibliothek im Dezember 1933 auf.[95] Aber die Akte lag wartend da und wurde 1935 wiedereröffnet. Mittlerweile war Sergej Kirow einem Attentat zum Opfer gefallen – ein Verbrechen, das zu beweisen schien, wie heimtückisch die Gegner des Regimes sein konnten. Obwohl Kirow in Leningrad erschossen wurde (und obwohl sein Mörder höchstwahrscheinlich ein Mann war, dem er Hörner aufgesetzt hatte[96]), ließ Stalin den Kreml absperren. Die Köche und Putzfrauen mussten durch ein anderes Tor eintreten und neue Wege zur Arbeit einschlagen.[97] Es wurde endlich Zeit, alle heimlichen Feinde in der Festung zu beseitigen, und Stalins Männer wussten genau, wie sie vorzugehen hatten. Jeschow, der die Aktion dirigierte, stattete Stalins Büro im Senatsgebäude in jenem Frühjahr häufige Privatbesuche ab, um vermutlich Bericht über die Taktik und die Fortschritte zu erstatten.[98] Im

April 1935 gestanden sogar die Frauen (nach anspornenden Worten von Stalins Inquisitoren), welche die Kremlfußböden säuberten, dass sie über Geheimverstecke mit Strychnin und Waffen informiert seien. Nun konnten mehrere Fliegen mit einer Klappe geschlagen werden. Wie jedermann wusste, gab es im Kreml noch Bedienstete, die in den Tagen der letzten Zaren für den Palast gearbeitet hatten. Solche Leute, die ihre Ernennung nicht dem neuen Regime verdankten, galten nicht mehr als verlässlich. Auch eine große Zahl der übrigen Angestellten erschien fragwürdig. Die Polizeiermittler von 1935 stellten fest, dass viele Reinemachefrauen und Dienstmädchen in den 1920er Jahren durch Vermittlung von Freunden und Familienangehörigen im Innern des Kreml rekrutiert worden waren.[99] Vielleicht hatten die korrekten Sicherheitskontrollen stattgefunden, doch jeder kleine Freundeskreis konnte sich zu einem Spionagenetz entwickeln, zu einem Gewebe wechselseitiger Loyalität und Protektion, das dem Boss – Stalin – nichts verdankte. Außerdem waren allzu viele Passierscheine für den Kreml im Umlauf (ein weiterer Lapsus, für den man den Kreml-Kommandanten Rudolf Peterson bald zur Rechenschaft ziehen würde). Daneben schien die Festung durchlässig für Klatsch zu sein.[100] Während Stalin die Akte über sein eigenes Personal prüfte, wurde die Liste der Gründe, sich der ganzen Schar zu entledigen, immer länger.

Im Frühjahr 1935 verschärfte man die Vernehmungen. Ein Thema, das in fast allen Akten erwähnt wurde, war Nadeschdas Tod. Einem Bibliothekar mochte zu Ohren gekommen sein, dass Stalin sie erschossen habe oder dass sie nicht im Schlaf gestorben sei. Eine Putzfrau hatte möglicherweise von einem Wächter gehört, dass Nadeschda Opfer eines Selbstmords gewesen sei, vielleicht weil sie die Politik ihres Mannes abgelehnt oder vielleicht auch, weil er sie geschlagen und beleidigt habe. Während die Angestellten in ihren dunstigen Küchen Tee tranken, könnten manche den Schluss gezogen haben, dass es noch andere Verschwörungen geben müsse und dass Nadeschda lediglich als Erste gestorben sei.[101] Wie die meisten Berichte über NKWD-Vernehmungen sind die Aufzeichnungen voll von Hinweisen auf das, was Sowjetmenschen zu einem bestimmten Zeitpunkt nicht denken oder sagen durften. Beispielsweise war es der Erwähnung wert, dass ein paar Kremlbedienstete über das gute Leben geklatscht hätten, das die Europäer überwiegend zu führen schienen. Zudem hätten sich einige freimütig über eine Hungersnot in der Ukraine geäußert (was der Wahrheit entsprach und deshalb sehr gefährlich war).[102]

Abel Jenukidse, »Onkel« Abel, war eine populäre Gestalt und auch in Stalins eigenem Familienkreis sehr gern gesehen. Aus den Polizeiberichten ging jedoch hervor, dass er weichherzig geworden sei und bedürftigen Freunden Posten und kleine Spenden angeboten habe. Tatsächlich fanden durch sein Zutun viele Personen aus der intellektuellen und kosmopolitischen Opposition (der mit Trotzki identifizierten Bewegung) Arbeit in der Kreml-Bibliothek. Jeschow bezichtigte Jenukidse der Korruption, was wahrscheinlich auf jeden Amtsinhaber zutraf, der ein Budget verwaltete. Onkel oder nicht, Jenukidse verlor 1935 seinen Posten, doch man ließ ihn noch zwei Jahre am Leben. Unterdessen konnte Kamenew nur verblüfft zuschauen, während eine grausame, phantastische und ausführliche Geschichte über ihn zusammengetragen wurde. Muchanowa war das erste Stück des Puzzles gewesen, aber 1935 befragte man, gewöhnlich mehrere Tage lang, auch verschiedene Kremlhofschranzen. Nach und nach wurde ein Fall fingiert, der schließlich das von Stalin gewünschte Bild einer Terroristenzelle im Kreml mit Verbindungen zu Kamenew, seinem Bruder und seiner Frau lieferte. Das Ziel der Verschwörer konnte natürlich nichts Geringeres als die Ermordung des Generalsekretärs selbst sein. Mitte 1935 war das Puzzle vollständig. Es heißt, Kamenew sei ruhig durch die Senatskorridore zu seinem letzten Gespräch mit Stalin geschritten. Sinowjew dagegen brach angeblich auf seinem Weg zu dem Verderben bringenden Kremlbüro zusammen und musste von zwei Wächtern gestützt werden.

Während sich die Kreml-Affäre von 1935 zuspitzte, versuchte Rudolf Peterson, der bewährte Kommandant und Träger des Ordens des Roten Banners, eine Katastrophe abzuwenden, indem er der Polizei ein Statement schickte. Wie er erklärte, hätten sich die Bauarbeiten im Sommer 1933 überschlagen. Er habe sich völlig darauf konzentriert, den Großen Saal des Kreml-Palasts rechtzeitig für den 17. Parteitag fertigstellen zu lassen. Vielleicht habe er nicht die richtigen Kurse über Marxismus-Leninismus besucht, und vielleicht hätten sich seine Männer, die bis in die Morgenstunden und an Wochenenden arbeiteten, nicht genug Zeit genommen, um die neuesten Flugblätter zu lesen. Vielleicht habe er die Zusammenarbeit mit Finnen, Esten und Juden vermieden, doch andererseits sei er misstrauisch gegenüber potentiellen ausländischen Spionagenetzen und keineswegs ein Feind der universellen Bruderschaft. Weitere Probleme ergaben sich aus Erzählungen über seine Trinkerei und besonders aus Berichten, dass er auf einer Feier nach der Vollendung des Großen Saals herumgetanzt sei, gesungen und die Bauarbeiter geküsst habe. All das wäre zu einem anderen Zeitpunkt unmaßgeblich gewesen, denn das gesamte Personal trank gern, und manche arbeiteten häufig im Rausch.[103] Aber Peterson war, wie Jenukidse, ein gezeichneter Mann: Der Kreml konnte nur gesäubert werden, wenn sich nachweisen ließ, dass sein Sicherheitssystem gescheitert war. Die Polizei fand alle Beweise, die sie benötigte.[104] Der neue Kommandant würde ein hoher Offizier der Geheimpolizei sein und persönliche Beziehungen zu Jeschow unterhalten müssen.

Die Kreml-Affäre von 1935 forderte letztlich 110 Menschenleben. Später erfuhren die Angestellten in einer nichtöffentlichen Veranstaltung unter dem Vorsitz von Jeschow persönlich: »Nur dank des Genossen Stalin wurde es ermöglicht, das verborgene (...) Nest des (...) Gesindels zu enthüllen.«[105] Die Kreml-Bibliothek wurde über Nacht geschlossen, ebenso wie mehrere andere Einrichtungen. Unter denen, die man verschonte, war das Privatkrankenhaus unweit des Kreml an der Wosdwischenka-Straße, denn Stalin beschäftigte sich zwanghaft mit seiner eigenen Gesundheit. Forschungen über Langlebigkeit faszinierten ihn genauso, wie ihn die Furcht vor Feinden quälte. Er benötigte Ärzte, aber er misstraute ihnen, nicht zuletzt, weil er ein eigenes Team hatte, das in einem geheimen toxikologischen Labor hinter der Lubjanka an der Entwicklung nicht nachweisbarer Gifte arbeitete.[106] Während Jeschow also Jenukidse und dessen Männer beseitigte, erhielt Karl Pauker, Stalins Sicherheitschef, den Auftrag, den medizinischen Personalbestand des Kreml zu säubern.

Paukers Truppe meldete eine Reihe melodramatischer Entdeckungen. Im Zeitalter Agatha Christies war die sowjetische Geheimpolizei in der Lage, mit den besten Kriminalschriftstellern zu konkurrieren.

Manche der Versäumnisse, die sie im Krankenhaus aufgedeckt haben wollte, könnten schlicht auf Fahrlässigkeit beruht haben: Tablettenfläschchen waren falsch etikettiert, Dosierungen verwechselt worden, einem Patienten hatte man Koffein statt Kodein verabreicht. Aber als davon die Rede war, dass zwölf Blausäurekapseln verschwunden seien, wussten die Detektive, dass sie es mit einem schwerwiegenden Fall zu tun hatten.[107] Im Krankenhaus, wie im Kreml selbst, wurden ältere Angestellte und Spezialisten, die man noch unter dem zaristischen Regime ausgebildet hatte, überprüft und entlassen. Laut einer Reihe von Anklagen, die in den Jahren der Großen Säuberung üblich werden sollten, fand man unter ihnen ehemalige Weißgardisten, Kriminelle und ausländische Agenten vor. Einer wurde untypischerweise (die Geheimpolizei war stets prüde in ihrer Terminologie) für homosexuell erklärt – ein Verbrechen, das sich dadurch verschlimmerte, dass er auch »sehr religiös« war und Besuche von Priestern empfing.[108] Furcht und Repression schlossen sich an, und die Medizin wurde – wie Ingenieurwesen, Agrarwissenschaft und die meisten Formen der historischen Forschung – zu einem potentiell tödlichen Fachgebiet. Das Gleiche galt allerdings auch für die Sicherheitsarbeit. Stalins Helfer Karl Pauker soll Sinowjews Hinrichtung persönlich beigewohnt haben. Kurz darauf wurde er selbst erschossen, vielleicht weil er sich sicher genug gefühlt hatte, bei der Übergabe seines Berichts spöttisch zu lächeln.[109]

Der Kreml, einst ein beliebtes Wahrzeichen, wurde zu einem Objekt des Grauens. »Wir hatten Angst, uns ihm zu nähern«, wiederholen Moskowiter, wenn sie ihre Gefühle für die Festung unter Stalins Herrschaft beschreiben. Allerdings fanden dort Staatsempfänge und Bankette statt. Stalin soll 1935 mehr Begrüßungsreden für Gruppen von Arbeitern und heldenhaften Piloten gehalten haben als in jedem anderen Jahr zuvor oder danach, doch obwohl die Lichter hell und die Speisen üppig waren, konnte sich niemand für den Kreml erwärmen.[110] Die wenigen verbliebenen Bewohner schienen ihn sogar zu hassen. Im Gefolge der Kreml-Affäre schrumpfte die Zahl hoher Politiker, die dort einquartiert waren, auf weniger als ein Dutzend. »Er war tot«, erklärte Sergo Mikojan (der Sohn von Stalins Außenhandelsminister). »Nur Gestein.« Stalins Tochter, die 25 Jahre lang im Kreml wohnte, behauptete, sie habe ihn »nicht leiden können«.[111] Seit Mitte der 1930er Jahre verbrachte auch der Diktator kaum noch eine Nacht im Kreml, sondern bevorzugte die acht Kilometer entfernte Datscha, die seine Architekten nach Nadeschdas Tod für ihn gebaut hatten. Sogar die alte Nebelkrähenpopulation der Zitadelle war einer einfallsreichen Verfolgungskampagne durch den Kreml-Kommandanten ausgesetzt, denn Stalin konnte die Vögel nicht ertragen.[112] Das fröhlichste Geschöpf in der Festung war wahrscheinlich Bucharins Fuchs, ein früheres Haustier. Jahre nach der Erschießung seines Herrn beobachtete Swetlana Allilujewa ihn im Schlossgarten, wo er sich vor all den Männern in Grau versteckte.[113]

Allein die Sicherheitsmaßnahmen müssen deprimierend gewesen sein. Die Leibwächter klebten wie Zecken an ihren VIPs und behielten sie auch für Stalins Polizei im Auge.[114] Wann immer mehrere Mitglieder von Stalins Clique zusammenkamen, was fast jeden Nachmittag geschah, vervielfachte man die Zahl der Bewacher, und donnerstags, wenn die Sitzungen des Politbüros stattfanden, wurde der gesamte Kreml abgeriegelt. Swetlana Allilujewa erinnerte sich an die surrealen Umzüge an manchen Abenden, wenn ihr Vater sich nach den Sitzungen einen Film ansehen wollte. In seinem späteren Leben berief Stalin das Politbüro gelegentlich direkt im Kino ein, das er sich in dem früheren Konservatorium des Großen Palastes hatte einrichten lassen, doch vor 1939 sollte noch der Anschein einer Kollektivregierung erweckt werden.[115] Die offiziellen Angelegenheiten im Senatsgebäude endeten um 21 oder 22 Uhr, und dann marschierte die ganze Gruppe zum Kino hinüber, wobei sie, angeführt von der jungen Swetlana, den kalten, verlassenen Platz zum Palast überquerte. Die Tore waren versperrt, die Mauern verwanzt, und nichts konnte sich dem Kreml unbemerkt von außen nähern, aber trotzdem folgte der zusammengedrängten Schar ein Panzerwagen, der im Schritttempo um die dunklen Gebäude polterte.[116]

Alles war verdächtig. Sergo Mikojan berichtete, dass sein Vater eine Kiste Wein aus dem Kaukasus erhalten habe, von der jede einzelne Flasche getestet werden musste. Die Kinder der Führer durften keine Süßigkeiten aus der Stadt mit nach Hause bringen. Kein Besucher durfte ein Paket bei sich haben, und jede Tasche wurde durchsucht.[117] Aber nicht einmal Stalin konnte ständig im Kreml bleiben. Die größte Gefahr drohte, wenn die Führer unterwegs waren. Stalins Nachfolger Nikita Chruschtschow schrieb, dass der Generalsekretär seinem Chauffeur befohlen habe, jeden Abend auf der Fahrt zum oder vom Kreml eine andere Strecke einzuschlagen. Er konsultierte seinen eigenen Moskauer Stadtplan, und weder der Chauffeur noch der Leibwächter kannten die Route im Voraus.[118] 1949 war eine kurzsichtige Frau unvorsichtig genug, ein Opernglas auf eine Uhr im Stadtzentrum zu richten, als sie zufällig einen Blick auf Stalins Limousine erhaschte, die zum Borowizki-Tor hinaufraste. Sie wurde verhaftet und verbrachte sechs Jahre im Arbeitslager.[119] Ein Moskowiter, der früher dem Kreml gegenüber in der Mochowaja-Straße gewohnt hatte, erzählte mir, dass die Kamera und der Film seines Vaters beschlagnahmt worden seien, nachdem er den Fehler gemacht hatte, sie zu testen, indem er ein einziges Foto aus einem Zimmer aufnahm, dessen Fenster auf die Kremlmauer hinausblickten.[120]

Und es gab noch andere, unterirdische Geheimnisse. Stalins Agenten waren fasziniert von Tunneln und Geheimkammern. 1923, während der Restaurierung des Golizyn-Palastes, verknüpfte die Geheimpolizei die Arbeit an ihren eigenen Projekten mit einem neuen Versuch, die verlorene Bibliothek Iwans des Schrecklichen zu finden. Zu diesem Zweck durchsuchte sie das jenseitige Ende des Ochotny rjad nach unterirdischen Räumen und eisernen Türen.[121] Danach kamen ihre Vertreter, Taschenlampen und Messbänder in der Hand, aus ihren grässlichen Amtsstuben zu sämtlichen Bauarbeiten im Stadtzentrum.[122] Stalin, der ein reges Interesse an den großen Führern der russischen Vergangenheit hatte, nahm auch an diesem Vorhaben Anteil, und im Jahr 1933, unter Petersons Sicherheitssystem, erhielt ein enthusiastischer Zivilist namens Stellezki die Erlaubnis, im Innern des Kreml Ausgrabungen einzuleiten. Bei ihrer Absprache teilte Peterson dem Forscher mit, dass seine eigenen Männer (sämtlich Geheimpolizisten) während der Bauarbeiten für die Militärakademie (das heißt unter dem Gelände der beiden Klöster, die sie gerade zerstört hatten) keine Kammern hätten ausfindig machen können. Gehorsam grub Stellezki an der anderen Seite der Festung und ließ in den ersten Monaten des Jahres 1934 große Mengen Erde unter dem Arsenal-Turm herausschaufeln und fortkarren.[123] Fachmännische Hilfe leistete ihm der Architekt Schtschussew, der bei Ausgrabungen für das Lenin-Mausoleum seinerseits einen alten Tunnel gefunden hatte (dieser wurde bald für die Elite durch einen Privateingang am Senats-Turm eröffnet).[124] Es gab einen Hoffnungsschimmer, dass man bald etwas wirklich Neues über die Vergangenheit des Kreml erfahren werde, doch das Projekt wurde im Spätherbst 1934 wegen mehrerer größerer Parteikonferenzen eingestellt, und dann kam es zu Sergej Kirows Tod.

Die Öffentlichkeit sollte wenig mehr über die unterirdischen Anlagen herausfinden, doch die Geschichten über eine geheime Welt unter ihrer Stadt faszinieren die Moskowiter noch heute. Die Kremlkatakomben sind ihrer Meinung nach so groß, dass man darin einen erheblichen Teil der Goldreserven der Nation sowie ein riesiges Kommunikationssystem unterbringen könne.[125] Tatsächlich fügte Stalin seinen eigenen Luftschutzbunker hinzu, der mindestens zwei Eingänge und sehr starke Mauern hatte. 1994, während der Restaurierung des Senatspalasts, entdeckten Bauarbeiter einen weiteren verborgenen Tunnel, der jemandem (die Indizien deuten auf Lawrenti Berija hin, den Geheimdienstchef seit 1938) gestattet hätte, Stalin selbst zu belauschen.[126] Auch Geschichten über eine geheime Metro verstummen nicht. Seit ihrer Fertigstellung hat man weithin wahrgenommen, dass die Strecke, die am Rand des Alexandergartens begann und zum Kiewer Bahnhof führte, von dem üblichen Schema abwich, weil sie nicht wie alle späteren Linien die ganze Stadt durchquerte. Die Moskowiter schlossen sofort, dass es eine verborgene Nebenstrecke, eine parallele Linie unter dem Kreml, geben müsse. Wenn sie von dort, wie alle bekannten Betriebstunnel, der öffentlichen Hauptstrecke gefolgt sei, habe sie mühelos Stalins Datscha erreichen können. Die hartnäckigste Version besagt heute, dass der Befehl zum Bau der Linie nach dem Krieg ergangen sei, als Stalin Angst vor einem Atomschlag gehabt habe.[127] Die einzige dortige Route, deren Existenz unbestritten ist, wird jedoch von einer antiquierten Bahn bedient, und sie verbindet das Senatsgebäude mit dem nahen Alten Platz, obwohl sie irgendwo unterhalb Moskaus weiter verlaufen könnte.[128]

Was immer das Ausmaß jener spezifischen Linie gewesen sein mag

(»Es ist schwerlich eine Hauptverkehrsader«, meint ein früherer Kremlmitarbeiter[129]), besteht kein Zweifel daran, dass Stalins Festung immer noch auf einem Labyrinth unterirdischer Systeme ruht, weit größer als das »Pindar«-Netz, das für Winston Churchill unter der Londoner Downing Street gebaut wurde. Die Kreml-Direktorin für archäologische Forschung, Tatjana Panowa, wollte mir ihre komplizierten Grundwasser- und Geologiekarten nicht zeigen, als wir eine unveröffentlichte Studie des Geländes durchblätterten. »Das ist geheim«, behauptete sie und wandte sich unbedenklicheren Seiten zu. »Geheim, geheim. Das dürfen Sie nicht sehen.« So sehr ich mich anstrengte (bei allem Nutzen, den es irgendjemandem gebracht hätte), konnte ich nichts als farbige Linien erkennen, von denen die meisten wahrscheinlich vor mehreren Erdzeitaltern überholt waren. 2010 bat ich Michail Gorbatschows Freund und Dolmetscher Pawel Palaschtschenko um Hilfe, zumindest was die mythische Metro anging. »Natürlich existiert sie«, erwiderte er rasch und wedelte temperamentvoll mit den Händen. Aber dann senkte er die Stimme.

»Jeder weiß, dass sie existiert. Aber wenn Sie jemanden finden könnten, der sie tatsächlich gesehen hat und wirklich Bescheid weiß, würde er Ihnen niemals irgendwelche Einzelheiten nennen. Er würde gar nichts sagen, denn schließlich könnte er Sie nicht wissen lassen, dass all das noch zum geheimen Verkehrsnetz des Kreml gehört, oder?«

Bevor wir das Thema wechselten, wurde er ernst. »Wenn Sie wirklich mehr darüber herausfinden wollen, können Ihnen Ihre eigenen Geheimdienste bestimmt die Fakten vorlegen.«

Das Frösteln, das die Bürger empfanden, wenn sie in den schlimmsten Jahren der Massenverhaftungen und geheimen Hinrichtungen (1937/38) an Stalins Kreml vorbeigingen, ließ nicht nach, solange der alte Diktator noch lebte. Doch 1939 machte sich eine neue Atmosphäre in der Sowjetpolitik breit, und damit änderte sich die Bedeutung des Kreml wieder einmal. Während die alte Festung kurz zuvor anscheinend universelle Bruderschaft repräsentiert hatte, jedenfalls nach den roten Sternen zu urteilen, wurde sie nun erneut zur Bastion Russlands umgedeutet. Der Tonfall sowjetischer Debatten verschob sich nach rechts, während sich Europa dem Krieg näherte, und Patriotismus verdrängte proletarische Einheit. Ein berühmtes, 1938 entstandenes Gemälde von Alexander Gerassimow, das heute in der Tretjakow-Galerie hängt, zeigt Stalin und seinen Verteidigungsminister Kliment Woroschilow, wie sie über die grauen Terrassen des Kreml schreiten und offensichtlich die Rettung Moskaus planen. Damals wusste niemand genau, gegen wen man kämpfen würde, aber alles deutete auf einen großen Verteidigungskrieg hin. Im Mai 1941, nur einen Monat vor dem deutschen Einmarsch, hielt Stalin im Saal des Großen Kreml-Palastes eine Rede vor den Absolventen der sowjetischen Militärakademien und schwang sich damit praktisch zum Kriegsführer auf, doch beiläufig verknüpfte er die alte Festung mit seiner patriotischen Sache.[130] Heroische Themen aus der russischen Vergangenheit würden bald für die Kriegspropaganda wieder aufleben. Man schob Karl Marx (ehrfurchtsvoll) beiseite, und das Volk hörte nun wieder, wie Russland gegen Napoleon gekämpft und ihn besiegt hatte und was für einen Helm ein Reiter aus den Tagen Dmitri Donskois getragen haben mochte. Die sowjetische Filmbranche produzierte eine Reihe historischer Epen, darunter die Kassenschlager *Alexander Newski* (1938) und (mit dem Kreml in einer Hauptrolle) *Iwan der Schreckliche* (1944).

Allerdings geriet der Staat durch den Krieg in die Nähe des Zusammenbruchs. Für mehrere Monate im Spätsommer und Herbst 1941 war sogar der Kreml in echter Gefahr. Viele seiner illustren Bewohner wurden evakuiert (Lenins Leichnam machte Urlaub in Sibirien), ebenso wie die meisten Schlüsselministerien. Das Schicksal eines mysteriösen Radiumvorrats, den man aus Sicherheitsgründen im Mai 1941 in einem unterirdischen Tresor der Festung gelagert hatte, bleibt unklar, aber der konventionellere Inhalt des Rüstkammer-Museums wurde von der winzigen Schar Angestellter, die noch durchgehalten hatten, zusammengepackt und nach Swerdlowsk geschickt (früher bekannt als Jekaterinburg, die Stadt, in der die letzten Romanows den Tod gefunden hatten[131]). Gleichzeitig verminten Pioniere unter strikter Geheimhaltung wichtige Bauten in der Hauptstadt, und Dokumente in ihrem Archiv lassen vermuten, dass der Kreml ebenfalls auf der Liste stand.[132]

Nun als »Hirn des Landes« bezeichnet, wurde der Komplex von Spezialeinheiten überwacht; einige Soldaten verbargen sich in den Gebäuden um den Roten Platz und hatten Befehl, jeden zu erschießen, der wie ein Feind aussah.[133] Die goldenen Kuppeln des Kreml wurden schwarz getarnt, und Gebäudeattrappen ringsum sollten Luftangreifer täuschen. Trotzdem musste die Festung mehrere Direkttreffer von deutschen Bombenflugzeugen hinnehmen.[134] Im Oktober 1941, als Wehrmachtsoffiziere die Stadt bereits mit ihren Feldstechern ausmachen konnten, gerieten die Moskowiter in Panik, und es bedurfte des brutalen Einschreitens der Geheimpolizei, um eine Massenflucht aus der Stadt zu verhindern. Aber Stalin selbst blieb in Moskau. Im November 1941 hielt er die gewohnte Galaveranstaltung zum Jahrestag der Oktoberrevolution im Saal des U-Bahnhofs Majakowskaja ab – eine vernünftige Maßnahme, da die Stadt von Bomben bedroht war. Aber am nächsten Tag verfolgte er die jährliche Militärparade von der Freiluftplattform auf dem Lenin-Mausoleum und winkte den Soldaten der Sowjetunion zu, während sie über den Roten Platz und dann sofort an die Front marschierten.

Es war eine herrliche Vorführung. Stalin übernachtete immer noch am liebsten in seiner schwer bewachten Datscha und arbeitete dort häufig auch tagsüber, doch der Kreml lieferte ihm ein eindrucksvolles Hauptquartier, das er sich zunutze machen wollte. Für die Kriegsdauer zeigten Propagandabilder den Sowjetführer in seinem Kremlbüro, wo er Berichte entgegennahm, Karten musterte und sich mit den höchsten Militärs beratschlagte. Aufzeichnungen über die Besuche in jenem getäfelten Büro bestätigen den Mythos: Der Führer arbeitete dort fast jeden Tag und führte Gespräche vom Spätnachmittag bis in die frühen Morgenstunden.[135] Im August 1942 empfing er Churchill im Kreml (der britische Premierminister lehnte das Angebot einer Unterbringung in der Zitadelle ab). Zu der Delegation gehörten mehrere britische Amtsträger und amerikanische Diplomaten, doch in den Unterlagen wird angemerkt, dass alle bis auf die höchsten Vertreter des Foreign Office außerhalb des Allerheiligsten in einem Vorzimmer warten mussten.[136] Die Mystik war wichtig und verstärkte die (nicht ganz zutreffende) Illusion, dass Stalin die Kriegführung allein gestaltete.

Der Kreml erinnerte das Sowjetvolk nicht nur daran, wie schwer Stalin arbeitete, sondern er war auch Schauplatz für aufwendige Feiern russischer Triumphe. Mehr noch, das eine sollte so wirken, als sei es untrennbar mit dem anderen verbunden. Im August 1943 erdröhnte Moskau unter dem ersten etlicher 120-Kanonen-Salute; dieser wurde aus Anlass des Sowjetsiegs in Orjol abgefeuert. Solche Feiern wurden minutiös inszeniert und lenkten jeweils die Aufmerksamkeit auf den Vorrang der Hauptstadt, des Führers und des Kreml. Ein besonders ironisches Spektakel lieferte im Februar 1945 die Rückführung der Schätze des Rüstkammer-Museums aus Swerdlowsk. Kronen und Ikonen, die man einst als peinliche Relikte empfunden und (in manchen Fällen) nur deshalb aufbewahrt hatte, weil sie für den Verkauf an Sammler zu markant erschienen, kehrten nun als Erbgut der Nation heim. Eine Ehrengarde des Kreml stand am Bahnhof bereit, und die Kisten wurden über die majestätischen Marmorstufen zum Palast hinaufgetragen.[137]

Es war eine glänzende Erinnerung an den Ruhm des russischen Staates, und in den kommenden Jahren sollte jener Staat, nicht seine Bevölkerung, den Helden in Stalins Geschichtsversion spielen. Das Volk und die unterschiedlichen, tief verwurzelten, doch halb vergessenen Überzeugungen seiner Vergangenheit rückten in den Hintergrund, während die Staatsmacht und die vom Staat vorgegebene Ideologie im Mittelpunkt standen. Am 24. Juni 1945 begann die lang erwartete sowjetische Siegesparade bei strömendem Regen. Die Menge, die sich unter den Kremlmauern versammelt hatte, war durchnässt, die Reihen der marschierenden Soldaten schienen zu frösteln, und sogar der geplante Überflug musste gestrichen werden. Obwohl Stalin den Sieg vor allem sich selbst als Verdienst anrechnete, war die auffälligste Gestalt der Zeremonie an jenem Tag der Armeeheld Marschall Georgi Schukow. Als Oberbefehlshaber leitete er die Veranstaltung aus dem Sattel eines tänzelnden, ungebärdigen Hengstes. Es gelang ihm, die Kontrolle über das Pferd zu behalten, aber für diejenigen, die ihren Geschichtsunterricht vor der Revolution erhalten hatten, war es ein Zeichen unheilvoller Hybris, dass er durch das Erlöser-Tor der Zitadelle auf den Roten Platz ritt. Dieser Weg galt früher als derart heilig, dass sogar Zaren aus Frömmigkeit vom Pferd gestiegen und zu Fuß gegangen waren. An jenem Abend war Stalins klingende Willkommensrede vor 2500 Offizieren im Großen Saal des Kreml-Palastes noch stärker von deprimierenden Vorzeichen durchsetzt. Gewiss, der Generalsekretär dankte der Armee für ihre Bemühungen, aber er beschrieb die Sowjetmenschen als »kleine Schräubchen«, bloße Bestandteile eines gewaltigen und unerbittlichen Staatsapparats.

Womöglich verstärkte sich die Isolierung des Kreml in den letzten Jahren von Stalins Leben noch. »Es war weniger ein Verwaltungskomplex«, schrieb ein Zeuge, »als eine enorme und bedrückende Wüste. Man durfte nicht über sein Gelände gehen.«[138] Das Jahrzehnt nach dem Krieg war für alle Russen freudlos. Millionen verloren ihr Obdach, Millionen rackerten sich ab. Man hatte keine andere Wahl, als die zerstörten Fabriken und Verkehrsverbindungen wiederaufzubauen, aber in ihrer privaten Not und in langen Nächten des Kummers fiel es zahlreichen Menschen schwer, im Gedächtnis zu behalten, dass die Tröstung des Individuums hinter Infrastruktur und Produktion zurückzustehen hatte. Die Frage nach dem verlorenen Erbe erschien noch peinlicher. Die Ressourcen – Arbeitskräfte und Material – waren so knapp, dass sich der Wiederaufbau eines Palastes oder eines Mauerabschnitts kaum rechtfertigen ließ, solange noch so viele Bürger Wohnungen benötigten. Doch der Stolz auf die alten Symbole musste ebenfalls berücksichtigt werden, und es herrschte ständiger Druck, die beliebtesten Wahrzeichen in Städten wie Leningrad, Pskow und Nowgorod wiederherzustellen. Das Problem wurde bereits 1944 kritisch, als manche (mit offizieller Unterstützung) hervorhoben, dass die Stadt 1947 ihren 800. Jahrestag feiern werde. Ein Schriftsteller forderte seine Mitbürger damals auf, »der Stimme der Vergangenheit sorgsamer zu lauschen (...) Wir müssen uns an die Wurzeln unserer Nation binden.«[139]

Solch patriotischer Eifer erwies sich bald als unklug. Die Geschichte der Nation, die ihren Zweck erfüllt hatte, wurde ab Sommer 1944 heruntergespielt. Stattdessen sollten sich loyale Kommunisten auf ihre Ideologie und ihre Führung konzentrieren. Obwohl die Partei selbst die Diskussion über Jubiläen ausgelöst hatte, beschloss ihr Moskauer

Komitee, dass die Feier der Stadtgründung in erster Linie militärische Züge haben solle. Eines seiner Mitglieder verfügte sogar, dass Russen »mehr Politik und weniger Geschichte« benötigten.[140] Damit blieb die Funktion des Kreml ungewiss, denn es bot sich keine offensichtliche Rolle an, welche die Festung in dem kommenden Schauspiel übernehmen konnte. Die Lösung war, sie als Sonderfall zu behandeln, als Inbegriff des sowjetrussischen Staates und als spirituelle Heimat des unsterblichen Lenin. Unter diesem Vorwand wurde im Juni 1945 ein Restaurierungsprogramm verabschiedet, das Millionen kostete.[141] Die Architekten, von Stalin (oftmals mitten in der Nacht) immer wieder in sein Büro im Senat beordert, um die Arbeit innerhalb der geschlossenen und überwiegend leeren Festung zu besprechen, dürften sehr unter Druck gestanden haben. Das Interesse des Diktators ging ins Einzelne, denn dies war eine geradezu persönliche Angelegenheit. In einer Zeit der fortgesetzten ethnischen Gegensätze und sogar eindeutiger nationalistischer Revolten innerhalb des Sowjetreichs legte er Wert darauf, den russischen Charakter des Kreml zu unterstreichen. Die Reihen perfekter Zinnen, die noch heute existieren, und die Details mehrerer Kirchen (etwa der Kirche der Gewandniederlegung) spiegeln den Geschmack und die Interessen des Diktators wider.[142]

Im für die Renovierung zuständigen Team finden sich mehrere vertraute Namen. D. P. Suchow, der in den 1920er Jahren die Bemühungen zur Gebäudepflege unterstützt hatte, war einer der Konsultanten, ebenso wie I. W. Rylski, der ehemalige Leiter der Staatlichen Instandhaltungswerkstätten. Auch der betagte Grabar war dabei; er träumte davon, einen kleinen Teil der Festung in der ursprünglichen Form des 15. Jahrhunderts wiederherzustellen.[143] Dies verursachte einen Sturm des Protests, und am Ende einigte man sich auf einen Kompromiss, das heißt auf die äußere Erscheinung um die Mitte des 17. Jahrhunderts. Allerdings waren die Ziegelsteine ein Problem, denn die schwereren Varianten wurden nicht mehr angefertigt. Deshalb richteten Stalins Restauratoren, wie einst Aristotele Fioravanti und Boris Godunow, ihre eigene Fabrik ein. Mitten in der Nachkriegskrise gelang es dieser Spezialeinheit, anderthalb Millionen traditionelle Backsteine in Rekordzeit zu liefern.[144] Außerdem förderte man den weißen Stein zutage, der benötigt wurde, um mehr als 300 Zieraufsätze an Zinnen und Türmen auszubessern. Damit die Arbeiten im Winter fortgesetzt werden konnten, ließ jemand draußen Öfen aufstellen, die Dampf an die Kremlmauern bliesen, um sie warm zu halten, wenn das Thermometer fiel. Das Befinden der Arbeiter in der eisigen Luft war dabei allerdings nebensächlich.[145]

Außerhalb des Kreml wurden die historischen Elemente des Moskauer Jubiläums von 1947 durch hohe Dosierungen stalinistischer Propaganda abgeschwächt. Beispielsweise ließ sich gegen eine riesige neue Statue des legendären Stadtgründers nichts einwenden, weil sie den aktuellen Ansichten über Stalin selbst entsprach, aber echte akademische Forschung konnte gefährlich werden. Als der Moskauer Historiker Pjotr Sytin einen Festband vorlegte, der einen wissenschaftlichen Hinweis auf den wahrscheinlichen finnischen Ursprung des Namens »Moskau« enthielt (eine Ableitung, die schon Sabelin erwähnt hatte), geriet er in Schwierigkeiten. Nur ein Verräter, entschied man, könne die russische Hauptstadt mit einem besiegten Feind in Verbindung bringen.[146] Auch Nostalgie galt als verdächtig, denn historische Romantik solcher Art konnte leicht in Erzählungen über Fürsten und Ausländer und sogar die Kirche ausarten. Folglich wurden alle sieben Jahrhunderte der vorsowjetischen Vergangenheit als Auftakt zur Gegenwart betrachtet, und nur die Ereignisse nach 1917 durften als »wahrhafte Geschichte« eingestuft werden. Wie Genosse Popow von der Kommunistischen Partei es ausdrückte, hatte das Moskau der goldenen Kuppeln, sogar in seinem Jubiläumsjahr, dem Moskau der roten Sterne zu weichen. Die Scheinwerfer bei der Feier erleuchteten einige hässliche städtische Bauten, etwa das neue Staatsplanungsamt, doch sämtliche Kirchen blieben im Dunkeln. Man schlug vor, den Roten Platz in Festalben für Kinder ohne die Basilius-Kathedrale zu zeigen, damit keine Fragen nach der Religion gestellt würden.[147] Die Kinder könnten mit Speiseeis, dem neuerdings verfügbaren Luxusartikel, beschwichtigt werden, und alle anderen sollten das Feuerwerk bestaunen.

Die Souvenirführer zur Achthundert-Jahr-Feier des Kreml, dünn und in der Not der Nachkriegszeit billig gedruckt, waren Meisterwerke des sowjetischen Betrugs. Eine Sammlung von Holzschnitten eines Künstlers namens Matorin wird mit einem Karamsin-Zitat eingeleitet: »Der Kreml ist ein Ort großer historischer Erinnerungen.« Aber auf den folgenden Seiten, auf denen immer wieder die lächelnden Gesichter von Arbeitern mit Sowjetmützen erscheinen, ist kaum von Geschichtlichem die Rede.[148] Eine Fotoserie, ebenfalls ein Souvenir, beginnt mit Lenin und Stalin in dessen getäfeltem Arbeitszimmer. Durch ein Bild des Lenin-Mausoleums wird der Eindruck erweckt, dass Schtschussews strenger Würfel die Inspiration für den (viel älteren) Senats-Turm dahinter geliefert habe, und man sieht Fotos von Sitzungen der Kommunistischen Partei im Großen Saal. Unter den wenigen historischen Bildern tauchen die *terema* auf, weil sie »1637 von russischen Meistern« gebaut worden seien (kein Wort über den armen John Taler), doch die einzigen anderen Fragmente der Vergangenheit sind Militärtrophäen. Besonders auffällig ist, dass das Buch keine einzige Darstellung einer Kreml-Kirche enthält.[149]

Der gemaßregelte Pjotr Sytin, der auf eigene Worte verzichten musste, konnte nur Stalin zitieren: »Moskau ist das Vorbild für jede Hauptstadt der Welt.«[150] Im Innern der Stadt schwebte die neu gestrichene rote Festung wie ein bizarres Spielzeug über dem Asphaltmeer, mit dem die letzte Gruppe von Stadtplanern sie umgeben hatte. Oder vielleicht glich sie eher einem unglücklichen lebendigen Exemplar, einem Rhinozeros oder einem anderen fast ausgestorbenen Geschöpf, als Laune der Natur aus einer fernen Welt importiert, doch nun dazu verdammt, in einsamem Schweigen in einem verständnislosen fremden Land zu existieren.

11 Kremnologie

Der amerikanische Schriftsteller John Steinbeck musste wochenlang verhandeln, bevor man ihm erlaubte, den Kreml zu besichtigen. Es war 1947, und Steinbeck hielt sich mit dem Fotografen Robert Capa in Russland auf. Obwohl jeder ihrer Schritte beobachtet wurde, machten die beiden ausgedehnte Reisen, auf denen sie beispielsweise die Nachkriegsruinen von Stalingrad sowie das sowjetische Georgien und die Weizenfelder der Ukraine besuchten. Der kurze Spaziergang von ihrem Hotel zum Kreml war jedoch viel mühsamer zu organisieren, und Capa musste seine Kamera ausnahmsweise zurücklassen. »Wir näherten uns dem langen, schwer bewachten Damm«, schrieb Steinbeck. »Am Eingang standen Soldaten. Unsere Namen wurden aufgenommen und unsere Genehmigungen eingehend geprüft, und dann ertönte eine Glocke, und eine Militäreskorte ging mit uns durch das Tor.« Es war wie ein Übergang vom Tageslicht in den Schatten, und sogar ihr Führer, ein speziell für diese Aufgabe ausgewählter Russe, hatte den Kreml nie vorher betreten. Die Umgebung erweckte einen öden, fast menschenleeren Eindruck. »Bloße zwei Stunden in diesem königlichen Gebäude hatten uns so deprimiert, daß wir das Gefühl den ganzen Tag lang nicht abschütteln konnten. Welche Auswirkungen es wohl gehabt haben mochte, wenn man ein ganzes Leben darin verbrachte?« Während die beiden Männer die Erfahrung in Whisky zu ertränken suchten, gelangten sie zu dem Schluss, dass der Kreml »der bedrückendste Ort der Welt« sei.[1]

Die Gruppe blieb dem Arbeitsbereich von Stalins Personal fern, ebenso wie anscheinend den Kathedralen. Ihre Besichtigung begann und endete mit dem Palast und den alten *terema*. Es war eine flüchtige Geschichtsstunde, und die Zeit dürfte kaum gereicht haben, um über den Geist Iwans des Schrecklichen zu schaudern, bevor sie den Kreml schon wieder verlassen mussten. Wie fast alle Besucher vor und nach ihnen trösteten sich die beiden Amerikaner mit dem Gedanken, authentische mittelalterliche Sehenswürdigkeiten betrachtet zu haben, doch ihr Führer, falls er mutig war, hätte sie wahrscheinlich eines Besseren belehren können. Denn die Palasträume und Kirchen, die Steinbeck und Capa sahen, hatten nichts mit der Beschreibung des Autors gemein: »Und alles ist sehr schön und fremdartig und altertümlich und wird in seinem ursprünglichen Zustand erhalten.«[2] In den Jahrzehnten seit 1917 waren die Gebäude geplündert, ausgeräumt und dann im Stich gelassen worden. Durch die Säuberung von 1935 hatte man die letzten altmodischen Angestellten vertrieben, und viele ihrer früheren Gebieter waren tot. Sogar Stalin, jahrelang das beherrschende Genie der Zitadelle, verbrachte dort immer weniger Zeit. Nachts war die Finsternis dieses Kreml nahezu greifbar.[3] Seine Türme schienen manchmal in ihm zu verschwinden, denn im Moskauer Zentrum gab es kaum Straßenlaternen. In mondlosen Nächten schwebten die fünf roten Sterne, die seit dem Krieg repariert und instand gehalten worden waren und nun weit und breit das hellste Licht lieferten, wie seltsame Planeten in der Schwärze.

Das erste Anzeichen von Stalins Tod war in jener Dunkelheit wahrscheinlich eine schwache Glühbirne, die erste von vielen, die angeknipst wurden, als die Telefone klingelten. Die Mitglieder des inneren Zirkels des Tyrannen waren nicht daheim – sie hatten in seiner vorstädtischen Datscha Wache gehalten –, doch ihre Familien warteten auf Neuigkeiten, und die Telefone dürften auch den Kreml-Kommandanten und seinen Stellvertreter alarmiert haben, bevor sie die Angestellten weckten. Während alle versuchten, das Ereignis zu verkraften, schweiften die Scheinwerfer eines schwarzen Autos auf das Erlöser-Tor zu. Es ruckelte über die Kopfsteine hinter dem Tor, und die Scheinwerfer erloschen im Hof des Senats, des Kreml-Korpus Nr. 1. Der wichtigste Insasse der Limousine war Lawrenti Berija, der Chef von Stalins Geheimpolizei; er hatte sich direkt vom Totenbett des Führers zum Kreml begeben, um ein Büro zu durchstöbern und einen Safe zu leeren.[4] Darin befanden sich die Dokumente, mit deren Hilfe Stalin sich andere gefügig gemacht hatte, darunter Beweisstücke über ihre persönlichen Schwächen sowie vernichtende Details über die unmäßige Gewalt des Staates. Der Geheimdienstchef, ebenfalls geübt in den Künsten der Diffamierung und

Erpressung, wollte diese Unterlagen an sich bringen, um seinen eigenen Anspruch auf den leeren Thron zu untermauern. Wie sich zeigte, scheiterte sein Versuch, und Berijas Genossen ließen ihn nur wenige Monate später erschießen. Aber der Kreml stand weiterhin für Betrug und Täuschung, obwohl er der Welt ein strenges Gesicht präsentierte, das die Verschwörungen und Unruhen in seinem Innern Lügen zu strafen schien. Nach Stalins Tod wurden der Öffentlichkeit Teile der Festung zugänglich gemacht, doch kein Besucher konnte einen Blick hinter die eintönigen museumsähnlichen Fassaden werfen. Schon die Führungsstruktur war so undurchschaubar, dass Außenstehende verleitet wurden, die gesamte Regierung – Polizisten und Politiker, Ideologen, Generale und alle anderen – in einer einzigen Kategorie zusammenzufassen: »dem Kreml«.

Kurzfristig sah Stalins Reich einem neuen Frühling entgegen. Durch seinen Tod, im März 1953, wurden viele überfällige Reformen ermöglicht. Im Gulag (den Steinbeck nicht zu Gesicht bekam) entließ man Zehntausende politischer Häftlinge; andernorts testeten glücklichere Bürger ihre Reflexe, als erwachten sie aus einem langen Schlaf. Auch der Kreml tauchte aus seiner Finsternis auf, und das erste Neujahr der nun beginnenden Epoche, im Januar 1954, wurde unter dem Lodern von Kronleuchtern und im Glanz winziger Schmucklichter gefeiert. Im Mittelpunkt von allem stand eine riesige Tanne, die mit Girlanden geschmückt war und in der überheizten Kaverne des Georgs-Saals funkelte. Musik und spontanes Gelächter waren zu hören, und die Kremlplätze erlebten ihre erste Schneeballschlacht seit einer Generation.[5] Später im selben Jahr ließ man die ersten Führungen zu, und im Juli 1955 wurde das Kremlgelände endlich für die Allgemeinheit geöffnet. Unter dem Sicherheitsaspekt war ein solcher Handlungsspielraum nur deshalb möglich, weil sich Stalins letztlicher Erbe, Nikita Chruschtschow, für eine genauso exklusive Residenz auf den Lenin-Hügeln entschieden hatte. Noch heute geht die Geschichte um, dass sich seine Frau Nina Petrowna rundheraus geweigert habe, in den Kremlgemächern des toten Tyrannen zu wohnen. Bis 1955 waren auch die letzten Kreml-VIPs, darunter die Mikojans und die Molotows, ausgezogen, was dem

Personal ermöglichte, Ordnung zu schaffen, Sträucher auf den alten Tennisplätzen zu pflanzen und zugerostete Fenster aufzuhebeln.[6] Aber der öffentliche Zugang stellte den entscheidenden Wandel dar. Dies sei, wie manche später sagten, »der erste Schritt zur Liberalisierung des Sowjetregimes« gewesen.[7]

Es war auch ein Schritt zur Entstehung des Kreml als Touristenattraktion. Im Lauf der Jahrhunderte hatte er Menschenmengen verschiedener Art aufgenommen, sogar ausländische Besatzungsarmeen, doch nie zuvor hatte er das Gewimmel von staunenden Ausflüglern in Freizeitkleidung erlebt. Die Sowjetunion der Nachkriegszeit war ein Land, in dem man Urlaub, allerdings zusammen mit organisierten, recht freudlosen Gruppen, geradezu vorschrieb (nicht zuletzt, um eine gesunde Produktivität zu fördern), und der Kreml wurde zum festen Bestandteil der Moskauer Route. Die ersten Besucher kamen aus der Hauptstadt selbst: Fabrikarbeiter, Büroangestellte, stolze Kinder, die das rote Halstuch der Pioniere, der Jugendorganisation der Kommunistischen Partei, trugen. Doch bald zog der Kreml auch Bürger aus der Ukraine und dem Baltikum und (in Ausnahmefällen) aus den fernöstlichen Republiken an. 1955 wurden, um den Ansturm zu bewältigen, mehr Leute eingestellt und neue Einrichtungen hinzugefügt, darunter unterirdische Garderoben, Schließfächer und zwei Reihen grausiger öffentlicher Toiletten am Fuß des Kutafja-Turms. Über alledem pflanzte man, im versöhnlichen Licht eines Moskauer Sommers, Blumen in den Gärten an den Mauern und schuf einen Park, in dem Besucher spazieren gehen konnten.[8] Die roten Sterne erhellten immer noch die Nacht, doch das wahre Symbol des Kreml dieser Generation war nun die scharlachrote Sowjetfahne.

Die Fahne zog auch Ausländer an: die mutigen, die wissbegierigen und die linksgerichteten. Moskau mochte für internationale Reisen noch ein exotisches Ziel sein, aber es war nicht mehr abgeschottet. 1956 veranstaltete man eine große Ausstellung der Werke Picassos, begleitet von einer Saison französischer Filme.[9] Russen machten die Bekanntschaft der Friedenstaube Europas, und ausländische Gäste lernten sowjetische Hotels kennen. Laut dem bedeutenden Politikwissenschaftler Frederick Barghoorn, der im Sommer 1956 aus Yale anreiste, wurden in jenem Jahr rund 3000 sowjetische Touristenvisa für Amerikaner ausgefertigt. Seine eigene Reise verlief recht glatt (ein paar Jahre später wurde er allerdings im Rahmen eines misslungenen Spionenaustauschs entführt), und er merkte an, dass er »kein Wort des Lobes für Stalin hörte«.[10] 1957, als 30000 Ausländer zum 6. Internationalen Jugendfestival in Moskau eintrafen, war der Kreml zu einem ausgewachsenen Touristenziel samt vielfarbigen Begrüßungsfahnen (die roten wurden nach der Abreise der Ausländer wieder hervorgeholt), neuen Asphaltwegen und zum Verkauf stehenden Reiseführern in etlichen Sprachen geworden.[11] Russen dagegen strömten zu jeder Jahreszeit durch die Tore, und in den 1960ern sahen sich alljährlich vier bis fünf Millionen Besucher im Kreml um.[12] Ihre Kommentare sind kennzeichnend für den Geist der Zeit. »Vielen Dank, vielen Dank, und noch einmal vielen Dank an unsere Partei und unsere Regierung«, schleimte ein Bürger auf den Seiten des Gästebuches. »Dank an die Kommunistische Partei der Sowjetunion für die Bewahrung dieses Denkmals der russischen Vergangenheit.«[13]

In Nikita Chruschtschows zehnjähriger Amtszeit als Parteichef der Sowjetunion kam es zu einem deutlichen Rückzug vom Stalinismus. Seine berühmte Rede auf dem 20. Parteitag der KPdSU von 1956 war einem direkten Angriff auf den verstorbenen Diktator gewidmet.[14] Zum ersten Mal sprach ein Parteiführer offen über Stalins Tyrannei (das Eingeständnis folgte Monaten geheimer Verhandlungen innerhalb der Elite). Chruschtschow wusste, dass er selbst viel zu verbergen hatte, genau wie die Genossen, die mit versteinerten Gesichtern auf den besten Plätzen neben ihm saßen.[15] Zu Stalins Lebzeiten hatten sie allen Maßnahmen zugestimmt, die sie nun angeblich beklagten, und während die meisten akzeptierten, dass Reformen (und das Überleben des Regimes) auf der Ablehnung des Terrors beruhten, empfanden sie die Hinweise auf vergangene Verbrechen als eine Art Frevel, als Lästerung gegen den Führerkult, zu dem sich alle inbrünstig bekannt hatten. Allerdings war keine Rede davon, den Kommunismus aufzugeben. Die Clique einigte sich darauf, anstelle des Stalin-Kults eine besondere Ehrfurcht vor Lenin einzuführen, und »leninistische Prinzipien« (was immer das bedeutete) wurde zu ihrem ideologischen Prüfstein. Der Erfolg des neuen Sowjetparadieses hing von Illusionen ab. In den Kantinen, wo die Diebereien des Personals so verbreitet waren, dass es keine Speisen außer dünner grauer Suppe gab sowie Gläser zahnschmelzfeindlichen Tees, klebten an den Wänden Plakate, die saftiges Obst und frischgebackenes Weißbrot zeigten. Der Kosmonaut Gagarin wurde als Held eines Landes gefeiert, das keine passenden Jeans herstellen konnte.

Aber Illusionen waren die klassische Sphäre des Kreml. Eine Stätte, die in ihren 800 Jahren alles von theokratischer Macht bis hin zu einem mit Stahl überzogenen technologischen Utopia repräsentiert hatte, musste zwangsläufig auch in dieser neuen Welt eine Rolle spielen. Die Frage war, für welches Image man sich entscheiden sollte. Chruschtschows Regime stand der orthodoxen Kirche nicht weniger feindlich gegenüber als das Stalins, und es war multinational, womit es nicht ausschließlich auf die altrussische Karte setzen konnte. Also benutzte es den Kreml im Zeitalter der Funkmedien, um den Ritualen des Sowjetlebens etwas Zuverlässiges, wenn nicht gar Gemütliches zu verleihen. Der gigantische Weihnachtsbaum (oder, besser gesagt, die Neujahrstanne), der in jedem Winter im Georgs-Saal aufgestellt wurde, trug dazu bei, und Generationen wohlerzogener Moskauer Kinder wurden eingeladen, sie auf dem jährlichen Kremlempfang zu bewundern. Am Neujahrsabend versammelten sich Familien überall in den zehn Zeitzonen der Sowjetunion um ihr Radio (ein Fernsehgerät war für die meisten ein unerschwinglicher Traum), während sich die Mitternacht in Moskau näherte, und warteten auf das erste mechanische Rasseln der Uhr am Erlöser-Turm des Kreml. Es war eine weitere Ironie: Das Beste, was dieser Staat um die Wintersonnenwende zu bieten hatte, war ein Fest, das einen bestimmten Zeitpunkt markierte.

Nach dem Tod Stalins hätte sich ein Vakuum auftun können, doch die Propagandisten hatten rasch einen alternativen Personenkult zur Hand. »Jedes Gebäude und jeder Stein im Kreml ist Zeuge der edlen Geschichte des russischen Staates«, begann ein Reiseführer von 1956. »Aber einer der Kremlbauten ist unserem Volk und allen progressiven Menschen in den Ländern der Welt besonders teuer. Er kündet weniger von der Vergangenheit als von der Gegenwart und den kommenden

Jahren und der Zukunft der gesamten Menschheit.«[16] Die Spannung war gekünstelt, denn jeder Sowjetbürger wusste, was kommen würde. 1955 war das Lenin-Wohnungs-Museum auf der dritten Etage des Senatsgebäudes eröffnet worden; es enthielt die 18000 Bände umfassende Bibliothek des Führers, sein schmales Bett, mehrere Sessel und die Küchentöpfe, die Krupskaja nie benutzt hatte.[17] Hier, erfuhren die Besucher, »organisierte das große Genie und der Führer des Weltproletariats, W. I. Lenin, zusammen mit seinen engsten Genossen die Frontbewegungen während des Bürgerkriegs und plante den Kampf gegen die kapitalistische Intervention«. Und hier sei auch »der große Plan für die sowjetische Elektrifizierung geboren worden«.[18] Es gab sogar ein Bild des Vaters der internationalen proletarischen Revolution beim Spielen mit einem Kätzchen.

Der nächste Schritt wurde 1961 vollzogen, als der Kreml eine spezielle Propagandaabteilung erhielt.[19] Sie brachte eine Flut von Platitüden hervor, aber wenigstens wussten die Besucher, wo sie standen, nämlich (es sei denn, sie gehörten einer offiziellen Gruppe an) üblicherweise in einer Schlange. Der Zugang zum Kreml wurde als Belohnung für Bürgertugenden gehandelt. Ohne eine entsprechende Auszeichnung war es ungeheuer schwierig, die besten Museen zu betreten.[20] Die Öffnungszeiten waren kurz, die Besucherzahlen eingeschränkt, und die Führer hatten Anweisung, eine Litanei von Fakten über das russische Handwerk (den Arbeiterbeitrag) herunterzubeten, statt verlockende Bissen aus der pikanten zaristischen Welt zu servieren. »Der Kreml ist eine unerschöpfliche Quelle monumentaler Propaganda jeglicher Art«, bestätigten Museumsexperten nur zu gern. »Er wird für Forschungen genutzt und gestattet der breiten Masse des Volkes, sich mit den Schätzen der Kunst und der Geschichte vertraut zu machen, was dem Ziel dient, ausgereifte Persönlichkeiten, aktive Kämpfer für die bessere Zukunft der Menschheit, zu schaffen.«[21]

Nach der Kremlbesichtigung (die Hauptkennzeichen des Hügels, die wichtigsten Embleme, der Kathedralenplatz und, wenn man Glück hatte, Rüstkammer und Diamantenfonds wurden abgehakt) folgten die meisten Ausflügler ihrem Führer durch das Ausgangstor hinunter zum Alexandergarten. In den Handbüchern für Reisebegleiter wurde empfohlen, nun das Lenin-Mausoleum aufzusuchen, obwohl die Schlangen zu jeder Jahreszeit abschreckend lang waren.[22] Aber hier ging es um mehr, als bloßen Stolz mit anderen zu teilen; dies war eine Art Sakrament. Man ließ die Schultern nicht hängen, man spuckte nicht und drückte vor dem Betreten sogar seine Zigarette aus. Moskauer Schulkinder lernten diese Gepflogenheiten von klein auf, denn jemand kam auf den Einfall, die besten hierher, in die Gegenwart des Leichnams, zu holen, wenn sie ihren Eid als junge Pioniere ablegten. Die wenigen Auserwählten glühten vor Stolz, während sie ihr rotes Halstuch und ihre Urkunde empfingen, aber in Anwesenheit Iljitschs zu lächeln war auf keinen Fall erlaubt.[23]

Gleichwohl war Chruschtschows Tauwetter ernst gemeint, und niemand erwärmte sich mit größerer Freude dafür als die gebildeten Moskowiter. In den 1950ern erhielt ein kleiner Kreis von ihnen die erste Gelegenheit seit über 20 Jahren, eine professionelle Bestandsaufnahme des Kreml durchzuführen. Gebäude, die man 1935 der Geheimpolizei zugeteilt hatte, wurden plötzlich dem Kulturministerium übertragen. Auch das Rüstkammer-Museum erweiterte sich für eine gewisse Zeit und erstreckte sich auf Marschall Woroschilows kurz vorher geräumte Zimmer in einem Flügel des Großen Palastes.[24] Neues Forschungspersonal (junge Historiker) wurde eingestellt, und 1963 verfügte jeder Saal zum ersten Mal seit einem halben Jahrhundert über einen Kurator.[25] Sie arbeiteten innerhalb eines ideologischen Rahmens, doch brauchten sie keine offensichtlichen Lügen zu verbreiten. Der Reiseführer *Kreml Moskwy* enthielt Kapitel über die Festung im Mittelalter und in der Renaissance, die einige der angesehensten Experten Moskaus verfasst hatten, darunter der Architekturhistoriker W. F. Snegirjow.[26] *Po Kremlju*, ein Band, der zum Jugendfestival von 1957 erschien, gilt noch heute als Klassiker. Zu den Autoren gehörten der Architekt und Restaurator A. I. Chamzow und die Kuratorin der Kreml-Museen, A. A. Gontscharowa.[27]

Stalins Geist war jedoch noch nicht völlig ausgetrieben. Rüstkammerangestellte begegneten ihm auf unerwartete Weise, denn in den späten 1950ern planten sie, eine Ausstellung der Geschenke abzuhalten, die der Generalsekretär in seinem Vierteljahrhundert an der

Macht empfangen hatte. Die Sammlung wurde zusammengetragen und katalogisiert, und die Planung verlief so reibungslos, dass bei zwei separaten Gelegenheiten Karten für eine Vernissage gedruckt wurden, doch jedes Mal fand sich ein Grund, sie zu verschieben. Schließlich baute man die Ausstellung ab und gab dem Amt des Kommandanten, auch bekannt als Neuntes Direktorat des KGB, den Gebäudeteil zurück. Wie stets benötigten die Geheimpolizisten mehr Platz, aber ihnen hätten auch andere Zimmer zur Verfügung gestanden. In Wirklichkeit war, während es immer Spielraum für ein Museum der moskowitischen Zaren gab und obwohl der Schrein für Lenin unbedingt bewahrt werden musste, niemandem so recht klar, wie man Stalins Becher, die vergoldeten Gürteltiere und die grotesken Porzellanmodelle des Erlöser-Turms beschönigen sollte.[28]

Noch exzentrischer, was Vermächtnisse angeht, war die Rekonstruktion eines längst toten Gesichts. Am Ende seines Lebens hatte Stalin befohlen, den Sarg Iwans des Schrecklichen zu öffnen und dessen Gebeine zu untersuchen. Das Ziegelgrab gab seine Geheimnisse im April 1953 preis, einen Monat nach Stalins eigenem Tod, aber erst 1965 veröffentlichte der berühmte russische »Gesichtsfinder«, der Rechtsanthropologe M. M. Gerassimow, seine Schlussfolgerungen. Unterdessen hatte man auch die Särge der beiden älteren Söhne Iwans geöffnet, und allen drei Skeletten war Gerassimows professionelle Aufmerksamkeit zuteilgeworden. Wie stets hatte seine Priorität darin bestanden, die Gesichter zu rekonstruieren. Anhand von Iwans Schädel formte er einen gedrungenen Mann – an seinem Lebensende war dieser Zar untersetzt, wenn nicht fettleibig gewesen – und fügte eine spitze Stirn sowie einen mürrischen Mund hinzu. Das Bild war überzeugend, und das Modell hatte den wütenden Blick eines grausamen, verwöhnten Mannes. Aber dies war kein Diktator für die moderne Welt. »Das Skelett«, erinnerte sich Gerassimow,

> »war teils in die Fetzen einer Mönchskutte gehüllt. Kopf und Gesicht verbargen sich unter den Überresten einer Mönchskapuze und einer Filetdecke mit eingestickten Gebetstexten. Auf der Brust lag das obere Ende einer Mönchsschürze, das mit der Szene der Kreuzigung auf dem Hügel Golgatha bestickt war.«[29]

Solche Details konnten in einem Kreml, in dem die Religion so gut wie tabu war, Ärger bereiten. Iwan mochte weiterhin ein russischer Held sein, doch Mönche, in welcher Gewandung auch immer, waren unwillkommen. Auch die Kreml-Kathedralen verblieben im kulturellen Niemandsland. Seit 1918 hatten in ihnen keine Gottesdienste mehr stattgefunden, und in den 1950er Jahren mussten sie, obwohl häufig geschlossen, dringend renoviert werden. Sporadische Reparaturpläne wurden in der Regel jedoch durch andere Regierungsprioritäten unterminiert (manchmal buchstäblich). Später fielen Instandsetzungsarbeiten typischerweise mit Jubiläen wie dem 50. Jahrestag der Sowjetmacht von 1968 oder den Moskauer Olympischen Spielen von 1980 zusammen. Das war kein Rezept für Beständigkeit. Hastig durchgeführte Arbeiten verursachten im Allgemeinen neue – und drängende – Probleme.[30] Die wichtigsten Bauten des Kreml verharrten am Rand der ideologischen Tragbarkeit, und die sie umgebenden Gerüste hielten die Touristen fern. Das Beste, zu dem die Religion zu taugen schien (abgesehen davon, dass sie zu netten Postkarten beitrug), lief auf die Förderung eines konfusen sowjetischen Stolzes hinaus. »Ungeachtet ihrer Verbindungen zu religiösen Ritualen«, wurde auf einer Archäologenkonferenz im Jahr 1970 eingeräumt, habe die Erhaltung der Kreml-Kathedralen »die Gefühle des nationalen Selbstbewusstseins und des Patriotismus im Kampf gegen Vaterlandsfeinde bestärkt und die Erziehung zur Bürgerverantwortung unterstützt«.[31]

Innerhalb der Grenzen eines straffen Haushalts und einer sinnentstellenden Ideologie konnte das Kremlpersonal jedoch endlich ein Zeitfenster für sich nutzen. Igor Grabar starb im Jahr 1960. Die ihm nachfolgende Generation war fast zur Gänze in der Sowjetunion ausgebildet worden, doch diese jüngeren Intellektuellen schätzten die Kultur genauso sehr wie ihre Väter. Frische Teams von Angestellten arbeiteten unbeirrbar daran, wohldurchdachte Artikel zu verfassen, über Ursprünge und Urheberschaft zu debattieren sowie alte Farben zu analysieren. Es kam zu kollektiven Veröffentlichungen, aber den Höhepunkt bildeten die formellen Konferenzen, die endlos und erdrückend renommiert waren. Im Ausland wurden die Entdeckungen sowjetischer Forscher häufig übersehen (oder als voreingenommen abgetan), doch die Bände in der Kreml-Bibliothek legen Zeugnis vom Heldentum der vielen dort tätigen Experten ab. Sie untersuchten Skulpturfragmente, rekonstruierten Fresken und machten die frühen Formen der großen Kathedralen ausfindig.[32] Mit winzigen Budgets – und oft trotz der Einmischung des Kommandanten und der politischen Elite – gingen sie echter wissenschaftlicher Arbeit nach.[33] Sie mühten sich sogar mit der Diplomatie ab, und 1979 veranstaltete man die erste gemeinsame Ausstellung seit 50 Jahren außerhalb Russlands, in welcher die schiere Fülle des kulturellen Kremlreichtums gezeigt werden sollte. Darunter befanden sich Reliquienschreine aus dem 16. Jahrhundert und ein vergoldetes Exemplar der Evangelien von 1568, eine Nachbildung der Mütze des Monamach sowie Ikonen aus der Mitte des 12. Jahrhunderts. »Schätze des Kreml« wurde ungeachtet des Kalten Krieges vom New Yorker Metropolitan Museum unterstützt.[34]

Die Nachkriegsjahre bescherten auch sowjetischen Archäologen eine Hochkonjunktur, denn sie hatten Gelegenheit, in kriegsgeschädigten Gebieten wie Nowgorod, Pskow und Kiew Ausgrabungen vorzunehmen. Aber während das akademische Wissen über diese Orte rasch wuchs, blieb die verschüttete Geschichte des Moskauer Kreml ein Rätsel. Ausgrabungen waren unter Stalin fast unmöglich gewesen, denn Untergrundarbeiten hatte man der Geheimpolizei vorbehalten. Chruschtschow machte sich weniger Sorgen um Sicherheitsfragen, doch ausgerechnet seine Offenheit ließ ein neues Problem für die Moskauer Spezialisten aufkommen. Nun mochte es eine reale Möglichkeit des Zugangs und sogar der staatlichen Finanzierung geben, aber man konnte sich nicht darüber einigen, wer die Ehre haben sollte, als Erster im Kreml zu graben.[35]

Die Lösung wurde überraschend von den unterirdischen öffentlichen Toiletten außerhalb der Tore geliefert. Man schachtete ihr Fundament noch im Sommer 1956 aus, als der Archäologe Michail Rabinowitsch, bekannt für seine Expeditionen nach Nowgorod, dem gerade neu eröffneten Kreml seinen ersten Besuch abstattete. Viele Jahre später erinnerte er sich noch an sein Entsetzen beim Anblick eines klaffenden Lochs neben dem Besuchereingang. Die eiserne Schaufel eines riesigen Baggers riss die Erde auf, und jede enorme Ladung entfernte die Zeugnisse von 600 Jahren. Rabinowitsch verschwendete keine Zeit und ließ sich unter dem Klappern und Rumpeln der mächtigen Maschinen den Weg zu einem Telefon zeigen. Nach mehreren Anrufen fand er die richtige Kontaktperson. Der Kreml-Kommandant, Alexander Wedenin, erwies sich als kultivierter Mann mit einem Interesse an Geschichte. Der Motor des Baggers wurde abgeschaltet.[36]

Es war ein plötzliches – und unerwartetes – Debüt. Rabinowitsch stellte eine Arbeitsgruppe zusammen, kooptierte einen hervorragenden Kollegen namens Nikolai Woronin und begann zu graben. In jenem Jahr kartierten die beiden Männer die aus Ziegeln bestehenden Uferdämme der alten Neglinnaja, doch ihnen standen noch wichtigere Funde bevor. Obwohl es den Experten anscheinend beschieden war, im Schatten gewaltiger Kräne zu arbeiten, gelang es ihnen als Ersten, die westlichen und südwestlichen Teile des Kreml mit Hilfe moderner Vermessungstechniken freizulegen. Es war stets ein kurzfristiges Gedränge, ein Ringen um flüchtige Eindrücke, bevor ein weiteres ausgedehntes Bauprojekt begann. Sommer um Sommer konkurrierten die Archäologen mit ungeduldigen Bauleitern, die ihre eigenen Termine einzuhalten hatten, und ein großer Teil der Arbeit wurde in aller Eile von unerfahrenen Freiwilligen verrichtet. Doch 1963, zwei Jahre nach der letzten dieser Erkundungen, publizierten Woronin und Rabinowitsch ihre Ergebnisse. Es war das erste wirklich neue Material über die frühe Geschichte des Kreml, das seit Pjotr Sytins Berichten der 1930er Jahre im Druck erschien.[37]

Die verfügbare Technologie und Zeit waren so knapp, dass Rabinowitsch und Woronin oftmals nur Theorien aus dem 19. Jahrhundert bestätigen konnten. Auch der übliche ideologische Druck existierte weiter, denn nicht einmal in diesen Jahren empfahl es sich, vom offiziellen Kurs abzuweichen. Nichtsdestoweniger waren die beiden fähig, wichtige Details über die ursprüngliche Topographie, die Konstruktion und Anordnung der frühen Befestigungen sowie über die tausend Jahre alten Siedlungsmuster beizusteuern. Zudem machten sie das Fundament der Gemächer der Zariza (die am Ende des 17. Jahrhunderts für Natalia Naryschkina gebaut wurden), Überreste der alten *prikasy* und Spuren von Boris Godunows Palast ausfindig. Der Kreml hatte, wie sie entdeckten, ungemein tiefe städtische Wurzeln. Zunächst eine Festung und dann ein Handelsposten, war er stets mehr als eine Agrarsiedlung gewesen. Für einen guten Kommunisten, der die Bauern stets als niedrigste und rüpelhafteste Gesellschaftsschicht empfunden hatte, brachte diese Neuigkeit eine gewisse snobistische Befriedigung mit sich.

Im Gefolge von Woronin und Rabinowitsch wurde 1967 die erste amtliche Archäologin des Kreml, N. S. Scheljapina, ernannt. Daneben erklärten sich die Behörden bereit, eine Ausstellung archäologischer Funde zu finanzieren, wenn auch in einer wenig verlockenden Krypta unter der Verkündigungs-Kathedrale. Die noch heute vorhandene Ausstellung wurde nach 1979 wegen Reparaturarbeiten am Gebäude jahrelang geschlossen.[38] Aber diejenigen, die sie damals (oder auch heutzutage, denn Eintrittskarten sind schwer erhältlich) verpassten, konnten sich damit trösten, dass es wahrscheinlich eine triste Angelegenheit war. Jedenfalls gab es in dem billig produzierten offiziellen Ausstellungskatalog wenig, was die Massen hätte anziehen können. Bronzefragmente und Buntglasscherben mochten aufschlussreich für die Experten sein, doch sogar gebildete Mitglieder der Öffentlichkeit dürften sich mit den trüben, bräunlichen Schaukästen abgemüht haben. Wenn die Geschichte wirklich mit Marx und Engels begann, war es unklar, was man von einem halb verfaulten Musketierstiefel aus dem 17. Jahrhundert halten sollte.[39] Die Geschichte des Volkes in Sowjetzeiten war einfacher, stabiler und knallbunt; der authentische Stoff der Vergangenheit hatte in ihr keinen Platz.

Trotz der Touristen und Forscher blieb der Kreml in erster Linie Regierungsterritorium. Dies war ein Problem, denn der alte Gedanke an ein Museumsreservat hatte noch seine Anhänger. Im Anschluss an Stalins Tod wusste niemand so recht, wie seine Nachfolger mit der Festung umgehen würden. Das Argument, sie den Kuratoren zu überlassen, war überzeugend, nicht zuletzt weil die Politiker der 1950er Jahre noch jedes jüngere Kremlgespenst beim Namen kannten. Was sie jedoch davon abhielt, die alte Zitadelle aufzugeben, war weniger ihr symbolischer Wert als ihr praktischer Nutzen. Um 1953 präsentierte sich der Kreml als Traum jedes Tyrannen, denn er wurde von ausgewählten

Wachmännern verteidigt und besaß genug Waffenmaterial, um einen mittleren Krieg zu führen.[40] Sein Labyrinth aus Prunkgemächern und Büros war baufällig, aber gründlich mit Abhörgeräten ausgerüstet, und außerdem konnten hohe Politiker die Bunker und das unterirdische Kommunikationsnetz nutzen.[41] In einer Zeit, da andere Russen Schlange stehen mussten, wenn sie jemanden anrufen wollten, besaß der Kreml eine eigene Telefon- und Funkanlage (neben dem Senat). Durch die modernste Technik (wegen ihres charakteristischen Klingelns nannte man die Telefone der Führer »Kuckucks«) wurden die Bewohner zumindest miteinander verbunden, wenn auch nicht direkt mit der übrigen Welt.[42] Das Netzwerk, das sich nach dem späteren Ende des Kalten Krieges auf Kommunikations- und Verschlüsselungsgeräte aus Großbritannien (entwickelt in den Laboratorien in Malvern) stützte, war der Stolz der politischen Elite, deren Hierarchie teils durch den Grad des Zugangs zu diesem System definiert wurde.[43]

All das ungenutzt zu lassen wäre verschwenderisch gewesen, doch Chruschtschow dachte darüber nach. Er spielte mit einem Plan, Teile der Regierung aus dem zentralen Moskau in den luftigeren Südwesten zu verlegen. Stalin hatte diesen Bezirk in der Nachkriegszeit ausgewählt, um dort einen weitläufigen Universitätskomplex errichten zu lassen, und in der Nähe befand sich eine eingezäunte hochwertige Wohnanlage, die jeden häuslichen Komfort zu bieten hatte. Vorübergehend erschien es verlockend, auch die Regierung dort anzusiedeln, doch letzten Endes hielt Chruschtschow am Kreml fest. Allerdings versuchte er – darin seiner bäuerlichen Herkunft treu bleibend –, das Gelände heimischer wirken zu lassen, indem er einen Obstgarten anlegen ließ. Der Gedanke an Apfelbäume mochte bukolisch klingen, aber das Projekt erforderte Hunderte von Tonnen besten Mutterbodens. Chruschtschow – nicht anders als die Romanow-Zaren – bürdete seinem Regime enorme Kosten auf, wiewohl die Ackerkrume in seinem Fall nicht mit Eimern, sondern mit einer khakifarbenen Lastwagenflotte zur Festung hinaufgeschafft wurde.[44]

Nachdem Chruschtschow eine Entscheidung über sein Hauptquartier getroffen hatte, wandte er sich dem Ausblick auf die Umgebung zu. Stalin hatte sich einen Ring zukunftweisender Türme vorgestellt, konzipiert als moderne Nachfolger der befestigten Klöster, welche die Stadt in moskowitischen Zeiten umschlossen.⁴⁵ Das Projekt wurde durch den Kriegsausbruch verzögert, und am Ende hatte man nur sieben statt der geplanten acht Wolkenkratzer gebaut (die Universität war einer von ihnen). Die gotischen Gebilde, mehrstufig und mit Spitzen versehen wie hypertrophe Versionen des Erlöser-Turms, ragen immer noch wie böse Trolle aus dem städtischen Smog hervor. Jeder hatte einzigartig sein sollen: solide, kompakt und geräumig. Keine Kosten wurden für die Marmordetails, die Fahrstühle, die Heizung und die Kristallkronleuchter gescheut. Dies waren stalinistische Paläste, was sie in Chruschtschows Augen und in einer Stadt mit einer Wohnungskrise zu elitären und bedrückenden, grotesken Milliongräbern machte. Sie waren zu massiv, als dass man sie hätte abreißen können, doch 1955 brachte die Kommunistische Partei ihre ästhetische Missbilligung offiziell zum Ausdruck, und Leonid Poljakow, der führende Kopf der Moskauer Stadtarchitektur nach 1945, musste seinen Stalin-Preis für den Entwurf des kurz zuvor fertiggestellten Hotels Leningradskaja zurückgeben.⁴⁶

Andere Vorzeigeprojekte wurden bereits in der Planungsphase gestrichen. So ließ man den Gedanken, ein Pantheon für die Überreste des toten Führers zu bauen (dem Kreml gegenüber auf dem Roten Platz), innerhalb von Monaten nach Stalins Tod fallen. Hinzu kam der gigantische Palast der Sowjets, der Thons Christ-Erlöser-Kathedrale hätte ersetzen sollen. Sein Architekt, Boris Jofan, arbeitete 1953 noch eine Weile an den Plänen, doch dann wurden sie jäh zu den Akten gelegt. Chruschtschow hatte einen neuen Zweck für das Grundstück gefunden, und bis 1960 wurde es ausgeschachtet, abgedichtet und überschwemmt, wodurch die Stadt ein beheiztes Freibad erhielt.⁴⁷ Damit war das Problem des riesigen Lochs im Boden für die folgenden 30 Jahre gelöst, was auch mit Chruschtschows Populismus sowie seiner Entschlossenheit harmonierte, die sozialistischen Massen unterzubringen, zu ernähren und zu erziehen. In jenen Jahren erwarteten die Moskowiter, »Amerika einzuholen, wenn nicht zu überholen«; Überfluss, Gesundheit und Glück winkten allen. Die Menschen konnten sich in dem neuen Becken vergnügen (solange sie mit der vorschriftsmäßigen Badekappe erschienen), und trübes Wasser plätscherte und dampfte an der Stelle, an der das größte Denkmal des Kommunismus hatte entstehen sollen.

Chruschtschow machte nie einen Hehl aus seinen Ambitionen. Er liebte es, auf seiner Kremlbühne zu brillieren. Ein Empfang für die erste Astronautin, Valentina Tereschkowa, der 1962 in Thons Großem Palast abgehalten wurde, wäre ein Jahrzehnt zuvor undenkbar gewesen. Wie ein britischer Gast berichtete:

> »Man servierte Schüsseln mit kaltem Rinderfiletbraten, der so zart und feucht war, dass das Fleisch wie Schneeflocken auf der Zunge zerging; Stör von der Wolga, geräuchert oder frisch; Pazifiklachs; Kamtschatkakrabben; Silberbecher, so groß wie der Fingerhut eines Riesen, die eine Mischung aus Pilzen und Sauerrahm oder ein Frikassee aus Wildvögeln enthielten; und, in Gefäßen mit zerstoßenem Eis, scharfen Rotlachsrogen und Kaviar vom Kaspischen Meer, deren fette Kügelchen in Farben von Gelbähnlich bis zum dunkelsten Grau glänzten.«[48]

Zwischen den mit Leinentüchern bedeckten Tafeln schritt eine Schar »gewichtiger Russen in Anzügen« und – nahezu ein Skandal – etlicher Ausländer umher, die alle über die köstlichen Speisen hinweg den Hals reckten, um einen Blick auf ihren Gastgeber zu erhaschen. Manche fühlten sich jedoch ein bisschen eingeengt. 1954, lediglich fünf Jahre nach der kommunistischen Revolution in China, hatte Chruschtschow Peking besucht, wo die Genossen ihn in einem mächtigen Konferenz- und Bankettsaal bewirteten. Der Sowjetführer wollte sich nicht ausstechen lassen und begann von einem eigenen Palast zu träumen. Rasch wies er einen weiteren Standort auf den Lenin-Hügeln zurück und entschied sich, den Palast innerhalb des Kreml bauen zu lassen.[49] »Chruschtschow war gar kein Dummkopf«, erinnerte sich der gehässige Molotow später. »Er war bloß kulturell benachteiligt.«[50]

Was Chruschtschow vorschwebte, musste groß genug für jegliche Versammlung sein, darunter auch für Kongresse mit einem vielköpfigen applaudierenden Publikum. Immer wenn das Gebäude nicht für die Politik benötigt werde, könne man es als Theater ausstatten: als größeren, besseren, helleren Schauplatz für sowjetische Opern und Ballette.

Die Idee – und das Budget – wuchsen geschwind. Wiederum einem persönlichen Traum folgend, beauftragte der Sowjetführer seinen Lieblingsarchitekten M. W. Possochin, den Mann, der für ihn bereits ein Urlaubsdomizil in Pizunda am Schwarzen Meer gebaut hatte. Possochin war (natürlich) gern bereit, das gesamte Gebäude rechtzeitig für den Parteitag von 1962 zu entwerfen, zu konstruieren und fertigzustellen. Zwei Jahre lang bohrten, gruben und hämmerten seine Männer Tag und Nacht. Um zeitraubende Berechnungen zu umgehen, wurden bei einer Gelegenheit Soldaten aufgefordert, mit schweren Schritten durch das Obergeschoss zu marschieren und die Struktur des Balkons zu testen.[51] Als sich Moskowiter darüber beklagten, dass das Gebäude ihre Aussicht blockieren werde, empfahl Chruschtschow ihnen, auf der anderen Seite aus dem Fenster zu schauen. Er machte erst dann einen Rückzieher, als sich Demonstranten über den geplanten Abriss von Teilen der Kremlmauer empörten, doch obwohl er auf diesen Aspekt der Planung verzichtete, behielt er fast alle übrigen Details bei und intensivierte sie noch.[52] Der Kongresspalast, ein strenger Koloss mit einer glänzenden Glas- und Steinfassade, bleibt das ungeliebteste große Gebäude auf dem Kreml-Hügel, aber obwohl manche seinen Abriss vorgeschlagen haben (wie den des nahe gelegenen Hotels Rossija, das im Jahr 2006 zerstört wurde), sind sich die meisten russischen Intellektuellen heutzutage zu Recht darin einig, dass er als Zeuge für den Geist seiner Zeit fungiert.[53]

Wie sich versteht, löste Chruschtschows Palast damals die üblichen Beifallsstürme aus. Professor Nikolai Kolli, der altgediente Konstrukteur von U-Bahnhöfen, verkündete, dass das Gebäude »nicht nur seinen vielfachen funktionellen Anforderungen entspricht, sondern auch einen neuen Höhepunkt auf dem Weg zur Entstehung einer sozialistischen Architektur darstellt«.[54] Ohne eine Spur von Ironie pries Chruschtschow den phantasielosen, groben Brocken als geeignet für eine Stätte, »die mit der Tätigkeit des großen Lenin verknüpft ist«. Possochin selbst nannte sein Werk gern »taktvoll« und »lakonisch«, obwohl der Versammlungssaal mit 6000 Sitzen und die Bankettfläche unter dem Dach mit weiteren 2500 Plätzen schwerlich als minimalistisch bezeichnet werden konnten.[55] Das Beste, was man darüber sagen konnte, war, dass Possochin die Dachkontur des Kreml nicht überschritten hatte, aber um dieses geringe Ausmaß an Takt aufzubieten, musste er tief in den historischen Boden eindringen. Jegotows Rüstkammer-Museum aus dem 19. Jahrhundert und mehrere ältere Palastgebäude verschwanden im Lauf der Arbeiten, doch der schwerste Schaden wurde eindeutig unter der Erdoberfläche angerichtet. Wie Gebäudeschützer später feststellten, hatte die rücksichtslose Ausgrabung die Grundwasserdrainage unter der Entschlafens-Kathedrale und einigen Teilen der Kremlmauer beeinträchtigt. Die Kosten für die Instandsetzung überstiegen 500 Millionen Rubel und waren damit ungefähr sechsmal so hoch wie der ursprüngliche Preis des Palastes.[56]

»Die Fläche wurde nach der Entfernung einiger Dienstgebäude geschaffen, die vom Standpunkt ihrer architektonischen und künstlerischen Qualität nicht sehr wichtig und auch ohne historisches Interesse waren«, schrieb Possochin 1974. »Das Einzige von ihnen, das erhalten wurde, war ein Teil des Kavalleriekorpus gegenüber der Kommunistischen Straße. Auf der zweiten Etage hatte Lenins erste Moskauer Wohnung gelegen, als er von März bis April 1917 hier lebte und arbeitete.«[57] Ein Ingenieur, der an der Konstruktion des neuen Palastes beteiligt gewesen war, führte mich kürzlich durch das Gebäude. Er sei nicht mehr stolz darauf, vertraute er mir an, aber er brauche sich auch nicht zu entschuldigen. Im leninistischen Geist erinnerte er sich noch an den Premierenabend, die nur mit Eintrittskarten zugängliche, exklusive Feier des neuesten sozialistischen Monuments. Seine Mutter sei besonders von den Toiletten beeindruckt gewesen. Diese hätten sich, wie die Garderoben für Tänzerinnen und Tänzer sowie die extrem moderne Klimaanlage, im Untergeschoss befunden. Anders als die Toiletten außerhalb der Kremltore seien sie mit Marmor ausgekleidet gewesen, die Türen hätten Schlösser besessen und das Papier sei von Rollenhaltern gespendet worden, nicht von einer unwirschen Klofrau am Eingang. Nicht einmal die Seife habe etwas gekostet, und sie sei so mild gewesen wie die, welche man den Delegierten in der Stalinzeit zugeteilt habe.

Zum Teil war es Chruschtschows Überschwänglichkeit, die ihn um die Macht brachte. Schon vor 1964 war der Sowjetführer mit einem Ferkel, einem Clown und einem Plappermaul verglichen worden. Er hatte nie völlig begriffen, dass sich die Sowjetunion nach dem Krieg und nach Stalin nichts sehnlicher wünschte als Ruhe; das System funktionierte am besten, wenn sich die Menschen ungefährdet fühlten. Auf seine impulsive, wenn auch gutgemeinte Art hatte Chruschtschow mehrere ungeschriebene Regeln gebrochen. Die Elite konnte ihm den Vorschlag nicht verzeihen, dass Funktionäre befristete Amtszeiten ableisten sollten – eine Aktion, die zahllose Netzwerke und angenehme private Welten bedrohte. Für die Masse, die Bergleute, Bauern und Facharbeiter, bestand sein Verbrechen darin, dass er die Not und Ungewissheit ihrer materiellen Existenz nicht beheben konnte. Empfänge im Kreml lösten kritische Bemerkungen darüber aus, dass Ministerpräsident Bulganin und er »den Reichtum der Nation versaufen«. »Chruschtschow öffnet jedem die Tür und bewirtet alle«, murmelte ein Russe 1958, »obwohl wir Arbeiter nichts zu beißen haben.«[58]

Unter Stalin wäre solche Opposition im Keim erstickt worden. Eine der besten Empfehlungen für Chruschtschows Machtausübung war ironischerweise die unblutige Art, mit der sie zu Ende ging. Im Oktober 1964 kam eine kleine Gruppe, geleitet von Leonid Breschnew und seinen politischen Kumpanen Alexej Kossygin, Michail Suslow und Nikolai Podgorny, im Kreml zusammen, während ihr Chef im Urlaub weilte, und führte seinen unfreiwilligen, doch durchaus behaglichen Ruhestand herbei. Als Chruschtschows Flugzeug in Moskau landete, war alles vorüber. Der 70-jährige Ex-Parteiführer verschwand von der Bildfläche, und andere Geschöpfe tauchten aus den Tiefen des Kreml auf, um die leeren Bürostuben mühelos zu besetzen und einvernehmlichere Reformen zu bewerkstelligen.

Eines ihrer ersten Versprechen betraf die »Stabilität der Kader«, was auf Vetternwirtschaft (mit Posten auf Lebenszeit) hinauslief. Um eine umfassende und widerstandsfähige Machtstruktur zu schaffen, trennten sie die beiden Stränge der Sowjetpolitik bewusst voneinander, das heißt die Verflechtungen der Kommunistischen Partei mit dem Staat. Seit Lenin waren die beiden miteinander verschränkt gewesen: die Regierung und die Ministerien einerseits und die »lenkenden« Parteiorgane andererseits, welche die Ersteren führten, überwachten und duplizierten. Jeder Regierungszweig und jedes Wirtschaftsgremium enthielt eine Parteizelle, und die Partei verfügte ihrerseits über Sekretäre, die sämtliche Regierungselemente kontrollierten. In der Praxis gab die Partei den Ton an, nicht zuletzt weil sie die strategische Verantwortung trug, denn als Kommunisten kannten ihre Mitglieder die wahre Gestalt der Zukunft. Chruschtschow hatte sich die Leitung sowohl der Partei als auch des Staates angemaßt, doch seine Nachfolger beschlossen (zunächst), separate Führer zu ernennen. Das Amt des Parteivorsitzenden oder Generalsekretärs fiel in diesem obskuren System dem 58-jährigen Leonid Breschnew zu, einem loyalen Bürokraten aus dem Dnepr-Tal in der Ukraine.

Laut dem verstorbenen Historiker Dmitri Wolkogonow (der beispiellosen Zugang zu den entscheidenden Akten hatte) besaß Breschnew unter den Parteiführern »die am wenigsten komplexe Persönlichkeit. Er war ein eindimensionaler Mann mit der Psyche eines durchschnittlichen Funktionärs: eitel, misstrauisch und konventionell.«[59] Daneben galt er als Frauenheld (wie alle, die sich an sein Alter erinnern, halte ich das für wenig überzeugend), der feine Speisen liebte, kettenrauchte und süchtig nach der Jagd war.[60] Seine legendäre Eitelkeit bewirkte, dass ihm in späteren Jahren kaum etwas mehr Vergnügen bereitete, als Orden und Auszeichnungen zu verleihen und zu empfangen. In mittleren Jahren war er jedoch als politischer Drahtzieher bekannt und, obwohl nicht so auffällig wie Chruschtschow, als schlauer Verwalter und rachsüchtiger Mann mit ausgeprägtem taktischem Geschick. »Breschnew verstand sich exzellent darauf«, bezeugte Michail Gorbatschow, »Rivalen gegeneinander auszuspielen, gegenseitiges Misstrauen zwischen den Anwärtern auf die Macht zu schüren und sich die Rolle des Schiedsrichters und Friedensstifters vorzubehalten.«[61]

Ein solches Talent war vorzüglich für die Kremlpolitik geeignet, doch Breschnew hatte abweichende Pläne. Im Gegensatz zu Chruschtschow und Stalin entschied er sich, die Festung zu verlassen. Wo andere mit einer Renovierung und neuen Namensschildern zufrieden gewesen wären, wollte dieser Generalsekretär das Feld räumen und nur ausgewählte Funktionäre mitnehmen (es war ein Schritt, den manche mit dem Rückzug Iwans des Schrecklichen nach Alexandrowskaja sloboda vergleichen[62]). Als Parteimann, behauptete Breschnew, ziehe er das graue ZK-Gebäude am Alten Platz (Stalins einstiges Revier) vor. Dem Bau fehlte das Charisma des Kreml, doch es barg keine peinlichen Erinnerungen und war frei von Touristenscharen. Die vierte Etage, mit einem zweiten Eingang, war das Nervenzentrum der Parteiführung. Niemand durfte sie ohne Genehmigung von höchster Stelle betreten. Das Personal war ehrerbietig und die Atmosphäre kultiviert. Nur wer auf der entsprechenden Liste stand, wurde eingelassen. Diensttage waren heilig, denn dann legte Breschnews kleine Gruppe das Wochenprogramm fest, im Grunde also die Geschäfte eines ganzen Reiches.

Damit wurde der Kreml, wie ein Zeitgenosse später bemerkte, »vom pochenden Herzen des Landes zum äußerlichen Symbol der Staatsmacht«.[63] Unerwartet erwarb er sogar einen Ruf für Neutralität, denn nach Breschnews Auszug diente er keinem bedeutenden politischen Gremium mehr als Stützpunkt. Für sechs Tage der Woche beherbergte er die Regierung, das heißt relativ unwichtige Staatsfunktionäre im Ministerrat. Etwa einmal im Jahr wurden riesige Kongresse in Chruschtschows Palast abgehalten, aber obwohl sie offiziell als souveräne Organe des Landes hingestellt wurden, bezeichneten ausländische Journalisten ihre Teilnehmer sehr bald als »die größten Jasager der Welt«.[64] Wenngleich Dritte die Sowjetherrscher, um Zeit zu sparen, als »Kreml« beschrieben, hatte sich der magische Geruch der Macht in der Festung verflüchtigt, da in ihr nur noch Museen, Büros und Empfangssäle unter dem Befehl eines Militärkommandanten bestehen blieben.

Donnerstags allerdings verschob sich das Gleichgewicht erneut, denn dies war immer noch der Tag, an dem der höchste Entscheidungsausschuss der Sowjetunion, das Politbüro, im Kreml zusammentrat. Die Tradition und die prunkvollen Räume blieben bis 1991 unverändert. Ein innerer Zirkel versammelte sich im Walnuss-Saal des Senatsgebäudes, der wie ein Londoner Club getäfelt und ausgestattet war. Danach nahmen alle in dem viel größeren Raum nebenan Platz. Wie zermürbend die Debatten auch sein mochten und wie schläfrig die alternden Teilnehmer auch wurden, die Kremlkulisse vermittelte doch ein merkliches Geschichtsbewusstsein. Bald wurde kaum noch ein Projekt ohne ein Kopfnicken von jemandem in diesem verqualmten Zimmer in Angriff genommen. Das schiere Gewicht der Details war grotesk. Am 1. September 1983 debattierte das Politbüro unter Breschnews Nachfolger Juri Andropow über die Chassis von Fahrzeugen mit Selbstantrieb, über Farbfernsehgeräte, Methoden zur Erhöhung der Arbeitsproduktivität, demographische Forschung, Unterstützung für Afghanistan und die Wahl eines Redners für den 66. Jahrestag der Oktoberrevolution. Lange nach Beginn dieser mitreißenden Diskussionen wurde Verteidigungsminister Dmitri Ustinow eine Notiz übergeben, in der es hieß, dass sowjetische Düsenjäger gerade ein koreanisches Verkehrsflugzeug mit über 200 Zivilisten an Bord abgeschossen hätten.[65] Inzwischen fühlten sich jedoch alle wie betäubt.

Das Politbüro war zur herrschenden Kaste geworden, so einflussreich und ritualisiert wie jeder frühere Bojarenrat. Aber seine Mitglieder wohnten nicht im Kreml, sondern verließen ihn, wenn sie ihre Sitzung beendet hatten. Hätte ein Zeitreisender aus irgendeinem Teil der russischen Vergangenheit die gepflegten schwarzen Limousinen beobachtet, wie sie donnerstagnachmittags durch das Erlöser-Tor des Kreml hinausrollten, so wäre ihm die Aura der Macht nicht entgangen. Die Autos fuhren durch ein Tor, das für jeglichen anderen Verkehr gesperrt war, und auf den öffentlichen Straßen wurde eine Spur exklusiv für sie freigehalten. Aber nicht alle steuerten auf das Parteigebäude am Alten Platz zu. Einige, darunter der kompromisslose Ustinow, begaben sich zum Verteidigungsministerium, dessen Gelüst auf Waffen und Technologie den gesamten Kontinent verarmen ließ. Andere hielten selbstsicher nach links auf die Lubjanka zu.[66] In den 1960er Jahren stützte sich das Sowjetregime bereits auf den KGB, den Nachfolger von Stalins Geheimpolizei, und diese Riesenorganisation verfügte über ein eigenes Hauptquartier und eine eigene Machtbasis. Sie bespitzelte Sowjetbürger, schikanierte und belauschte Ausländer, doch sie überwachte auch die Führer der UdSSR selbst.[67] Jedes peinliche Detail (das russische Wort ist *kompromat*) war eine Art Währung, und die Polizei hatte eine Menge Kunden. Als Wjatscheslaw Kostikow, der Boris Jelzin 1991 als Pressechef diente, sein Büro im Kreml untersuchte, stellte er fest, dass sein Bücherschrank eine falsche Rückwand hatte. Dahinter befand sich eine Geheimtür, die in ein Zimmer mit einem Waschbecken und einem Bett führte. Die Szene wurde jedoch von einem massiven

Safe beherrscht, der so schwer war, dass er drohte durch den alten Fußboden zu stürzen. Das Ungeheuer, mit doppelten Wänden und mit Sand ausgekleidet, hatte einst Breschnews Vorrat an *kompromat* über seine höchsten Kollegen enthalten.[68]

Aber diese entzweienden persönlichen Spiele blieben im Dunkeln. Sogar manche Angehörige der Elite kannten das wahre Ausmaß der Spionage nicht. In der Öffentlichkeit – und vor allem der übrigen Welt gegenüber – galt der sowjetische Kreml als geeint, und er war weiterhin das Lieblingsinstrument des Regimes, wenn es darum ging, Außenstehenden Ehrfurcht einzuflößen. Auf förmlichen Empfängen (den einzigen Anlässen, für die er den Kreml stets benutzte) wirkte Breschnew wie ein gelassener Hausherr, der unter funkelnden Kronleuchtern auftauchte, eine kurze Rede hielt und hier und da Hände schüttelte. In Washington und London wurden hochrangige Delegationen – und ohnehin solche, denen ein Staatsoberhaupt angehörte – auf den Stufen des Weißen Hauses oder am Eingang zu 10 Downing Street begrüßt, doch die Sowjetherrscher verstießen gegen alle Regeln. Ihre ausländischen Gäste mussten, wie es schien, kilometerweit gehen, wobei sie Treppen und endlose Korridore im Großen Palast hinter sich brachten. Es war ein verwirrender Ort, »wie eine Reihe ineinander verschachtelter Boxen«, mit den Worten eines der Geplagten, und die Zentralheizung hatte eine geradezu aggressive Kraft. Schließlich bedeutete man den verstimmten, schwitzenden Besuchern, in einem mächtigen funkelnden Saal zu warten, bis eine Doppeltür am ferneren Ende aufgerissen wurde. Dann traten die frischen und entspannten Gastgeber ein. All diese Täuschungen waren sorgfältig durchdacht, doch Breschnews Ungeduld gegenüber manchen Gästen war keineswegs gespielt. Als der neu ernannte britische Außenminister David Owen Moskau den ersten Besuch abstattete, hörte sein Dolmetscher, wie der Sowjetführer seinen eigenen Außenminister Andrej Gromyko fragte, ob es wirklich notwendig sei, eine so unbedeutende Gestalt zu einem Glas Tee einzuladen.[69]

Breschnews Ruhm wuchs mit jedem Jahr, jedenfalls in der Scheinwelt, die er sich geschaffen hatte. 1971 beschloss er, zum Herrschaftsstil seines Vorgängers zurückzukehren, indem er seinem Amt als Generalsekretär den Titel und das Beiwerk eines Staatsoberhaupts hinzufügte. Der neuen Position war ein Kremlbüro zugewiesen, und obwohl Breschnew seinen Stützpunkt am Alten Platz weiterhin bevorzugte, übernahm er auch eine Suite im Senat. Diese bezeichnete man scherzhaft als »die Höhen«, teils weil Breschnew die unteren Etagen mied, in denen einst Stalin gearbeitet hatte.[70] Die Räume wurden umgebaut und enthielten nun ein großes Büro und einen luxuriösen Empfangsbereich, ein kleineres Arbeitszimmer für Breschnew und, später, medizinische Geräte und eine private Küche.[71] Weitere Millionen wurden am Ende von Breschnews Leben für einen Marmorsaal im Senatshof ausgegeben, der von anderen Stellen innerhalb des Kreml und vom Roten Platz nicht einzusehen war. Ende 1983 fertiggestellt, sollte er für Plenarsitzungen des Zentralkomitees der Partei verwendet werden.[72]

Mithin war der Kreml immer noch der einzige Ort, an dem die gesamte Sowjetführung zusammenkam. Angesichts seiner Bedeutung (und da wenige Ausländer die komplexen Strukturen dieser Regierung durchschauen konnten) prägten Politologen in der kapitalistischen Welt einen neuen Begriff – «Kremnologie« – für eine Beschäftigung, die bald sowohl zu einer dringenden diplomatischen Aufgabe als auch zu einem mysteriösen wissenschaftlichen Fachgebiet wurde. Die Sowjetführung spielte eine wichtige Rolle – schließlich stand sie der zweiten atomaren Supermacht vor –, doch es war nicht leicht, ihre Funktionen zu begreifen. In den hoffnungslosesten Situationen mussten sich Kremlbeobachter mit Hinweisen darauf begnügen, welcher steife, unattraktive Mann bei einer Staatsparade am dichtesten neben dem Generalsekretär gestanden habe. Solche Einzelheiten mögen heute absurd wirken, aber damals gab es keine andere Möglichkeit, die Hierarchie einzuschätzen. Schon winzige Abstufungen konnten Aufschluss liefern, denn die politische Elite der ersten kommunistischen Supermacht der Welt verbrachte tatsächlich Stunden mit Debatten darüber, wer als Dritter auf eine Rednertribüne steigen sollte. Natürlich nahm man Orden und Blumensträuße zur Kenntnis, doch jeder in Moskau tätige Funktionär wusste, wo er nach den wirklichen Anzeichen von Rang und Einfluss – nämlich nach der Lage eines Büros oder der Schnelligkeit seiner Telefonverbindung – Ausschau zu halten hatte.[73]

Die Verzeichnisse russischer Namen und Institutionen riefen Verwirrung hervor – unter Stalin war es viel einfacher gewesen, Kommentare abzugeben –, aber die sorgfältige, gewöhnlich ermüdende Untersuchung dessen, wer bei sowjetischen Staatsfeiern eine höhere oder niedrigere Position einnahm, hatte ihren Sinn. Denn diese Gesichter gehörten Männern, die reale Organisationen leiteten und gewichtige Interessen verteidigten. Sie kämpften unzweifelhaft um finanzielle Mittel, betrieben eine bürokratische Politik und setzten sich energisch über den offiziellen Kurs auseinander. Gorbatschow, der die Hintergründe gekannt haben dürfte, schrieb später: »Wie bereits gesagt, mußte Breschnew im Politbüro zwischen verschiedenen Gruppierungen lavieren, wobei er seine Vorliebe für konservative Ideen meisterhaft tarnte.«[74] Am Ende seiner Herrschaft umfassten die Gruppierungen einen »militärideologischen« Block von Konservativen (dem Breschnew zuneigte) und eine für Reformen aufgeschlossenere Fraktion, die darauf drängte, die Rückständigkeit und die wirtschaftlichen Probleme des Landes anzugehen. Ironischerweise stand KGB-Chef Juri Andropow an der Spitze der letzteren Gruppe. »Reformen« hatten jedoch eine ganz eigene sowjetische Bedeutung. Niemand dachte an freie Märkte. Sogar Gorbatschow äußerte später: »Unser Ziel ist es, das ganze Potential des Sozialismus zu verwirklichen. Diejenigen im Westen, die erwarten, dass wir den Sozialismus aufgeben, werden enttäuscht werden.«[75]

Vieles deutet darauf hin, dass die Russen seine Meinung damals teilten. Da sie kein anderes Leben kannten, glaubten sie, ihr politisches System sei fortschrittlicher, wissenschaftlicher und unzweifelhaft gerechter als jedes andere.[76] Was allerdings die Details jener Gerechtigkeit betraf, so wäre Karl Marx erschüttert gewesen. Lenin arbeitete allem Anschein nach unermüdlich, jedenfalls bis zu seinem ersten Schlaganfall, der ihn zum Invaliden machte, doch 1966 ordnete Breschnew an, dass Politbüromitglieder jährlich zehn Wochen Urlaub zu nehmen und dass sich ihre Bürostunden auf 9 bis 17 Uhr – mit einer obligatorischen Mittagspause – zu beschränken hätten.[77] Der Zweck war, übermäßigen Stress zu vermeiden – die Truppe alterte bereits – und dem Generalsekretär genug Freizeit für Sawidowo zu lassen, das Jagdrevier knapp 145 Kilometer von Moskau, wo er sicher sein konnte, Wildeber und Rotwild zu erlegen. Es war ein offenes Geheimnis, dass die Rehe vorher gefangen und angebunden wurden, damit er sie nicht verfehlen konnte.[78]

Die Ungleichheiten des Sowjetlebens waren nicht so krass, wie Lästerer behaupten. Viele andere Länder – und besonders die Vereinigten Staaten – hatten größere wirtschaftliche Unterschiede zwischen den Vermögenden und den sehr Armen aufzuweisen.[79] Die Situation in der UdSSR war jedoch ungewöhnlich wegen der Scheinheiligkeit und der zwanghaften, fast priesterlichen Geheimniskrämerei der Herrschenden. Wie in der Vergangenheit wurde jede Vergünstigung sorgsam abgewogen und zugeteilt; ein Bonze verlor alles, wenn seine Laufbahn zusammenbrach. Dies war einer der Gründe, warum so viele Politiker bis zu ihrem Tod im Amt blieben. Aber abgestufte Privilegien bewirkten auch eine starre Struktur des »Wir und die anderen« oder, um mit Dmitri Wolkogonow zu sprechen, eine »hierarchische Pyramide«.[80] Raissa Gorbatschowa, die aus Stawropol in die Hauptstadt umgesiedelt war, klagte über die dortige Unvernunft und Verschwendung. Sie verglich das Privilegiensystem, das sie und ihr Mann vorfanden, mit der Rangtabelle Peters des Großen und bemerkte, dass Neuankömmlinge in Moskau eine Datscha und eine Wohnung »gemäß ihrem Platz auf der Hierarchieleiter«, nicht »gemäß ihren eigenen Mitteln oder Bedürfnissen« erhielten.[81] Die Unterbringung war allerdings erst der Anfang.

Das System hatte seine Ursprünge in Lenins »Kremlration«, und es erinnerte an viel ältere Formen der Sachzuwendung. Doch nun zählten zu den Privilegierten etliche neue Funktionäre und Verwalter, von denen viele im Kreml und am Alten Platz arbeiteten. Die Einrichtungen in der Festung genügten nicht für die wachsende Schar dieser modernen Höflinge. Die meisten Speisen für die Angestellten wurden in Küchen am Alten Platz zubereitet, wo man auch eine Kantine für 1000 Personen betrieb. Im Kreml selbst konnte nur ein Viertel davon versorgt werden, obwohl im Arsenal eine separate Messe für die Garnison vorhanden war. Die Elite vergeudete jedoch keinen Moment damit, Schlange zu stehen. Seit Stalin verfügten Politbüromitglieder über Leibköche (die stets von der Polizei überprüft wurden und niemandem mitteilen durften, wo sie arbeiteten). Ein feines Gespür für Hierarchien hatte zur Folge, dass sich Vollmitglieder des Politbüros von drei und Kandidaten von zwei Köchen bedienen ließen. Jede Mahlzeit wurde von einem Arzt gekostet und dann 24 Stunden lang in einem gesicherten Kühlschrank verwahrt, um Anzeichen einer möglichen Vergiftung abzuwarten.[82] Wenn der Arzt überlebte, konnten die Köstlichkeiten mutmaßlich ohne Risiko aufgetragen werden. Doch Breschnews Jagdbeute aus Sawidowo entging dieser Quarantäne und landete sofort auf seinem Teller. Manchmal soll er nach einer besonders schmackhaften Mahlzeit in die Küche gewatschelt sein, um seinem Lieblingskoch einen Kuss auf die heißen Wangen zu drücken.[83]

In der Nähe des Kreml gab es auch ein Sonderdepot – Gorbatschow bezeichnete es einmal als »Futtertrog« – für die Delikatessenpakete, welche die Elite mitnehmen konnte.[84] Die dunstigen Kantinen der Vergangenheit waren nun zu Schandobjekten geworden. In den 1970er Jahren hatte das Verpflegungswesen des Kreml einen eigenen Fleischlieferanten (und eigene Herden) sowie direkten Zugang zu den führenden Köchen in Moskau. Täglich wurden sieben Tonnen Fertigfleisch – Braten, Würste und Schinken – verpackt und zum Sammelpunkt in der Granowski-Straße (heute als Romanow-Gasse bekannt) geschickt.[85] Anderswo, in der Gorki-Straße, behielt der wunderbar ausgestattete Feinkostladen Gastronom Nr. 1 (den viele immer noch liebevoll bei seinem alten Namen – Jelissejew – nennen) Nomenklatura-Kunden eine spezielle Abteilung vor, genau wie der GUM-Glaspalast am Roten Platz gegenüber dem Kreml. Die Festung verfügte auch über eine Schneiderei, in der die langweiligen, kratzigen Anzüge entstanden, die alle hohen Politiker tragen mussten (schließlich hatte der Stoff offenkundig aus sowjetischer Produktion zu stammen), über einen Friseursalon, eine Zahnarztpraxis und eine Garage für den Wagenpark.[86] Auf elementarer Ebene bedeutete dies alles, dass keine Frau eines Kremlfunktionärs je wieder Schlange zu stehen oder sich gar zu bemühen brauchte, Kohl immer wieder neu appetitlich zuzubereiten. In kreativeren Händen war das System jedoch ein Paradies der Korruption. Unternehmungslustige Hofschranzen, unter denen Breschnews Tochter Galina die berühmteste war, handelten auf dem Schwarzmarkt mit seltenen Waren, was in Galinas Fall half, ihre Leidenschaft für junge Männer, Zirkusse und Diamanten zu finanzieren.[87]

Der Kreml hielt auch an seinem Ruf für eine gute medizinische Versorgung fest. Unweit des Lebensmitteldepots in der Granowski-Straße befand sich eine Privatklinik mit den Leibärzten der Parteiführer und mit einem für den Generalsekretär reservierten Zimmer.[88] Diese Kremlärzte hatten am Ende bekanntermaßen mehr zu tun, denn in den frühen 1980er Jahren wurde das Land von sehr alten und häufig sehr kranken Männern regiert. Breschnew litt dem Vernehmen nach an einer gefährlichen Schlaftablettensucht und im späteren Leben auch an Herzschwäche (ein paar Monate vor seinem Tod war er Opfer eines schweren Schlaganfalls) sowie an einem Emphysem und mehreren Krebsarten. Doch trotz der vielen Gerüchte und Witzeleien weigerte er sich zurückzutreten. »Alle aufstehen, damit der Führer hereingetragen werden kann«, scherzte man, und viele sprachen über ihn, als wäre er längst tot und einbalsamiert. KGB-Chef Andropow scheint den eitlen, schwachen alten Mann ermutigt zu haben, sich in der Öffentlichkeit, besonders im Fernsehen, zu zeigen, womit er die allgemeine Verachtung nährte.[89] Aber auch andere ließen sich schlicht auf das Spiel ein. »Im Grunde stellten das Politbüro, Gesundheitsminister Petrowski, dessen Nachfolger Tschasow und die Chefs des Kreml-Gesundheitsdienstes ein Experiment an, um herauszufinden, wie lange ein sterbenskranker alter Mann den Eindruck von Arbeitsfähigkeit erwecken konnte«, schrieb Wolkogonow, der die Farce miterlebt hatte.[90] Ganz am Ende hatte man sich so sehr daran gewöhnt, Breschnew für einen wandelnden Leichnam zu halten, dass sein klinischer Tod als Überraschung empfunden wurde.[91]

Aber er starb tatsächlich am 10. November 1982. Seine potentiellen Nachfolger waren Männer, die auf der höchsten Ebene mit ihm zusammengearbeitet hatten, und keiner stand in der Blüte der Jugend. In den folgenden drei Jahren ließ sich die politische Nachfolge an der Spitze am besten vorhersagen, wenn man abwartete, bis verkündet wurde, wer die Beisetzung des jeweils verstorbenen Parteichefs organisierte.[92] In Breschnews Fall fiel diese Ehre Juri Andropow zu. Da dieser jedoch bereits krank war – er litt an Nierenversagen –, sah sich der neue KGB-Chef Viktor Tschebrikow veranlasst, einen diskreten Umbau im Senats-Turm des Kreml anzuregen. Es handelte sich um einen Fahrstuhl, der

Invaliden die 3,5 Meter zur Plattform des Lenin-Mausoleums hinaufbefördern sollte, und er wurde im Juli 1983 installiert.[93] Der »Lenin-Fahrstuhl« erwies sich als Segen, wenn nicht gar als Lebensretter für fast jedes zweite Politbüromitglied, und er war eine wesentliche Hilfe für Andropows Nachfolger Konstantin Tschernenko. Dieser Mann, der ebenfalls an einem Emphysem litt, hatte von Breschnew einen Staatspreis empfangen, weil auf seine Initiative hin eine Rohrpostleitung ersonnen worden war, die in Sekundenschnelle Papiere zwischen dem Alten Platz und dem Kreml hin und her befördern konnte. Dadurch war es möglich, auf die Männer mit den kleinen Karren zu verzichten, und die alte Frage der Kremlbeobachter nach den »Beziehungen zwischen Partei und Staat« erhielt ein komisches Element.[94]

Der Preis der politischen Stagnation war hoch. Die Sowjetwirtschaft, deformiert und ausgelaugt, pumpte ihre Mittel in das Wettrüsten zwischen den Supermächten, während die Bürger nach Grundnahrungsmitteln anstehen mussten. Von Medikamenten und Mikrochips bis hin zu Biersorten konnte das Kommando-Verwaltungssystem (wie sogar seine Führer es nannten) nicht mit den raschen Neuerungen im Westen konkurrieren. Die Planwirtschaft verursachte zudem Mängel, und wer ein Päckchen Nägel oder ein Paar modische Schuhe benötigte, musste sich oftmals auf eine lange Pilgerfahrt – zwei oder drei Tage in einem überfüllten Zug – begeben, um sich den Wunsch zu erfüllen. Was die großen Institutionen des Staates – die Armee und den KGB – anging, so wurden sie wie mächtige unabhängige Reiche betrieben; sie besaßen eigene Lebensmittel- und Rohstoffvorräte, geheime Laboratorien und separate Hotel-, Wohnblock- und Krankenhausnetze. Zwar konnten sie den Krieg in Afghanistan, den Breschnew und Ustinow 1979 begonnen hatten, nicht gewinnen, doch ihr militärisches Versagen bewog sie nicht, sich den Knappheiten in der Heimat zuzuwenden. Wie Gorbatschow kommentierte: »Allein aus diesem Teil der Aufzeichnungen [bei seiner Machtübernahme] ist ersichtlich, was für eine Lawine von Problemen damals auf mich niederging.«[95]

Michail Gorbatschow war 54 Jahre alt, als er die Sowjetführung übernahm. Es mag andere Bewerber gegeben haben, Falken aus der alten Garde der Partei wie den Außenminister Andrej Gromyko oder den Moskauer Parteichef Viktor Grischin, aber Gorbatschow war der einzige Kandidat, den das Politbüro in der Nacht von Konstantin Tschernenkos Tod ernsthaft in Erwägung zog. Der Konsens hatte sich in Richtung Wandel verschoben. »Die Augen der Versammelten ließen eine kaum verhüllte Freude erkennen«, schrieb Gorbatschows künftiger Mitarbeiter Anatoli Tschernjajew über das ZK-Plenum, das zusammengetreten war, um die Entscheidung abzusegnen. »Die Ungewissheit ist vorbei, nun wird es Zeit, dass Russland einen wirklichen Führer bekommt.«[96] Rundfunksender überall im Reich spielten pflichtgemäß Chopins Trauermarsch, aber die Stimmung im Kreml war optimistisch oder gar festlich.

Diese überströmende Hoffnung war charakteristisch für Gorbatschows erste Monate an der Macht. Obwohl der neue Führer ein Parteimann blieb und gelobte, die »Gesellschaft des entwickelten Sozialismus« zu vervollkommnen, legte er großen Wert darauf, die Schranken der Kreativität zu beseitigen.[97] Sein anfängliches Reformprogramm war ein notwendiger, doch sehr gefährlicher Angriff auf Selbstgefälligkeit und Gaunerei. Gorbatschow widmete sich sogar dem »Futtertrog« des Kreml. So widersprüchlich es erscheinen möchte, dieser Mann, der für seine ausländischen Anzüge und seine schlanke, elegant gekleidete Frau bekannt war, begann Privilegien in Frage zu stellen. »Wir müssen bei uns selbst anfangen«, erklärte er dem Politbüro im April 1986. »Bankette, Geschenke, Empfänge – wir haben all das gefördert und daran teilgenommen. Vorgesetzte auf allen Ebenen haben eigene Versorgungszentren, ihre Frauen brauchen nie einkaufen zu gehen (...) All das ist unsere eigene Schuld.«[98] Dem widersprachen Geschichten über Raissa Gorbatschowas Konsumverhalten, denn man hörte sogar Gerüchte, dass sie Kundin von Cartier und Pierre Cardin sei. »Die leichtgläubige westliche Öffentlichkeit«, schrieb ein loyaler Zeuge, einer der Dolmetscher des Kreml, später, »wusste nicht, dass die meisten dieser Geschichten vom KGB entweder lanciert oder grob übertrieben wurden.«[99]

Ungeachtet der Wahrhaftigkeit solcher Meldungen war bereits deutlich, dass jeder sorgfältig durchdachte Schritt Gorbatschows von einer entschlossenen Opposition erwidert und durchkreuzt wurde. Manche Probleme waren das Ergebnis jahrelanger Misswirtschaft. Zum Beispiel kam es kurz nach jener kämpferischen Rede von 1986 vor dem Politbüro zur Nuklearkatastrophe von Tschernobyl, durch die jegliches Versagen der sowjetischen Infrastruktur und Regierung in den Vordergrund zu rücken schien. Aber radikale Reformen würden zwangsläufig Interessengruppen verärgern, und die Politik der Glasnost (Offenheit), die Gorbatschow nach dem Atomunfall verstärkte, barg die Drohung einer Hexenjagd auf Unternehmensleiter in sich. Armee und Geheimpolizei waren sofort in Alarmbereitschaft, genau wie die Chefs sämtlicher Institutionen, deren Überleben auf dem Status quo beruhte. Gleichzeitig begehrte die traditionelle Arbeiterschaft gegen die Politik der Perestroika (Umgestaltung) auf, da sie ihre Löhne und ihren historischen Anspruch auf klassenabhängige Privilegien gefährdete. Am anderen Extrem befanden sich die radikalen Reformer, die Gorbatschow stets drängten, viel mehr zu tun. Im Rückblick dauerte seine Amtszeit weit länger, als es die Umstände rechtfertigten. Andrej Gratschow, der Berater des Parteiführers, erläuterte später: »Man hört selten die Frage, wie viele Staatsstreiche Gorbatschow in sechseinhalb Jahren der Reform vermeiden konnte.«[100]

Aber der leutselige neue Kremlführer entzückte die übrige Welt. Wie immer man ihn daheim einschätzte, die Billigung, die er anderswo empfing, glich laut Tschernjajew »einer Ehrendoktorwürde von Seiten der internationalen Gemeinschaft«, und sie brachte ihm einen Friedensnobelpreis ein.[101] Zu Gorbatschows frühen Prioritäten zählten ein in Washington ausgehandelter Rüstungsbegrenzungsvertrag sowie die Beendigung des sowjetischen Krieges in Afghanistan. Noch spektakulärer war sein Einsatz für demokratischen Wandel in Osteuropa – ein Prozess, der mit Straßendemonstrationen begann und seinen Höhepunkt im Sturz sämtlicher ermüdeter kommunistischer Regime fand. Diese Triumphe waren beispiellos, aber nicht nur das, was er versprach, sondern auch sein Stil erregte Aufmerksamkeit. Bei Rundgängen und öffentlichen Fototerminen in Berlin, London und New York zog der Generalsekretär große, ihn anhimmelnde Menschenmengen an; Journalisten schrieben von »Gorbimanie« und sogar von »Gorbasmus«.¹⁰² Seine unerschütterliche Verbündete Margaret Thatcher flirtete mit ihm, Ronald Reagan tauschte Witze mit ihm aus (und bei einer Gelegenheit seinen Füllfederhalter), und sogar der ältere George Bush geriet in den Bann des letzten und tragischsten sowjetischen Kommunistenführers.¹⁰³

Seine Berühmtheit hatte mit Jubel auf den Straßen, mit Gipfeltreffen, Auslandsreisen und Fernsehinterviews zu tun. Aber obwohl er gern auf Reisen ging (schon das war erfrischend nach Jahren der Gerontokratie), erfüllte Gorbatschow auch den Kreml mit einem neuen Geist der Offenheit; zum Erstaunen der Besucherscharen unternahm er sogar Abstecher in die Touristenbereiche.¹⁰⁴ Das alte Gemäuer mit seinen Anklängen an den Kalten Krieg bildete eine prächtige Kulisse für Fototermine. Gorbatschows Personal schuf dort eine Art Studio, samt Sowjetfahnen und Reihen von Telefonattrappen, wo der Generalsekretär über einen glänzenden Schreibtisch hinweg mit Kameraleuten sprechen konnte.¹⁰⁵ Bei formelleren Anlässen empfing ein lebhaftes, lächelndes Team Besucher wie Thatcher und Reagan, Helmut Kohl und François Mitterrand in den Prunkgemächern des Großen Palastes.¹⁰⁶ All das, von dem vermeintlichen Büro bis hin zu der mit Spiegeln gesäumten Galerie, war freilich Theater. Als Parteimann arbeitete Gorbatschow lieber am Alten Platz. Dort befand sich sein Hauptbüro, und es blieb stets sein politisches Zuhause.¹⁰⁷

Obwohl die Glasnost letztlich seinen Sturz herbeiführte, ist man sich einig darüber, dass sie Gorbatschows größte Leistung war. Dmitri Wolkogonow nannte sie »ein in der Geschichte wohl einzigartiges Beispiel dafür, dass die Wahrheit allein das vollbrachte, was jenseits der Kräfte eines mächtigen Staates lag«.¹⁰⁸ Es handelte sich um eine Revolution, in der Ideen die Wirkung von Raketen hatten. Zuerst dienten Bürokraten, Korruption und die Euphemismen, die den Verfall verschleierten, als Zielscheiben. Aber dann konzentrierte sich die Aufmerksamkeit auf die Helden der Vergangenheit, die finster dreinblickenden Männer, deren Büsten auf Sockeln in jedem Versammlungssaal und auf jedem Platz standen. Stalin war ein besonders leichtes Ziel: Gorbatschow selbst beschrieb ihn als »Verbrecher, bar jeglicher Moral«.¹⁰⁹ Aber sobald sich die Kritiker Lenin und der Kommunistischen Partei zuwandten, waren die Tage der Sowjetmacht gezählt. Dieses Regime hatte sich seit dem Tag seiner Gründung auf Lügen und Halbwahrheiten gestützt. Die Geschichte war in einen engen offiziellen Rahmen gepresst worden, gesäubert von beunruhigenden Episoden und zurechtgestutzt, um die patriotischen Mengen zu bezaubern. Die Glasnost dagegen beschwor die wahre Vergangenheit herauf wie ein Rachegeist.[110] Die Archivtüren wurden aufgebrochen, und zum ersten Mal überhaupt war die Politik von dem Druck abhängig, den die Menschen auf den Straßen durch ihre Debatten, ihre Fragen und die Einforderung ihrer Rechte ausübten. In Moskau verlangte man bald eine Mehrparteienwahl, während in Republiken wie Georgien und Litauen schrille Rufe nach Unabhängigkeit laut wurden. Gorbatschow setzte sich weiterhin für die Partei und die Union ein, doch die rote Fahne auf der Senatskuppel des Kreml repräsentierte eine Revolution und einen Staat, die viele nun hinter sich lassen wollten.

Die nächste Drehung im letzten Tanz der Sowjetunion wurde ebenfalls von Gorbatschow eingeleitet. Um der stagnierenden Zivilgesellschaft seines Landes neue Energie zu verleihen, veranlasste er die Schaffung einer gewählten Legislative, bezeichnet als Kongress der Volksdeputierten der UdSSR. Die Wahl fand im März 1989 statt, doch ihr Ergebnis war vorherbestimmt, denn große Sitzkontingente wurden für die Kommunistische Partei, den Komsomol (die kommunistische Jugendorganisation) und die Gewerkschaften reserviert. Außerdem hatte nur eine einzige politische Partei (die Kommunistische) einen Wahlkampf führen dürfen. Aber andere Standpunkte wurden trotzdem vertreten, denn verschiedene Koalitionen, sogenannte Plattformen oder informelle Gruppen, bildeten sich heraus. Als der Kongress mit 2250 Mitgliedern im Mai 1989 in Chruschtschows Kreml-Palast zusammentrat, sollten seine Debatten zu einem Experimentierfeld für die pluralistische Politik werden. Jenseits der Sowjetunion war 1989 das Jahr des kommunistischen Untergangs in Europa, und der Sturz der Berliner Mauer wurde zu einem Symbol des Möglichen und der Hoffnung. Damit verglichen war der Kongress der Volksdeputierten ein schwerfälliges Gebilde, viel weniger glamourös als die singenden

Massen von Ostberlinern. Doch in einem faszinierten Russland gab er eine vortreffliche Bühne für die aufstrebenden Stars des demokratischen Zeitalters ab.

Einer von ihnen war Boris Jelzin, einstiger Gebietsparteichef und nun Lieblingstribun des russischen Volkes. Als Vertreter des Wahlkreises Moskau wurde er 1989 – nur vier Jahre nach seinem Eintreffen aus der Ural-Stadt Swerdlowsk (Jekaterinburg) – Mitglied des Volksdeputiertenkongresses. Ironischerweise hatte Gorbatschow diesem stämmigen Mann 1985 zu Prominenz verholfen, als er ihn zum Leiter der ZK-Abteilung berief, die für Schwerindustrie, Verkehrswesen und Planung sowie für Bauangelegenheiten zuständig war.[111] Die beiden Politiker schienen gut zusammenzuarbeiten, denn in diesem Stadium war der reformerische Generalsekretär von Jelzins Energie und Direktheit angetan. Ende 1985 beförderte Gorbatschow seinen Protegé anstelle des altgedienten Konservativen Viktor Grischin zum Moskauer Parteichef. Jelzin pflegte seinen Populismus auf diesem Posten, indem er die Moskowiter durch seine Bereitschaft erfreute, ihre Busse zu benutzen und in ihrem Namen gegen die Bürokraten zu kämpfen. Gorbatschow kommentierte: »... und so hielt ich unsere Entscheidung für einen guten Griff.«[112]

Innerhalb des Kreml erwies sich die Realpolitik der Perestroika jedoch als weniger harmonisch. Insbesondere Jelzin beklagte ihr gemäßigtes Tempo, und hinzu kam der Zusammenstoß zweier unterschiedlicher Persönlichkeiten. »Das Politbüro wurde erneut vom Personenkult befallen«, schrieb Tschernjajew. »Nur ein Mitglied [Gorbatschow] redete, während alle anderen zuhörten.«[113] Im September 1987 forderte Jelzin den Generalsekretär auf, ihn seiner Ämter in Moskau und im Politbüro zu entbinden. Der Brief wurde ignoriert (Gorbatschow befand sich im Urlaub), doch im Oktober ereignete sich eine Revolte. Mitten in einer nichtöffentlichen vierstündigen Debatte im Kreml über Pläne zum 70. Jahrestag der bolschewistischen Revolution erkundigte sich Jelzin, welchen Zeitplan die Führung für wichtigere Reformaspekte ins Auge gefasst habe. Er behauptete, seine eigene Arbeit sei unmöglich geworden, und deutete an, dass es Konservative in der Elite darauf angelegt hätten, ihn zu blockieren. Statt zu Jelzins stichhaltigen Ideen

Stellung zu nehmen, gestattete Gorbatschow, dass seine Kollegen den Ausbruch als Gehorsamsverweigerung verurteilten. Die Konfrontation markierte den Beginn von Jelzins moralischer Überlegenheit.[114] Er verlor seine beiden offiziellen Posten, doch dadurch erhielt er Gelegenheit, sich nach Gutdünken zu äußern. Sein Wahlkampf von 1989 stützte sich auf ein Programm der Korruptionsbekämpfung und der Reformen. Im Juli 1990 machte er, bereits ein Medienstar, einen noch entscheidenderen Schritt und gab seine Mitgliedskarte der Kommunistischen Partei zurück. »Ich war wahrscheinlich zu liberal (...) im Hinblick auf Jelzin«, mutmaßte Gorbatschow später. »Ich hätte ihn als Botschafter nach Großbritannien oder in eine frühere britische Kolonie schicken sollen.«[115]

Aber dafür war es nun zu spät. Jelzin baute sich eine unabhängige Machtbasis auf, wobei er eine lange vernachlässigte ideologische Ader des volksrussischen Patriotismus anzapfte. 1989 und 1990 beherrschten nationalistische Demonstrationen die Nachrichten und kulminierten in unilateralen Unabhängigkeitserklärungen im Baltikum und in bewaffneten Aufständen im Kaukasus. Auch die Russen verliehen ihren nationalistischen Gefühlen Ausdruck, denn obwohl sie die Spannungen in ihrem Reich zwiespältig aufnahmen, legten sie Wert darauf, eine einheitlichere Identität für sich selbst zu finden. In dieser Atmosphäre schlug Gorbatschow vor, die Verfassung zu ergänzen und einen neuen Posten zu schaffen, den des Präsidenten der UdSSR mit direkter Verantwortung gegenüber dem Kongress der Volksdeputierten. Dadurch wollte er die Union stärken und die zur Abspaltung neigenden Republiken, die nun eine angesehene Repräsentationsfigur haben würden, zusammenhalten. Im März 1990 wählte der Kongress Gorbatschow in dieses Amt, ohne das Volk als Ganzes um Rat zu fragen. Der Kreml wurde als Residenz des neuen Präsidenten herausgeputzt, und während das Politbüro seine wöchentlichen Tagungen in der dritten Etage fortsetzte, wurde der Senat zu Gorbatschows offizieller Basis. Fünfzehn Monate später, als sich die Sowjetunion um ihn herum auflöste, war der Kreml praktisch das einzige Territorium, das er unter Kontrolle hatte.[116]

Die Welt machte eine Revolution durch. Angespornt durch den Erfolg ihrer Nachbarn in Osteuropa, brachten Sowjetbürger ihre eigenen Forderungen vor. Die Unabhängigkeitskampagne in Litauen war besonders lautstark, und sogar in Moskau gingen die Menschen massenweise auf die Straßen. Manche ermahnten Gorbatschow: »Denk an Rumänien!«, wodurch sie ihn in eine Reihe mit den verhassten Ceauçescus stellten, die im Dezember 1989 in Bukarest exekutiert worden waren.[117] Dies war ungerecht, denn schließlich hatte er selbst die Volksbewegungen in Europa entfesselt, aber Gorbatschows Ruhm der jüngeren Vergangenheit ließ seine zunehmend repressive Haltung umso erschreckender wirken. Nachdem die Reformer ihn fast überall im Stich gelassen hatten, war er zu einem Gefangenen der Falken im Politbüro geworden, die lieber alles zerstört hätten, als einer einzigen Sowjetrepublik Unabhängigkeit zu gewähren. Im Januar 1991 marschierten Sowjettruppen in die litauische Hauptstadt Wilna ein und unterdrückten Proteste um den Preis von 14 Menschenleben. Dank Gorbatschows früherer Reformen wurden die Gewalttaten im Fernsehen gezeigt, und bedrohliche Bilder von sowjetischen Panzern erschienen erneut in ganz Europa. Der Präsident – und die Sowjetunion – hatte das moralische Argument für immer verloren.

Freilich war unklar, ob die Mehrheit der Sowjetbürger ihr Reich aufgeben wollte. Im März 1991 hielt Gorbatschow eine Volksabstimmung über die Zukunft der Union ab. Auf dem Stimmzettel stand eine Suggestivfrage: »Halten Sie es für notwendig, die UdSSR als erneuerte Föderation gleichberechtigter souveräner Republiken zu bewahren, in der die Rechte und Freiheiten von Menschen aller Nationalitäten in vollem Maße garantiert werden?«[118] Wenige Russen (die baltischen Republiken waren ein Sonderfall) hätten einfach mit Nein geantwortet, aber trotzdem stellte das überwältigende Ja-Votum so etwas wie einen demokratischen Sieg dar. Die Staaten, welche die geplante Föderation bilden sollten, wandelten sich jedoch zügig, und nichts war so verhängnisvoll für die Fortdauer der Union wie die Entscheidung, im Rahmen der Umgestaltung für jede der neuen Republiken einen direkt gewählten Präsidenten zu berufen.

Diese Maßnahme, die der kasachische Führer Nursultan Nasabarjew 1989 als Erster zur Sprache brachte, sollte die Gebietsautonomie innerhalb einer reformierten Sowjetunion erhöhen.[119] »Vielleicht nahm sich eine so große Zahl von ›Präsidenten‹, die (...) über keine reale Macht verfügten, damals aus der Ferne sogar etwas lächerlich aus«, sinnierte Jelzin später.[120] Aber die Kampagne spielte ihm in die Hände. Die Schaffung gewählter Volksvertretungen unter Gorbatschow hatte Jelzin zu einer neuen Bühne verholfen, und 1991 war er bereits Sprecher des russischen Parlaments, eines Gremiums (nominell dem Plenum des Volksdeputiertenkongresses unterstellt), das im Weißen Haus an der Moskwa zusammentrat. Die freimütigen, populistischen Reden, die Jelzin dort hielt, hatten ihm ein Profil verliehen, das erbitterte Wähler erkennen und verstehen konnten. Nun war er in der Lage, sich um ein Direktmandat für die Führung zu bewerben. »Bei weitem nicht alle Leute in der Umgebung Jelzins waren friedfertig gestimmt«, erinnerte sich Gorbatschow. »Sie hatten sich dermaßen aufgeputscht, daß sie bei jeder Gelegenheit versuchten, den Präsidenten der Union an den Pranger zu stellen.«[121] Am 12. Juni 1991, als die Stimmen für die russische Präsidentschaftswahl gezählt wurden, war offensichtlich, dass Jelzin überlegen gesiegt hatte.

Die Reaktionäre der Sowjetwelt hatten keine Chance gegen den nationalistischen Moloch, aber andererseits hatten sie nie viel Wert auf demokratische Methoden gelegt. Im Sommer 1991, während sich die Schar der gerade gewählten Präsidenten, darunter Jelzin und der schmeichlerische Nasabarjew, mit Gorbatschow traf, um über eine neuere und lockerere Union zu diskutieren, fanden andere, heimlichere Gespräche in und um Moskau statt. Zu den Verschwörern gehörten hohe Kremlmitarbeiter, etwa Gorbatschows Berater Waleri Boldin, sowie die Chefs der Streitkräfte, des Innenministeriums und des KGB. George Bush versuchte einzugreifen, sobald seine Agenten in den Informationsfetzen ihrer Telegramme ein Muster ausfindig machen konnten. US-Botschafter Jack Matlock wandte sich mit der Nachricht an Gorbatschow persönlich: Die Amerikaner hätten von einer Verschwörung erfahren, durch die er am 21. Juni gestürzt werden solle. Laut Tschernjajew lachte Gorbatschow ungläubig. »Das ist zu hundert Prozent unwahrscheinlich«, erwiderte er. »Aber ich weiß es zu schätzen, dass George mich über seine Besorgnis unterrichtet.«[122]

In Wirklichkeit war das Komplott weit fortgeschritten. Die Teilnehmer nannten sich Staatliches Komitee für den Ausnahmezustand (GKTschP), und ihre Verschwörung war genauso unbeholfen wie ihr Titel. Am 18. August, nachdem Gorbatschow zu seinem Jahresurlaub in Foros auf der Krim abgereist war, versammelte sich eine Gruppe hoher Funktionäre in Ministerpräsident Pawlows Kremlbüro. Die Männer waren mit Flaschen und Gläsern ausgerüstet und von einem Wirrwarr halb fertiger Pläne umgeben. Sie beabsichtigten, die Zerstückelung der Union zu verhindern und die alten Methoden der Breschnew-Zeit wiederaufleben zu lassen. Eine ihrer ersten Maßnahmen war die Entsendung einer Delegation, die mit Gorbatschow verhandeln sollte. Später in jener Nacht, als sie erfuhren, dass er jegliche Kooperation ablehnte, wünschten sich einige offenkundig, dass sie sich nicht an dem Putschversuch beteiligt hätten, doch mittlerweile war es zu spät und Alkohol bot den einzigen Trost. Ein Rückzieher kam nicht in Frage, aber der nächste Schritt erforderte entschlossenere Aktionen als die, welche ihnen vorgeschwebt hatten. Der Kreml war wieder einmal Zeuge einer Verschwörung, doch diese entfaltete sich in einer Atmosphäre des Bedauerns, der gegenseitigen Vorwürfe und des warmen Regierungsweinbrands.

Die beiden Hauptziele der Putschisten waren die Präsidenten Gorbatschow (UdSSR) und Jelzin (Russland). Der Erstere wurde in der Regierungsvilla in Foros vom KGB unter Hausarrest gestellt. Gleichzeitig umzingelten Sondereinheiten der Elitedivision Alpha Jelzins Datscha in den Wäldern des Moskauer Vororts Archangelskoje und warteten auf den Befehl zu seiner Verhaftung. Am 19. August erwachten die Moskowiter durch das bedrohliche Rumpeln von Panzern und Schützenpanzerwagen. »[Die] Anführer der Verschwörung wollten die Stadt mit einem Aufmarsch von Soldaten und Militärfahrzeugen schockieren«, berichtete Jelzin.

> »Die Tragödie der Mitglieder des Staatlichen Komitees für den Ausnahmezustand sehe ich als Tragödie einer ganzen Generation von sowjetischen Staatsdienern, die das System zu Schräubchen gemacht und aller menschlichen Eigenschaften beraubt hatte (…), aber es wäre viel schlimmer gekommen (…), wenn diese trostlosen Bürokraten, die leidenschafts-

los wie Roboter handelten, die Führung des Landes erneut an sich gerissen hätten.«[123]

Überall zeigten die Bürger Mut. In Moskau setzten die Menschenmengen, die sich den Panzern der Verschwörer entgegenstellten, ihr Leben aufs Spiel. In Foros hielt Gorbatschow tagelang stand. Als die Anführer des Putsches öffentlich behaupteten, dass der Präsident krank sei, fürchteten seine Begleiter um seine Sicherheit. Die Belastung machte sich unzweifelhaft bei Raissa bemerkbar, die später eine Gehirnblutung erlitt. Das größte Verdienst erwarb sich jedoch Jelzin, der die Absperrkette um seine Datscha durchbrach und direkt zum russischen Parlamentsgebäude, dem Weißen Haus, fuhr. Bevor er sein Büro erreichte, hatten sich bereits Hunderte von Moskauer Bürgern versammelt, um die Panzerbesatzungen zur Rechenschaft zu ziehen. Der russische Präsident schlüpfte an ihnen vorbei (der Kreml ist nicht das einzige Moskauer Regierungsgebäude mit einem Geheimeingang), doch Empörung – und ein Sinn für Theatralik – veranlasste ihn schließlich, sich draußen unter die Menge zu mischen. »Ich kletterte auf den Panzer und richtete mich auf«, schrieb Jelzin. »Möglicherweise hatte ich in diesem Augenblick die Ahnung, daß wir siegen würden, daß wir nicht unterliegen konnten. Hier war alles klar, ich fühlte mich vollkommen eins mit den Menschen, die mich umringten.«[124] Er blieb stehen, verlas einen Aufruf an das russische Volk und sprach dann kurz mit den Männern in dem Panzer, der zu seiner Tribüne geworden war. Das Ganze dauerte nur Minuten, aber die Fernsehbilder und Fotos wurden zu Symbolen für den Sieg des gesamten Volkes.

Der Putschversuch war das letzte Aufbäumen des Sowjetregimes. Seine Anführer hatten ihr eigenes Volk angegriffen, womit sie ihre Ablehnung der Demokratie nicht deutlicher hätten machen können, und ihr Verrat diskreditierte die Schlüsselinstitutionen eines versagenden Staates: den KGB, die Kommunistische Partei und den Generalstab. Statt eine Militärherrschaft zu begründen, traten die Panzerbesatzungen hinaus auf Gehwege, die mit langstieligen roten Blumen übersät waren. In fast allen Republikhauptstädten beeilten sich Volksbündnisse, ihre Unabhängigkeit vom gescheiterten Sowjetregime zu erklären.

Ihre Forderungen gehörten zu den vielen Dingen, die Gorbatschow nun neu durchdenken wollte. Aus seiner Villa in Foros nahm er das Kommando über das Kreml-Regiment wieder auf und wies den Befehlshaber an, die Büros der Verschwörer zu versiegeln und ihre Telefone abzuschalten.[125] Er weigerte sich, die Putschisten zu empfangen (nicht einmal jene, die einst seine Freunde gewesen waren), und beschloss, eine neue Regierung mit unbelasteten Männern zu berufen. Den Reportern, die ihn nach der Landung seiner Maschine am Moskauer Flughafen erwarteten, erläuterte er: »Aus Foros bin ich in ein anderes Land gekommen, und ich bin nicht mehr der, der ich war, ich bin ein anderer Mensch.«[126] Doch damit blieben sämtliche Hauptfragen noch unbeantwortet. »Ja, wir haben gesiegt«, schrieb ein *Iswestija*-Korrespondent am 23. August. »Aber unser Sieg verschafft uns nur eine Chance, eine Möglichkeit. Werden wir – und unsere Führer – verstehen, sie zu nutzen?«[127]

Bevor die letzten von Boris Jelzins Anhängern das Weiße Haus verlassen hatten, verkündete er, dass er in den Kreml ziehen werde. Für einen Mann, dessen Sendungsbewusstsein so ausgeprägt war, gab es keine andere Wahl. Was immer Gorbatschow zu verteidigen suchte, Jelzin war derjenige, der eine neue Ära schuf. Seiner Meinung nach, die von vielen geteilt wurde, war er der Erlöser Russlands, das heißt jemand, dessen Vorgänger stets von der Moskauer Zitadelle aus regiert hatten. In einer Zeit der Spannung und Ungewissheit schien die alte Festung ein perfekter Ersatz für den Konsens zu sein, das Symbol einer Nation, die sich noch zusammenfügen musste. Obwohl sich vorläufig niemand über die Identität des Landes im Klaren war, wurde die russische Fahne – weiß, blau, rot – am 24. August 1991 über den Kremlmauern gehisst.

Die günstigste Interpretation von Jelzins Schritt lautete damals, dass er im Namen des einfachen Mannes die Kontrolle über die Festung an sich brachte. Schließlich war dieser Präsident dafür berühmt, dass er wie alle anderen mit dem Bus fuhr, und auch wenn er nicht mutig auf einem Panzer stand, war er ein echter Russe mit den entsprechenden Manieren und Gelüsten. »Der Kreml sollte nun zum Symbol dieses Umschwungs werden, zum Symbol für Dauerhaftigkeit und Stabilität einer neuen russischen Politik«, erklärte Jelzin selbst. »Und wenn Reformen erforderlich waren, dann sollten sie von hier ausgehen. Das war die Botschaft, die ich mit diesem Schritt signalisieren wollte.«[128] Aber Jelzins Ambitionen konnten auch anders eingeschätzt werden. Als impulsiver und intoleranter Mann, als Vollblutpolitiker, dessen Grundinstinkte eher autoritär denn demokratisch waren, schien Jelzin einen Thron zu begehren.[129] Außerdem strebte er danach, seine Position abzusichern. »Der Kreml ist eben nicht nur ein Kleinod der Architektur, sondern – damit verrate ich kein Geheimnis – ein strategisch entscheidend wichtiges Zentrum des Staates«, führte er aus. »Auf ihn sind die gesamte Verteidigung des Landes und das System der operativen Führung abgestimmt, hierher gelangen die chiffrierten Telegramme aus der ganzen Welt. Und nicht zuletzt verfügt der Gebäudekomplex über eine bis ins kleinste durchdachte Sicherheitsanlage.«[130] Später fügte er unverblümt hinzu, dass ein Mann, der sich ins Innere des Kreml vorgearbeitet habe, nur durch einen weiteren Putsch von den Machthebeln entfernt werden könne.[131]

Ironischerweise war ein anderer Führer, Michail Gorbatschow, immer noch im Kreml ansässig. Die Kommunistische Partei mochte sich mit Schande bedeckt haben (und Jelzin ging in jenem August sogleich gegen sie vor, indem er ihre Vermögenswerte beschlagnahmte und ihre Hauptbüros schloss), doch das Volk hatte Gorbatschow durch das Referendum vom März aufgefordert, die Sowjetunion umzugestalten, und der Kreml, noch in sowjetischer Gestalt, blieb sein offizielles Hauptquartier. Für zwölf Wochen am Ende des Jahres 1991 amtierten zwei Präsidenten in der Moskauer Festung, was auch bedeutete, dass es zwei Gruppen Präsidentenberater, zwei unterschiedliche Protokolle und regelmäßige Zusammenstöße konkurrierender Fernsehteams gab, die zwischen den Pressekonferenzen des russischen und des sowjetischen Staatsoberhaupts hin und her rannten.

Manche Institutionen verschwanden innerhalb von Tagen. Fast sofort – und unter einem Chor der öffentlichen Beschimpfung – warf man das Zentralkomitee der Kommunistischen Partei aus seinem Gebäude am Alten Platz hinaus. Das Gelände, nun nicht mehr sakrosankt, wurde zu einer erstklassigen zentralen Immobilie von 150 000 Quadratmetern Größe mit einem Marktwert von 137 Millionen Rubeln.[132] Scharen von Protestlern versammelten sich täglich, und viele forderten Einsicht in die Geheimakten. Am 29. August drohten zwei- oder dreihundert Demonstranten, das Gebäude zu stürmen, und nur bewaffnete Wächter retteten die Bürokraten im Innern.[133] Tschernjajew war unter den Letzten, die das Feld räumten. Seine Untergebenen und er hatten eine Frist von kaum drei Stunden, und während die Minuten verstrichen, wurde das Gesichtermeer auf der Straße immer bedrohlicher. Irgendwann tauchten Polizisten auf und geleiteten die Funktionäre in ein Untergeschoss. »Dort führten unsere Wächter ein Telefonat nach dem anderen«, schrieb Tschernjajew. Die verängstigte Gruppe folgte den Polizisten immer tiefer unter das Gebäude und bewegte sich durch Tunnel, die keiner der Fliehenden je betreten hatte. Die hell erleuchtete *podsemka*, die U-Bahn, wartete bereits. Tschernjajew und seine Leute entkamen etwas später durch ein Gewölbe im Senatsbereich des Kreml.[134]

Nach der Entfernung des Parteiapparats wurde der Alte Platz zum Hauptquartier der russischen Regierung. Der Kreml blieb dem Präsidentenpersonal vorbehalten. Jelzins Team war in Block 14 untergebracht, dem früheren Theater auf dem alten Klostergelände, deutlich sichtbar vom Senat aus, doch nicht ganz so eindrucksvoll wie dieser. Gorbatschow benutzte immer noch die elegantesten Räume, aber Jelzins Gehilfen, die nach den Insignien und Privilegien der Macht dürsteten, belegten ihre Zimmer mit spitzbübischem Triumph. Die früheren Nutzer von Block 14, die verbissenen Handlanger der Sowjetzeit, erhielten nur Stunden für ihren Auszug, und viele mussten Aktenberge zurücklassen, darunter auch die Mitschriften jedes Telefongesprächs, das Jelzin seit 1987, also nach seiner Kollision mit Gorbatschow, geführt hatte.[135] Solche Dinge vergifteten zwangsläufig die Atmosphäre, doch es gab auch Spannungen innerhalb des Jelzin'schen Lagers. In dem politischen Gerangel des Sommers verbrachten zwei der engsten Mitarbeiter des Präsidenten, Viktor Iljuschin und Gennadi Burbulis, unmittelbar nach dem Putsch kostbare Tage damit, sich um ein Kremlbüro zu streiten, das durch Renovierungen gerade den begehrten »europäischen« Standard, einen kleinen Anbau und ein privaten Fitnessstudio inklusive, erreicht hatte.[136] Jelzin ließ sie die Sache ausfechten und verschwand Ende August in den Urlaub.

Seine Abwesenheit löste ein Zwischenspiel des Chaos und der politischen Pfuscherei aus. Doch trotz solcher Ungewissheit kam es im Herbst auch zu komischen Szenen. Die bevorstehende Auflösung der Sowjetunion führte zu einem Mangel an Wein in der Zitadelle, denn die Kremlkeller waren mit Cabernet aus der Moldauischen Autonomen Sozialistischen Sowjetrepublik (bald bekannt als nicht mehr sowjetische Republik Moldau) gefüllt worden, und als die Vorräte zur Neige gingen, brachte es niemand über sich, eine ausländische Alternative zu bestellen.[137] Neue Kremlangestellte, mit Reihen von Telefonen konfrontiert, mussten sich beim Sicherheitsbüro erkundigen, wie die Apparate funktionierten.[138] Und die persönliche Rivalität zwischen Jelzin und Gorbatschow war unverkennbar. Andrej Gratschow, damals Gorbatschows Pressesekretär, schilderte die Ereignisse am 28. Oktober, als sein Chef den zypriotischen Präsidenten empfangen sollte. Der Katherinensaal, in dem solche Begegnungen traditionsgemäß stattfanden, war bereits von Jelzin gebucht worden, so dass Gorbatschow auf das Studiobüro zurückgreifen musste, das er in den 1980er Jahren für seine Fernsehauftritte hatte einrichten lassen. Nun verbarg sich eine pikante Note in der Tatsache, dass die Batterie werbewirksamer Telefone auf dem Schreibtisch nie an irgendetwas angeschlossen worden war. Zudem hatte sich eine der Bürotüren verzogen und schwang so laut knarrend hin und her, dass die Dolmetscher die Worte der Präsidenten nicht hören konnten. Ein Kreml-Wächter musste die Tür von außen zuhalten, bis die Sitzung endete.[139]

Das Knarren und die sinnlosen Telefone waren treffliche Metaphern für Gorbatschows Regentschaft nach August 1991. Die Oberhäupter fast aller ehemaliger Sowjetstaaten führten weiterhin Gespräche mit ihm über die Gründung einer Union neuen Stils, während Jelzin die einflussreichen Akteure unter vier Augen mit seinem Plan umwarb, das gesamte Reich auseinanderbrechen zu lassen.[140] In seinen öffentlichen Reden thematisierte er die Dinge, die Russland ohne fremde Hilfe vollbringen könne. Auf den Fernsehschirmen erschien er stets vor dem Hintergrund der russischen Trikolore. Gorbatschows Protokollteam dagegen stand regelmäßig in letzter Minute vor der Wahl zwischen der russischen und der sowjetischen Fahne. In dem Dilemma entschied sich der Präsident stets für die Letztere, und sein Privatflugzeug, »Die Sowjetunion«, hatte bis zum Ende eine scharlachrote Heckflosse.[141]

Doch bald würde es kein Sowjetgebiet mehr geben, über das die Maschine hinwegfliegen konnte. Am 1. Dezember 1991 stimmte das Volk der Ukraine, des wichtigsten direkten Nachbarn Russlands, mit überwältigender Mehrheit für die Unabhängigkeit. Dies war das Aus für Gorbatschows Plan einer neu konzipierten Sowjetunion, und Jelzin konnte ihn mit einem Vertrag übertrumpfen, den er bereits mehr oder weniger heimlich im Naturschutzgebiet Beloweschskaja Puschtscha in Belarus ausgehandelt hatte.[142] So entstand ein Patchwork neuer unabhängiger Nationen, die noch ein paar Monate lang ihre gemeinsamen Probleme zu lösen versuchten, bevor sie auseinanderdrifteten. Damit hatte Gorbatschows Amt als Unionspräsident seinen Sinn verloren.

In den letzten Wochen wurden zahlreiche Gespräche geführt, doch bei der Geburt dieser neuen Version Russlands mussten auch konkrete Objekte, nicht nur Ideen, übergeben werden. Im Dezember 1991 hielt Jelzin die Kontrolle über ein umfassendes Kernwaffensystem; der »Knopf« hatte die Gestalt eines von Samsonite hergestellten »Atomkoffers« mit Digitalcodes.[143] Während sich die Stunde null näherte, überließ Gorbatschow Jelzin zudem mehrere Aktenberge. Der verborgene Dokumentenbestand des Kreml enthielt auch Einzelheiten über die Tschernobyl-Katastrophe, aber die Hauptrolle spielte die Geschichte, und die Unterlagen zeugten von vielen Taten, die offiziell geleugnet worden waren. Das Präsidentenarchiv barg Geheimnisse über den Krieg in Afghanistan, über die politische Repression unter Chruschtschow sowie etliche Papiere mit Stalins Bleistiftzeichen, und eines erwies sich als Originalentwurf des Molotow-Ribbentrop-Paktes von 1939. Solche Akten waren, wie geschärfte Atombomben, seit einem halben Jahrhundert von einem Generalsekretär an den anderen weitergereicht worden. Das ZK-Personal hatte ihre Existenz stets bestritten, und auch Gorbatschow hatte sie in den Glasnost-Jahren nicht freigegeben. »Das stammt aus dem Archiv der Generalsekretäre«, ließ er seinen Erben wissen. »Nehmen Sie, das gehört jetzt alles Ihnen.«[144]

Unter den wenigen, welche die letzte Begegnung der beiden Führer im Walnuss-Saal des Kreml miterlebten, war Andrej Gratschow. Das heißt, er und die anderen engen Mitarbeiter warteten zehn Stunden lang in einem benachbarten Foyer. »Unsere einzige Informationsquelle«, so Gratschow, »war Schenja, der Kremlkellner, der mit Flaschen und Tellern zwischen dem Walnuss-Saal und der Küche hin und her lief.«[145] »Wir führten ein langes und nicht sehr angenehmes Gespräch«, schrieb Jelzin später, obwohl Gratschows Gewährsmann berichtete, dass »die Stimmung gut zu sein schien«.[146] Die Presse verfügte nicht einmal über Schenjas Mitteilungen, und die staatlichen Rundfunksender hielten sich an die Sowjettradition, indem sie endlos den »Tanz der kleinen Schwäne« aus *Schwanensee* spielten. Am folgenden Tag, wiederum in jenem vorgetäuschten Fernsehbüro, unterzeichnete Gorbatschow feierlich sein letztes Statement als Präsident, nachdem er sich einen Stift von dem CNN-Reporter geborgt hatte. Seine abschließende Ansprache war würdevoll, und er benutzte eine Wendung, die Russen nicht häufig hören sollten. »Ich habe diese Entscheidung aus prinzipiellen Überlegungen heraus getroffen«, verkündete er.[147]

Alles war innerhalb von Minuten vorbei. Die Kameras folgten Michail Gorbatschow in den Senat, wo er seine Bürotür hinter sich schloss.[148] Zu dem Zeitpunkt, als die ausländischen Journalisten wieder draußen auf den Straßen filmen konnten, war die Sowjetfahne vom Senatsdach verschwunden. Später vermochte die Welt das Schauspiel ihrer Entfernung jedoch dank russischen Privatunternehmertums zu betrachten. Den journalistischen Profis war der Moment unglücklicherweise entgangen, aber ein paar Moskowiter hatten die Einholung der letzten roten Fahne des Kreml mit einem importierten Camcorder aufgenommen, und ein Exemplar ihrer VHS-Kassette kostete weniger als 50 US-Dollar.[149]

12 Normalität

Boris Jelzin zog in Gorbatschows Büro ein, sobald die Putzfrauen den Papierkorb geleert hatten. Das Messingschild an der Tür des früheren Präsidenten wurde noch am selben Abend abmontiert (Jelzins Personal behauptete später, Gorbatschows Leute hätten sich revanchiert, indem sie bei ihrem Auszug einige andere Beschläge abschraubten und sich mehrere goldene Füllfederhalter mit dem amtlichen Wappen einsteckten).[1] Die rote Fahne, die seit sieben Jahrzehnten auf dem Senatsdach geweht hatte, war fort, und viele hofften, dass das übrige sowjetische Erbe genauso rasch verschwinden würde. Optimisten hatten begonnen, das gesamte Zwischenspiel der kommunistischen Herrschaft als Verirrung, als Experiment, zu bezeichnen. Sie meinten, es sei an der Zeit, dass Russland auf seinen wahren Pfad zurückkehre. Wenn es angesichts der turbulenten, eklektischen Geschichte Moskaus Zweifel an der Bedeutung dieser Worte gab, so wurden sie in der Euphorie des Sieges nicht beachtet. Als die Uhr am Erlöser-Turm zur Jahreswende 1992 schlug, wurde das berühmte Geläut vom Lärm des Feuerwerks übertönt. Der Champagner floss, und die Menschen sangen. Alle glaubten nun, das Recht auf ein normales Leben zu haben.[2]

Stattdessen standen ihnen Not und Ungewissheit bevor. Die Liste der Probleme, denen sich die neue Republik gegenübersah, hätte sogar ein viel stärkeres und fester verwurzeltes Regime auf die Probe gestellt. Von Umweltzerstörung und niedriger Produktivität bis hin zum Zusammenbruch der öffentlichen Infrastruktur war das sowjetische Vermächtnis ohnehin erdrückend genug. Aber die überstürzten Wirtschaftsreformen des neuen Staates verschärften den Stress und führten zu hohen Sterblichkeitsziffern und nie dagewesenen Kriminalitätsraten, zu galoppierender Inflation und Knappheit in allen Bereichen, seien es Lebensmittel oder Krebsmedikamente.[3] Das russische Innenministerium schätzte um 1993, dass 85 Prozent der neuen Privatbanken Verbindungen zum organisierten Verbrechen unterhielten. Das Gleiche galt für fast die Hälfte der Unternehmen des Landes, was nicht verwundern sollte, da auch ehrliche Kaufleute nicht überleben konnten, ohne Schutzgeld (umgangssprachlich als »Dach« bekannt) zu zahlen und ohne Unterweltregeln zu befolgen.[4] Die offizielle Mordrate erhöhte sich in Moskau zwischen 1989 und 1993 um das Achtfache (die wahre Zahl ist vermutlich noch düsterer).[5] Verständlicherweise war niemand bereit, auf den künftigen Wohlstand der neuen Republik zu spekulieren. In den 1990er Jahren kam es zu einem mächtigen Kapitalabfluss aus Russland in sichere Häfen wie London und New York. Da die Gelder zumeist illegal exportiert wurden, sind die Zahlen schwer zu ermitteln, doch Schätzungen für den Zeitraum von 1990 bis 1995 liegen zwischen 65 und 400 Milliarden US-Dollar.[6]

Unter so ungünstigen Umständen mussten sich die russischen Führer der Herausforderung stellen, einen glaubwürdigen, widerstandsfähigen und würdevollen Staat aufzubauen. Die Zaren hatten auf religiöse Ikonographie und überwältigenden öffentlichen Glanz zurückgegriffen, um dieses Ziel zu erreichen; Lenin hatte sich auf das heilige Blut der Märtyrer und auf die proletarische Revolution berufen. Von Iwan dem Schrecklichen und Michail Romanow bis hin zu Stalin hatte keiner erwartet, dass ein neu gegründetes Regime blühen könne, wenn es nicht über einen überzeugenden Stammbaum und eine spezielle Mission verfügte. Doch in den 1990ern boten sich dem neuen Staat in beiderlei Hinsicht wenig Möglichkeiten. In den meisten Gesellschaften – das heißt in denjenigen, die ihre eigene Normalität nicht anzweifeln – bleiben gemeinsame Werte unerwähnt, zumal sie ohnehin veränderlich sind. Aber das postkommunistische Russland befand sich in einer moralischen Krise. Jelzin wollte sichergehen, dass es weder sowjetisch noch kommunistisch blieb, aber Russland war nicht europäisch und seine Menschen zeigten keine Bereitschaft, den Triumph des Westens zu akzeptieren. Damit entstand ein Vakuum, ein Schwindelgefühl, vor allem in einer Gesellschaft, die so lange im Schatten allumfassender Ideen gelebt hatte.

Die Republik, die Jelzin geerbt hatte, konnte immer noch behaupten, das größte Land der Welt zu sein, aber sie war keine Supermacht mehr, nicht mehr der Sitz einer dynastischen Monarchie, nicht mehr exotisch oder gar glanzvoll. Nicht einmal ihre einst mächtige Armee wirkte nun besonders furchterregend. Während der gesamten russischen Geschichte hatten wackelige und unreife Regime Versionen der Vergangenheit heraufbeschworen, um unter ähnlichen Umständen Legitimität zu erringen, doch auch das war misslich für die Führer des neuen Russland. Der Staat konnte schwerlich die Sowjetjahre feiern, obwohl seine Regierenden als Kommunisten aufgewachsen waren; viele hatten Karriere gemacht, indem sie kapitalistische Werte und Privilegiensysteme verurteilten. Jelzin selbst hatte in seinen Tagen als Gebietsparteichef von Swerdlowsk den Abriss einer Villa angeordnet, die als letztes Gefängnis für Nikolaus II. und dessen Familie benutzt worden war. Damals, noch als Kommunist, hatte er vorgebracht, dass das Haus nicht zu einem Schrein werden solle. Nun, als Präsident, benötigte er ironischerweise nichts dringender als Schreine.

Wenn Jelzin seine alten Freunde, die Chefs der anderen ehemaligen Sowjetrepubliken, befragt hatte, so dürften sie ihm geschildert haben, wie sie sich nationalistischer Rhetorik bedienten und die historischen Leiden ihrer Völker heranzogen, um neue Nationen zu schmieden oder zumindest Millionen Stimmen zu sammeln. Russische Politiker konnten diese Argumentation jedoch nicht sehr weit vorantreiben, und nicht nur, weil ihre Nation, aus historischer Sicht, die übrigen unterdrückt hatte. Hinzu kam, dass Moskau weiterhin an der Spitze eines Reiches stand. Die Bevölkerung von Jelzins neuem Staat, die 1991 fast 148 Millionen Menschen zählte, bestand in ethnischer Hinsicht überwiegend (zu mehr als 80 Prozent) aus Russen, aber neben den »russischen« Kerngebieten regierte er auch das gesamte öl- und gasreiche Sibirien sowie frühere Stammesterritorien an den Nordhängen des Kaukasus, etwa Tschetschenien, Nord-Ossetien und Kabardino-Balkarien.[7] Moskau ersann ein fadenscheiniges Etikett, um diese wertvollen Minderheiten zu integrieren, und bezeichnete seinen neuen Staat als »Russische Föderation«. Der Name leitete sich aus Sowjetzeiten her und sollte auf eine gleichberechtigte Partnerschaft zwischen den Völkern der verschiedenen Regionen hinweisen. In Wirklichkeit beherrschte das russische

Zentrum – und die russische Nation – die politische Landschaft und gab weiterhin den kulturellen Ton an. Doch man benötigte noch etwas Zusätzliches: Würde und Charisma, ein Gefühl der Zielstrebigkeit und des kollektiven Stolzes.

Die Antwort hätte von der Demokratie als solcher geliefert werden können, denn in vielen Ländern entfaltet die Regierung ihre wirkliche Pracht durch die Konsensidee. Während das morsche Sowjetreich im Herbst 1991 zerfiel, gab es keinen Grund zu der Annahme, dass Russland zu ewiger Tyrannei verdammt oder dass seine Zukunft durch die Geschichte in Ketten gelegt worden sei. Nun bot sich die Chance, einen neuen Staat zu erschaffen. Gewiss, das Weiße Haus in Moskau war alles andere als majestätisch; es hatte mehr Ähnlichkeit mit einem Flughafengebäude als mit einem Palast. Außerdem war das Parlament, das dort tagte, nach Sowjetregeln gewählt worden, und es blieb ein Geschöpf der korrupten Sowjetwelt. Aber sogar jener Anachronismus hätte durch Neuwahlen ausgeräumt werden können. Unglücklicherweise konzentrierte sich Jelzins Ehrgeiz jedoch auf das einzige Ziel, das er kannte: die Macht im Stil des Kreml. Sobald er sein Büro in der Festung bezogen hatte, überließ er die Details seinen Helfern, denen nicht der Sinn nach einem ermüdenden Wahlkampf stand. Der entscheidende Sommer verebbte, und im Oktober 1991 kehrten die Parteisoldaten und Demagogen auf ihre gewohnten Plätze in der Kammer des Weißen Hauses zurück.[8]

Es erwies sich als Tragödie für Russland, dass seine Parlamentsführer weniger an Hoffnung und Freiheit interessiert waren als an ihren eigenen primitiven Machtkämpfen. Im Frühjahr 1993 versuchte eine Fraktion schließlich, ein Amtsenthebungsverfahren gegen Jelzin einzuleiten und den Kreml an sich zu reißen. Der Versuch scheiterte, doch die Hauptverantwortlichen bemühten sich weiterhin, jegliches Anzeichen allgemeiner Unzufriedenheit zu fördern und für sich zu nutzen. Am 1. Mai, zum kommunistischen Frühjahrsfest, versammelten sich große Mengen von Oppositionsanhängern auf den Straßen und Plätzen in der Nähe des Kreml, um bessere Renten, Arbeitsplätze und grundlegende Sozialleistungen zu verlangen. Die Polizei war unvorbereitet, und es kam zu gewalttätigen Auseinandersetzungen und zur Verbrennung von

Autos.[9] Ähnliche Demonstrationen sollten sich weitere fünf Monate lang in den Städten abspielen, manchmal begleitet von Armeeliedern, manchmal von Stalin-Porträts.[10] Einsame rote Fahnen und verbitterte Menschenmengen wurden zu Symbolen einer frustrierten, missmutigen Demokratie.

Am 21. September schlug die Enttäuschung in eine Krise um, denn an diesem Tag löste Jelzin den Obersten Sowjet (das russische Parlament) auf.[11] Sämtliche Anhänger der Demokratie hätten nun auf die Straße gehen müssen, doch die meisten blieben sang- und klanglos zu Hause. Manche behaupteten später, sie hätten genug damit zu tun gehabt, schlicht zu überleben. Außerdem hatten sie gute Gründe, bestürzt über die hemmende und eigennützige Politik des Weißen Hauses zu sein. »Wir waren der politischen Treffen, der Kehrtwendungen, des Gezänks und der Skandale überdrüssig«, gab ein Journalist später zu. »In erster Linie wollten wir mit unserem Leben klarkommen.«[12] In krassem Gegensatz zu 1991, als die Opposition Tausende von Reformanhängern gegen den Augustputsch geeint hatte, gehörten zu den Mengen, die sich versammelten, um diese neue Version des Weißen Hauses zu verteidigen, auch Kommunisten alten Stils, Rentner und fremdenfeindliche russische Chauvinisten.[13] Jelzin ließ sie alle mit Panzern umzingeln, und diesmal wurden tödliche Schüsse abgefeuert. Sogar in der offiziellen Zählung, die nach der Belagerung des Weißen Hauses angestellt wurde, ist von 147 Toten die Rede, doch die Verlustziffern in anderen Berichten sind viel höher.[14] »Während ich diese Worte schreibe, höre ich vertraute Geräusche durch meine Fenster, genau wie die eines Feuerwerks«, meldete der liberale Journalist Otto Lazis. »Aber es ist kein Feuerwerk, sondern es sind Panzergranaten, die im Weißen Haus einschlagen. Und dies ist nicht der Kaukasus oder der Pamir, sondern das Zentrum von Moskau.«[15] Acht Jahre später, als man versuchte, den Präsidenten zur Rechenschaft zu ziehen, bestätigten Kritiker, dass er Ärzten verboten habe, den verwundeten Verteidigern des Weißen Hauses zu helfen, bevor sein Sieg feststand. »Wenn ich einen strategischen Entschluss fasse«, prahlte Jelzin später, »quäle ich mich danach nicht mit dem nutzlosen Gedanken, man hätte auch anders entscheiden können und alles wäre ganz anders gekommen.«[16]

Intellektuelle und Journalisten hatten einen Putschversuch durch antidemokratische Kommunisten befürchtet, weshalb Jelzins Gewalttätigkeit damals nicht viel Kritik hervorrief. US-Botschafter Thomas Pickering war nicht der Einzige, der die besiegten Besetzer des Weißen Hauses als »Faschisten« bezeichnete.[17] »Ich glaube, dass Präsident Jelzins demokratische Legitimation gefestigt ist«, beharrte der reformerische Parlamentsabgeordnete Lew Ponomarjow. »Er hat sein Engagement für demokratische Institutionen bei vielen Gelegenheiten unter Beweis gestellt.«[18] Aber der Begriff »demokratisch« war eine seltsame Charakterisierung für einen Mann, der unbekümmert erklären konnte, dass »irgendjemand im Land der Chef zu sein hat«.[19] Jelzins Regierungsidee beschränkte sich darauf, dass er an der Macht bleiben wollte.[20] Ein anderer amerikanischer Diplomat, Thomas Graham, zog später einen pessimistischen Schluss, als er über die mühevolle postsowjetische Situation Moskaus nachdachte. 1995 formulierte er: »In der Innenpolitik gibt es wenige engagierte Demokraten und, trotz gegenteiliger Rhetorik, keine der Demokratie verpflichtete Clans. Demokratische Verfahren, Wahlen inbegriffen, werden überwiegend als Waffen im Machtkampf eingeschätzt.«[21]

Nach dem Putsch von 1993 wurde die Chance verpasst, das neue Russland auf der Basis eines demokratischen Mehrparteiensystems aufzubauen. Anarchie und Revolte schienen mächtigere Gefahren zu sein als jegliche Exzesse der Regierung. Jelzin berief sich mit meisterhafter Taschenspielerei auf die Geschichte und bot den Russen das an, was sie sich angeblich wünschten: eine energische Führung aus dem Kreml. Innerhalb von Wochen nach seinem gegen das Parlament gerichteten Putsch unterzeichnete er die neue Verfassung, ein Dokument, das die russische politische Analystin Lilia Schewzowa »nicht so sehr eine Vereinbarung zwischen der Gesellschaft und den Behörden als ein Manifest der siegreichen Seite« genannt hat.[22] Die Verfassungsklauseln waren unzweideutig: Der Präsident würde nicht nur Staatsoberhaupt, sondern auch Urheber der Außen- und Verteidigungspolitik sein. Daneben würde er über die Machtbefugnis verfügen, das Führungspersonal einer Reihe von Organisationen zu ernennen, etwa der Zentralbank, der Staatsanwaltschaft und der höheren Gerichte. Auch konnte er (oder sie) rechtskräftige Erlasse herausgeben. Diese Ukase, deren Bezeichnung an alte zaristische Zeiten erinnerte, verliehen Jelzin eine fast autokratische Macht. Die einzigen Wolken an seinem Horizont waren die Wahlen, die alle vier Jahre abgehalten werden sollten. Zwar sah eine weitere Klausel vor, dass der Präsident nicht mehr als zwei aufeinanderfolgende Amtszeiten ableisten durfte, doch in einem hilfreichen Unterabschnitt hieß es, dass sich ehemalige Amtsinhaber erneut zur Wahl stellen konnten, wenn jemand anders ihren Sessel für nur eine Periode warmgehalten hatte.[23] Die offizielle Residenz des Präsidenten war der Kreml.

Die rote Festung Moskaus sollte also wieder einmal eine wichtige Funktion bei der Neuerfindung des russischen Staates übernehmen. Am 6. Oktober 1993 wurde die Ehrengarde entfernt, die seit den 1920er Jahren vor Lenins Mausoleum gestanden hatte, und letzten Endes wies man die zeremoniellen Aufgaben, die mit dem »Posten Nr. 1« verknüpft gewesen waren, dem nahe gelegenen Grab des Unbekannten Soldaten zu. Eine Kommission unter Rudolf Pichoja, der die Gesamtleitung der russischen Archive innehatte, beschäftigte sich dann mit einer Reihe von Emblemen für das junge Gemeinwesen. Es wäre zu teuer gewesen, die roten Sterne an den Kreml-Türmen abzubauen, aber Ende 1993 wurden Hammer und Sichel der Sowjetunion im russischen Wappen durch den doppelköpfigen Adler ersetzt.[24] Der Präsident sträubte sich jedoch, den Kommunismus als politische Bewegung zu verbieten. Obwohl man überall im Land Hunderte von Statuen und Porträts von Stadtplätzen und Bürogebäuden entfernte, wurde ein Gesetzesentwurf, der auf die Auslagerung von Lenins Leichnam aus dem Mausoleum auf dem Roten Platz abzielte, in aller Stille fallengelassen.[25]

Für den Moment hatte Jelzins Problem weniger mit einem Mangel an persönlicher Legitimität zu tun, da er sowohl gewählt als auch freudig begrüßt worden war, als mit dem völligen Fehlen jeglichen Herrschafts-Charismas seiner Regierung. Die neue Verfassung verbot Staatsideologien ausdrücklich. Dadurch sollten halsstarrige Kommunisten ausmanövriert werden, doch der Paragraph zeugte auch von einem Mangel an politischen Ideen. Nicht einmal die Nationalhymne der neuen Republik, Glinkas im 19. Jahrhundert entstandenes »Patriotisches Lied«, das nun die mitreißende und vertraute Sowjethymne ersetzte, besaß einen offiziellen Wortlaut. Das System selbst war alles andere als charismatisch. Außerhalb des Hofes und des Präsidentenclubs waren die Regierungsinstitutionen schwach und genossen kaum Respekt, womit sie weniger fähig waren, Steuern einzuziehen oder die Kriminalität zu bekämpfen, als ihre sowjetischen Vorgängerinnen. Wenn sich ein Bürger bedroht fühlte, war er geneigt, sich an private Sicherheitsunternehmen oder Mafiagruppen zu wenden statt an die Polizei. Der Kreml hatte sein eigenes, von Privilegien und Rivalitäten geprägtes Leben, aber außerhalb der Festung fehlte es Russland an einem leistungsfähigen Staat.[26]

Die Lösung bestand, wie so oft, darin, die Idee der Macht aufzufrischen, indem man einen gewissen Zauber aus der Vergangenheit entlieh. Während sich das Land nach seiner verlorenen Stabilität und seinem Stolz sehnte, wandelte sich Jelzins Stil allmählich. 1994 statteten Königin Elisabeth II. und Prinz Philip – in einer Geste der Versöhnung, die seit Gorbatschows Tagen geplant worden war – Jelzins Hauptstadt einen Staatsbesuch ab, den ersten eines britischen Monarchen seit der bolschewistischen Revolution von 1917.[27] Zu Ehren Ihrer Majestät läuteten sämtliche Kremlglocken – ein Klang, den Moskau in den vorangegangenen 70 Jahren selten gehört hatte. Der Präsident war aufmerksam und liebenswürdig, und sein Personal verhielt sich mustergültig. Alles ging reibungslos über die Bühne, sogar der heikle Austausch von diplomatischen Geschenken, obwohl deren Auswahl für beide Seiten qualvoll gewesen war. In einer Zeremonie im berühmten Innengarten des Großen Palastes überreichte die Königin den Jelzins – Boris und seiner Frau Naina – ein Holzkästchen, dessen winzige Fächer jeweils die Samen einer Pflanze aus den Gärten des Buckingham Palace enthielten. »Oh, Borja!«, flüsterte Naina nach Aussage des britischen Dolmetschers ihrem Mann zu. »Nun können wir uns unseren eigenen Buckingham Palace einrichten!« Später gab Jelzin zu: »Einige Pflanzen sind leider eingegangen.«[28]

Der Präsident teilte Nainas Einstellung jedoch und pflegte stets nostalgische Gefühle für die Zaren. Zur Freude der Organisatoren entschied er sich im Juli 1998 sogar, der Neubestattung des ermordeten Nikolaus II. und seiner Familie beizuwohnen. Inzwischen hatte das nationale Reuefieber einen solchen Grad erreicht, dass eine zweite Feier bei Moskau veranstaltet werden musste, denn manche Kritiker beharrten darauf, dass das erste Staatsbegräbnis nicht glanzvoll genug gewesen sei.[29] Der Prunk und die Frömmigkeit entsprachen genau Jelzins Geschmack. Nach dem Gottesdienst in Petersburg vertraute er seinem Tagebuch an: »Zu schade, daß wir mit den wertvollen historischen Reliquien der Monarchie auch das Gefühl für die Ganzheit und Kontinuität unserer Geschichte verloren hatten. Wie schön wäre es, wenn das alles bald wiederhergestellt werden könnte!«[30]

Mittlerweile entwickelte die Öffentlichkeit ihre eigene Interpretation von Ganzheit und historischer Kontinuität. Ehemalige Sowjetbürger entdeckten eine Leidenschaft für Titel und Etikette, und bald entstanden Firmen, die neue Wappen entwarfen. Aber die Sehnsucht nach einem starken, gesunden, moralisch vertretbaren Kollektivismus und nach einer erstrebenswerten Russischen Föderation fand ihren auffallendsten Ausdruck in der Neuerschaffung alter, besonders religiöser Gebäude. Die elementare Leidenschaft für ehrwürdige Monumente war zum Zeitpunkt des Zusammenbruchs der Sowjetunion schon seit Jahrzehnten gewachsen. Ihren Schutzpatron verkörperte der erfahrene Architekt Pjotr Baranowski, der in den 1980er Jahren als Gründer der Heimat- und Denkmalsschutzbewegung galt. 1969 hatte er eine Schule für Architekturschutz in einem Moskauer Gebäudekomplex eröffnet, in der Krutizkoje Podworje, einer früheren Kloster- und Bischofsresidenz, die jahrelang unter der Verwaltung des Staatlichen Historischen Museums verkommen war.[31] Doch nach 1991 verwandelte sich die Wiedererweckung verlorener Gebäude in eine Manie. Jedes gerettete oder rekonstruierte Monument schien einen weiteren Schritt nach vorn, fort von der sowjetischen Vergangenheit, und einen Sieg für wahre Werte zu markieren. Dabei war es von Nutzen, dass alte Kirchen als Oasen der Stille auf dem Basar dienten, zu dem Moskau geworden war. Aus der Sicht eines Politikers erschienen die Vorteile überwältigend. Die Projekte führten zum Abschluss von Verträgen in Millionenhöhe. Die Nostalgie konnte zu einer Ersatzpolitik gemacht werden, und sogar

Normalität 491

Jelzin ließ sich als Kunstmäzen stilisieren. Letztlich würde der Kreml im Mittelpunkt des notorischsten Sanierungsplans von allen stehen, doch die alte Festung war nicht das erste Wahrzeichen auf der Liste der Investoren. Die bekanntesten Projekte der frühen 1990er Jahre waren Scheinkopien oder Nachbildungen der Gebäude, die genauso eifrige Menschenmengen nur 60 Jahre zuvor in Schutt und Asche gelegt hatten.

Die erste neue Rekonstruktion im freien Russland war die der Kasaner Kathedrale am Rand des Roten Platzes. Dieses beeindruckende Gebäude hatte man 1936 abgerissen, doch Baranowskis Zeichnungen aus den zwanziger Jahren hatten sich erhalten, und 1991 verpflichtete sich ein Team unter Führung eines seiner Studenten, Oleg Schurin, es von Grund auf wiederherzustellen. Baranowski hatte das Fundament des alten Gebäudes nicht vermessen können, doch Schurin war entschlossen, die ursprüngliche Steinstruktur getreu nachzuschaffen. Diese hatte ihrerseits eine 1625 von Fürst Poscharski gegründete Holzkirche ersetzt; die Letztere repräsentierte eine Geste der Dankbarkeit für die Erlösung Moskaus von der Zeit der Wirren im 17. Jahrhundert. Die historischen Anklänge in Schurins Arbeit waren unverkennbar, und er teilte Journalisten mit, dass seine Kirche nach den Wirren der jüngeren Vergangenheit als Symbol für den russischen nationalen Friedensschluss dienen solle.[32] Es handelte sich um eine postkommunistische Botschaft, doch Schurin mühte sich ab wie ein Bolschewik, um das Projekt innerhalb von drei Jahren abzuschließen.

Schurins neue Kirche war (und ist) spektakulär, und ihr Erfolg spornte andere an, das Iberische Tor und die Kapelle am nordwestlichen Eingang des Roten Platzes nachzubauen. Mitte der 1990er Jahre wurde auch eine offene Fläche jenseits des Alexandergartens umgewandelt. Stalin hatte den Manege-Platz räumen lassen, um die gewaltigen Demonstrationen zu ermöglichen, die seiner Herrschaft Glanz verliehen, doch die Lektion von 1991 bis 1993 lautete, dass große Volksmengen die Illusion des Bürgerfriedens in einem Staat, der weniger zu ihrer Kontrolle fähig war als der Stalin'sche, rasch zunichtemachen konnten. Die Lösung (praktischerweise vom Standpunkt der wartenden Investoren aus) war die, ein Durcheinander und Abwechslung zu schaffen – ein Ziel, das der Moskauer Bürgermeister Juri Luschkow erreichte, indem er einen Wasserpark mit Bächen und Brunnen in Auftrag gab. Da es dem neuen Russland an seriösen eigenen Ideen – und sogar an Helden – fehlte, verteilte der Designer des Bürgermeisters klobige Statuen von russischen Märchengestalten über die Fläche.[33] Ein riesiges Einkaufszentrum unter dieser disneyesken Landschaft zog Tausende von dankbaren Kunden an und erhöhte die Gewinnmöglichkeiten. 1997, als Moskau den 850. Jahrestag seiner Gründung feierte, stellten sich größere Menschenmengen in dem Themenpark außerhalb der Kremlmauern ein als in fast jedem authentischen Gebäude der Vergangenheit. Sogar das Werbelogo für das Jubiläumsereignis zeigte eine Märchensilhouette des Kreml anstelle des Originals.[34]

Der ehrgeizigste Wiederaufbau war allerdings der von Konstantin Thons Christ-Erlöser-Kathedrale. Die Zerstörung der auffälligsten Kirche Moskaus war ein schwerer Schlag gewesen, doch nicht jeder hatte sie vermisst. Das Schwimmbad, das Chruschtschow auf dem Gelände anlegen ließ, erwies sich als äußerst populär. Rund fünf Millionen Menschen benutzten es alljährlich, womit die Gesamtzahl der Kirchgänger in Moskau, sogar Anfang der 1990er Jahre, um das Zehnfache übertroffen wurde.[35] Trotz seines Nutzens wurde das Bad jedoch 1993 geschlossen. Eine öffentliche Konsultation fand nicht statt, aber schließlich erfuhr man, dass das Grundstück für ein monumentales Symbol des postsowjetischen russischen Wiederauflebens vorgesehen sei. Wo die Bolschewiki einen Turm hatten errichten wollen, um die Werte des Oktobers 1917 zu bekräftigen, gab das neue Regime bekannt, es werde im Namen des künftigen Russland (was immer das sein mochte) ein genauso erhabenes Bauwerk in Angriff nehmen. Örtliche Künstler und Architekten machten sich die Mehrdeutigkeit des Planes zunutze, um erfinderische Vorschläge einzureichen, von denen einige an die damaligen innovativen Berliner Gedenkprojekte erinnerten. Ein Entwurf zeigte eine leere, fast gerüstartige Metallstruktur, die den exakten Umriss der verlorenen Kathedrale (und damit auch ihre gewaltige Dimension) nachbilden sollte, ohne sich der Stadt aufzudrängen oder eine Reihe unterschiedlicher ritueller oder dem Gedenken dienender Objekte im Innern auszuschließen.[36]

Dem Moskauer Bürgermeister schwebte jedoch eine nostalgische (und gewinnbringende) Hommage an das 19. Jahrhundert vor. Seit 1994 konzentrierte sich das Kathedralenprojekt einzig und allein darauf, Thons Bauwerk nachzubauen oder wenigstens zu imitieren. »Unsere Revolution«, erklärte Luschkow, »ist lediglich eine langsame Rückkehr zur normalen Ordnung.«[37] Vorsichtshalber organisierte er zudem eine PR-Kampagne, um den russischen Wählern, von denen viele nicht zuletzt wegen der Kosten skeptisch blieben, seine Idee schmackhaft zu machen. Auch persönliche Spendenaufrufe sollten den Enthusiasmus der Bürger wecken. 1995 und 1996 wurden Passagiere der Moskauer Metro von fromm dreinblickenden Rentnern umlagert, die mit Sammelbüchsen, verziert mit Bildern der verlorenen Kathedrale, rasselten. Es war kein Zufall, dass 1995 und 1996 Wahlen (für das Parlament und die Präsidentschaft) stattfanden. Zu einem Zeitpunkt, da die Kommunistische Partei hohe Wählerzahlen anzog, ließen gefühlsduselige, mit dem Kathedralenprojekt verbundene Hinweise auf die Wiedergeburt Russlands und das imperiale Moskau die Umfragewerte sowohl von Jelzin als auch von Luschkow steigen. Der Bürgermeister war so stolz auf das Bauprogramm, dass er Michael Jackson einen Kathedralen-Gedenkteller schenkte, als der Sänger die Stadt im Oktober 1996 besuchte.[38]

Die Christ-Erlöser-Kathedrale wurde innerhalb eines Jahres nachgebaut. Genauer gesagt, das Gerüst verschwand gerade rechtzeitig für die Eröffnungsfeier im Jubiläumsjahr 1997. Danach benötigte man noch über zwei Jahre, um die Arbeit zu vollenden, darunter die verschwenderische Innenausstattung, die als unverzichtbar für das künftige Vorzeigeobjekt der offiziellen, staatlich geförderten Orthodoxie galt. Um die selbst auferlegten Ziele zu erreichen, benutzten Luschkows Architekten Beton, nicht die traditionellen Bausteine. Zu den anderen Modifikationen, die sie festgelegt hatten, gehörten Aufzüge innerhalb der (hohlen) Säulen, damit Besucher zu einer Aussichtsplattform unter der Kuppel hinaufrasen konnten. Das enorme Gebäude war also im Grunde keine Nachbildung, sondern eher eine enorme Fälschung. Kurz, es glich einem dirnenhaften, vorschnellen Meineid. Im Gegensatz zu anderen Fälschungen war es allerdings nicht billig. Man hat die

Kosten nie veröffentlicht, aber Schätzungen liegen zwischen 250 und 500 Millionen Dollar, von denen ein großer (uneingestandener) Teil zu einer Zeit aus dem Staatshaushalt abgezweigt wurde, als den russischen Provinzen der wirtschaftliche Ruin drohte.[39] Der Rest stammte aus den kleinen Spenden des Volkes und, in erster Linie, aus den Beiträgen der vermögenden Gruppe um Luschkow. Diese Herrschaften, die wahren Nutznießer der neuen Version russischer Normalität, werden durch Gedenkplaketten um das Gewölbe herum geehrt. Hier feierte man in der Tat den Geist jener Zeit: Eine Galerie von Oligarchen nimmt nun die Fläche ein, die Thon in seiner ursprünglichen Kathedrale den Helden von 1812 vorbehalten hatte.[40]

Die falsche Kathedrale glitzerte am Flussufer, doch der Kreml blieb das charismatischste Wahrzeichen der Stadt. Zudem repräsentierte er Russland auf eine Art, zu der Luschkows umstrittenes Monster unfähig war. Aber die Festung hatte einen stillschweigenden Statuswandel vollzogen, dessen Konsequenzen unklar blieben. Im Dezember 1990 hatte die UNESCO angesichts der neuen Offenheit Sowjetrusslands gegenüber der Welt den Moskauer Kreml und den Roten Platz zur Weltkulturerbe-Stätte erklärt (einer von mehreren im damaligen Sowjetraum). Die unmittelbaren Vorteile waren moralischer Art gewesen, denn die Maßnahme bedeutete, dass man den Status des Kreml als »Meisterwerk des menschlichen schöpferischen Genies« international anerkannte.[41] Doch der Beifall und die finanziellen Einnahmen hatten ihren Preis. Theoretisch galten nun internationale Instandhaltungsnormen, und die UNESCO spezifizierte, dass die russischen Behörden »die gegenwärtige Beschaffenheit der Stätte, besonders das Gleichgewicht zwischen den Denkmälern und den unbebauten Flächen zu bewahren« hätten.[42] Damit kamen weitere Betonpaläste nicht mehr in Frage, genauso wenig wie, jedenfalls offiziell, lukrative Rekonstruktionen.[43] Außerdem bekundete die UNESCO ein (wenn auch vages) Interesse am öffentlichen Zugang, wodurch eine Rückkehr zur Exklusivität der Stalin-Zeit verhindert wurde. 1992 ließ Ruslan Chasbulatow, der Vorsitzende des russischen Parlaments, den Gedanken, die Zitadelle in einen Museumspark zu verwandeln, wiederaufleben. Der Vorschlag wurde als politisches Manöver verworfen, durch das er Präsident Jelzin in Verlegenheit bringen wollte.[44]

Die UNESCO sollte bald feststellen, dass ihre gut gemeinten Regeln in Russland wenig Gewicht hatten. 1992 billigte Jelzin die ersten Pläne für ein Pastiche-Gebäude im Kreml. Zuerst mussten ein schäbiger Toilettenblock und gastronomische Anlagen an der Ecke des Kathedralenplatzes beseitigt werden, worüber kaum jemand eine Träne vergoss. Nach dem Abriss der Dienstgebäude begann ein Unternehmen namens Mosprojekt-2 mit dem teuren Wiederaufbau der alten Roten Treppe in ihrer Erscheinungsform des 19. Jahrhunderts.[45] Im Kreml und in der russischen Politik erwählte man nicht das goldene Moskowien oder die labyrinthische Heiligkeit der Romanows, sondern den verworrenen und derivativen Stil des offiziellen Nationalismus jener jüngeren Vergangenheit zum neuen Maßstab. Und die Rote Treppe war der erste von vielen protzigen, lohnenden Kremlaufträgen. Bald unterzeichnete Jelzin die Entwürfe für die Restaurierung des Großen Kreml-Palasts – ein Unterfangen, das mit der Wiederherstellung des Thronsaals aus dem 19. Jahrhundert endete.[46] Zur Zeit des Moskauer Jubiläums 1997 scherzten die Menschen gern, dass Jelzin und Luschkow im Wettbewerb darüber stünden, wessen Goldkuppeln, die des Kreml oder die der Erlöser-Kathedrale, am hellsten leuchten könnten. Der Mann, der die letztliche Verantwortung für fast alle Kremlprojekte trug, war ein jovialer Bürokrat namens Pawel Borodin. 1999 beschrieb die *New York Times* ihn als »den Russen, den die Menschen am liebsten bestechen würden«.[47] Seine Titel variierten, doch am bekanntesten war er als Direktor der Präsidialverwaltung, eines Ressorts, das auch die Instandsetzung und Restaurierung der Immobilien des Präsidenten umfasste. Im Jahr 1998 schätzte Borodin den Wert seines Reiches auf mehr als 600 Milliarden Dollar; dazu gehörten nicht nur Datschen und Wohnungen der Föderation, sondern auch regierungseigene Hotels und Ministerialgebäude. Aber die Krönung des Ganzen war der Moskauer Kreml. Borodins Amt erstellte keine Bilanzen (»Diese Dinge gehen die Öffentlichkeit nichts an«, beschied eine Pressesprecherin den *Economist* im Jahr 1999)[48], doch seine Ausgaben beliefen sich auf Abermillionen. Nach der Roten Treppe war der Senat, der eigentliche

Amtssitz des Präsidenten, an der Reihe. Unter Borodins Aufsicht wurde die Renovierung von Jelzins offizieller Residenz 1994/95 in Rekordzeit vollendet. Die Kosten blieben geheim, aber Millionen liefen durch die Bücher einer einzigen Firma, Mabetex Project Engineering, die eine Mehrheitsbeteiligung an dem Auftrag hatte.[49] Was die Gemeinnützigkeit betraf, ließ sich ein dermaßen hoher Aufwand kaum rechtfertigen, denn Besuchern war der Zutritt zum größten Teil des Senatsgebäudes verboten, und bei der Renovierung wurde eine seiner bedeutendsten Attraktionen, das Lenin-Wohnungs-Museum, beseitigt.[50] Gleichwohl war das Ergebnis spektakulär, wovon sich russische Zuschauer überzeugen konnten, wann immer ihr Präsident im Fernsehen auftrat, denn er glitt über einen endlosen Parkettfußboden oder unterzeichnete Papiere an einem herrlichen Schreibtisch.

Durch diesen Stil sollten die russischen Oligarchen beeindruckt werden, die hin und wieder an Jelzins Hof auftauchten. Wie der Präsident selbst später schrieb, hatten Milliardäre wie Michail Chodorkowski oder Wladimir Potanin bei ihrer Ankunft im Kreml zu begreifen: »Man ist bei der Staatsmacht zu Gast und nicht sonst wo.«[51] Nach der Renovierung des Senats wandte sich Borodin dem Großen Kreml-Palast zu. 1997/98, als Russland vor einer Wirtschaftskrise und der Nichterstattung seiner Auslandsschulden stand, mühten sich Teams von Bauarbeitern und anderen Handwerkern ab, die entkernten Säle wiederherzustellen oder wenigstens eine Version zu erschaffen, die einen altertümlichen Eindruck erweckte. Sie erhielten Auftrieb, als mehrere im Ruhestand lebende Kremlangestellte enthüllten, dass Teile der ursprünglichen Interieurs, die während der Zerstörung von 1933 heimlich davongeschafft worden waren, noch existierten.[52] Die kostbaren Brocken wurden als Vorlagen benutzt, um Palasträume nachzubilden, wenn auch manchmal aus billigeren Materialien. Und schließlich musste man komplizierte vergoldete Friese sowie zaristische Insignien neu erstellen und professionell installieren. Für solche Detailarbeiten wurden Spezialisten benötigt, weshalb man Handwerker in Florenz für Renommierprojekte wie die Schnitzereien und die Parkettböden anheuerte, die zumeist blockweise nach Moskau transportiert und dort zusammengefügt wurden.[53]

Aber nicht alle ausländischen Angestellten verfügten über Prestige. Für die elementaren Arbeiten waren schlechtbezahlte Männer zuständig, von denen man viele illegal aus Zentralasien und den Staaten des ehemaligen Jugoslawien herbeiholte. In einem Land der Visa und der amtlichen Arbeitsgenehmigungen waren derartige »Schwarzarbeiter« stets gefährdet. 1998 kam heraus, dass die Männer monatelang keinen Lohn erhalten hatten; zudem waren die Arbeitsbedingungen so unhygienisch, dass Dutzende erkrankten und mindestens einer starb.[54]

Ausländische Arbeitskräfte waren jedoch nicht das Hauptthema, was Borodin anging. Jelzins Berater hatte einen ungewöhnlich scharfen Instinkt für Geldgeschäfte. Unter den Anekdoten, die 1999 in Moskau zirkulierten, war eine Geschichte aus seinen Tagen in Sibirien. Es hieß, er habe sich geweigert, einen Mercedes als Dankgeschenk von einer deutschen Firma anzunehmen, der er einen lukrativen Staatsauftrag zugeschanzt hatte. »Ich lasse mich nicht bestechen«, soll er den Deutschen versichert haben, »aber natürlich könnten sie ihn mir verkaufen.« Als die deutschen Delegierten ihn aufgefordert hätten, einen Preis zu nennen, habe er nicht gezögert. »Sagen wir zwanzig Kopeken«, soll Borodin erwidert haben, »und ich nehme zwei.«[55] Solche Unverfrorenheit führte in Jelzins Moskau gewöhnlich zu Gelächter, nicht zu gerichtlichen Vorladungen, aber Ende der neunziger Jahre hatte sich die Atmosphäre verdüstert. Die zweite Amtszeit des Präsidenten näherte sich ihrem Ende, und die Verfassung, von seiner angegriffenen Gesundheit nicht zu reden, hinderte ihn daran, sich erneut zur Wahl zu stellen. Der Skandal um Borodin befeuerte die öffentliche Empörung über die Superreichen, doch er war auch Teil des Wettbewerbs um die politische Nachfolge in Russland und konzentrierte sich (zu Recht) auf die nicht lange zurückliegende Renovierung des Kreml.

Das Belastungsmaterial gegen Borodin verdichtete sich seit 1997, als die Schweizer Bundesanwältin und Mafiabekämpferin Carla Del Ponte eine Ermittlung zur russischen Geldwäscherei ankündigte. Im Frühjahr 1998 begann der russische Generalstaatsanwalt Juri Skuratow, den Del Ponte um Hilfe gebeten hatte, eigene Nachforschungen, wobei er auf angebliche Korruptionsfälle abzielte, in die dem Magnaten Boris Beresowski und der Familie Jelzin nahestehende Personen verwickelt waren. Potentielle Strafanzeigen stützten sich auf den Vorwurf, dass Borodin und Jelzins Töchter Jelena und Tatjana Schmiergelder in Höhe von Zigmillionen Dollar für die Vergabe von Kremlaufträgen erhalten hätten. Außerdem stellten sich Fragen, die von der Mabetex-Gruppe und ihrem in Albanien geborenen Vorsitzenden Behgjet Pacolli beantwortet werden mussten. Del Ponte und Skuratow schienen Fortschritte zu machen, als Jelzin im Februar 1999 plötzlich bekanntgab, dass der Generalstaatsanwalt suspendiert worden sei und seiner Entlassung entgegensehe. Im Mai entdeckten Fernsehzuschauer den Grund – oder wenigstens den Vorwand –, als sie sich einen grobkörnigen Filmausschnitt (ausgestrahlt zur Hauptsendezeit) ansehen konnten, der zeigte, wie sich Skuratow in einem Hotelbett mit zwei Prostituierten vergnügte.[56] Die Behauptung des Staatsanwalts, man habe ihn in eine Falle gelockt, um die Korruptionsermittlungen zu blockieren, nützte ihm wenig.

Obwohl Deputierte in der russischen Duma (dem neuen Parlament) weiterhin wegen einer Reihe anderer Verbrechen auf ein Amtsenthebungsverfahren gegen Jelzin drängten, waren Skuratow und seine Untersuchung nun im Grunde kaltgestellt worden. Anfang August 1999 traf auch die Schweizer Ermittlung wegen Geldwäsche auf ein Hindernis, als Del Ponte unerwartet zur Chefanklägerin des Internationalen Gerichtshofs in Den Haag »befördert« wurde. Die Spur hätte sich abkühlen können, aber im selben Monat enthüllte der *Corriere della Sera* Details von Kreditkartenabschnitten, die bei einer Razzia in den Mabetex-Büroräumen in Lugano gefunden worden waren. Die Firma schien regelmäßig Rechnungen für mehrere Kreml-Größen beglichen zu haben, etwa für den Chef von Jelzins persönlichem Sicherheitsdienst sowie für den Präsidenten und seine beiden Töchter.[57] Weitere Nachforschungen in der Schweiz, gefördert durch einen Informanten namens Felipe Turover, lenkten den Verdacht auf andere hochgestellte Russen, darunter Borodin.[58]

Der drohende Sturm brach jedoch nie los. Die Einzelheiten der Rettung bleiben unklar, und fast alle werden durch russische Quellen bestritten, aber die Notwendigkeit einer Verschleierungsaktion lag auf der Hand. Der Skandal war nicht ausschlaggebend für die Präsidentschaftsnachfolge (schließlich waren zu viele potentielle Kandidaten darin verwickelt), doch Jelzins Entscheidung für Wladimir Putin erwies sich unzweifelhaft als günstig für die Beteiligten. Unter Putin wurde Skuratow entlassen, man vergaß die Anschuldigungen gegen die Familie Jelzin und holte Borodin gegen eine Kaution von 2,85 Millionen Dollar, bezahlt von der russischen Regierung, im April 2001 zurück in die Heimat.[59] »Ich bin Wladimir Wladimirowitsch Putin unendlich dankbar«, erklärte der angebliche Missetäter nach seiner Landung auf dem Moskauer Flughafen Scheremetjewo, »für seine Hilfe, seine Anständigkeit und auch dafür, dass er ein wirklicher Mann ist.«[60]

Behgjet Pacolli von Mabetex verklagte Skuratow im Jahr 2000 erfolgreich wegen Verleumdung. Dann wandte er sich bedeutenderen Dingen zu und wurde im Februar 2011 zum Präsidenten des Kosovo gewählt. Dieses Amt hatte er nur zwei Monate lang inne, doch er diente seinem geliebten Staat weiterhin auf hohen Posten. Seine Firma gedieh ebenfalls und tat sich besonders in der neuen Hauptstadt von Kasachstan, Astana, hervor, wo ihre Projekte auch den Bau eines prächtigen neuen Präsidentenpalastes für Jelzins alten Freund Nursultan Nasabarjew umfassten.[61] Was Moskau betrifft, so gibt es kein Anzeichen dafür, dass die Flut der städtebaulichen Verträge versiegen würde. 2007 protestierte die UNESCO formell bei der russischen Regierung gegen das Ausmaß und die Intensität von Neubauarbeiten um den Roten Platz und den Kreml. Bei derselben Zusammenkunft erbat sie einen Bericht über die künftige Gestaltung der Kulturerbe-Stätte. Die Anfrage wurde 2008 und 2009 wiederholt, doch 2011 wartete das Komitee immer noch auf eine offizielle Antwort. Der Kreml stand nicht auf der Tagesordnung, als die UNESCO 2012 in St. Petersburg tagte, aber Experten warnten, dass die unablässigen Verstöße der russischen Regierung gegen die historische Integrität der Festung, darunter die Konstruktion von zwei völlig neuen Gebäuden, bis Ende 2013 zu einer Streichung von der Weltkulturerbe-Liste führen könnten.[62]

Unterdessen blühen Pawel Borodins Geschäfte den meisten Vorhersagen zum Trotz. Im März 2002 verurteilte ein Schweizer Gericht ihn zu einer Geldstrafe von 177 000 Dollar, doch er erkannte dessen Zuständigkeit nicht an. Die Summe wurde von der Kaution einbehalten, die russische Steuerzahler ein Jahr zuvor für ihn gestellt hatten.[63] Aber es war ohnehin ein Bagatellbetrag für jemanden in seiner Sphäre. Im November 2006 feierte der wohlhabend aussehende frühere Berater seinen 60. Geburtstag auf einem seiner protzigen Anwesen in den Moskauer Vororten. Jennifer Lopez verblüffte die Klatschkolumnisten dadurch, dass sie einen Auftritt ablehnte, doch zu den Gästen gehörten der Vorsitzende des Föderationsrats Sergej Mironow, der ehemalige Verteidigungsminister Pawel Gratschow und der einstige Präsidentschaftskandidat Wladimir Schirinowski. Die Torte, die angemessen riesig war, hatte die Form einer mit Sahne gefüllten Nachbildung des Moskauer Kreml, und unter den Geschenken war eine Schmuckschatulle in Gestalt des Großen Kreml-Palastes.[64]

Während sich die russische Bevölkerung durch das Elend der Umstrukturierung und der Nichtbegleichung von Auslandsschulden kämpfte, schienen den Regierungsführern zur Ablenkung der Bürger nur Märchen einzufallen. Die Statuen, die auf fast jedem Moskauer Platz erschienen, darunter ein besonders groteskes Marinedenkmal, stehen für eine Reihe konfuser, realitätsferner und häufig ganz und gar unpassender Urteile über weit mehr als nur die öffentliche Kunst. Das Zeitalter des steuerlosen Dahintreibens sollte jedoch bald enden. Sechs Monate vor dem Ablauf seiner zweiten Amtszeit gab Boris Jelzin am 31. Dezember 1999 seinen Rücktritt bekannt. Die Nachricht war zeitlich so abgepasst, dass sie an das Neujahrsgeschenk eines gern gesehenen Großvaters erinnerte. Jede potentiell beunruhigende Auswirkung wurde durch die Tatsache gemildert, dass man die Meldung auf dem Höhepunkt der Neujahrspartys sendete. Jelzin machte zudem deutlich, dass er im Namen der gesamten Wählerschaft einen zuverlässigen Nachfolger auserkoren habe. Dieser, obwohl in der Öffentlichkeit relativ unbekannt, war im August 1999 zum Ministerpräsidenten ernannt worden und, wie Jelzin seinem Publikum versicherte, »ein starker, zum Präsidenten geeigneter Mann«. Putin werde sofort den Posten des amtierenden Staatsoberhaupts übernehmen. Was die Zukunft angehe, teilte Jelzin dem russischen Volk mit, habe er »Vertrauen in dessen erstaunliche Weisheit«. Nachdem der zurücktretende Präsident die Aufmerksamkeit auf Putin gelenkt hatte, erklärte er, er habe

»keinen Zweifel an der Wahl, die man [bei der nun auf den März verlegten Abstimmung] treffen« werde.[65]

Damals war Wladimir Putin 48 Jahre alt. Als lebenslanger Judosportler war er nicht nur in körperlich guter Form, sondern auch nüchtern, wofür die russischen Wähler, die sich an kränkliche und wackelige Führer gewöhnt hatten, dankbar waren. Aber er war erst vor nicht allzu langer Zeit aus seiner Heimatstadt St. Petersburg nach Moskau gekommen und wurde in den dortigen engen politischen Kreisen noch als Außenseiter betrachtet. Seine Förderer standen vor einer schwierigen Aufgabe, als sie begannen, ihn zu einem politischen Markenzeichen zu machen. Doch dann fanden sie eine unerwartete Lösung. Putin, ein früherer Oberstleutnant im KGB der Sowjetzeit, hatte sich als tüchtiger und reformerischer Leiter der russischen Nachfolgeorganisation FSB erwiesen, für die er auch als Präsident ein positives Image aufbaute. Nach und nach schienen seine schlauen Züge die besten Qualitäten – wenn solch eine Vorstellung möglich wäre – des idealen Geheimpolizisten widerzuspiegeln.

Aber nachdem die Euphorie des Neujahrsabends im Januar geschwunden war, zeigten sich Kremlbeobachter unbeeindruckt. Putin, schrieb die politische Analystin Lilia Schewzowa, sei »keine charismatische oder glänzende Persönlichkeit«. Zu seinen Eigenschaften zählten »Bescheidenheit, Langweiligkeit und die Kenntnis des Straßenjargons«.[66] Ihre Schilderung wäre vielleicht noch düsterer gewesen, hätte die Autorin daran gedacht, dass Stalins frühe Rivalen, beispielsweise Leo Trotzki, einst recht ähnliche Kommentare über diesen abgegeben hatten. Im Stillen sollte sogar Jelzin die Entscheidung für seinen Protegé später bereuen.[67] Aber der Präsident saß bald fest auf seinem Sessel. Im März 2000 nutzte Putin einen Ausbruch von Furcht – vor dem Schreckgespenst des tschetschenischen Terrorismus, das seine eigenen Sicherheitskräfte heraufbeschworen hatten – und kehrte mit 52,94 Prozent der Stimmen (sein nächster Mitbewerber, Gennadi Sjuganow von der Kommunistischen Partei, erhielt 29,21 Prozent) in den Kreml zurück.[68] Vier Jahre später, auf einer Welle des Wohlstands, bewirkt durch den Anstieg der internationalen Öl- und Gaspreise, sicherte er sich einen noch überzeugenderen Vorsprung. Zwischen 2008 und 2012 kam es zu einem Intervall, nämlich zu der vierjährigen Pause nach zwei Amtszeiten, die durch Jelzins Verfassung von 1993 vorgeschrieben wurde, doch im Jahr 2012 kehrte Putin in den Kreml zurück, und diesmal schien er sich dort sehr heimisch zu fühlen.

Die Parolen des neuen Regimes standen vom Moment seiner Geburt an fest. Was immer seine privaten Ziele sein mochten, der Führer Russlands repräsentierte in der Öffentlichkeit die Niederschlagung der Korruption, eine geschmeidige, stählerne Männlichkeit und die unermüdliche Bekämpfung des Verbrechens. Vor allem verkörperte Putin die Stabilität, die viele Russen nach der Sowjetperiode ersehnten. Sie sprachen von Normalität, als hätten sie ein Recht darauf, doch in Wirklichkeit wünschten sie sich eine Regierung, die überzeugend wirkte und keine lästigen Forderungen stellte. Da der Staat weiterhin sehr schwach war, legte Putins Regime den größten Wert auf Äußerlichkeiten. Dieser Führer schien zu versprechen, dass sein Volk Furcht und Armut und Schande hinter sich lassen könne und wieder Stolz empfinden dürfe. Dabei verbrämte er den geliebten Patriotismus der Menschen mit einer Spur von Fremdenfeindlichkeit, besonders dem Westen gegenüber.

Die Wähler waren derart abgelenkt und erleichtert, dass eine Mehrheit die öden, bedrückenden Tatsachen hinter der Märchenfassade ignorierte, doch der Preis, den sie für eine ineffektive Regierung zahlten, war hoch. Die Kriminalität stieg in den Putin-Jahren weiter an,[69] und im ersten Jahrzehnt des neuen Jahrhunderts verlor Russland mehr Bürger durch Terrorakte als jeder andere industrialisierte Staat. Lediglich im Irak und in Afghanistan war die Statistik noch trüber.[70] Die Korruption unter Staatsbeamten erreichte ein solches Extrem, dass Minister- und Gouverneursposten, wie es hieß, für Abermillionen Dollar den Besitzer wechselten.[71] Was das Anlegervertrauen betraf, so beliefen sich die amtlichen Zahlen für russische Kapitalflucht 2010 auf über 40 Milliarden Dollar, und für die Zukunft war kein Wandel abzusehen.[72] Doch Putin vermochte gleichwohl große Mengen von Bürgern zu überzeugen, dass ihr Land wieder den erforderlichen Kurs eingeschlagen habe. Schon vor seinem Amtsantritt am 29. Dezember 1999 erschien sein Name unter einer Online-Botschaft des Kreml über die Zukunft der Nation; sie trug den Titel »Russland an der Wende zum neuen Millennium«. Darin wurde das hervorgehoben, was einzigartig an dem Land sei, während importierte westliche Ideen wie die Freiheit der Meinungsäußerung auf Ablehnung stießen. »Für Russen«, schrieb Putin, »ist ein starker Staat keine Anomalie, sondern die Quelle und der Garant von Ordnung, der Initiator und die Haupttriebkraft jeden Wandels.«[73] Es war jene Version der Normalität, nicht etwa ein importierter demokratischer Traum, zu deren Aufbau er sich verpflichtete.

Der Kreml war natürlich die einzig mögliche Basis für Putins Staat. Auf persönlicher Ebene schien der Präsident sich wohler in seiner luxuriösen vorstädtischen Datscha zu fühlen, wo er Gläser strohfarbenen Biers für Tony Blair zapfen oder Gäste an seinem eigenen Tisch bewirten konnte.[74] Bald standen ihm auch mehrere der besten Paläste zur Verfügung. Der Bau des umstrittensten, in einem Waldschutzgebiet unweit des Schwarzmeerortes Praskowejewka, soll eine Milliarde Dollar gekostet haben.[75] Doch der Kreml hatte etwas Unbezahlbares zu bieten, denn wenn es Russland wirklich bestimmt war, ein starker Staat zu sein, dann diente ihm die Zitadelle der Nation als ewiges, heiliges Herz. Wie Jelzin es einmal formulierte: »Aber es gibt doch eine Magie des Ortes und seiner Geschichte (...) Unterschwellig schaltet der Mensch Schutzmechanismen ein. Mechanismen seines kollektiven Gedächtnisses – das ist der Kreml, das ist Rußland, mein Land.«[76] Wie so viele russische Führer begann Putin, sich die Aura der roten Festung zunutze zu machen. Dabei war es hilfreich, dass Geschichte in der Schule sein Lieblingsfach gewesen war.[77]

Die Vergangenheit – oder eine erfundene Version davon – wurde also zum Instrument einer weiteren Regierung. Um Glamour auszustrahlen, berief sich das neue Regime ähnlich wie Jelzin auf die Romantik der Zaren. Öffentliche Zeremonien und sogar kleinere Veranstaltungen wurden vor der Gold- und Kristallkulisse der Kremlsäle im Fernsehen übertragen. Anders als sein Vorgänger erlaubte Putin den Bürgern jedoch auch, sich wieder wie gute Sowjetmenschen zu fühlen. Der Vaterländische Krieg spielte eine immer größere Rolle im öffentlichen Diskurs, wodurch die heutigen Russen mit edlem Leid, persönlichem Heldentum und hochrangiger militärischer Glorie in Verbindung gebracht wurden. Seine mitreißende Musik ließ viele Herzen immer noch schneller schlagen, ebenso wie die neue Nationalhymne, eine umgearbeitete Fassung der Sowjethymne aus Kriegszeiten, die Putin Ende 2000 wiedererweckte.[78] Kritiker klagten darüber, dass die Rückkehr zu Stalins Melodien seine ungezählten Opfer beleidige, aber ihre Proteste blieben fruchtlos. Jelzin hatte manchmal wie ein Lakai von Ausländern gewirkt, wie ein Geschöpf der verrotteten kapitalistischen Welt. Dazu würde sich Putin nie herablassen. Seine Botschaft entsprach genau dem, was die meisten Russen anscheinend hören wollten.[79] Zwischen den Jahren 2000 und 2003 bestätigten wiederholte Umfragen den Glauben gewöhnlicher Russen an den besonderen Weg ihres Landes, an seine »einzigartige Lebensweise und Geisteskultur«, an die »Vorherbestimmung« und zwangsläufig an die starke Tradition der zentralisierten Regierung.[80]

Die Ausbeutung der Vergangenheit war systematisch und dauerhaft, doch sie schien zu Wahlzeiten einen Gipfel zu erreichen. Im Jahr 2007, als die Spekulationen über Pläne für eine mögliche (und verfassungswidrige) aufeinanderfolgende dritte Amtszeit des Präsidenten zunahmen, erfuhren Kinozuschauer von einem Kassenschlager mit dem Titel *1612*, den Putins großer Bewunderer Nikita Michalkow produziert hatte. Der Film, der am Ende der Zeit der Wirren spielt, erzählt die Geschichte der Rettung Moskaus vor den einmarschierenden Polen. Aus irgendeinem Grund verlangte fast jede Szene in Michalkows Interpretation des Epos das seltsame Erscheinen eines magischen Einhorns, eines Lebewesens, das nichts mit den gut dokumentierten Käufen von Narwalhörnern durch die realen Romanows zu tun hatte. »Für mich ist es wichtig, dass das Publikum Stolz empfindet«, erklärte Regisseur Wladimir Chotinenko gegenüber Journalisten. Er wolle nicht, dass junge Menschen den Kampf gegen Feinde für etwas hielten, »das sich vor Urzeiten abspielte, sondern für ein kürzliches Ereignis«.[81] Der Film wurde in Moskau am 4. November herausgebracht, dem Tag der Nationalen Einheit, der 2005 den Jahrestag der Revolution ersetzt hatte. Seine Aussage, dass die jüngste Zeit der Wirren von einem neuen moskowitischen Goldenen Zeitalter abgelöst worden sei, veranlasste Kritiker in der liberalen Presse, den Film als »Schund« abzutun.[82]

Aber die Imagespezialisten ließen sich nicht belehren. »Lieben wir Moskau?«, erkundigte sich die konservative *Moskowskaja prawda* im Jahr 2007. Der Anlass war eine Online-Umfrage, in der russische Teilnehmer den Kreml nicht unter den sieben Wundern der modernen Welt platziert hatten. Die Schlussfolgerung nach mehreren Seiten romantischer Prosa lautete, dass sich wahre Patrioten für die Stätte einsetzen sollten, die der Dichter Lermontow »den Altar Russlands« genannt habe. »Wir müssen unsere Verbindung mit allem zu schätzen lernen, was sich im Land unserer Geburt ereignete und ereignen wird. Im Land unserer Väter – lateinisch *patria* –, in unserer Heimat.«[83] Damit die Zuschauer die einzigartige Größe jener nationalen Heimat ermessen konnten, bot man ihnen bald ein anderes historisches Beispiel an: das Byzanz des 10. Jahrhunderts. In einer Pseudodokumentation, die der Sender *Rossija* 2008 ausstrahlte, wurden der Reichtum des antiken Reiches, seine bürokratischen Strukturen und sein alles überwachender Sicherheitsdienst gepriesen.[84] Der einzige Makel, den der Moderator (Putins persönlicher Beichtvater, der Archimandrit Tichon Schewkunow) identifizieren konnte, war die Schwäche der frühbyzantinischen Verfassung, die angeblich vorsah, Kaiser für jeweils vier Jahre zu wählen, statt sie auf Lebenszeit zu salben.[85] Dies war zu viel des Guten sogar für Putins Umgebung, und die Reform, die sein Nachfolger Dmitri Medwedew später im selben Jahr verabschieden ließ, hatte lediglich den Zweck, künftige Amtsperioden des Präsidenten von vier auf sechs Jahre zu verlängern.

Einige weitere Kehrtwendungen blieben nicht aus, nicht zuletzt weil das Internet und die liberale Presse Skeptikern, die früher wahrscheinlich ungehört geblieben wären, eine Stimme verliehen. 2007 brach ein Skandal aus, als die Verfasser eines freudig erwarteten Schullehrbuchs, *Die unbekannte Geschichte Russlands 1945–2006*, so weit gingen, Stalin in Schutz zu nehmen und ihn als »effiziente Führungskraft« zu beschreiben. Man war genötigt, das Buch zurückzuziehen und den Inhalt zu berichtigen.[86] Doch der Präsident und seine Anhänger setzten ihre lebhaften Geschichtsstunden fort. Putin schien sich mit den etatistischen Reformern der russischen Vergangenheit – vornehmlich mit Pjotr Stolypin, dem Ministerpräsidenten Nikolaus' II. – zu indentifizieren, und es machte ihm Spaß, deren Ansehen zu fördern. Schon Jelzin hatte sein Kremlbüro mit lebensgroßen Standbildern von Peter dem Großen und Katharina der Großen geschmückt, aber 2005 war der Senat durch die themenbedingte Renovierung praktisch zu einem Pantheon geworden. Offizielle Besucher – und Fernsehzuschauer, welche die Statuen und Porträts auf dem Bildschirm sahen – würden nie einen Zweifel daran haben, welche Propheten des russischen Geschicks ihnen als Inspiration dienen sollten.[87] Keine historische Wiedererweckung war jedoch unpassender als die des neuen Kults der Geheimpolizei. Die 1990er Jahre waren Russlands Jahrzehnt der Reue gewesen. Historiker hatten damals wie Archäologen gearbeitet und sich Überlebenden und Menschenrechtlern in dem kontinuierlichen Bemühen angeschlossen, das Ausmaß der stalinistischen Gewalt und das Beweismaterial für Unterdrückung und Tod aufzudecken. Der FSB war nicht in die Gräueltaten verwickelt gewesen, doch niemand hätte seine sowjetischen Vorgänger, die Tscheka und das NKWD, leichtfertig loben können.

Als eine neue Fernsehserie mit dem Titel *Kreml-9* im Jahr 2004 begann, erschien sie als ungefährlich. Darin sollten weitere Geschichten erzählt werden, die einst in Archiven vergraben gewesen waren. Die Rechercheure konzentrierten sich weniger auf das Volk als auf die Elite, zum Beispiel auf Stalins inneren Zirkel, die Kriegsregierung und sogar auf Breschnews gesundheitlichen Verfall. Der Titel der Serie leitete sich von der Geheimpolizeiabteilung her, welche die Spitzenfunktionäre lange beschützt hatte. Aber nichts an der Tscheka entsprach dem äußeren Schein. Die Kameras ermöglichten den Zuschauern mancherlei interessante Reisen, doch die Atmosphäre erinnerte an einen Spionageroman über den Kalten Krieg. Verbrechen und Rivalität in der Politik stellten sich als Domäne eines fiktional erscheinenden Kreml dar, in dem man stets ein Leben nach separaten Regeln führte. Die wirklichen Albträume des Volkes, die Massentode und die sträfliche Grausamkeit, wurden schlicht beiseitegewischt. Und im heutigen Kreml sei alles in Ordnung oder normal. Die Russen könnten ihn wieder voller Stolz betrachten. Wie der Moderator Pawel Konyschew seinen Zuschauern gegenüber scherzte: »Sie bauten die Türme schon im 17. Jahrhundert so, als wüssten sie, dass ein künftiges Russland als erster Staat Menschen in den Weltraum schicken würde.«[88]

Der FSB und seine Vorgänger sollten sich in offizieller Anerkennung sonnen. Es sei nicht mehr nötig, bei Gemetzel, Sadismus und Korruption zu verweilen. 2008, kurz vor dem 90. Jahrestag der Tscheka-Gründung, schlug eine Gruppe von Patrioten vor, den Fürsten Alexander Newski aus dem 13. Jahrhundert zum Schutzpatron der Sicherheitsdienste zu machen, womit deren grausiges Werk den Segen eines Ausbunds an Tugend erhalten hätte.[89] Auch der Kreml wurde in die Versuche hineingezogen, das Image der Tscheka aufzubessern. Man produzierte eine üppige Gedenkschrift, mit scharlachrotem Einband und in limitierter Auflage, um das 90. Jubiläum der Geheimpolizisten zu feiern. Die Leiter jedes größeren Staatsarchivs wurden unter den Mitwirkenden aufgeführt, und die Verfasser zitierten viele Dokumente, die Wissenschaftlern in der Regel nicht zugänglich waren. Dieses Buch behandelte die historische Rolle der Sicherheitsdienste als Beschützer des Kreml.[90] Das Thema sei nun an der Öffentlichkeit, wurde angedeutet, die Tscheka und ihre Nachfolgeorganisationen hätten nichts zu verbergen. Mehr noch, das heilige Herz des Landes, der Moskauer Kreml, verdanke ihnen sein Überleben.

Im Juni 2001 wurde der Kreml zur führenden Moskauer Touristenattraktion gewählt, weit vor dem Weißen Haus, Kolomenskoje und sogar der Tretjakow-Galerie. Obwohl seine Besucherzahlen nach internationalen Maßstäben nicht sehr hoch waren (im Louvre lässt man seit 2000 alljährlich mehr als acht Millionen Menschen ein), sind sie noch heute beeindruckender als die jeder vergleichbaren Sehenswürdigkeit in Moskau. Im Jahr 2010 lagen sie bei knapp unter 5000 pro Tag. Allerdings gab Kreml-Kommandant Sergej Chlebnikow zu, dass Touristen besser behandelt werden könnten. Daraufhin billigte man Pläne, Nahrungsmittel innerhalb der Festung zu verkaufen. Auch die Regeln für das Fotografieren wurden informell gelockert. Der Museumsdienst des Kreml schickte sich sogar an, seine Bekanntheit (und seine Einnahmen) zu erhöhen, indem er Markenartikel wie Kugelschreiber und T-Shirts vertrieb, und im Dezember 2010 wurden die Namen »Kremljowka«

und »Kreml« für künftige Wodkaverkäufe rechtlich geschützt.[91] »Ich bin stolz darauf, dass mein Land solch ein architektonisches Erbe hat«, schrieb ein Besucher auf einer einschlägigen Website. »Sich in Moskau aufzuhalten und den Kreml nicht zu sehen ist unmöglich«, kommentierte ein anderer.[92]

Wer ihn besucht, nimmt tatsächlich an einem Geschichtsspiel teil. »Sehen Sie sich den Palast der Romanow-Zaren an«, brüllen die Fremdenführer am Roten Platz durch ihre Megaphone. »Sehen Sie den Thron Iwans des Schrecklichen, die Juwelen der russischen Kaiser, die berühmte Krone des Monomach.« Mit einer Karte erwirbt man offenbar ein Stück vom Kulturerbe und möglicherweise sogar einen Blick auf eine verbotene Welt. Verleitet durch Hoffnung und Versprechen, halten fast alle Touristen den Kreml für einen Glanzpunkt ihres Aufenthalts in Moskau. Die meisten treten, vorbei an den unvermeidlichen Wächtern, durch das Dreifaltigkeits-Tor ein und spazieren vom Kutafja-Turm über den ausgetrockneten Burggraben (das Flussbett der einstigen Neglinnaja) hinweg. Von dort hasten sie zum Kathedralenplatz. Würden sie einen kurzen Umweg machen, könnten sie einen Blick auf den Palast werfen, den die Stalins früher bewohnten, doch die Geschichte, für die sich moderne Pilger interessieren, ist stark eingeengt, das heißt orthodox und autokratisch wie der offizielle Nationalismus des 19. Jahrhunderts. Folglich werden fast alle bald die Särge der Rjurikiden, die Ikonostase der Verkündigungs-Kathedrale sowie die Weiträumigkeit und die Farben in Fioravantis atemraubender Entschlafens-Kathedrale bewundern. Ein paar Glückliche, mit Passierscheinen ausgerüstet, werden auch den Großen Kreml-Palast besichtigen. Während ihr Führer sie von einem Marmorsaal in den anderen geleitet, wird er betonen, welche Mühen erforderlich gewesen seien, um Stalins Kongresssaal von 1934 unter Pawel Borodins Aufsicht abzureißen. Auf meinem eigenen Rundgang zeigte man uns eine zerknitterte, trübe Postkarte des Sowjetgebäudes, um die kürzliche Renovierung so blendend und überzeugend wie möglich wirken zu lassen.

Auf den höheren Ebenen des Palastes, jenseits der Löwen und hinter mehreren schweren Türen, wurden Gold und Marmor von satten Rot- und Grüntönen abgelöst, nämlich im Terem-Palast, welcher der ehrgeizigen Vision Fjodor Solnzews im 19. Jahrhundert entsprach. Damals plante man, ein Phantasiebild Moskowiens, gestützt auf exotisches Russentum, zu schaffen; heutzutage wird beabsichtigt, das Reich der Zaren heraufzubeschwören. Aber in beiden Fällen soll die Festung hauptsächlich einen beruhigenden Eindruck erwecken. Ob Russen den Kreml besuchen oder ihn nur auf ihren Fernsehschirmen erhaschen, er bestärkt sie in ihrem rückhaltlosen Stolz. Man sieht, was man sehen will, und die klar umrissenen Gebäude scheinen zu beweisen, dass eine weitere Zeit der Wirren überwunden, ein weiterer Feuervogel wiedergeboren ist.

Dabei müssen viele Bögen Blattgold ausgewalzt worden sein – die Verkündigungs-Kathedrale lodert geradezu –, während das moderne Mauerwerk der restaurierten Roten Treppe, funkelnd und neu, kaum von dem der glänzenden Wände des restaurierten Palastes neben ihr zu unterscheiden ist. Nur wenige ahnen etwas von den vielen verwüsteten Gemächern, die nicht zur Schau gestellt werden, von dem Schaden, den Vernachlässigung, Chaos und zynischer staatlicher Vandalismus angerichtet haben. Im Senat wird die Bibliothek des Präsidenten, komplett mit Stalins berühmtem Globus, den Fernsehzuschauern manchmal als Vorzeigeobjekt einer effizienten Regierung dargeboten. Nur Museumsangestellte (und dank deren Fürsorge, Gäste wie ich) können zu der zerbröckelnden früheren Kirche hoch über dem Kathedralenplatz hinaufklettern, in der die wirkliche Forschungsbibliothek mit einem Badezimmer voller gesprungener Kacheln, mit einem tropfenden Wasserhahn und einem von alten Teeblättern verfärbten Waschbecken untergebracht ist. Dieselben Kuratoren bekommen als Einzige das entblößte Holz und die Tünche in den mit Vorhängeschlössern versperrten Palastkirchen zu Gesicht. Niemand anders wird je hören, dass die russische Geschichte schwierig, umstritten oder fragmentarisch sei. Glattes Gemäuer und vertraute Metaphern sorgen für eine spiegelähnliche Oberfläche, so gläsern, dass sich keine unbequemen Zweifel darauf niederlassen können. Es ist dem Staat genehm, wenn die Bürger zufrieden und sogar schlaftrunken sind. Was immer sich hinter den Kulissen abspielt, der touristische Kreml soll beeindruckend, doch keineswegs herausfordernd sein; prunkvoll, makellos und letzten Endes ein bisschen langweilig.

Durch eine neue Ausstellung in dem Glockenturm Iwan der Große wird dieser offizielle Kurs nur zu deutlich gemacht. Ich hatte Glück, eine Karte zu ergattern, denn die Besucherzahlen sind stark eingeschränkt, und außer mir gab es nur zwei andere Gäste. Wir drei wurden von zwei Wachmännern in den Sockel des Turmes geführt, wonach sie die schwere Tür rasch hinter uns schlossen und versperrten. Jeweils mit Kopfhörern ausgestattet, begannen wir dann unsere Tour – unsere digitale Kremlerfahrung – in der winzigen, fast runden Erdgeschosskammer. Ein Projektor warf eine Reihe von Bildern des mittelalterlichen Kreml auf die verputzten Wände, und während die Kommentatorin das übliche romantische Garn spann, fielen die Lichter auf mehrere Kalksteinblöcke aus dem 14. Jahrhundert, Relikte aus Iwan Kalitas Zeit, die man in passenden Nischen positioniert hatte. Es war der Beginn eines Märchens, das erste von sieben wunderschön dokumentierten Kapiteln, die uns, Etage um Etage, emporführten und jedes Mal weitere Glorien aus der nahtlosen und organischen Vergangenheit enthüllten. Der Höhepunkt (buchstäblich) war unser Besuch der berühmten Glocken, sämtlich Zeuginnen der kostbaren, heroischen Vergangenheit des Kreml. Wir wurden ermuntert, sie anzuschlagen und ihren Klang (so voll, so männlich) zu bestaunen. Und dann, immer noch unter den Augen eines Wächters, durften wir innehalten und die Aussicht bewundern.

Die beiden jungen Frauen (völlig Fremde) in meiner Gruppe taten das Gleiche wie viele Touristinnen an dieser Stelle und fotografierten einander. Aber mir lag daran, zunächst alles Übrige zu erkunden, zum Beispiel den Rundblick auf Moskau. Im Osten schaute ich über den Kathedralenplatz hinweg, und im Süden, jenseits der Moskwa, konnte ich den niedrigen Vorort erkennen, der sich vom Rückgrat der Großen Hordenstraße ausdehnt. Luschkows neu erstandene Kathedrale erhob sich am Flussufer der Moskwa, und dahinter konnte ich mindestens drei von Stalins massiven, schmuckvollen Türmen ausmachen, darunter den riesigen Komplex der Moskauer Staatsuniversität. Doch eine Richtung war mit Seilen abgesperrt. Wir hatten keine Sicht auf das Präsidialgebäude des Kreml. Sogar der unscheinbare Verwaltungsblock 14, der auf dem Gelände des alten Tschudow-Klosters steht, ist

Normalität 511

für alle, die keine Sondergenehmigung haben, unzugänglich. Besuchern des heutigen Kreml wird eine sorgfältig ausgewählte Portion der russischen Geschichte verabreicht, aber die aktuelle Politik, wie jede Spur früheren Scheiterns oder Verfalls, ist Insidern vorbehalten. Die Autos, die zum Senatsplatz rasen, haben verdunkelte Scheiben.

Das Hauen und Stechen der Realpolitik, die Kompromisse, die Korruption und die Händel werden verborgen, weil alles auf Mythen beruht. Wie viele Regime der Vergangenheit sucht auch die heutige russische Regierung Schutz hinter den ikonischen Mauern und der spiegelglatten Perfektion des Kreml. Diese mächtigen Gebäude stehen dafür, dass Russland immer groß gewesen ist. Sein Geist hat die fabelhafte Festung gestaltet. Obwohl Europa das Land zwingt, um seine Position als Weltmacht zu kämpfen, legt sein Volk solchen Mut und solche Hartnäckigkeit an den Tag, dass es von außen nicht besiegt werden kann. Sein einziger Feind ist die Unordnung im Innern, und um sie zu überwinden – um das Volk vor seiner eigenen Unvollkommenheit zu bewahren –, bevorzugen die Bürger zu Recht starke, lautere Herrscher, also genau die Personen, für welche die Zitadelle gebaut wurde. Hier nun taucht die Idee auf, dass nicht Russlands Führer, sondern seine Bewohner für die Geschichte der Tyrannei verantwortlich zu machen seien. Nichts habe sich, wie wir sogar mutmaßen dürfen, seit den finsteren Tagen geändert, als Rjurik und seine beiden Brüder (jedenfalls den alten Chroniken gemäß) aufgefordert wurden, die Herrschaft über die sich bekriegenden Stämme um Nowgorod zu übernehmen, da die Letzteren nicht ohne fremde Hilfe in Frieden leben könnten. Wie der Harvard-Historiker Richard Pipes auf einer jüngeren Tagung des elitären Waldai-Clubs (einer Organisation, die eng mit der gegenwärtigen Führerschaft identifiziert wird) erklärte, »wünscht sich [das russische Volk] einen starken Herrscher (...) Russland braucht stets eine starke Hand (...) Die Wurzeln dafür liegen tiefer, als man gemeinhin annimmt.«[93]

Oberflächlich betrachtet gleicht der heutige Kreml einem Essay über jenes allgemeine Thema. Seine Botschaft ist hypnotisch, eine Wiederholung des Offensichtlichen und Vertrauten. Während gehorsame Gruppen umherspazieren, muss eine Besucherin gut informiert und phantasievoll sein, wenn sie sich die verschwundenen Dinge ausmalen will: die Geister der längst zerstörten alten Kirchen, die von schweren Geschützen hinterlassenen Brandflecken oder die tiefen Spuren, nun im Schlamm vergraben, von Pferdefuhrwerken, die sich unter dem vom letzten Feuer hervorgebrachten Geröll bogen. Die leere Fläche, auf der sich einst die *prikasy* oder die Gehege für Sklaven und Palastratten befanden, mag immer noch an die Schemen längst verstorbener Moskowiter erinnern, die, teils mit Knüppeln, teils nur mit Fäusten bewaffnet, nach Beute, Gerechtigkeit oder hartnäckig nach dem wahren Zaren strebten. Eine nachdenkliche Besucherin könnte sich die roten Fahnen, die Menschenmengen, die eisige Stille der Stalin-Jahre vorstellen. Aber nur wer sich mit der Geschichte auskennt, wird trotz all der Romantik und der vergoldeten Kuppeln einwenden, dass der Staat, dessen Fahne hier weht, wiederum nur eine Erfindung sei, ausgewählt von lebenden Individuen statt vom zeitlosen Schicksal. Seine Schöpfer gehören nicht zu dem Menschengewühl, gleichgültig in welchem Maße sich das russische Volk in verschiedenen historischen Momenten auf eine erbitterte Konspiration einließ. Das System ist nicht einmal das Erzeugnis eines verschwommenen Kollektivs, genannt »der Kreml«. Die ultimative Verantwortung liegt wohl oder übel bei spezifischen Personen mit realen Namen.

Durch die Untersuchung der jahrhundertelangen Geschichte des Kreml habe ich erfahren, wie aufeinanderfolgende und sehr unterschiedliche Regime diesen nutzten – und veränderten –, um kräftige Wurzeln im kalten nördlichen Boden schlagen zu können. Die Reise war faszinierend und führte mich vom mittelalterlichen Wald zum glanzvollen Hof des 18. Jahrhunderts und durch Lenins Revolution zur heimlichtuerischen Welt des Präsidenten mit dem schwarzen Gürtel. Immer wieder hat die Festung Machtübernahmen durch neue Gruppen erlebt: neue Fürsten, neue Dynastien und manchmal völlig neue Regime. Wenige hatten unanfechtbare Ansprüche auf den russischen Thron, doch sehr bald stellten sich alle als Überbringer irgendeiner Form des göttlichen Willens dar. Die Botschaft war und ist kraftvoll, aber sie wurde stets von realen Menschen formuliert, nicht durch steinerne Gesetzestafeln übermittelt, und das Hauptziel der Herrscher besteht allemal darin, an der Macht zu bleiben. Die Geschichte des Kreml handelt vom Überleben; sie ist gewiss kein Epos und hat nichts Unweigerliches an sich. Die heutige Glorifizierung des russischen Staates beruht, wie jene früherer Regime, auf einer bewussten, kalkulierten Entscheidung, und reale Menschen können dafür zur Rechenschaft gezogen werden. Dies mag sich nicht wie eine heitere Schlussfolgerung anhören, aber letzten Endes könnte sie befreiend sein.

* * *

Eine Geschichte, die mit einer einzigen Ikone begann, findet nun mit zwei Heiligenbildern ihren Abschluss. Im Jahr 2010 berichtete die russische Presse über eine aufregende Entdeckung. Ein Paar Ikonen – die berühmten Bilder des Erlösers und des heiligen Nikola, die einst über den Torhaus-Türmen des Kreml gehangen hatten – schienen die Säuberung in stalinistischen Zeiten überstanden zu haben. Jahrzehntelang glaubte man, dass die Ikonen, von denen eine aus dem frühen 16. Jahrhundert stammen sollte, 1937 zu Ehren des 20. Jahrestags der Revolution zerstört worden seien. Doch über sieben Jahrzehnte später startete eine orthodoxe religiöse Organisation, die Stiftung des heiligen Andreas des Erstberufenen, eine Kampagne zur Erforschung des äußeren Mauerwerks, in dem man Spuren der wertvollen Kunstwerke zu finden hoffte. Unterstützt von der Kreml-Verwaltung (darunter FSB-Chef Jewgeni Murow sowie der Kreml-Kommandant und der Direktor der Kreml-Museen), begannen die Experten der Stiftung im Februar 2010, die Mauern unter einer dicken Schutzhülle zu untersuchen.

Im April gaben sie einen Triumph bekannt. Es hieß, dass die Arbeiter, die in den 1930er Jahren angewiesen worden seien, die Ikonen zu vernichten, sie in Wirklichkeit übermalt hätten. Dabei seien sie so geschickt vorgegangen, dass die alte Farbe nun im ursprünglichen Zustand wiederhergestellt werden könne. Die Entdeckung passte der Regierung vortrefflich ins Konzept: Hier war ein Beleg dafür, wie fromme Russen einst – in einer Zeit allgegenwärtigen Terrors – ihr Leben riskiert hatten, um wunderwirkende Moskauer Bilder zu retten. Und in einer Epoche der nationalen Wiedergeburt Russlands würden genauso fromme Kunstexperten auch die Ikonen wiederaufleben lassen.[94] Während die relevanten Mauerabschnitte unter ihrer undurchsichtigen Abdeckung verborgen blieben, lieferte die loyale Presse zusätzliche historische Informationen. Diese Ikonen, riefen Journalisten ihren Lesern ins Gedächtnis, seien 1917 von Feuer und Bombardierung verschont worden. Zeitungen druckten ein berühmtes Foto nach, das die Züge Nikolas in einem Halbschatten aus Ruß zeigte. Und die Geschichte reichte nicht nur bis 1917 zurück, denn die Bilder hätten die französische Besatzung und das Feuer von 1812 überstanden, und fast genau zwei Jahrzehnte zuvor hätten sie (oder ihre Vorgänger) den Vandalismus der katholischen Polen überdauert. Kein Geringerer als Grabar habe sie in den 1920er Jahren beglaubigt. Sie seien nationale Kostbarkeiten, Erbstücke eines wiedererwachenden russischen Staates. Im Juli 2010 wurde der Erlöser zur Schau gestellt, und als ich Moskau 2012 erneut besuchte, blickte der makellose heilige Nikola gütig aus einer Nische in der Nähe von Stalins früherem Bürofenster.

Ikonen sind in der russischen Geistigkeit mit Spiegeln zu vergleichen. Der Heilige wird aus umgekehrter Perspektive betrachtet, das Licht ist gebrochen; nur im Gebet, nicht in der weltlichen Existenz, kann man Kontakt zu dem heiligen Wesen jenseits der bemalten Tafel aufnehmen. Deshalb scheint es mir völlig angemessen zu sein, dass diese wiederentdeckten Ikonen ihren Blick nach außerhalb der Kremlmauern richten. Obwohl sie von der ungebrochenen nationalen Einheit Russlands künden, fordern sie die Menschen auf der Straße nicht auf, unter die Oberfläche zu schauen oder Einwände zu erheben. Nicht jeder Russe möchte sich heute, wenn er überhaupt die Zeit dazu hat, vor einer Ikone verneigen, geschweige denn über die Bedeutung der Vergangenheit nachdenken. Aber die Bilder mit ihrer frischgebackenen Perfektion erzeugen eine unverkennbare Atmosphäre und fügen einer Botschaft, die fast jeder Passant, bewusst oder unbewusst, aufgenommen haben dürfte, einen Farbtupfer hinzu. Im Kreml arbeitende Experten haben mir ein wenig unbehaglich versichert, dass die Ikonen echt seien, aber unter dem gegenwärtigen Regime würde es kaum eine Rolle spielen, wenn sich beide irgendwann als kunstvolle Fälschungen erwiesen. Die Menschen werden sehen, was sie sehen sollen, und sie glauben an das, was ihnen nützt, zumal in einem Land, in dem Opposition oft gefährlich sein kann. Vor weniger als einem Jahrhundert verbrannten die Großeltern der Moskowiter, die sich nun unter den wiedergefundenen Ikonen bekreuzigen, genauso renommierte Bilder im Eifer des entgegengesetzten Glaubens. Ob seine Gebieter einen leistungsfähigen oder korrupten, einen progressiven oder reaktionären Staat beherrschen, ob er führend in der Welt oder in sich gekehrt und isolationistisch ist – der Kreml gilt als ebenso unwandelbar wie das Gold des Ikonenmalers.

Anmerkungen

Einleitung

1 Walter Benjamin, »Moskau«, in *Gesammelte Schriften*, Bd. 4, Berlin 1991, S. 317. Siehe auch http://archive.org/stream/GesammelteSchriftenBd.4/BenjaminGs4«page/n311/mode/2up
2 Astolphe de Custine, *Russische Schatten. Prophetische Briefe aus dem Jahre 1839*, Nördlingen 1985, S. 250–52.
3 Mark Frankland, *The Sixth Continent. Russia and the Making of Mikhail Gorbachev*, London 1987, S. 5.
4 Interview mit K. A. (Tony) Bishop, CMG, OBE, 6. Juli 2006.
5 Dafür gibt es kaum einen besseren Beweis als die Ergüsse von 1997 zur Moskauer 850-Jahr-Feier. Siehe zum Beispiel Pjotr Palamartschuk, »Moskwa kak prinzip«, *Moskwa* 6 (Juni 1997), S. 3–7.
6 Zu den Lehrbüchern und zum Missbrauch der Geschichte siehe die Artikel von Ljudmila Rybina und Juri Afanasjew in *Nowaja gaseta*, Nr. 73, 24. September 2007.
7 Antonio Possevino, *The Moscovia of Antonio Possevino, S. J.* (Pittsburgh, Pa., 1977), S. 7 und 11.
8 Die Literatur über solche ausländischen Reisenden ist gewaltig. Zu einer Bibliographie siehe Marshall Poe, *Foreign Descriptions of Muscovy. An Analytic Bibliography of Primary and Secondary Sources*, Columbus, Ohio 1995.
9 Um zwei Personen von entgegengesetzten politischen Polen zu nennen, könnte ich den italienischen Sozialisten Antonio Gramsci zitieren, der verzweifelnde Kommentare über den schwächlichen Zustand der Bürgergesellschaft Russlands abgab (*Gefängnishefte. Kritische Gesamtausgabe in 10 Bänden*, herausgegeben von Klaus Bochmann u. a., Hamburg 2012), sowie den polnisch-amerikanischen Historiker Richard Pipes, dessen klassisches Werk *Rußland vor der Revolution* (München 1977) sich wie eine Schmährede auf diesen Staat liest.
10 Walter Laqueur, *Der lange Weg zur Freiheit*, Frankfurt am Main 1989, S. 22.

11 David Satter, *It Was a Long Time Ago, and It Never Happened Anyway*, New Haven, Conn., und London 2012, S. 228.
12 Dmitry Shlapentokh, »Russian history and the ideology of Putin's regime through the window of contemporary movies«, *Russian History 36* (2009), S. 279 und 285.
13 James H. Billington, *The Icon and the Axe. An Interpretive History of Russian Culture*, New York 1970, S. 62.

Grundsteine

1 Eine Video-Einführung des Museums zu dieser Ikone siehe unter http://video.yandex.ru/users/queenksu/view/26/
2 V. Rodionov (Hg.), *The Tretyakov Gallery Guide*, 4. engl. Aufl., Moskau 2006, S. 30.
3 T. N. Nikolskaja, *Semlja Wjatitschei. K istorii nasselenija basseina werchnei i srednei Oki w IX–XIII ww.*, Moskau 1981, S. 177; siehe auch T. D. Panowa, »Istorija ukrepleni srednewekowoi Moskwy XII–XIV wekow«, in *Materialy i issledowanija*, Bd. XV, Moskau 2003, S. 86–93. Zu einer Erörterung durch einen der beteiligten Archäologen siehe M. G. Rabinowitsch, »O natschalnom periode istorii Moskwy«, *Woprossy istorii 1* (1956), S. 125–9.
4 Nikolskaja, *Semlja Wjatitschei*, S. 244–7.
5 Die Armeen unterstanden Michail Jurjewitsch und den Rostislawowitsch-Fürsten Jaropolk und Mstislaw. I. Je. Sabelin, *Istorija goroda Moskwy*, Moskau 1904; Repr. 2005, S. 38.
6 Zu einer unterhaltsamen Untersuchung der möglichen Ursprünge des Wortes siehe Sabelin, *Istorija goroda Moskwy*, S. 51–5.
7 Die Wjatitschi zahlten dem Chasaren-Khanat seit dem 10. Jahrhundert Tribut, blieben aber bis zur Herrschaft Juri Dolgorukis im 12. Jahrhundert so gut wie unabhängig. Nikolskaja, *Semlja Wjatitschei*, S. 12.
8 Siehe Janet Martin, *Treasure of the Land of Darkness. The Fur Trade and its Significance for Medieval Russia*, Cambridge 1986, S. 5–34; die Routen faszinierten auch Sabelin (*Istorija goroda Moskwy*, S. 38), und sie wurden von dem Archäologenteam erforscht, das in den 1930er Jahren den Boden für die Moskauer Metro bereitete. *Po trasse perwoi otscheredi Moskowskowo metropolitena imeni L. M. Kaganowitscha*, Leningrad 1936, S. 12–13.
9 Sabelin, *Istorija goroda Moskwy*, S. 33. Das Datum auf den Münzen war 862. Weitere Einzelheiten zu der Siedlung selbst, die sich bis zum

1 Grundsteine

12. Jahrhundert zu einer Ortschaft entwickelte, siehe bei Rabinowitsch, »O natschalnom periode«, S. 126–8.
10 Al-Mukadassi, zitiert in Martin, *Treasure*, S. 12.
11 Omeljan Pritsak, *The Origin of Rus*, Cambridge, Mass. 1981, S. 23.
12 Die Debatte tobte bereits im 18. Jahrhundert. Siehe Pritsak, *Origin*, S. 3–4.
13 Die Indizien werden gesichtet in Simon Franklin und Jonathan Shepard, *The Emergence of Rus. 750–1200*, Harlow 1996, S. 38–9.
14 Martin, *Treasure*, S. 46.
15 Dmitri Obolensky, *The Byzantine Commonwealth*, London 1971, S. 181–5.
16 Die Episode erscheint in der Nestorchronik; siehe Timothy Ware, *The Orthodox Church*, London 1997, S. 264.
17 Zu weiteren Details siehe Franklin und Shepard, *Emergence of Rus*, S. 160–64.
18 Zu dem Staat und den christlichen Beigaben siehe Michael Cherniavsky, *Tsar and People. Studies in Russian Myths*, New Haven, Conn., und London 1961, S. 33.
19 Obwohl die Rjuriklegende sehr alt ist, meint Donald Ostrowski, die Idee habe erst im 14. Jahrhundert politische Prominenz gewonnen. Siehe Sergei Bogatyrev, »Micro-periodization and dynasticism. Was there a divide in the reign of Ivan the Terrible?«, *Slavic Review* 69, 2 (Sommer 2010), S. 406.
20 Zumindest in der Ostkirche wurde Rom der gleiche Rang eingeräumt wie den anderen vier, nämlich Konstantinopel, Alexandria, Antiochia und Jerusalem. Zum Patriarchat siehe John Meyendorff, *Byzantium and the Rise of Russia. A Study of Byzantino-Russian Relations in the Fourteenth Century*, Cambridge 1981, S. 30.
21 Christian Raffensperger, zitiert in Bogatyrev, »Micro-periodization«, S. 406.
22 Die Prinzipien werden beschrieben in Nancy Shields Kollmann, *Kinship and Politics. The Making of the Muscovite Political System 1345–1547*, Stanford, Kalif. 1987, S. 68.
23 Der Kongress in Ljubitsch. Siehe Franklin und Shepard, *Emergence of Rus*, S. 265–6.
24 Ellen S. Hurwitz, *Prince Andrej Bogoljubskij. The Man and the Myth*, Florenz 1980, S. 50.
25 Die Handwerker kamen aus »jedem Land«, das heißt, in der Praxis wahrscheinlich aus dem heutigen Deutschland, dem Ostseegebiet und dem Fürstentum Galitsch. Siehe Cyril Mango, *Byzantine Architecture*, New York 1976, S. 332–3.

26 David B. Miller, »Monumental building as an indicator of economic trends in northern Rus' in the late Kievan and Mongol periods, 1138–1462«, AHR 94 (1989), S. 367.
27 Hurwitz, *Bogoljubskij*, S. 50–51; siehe auch Dmitry Shvidkovsky, *Russian Architecture and the West*, New Haven, Conn., und London 2007, S. 36; William Craft Brumfield, *A History of Russian Architecture*, Cambridge 1997, S. 46. Sehr wenig von der ursprünglichen Schnitzerei hat sich erhalten.
28 Hurwitz, *Bogoljubskij*, S. 20.
29 Zu Bogoljubowo siehe Brumfield, *Russian Architecture*, S. 47; die Mariä-Schutz-und-Fürbitte-Kirche an der Nerl wurde zur Feier eines von Andrejs Siegen über die Bulgaren erbaut.
30 Obolensky, *Byzantine Commonwealth*, S. 355.
31 Zur Jungfrau von Wladimir siehe A. I. Anissimow, *Wladimirskaja ikona Boschijei Materi*, Prag 1928, und die Legendenübersicht in David B. Miller, »Legends of the icon of Our Lady of Vladimir. A study of the development of Muscovite national consciousness«, *Speculum 43*, 4 (Oktober 1968), S. 657–70.
32 Ware, *Orthodox Church*, S. 60.
33 Darstellung in PSRL, Bd. 1, S. 460–61.
34 John Fennell, *The Crisis of Medieval Russia 1200–1304*, London 1983, S. 84.
35 D. G. Ostrowski, *Muscovy and the Mongols. Cross-Cultural Influences on the Steppe Frontier*, Cambridge 1998, S. 44.
36 Siehe Janet Martin, *Medieval Russia. 980–1584*, Cambridge 2007, S. 170–71.
37 Zur Nebenrolle Moskaus und zum Verbot der Daniilowitsch-Nachfolge siehe Martin, *Medieval Russia*, S. 193.
38 G. A. Fyodorov-Davydov, *The Culture of Golden Horde Cities*, Oxford 1984, S. 10.
39 Wilhelm von Rubruk, ein Flame, reiste in den Jahren 1253–55 durch Batus Hauptstadt sowie durch Karakorum. Sein Bericht ist zu finden in Wilhelm von Rubruk, *Reise zu den Mongolen*, Wiesbaden 2012.
40 Batus Sarai wurde später – näher am heutigen Wolgograd – neu gegründet; wenige Quellen spezifizieren, von welchem der beiden die Rede ist.
41 Fyodorov-Davydov, *Golden Horde*, S. 220.
42 Ebd., S. 16, mit Bezug auf Ibn-Battuta und al-Omari.
43 Eine Tradition, die von Marco Polo erwähnt wird. Siehe ebd., S. 31–2.
44 Zu dem Datum, an dem Iwan Großfürst wurde, siehe John Fennell, *The*

Emergence of Moscow. 1304–1359, London 1968, S. 111–19. Zu der Glocke siehe PSRL, Bd. 10, S. 211.
45 Dreifaltigkeits-Chronik, zitiert in Meyendorff, Byzantium, S. 157.
46 Zu den Bojaren siehe PSRL, Bd. 10, S. 208 (mit Bezug auf den Exodus von 1338).
47 N. S. Borissow, »Moskowskije knjasja i russkije mitropolity XIV weka«, Woprossy istorii 8 (1986), S. 35.
48 Zu einer Zusammenfassung siehe Martin, Medieval Russia, S. 189.
49 Zu zwei Erörterungen siehe Materialy i issledowanija, Bd. XV, Moskau 2002, insbesondere S. 44–5 (A. N. Kirpitschnikow, »Kremli Rossii i ich isutschenije«) und S. 60–61 (W. B. Silina, »Naswanija drewnerusskich krepostnych sooruscheni«).
50 J. I. Smirnowa, Materialy i issledowanija, Bd. XIV, S. 34.
51 Zur Größe der Burgen anderswo in Europa siehe Robert Bartlett, The Making of Europe, London 1993, insbesondere S. 66.
52 Nancy Shields Kollmann nennt eine Zahl von sechs Familien im Jahr 1371. Siehe ihre Tabelle in Kinship and Politics, S. 76.
53 Durch archäologische Untersuchungen des Kreml sind etliche neue Informationen gewonnen worden, welche die von Sabelin (Istorija goroda Moskwy) und seinem Nachfolger S. P. Bartenew (Moskowski kreml w starinu i teper, St. Petersburg 1912 und 1918) vorgelegten Skizzen ergänzen. Zu den Pionierarbeiten gehören Rabinowitsch, »O natschalnom periode« sowie I. L. Bussewa-Dawydowa, Chramy Moskowskowo Kremlja, Moskau 1997.
54 Bussewa-Dawydowa, Chramy, S. 230.
55 Das archäologische Material für die Existenz eines älteren Gebäudes an derselben Stätte präsentiert N. S. Scheljapina, »Archeologitscheskije issledowanija w uspenskom sobore«, Materialy i issledowanija, Bd. I, Moskau 1973, S. 54–63.
56 Dazu siehe D. Ostrowski, »Why did the Metropolitan move from Kiev to Vladimir in the thirteenth century?«, in B. Gasparov und O. Raevsky-Hughes (Hg.), Christianity and the Eastern Slavs, Bd. 1, Berkeley und Oxford 1993.
57 Zu einem Überblick über Peters politische Schachzüge siehe John Fennell, A History of the Russian Church to 1448, London 1995, S. 135.
58 Martin, Medieval Russia, S. 391; Meyendorff, Byzantium, S. 151; Borissow, »Moskowskije knjasja«, S. 34. Alle widersprechen der Meinung, dass Peter lediglich ein Verbündeter Moskaus gewesen sei.
59 Meyendorff, Byzantium, S. 150.

60 Fennell, *Russian Church*, S. 220.
61 Die Quelle war sein Nachfolger Kiprian. Zitiert in G. M. Prochorow, *Powest o Mitijaje. Rus i Wisantija w epochu Kulikowskoi bitwy*, Leningrad 1978, S. 310–11.
62 Wiederum gibt es keine feste Grundlage für die Ansicht, dass man dies lange im Voraus geplant habe. Martin, *Medieval Russia*, S. 391.
63 Peters Status wurde 1339 anerkannt. Meyendorff, *Byzantium*, S. 156.
64 Zu einer Geschichte dieses Gebäudes während seiner Existenz siehe I. M. Snegirjow, *Spas na Boru w Moskowskom Kremle*, Moskau 1865, S. 1–5.
65 Borissow, »Moskowskije knjasja«, S. 38.
66 Sabelin, *Istorija goroda Moskwy*, S. 3; siehe auch Bussewa-Dawydowa, *Chramy*, S. 15, und Miller, »Monumental building«, S. 360–90. Miller (S. 375) ist der Meinung, dass Kalitas Kathedrale nicht mehr als 226 Quadratmeter einnahm, verglichen mit 1183 Quadratmetern für die von Wladimir.
67 W. P. Wygolow, *Architektura Moskowskoi Rusi serediny XV weka*, Moskau 1985, S. 42; es gibt einige Zweifel an der Datierung des ursprünglichen Klosterfundaments.
68 Obwohl weißer Stein überall in Moskau häufig als Mjatschkowo-Stein bezeichnet wird – nach dem Dorf, in dem später große Mengen davon abgebaut wurden –, kam der Kalkstein für Kalitas Kirchen und Donskois weiße Mauern aus der unmittelbaren Moskauer Umgebung. Siehe S. O. Shmidt (Hg.), *Moskwa. Enziklopedija*, Moskau 1997, S. 111.
69 Zu dem »epischen Projekt« selbst siehe Miller, »Monumental building«, S. 376–9, und Sergei Bogatyrev, *The Sovereign and His Counsellors. Ritualised Consultations in Muscovite Political Culture*, Helsinki 2000, S. 104–5.
70 Siehe A. A. Gorski, *Moskwa i Orda*, Moskau 2005, S. 67.
71 Zu Donskois Flucht siehe Gorski, *Moskwa*, S. 104.
72 Sabelin, *Istorija goroda Moskwy*, S. 95–6.
73 Martin, *Medieval Russia*, S. 190.

Renaissance

1 Spiro Kostof, *Geschichte der Architektur*, Bd. 1: *Von den Anfängen bis zum Römischen Reich*, Stuttgart 1992, S. 5.
2 Geoffrey Parker, »The Military Revolution, 1560–1660 – a myth?«, JMH 48, 2 (Juni 1976), besonders S. 203–6.

2 Renaissance 523

3   Nikolai Karamsin, »Sapiski o moskowskich dostopamjatnostjach«, zitiert in I. Kondratjew, *Sedaja starina Moskwy*, 5. Aufl., Moskau 2006, S. 34. Kondratjews Kommentar enthält noch mehr ähnliche Prosa und Dichtung.

4   Die Art und Weise, wie der Einfluss der Mongolen auf Moskowien in der Geschichte dargestellt wurde, war ihrerseits das Ergebnis dessen, was ein Historiker jüngst als »ausgeprägt antitatarische Ideologie« der Kirche beschrieb. Siehe D. G. Ostrowski, *Muscovy and the Mongols. Cross-Cultural Influences on the Steppe Frontier*, Cambridge 1998, S. 139–40.

5   Die berühmtesten stammen von N. S. Schustow (1862) und Alexej Kiwschenko (1880). Zu einer nationalistischen Interpretation der Moskauer Überlegenheit siehe I. Je. Sabelin, *Istorija goroda Moskwy*, Moskau 1904; Repr. 2005, S. 127–8; zu einer Einschätzung der in dieser späteren Periode erbrachten Tributhöhe siehe Michel Roublev, »The Mongol tribute«, in M. Cherniavsky (Hg.), *The Structure of Russian History*, New York 1970, S. 29–64.

6   Kostof, *Geschichte der Architektur*, Bd. 2: *Vom Frühmittelalter bis zum Spätbarock*, Stuttgart 1993, S. 393.

7   S. W. Sytin, *Trudy museja istorii i rekonstrukzii Moskwy*, Bd. 1: 1147–1762, Moskau 1950, S. 46.

8   Sergei Bogatyrev, *The Sovereign and His Counsellors. Ritualised Consultations in Muscovite Political Culture*, Helsinki 2000, S. 86. Dies wird auch von Marshall Poe unterstrichen in *The Russian Moment in World History*, Princeton 2003, S. 36.

9   Zu Belegen aus erster Hand siehe *Travels to Tana and Persia by Josafa Barbaro and Ambrogio Contarini*, London 1873, S. 165–6.

10 Zu einer Erörterung siehe Bogatyrev, *Sovereign*, S. 17.

11 Dmitri Obolensky, *The Byzantine Commonwealth*, London 1971, S. 356.

12 John Fennell, *Ivan the Great of Moscow*, London 1961, S. 35–6.

13 S. K. Bogojawlenski (Hg.), *Gossudarstwennaja oruscheinaja palata Moskowskowo kremlja*, Moskau 1954, S. 511.

14 Zitiert in Fennell, *Ivan the Great*, S. 53.

15 Ebd., S. 56–60.

16 Chester S. L. Dunning, *Russia's First Civil War. The Time of Troubles and the Founding of the Romanov Dynasty*, University Park, Pa., 2001, S. 39.

17 Eine straffe Zusammenfassung bei Ruslan Skrynnikow, *Krest i korona*, St. Petersburg 2000, S. 114–16.

18 Timothy Ware, *The Orthodox Church*, London 1997, S. 70–71.

19 AI, Bd. 1, St. Petersburg 1841, Dok. 39, Wassili Wassiljewitsch an den Patriarchen Mitrofan, S. 71–2.

20 AI, Bd. 1, Dok. 41 und 262, S. 83 und 492.
21 John Fennell, *A History of the Russian Church to 1448*, London 1995, S. 188.
22 Russell E. Martin, »Gifts for the bride. Dowries, diplomacy and marriage politics in Muscovy«, *Journal of Medieval and Early Modern Studies 38*, 1 (Winter 2008), S. 123–6; Fennell, *Ivan the Great*, S. 158.
23 Es gibt eine umfangreiche Literatur über dieses Thema. Zu einem Überblick siehe Janet Martin, *Medieval Russia. 980–1584*, Cambridge 2007, S. 295–6.
24 Zu Feofil siehe AI, Bd. 1, S. 512–14.
25 Siehe Michael Cherniavsky, »The reception of the Council of Florence in Moscow«, *Church History 24* (1955), S. 352.
26 *Istorija Moskwy w schesti tomach*, Bd. 1, Moskau 1952, S. 61.
27 W. I. Snegirjow, *Aristotel Fiorawanti i perestroika moskowskowo kremlja*, Moskau 1935, S. 66.
28 Zur Datierung der ursprünglichen Kirche siehe A. A. Suchanowa, »Podklet Blagoweschtschenskowo sobora Moskowskowo kremlja po dannym architekturnych i archeologitscheskich issledowani XX weka«, *Materialy i issledowanija*, Bd. XVI, S. 164–5.
29 S. P. Bartenew, *Moskowski Kreml w starinu i teper*, 2 Bde., St. Petersburg 1912 und 1918, Bd. 2, S. 49; Sabelin, *Istorija goroda Moskwy*, S. 133; Snegirjow, *Fiorawanti*, S. 59.
30 W. S. Wygolow, *Architektura Moskowskoi Rusi serediny XV weka*, Moskau 1985, S. 96.
31 I. A. Bondarenko u. a. (Hg.), *Slowar architektorow i masterow stroitelnowo dela Moskwy XV–serediny XVIII weka*, Moskau 2008, S. 619–20; Wygolow, *Architektura*, S. 9–10.
32 Zu den Skulpturen siehe O. W. Jachont, »Osnownyje resultaty nautschnych issledowani i restawrazii skulpturnoi ikony swjatowo Georgija-Smejeborza 1464 goda is Moskowskowo Kremlja«, *Materialy i issledowanija*, Bd. XII, S. 104–19. Siehe auch Wygolow, *Architektura*, S. 168. Dmitri Solunski ist in Westeuropa besser unter dem Namen Demetrios von Thessaloniki bekannt.
33 Sabelin, *Istorija goroda Moskwy*, S. 129; Sytin, *Trudy museja*, Bd. 1, S. 53.
34 William Craft Brumfield, *A History of Russian Architecture*, Cambridge 1997, S. 94.
35 Wygolow, *Architektura*, S. 185.
36 Ebd.
37 Die klassische Untersuchung des Themas liefert Richard Hellie, *Slavery in Russia. 1450–1725*, Chicago 1982.

2 Renaissance 525

38 Dmitry Shvidkovsky, *Russian Architecture and the West*, New Haven, Conn., und London 2007, S. 84–5.
39 Sabelin, *Istorija goroda Moskwy*, S. 134.
40 Ebd., S. 134; Wygolow, *Architektura*, S. 190.
41 Die Schilderung entstammt Wygolow, *Architektura*, S. 190–2.
42 Mario Salvadori, *Why Buildings Stand Up*, New York und London 2002, S. 222.
43 Diese Geschichte, die Sigismund von Herberstein wiederholte, entstand wahrscheinlich in ihrer eigenen Gefolgschaft. Siehe A. A. Gorski, *Moskwa i Orda*, Moskau 2005, S. 169.
44 S. Pierling, *La Russie et le Saint Siège. Etudes Diplomatiques*, Bd. 2, Paris 1896, S. 120.
45 Pierling, *Russie*, S. 151.
46 Ebd., S. 172. Ambrogio Contarini hinterließ eine freundlichere Beschreibung Iwans. Siehe *Travels to Tana and Persia*, S. 163.
47 Siehe Sabelin, *Istorija goroda Moskwy*, S. 139, und Fennell, *Ivan the Great*, S. 318.
48 Eine ausgezeichnete Schilderung der Reise, weitgehend gestützt auf Pierling, findet man in T. D. Panowa, *Welikaja knjaginja Sofija Paleolog*, Moskau 2005, S. 19–24.
49 Dolmetscher waren so zahlreich, dass sie einen eigenen Wohnbezirk am Südufer der Moskwa hatten. Zu den Diskussionen siehe Pierling, *Russie*, S. 173, und Shvidkovsky, *Russian Architecture*, S. 75–6.
50 Zu weiteren Einzelheiten anderswo in Europa siehe Kostof, *Geschichte der Architektur*, Bd. 2, S. 403–05 (»Die Italomanie«).
51 Zu einer Zusammenfassung der bekannten Tatsachen (im Unterschied zu den reichlichen Legenden) über Fioravanti siehe *Dizionario Biographico Degli Italiani*, Bd. 48, Rom 1997, S. 95–100. Es hat einige Debatten über seinen Namen gegeben, doch nach der vorherrschenden Meinung wurde Fioravanti auf den Namen Aristotele getauft: Snegirjow, *Fiorawanti*, S. 27.
52 Shvidkovsky, *Russian Architecture*, S. 80–82; Snegirjow, *Fiorawanti*, S. 27–36.
53 Ambrogio Contarini verweilte kurz im »Haus von Meister Aristotele, das fast unmittelbar neben dem Palast Seiner Lordschaft lag«: *Travels to Tana and Persia*, S. 222. Zu dem Harem siehe Snegirjow, *Fiorawanti*, S. 38.
54 Shvidkovsky, *Russian Architecture*, S. 82.
55 Sabelin, *Istorija goroda Moskwy*, S. 145; zur Technologie siehe A. N. Speranski, *Prikas kamennych del. Otscherki po istorii prikasa kamennych del Moskowskowo gossudarstwa*, Wologda 1930, S. 20.

56 Zu weiteren Details siehe Sabelin, *Istorija goroda Moskwy*, S. 144–7, sowie I. L. Bussewa-Dawydowa, *Chramy Moskowskowo Kremlja*, Moskau 1997, S. 29–30.

57 Ein Kunsthistoriker bemerkt, dass es Fioravanti gelungen sei, »die Formelemente der mittelalterlichen russischen Architektur mit denen eines italienischen Palazzos zu verschmelzen«. Cyril Mango, *Byzanz*, Weltgeschichte der Architektur, Stuttgart 1986, S. 199. Siehe auch Shvidkovsky, *Russian Architecture*, S. 85–91; Brumfield, *Russian Architecture*, S. 96–8.

58 Contarini erschien zu früh, um das vollendete Werk bewundern zu können, doch siehe zum Beispiel Francesco da Collo, *Relazione del viaggio e dell'ambasciata in Moscovia*, 1518–1519, Repr. Treviso 2005, S. 107–8. Heutzutage ist Fioravantis Name verschwunden. Zu anderen italienischen Besuchern siehe Dsch. D'Amato, »Gorod Moskwa w wosprjatii italjanskowo tschitatelja XV–XVI wekow«, *Archeografitscheski jeschegodnik* (1997), S. 103–6.

59 Pierling, *Russie*, S. 204.

60 Zu Onton (oder Anton) Frjasin siehe I. A. Bondarenko, »K woprossu o litschnosti Antona Frjasina«, *Materialy i issledowanija*, Bd. XV, Moskau 2003, S. 40–43.

61 Shvidkovsky, *Russian Architecture*, S. 92 und 99.

62 Zu dem Tresorraum, der im ersten Jahrzehnt des 20. Jahrhunderts wiederentdeckt wurde, siehe Ju. W. Brandenburg u. a., *Architektor Iwan Maschkow*, Moskau 2001, S. 82, sowie Bartenew, *Moskowski Kreml*, Bd. 2, S. 71. Eine Karte, von K. K. Lopjalo, ist enthalten in O. I. Podobedowa, *Moskowskaja schkola schiwopissi pri Iwane IV*, Moskau 1972, Anhang.

63 Zu Kalitas Turm siehe Sabelin, *Istorija goroda Moskwy*, S. 316.

64 Bussewa-Dawydowa, *Chramy*, S. 173.

65 Zu Jermolins Version im Dreifaltigkeitskloster siehe Aida Nassibowa, *Facettenpalast des Moskauer* Kremls, Leningrad 1978.

66 Brumfield, *Russian Architecture*, S. 101.

67 M. W. Possochin u. a., *Pamjatniki architektury Moskwy. Kreml. Kitaigorod. Zentralnyje ploschtschadi*, Moskau 1982, S. 36.

68 Energische Versuche, es zu erforschen, wurden über viele Jahrhunderte hinweg unternommen. Siehe I. Ja. Stellezki, *Poiski biblioteki Iwana Grosnowo*, Moskau 1999. Wie ich feststellen sollte, gelten die Details des unterirdischen Kreml nun als Staatsgeheimnis.

69 Wladimir Schewtschenko, *Powsednewnaja schisn pri presidentach*, Moskau 2004, S. 20.

70 Die Angaben sind besonders detailliert in Sytins Abschnitten des archäo-

logischen Gutachtens, das zur Zeit des Moskauer U-Bahn-Baus angefertigt wurde. *Po trasse perwoi otscheredi Moskowskowo metropolitena imeni L. M. Kaganowitscha*, Leningrad 1936, S. 114.

71 Einiges deutet darauf hin, dass Iwan III. versiegelten Särgen den Vorzug gab, von denen sich die meisten wahrscheinlich in oder unter der Schatzkammer befanden. Siehe G. L. Malizki, »K istorii oruscheinoi palaty Moskowskowo kremlja«, in S. K. Bogojawlenski (Hg.), *Gossudarstwennaja oruscheinaja palata Moskowskowo Kremlja*, Moskau 1954, S. 512.

72 Stellezki, *Poiski*, S. 184; zu der zweiten, späteren Ausgrabung siehe *Po trasse metropolitena*, S. 116.

73 In den 1520er Jahren, als Sigismund von Herberstein Moskowien zum letzten Mal besuchte, wurde das Bauholz für die Stadt 110 Kilometer flussabwärts von Moschaisk herbeigeschifft.

74 Sabelin, *Istorija goroda Moskwy*, S. 160.

75 *Po trasse metropolitena*, S. 15.

76 Sabelin, *Istorija goroda Moskwy*, S. 210.

77 Arthur Voyce, *The Moscow Kremlin. Its History, Architecture and Art Treasures*, London 1955, S. 23.

78 *Po trasse metropolitena*, S. 110–11.

79 Zu den europäischen im Gegensatz zu den byzantinischen Ursprüngen von Iwans Doppeladler siehe Gustave Alef, »The adoption of the Muscovite two-headed eagle. A discordant view«, *Speculum 41* (1966), S. 1–21.

80 Zu Italienern (und speziell Sforza) siehe Gino Barbieri, *Milano e Mosca nella politica del Rinascimento*, Mailand 1957; zu den übrigen siehe Pierling, *Russie*, S. 211.

81 Fennell, *Ivan the Great*, S. 117–21.

82 M. I. Miltschik, »Kremli Rossii, postrojennyje italjanzami, i problema ich dalneischewo isutschenija«, *Materialy i issledowanija*, Bd. XV, S. 509–17.

83 Pietro Annibale ist auf Russisch bekannt als Petrok Maly. Siehe Shvidkovsky, *Russian Architecture*, S. 113.

84 *Po trasse metropolitena*, S. 107.

85 Ebd., S. 107; siehe auch die verdrossenen Kommentare Pauls von Aleppo in *Travels of Macarius, Patriarch of Antioch*, London 1836, Buch 2, S. 21–2. Wie er zudem bemerkte (S. 119), durften nicht einmal Moskowiter die Mauern ihres eigenen Kreml zu intensiv betrachten.

86 Possochin u. a., *Pamjatniki architektury*, S. 350–51 und (zum Außenhandel) S. 360.

87 Dieses Argument wird energisch vertreten von Marshall Poe. Siehe sein *Russian Moment*, S. 44. Zur Rückständigkeit im Allgemeinen stammt der

berühmteste Essay (auf den die Arbeit von Poe teils als Erwiderung dient) von Alexander Gerschenkron, *Economic Backwardness in Historical Perspective*, Cambridge, Mass. 1962. Die sternförmige Festung oder *trace italienne* wird erörtert in Parker, »Military Revolution«, S. 204–5.

88 Ryszard Kapuściński, *Meine Reisen mit Herodot. Reportagen aus aller Welt*, Frankfurt am Main 2007, S. 82.

Der Goldene Palast

1 *Travels to Tana and Persia by Josafa Barbaro and Ambrogio Contarini*, London 1873, S. 162.
2 Lloyd E. Berry und Robert O. Crummey (Hg.), *Rude and Barbarous Kingdom*, Madison, Wisc. 1968, S. 55–6; siehe auch Michael Flier, »The iconology of royal ritual in sixteenth-century Muscovy«, in Speros Vryonis Jr. (Hg.), *Byzantine Studies. Essays on the Slavic World and the 11th Century*, New Rochelle, NY 1992, S. 61.
3 Ähnliche Beobachtungen stellte der syrische Priester Paul von Aleppo Mitte des 17. Jahrhunderts an. Siehe *The Travels of Macarius, Patriarch of Antioch. Written by His Attendant Archdeacon, Paul of Aleppo, in Arabic*, London 1836, Bd. 1, S. 342–5.
4 Die heroischste und überzeugendste Erklärung liefert Paul Bushkovitch, »The epiphany ceremony of the Russian court in the sixteenth and seventeenth centuries«, *Russian Review 49*, 1 (Januar 1990), S. 13–14. Im selben Artikel wird die Übernahme der Zeremonie in Moskau auf den Zeitraum zwischen 1477 und 1525 datiert. Zur Rolle der Pferde und zu anderen magischen Aspekten der Szene siehe auch W. F. Ryan, *The Bathhouse at Midnight: Magic in Russia*, Stroud 1999, S. 57 und 131–2.
5 Michael S. Flier, »Till the End of Time. The Apocalypse in Russian historical experience before 1500«, in Valerie A. Kivelson und Robert H. Greene (Hg.), *Orthodox Russia. Belief and Practice Under the Tsars*, University Park, Pa. 2003, S. 127–58.
6 P. Pierling, *La Russie et le Saint-Siège. Études Diplomatiques*, Bd. 2, Paris 1896, S. 205.
7 Sie war die Nichte zweiten Grades sowohl Iwans III. als auch des Fürsten Iwan Jurjewitsch Patrikejew. Zu weiteren Einzelheiten der Krise im späten 15. Jahrhundert siehe Nancy Shields Kollmann, »Consensus politics. The dynastic crisis of the 1490s reconsidered«, *Russian Review 45*, 3 (Juli 1986), S. 235–67.

8   Siehe Janet Martin, *Medieval Russia, 980-1584*, Cambridge 2007, S. 247.
9   Zu einer Beschreibung siehe S. P. Bartenew, *Moskowski Kreml w starinu i teper*, 2 Bde., St. Petersburg 1912-18, Bd. 2, S. 91-3. Siehe auch G. P. Majeska, »The Moscow coronation of 1498 reconsidered«, *Jb*FGO 26 (1978), bes. S. 356.
10 John Fennell, *Ivan the Great of Moscow*, London 1961, S. 339-42.
11 Die Episode wird auch erörtert in T. D. Panowa, *Kremljowskije ussypalnizy. Istorija, sudba, taina*, Moskau 2003, S. 58.
12 Zu einer Schilderung siehe Bartenew, *Moskowski Kreml*, Bd. 2, S. 121-8; zu Indizien für spätere Trauungen siehe Russell E. Martin, »Choreographing the ›Tsar's Happy Occasion‹. Tradition, change, and dynastic legitimacy in the weddings of Mikhail Romanov«, *Slavic Review* 63, 4 (Winter 2004), S. 794-817.
13 Konstantin Michailow, *Unitschtoschenny Kreml*, Moskau 2007, S. 61.
14 Sergei Bogatyrev, »Ivan the Terrible«, in Maureen Perrie (Hg.), CHR, Bd. 1: *From Early Rus' to 1689*, Teil 1, S. 243.
15 Bartenew, *Moskowski Kreml*, Bd. 2, S. 168-73.
16 Dafür gibt es natürlich keinen schlüssigen Beweis. Siehe Nancy Shields Kollmann, *Kinship and Politics. The Making of the Muscovite Political System*, Stanford, Kalif. 1987, S. 168.
17 Isabel de Madariaga, *Ivan the Terrible. First Tsar of Russia*, New Haven, Conn., und London 2005, S. 40. Die Quelle wird nicht genannt.
18 De Madariaga, *Ivan*, S. 40-41; Panowa, *Kremljowskije ussypalnizy*, S. 60.
19 Panowa, *Kremljowskije ussypalnizy*, S. 147.
20 Kollmann, *Kinship and Politics*, S. 170.
21 Ebd., S. 169-74.
22 Der Brief ist Teil des berühmten Iwan-Kurbski-Briefwechsels. Zu einer Erörterung seiner Authentizität siehe R. G. Skrynnikow, *Perepiska Grosnowo i Kurbskowo. Paradoxy Edwarda Kinana*, Leningrad 1973; und das Buch, das die Debatte hervorrief: Edward L. Keenan, *The Kurbskii-Groznyi Apocrypha*, Cambridge, Mass. 1971.
23 *Der Briefwechsel Iwans des Schrecklichen mit dem Fürsten Kurbskij 1564-1579*, Leipzig 1921, Brief von Iwan an Kurbski, S. 55.
24 Bogatyrev, »Ivan the Terrible«, S. 244.
25 Sergei Bogatyrev, »Reinventing the Russian monarchy in the 1550s. Ivan IV, the dynasty, and the church«, SEER 85, 2 (April 2007), S. 273.
26 R. G. Skrynnikow, *Weliki gossudar Joann Wassiljewitsch Grosny*, 2 Bde., Smolensk 1996, Bd. 1, S. 137. Die Berater Iwans III. hatten wahrscheinlich eine serbische Übersetzung der griechischen Originaltexte benutzt, und

auch Makaris Männer dürften ähnliche Materialien verwendet haben. Wie Michael Angold sich ausdrückte, war es »viel leichter, sich mit byzantinischen Einflüssen abzufinden, als es Byzanz nicht mehr gab«. Michael Angold, *The Fall of Constantinople to the Ottomans*, Harlow 2012, S. 140.

27 Michael Cherniavsky, *Tsar and People. Studies in Russian Myths*, New Haven, Conn., und London 1961, S. 45.

28 D. B. Miller, »The coronation of Ivan IV of Moscow«, *JbFGO* 15 (1967), S. 559–74, besonders S. 563.

29 Laut den besten jüngeren Forschungen unterstrich Makari diesen Sachverhalt zudem dadurch, dass er das Ritual der Salbung mit heiligem Öl für die Zeremonie selbst verweigerte. Siehe Sergei Bogatyrev, *The Sovereign and His Counsellors. Ritualised Consultations in Muscovite Political Culture*, Helsinki 2000, S. 164, sowie sein »Reinventing the Russian Monarchy«, S. 275.

30 Eine Version des Textes erscheint in Makari (Archimandrit Weretennikow), *Schisn i trudy swjatitelja*, Moskau 2002, S. 367–9.

31 Skrynnikow, *Weliki gossudar*, Bd. 1, S. 138.

32 Zu der Festlegung des Datums siehe Flier, »Iconology of royal ritual«, S. 73.

33 Siehe Sergei Bogatyrev, »Micro-periodization and dynasticism. Was there a divide in the reign of Ivan the Terrible?«, *Slavic Review* 69, 2 (Sommer 2010), S. 406–7.

34 Das Gold wird in Schilderungen der Krönung besonders hervorgehoben. Siehe DAI, Bd. 1, S. 41–53. Zu den Läutern der Kreml-Glocken siehe A. Olearius, *Vermehrte Newe Beschreibung Der Muscowitischen vnd Persischen Reyse*, herausgegeben von Dieter Lohmeier, Tübingen 1971, S. 147.

35 Miller, »Coronation of Ivan IV«, S. 562.

36 Dies belegt R. G. Skrynnikow, *Krest i korona*, St. Petersburg 2000, S. 225.

37 Bogatyrev, »Ivan the Terrible«, S. 249.

38 Bartenew, *Moskowski Kreml*, Bd. 2, S. 179. Die ursprüngliche Beschreibung des Feuers, im *Zarstwennja kniga*, entstand ungefähr 30 Jahre nach dem Ereignis.

39 John Stuart, *Ikons*, London 1975, S. 102.

40 Siehe Skrynnikow, *Krest*, S. 225–6.

41 *Zarstwennja kniga*, PSRL, Bd. 13, S. 456; zitiert in *Der Briefwechsel Iwans des Schrecklichen mit dem Fürsten Kurbskij*.

42 De Madariaga, *Ivan*, S. 61–2.

43 Ebd., S. 63.

44 Die Kammer trug die Bezeichnung *obrasnaja palata*. Siehe S. K. Bogojawlenski (Hg.), *Gossudarstwennaja oruscheinaja palata Moskowskowo kremlja*, Moskau 1954, S. 514. Siehe auch O. I. Podobedowa, *Moskowskaja schkola schiwopissi pri Iwane IV. Raboty w Moskowskom Kremle 40x-70x godow XVI w.*, Moskau 1972, S. 15; Stuart, *Ikons*, S. 102; zu den Werkstätten siehe auch I. A. Selesnewa, *Solotaja i serebrjanaja palaty. Kremljowskije masterskije XVII weka. Organisazija i formy*, Moskau 2001.

45 Podobedowa, *Moskowskaja schkola*, S. 5–8; zu Iwans Thron siehe Bogatyrev, *Sovereign*, S. 75.

46 Zu einer Erörterung siehe W. M. Sorokaty, »›Serdze zarewo w ruze Boschijei.‹ Tema nebesnowo sastupnitschestwa gossudarju w chudoschestwennom ubranstwe Blagoweschtschenskowo sobora pri Iwane IV«, *Materialy i issledowanija*, Bd. XIX, S. 67–82.

47 Siehe auch Michael S. Flier, »The throne of Monomakh«, in James Cracraft und Daniel Bruce Rowland (Hg.), *Architectures of Russian Identity. 1500 to the present*, Ithaca, NY 2003, S. 21–33.

48 Der gesamte Zyklus wird mit Hilfe von Uschakows Skizzen in einem Anhang an Podobedowa, *Moskowskaja schkola*, beschrieben.

49 David B. Miller, »The Viskovatyi affair of 1553–4«, *Russian History 8*, 3 (1981), S. 293–332.

50 De Madariaga, *Ivan*, S. 126; Heinrich von Staden, *Aufzeichnungen über den Moskauer Staat. Nach der Handschrift des Preußischen Staatsarchivs in Hannover herausgegeben von Fritz T. Epstein*, Hamburg 1964, S. 66.

51 Dmitry Shvidkovsky, *Russian Architecture and the West*, New Haven, Conn., und London 2007, S. 148.

52 Sigismund von Herberstein äußert sich in seinem Bericht aus dem frühen 16. Jahrhundert sehr anschaulich zu diesem Thema. Siehe seine *Reise zu den Moskowitern 1526*, herausgegeben und eingeleitet von Traudl Seifert, München 1966, S. 281–86. Zu weiteren Beiträgen siehe Bartenew, *Moskowski Kreml*, Bd. 2, S. 131.

53 Berry und Crummey, *Rude and Barbarous Kingdom*, S. 23–7.

54 Dies war Jacob Ulfeldt. Siehe Aida Nassibowa, *Facettenpalast des Moskauer Kremls*, Leningrad 1978, S. 20.

55 Um mich selbst in dieser Beschreibung zurechtzufinden, benutzte ich den Plan von K. K. Lopjalo, der reproduziert ist in Podobedowa, *Moskowskaja schkola*, Anhang. Siehe auch Bartenew, *Moskowski Kreml*, Bd. 2, S. 70–74 und 103 (wo eine weitere Karte abgedruckt ist).

56 Die Mauer war in der Nähe des Borowizki-Tors. Da die Ställe und die

Sattlerei (sowie die Kutschen) im folgenden Jahrhundert mehr Platz benötigten, wurde die Fläche schließlich vom *Konjuschi prikas* monopolisiert, dem Marstallamt, das für die Beförderung, die Reittiere und Schabracken der Herrscherfamilie zuständig war. Siehe G. L. Malizkis Essay in Bogojawlenski, *Gossudarstwennaja oruscheinaja palata*, S. 556.

57 Dies ist strittig für Daniel Rowland (»Two Cultures, one throne room«, in Valerie A. Kivelson und Robert H. Greene (Hg.), *Orthodox Russia. Belief and Practice Under the Tsars*, University Park, Pa. 2003, S. 40, Anm. 13). Chancellor nannte den Raum, in dem er dinierte, tatsächlich den »Goldenen«, doch man verwendete diese Bezeichnung verwirrenderweise für beide Kammern, und seine hatte offensichtlich einen Mittelpfeiler.

58 Zu weiteren Details siehe Bartenew, *Moskowski Kreml*, Bd. 2, S. 137–43. Das Schatzamt wurde auch für Zeremonien benutzt, an denen ausländische Botschafter teilnahmen.

59 Ein späterer Besucher, Paul von Aleppo, führte den verschwenderischen Gebrauch von Gold im Kreml fast völlig auf Iwan den Schrecklichen zurück. Siehe *Travels of Macarius*, Bd. 2, S. 4.

60 Zu einer Erörterung darüber, wann der Prozess genau begann, nämlich in der Zeit der vergrößerten Armee Iwans III., siehe Marshall Poe, »Muscovite personnel records, 1475–1550. New light on the early evolution of Russian bureaucracy«, *JbFGO* 45, 3 (1997), S. 361–77.

61 Zu einem klassischen Bericht über Iwans Verwaltungsreformen siehe A. A. Simin, *Reformy Iwana Grosnowo. Otscherki sozialno-ekonomitscheskoi i polititscheskoi istorii Rossii serediny XVI weka*, Moskau 1960.

62 Siehe Peter B. Brown, »Muscovite government bureaus«, *Russian History* 10, 3 (1983), S. 270.

63 Ein weiteres Paradebeispiel aus dieser Ära lieferten die Brüder Schtschelkalow, Andrej und Wassili, die allein durch den Hofdienst zu hohen Ehren gelangten.

64 Zu einem Kommentar siehe Peter B. Brown, »How Muscovy governed. Seventeenth-century Russian central administration«, *Russian History* 36, 4 (2009), S. 459–529. Zum Hintergrund der damaligen Amtsträger siehe auch I. W. Rybalko, *Rossiskaja prikasnaja bjurokratija w smutnoje wremja natschala XVII w*, Moskau 2011, S. 442–5.

65 Brown, »How Muscovy governed«, S. 487.

66 Von Staden, *Aufzeichnungen über den Moskauer Staat*, S. 16.

67 Chester S. L. Dunning, *Russia's First Civil War. The Time of Troubles and the Founding of the Romanov Dynasty*, University Park, Pa. 2001, S. 35–6.

68 *Prikas prikasnych del.* Siehe Brown, »Bureaus«, S. 313.
69 Die frühe Bezeichnung für viele dieser Ämter war *isba* (»Hütte«), aber das formellere *prikas* setzte sich bald durch. Zu ihrem Standort siehe Bartenew, *Moskowski Kreml*, Bd. 2, S. 103, und G. S. Jewdokimow, »K istorii postrojek Kasjonnowo dwora w Moskowskom Kremle«, *Materialy i issledowanija*, Bd. XIX, S. 355–76.
70 Von Staden, *Aufzeichnungen über den Moskauer Staat*, S. 65. Zu *prawesch* siehe auch de Madariaga, *Ivan*, S. 246. Es gab noch andere Bestrafungsstätten im zentralen Moskau, und da sich der Kreml in den kommenden Jahren immer stärker abschottete, wurden der Rote Platz und die Nikolskaja-Straße zu den Hauptschauplätzen der offiziellen Rechtspflege. Seit 1685 stellte man öffentliche Bestrafungen im Kreml ein. Siehe I. Snegirjow, *Moskwa. Podrobnoje istoritscheskoje i archeologitscheskoje opissanije goroda*, Moskau 1875, Bd. 2, S. 16.
71 Bogatyrev, *Sovereign*, S. 204.
72 Im Einzelnen siehe Kollmann, »Consensus politics«, S. 237–41.
73 Siehe Ann Kleimola, »The changing condition of the Muscovite elite«, *Russian History* 6, 2 (1979), S. 210–29.
74 Sergei Bogatyrev fasst die historische Debatte über die Ehepolitik zusammen in »Ivan the Terrible«, S. 246–7.
75 Edward L. Keenan, »Ivan the Terrible and his women«, *Russian History* 37, 4 (2010), S. 350–55.
76 Die Fragen der Fruchtbarkeit und der königlichen Frauen werden einfühlsam behandelt in Isolde Thyret, »›Blessed is the Tsaritsa's womb.‹ The myth of miraculous birth and royal motherhood in Muscovite Russia«, *Russian Review* 53, 4 (Oktober 1994), S. 479–96.
77 Dies ist das Thema von Daniel Rowlands Essay »Two cultures«.
78 Zu einem Kommentar siehe Archimandrit Makari (Weretennikow), »Makarjewskije sobory 1547 i 1549 godow i ich snatschenije«, *Materialy i issledowanija*, Bd. XI, S. 5–22.
79 Daniel Rowland, »The blessed host of the heavenly tsar«, in Michael S. Flier und Daniel Rowland (Hg.), *Medieval Russian Culture*, Bd. 2., California Slavic Studies, Berkeley, Los Angeles und London 1994, S. 182–99.
80 Der unverwüstliche Andrej Batalow hat kürzlich Zweifel daran angemeldet, dass die Architekten ausnahmslos Russen waren, wie es in den Legenden heißt; seiner Ansicht nach könnten ausländische Meister an den Arbeiten mitgewirkt haben. Siehe I. L. Bussewa-Dawydowa, *Kultura i iskusstwo w epochu peremen. Rossija semnadzatowo stoletija*, Moskau 2008, S. 89.

81 Eine nützliche Untersuchung der symbolischen Geographie der Kapellen bietet Michael S. Flier in A. L. Batalow und L. A. Beljajew (Hg.), *Sakralnaja topografija srednewekowskowo goroda*, Moskau 1998, S. 40–50.
82 Shvidkovsky, *Russian Architecture*, S. 126–40; William Craft Brumfield, *A History of Russian Architecture*, Cambridge 1997, S. 125–9.
83 Zu heiligen Narren unter Iwans Herrschaft siehe Sergey A. Ivanov, *Holy Fools in Byzantium and Beyond*, Oxford 2006, besonders S. 291–9.
84 Zu einer wohlüberlegten Aussage über die Möglichkeit der »Unterwerfung« siehe Bushkovitch, »Epiphany ceremony«, S. 1–17.
85 Michael S. Flier, »Breaking the code. The image of the tsar in the Muscovite Palm Sunday ritual«, in Michael S. Flier und Daniel Rowland (Hg.), *Medieval Russian Culture*, Bd. 2, S. 213–42.
86 Zu Iwans Gesundheit siehe Charles Halperin, »Ivan IV's insanity«, *Russian History* 34 (2007), S. 207–18, und Edward L. Keenan, »Ivan IV and the King's Evil. Ni maka li to budet?«, *Russian History* 20 (1993), S. 5–13.
87 Zu einer Erörterung siehe Bogatyrev, »Micro-periodization«, S. 398–409.
88 Die Gegenstände wurden später von zwei deutschen Zeugen, Johannes Taube und Elert Kruse, genauer beschrieben. Siehe »Poslanije Ioganna Taube i Elerta Kruse«, *Russki istoritscheski schurnal*, Petrograd 1922, Buch 8, S. 31. Die beiden behaupten auch, Iwan habe durch den Stress des Winters 1564/65 sämtliche Haare verloren.
89 Skrynnikow, *Weliki gossudar*, Bd. 1, S. 342–4.
90 Die Gründe dafür sind immer noch unklar. Die meisten Historiker, darunter Skrynnikow, meinen, Iwan habe Handlungsfreiheit und eine direkte Willkürherrschaft angestrebt. Zu einer Erörterung siehe Dunning, *Civil War*, S. 48, und de Madariaga, *Ivan*, S. 1.
91 De Madariaga, *Ivan*, S. 180.
92 Zu den Gebeten siehe Skrynnikow, *Weliki gossudar*, Bd. 1, S. 330. Zu Iwans Einschätzung seiner eigenen göttlichen Bürde siehe Dunning, *Civil War*, S. 32, und Priscilla Hunt, »Ivan IV's personal mythology of kingship«, *Slavic Review* 52, 4 (Winter 1993), S. 769–809.
93 Sergey Ivanov untersucht Iwans widersprüchliches Benehmen in *Holy Fools*, S. 288–9.
94 De Madariaga, *Ivan*, S. 183; Martin, *Medieval Russia*, S. 348.
95 Auch von Staden profitierte davon; siehe *Aufzeichnungen über den Moskauer Staat*, S. 108.
96 Von Staden, *Aufzeichnungen über den Moskauer Staat*, S. 24–25.
97 De Madariaga, *Ivan*, S. 231.
98 Siehe *Briefwechsel Iwans des Schrecklichen mit dem Fürsten Kurbskij*.

99 Von Staden, *Aufzeichnungen über den Moskauer Staat*, S. 62.
100 Zu einer Lebensbeschreibung Filipps siehe G. P. Fedotow, *Swjatoi Filipp mitropolit Moskowski*, Paris 1928.
101 Bogatyrev, *Sovereign*, S. 220.
102 1569 geschaffen durch den Vertrag von Lublin.
103 Taube und Kruse, »Poslanije Ioganna Taube i Elerta Kruse«, S. 48.
104 Von Staden, *Aufzeichnungen über den Moskauer Staat*, S. 38.
105 Taube und Kruse, »Poslanije Ioganna Taube i Elerta Kruse«, S. 49–51.
106 G. N. Botscharow und W. P. Wygolow, *Alexandrowskaja sloboda*, Moskau 1970, S. 7–8.
107 Auf der Stätte, *Pogannoje pole*, hatte man die des Mordes an Andrej Bogoljubski angeklagten Verschwörer hingerichtet; zu Iwans Zeit wurde in der Nähe ein Fleischmarkt abgehalten. Siehe P. W. Sytin, *Istorija planirowki i sastroiki Moskwy*, Bd. 1, Moskau 1950, S. 76.
108 De Madariaga, *Ivan*, S. 258.
109 Skrynnikow, *Krest*, S. 297–8.
110 Der *semski sobor* ist eine kontroverse Institution, und sogar sein Name ist anachronistisch (der Begriff wurde 1850 von einem nostalgischen Slawophilen geprägt). Zu Details seiner Geschichte siehe Marshall Poe, »The central government and its institutions«, in CHR, Bd. 1, S. 460–2.
111 Siehe D. Ostrowski, »Semeon Bekhbulatovich's remarkable career as Tatar khan, Grand Prince of Rus', and monastic elder«, *Russian History* 39, 3 (2012), S. 269–99 (dem Artikel folgt eine Erörterung). Die Krönung wurde von Jerome Horsey erwähnt, auf dessen Beschreibung de Madariaga, *Ivan*, S. 298, hinweist.
112 Bartenew, *Moskowski Kreml*, Bd. 2, S. 198; eine weitere Moskauer Residenz Iwans lag in der heutigen Petrowka.
113 Die Beschreibung dieses *opritschnina*-Palastes ist zu finden in von Staden, *Aufzeichnungen über den Moskauer Staat*, S. 72–75.
114 *Po trasse perwoi otscheredi Moskowskowo metropolitena imeni L. M. Kaganowitscha*, Leningrad 1936, S. 37–8.
115 Skrynnikow, *Weliki gossudar*, Bd. 2, S. 101.
116 Von Staden, *Aufzeichnungen über den Moskauer Staat*, S. 42.
117 Ebd., S. 70–71; zu den englischen Handwerkern siehe Shvidkovsky, *Russian Architecture*, S. 148.
118 Hans Graf Cobenzl, zitiert in Bogojawlenski, *Gossudarstwennaja oruscheinaja palata*, S. 517.
119 Antonio Possevino, *The Moscovia of Antonio Possevino*, SJ., Pittsburgh, Pa. 1977, S. 11.

120 Bogatyrev, »Reinventing the Russian Monarchy«, S. 284; siehe auch seine Kommentare zu dem Helm in »Ivan the Terrible«, S. 243.
121 Zu anderen Beschwerden siehe de Madariaga, *Ivan*, S. 267–8.
122 Panowa, *Kremljowskije ussypalnizy*, S. 63.
123 Possevino, *Moscovia*, S. 12.

Kremlenagrad

1 M. W. Possochin u. a., *Pamjatniki architektury Moskwy. Kreml. Kitaigorod. Zentralnyje ploschtschadi*, Moskau 1982, S. 50.
2 Kopien wurden in aufeinanderfolgenden Ausgaben von Joan (Johannes) Blaeus *Atlas Maior* (Amsterdam 1663–65) gedruckt.
3 Die Paläste sind eine Ausnahme und scheinen sich in einem halb skizzenhaften Zustand zu befinden, was vermuten lässt, dass der ursprüngliche Künstler mehr als das Äußere ihrer Wände wiedergeben wollte.
4 Jacques Margeret, *The Russian Empire and the Grand Duchy of Muscovy. A Seventeenth-Century French Account*, herausgegeben von Chester S. L. Dunning, Pittsburgh, Pa. 1983, S. 30.
5 Isaac Massa, *A Short History of the Peasant Wars in Moscow under the Reigns of Various Sovereigns down to the Year 1610*, Toronto 1982, S. 95. Was Massa angeht, so hängen zwei Porträts, von denen das eine den Kaufmann und seine Frau (1622) und das andere ihn allein (1626) zeigt, im Rijksmuseum in Amsterdam und in der Art Gallery of Ontario, Toronto.
6 W. G. Wowina, »Patriarch Filaret (Fjodor Nikitsch Romanow)«, *Woprossy istorii* 7–8 (1991), S. 55–6. Nikitas Enkel (der nicht überlebte) erhielt den Vornamen Boris.
7 Chester S. L. Dunning, *Russia's First Civil War. The Time of Troubles and the Founding of the Romanov Dynasty*, University Park, Pa. 2001, S. 60.
8 Ausführlicher dazu siehe Dunning, *Civil War*, S. 65.
9 Massa, *Peasant Wars*, S. 94.
10 Ebd., S. 36 und 94.
11 Zu Zusammenfassungen von Boris' Eigenschaften siehe Dunning, *Civil War*, S. 91; S. F. Platonow, *Smutnoje wremja*, Den Haag 1965, S. 64; Ruslan Skrynnikow, *Boris Godunow*, Moskau 1978, S. 3–4.
12 Zu einer Erörterung siehe A. S. Pavlov, »Fedor Ivanovich and Boris Godunov«, in CHR, Bd. 1, S. 264–7.

13 Mit dieser Version folge ich Dunning, *Civil War*, S. 61; aber siehe auch R. G. Skrynnikow, *Krest i korona*, St. Petersburg 2000, S. 313, wo Bogdan Belski als einer der vier genannt wird.
14 Platonow, *Smutnoje wremja*, S. 67.
15 Siehe Ebd.; Maureen Perrie, *Pretenders and Popular Modernism in Early Modern Russia*, Cambridge 1995, S. 12–13; Massa, *Peasant Wars*, S. 20.
16 Dunning, *Civil War*, S. 61.
17 Ebd., S. 15–16 und 55–7.
18 Platonow, *Smutnoje wremja*, S. 61; Dunning, *Civil War*, S. 55.
19 Zur Darlegung der wirtschaftlichen Not der russischen Bevölkerung, einschließlich der *pomeschtschiki*, siehe Platonow, *Smutnoje wremja*, S. 9–61, und besonders S. 35–7.
20 Dunning, *Civil War*, S. 159.
21 S. F. Platonow, *Boris Godunow*, Petrograd 1921, S. 50–55.
22 Wowina, »Patriarch Filaret«, S. 56.
23 Dunning, *Civil War*, S. 62 (wiederum mit einem anderen Schwerpunkt als Skrynnikow).
24 Newski war einer der nationalen Heiligen, die 1547 durch Makaris Ausschuss kanonisiert wurden. Zu Schuiskis Stammbaum siehe R. G. Skrynnikov, *Time of Troubles. Russia in Crisis, 1604–1618*, Gulf Breeze, Fl. 1988, S. 42.
25 Skrynnikow, *Krest*, S. 314; zum Tschudow-Kloster siehe S. N. Bogatyrjow (Hg.), *Chosjaistwennyje knigi Tschudowa monastyrja 1585–86 gg.*, Moskau 1996, S. 23, in dem auch der 14. Mai 1586 als Datum für Schuiskis geplanten Putsch genannt wird. Iwan der Schreckliche trat an Anthony Jenkinson kurz nach der Union von 1566 zwischen Polen und Litauen heran.
26 Skrynnikow, *Krest*, S. 315.
27 Die Maßnahme führte zur (zeitweiligen) Unterdrückung ihres Rechtes, den Grundherrn alljährlich zum Georgstag nach der Ernte zu wechseln. Zu weiteren Details siehe Dunning, *Civil War*, S. 67; sowie David Moon, *The Russian Peasantry, 1600–1913*, London und New York 1999, S. 66–8; Robert O. Crummey, *The Formation of Muscovy, 1304–1613*, London und New York 1997, S. 174.
28 Massa, *Peasant Wars*, S. 36; zu den Mönchen siehe Bogatyrjow, *Chosjaistwennyje knigi*, S. 28 and 142.
29 Skrynnikow, *Krest*, S. 322.
30 A. L. Batalow, *Moskowskoje kamennoje sodtschestwo konza XVI weka. Problemy chudoschestwennowo myschlenija epochi*, Moskau 1996, S. 257.

31 A. N. Speranski, *Otscherki po istorii prikasa kamennych del Moskowskowo gossudarstwa*, Wologda 1930, S. 41. Siehe auch N. N. Woronin, *Otscherki po istorii russkowo sodtschestwa XI–XVII ww.*, Moskau und Leningrad 1934, S. 35–7.

32 Platonow, *Smutnoje wremja*, S. 46. Wie dieser große Experte für die Epoche anmerkt, konnten die von der Steuer befreiten Gruppen örtliche Geschäfte in den Bankrott treiben.

33 Speranski, *Otscherki po istorii*, S. 95–126.

34 I. A. Bondarenko u. a. (Hg.), *Slowar architektorow i masterow stroitelnowo dela Moskwy, XV-serediny XVIII weka*, Moskau 2007, S. 335–7.

35 Speranski, *Otscherki po istorii*, S. 84.

36 Bondarenko, *Slowar architektorow*, S. 337; Batalow, *Kamennoje sodtschestwo*, S. 81.

37 Das Gefühl, mehrere Mauern hintereinander zu durchschreiten, wird in den Berichten vieler ausländischer Reisender wiedergegeben, sogar in den Erinnerungen der Franzosen aus Napoleons Gefolge.

38 Speranski, *Otscherki po istorii*, S. 8, 36–9, 80–85; Richard Hellie, *Enserfment and Military Change in Muscovy*, Chicago und London 1971, S. 158.

39 Platonow, *Smutnoje wremja*, S. 73.

40 Mitte des 17. Jahrhunderts sah man 90 Künstler für die Renovierung der gleichen Fläche vor. Siehe RGADA, *fond 396*, d. 51293, ll. 3–6.

41 Aida Nassibowa, *Facettenpalast des Moskauer Kremls*, Leningrad 1978, S. 17; siehe auch I. Je. Sabelin, *Domaschni byt russkich zarei w XVI i XVII stoletijach*, Moskau 1862, Repr. 1990, Bd. 1, S. 178–84.

42 Doch nicht alle sind sich in diesem Punkt einig. Platonow (*Smutnoje wremja*, S. 82–3) ist bereit zu glauben, dass Dimitri überlebt haben könnte, während Maureen Perrie, im Einklang mit dem englischen Zeugen Jerome Horsey, zu den neueren Kommentatoren gehört, die der Ansicht sind, dass Godunow das Kind wohl doch habe ermorden lassen. Siehe Perrie, *Pretenders*, S. 18, und Dunning, *Civil War*, S. 66–8.

43 Dunning, *Civil War*, S. 64–6; Massa, *Peasant Wars*, S. 30–31. Die beiden englischen Reisenden Jerome Horsey und Giles Fletcher teilten Massas Meinung über Godunows Schuld.

44 Zum Hintergrund siehe A. L. Batalow, »Sobor Wosnessenskowo monastyrja w Moskowskom Kremle«, *Pamjatniki kultury. Nowyje otkrytija* (1983), S. 478.

45 Zur Bedeutung der Erzengel-Kathedrale siehe *Akty Rossiskowo Gossudarstwa. Archiwy moskowskich monastyrei i soborow XV-natschala XVII ww.*, Moskau 1998, S. 36.

4 Kremlenagrad 539

46 Batalow rekonstruierte seine Beweisführung aus Fragmenten, da die Kathedrale in den 1920er Jahren zerstört wurde. Zu Plänen und einer Beschreibung siehe »Sobor Wosnessenskowo monastyrja«, S. 462–82. Siehe auch Batalow, *Kamennoje sodtschestwo*, S. 257.
47 Batalow, *Kamennoje sodtschestwo*, S. 78.
48 Ebd., S. 84–5.
49 Massa, *Peasant Wars*, S. 43.
50 Zu dem Thron siehe Barry Shifman und Guy Walton (Hg.), *Gifts to the Tsars, 1500–1700. Treasures from the Kremlin*, New York 2001, S. 76. Zu einer Erörterung der Insignien siehe Scott Douglas Ruby, »The Kremlin Workshops of the Tsars and Foreign Craftsmen. c. 1500–1711«, unveröffentlichte Doktorarbeit, Courtauld Institute of Art 2009, S. 64–5.
51 Margeret, *Russian Empire*, S. 54.
52 Dunning, *Civil War*, S. 94–6.
53 Zum Original von 1508 siehe oben, Kapitel 2, S. 89.
54 Massa, *Peasant Wars*, S. 55.
55 M. S. Arel und S. N. Bogatyrjow, »Anglitschane w Moskwe wremjon Borissa Godunowa«, *Archeografitscheski jeschegodnik* (1997), S. 439–55.
56 Die beste Darstellung von Godunows Plan findet man in Batalow, *Kamennoje sodtschestwo*, S. 86–96.
57 Massa, *Peasant Wars*, S. 106–7. Zum Vorbild des Heiligen Grabes siehe A. L. Batalow, »Grob gospoden w samysle ›swjataja swjatych‹ Borissa Godunowa«, in A. L. Batalow und A. Lidow (Hg.), *Jerussalim w russkoi kulture*, Moskau 1994, S. 166.
58 Massa, *Peasant Wars*, S. 44.
59 Wowina, »Patriarch Filaret«, S. 56.
60 Dunning, *Civil War*, S. 97.
61 Massa, *Peasant Wars*, S. 50.
62 Ebd., S. 52.
63 Ebd., S. 57.
64 Dunning, *Civil War*, S. 131–2.
65 Zu einem detaillierten Porträt siehe Perrie, *Pretenders*, S. 45.
66 Dunning, *Civil War*, S. 161.
67 Massa, *Peasant Wars*, S. 81.
68 Dunning, *Civil War*, S. 195.
69 Massa, *Peasant Wars*, S. 105; und Dunning, *Civil War*, S. 195.
70 Diese Behauptung und viele andere, durch die Dmitri als Katholik und Geschöpf der Polen hingestellt wird, untersucht Skrynnikow in *Time of Troubles*, S. 1–11.

71 Zur Inquisition und zur Erörterung von Dmitris angeblichem Katholizismus siehe S. Pirling, »Dnewnik Andreja Lewizkowo«, *Russkaia starina* (1900), S. 689–706; zur Informalität von Dmitris Hof siehe Dunning, *Civil War*, S. 202–4.
72 Margeret, *Russian Empire*, S. 86.
73 Ebd., S. 70.
74 Dunning weist fast all diese Geschichten zurück (außer derjenigen, in der Dmitri polnische Kleidung trägt). Siehe *Civil War*, S. 210–23. Zu einer klassischen Schmährede auf Otrepjew siehe auch Skrynnikov, *Time of Troubles*, S. 19–21, wo keine Quelle genannt wird.
75 Massa, *Peasant Wars*, S. 117–19.
76 Skrynnikov, *Time of Troubles*, S. 3 und 26.
77 Massa, *Peasant Wars*, S. 115. Zum »polnischen Stil« siehe Lindsey Hughes, *The Romanovs. Ruling Russia, 1613–1917*, London 2008, S. 10.
78 Zu einer zeitgenössischen Meinung siehe Massa, *Peasant Wars*, S. 149.
79 Zu Marinas Ankunft siehe Margeret, *Russian Empire*, S. 72, und Massa, *Peasant Wars*, S. 128–31. Zu einer allgemeineren Darstellung siehe Dunning, *Civil War*, S. 231–2.
80 Skrynnikov, *Time of Troubles*, S. 23.
81 Massa, *Peasant Wars*, S. 134.
82 Zu Wassilis Ahnentafel siehe Dunning, *Civil War*, S. 62.
83 Margeret (*Russian Empire*, S. 72) nennt eine höhere – und verdächtig präzise – Zahl für die Verluste, nämlich 1705. In Wahrheit lässt sich die Zahl nicht genau ermitteln.
84 Dunning, *Civil War*, S. 234–5; Margeret, *Russian Empire*, S. 72; Massa, *Peasant Wars*, S. 136–8 und 144.
85 Platonow, *Smutnoje wremja*, S. 125.
86 Zu einer Kandidatenliste siehe Perrie, *Pretenders*, S. 177.
87 Dunning, *Civil War*, S. 206–7.
88 Zu der von ihm gewählten Residenz siehe ebd., S. 246.
89 Ebd., S. 279 und 292.
90 Ebd., S. 325; siehe auch Perrie, *Pretenders*, S. 129.
91 Ebd., S. 318–19.
92 Stanislaw Zolkiewski, *Expedition to Moscow. A Memoir*, London 1959, S. 51.
93 Seine Mitglieder waren Fjodor Mstislawski, Iwan Worotynski, Wassili Golizyn, Iwan Romanow, Fjodor Scheremetjew, Andrej Trubezkoi and Boris Lykow. Skrynnikov, *Time of Troubles*, S. 93.
94 Skrynnikov, *Time of Troubles*, S. 105.

95 Zolkiewski, *Expedition to Moscow*, S. 100–101.
96 Eine Version, die später an Adam Olearius weitergegeben wurde. Siehe *Vermehrte Newe Beschreibung Der Muscowitischen vnd Persischen Reyse*, herausgegeben von Dieter Lohmeier, Tübingen 1971, S. 233–34.
97 Skrynnikov, *Time of Troubles*, S. 126.
98 Ebd., S. 129, zitiert nach Conrad Bussow. Aus Gründen der Ausgewogenheit sollte erwähnt werden, dass dies der Vorfall ist, den Dunning (*Civil War*, S. 418) als »verwegenen und wilden Angriff durch Hauptmann Margerets deutsche Söldner« bezeichnet.
99 Olearius, *Vermehrte Newe Beschreibung*, S. 234.
100 Skrynnikov, *Time of Troubles*, S. 154–5.
101 Ebd., S. 220–21.
102 Ebd., S. 250; S. K. Bogojawlenski (Hg.), *Gossudarstwennaja oruscheinaja palata Moskowskowo kremlja*, Moskau 1954, S. 514.
103 Ruby, »Kremlin Workshops«, S. 163–4.
104 Olearius, *Vermehrte Newe Beschreibung*, S. 234.
105 Skrynnikov, *Time of Troubles*, S. 252–3.
106 S. P. Bartenew, *Bolschoi kremljowski dworez. Ukasatel k ewo obosreniju*, Moskau 1911, S. 5; Platonow, *Smutnoje wremja*, S. 216.
107 I. Snegirjow, *Moskwa. Podrobnoje istoritscheskoje i archeologitscheskoje opissanije goroda*, Moskau 1875, Bd. 2, S. 85.
108 Olearius, *Vermehrte Newe Beschreibung*, S. 234.

Ewiges Moskau

1 *The Travels of Macarius, Patriarch of Antioch. Written by His Attendant Archdeacon, Paul of Aleppo, in Arabic*, London 1836, Bd. 1, S. 353–5.
2 Ebd., Bd. 1, S. 381.
3 Ebd., Bd. 1, S. 389.
4 Zu einer ausführlichen Erörterung des Volksglaubens siehe I. L. Bussewa-Dawydowa, *Kultura i iskusstwo w epochu peremen. Rossija semnadzatowo stoletija*, Moskau 2008, bes. S. 24–9.
5 Zur Kontinuität der Elite im 17. Jahrhundert siehe P. W. Sedow, *Sakat Moskowskowo zarstwa. Zarski dwor konza XVII weka*, St. Petersburg 2006. Zu den Einzelheiten der politischen Regelungen nach 1613 siehe auch Robert O. Crummey, *Aristocrats and Servitors. The Boyar Elite in Russia, 1613–1689*, Princeton, NJ 1983, S. 26–7; R. G. Skrynnikov, *Time of Troubles. Russia in Crisis, 1604–1618*, Gulf Breeze, Fl. 1988, S. 268–71.

6 Siehe N. W. Rybalko, *Rossiskaja prikasnaja bjurokratija w Smutnoe wremja natschala XVII w*, Moskau 2011, wo von einer Stabilität zwischen 60 und 68 Prozent für den Zeitraum von 1598 bis 1613 die Rede ist.
7 Zur Größe des Hofes siehe Sedow, *Sakat*, S. 54–7. Zu einer Reihe von Ansichten über das Tempo des Wandels vgl. seine Schlussfolgerung (*Sakat*, S. 551) mit der von Brenda Meehan-Waters, *Autocracy and Aristocracy. The Russian Social Elite of 1730*, New Brunswick, NJ 1982, S. 6–10, sowie mit der von Paul Bushkovitch, *Religion and Society in Russia. The Sixteenth and Seventeenth Centuries*, New York 1992, S. 129.
8 *Travels of Macarius*, Bd. 2, S. 2.
9 Siehe S. V. Lobachev, »Patriarch Nikon's rise to power«, SEER 79, 2 (April 2001), S. 302–3. Kluchevsky beschäftigte sich eingehend mit der Frage der Verantwortung, denn da Moskowien kein Erbgut des Zaren mehr gewesen sei, habe auch Michails Sohn Alexej Michailowitsch vor seiner offiziellen Thronbesteigung »gewählt« werden müssen: V. O. Kluchevsky, *A History of Russia*, London 1913, Bd. 3, S. 80–81. Andererseits war eine Wahl – oder eine Form der einvernehmlichen Proklamation – nicht ohne Präzedenzfall, sondern hatte zur Machtergreifung von Boris Godunow geführt.
10 S. F. Platonow, *Smutnoje wremja*, Den Haag 1965, S. 218.
11 Chester S. L. Dunning, *Russia's First Civil War. The Time of Troubles and the Founding of the Romanov Dynasty*, University Park, Pa. 2001, S. 448 und 468. Zur Inthronisierung siehe DAI, Bd. 2, Nr. 76, S. 185–214.
12 Isaac Massa, 1614, zitiert in B. Shifman und G. Walton (Hg.), *Gifts to the Tsars. Treasures from the Kremlin*, New York 2001, S. 308.
13 Samuel Collins, *The Present State of Russia. A Letter to a Friend at London, by an Eminent Person residing at the Czar's Court*, London 1671, S. 101.
14 Dunning, *Civil War*, S. 443–5.
15 Collins, *State of Russia*, S. 116–17.
16 Zu der Nachricht, dass sogar das Zepter des Zaren verschwunden sei, siehe I. Snegirjow, *Moskwa. Podrobnoje istoritscheskoje i archeologitscheskoje opissanije goroda*, Bd. 2, Moskau 1875, S. 12. Daran bestehen jedoch Zweifel; siehe Scott Douglas Ruby, »The Kremlin Workshops of the Tsars and Foreign Craftsmen c. 1500–1711«, unveröffentlichte Doktorarbeit, Courtauld Institute of Art 2009, S. 64–5. Zu dem Gold siehe S. K. Bogojawlenski (Hg.), *Gossudarstwennaja oruscheinaja palata Moskowskowo Kremlja*, Moskau 1954, S. 526.
17 Snegirjow, *Moskwa*, Bd. 2, S. 85. Die Romanows kümmerten sich natürlich auch um ihre wirklichen Vorfahren und zahlten erhebliche Beträge für die Instandhaltung ihrer Familiengräber.

18   Russell E. Martin, »Choreographing the ›Tsar's Happy Occasion‹. Tradition, change and dynastic legitimacy in the weddings of Tsar Mikhail Romanov«, *Slavic Review* 63, 4 (Winter 2004), S. 794–817.
19   I. Je. Sabelin, *Domaschni byt russkich zarei w XVI i XVII stoletijach*, Moskau 1862, Repr. 1990, Bd. 1, S. 56.
20   Skrynnikov, *Time of Troubles*, S. 257.
21   In einem Bericht von 1645–47 wird der Zustand der Kremlmauern zu Beginn von Alexej Michailowitschs Herrschaft beschrieben, was bestätigt, dass sich die Reparaturen über Jahrzehnte hinzogen. Siehe DAI, Bd. 3, Nr. 3, S. 2–5.
22   Filarets Kommentare zu diesem Problem werden wiedergegeben in I. Je. Sabelin, *Istorija goroda Moskwy*, Moskau 1904, Repr. 2005, S. 181–2.
23   Bogojawlenski, *Gossudarstwennaja oruscheinaja palata* , S. 526.
24   Snegirjow, *Moskwa*, Bd. 2, S. 16–17.
25   A. N. Speranski, *Otscherki po istorii prikasa kamennych del Moskowskowo gossudarstwa*, Wologda 1930, S. 49.
26   Sogar reisende Priester handelten mit Pelzen, wenn sie heimkehrten. Siehe *Travels of Macarius*, Bd. 1, S. 403.
27   Dies war Henry – der Sohn von Leonard – Bush. Die Details wurden entdeckt von Ruby, »Kremlin Workshops«, S. 49–52.
28   Zu weiteren dieser Ausländer siehe Wladimir Tschekmarjow, »Angliskije mastera na sluschbe u Michaila Fjodorowitscha«, *Architektura i stroitelstwo Moskwy* 9 (1990), S. 19–21; Dmitry Shvidkovsky, *Russian Architecture and the West*, New Haven, Conn., und London 2007, S. 152–60.
29   Bussewa-Dawydowa, *Kultura i iskusstwo*, S. 91–2.
30   Zu den Präferenzen der Zarenfamilie siehe Collins, *State of Russia*, S. 57; Sabelin, *Domaschni byt*, Bd. 1, S. 69–70.
31   E. M. Koslitina, »Dokumenty XVII weka po istorii Granowitoi palaty Moskowskowo Kremlja«, *Materialy i issledowanija*, Bd. 1, Moskau 1973, S. 99.
32   S. de Bartenev, *Le Grand Palais du Kremlin et ses neuf églises. Guide du visiteur*, Moskau 1912, S. 11.
33   Zitiert in Jeremy Howard, *Christopher Galloway. Clockmaker, Architect and Engineer to Tsar Mikhail, the First Romanov*, Edinburgh 1997, S. 19.
34   Sabelin, *Istorija goroda Moskwy*, S. 203.
35   Ebd., S. 206; Howard, *Galloway*, S. 10–11.
36   Howard, *Galloway*, S. 29–30.
37   Ju. W. Tarabarina, »Snatschenije Kremljowskich postrojek perwych Romanowych w istorii proischoschdenija schatrowych kolokolen XVII

weka«, www.archi.ru, 2006 (mein Dank gilt Dr. Alla Aronowa, die mich im August 2011 auf diesen Online-Artikel aufmerksam machte).

38 Grafs Name erschien zuerst in Sabelin, *Istorija goroda Moskwy*, S. 204. Siehe auch S. P. Bartenew, *Moskowskii Kreml w starinu i teper*, 2 Bde., St. Petersburg 1912–18, Bd. 1, S. 139, und Bussewa-Dawydowa, *Kultura i iskusstwo*, S. 89–91.
39 Sabelin, *Istorija goroda Moskwy*, S. 203–6.
40 Sabelin (ebd., S. 207) führt aus, dass wir nicht wissen können, wie Galloways Uhr wirklich aussah. Howard und andere stützen ihre Beschreibungen auf die Kommentare späterer Besucher. Siehe auch Bussewa-Dawydowa, *Kultura i iskusstwo*, S. 161, wo Meyerbergs Zeichnung reproduziert wird, und Tschekmarjow, »Angliskije mastera«, S. 20, wo es heißt, dass Galloways Uhr bis 1707 intakt geblieben sei. Tatsächlich sind Teile des Mechanismus noch heute im Innern des Turmes erkennbar. Zu dem Feuer siehe *Travels of Macarius*, Bd. 1, S. 369.
41 Sabelin, *Domaschni byt*, Bd. 1, S. 114.
42 Collins, *State of Russia*, S. 67; Howard, *Galloway*, S. 5 und 13.
43 P. W. Sytin, *Istorija planirowki i sastroiki Moskwy*, Bd. 1, Moskau 1950, S. 42.
44 Ruby, »Kremlin Workshops«, S. 238–40; Bogojawlenski, *Gossudarstwennaja oruscheinaja palata*, S. 556–7.
45 N. G. Bekenewa, *Simon Uschakow, 1626–1686*, Leningrad 1984, bes. S. 5–21.
46 V. G. Brjussowa, *Russkaja schiwopis XVII weka*, Moskau 1984, S. 16–20; Bussewa-Dawydowa, *Kultura i iskusstwo*, S. 91. Der *djak* Stepan Ugozki war für die Logistik zuständig. Siehe I. Maschkow (Hg.), *Ottschot po restawrazii bolschawo Moskowskawo Uspenskawo sobora*, Moskau 1910, S. 7–8, wo die ursprünglichen Anweisungen nachgedruckt sind.
47 Brjussowa, *Russkaja schiwopis*, S. 22–3.
48 I. L. Bussewa-Dawydowa, »Nowyje ikonografitscheskije istotschniki w russkoi schiwopisi XVII w«, in A. L. Batalow (Hg.), *Iskusstwo posdnewo srednewekowja*, Moskau 1993, S. 190–206.
49 Bussewa-Dawydowa, *Kultura i iskusstwo*, S. 34–5.
50 Zu einer Beschreibung siehe Bogojawlenski, *Gossudarstwennaja oruscheinaja palata* , S. 533–6.
51 Speranski, *Otscherki po istorii*, S. 185.
52 Richard Hellie, *The Economy and Material Culture of Russia 1600–1725*, Chicago 1999, S. 445–6.
53 Richard Hellie, *Enserfment and Military Change in Muscovy*, Chicago

1971, S. 182–3; siehe auch M. N. Lartschenko, »K woprossu o rabote tak nasywajemych ›polskich‹ masterow w oruscheinoi palate wo wtoroi polowine XVII weka«, Proiswedenija Russkowo i sarubeschnowo iskusstwa XVI-natschala XVIII weka«, *Materialy i issledowanija*, Bd. IV, Moskau 1984, S. 185–92.

54 M. Poe und E. Lohr (Hg.), *The Military and Society in Russian History, 1350–1917*, Leiden 2002, S. 66.

55 Zu den Soldaten, die 1675 seinen Weg säumten, siehe Sedow, *Sakat*, S. 185.

56 *Travels of Macarius*, Bd. 1, S. 367.

57 L. Loewenson, »The Moscow rising of 1648«, SEER 27, 68 (Dez. 1948), S. 147.

58 Adam Olearius, *Vermehrte Newe Beschreibung Der Muscowitischen vnd Persischen Reyse*, herausgegeben von Dieter Lohmeier, Tübingen 1971, S. 252.

59 Olearius, *Vermehrte Newe Beschreibung*, S. 253–54; siehe auch V. Kivelson, »The devil stole his mind. The tsar and the 1648 Moscow uprising«, AHR 98, 3 (Juni 1993), S. 738.

60 K. W. Basilewitsch, *Gorodskije wosstanija w Moskowskom gossudarstwe XVII w.*, Moskau und Leningrad, 1936, S. 54–5.

61 Loewenson, »Moscow rising«, S. 153.

62 Ebd.

63 Olearius, *Vermehrte Newe Beschreibung*, S. 256; siehe auch Loewenson, »Moscow rising«, S. 154.

64 Olearius, *Vermehrte Newe Beschreibung*, S. 257.

65 Loewenson, »Moscow rising«, S. 155; siehe auch Pommerenings Einschätzung des Schadens in Basilewitsch, *Gorodskije wosstanija*, S. 39. Die höchste Bezifferung der Todesfälle liegt bei 2000, aber alle Angaben beruhen auf Vermutungen. Fest steht, dass das Feuer eine in jeder Hinsicht schwerwiegende Katastrophe war. Siehe Kivelson, »Devil«, S. 740.

66 Olearius, *Vermehrte Newe Beschreibung*, S. 259; Loewenson, »Moscow rising«, S. 155. Siehe auch Pommerenings Darstellung in Basilewitsch, *Gorodskije wosstanija*, S. 36.

67 Kivelson, »Devil«, S. 742.

68 Zu einer englischen Übersetzung des Textes siehe Richard Hellie (Hg.), *The Muscovite Law Code (Ulozhenie) of 1649*, Irvine, Kalif. 1988.

69 *Travels of Macarius*, Bd. 1, S. 331.

70 I. Je. Sabelin, *Materialy dlja istorii archeologii i statistiki goroda Moskwy*, Moskau 1884, Bd. 2, S. 2.

71 Der Bericht ist abgedruckt in DAI, Bd. 3, Nr. 119, S. 442–8. Siehe

auch Philip Longworth, *Alexis, Tsar of all the Russias*, London 1984, S. 101–2.
72 Snegirjow, *Moskwa*, Bd. 2, S. 14–15.
73 DAI, Bd. 4, Nr. 9, S. 31.
74 Samuel H. Baron, »Nemeckaja sloboda«, S. 7–8 (nachgedruckt in seinem Band *Muscovite Russia. Collected Essays*, London 1980).
75 Olearius, *Vermehrte Newe Beschreibung*, S. 193–93.
76 Die Reformen begannen Ende der 1640er Jahre. Siehe Bushkovitch, *Religion and Society*, S. 57.
77 Lobachev, »Patriarch Nikon«, S. 306, zitiert nach Johann de Rodes.
78 *Travels of Macarius*, Bd. 2, S. 105; P. Meyendorff, *Russia, Ritual and Reform. The Liturgical Reforms of Nikon in the Seventeenth Century*, New York 1991, S. 90.
79 *Travels of Macarius*, Bd. 2, S. 171.
80 A. I. Romanenko, »Odin is etapow stroitelstwa patriarschich palat«, *Materialy i issledowanija*, Bd. 2, Moskau 1976, S. 110. Zu den deutschen Architekten siehe *Travels of Macarius*, Bd. 2, S. 224.
81 *Travels of Macarius*, Bd. 2, S. 225–6.
82 D. N. Anutschin u. a. (Hg.), *Moskwa w jejo proschlom i nastojaschtschem*, 12 Bde., Moskau 1909–12, Bd. 2, S. 115; zu den Leibeigenen siehe Dunning, *Civil War*, S. 473.
83 Anutschin, *Moskwa w jejo proschlom*, Bd. 2, S. 109–11.
84 Olearius, *Vermehrte Newe Beschreibung*, S. 304–05, und siehe Awwakums Schmähschrift, zitiert in G. Michels, *At War with the Church. Religious Dissent in Seventeenth-Century Russia*, Stanford, Kalif. 1999, S. 49.
85 *Travels of Macarius*, Bd. 1, S. 171.
86 Ebd., Bd. 1, S. 410.
87 Michael Cherniavsky, »The Old Believers and the new religion«, *Slavic Review* 25, 1 (März 1966), S. 1–39.
88 Zitiert in Michels, *Religious Dissent*, S. 49.
89 Zu einer Zusammenfassung siehe ebd., S. 217–29.
90 Meyendorff, *Ritual*, S. 95, zitiert nach Kluchevsky, *History*.
91 *Travels of Macarius*, Bd. 1, S. 412.
92 Michael Cherniavsky, *Tsar and People. Studies in Russian Myths*, New Haven, Conn., und London 1961, S. 63.
93 Zum Gleichgewicht nach Meinung Pauls von Aleppo siehe *Travels of Macarius*, Bd. 1, S. 316, wo Alexej alle wichtigen Trümpfe zugeteilt werden.
94 DAI, Bd. 4, Nr. 118, S. 274–5.
95 Longworth, *Alexis*, S. 127–9.

96　Sabelin, *Istorija goroda Moskwy*, S. 360–61; Longworth, *Alexis*, S. 168.
97　Zu einem detaillierten Bericht siehe DAI, Bd. 5, Nr. 102, S. 439–510.
98　Collins, *State of Russia*, S. 64–5.
99　Sabelin, *Domaschni byt*, Bd. 1, S. 205; Hellie, *Economy*, S. 590–95, vergleicht das Mobiliar in Golizyns Palast der 1680er Jahre mit dem in Tatischtschews Residenz im Jahr 1608. In der Letzteren gab es erstaunlicherweise keine Betten und nur einen einzigen Stuhl.
100　Collins, *State of Russia*, S. 57–8.
101　Longworth, *Alexis*, S. 205.
102　Sabelin, *Domaschni byt*, Bd. 1, S. 138; Longworth, *Alexis*, S. 134.
103　Koslitina, »Dokumenty«, S. 98–9.
104　Longworth, *Alexis*, S. 203.
105　Ebd., S. 204.
106　Zu den Zahlen siehe Peter B. Brown, »How Muscovy governed. Seventeenth-century Russian central administration«, *Russian History* 36, 4 (2009), S. 488–99; zu den »neuen Männern« unter Alexej siehe Marshall Poe, »The central government and its institutions«, CHR, Bd. 1, Kapitel 19, bes. S. 446–51.
107　Sabelin, *Istorija goroda Moskwy*, S. 255; DAI, Bd. 6, Nr. 50, S. 207 (Verlegung des *Bolschoi prichod*, 1672).
108　Brenda Meehan-Waters spricht von 31 zur Zeit von Alexejs Thronbesteigung und von 151 im Jahr 1689: *Autocracy*, S. 10. Zur Zahl der im Kreml Wohnenden siehe Collins, *State of Russia*, S. 62.
109　Ein umstrittener Sachverhalt, zwingend dargelegt von Sedow, *Sakat*, S. 132–9.
110　Obwohl unsere Kenntnisse auf diesem Gebiet begrenzt sind und obwohl viele hohe Adlige konservativ (und relativ knapp an den erforderlichen Mitteln) waren, was das Sammeln von Kunst anging, gibt es Belege für Personen wie Artamon Matwejew und Wassili Golizyn.
111　Lindsey Hughes, *Sophia, Regent of Russia*, New Haven, Conn., und London 1990, S. 37.
112　Zur Erziehung des Zarewitsch siehe Sedow, *Sakat*, S. 176–8.
113　V. M. Zhivov, »Religious reform and the emergence of the individual in seventeenth-century Russian literature«, in S. Baron und Nancy Shields Kollmann (Hg.), *Religion and Culture in Early Modern Russia*, DeKalb 1997, S. 184.
114　James Cracraft, *The Petrine Revolution in Russian Architecture*, Chicago 1988, S. 42. In Bussewa-Dawydowas Monographie über die Kunst des 17. Jahrhunderts wird dieser Krisengedanke überzeugend bestritten.

115 Hughes, *Sophia*, S. 52–88.
116 Lindsey Hughes, *Peter the Great. A Biography*, New Haven, Conn., und London 2004, S. 17–20.
117 Zu Details siehe Hughes, *Sophia*, S. 193.
118 DAI, Bd. 11, Nr. 90, S. 286–7; Koslitina, »Dokumenty«, S. 101–2. Zum Stil siehe Lindsey Hughes, »Western European graphic material as a source for Moscow Baroque architecture«, SEER 55, 4 (Oktober 1977), S. 437.

Klassische Ordnungen

1 *Dworzowyje rasrjady*, Bd. 4, St. Petersburg 1855, S. 911.
2 Ebd., Bd. 4, S. 920–26; PSS, Bd. 3, S. 220–21, Nr. 1536.
3 Zu den Nonnen siehe I. Je. Sabelin, *Materialy dlja istorii archeologii i statistiki goroda Moskwy*, Kap. 2, Moskau 1891, S. 8; zur Kriminalität siehe D. N. Anutschin u. a., (Hg.), *Moskwa w jejo proschlom i nastojaschtschem*, 12 Bde., Moskau 1909–12, Bd. 2, S. 43, zitiert nach Kotoschichin. Traditionsgemäß fanden königliche Beisetzungen (die Iwans war eine Ausnahme) bei Nacht statt.
4 Lindsey Hughes, *Peter the Great. A Biography*, New Haven, Conn., und London 2004, S. 202–7.
5 Vorher waren einige europäische Werke angefertigt worden. 1661 beispielsweise schuf ein österreichischer Besucher, Augustin Freiherr von Meyerberg, zwei Studien von Alexej Michailowitschs Kreml, welche die Mauern und Türme bemerkenswert detailliert wiedergaben (der Künstler war besonders beeindruckt vom neuen Erlöser-Turm).
6 M. A. Alexejewa, *Grawjura petrowskowo wremeni*, Leningrad 1990, S. 7–8 und 19.
7 Ebd., S. 23–5.
8 Der Gesang hatte sich während Fjodor Alexejewitschs Herrschaft geändert, da polyphone Melodien (»Kiewer Stil«) in Mode gekommen waren. Siehe S. W. Sedow, *Sakat Moskowskowo zarstwa. Zarski dwor konza XVII weka*, St. Petersburg 2006, S. 494–5.
9 Zu einer ausgezeichneten Beschreibung von Peters politischen Aktivitäten siehe Paul Bushkovitch, *Peter the Great. The Struggle for Power*, Cambridge 2001, bes. S. 154–7.
10 Hughes, *Peter*, S. 25.
11 Lindsey Hughes, *Russia in the Age of Peter the Great*, New Haven, Conn., und London 1998, S. 12.

12 PSS, Bd. 3, S. 296, Nr. 1546 (Befehl zum Verbot schwerer Fuhrwerke, 19. August 1696).
13 James Cracraft, *The Petrine Revolution in Russian Architecture*, Chicago 1988, S. 130; Dmitry Shvidkovsky, *Russian Architecture and the West*, New Haven, Conn., und London 2007, S. 185; zu einer detaillierteren Darstellung siehe A. A. Aronowa, »Asowski triumf 1696 goda kak perwoje gossudarstwennoje torschestwo Petra I«, *Iskusstwosnanije 2* (2006), S. 61–83. Eine der ersten amtlichen Bezugnahmen auf den Roten Platz, womit nur die Fläche zwischen dem Erlöser-Tor und der Basilius-Kathedrale gemeint war (der heutige Platz existierte noch nicht), findet sich in einem Ukas von 1658; der volkstümliche Gebrauch des Namens könnte jedoch schon von der Vollendung des Erlöser-Turms drei Jahrzehnte zuvor datieren.
14 Samuel Collins, *The Present State of Russia. A Letter to a Friend at London, by an Eminent Person residing at the Czar's Court*, London 1671, S. 33.
15 Johann Georg Korb, *Tagebuch der Reise nach Russland*, herausgegeben und eingeleitet von Gerhard Korb, Graz 1968, S. 174.
16 Ebd., S. 112; zu Tabak (und anderer Kurzweil) siehe auch W. Dewey und Kira B. Stevens, »Muscovites at play. Recreation in pre-Petrine Russia«, *Canadian-American Slavic Studies 13*, 1–2 (1979), S. 192.
17 Zur Bedeutung von Peters Hof siehe Ernest A. Zitser, *The Transfigured Kingdom*, Ithaca, NY und London 2004. Ähnliche Bemerkungen, mit speziellem Bezug auf das Patriarchat, macht V. M. Zhivov in »Church reforms in the reign of Peter the Great«, in A. G. Cross (Hg.), *Russia in the Reign of Peter the Great. Old and New Perspectives*, Cambridge 1998, S. 67.
18 Zur Hochzeit siehe Hughes, *Peter*, S. 109–11, sowie ihren Artikel »Playing games. The alternative history of Peter the Great«, *School of Slavonic Studies Occasional Papers*, Nr. 41, London 2000, S. 10.
19 Korb, *Tagebuch*, S. 77.
20 Ebd.; siehe auch Hughes, *Peter*, S. 53.
21 Korb, *Tagebuch*, S. 153.
22 Ebd., S. 81.
23 I. Snegirjow, *Moskwa. Podrobnoje istoritscheskoje i archeologitscheskoje opissanije goroda*, Bd. 2, Moskau 1875, S. 18.
24 RGADA, 1184/1/195, 256–7; PSS, Bd. 3, S. 680, Nr. 1735 und 1736.
25 PSS, Bd. 4, S. 182, Nr. 1887; zu den visuellen Hilfsmitteln siehe auch Lindsey Hughes, »Russian culture in the eighteenth century«, in CHR, Bd. 2, S. 67.
26 Ein illustrierter Kommentar zur Einstellung der Altgläubigen erschien in

Michael Cherniavsky, »The Old Believers and the new religion«, *Slavic Review* 25, 1 (March 1966), S. 1–39. Siehe auch Michael Cherniavsky, *Tsar and People. Studies in Russian Myths*, New Haven, Conn., und London 1961, S. 76.
27 Hughes, »Russian culture«, S. 77.
28 Korb, *Tagebuch*, S. 83–84.
29 Zur religiösen Transformation siehe Zhivov, »Church reforms«, passim.
30 Hughes, *Russia in the Age of Peter*, S. 208–9.
31 Cracraft, *Petrine Revolution*, S. 128.
32 PSS, Bd. 4, S. 177 (Nr. 1879) und S. 192 (Nr. 1909).
33 Korb, *Tagebuch*, S. 176.
34 I. Je. Sabelin, *Domaschni byt russkich zarei w XVI i XVII stoletijach*, Moskau 1862, Repr. 1990, Bd. 1, S. 56; Bartenev, *Le Grand Palais du Kremlin et ses neuf églises*, Moskau 1912, S. 15; I. A. Bondarenko u. a. (Hg.), *Slowar architektorow i masterow stroitelnowo dela Moskwy XV–serediny XVIII weka*, Moskau 2008, S. 577.
35 Cracraft, *Petrine Revolution*, S. 122; Snegirjow, *Moskwa*, Bd. 2, S. 16–17.
36 Alexejewa, *Grawjura*, S. 33.
37 Bondarenko, *Slowar architektorow*, S. 332.
38 Zitiert von Maria di Salvo in Simon Dixon (Hg.), *Personality and Place in Russian Culture. Essays in Memory of Lindsey Hughes*, London 2010, S. 96.
39 Siehe Cherniavsky, *Tsar and People*, S. 76–7; Richard S. Wortman, *Scenarios of Power. Myth and Ceremony in Russian Monarchy*, Princeton, NJ 1995, Bd. 1, S. 48.
40 Hughes, *Peter*, S. 60.
41 Ebd., S. 63.
42 A. Aronowa, »Petropawlowskaja krepost. Istoritscheski mif i gradostroitelnaja realnost«, *Iskusstwosnanije* 2 (2001), S. 370–80, wo die allgemeiner akzeptierte Version von Hughes, *Peter*, S. 66–8, korrigiert wird.
43 Der niederländische Ingenieur und Konstrukteur wurde unterstützt durch einen von Peters Artillerieoffizieren. Siehe N. A. Skworzov, *Archeologija i topografija Moskwy. Kurs lekzi*, Moskau 1913, S. 100.
44 S. P. Bartenew, *Moskowski Kreml w starinu i teper*, 2 Bde., St. Petersburg 1912 und 1918, Bd. 1, S. 69.
45 Albert J. Schmidt, *The Architecture and Planning of Classical Moscow*, Philadelphia, Pa. 1989, S. 18–19; Cracraft, *Petrine Revolution*, S. 122; M. S. Fabricius, *Kreml w Moskwe. Otscherki i kartiny proschlowo i nastojaschtschewo*, Moskau 1883, S. 142.

46 Alexejewa, *Grawjura*, S. 117-21.
47 I. Je. Sabelin, *Istorija goroda Moskwy*, Moskau 1904, Repr. 2005, S. 172; Bartenew, *Moskowskii Kreml*, Bd. 1, S. 70.
48 Sabelin, *Istorija goroda Moskwy*, S. 168.
49 *Istorija Moskwy w schesti tomach*, Moskau 1952, Bd. 2, S. 337; Anutschin, *Moskwa w jejo proschlom i nastojaschtschem*, Bd. 4, S. 9.
50 Zu Nachweisen siehe Sabelin, *Domaschni byt*, Bd. 1, S. 125; Korb, *Tagebuch*, S. 111.
51 Bartenew, *Moskowski Kreml*, Bd. 1, S. 70.
52 Bartenev, *Grand palais*, S. 14.
53 Sabelin, *Domaschni byt*, Bd. 1, S. 125-6.
54 Sabelin, *Materialy dlja istorii*, Bd. 2, S. 6-7.
55 Hughes, *Russia in the Age of Peter*, S. 338.
56 Siehe die spielerischen Bemerkungen Katharinas der Großen zu dem Thema in ihrem Brief an Voltaire vom 15./26. März 1767, nachgedruckt in W. F. Reddaway (Hg.), *Documents of Catherine the Great*, Cambridge 1931, S. 15.
57 Zhivov, »Church reforms«, S. 74; Lindsey Hughes, »Seeing the sights in eighteenth-century Russia. The Moscow Kremlin«, in R. Bartlett und G. Lehmann-Carli (Hg.), *Eighteenth-century Russia. Society, Culture, Economy. Papers from the IV International Conference of the Study Group on Eighteenth-century Russia*, Berlin und London 2007, S. 316.
58 V. S. Dedjuchina u. a. (Hg.), *Sochranenije pamjatnikow zerkownoi stariny w Rossii XVIII-natschala XX w. Sbornik dokumentow*, Moskau 1997, S. 18-19, mit Bezug auf Ukase vom Dezember 1720 und Februar 1722.
59 M. K. Pawlowitsch, »Reorganisazija kremljowskich sokrowischtschniz i masterskich pri Petre I«, *Materialy i issledowanija*, Bd. 13, S. 139; Richard Hellie, *The Economy and Material Culture of Russia 1600-1725*, Chicago 1999, S. 571.
60 Siehe *Pjotr Weliki w Moskwe. Kalatog wystawki*, Moskau 1998, S. 114-15.
61 Dedjuchina, *Sochranenije*, S. 18.
62 Zu Romodanowski siehe Bartenew, *Moskowski Kreml*, Bd. 2, S. 206-7; siehe auch I. Ja. Stellezki, *Poiski biblioteki Iwana Grosnowo*, Moskau 1999, S. 273-4.
63 Den gleichen Eindruck beschrieb ein Besucher im Jahr 1711. Hughes, »Seeing the sights«, S. 318.
64 Zu den Gärten siehe Korb *Tagebuch*, S. 123, und Sabelin, *Domaschni byt*, Bd. 1, S. 103-7.
65 F. Bechtejew, zitiert in A. I. Michailow, *Baschenow*, Moskau 1951, S. 99.

66 Bushkovitch, *Peter*, S. 385–6.
67 N. A. Ogarkowa, *Zeremonii, prasdnitschestwa, musyka russkowo dwora*, St. Petersburg 2004, S. 11–14.
68 S. A. Ameljochina, »Koronazija Jekateriny I. 1724«, in *Pjotr Weliki i Moskwa*, S. 169.
69 Sabelin, *Domaschni byt*, Bd. 1, S. 120; siehe auch Ameljochina, »Koronazija«, S. 170.
70 Ebd., S. 170.
71 E. V. Anisimov, *Five Empresses. Court Life in Eighteenth-century Russia*, Westport, Conn. 2004, S. 31.
72 Wortman, *Scenarios of Power*, einbändige Ausgabe, Princeton und Oxford 2006, S. 37.
73 Zu der Prozession siehe Ameljochina, »Koronazija«, S. 171; zu Dmitri von Uglitsch siehe oben, S. 156–66.
74 Beißende Kommentare über diese Unannehmlichkeiten erscheinen in den Briefen Katharinas der Großen. Siehe zum Beispiel ihre Äußerungen gegenüber Nikita Panin in SIRIO, Bd. 10, S. 276–7. Zu Vorurteilen anderer Höflinge im Hinblick auf Moskau siehe SIRIO, Bd. 23, S. 11–12. Zur Rolle der Gardisten siehe Anisimov, *Five Empresses*, S. 8, zitiert nach Campredon.
75 Zu dieser Reform, verordnet von Peter III., siehe Cherniavsky, *Tsar and People*, S. 125. Zu ihren Auswirkungen auf verschiedene Städte siehe zum Beispiel Schmidt, *Architecture and Planning*, S. 5.
76 Zitiert in John T. Alexander, »Catherine II., bubonic plague, and the problem of industry in Moscow«, AHR 79, 3 (Juni 1974), S. 640.
77 A. Pypin (Hg.), *Sotschinenija Jekateriny II*, St. Petersburg 1907, Bd. 12, S. 169–70; Katharina die Große, *Memoiren*, Leipzig 1913, S. 207–08.
78 A. S. Schtschenkow (Hg.), *Pamjatniki architektury w doreweljuzionnoi Rossii*, Bd. 1, Moskau 2002, S. 17; Luba Golburt, »Derzhavin's ruins and the birth of historical elegy«, *Slavic Review* 65, 4 (Winter 2006), S. 670–93.
79 Zu russischen Vorstellungen vom Pittoresken siehe Christopher Ely, *This Meager Nature. Landscape and National Identity in Imperial Russia*, DeKalb 2002.
80 Cracraft, *Petrine Revolution*, S. 40–41, 150–51.
81 Zu einer Erörterung siehe Schmidt, *Architecture and Planning*, S. 8.
82 Schtschenkow, *Pamjatniki*, Bd. 1, S. 18 (zitiert nach einem Senatsbericht von 1770).
83 Bartenev, *Grand palais*, S. 49; zu Napoleon siehe unten, S. 277–287.
84 Zitiert aus ihren Reflexionen in Pypin, *Sotschinenija Jekateriny II*, Bd. 12, S. 642. Siehe auch Simon Dixon, *Catherine the Great*, London 2009, S. 10.

85 Shvidkovsky, *Russian Architecture*, S. 229–31.
86 Peter II. (1728–30), ein Sohn Peters des Großen und seiner ersten Frau Jewdokia, war zugunsten einer Tochter des Mit-Zaren Iwan V., die von 1730 bis 1740 als Anna Iwanowna herrschte, abgesetzt worden.
87 Snegirjow, *Moskwa*, Bd. 2, S. 88.
88 I. M. Snegirjow, *Spas na Boru w Moskowskom Kremle*, Moskau 1865, S. 273–79.
89 Michailow, *Baschenow*, S. 49.
90 Zu einer Schilderung siehe Dixon, *Catherine*, S. 4–22.
91 Katharinas Anweisungen wurden nachgedruckt und deren Konsequenzen beklagt in I. Maschkow (Hg.), *Ottschot po restawrazii bolschowo Moskowskawo Uspenskawo sobora*, Moskau 1910, S. 5–7.
92 Zu ihrer Enttäuschung über das Gebäude siehe SIRIO, Bd. 23, S. 22 (Brief an Grimm vom 29. April 1775).
93 Fabricius, *Kreml*, S. 156–7.
94 Michailow, *Baschenow*, S. 102.
95 PSS, Bd. 18, S. 696, Nr. 13142 (1. Juli 1768).
96 Michailow, *Baschenow*, S. 98.
97 Zu einer Erörterung mit Diagrammen von Baschenows Plänen siehe ebd., S. 70–81.
98 Ebd., S. 77–80; William Craft Brumfield, *A History of Russian Architecture*, Cambridge 1997, S. 323.
99 Michailow, *Baschenow*, S. 80.
100 Alexander, »Catherine II.«, S. 661.
101 Zitiert in Reddaway (Hg.), *Documents*, S. 135 (Brief vom 6./17. Oktober 1771).
102 Fabricius, *Kreml*, S. 158–60.
103 Michailow, *Baschenow*, S. 84.
104 Zitiert ebd., S. 86–7.
105 A. I. Wlassjuk u. a., *Kasakow*, Moskau 1957, S. 13–15; Shvidkovsky, *Russian Architecture*, S. 248–9.
106 Michailow, *Baschenow*, S. 182.
107 Brumfield, *Russian Architecture*, S. 328–9; Schmidt, *Architecture and Planning*, S. 64; Wlassjuk, *Kasakow*, S. 31–2.
108 Hughes, »Russian culture«, S. 68.

Feuervogel

1. Zitiert in B. Meehan-Waters, *Autocracy and Aristocracy. The Russian Service Elite of 1730*, New Brunswick, NJ 1982, S. 100.
2. Die Bemühungen der Planer, Moskau durch Vergrößerung der Plätze und durch elegantere Straßen zu »verbessern«, werden erörtert in P. W. Sytin, *Istorija planirowki i sastroiki Moskwy*, Bd. 2, Moskau 1954, S. 390–3, und in Albert J. Schmidt, *The Architecture and Planning of Classical Moscow*, Philadelphia, Pa. 1989. Siehe auch A. S. Schtschenkow (Hg.), *Pamjatniki architektury w dorewoljuzionnoi Rossii*, Bd. 1, Moskau 2002, S. 231–44.
3. P. W. Sytin, *Istorija planirowki i sastroiki Moskwy*, Bd. 3, Moskau 1972, S. 15. Zu dem hölzernen Theater siehe ebd., Bd. 2, S. 392.
4. M. W. Possochin u. a., *Pamjatniki architektury Moskwa. Kreml. Kitai-gorod. Zentralnyje ploschtschadi*, Moskau 1982, Bd. 1, S. 371–3; die Zeitung *Wedomosti* wurde zu Beginn des 18. Jahrhunderts von Peter dem Großen gegründet.
5. Bevölkerungszahlen nach Sytin, *Istorija planirowki*, Bd. 3, S. 13–18. Zu einem Überblick über das Leben der Moskauer Elite siehe Alexander M. Martin, *Romantics, Reformers, Reactionaries. Russian Conservative Thought and Politics in the Reign of Alexander I*, DeKalb, Ill. 1997, S. 58–9.
6. Sytin, *Istorija planirowki*, Bd. 3, S. 13–18.
7. Zu den ersten Gegnern der Leibeigenschaft gehörte der im Ausland erzogene radikale Schriftsteller Alexander Radischtschew (1749–1802). Katharina die Große beschäftigte sich bekanntermaßen mit der Leibeigenschaft, doch ihr intellektuelles Interesse an deren Abschaffung wurde nie in praktische Politik umgesetzt.
8. Sytin, *Istorija planirowki*, Bd. 3, S. 13–18.
9. Die Zahl der Adligen erhöhte sich in diesem Zeitraum, aber sie machten weiterhin weniger als ein Prozent der Gesamtbevölkerung des Reiches aus. Siehe Dominic Lieven, »The elites«, in CHR, Bd. 2, S. 230.
10. Zu einem Kommentar siehe Schtschenkow, *Pamjatniki*, S. 30–40.
11. Zu einer Reflexion über Moskau siehe Sytin, *Istorija planirowki*, Bd. 3, S. 16. Zu Batjuschkow und der Landschaftsdichtung siehe A. Tosi, *Waiting for Pushkin. Russian Fiction in the Age of Alexander I, 1801–1825*, New York und Amsterdam 2006, bes. S. 60–61.
12. Zu einer gründlicheren Studie der damaligen russischen Landschaftswahrnehmung siehe Christopher D. Ely, *This Meager Nature. Landscape and Identity in Imperial Russia*, DeKalb, Ill. 2002, S. 50.
13. Ely, *Meager Nature*, S. 50 und 64.

14 Zitiert in T. Slawina, *Konstantin Ton*, Leningrad 1989, S. 157.
15 Sytin, *Istorija planirowki*, Bd. 2, S. 386.
16 Diese fielen dem Comte de Ségur ins Auge, als er sich dem Kreml 1812 mit Napoleons Armee näherte. Siehe Philippe-Paul de Ségur, *Geschichte Napoleon's und der großen Armee im Jahre 1812*, Stuttgart 1835, S. 264.
17 William Craft Brumfield, *A History of Russian Architecture*, Cambridge 1997, S. 339; der andere Palast, den man benutzte, war Kasakows *Petrowski dworez*.
18 Zitiert in I. Je. Sabelin, *Istorija goroda Moskwy*, Moskau 1904, Repr. 2005, S. 281.
19 Ebd., S. 281.
20 Lindsey Hughes, *The Romanovs. Ruling Russia, 1613–1917*, London 2009, S. 134.
21 Schmidt, *Architecture and Planning*, S. 51.
22 Sytin, *Istorija planirowki*, Bd. 3, S. 10.
23 Zu einer Erörterung der Frankophobie in den Jahren vor 1812 siehe Martin, *Romantics*, S. 58–142.
24 *Istorija Moskwy w schesti tomach*, Moskau 1952, Bd. 3, S. 46.
25 Hughes, *Romanovs*, S. 143–4.
26 Richard S. Wortman, *Scenarios of Power. Myth and Ceremony in Russian Monarchy*, Princeton, NJ und Oxford 2006, S. 95. Das Zimmer im Petersburger Michael-Schloss war Besuchern noch in den späten 1990er Jahren verschlossen.
27 Wortman, *Scenarios*, S. 99.
28 Ebd., S. 103; siehe auch S. M. Ljubezki, *Starina Moskwy i russkowo naroda*, Repr. Moskau 2004, S. 99–100.
29 *Istorija Moskwy w schesti tomach*, Bd. 3, S. 47.
30 Martin, *Romantics*, S. 58.
31 Zu einer durchdachten Einführung siehe A. M. Martin, »Russia and the legacy of 1812«, in CHR, Bd. 2, bes. S. 148.
32 Zu einem Überblick über die politische Philosophie jener Zeit siehe Nicholas V. Riasanovsky und Mark D. Steinberg, *A History of Russia*, 7. Aufl., New York und Oxford 2005, Bd. 1, S. 323–8.
33 Schtschenkow, *Pamjatniki*, S. 43.
34 *Istorija Moskwy w schesti tomach*, Bd. 3, S. 25.
35 RGADA, 197/1/39, 25; zu Olenins Eingriffen in den Jahren 1806/07 siehe Irina Bogazkajas Essay in Cynthia Hyla Whittaker (Hg.), *Visualizing Russia. Fedor Solntsev and Crafting a National Past*, Leiden und Boston, Mass. 2010, S. 63–4.

36 S. P. Bartenew, *Moskowski Kreml w starinu i teper*, 2 Bde., St. Petersburg 1912 und 1918, Bd. 1, S. 82; zu Walujew siehe *Materialy i issledowanija*, Bd. XVI, S. 208-18.
37 Sytin, *Istorija planirowki*, Bd. 2, S. 385-6.
38 Der zerbröckelnde Turm hieß *Gerbowaja baschnja*. Unter den anderen demolierten Gebäuden waren die *Krutizkoje podworje* und ein Teil des *Poteschny dworez*. Siehe Bartenev, *Le Grand Palais du Kremlin et ses neuf églises*, Moskau 1912, S. 19; Bartenew, *Moskowski Kreml*, Bd. 1, S. 81-4; Schtschenkow, *Pamjatniki*, S. 44.
39 F. F. Wiegel, zitiert in Sytin, *Istorija planirowki*, Bd. 2, S. 386. Der größte Springbrunnen sprudelte dort, wo sich heute die Metrostation Krasnaja Presnja befindet. Zu der Räumung und ihren Folgen siehe auch Possochin, *Pamjatniki architektury Moskwy*, S. 146-8.
40 Adam Zamoyski, *1812. Napoleons Feldzug in Russland*, München 2012, S. 105-109.
41 Zitiert in Daria Olivier, *The Burning of Moscow 1812*, London 1966, S. 33.
42 Ségur, *Geschichte Napoleon's*, S. 169. Ségur glaubte, dass die Russen das Feuer in Smolensk gelegt hätten.
43 Armand de Caulaincourt, *Mit Napoleon in Rußland*, Bielefeld und Leipzig 1938, S. 63.
44 Zamoyski, 1812, S. 255-56.
45 S. W. Bachruschin, *Moskwa w 1812*, Moskau 1913, S. 13, zitiert nach A. Wolkowa.
46 Ebd., S. 33.
47 N. Dubrowin, *Otetschestwennaja woina w pismach sowremennikow 1812-1815 gg.*, Moskau 1882, Repr. 2006, S. 123.
48 Ebd., S. 122 (Dok. 119).
49 Bachruschin, *Moskwa*, S. 12.
50 Ségur, *Geschichte Napoleon's*, S. 253-255; Zamoyski, 1812, S. 326.
51 Ségur, *Geschichte Napoleon's*, S. 354.
52 Dubrowin, *Otetschestwennaja woina w pismach*, S. 133.
53 M. S. Fabricius, *Kreml w Moskwe. Otscherki i kartiny proschlowo i nastojaschtschewo*, Moskau 1883, S. 172; Konstantin Michailow, *Unitschtoschenny Kreml*, Moskau 2007, S. 95.
54 Olivier, *Burning of Moscow*, S. 23.
55 Zitiert in Caulaincourt, *Mit Napoleon in Rußland*, S. 120.
56 Georges Lecointe de Laveau, *Moscou, avant et après l'incendie*, Paris 1814, S. 111.
57 Ségur, *Geschichte Napoleon's*, S. 285.

58 Ebd.
59 Ebd., S. 287; Caulaincourt, *Mit Napoleon in Rußland*, S. 106 (über die Uhren).
60 Zitiert in Kathleen Berton Murrell, *Moscow. An Architectural History*, London 1977, S. 151.
61 Ségur, *Geschichte Napoleon's*, S. 287-90.
62 Ebd., S. 288-89.
63 Olivier, *Burning of Moscow*, S. 61-5; Ségur, *Geschichte Napoleon's*, S. 292-93.
64 Ein berühmter (wenn auch fiktionaler) Gefangener, dessen Geschichte und Begegnungen spätere russische Wahrnehmungen dieser Ereignisse widerspiegeln, ist Pierre Besuchow in Tolstois *Krieg und Frieden*.
65 Martin, »Legacy of 1812«, S. 148.
66 Dubrowin, *Otetschestwennaja woina w pismach*, S. 252; Lecointe, *Moscou*, S. 116; Ségur, *Geschichte Napoleon's*, S. 296.
67 Murrell, *Moscow*, S. 152.
68 Fabricius, *Kreml*, S. 180.
69 Ségur, *Geschichte Napoleon's*, S. 321.
70 Dubrowin, *Otetschestwennaja woina w pismach*, S. 169-70.
71 Bachruschin, *Moskwa*, S. 27; Murrell, *Moscow*, S. 153.
72 Ségur, *Geschichte Napoleon's*, S. 347; Fabricius, *Kreml*, S. 184; Lecointe, *Moscou*, S. 135.
73 Ségur, *Geschichte Napoleon's*, S. 349.
74 Ebd.
75 Sytin, *Istorija planirowki*, Bd. 3, S. 30.
76 Ebd., S. 25.
77 Ebd., S. 115.
78 Bachruschin, *Moskwa*, S. 36.
79 Die Zahlen, welche diesen Sachverhalt belegen, erscheinen in Sytin, *Istorija planirowki*, Bd. 3, S. 34.
80 Martin, *Romantics*, S. 142; P.-P. de Ségur, *Defeat. Napoleon's Russian Campaign*, New York 2008, S. 92; Anm. d. Ü.
81 Zu Details siehe Rostoptschins Brief vom 27. Oktober 1812 an Wjasmitinow und Balaschow, nachgedruckt in *Russki archiw 3*, 1 (1881), S. 222.
82 Martin, *Romantics*, S. 136.
83 Dubrowin, *Otetschestwennaja woina w pismach*, S. 253.
84 Ebd., S. 314-17, zitiert nach Awgustins Brief vom 12. November 1812.
85 L. Tolstoi, *Krieg und Frieden*, München 2010, S. 1505.
86 Bevölkerungszahlen nach Sytin, *Istorija planirowki*, Bd. 3, S. 33; zur

Planung siehe Albert J. Schmidt, »The restoration of Moscow after 1812«, *Slavic Review* 40 (Frühjahr 1981), S. 37-48.
87 Fabricius, *Kreml*, S. 186.
88 Schmidt, *Architecture and Planning*, S. 153; Sytin, *Istorija planirowki*, Bd. 3, S. 125-6.
89 Sytin, *Istorija planirowki*, Bd. 3, S. 64.
90 Astolphe Marquis de Custine, *Rußland im Jahre 1839*, 3 Bde., Leipzig 1843, Bd. 2, S. 385-86.
91 Slawina, *Ton*, S. 93.
92 Sytin, *Istorija planirowki*, Bd. 3, S. 175.
93 Schtschenkow, *Pamjatniki*, S. 62, zitiert nach RGIA, 471/1/292.
94 Zu gotischen Rekonstruktionen siehe Dmitry Shvidkovsky, *Russian Architecture and the West*, New Haven, Conn., und London 2007, S. 326; zur Katharinen-Kirche siehe auch Michailow, *Unitschtoschenny Kreml*, S. 177. Zu Filarets Turm siehe Schtschenkow, *Pamjatniki*, S. 65.
95 Zitiert in Sabelin, *Istorija goroda Moskwy*, S. 217.
96 Die rote Farbe wurde 1827 aufgetragen. Siehe N. A. Skworzow, *Archeologija i topografija Moskwy. Kurs lekzi*, Moskau 1913, S. 103. Die Mauern, nicht jedoch die Türme wurden außerdem mehrere Male zwischen 1818 und 1849 gekalkt.
97 Bowes Gemälde ist reproduziert in G. I. Wedernikowa (Hg.), *Oblik staroi Moskwy*, Moskau 1997, S. 79. Die Linden gingen auf Bowes eigenen Einfall zurück und waren Teil seines Landschaftsgartenprojekts. Weitere zeitgenössische Bilder werden in demselben Band gezeigt und auch, unter anderen, in E. Ducamp (Hg.), *Imperial Moscow. The Moscow Kremlin in Watercolour*, Paris 1994.
98 Martin, »Legacy of 1812«, S. 150.
99 Zu Denkmalsplänen siehe Sytin, *Istorija planirowki*, Bd. 3, S. 165.
100 Quarenghis Beitrag stützte sich zum Beispiel fast ganz auf das Pantheon, einschließlich des Portikus und der offenen Kuppel. Siehe Je. Kiritschenko, *Chram Christa Spassitelja w Moskwe*, Moskau 1992, S. 19.
101 Sytin, *Istorija planirowki*, Bd. 3, S. 166; Martin, »Legacy of 1812«, S. 149. Sie wurde 1825 an ihren heutigen Standort, nahe dem Lobnoje mesto, verlagert.
102 Dazu siehe Richard Wortmans Essay in Whittaker (Hg.), *Visualizing Russia*, S. 22-3. Der Helm war in Wirklichkeit im 17. Jahrhundert für Michail Romanow angefertigt worden.
103 Witbergs Kathedrale wird gründlich untersucht in Kiritschenko, *Chram Christa*, S. 28-37.

104	Custine, *Rußland*, Bd. 1, S. 12.
105	Ebd., S. 263.
106	R. Taruskin, *Defining Russia Musically*, Princeton, NJ 1997, S. 26.
107	Custine, *Rußland*, Bd. 1, S. 275 und 283.
108	In Snegirjows Tagebüchern wird ein anschauliches, wenn auch muffiges Bild von seinem sozialen Umfeld gezeichnet. Siehe *Dnewnik Iwana Michailowitscha Snegirjowa*, Bd. 1, 1822–1852, Moskau 1904.
109	Custine, *Rußland*, Bd. 2, S. 368, 371 und 389–90.
110	Ebd., Bd. 1, S. 297.
111	Ebd., Bd. 3, S. 24.
112	Michail Bykowskis Vortrag von 1834, zitiert in Shvidkovsky, *Russian Architecture*, S. 326.
113	Zitiert in Bartenev, *Grand Palais*, S. 20–22.
114	Biographische Anmerkungen von Slawina, *Ton*, S. 205.
115	Brumfield, *Russian Architecture*, S. 398; Shvidkovsky, *Russian Architecture*, S. 328.
116	Zum Stil siehe Slawina, *Ton*, S. 102.
117	RGADA, 1239/22/27, besonders l. 35; zu den Eisenbahningenieuren siehe ebd., l. 11.
118	Bündel solcher Unterlagen, darunter Rechnungen sowie detaillierte schriftliche Berichte, findet man in RGADA, 1239/22/dd. 3–69.
119	Bartenev, *Grand Palais*, S. 25.
120	Richard Southwell Bourke, 6. Earl of Mayo, *St. Petersburg and Moscow. A Visit to the Court of the Czar*, zitiert in Lawrence Kelly (Hg.), *Moscow. A Traveller's Companion*, London 1983, S. 128.
121	Slawina, *Ton*, S. 166–7; Bartenev, *Grand Palais*, S. 25.
122	Bartenev, *Grand Palais*, S. 26.
123	Ebd.
124	I. Snegirjow, *Moskwa. Podrobnoje istoritscheskoje i archeologitscheskoje opissanije goroda*, Bd. 2, Moskau 1875, S. 23–5; zu Zeichnungen siehe N. D. Iswekow, *Zerkow wo imja Roschdestwa Sw. Joanna Predtetschi w Moskowskom Kremle*, Moskau 1913.
125	Siehe Snegirjow, *Dnewnik*, Bd. 1, S. 65; Sabelin, *Istorija goroda Moskwy*, S. 64.
126	Sabelin, *Istorija goroda Moskwy*, S. 64–5.
127	Ebd., S. 66–7.
128	Custine, *Rußland*, Bd. 3, S. 29.

Nostalgie

1. Zu einem erfrischenden Kommentar aus einem anderen Blickwinkel siehe Richard Taruskins Bemerkungen in seinem *Defining Russia Musically*, Princeton, NJ 1997, S. 46.
2. A. G. Mazour, »Modern Russian historiography«, JMH 9, 2 (Juni 1937), S. 169–202.
3. Zu einem kurzen Überblick und zum Kontext siehe Geoffrey Hosking, *Russia and the Russians*, London 2001, S. 344–52.
4. Ein Wendepunkt war das europäische Revolutionsjahr 1848. Siehe I. M. Snegirjow, *Dnewnik Iwana Michailowitscha Snegirjowa*, Bd. 1, 1822–1852, Moskau 1904, S. 406.
5. Der berühmteste Experte auf diesem Gebiet, Wladimir Dal (1801–72), wurde später zu einem von Lenins Lieblingsautoren.
6. S. Romanjuk, *Moskwa. Wokrug Kremlja i Kitai-goroda. Putewoditel*, Moskau 2008, S. 52; zu anderen Mäzenen siehe zum Beispiel die Tagebücher von Iwan Snegirjow, der seinen Gönnern häufig dafür dankt, dass sie Manuskripte erworben und dadurch gerettet hätten.
7. Im Reiseführer der Galerie werden die wesentlichen Tatsachen genannt. Siehe V. Rodionov (Hg.), *The Tretyakov Gallery*, 4. Aufl., St. Petersburg 2006, S. 4–10.
8. Dieses Thema ist ausgiebig von Richard Wortman erforscht worden. Siehe zum Beispiel »Moscow and St. Petersburg. The problem of a political center in tsarist Russia, 1881–1914«, in S. Wilentz (Hg.), *Rites of Power. Symbolism, Ritual and Politics Since the Middle Ages*, Philadelphia, Pa. 1985, S. 260–62.
9. *Der letzte Zar. Briefwechsel Nikolaus' II. mit seiner Mutter.* Einleitung und kurze Erläuterungen für die deutsche Ausgabe von Wladimir von Korostowetz, Berlin 1938, S. 145 (Brief vom 5. April 1900).
10. Dieses Ei – eines von sehr wenigen, die ohne Unterbrechung in Russland blieben – wird in den Kreml-Museen verwahrt.
11. Beide Zitate nach Richard S. Wortman, *Scenarios of Power: Myth and Ceremony in Russian Monarchy*, 2 Bde., Princeton, NJ 1995, Bd. 1, S. 352.
12. Die beiden anderen großen nationalen Ereignisse der Ära waren die Zweihundertjahrfeier der Schlacht von Poltawa im Jahr 1909 und die Hundertjahrfeier der Schlacht von Borodino im Jahr 1912.
13. Richard Wortman liefert eine vorzügliche Darstellung dieser Feier in seinem Artikel »›Invisible Threads‹. The historical imagery of the Romanov tercentenary«, *Russian History* 16, 2–4 (1989), S. 389–408.

8 Nostalgie   561

14 Imp. Mosk. archeologitscheski inst., *Wystawka drewne-russkowo iskusstwa, ustrojennaja w 1913 godu w osnamenowanije tschestwowanija 300-letiju zarstwowanija Doma Romanowych*, Moskau 1913, S. 13.
15 Siehe zum Beispiel I. Je. Sabelin, *Dnewniki i sapisnyje knischki*, Repr., Moskau 2001, S. 215.
16 Siehe *Istorija Moskwy s drewneischich wremjon do naschich dnei*, Bd. 3, Moskau 2000, S. 17–21; S. O. Schmidt (Hg.), *Moskwa. Enziklopedija*, Moskau 1997, S. 28.
17 Zu einer Darstellung dieser bunten Welt durch einen Insider siehe W. A. Giljarowski, *Moskwa i Moskwitschi*, Moskau 1968.
18 Oleg Tarasov, *Icon and Devotion. Sacred Spaces in Imperial Russia*, London 2002, S. 30 und 244.
19 Das Museum der Geschichte Moskaus verfügt über eine prächtige Sammlung; einige Fotos sind reproduziert in G. I. Wedernikowa, *Oblik Staroi Moskwy. XVII–natschalo XX weka*, Moskau 1997, bes. S. 200–225.
20 Zu Argamakow und seiner Ära siehe M. K. Pawlowitsch, »Projekt musejefikazii serediny XVIII weka. Orusscheinaja palata i A. M. Argamakw«, *Materialy i issledowanija*, Bd. 16., S. 202–7.
21 Man findet eine Untersuchung des Kruges sowie ein Foto in S. Orlenko, »O rukomoinom pribore w possolskom obytschaje XVI–XVII wekow«, *Materialy i issledowanija*, Bd. 20, S. 81–97.
22 Er reorganisierte das Rüstkammer-Personal im Jahr 1805. Siehe A. W. Petuchowa, »P. S. Walujew i Orusscheinaja palata«, *Materialy i issledowanija*, Bd. 16, S. 210–11.
23 Zu Olenin siehe W. Faibissowitsch, *Alexej Nikolajewitsch Olenin. Opyt nautschnoi biografii*, St. Petersburg 2006.
24 Separate Kommentare dazu liefern I. A. Rodimzewa und A. P. Petuchowa in *Materialy i issledowanija*, Bd. 16, S. 7 und 14.
25 Petuchowa, »Walujew«, S. 213.
26 A. P. Petuchowa, »Musei w kremle kak gossudarstwennoje utschreschdenije«, *Materialy i issledowanija*, Bd. XIV, S. 13–15.
27 Petuchowa, »Walujew«, S. 216, zitiert nach dem Bericht von I. P. Poliwanow.
28 Siehe F. G. Solnzew, »Moja schisn«, *Russkaja starina* 5 (1876).
29 Solnzew, »Moja schisn«, S. 634.
30 Siehe Anne Odom, »The politics of porcelain«, in *At the Tsar's Table. Russian Imperial Porcelain from the Raymond F. Piper Collection*, Patrick and Beatrice Haggerty Museum of Art, Marquette University 2001. Siehe

auch G. W. Axjonowa, *Russki stil. Geni Fjodora Solnzewa*, Moskau 2009, bes. S. 37–8.

31 Wendy Salmond und Cynthia Hyla Whittaker, »Fedor Solntsev and crafting the image of a Russian national past. The context«, in Cynthia Hyla Whittaker (Hg.), *Visualizing Russia. Fedor Solntsev and Crafting the Image of a Russian National Past*, Leiden und Boston 2010, S. 13.

32 A. S. Schtschenkow (Hg.), *Pamjatniki architektury w dorewoljuzionnoi Rossii*, Bd. 1, Moskau 2002, S. 89.

33 Ebd., S. 105–6; Wendy Salmond, *Russia Imagined, 1825–1925. The Art and Impact of Fedor Solntsev*, Katalog einer Ausstellung in der New York Public Library, New York 2006; siehe auch Aida Nassibowa, *Facettenpalast des Moskauer Kremls*, Leningrad 1978, S. 13–14.

34 Essays zu dem Thema von J. Robert Wright und Lauren M. O'Connell sind enthalten in Whittaker (Hg.), *Visualizing Russia*.

35 Zu einem Kommentar siehe Rosamund Bartlett, »Russian culture. 1801–1917«, in CHR, Bd. 2, S. 98.

36 Nur 600 Exemplare wurden hergestellt (und noch weniger haben sich erhalten), doch die komplette Sammlung kann in der Online Digital Gallery der New York Public Library betrachtet werden.

37 *Materialy i issledowanija*, Bd. 16, S. 7–8 und 31–3; W. K. Trutowski, *Oruscheinaja palata*, Moskau 1914, S. 8.

38 Ebd., S. 8.

39 Zu dem beengten Raum siehe Je. I. Smirnowa, »Oruscheinaja palata. 19 wek«, *Materialy i issledowanija*, Bd. 16, S. 40; zu den Arbeitsbedingungen und Beschwerden des Rüstkammer-Personals im Jahr 1861 siehe RGADA 1605/1/5957.

40 Zu einem derartigen Vorfall im Jahr 1874 siehe Sabelin, *Dnewniki*, S. 111.

41 Trutowski, *Oruscheinaja palata*, S. 11.

42 Besucherzahlen für den Zeitraum bis hinein in die 1990er Jahre werden erörtert von L. I. Donezkaja und L. I. Kondraschowa, »Is istorii proswetitelskoi dejatelnosti w Moskowskom Kremle«, *Materialy i issledowanija*, Bd. 16, S. 299–309; das 19. Jahrhundert wird behandelt auf S. 300.

43 Der relevante Bericht ist RGADA 1605/1/5962.

44 Lindsey Hughes, *The Romanovs. Ruling Russia, 1613–1917*, London und New York 2009, S. 183.

45 Trutowski, *Oruscheinaja palata*, S. 13–14. Zu dem englischen Silber siehe Natalya Abramova und Irina Zagarodnaya, *Britannia and Muscovy. English Silver at the Court of the Tsars*, London 2006.

46 Die Not, unter der das Kremlpersonal im Jahr 1861 litt, wird beschrieben in RGADA 1605/1/5957, woraus klar hervorgeht, dass die Moskauer Palastangestellten kleinere Portionen vom kaiserlichen Kuchen erhielten als das Petersburger Personal.
47 Hughes, *Romanovs*, S. 183.
48 M. Sacharow, *Putewoditel po Moskwe i ukasatel jejo dostoprimetschatelnosti*, Moskau 1856, S. 15. Ähnliche Ansichten waren in Reiseführern des späteren 19. Jahrhunderts weit verbreitet. Siehe zum Beispiel I. Kondratjew, *Sedaja starina Moskwy*, Moskau 1893, Repr. 2006, S. 3.
49 I. M. Snegirjow, *Dnewnik Iwana Michailowitscha Snegirjowa*, Bd. 2, Moskau 1905, S. 63.
50 Zitiert in J. Blum, *Lord and Peasant in Russia from the Ninth to the Nineteenth Century*, Princeton, NJ 1971, S. 570.
51 Zu einem Kommentar siehe Larisa Zakharova, »The reign of Alexander II. A watershed?«, in CHR, Bd. 2, bes. S. 610.
52 In dieser Gestalt erschien er zum Beispiel bei der Krönung von Nikolaus I. und auch später im Jahrhundert. Siehe Axjonowa, *Russki stil*, S. 19 und 31 (Stiche von 1826 und 1851).
53 Sabelin, *Dnewniki*, S. 91–2; Nassibowa, *Facettenpalast*, S. 13–16.
54 *Opissanije swjatschtschenowo koronowanija ich imperatorskich welitschestw Gosudarja imperatora Alexandra Tretjewo i Gosudaryni imperatrizy Marii Fjodorownoi wseja Rossii*, St. Petersburg 1883, bes. S. 43–6.
55 Zur Eröffnung siehe Je. Kiritschenko, *Chram Christa Spassitelja w Moskwe*, Moskau 1992, S. 140–45. Siehe auch Kathleen Berton Murrell, *Moscow. An Architectural History*, London 1977, S. 170, welche die übliche Meinung über die unverhältnismäßige Größe der Kathedrale vertritt, und T. Slawina, *Konstantin Ton*, Leningrad 1989, S. 112–15, die mehr Verständnis zeigt (jedenfalls gegenüber Thon).
56 Kiritschenko, *Chram*, S. 152.
57 I. Je. Sabelin, *Istorija goroda Moskwy*, Moskau 1904, Repr. 2005, S. 259–6.
58 Zu einer Vorstellung davon (nach Aussagen des führenden Architekten selbst) siehe N. W. Sultanow, *Pamjatnik imperatoru Alexandru II w Kremle*, St. Petersburg 1898.
59 Konstantin Michailow, *Unitschtoschenny Kreml*, Moskau 2007, S. 203.
60 *Putewoditel po Moskwe*, Moskau 1918, S. 10.
61 Zu dem Kopftuch, gefertigt von der Danilow-Fabrik, siehe Wedernikowa, *Oblik*, S. 223. Zur goldenen Jugend siehe RGADA 1239/24/2990, ein Re-

gister von 1914 über Geldstrafen und Verweise für das Kremlpersonal, darunter Einzelheiten der Strafen für Kreml-Wächter, die Paaren gestattet hatten, in der Nähe des Monuments zu rauchen.

62 »Steny Kremlja. Schtto oni takoje, i tschtto oni mogli by byt«, *Russki archiw* 3 (1893), S. 365–73.

63 Apollinari Wasnezow veröffentlichte 1914 eine Sammlung imaginärer Bilder des mittelalterlichen Moskau, die noch in seinem Album *Drewnjaja Moskwa* verfügbar ist. Siehe auch Schmidt, *Enziklopedija*, S. 158–9. Große Teile des Werkes der Brüder werden weiterhin im Museumsreservat Abramzewo bei Moskau ausgestellt.

64 *Prawoslawnyje swjatyni Moskowskowo Kremlja w istorii i kulture Rossii*, Moskau 2006, S. 368.

65 GARF 130/2/160, 17.

66 *Prawoslawnyje swjatyni*, S. 373.

67 Zu dem Synodalen Chor, dem sich zuweilen der große Star Konstantin Rosow anschloss, siehe Kiritschenko, *Chram*, S. 190–93. Die enttäuschte Kommentatorin war Tolstois Witwe Sofia. Siehe *The Diaries of Sofia Tolstaya*, London 1985, S. 690 (Eintrag vom 12. März 1911).

68 Zu ihrem 1917 ausgedrückten Groll über den Begriff siehe RGADA 1239/24/3297, 1–3. Das russische Wort ist *lakei*.

69 RGADA 1239/24/2893 (über die ansässige Bevölkerung im Jahr 1914) und 1239/24/2985, 90 (über Verhaftungen).

70 Sofja Andrejewna Tolstaja, *Tagebücher 1862–1897*, Königstein/Ts. 1982, S. 36; Tolstois Darstellung erscheint in Teil 5, Kapitel 1–6, von *Anna Karenina*, 1877; München 1994, S. 537.

71 RGADA 1239/3/19277 nennt Details dieses Verfahrens für 1857, und RGADA 1239/24/2986 schildert die gleichen Vorbereitungen für einen Staatsbesuch im Jahr 1914. Zu diesem Anlass musste die Kreml-Verwaltung allein für das Militär knapp über 2000 Unterkünfte finden.

72 Tolstaja, *Tagebücher 1862–1897*, S. 57 (29. Jan. 1863).

73 Snegirjow, *Dnewnik*, Bd. 1, S. 297.

74 Ebd., S. 302.

75 Siehe Sabelin, *Dnewniki*, S. 7–23.

76 Snegirjow, *Dnewnik*, Bd. 2, S. 35.

77 Sabelin, *Dnewniki*, S. 47.

78 Ebd., S. 239 und 245.

79 Zu Sergej Alexandrowitschs Antisemitismus siehe Richard S. Wortman, *Scenarios of Power. Myth and Ceremony in Russian Monarchy*, Princeton, NJ, und Oxford 2006, S. 311–12.

80 Zitiert in Wortman, *Scenarios*, S. 364.
81 Sabelin, *Dnewniki*, S. 214.
82 Konstantin Bykowski, zitiert in William Craft Brumfield, *A History of Russian Architecture*, Cambridge 1997, S. 423.
83 Ein Verzeichnis ihrer Veröffentlichungen wurde 1915 herausgegeben von W. K. Trutowski: *Spissok isdani Imperatorskowo Moskowskowo Obschtschestwa po 50 let jewo dejatelnosti.* Siehe auch Schtschenkow, *Pamjatniki*, S. 249.
84 Zu einer Zusammenfassung siehe I. Maschkow (Hg.), *Ottschot po restawrazii Bolschowo Moskowskowo Uspenskowo Sobora*, Moskau 1910, S. 6–23. Zu der aufkommenden Kritik, die von I. E. Grabar angeführt wurde, siehe den ersten Bericht der Kommission für die Erhaltung von historischen und Kunstschätzen, nachgedruckt in W. N. Kutschin (Hg.), *Is istorii stroitelstwa sowetskoi kultury 1917–1918. Dokumenty i wospominanija*, Moskau 1964, S. 149–53.
85 Zu den Mosaiken und zu anderen Problemen mit der Innenrestaurierung siehe B. Ju. Brandenburg u. a., *Architektor Iwan Maschkow*, Moskau 2001, S. 81–4. Zur allgemeineren Einschätzung des Gebäudes durch die Kirche siehe RGADA 1239/24/3082.
86 Sabelin, *Dnewniki*, S. 91–2.
87 Siehe ebd., S. 17–18.
88 Zu der Kreml-Sammlung siehe T. D. Panowa, »Archeologitscheskoje isutschenije territorii Moskowskowo Kremlja w konze XVIII–XX weka«, *Materialy i issledowanija*, Bd. 16, bes. S. 351–2.
89 Sabelin, *Dnewniki*, S. 112.
90 Zu einer Darstellung aus der Sowjetzeit siehe W. M. Rauschenbach, »Rossija w 1861–1917g«, in Meschdunarodny Sowet musejew, *Konferenzija komiteta musejew archeologii i istorii*, Moskau und Leningrad 1970, S. 3–11.
91 Diese Funde wurden liebevoll untersucht in Sabelin, *Istorija goroda Moskwy*, S. 82–3.
92 Sabelin, *Dnewniki*, S. 91.
93 Panowa, »Archeologitscheskoje isutschenije«, S. 350.
94 N. P. Lichatschow, *Biblioteka i archiw moskowskich gossudarei w XVI stoletii*, St. Petersburg 1894, S. 4.
95 Sabelin, *Istorija goroda Moskwy*, S. 82–3.
96 Panowa, »Archeologitscheskoje isutschenije«, S. 352–3.
97 N. A. Skworzow, *Archeologija i topografija Moskwy. Kurs lekzi*, Moskau 1913, S. 80; Sabelin, *Istorija goroda Moskwy*, S. 65.

566 Anmerkungen

98   Lichatschow, *Biblioteka*, S. 1.
99   S. P. Bartenew, *Moskowski Kreml w starinu i teper*, 2 Bde., St. Petersburg 1912 und 1918, Bd. 2, S. 202–6; Lichatschow, *Biblioteka*, S. 5.
100   Bartenew, *Moskowski Kreml*, Bd. 2, S. 204–5.
101   Lichatschow, *Biblioteka*, S. 2–5.
102   Einige Beispiele siehe in Lichatschow, *Biblioteka*; sowie in A. I. Sobolewski, »Jeschtscho ras o kremljowskom tainike i zarskoi biblioteke«, *Archeologitscheskije iswestija i sametki*, Nr. 12 (1894), S. 400–403 und S. 33–44; siehe auch S. O. Schmidt (Hg.), *Biblioteka Iwana Grosnowo. Rekonstruzija i bibliografitscheskoje opissanije*, Moskau 1982.
103   Panowa, »Archeologitscheskoje isutschenije«, S. 353.
104   Die Moskauer Duma wurde nach einem Gesetz von 1870 gegründet. 1905 hatte sie bereits 160 Abgeordnete und tagte in einem herrlichen Gebäude am Woskressenskaja-Platz. Siehe *Istorija Moskwy s drewneischich wremjon*, Bd. 3, S. 27–8.
105   Allein 2005 erschienen zwei Nachdrucke. Das Buch ist auch in mindestens drei PDF-Versionen erhältlich.
106   *Moskowski kreml w starinu i teper*. Die Bände erschienen zwischen 1912 und 1918. Sie wurden im Jahr 2011 nachgedruckt.
107   Eine Liste von Bewohnern erscheint in RGADA 1239/24/2985.
108   Es wurde 1900 gebaut; siehe *Istorija Moskwy s drewneischich wremjon*, Bd. 3, S. 21.
109   Die Uniformen des Palastpersonals werden erörtert in RGADA 1239/24/2894 und 2901.
110   Michailow, *Unitschtoschenny Kreml*, S. 275–81.
111   Sabelin, *Dnewniki*, S. 213–215.
112   *Der letzte Zar*, S. 188.
113   Ebd., S. 189 und 204.
114   *Istorija Moskwy s drewneischich wremjon*, Bd. 3, S. 97–100.
115   Die besten Exemplare sind abgedruckt in Wasnezow, *Drewnjaja Moskwa*.
116   Siehe Wortman, *Scenarios*, S. 334–43.
117   Die Wendung »der ideale christliche Staat« erscheint auf der ersten Textseite im Krönungsalbum Nikolaus' II., *Swjaschtschonnoje koronowanije ... Nikolaja Alexandrowitscha*, Bd. 1, S. 1.
118   I. Tokmakow, *Istoritscheskoje opissanije wsech koronazi rossiskich zarei, imperatorow i imperatriz*, Moskau 1896. Das Bild von Rjurik befindet sich auf S. vii; es gibt genauso faszinierende Porträts des heiligen Wladimir von Kiew und Wassilis II. aus Moskau.

119 *Swjaschtschonnoje koronowanije ... Nikolaja Alexandrowitscha*, Bd. 1, S. 245.
120 *Der letzte Zar*, S. 115–16.
121 *The Times*, 10. Mai 1896, S. 3.
122 *The Graphic*, Samstag, den 6. Juni 1896. Jüngere Ziffern deuten auf 1000 bis (höchstens) 2000 Todesfälle hin.
123 Illus; *Swjaschtschonnoje koronowanije ... Nikolaja Alexandrowitscha*, Bd. 1, S. 176, 284–5.

Akropolis

1 Zu dem Pariser Ereignis siehe Jennifer Homans, *Apollo's Angels. A History of Ballet*, London 2010, S. 317–18, und Modris Eksteins, *Rites of Spring*, London 1989, S. 10–16.
2 Zu kontrastierenden Ansichten über die Bedeutung des Balletts siehe Richard Taruskin, *Defining Russia Musically*, Princeton, NJ 1997, S. 49 und 378, und Homans, *Apollo's Angels*, S. 312.
3 Kommentare der Kritiker nach A. W. Krusanow, *Russki awangard, 1907–1932. Istoritscheski obsor w trjoch tomach*, Moskau 1996, Bd. 1, Teil 2, S. 196–8; siehe auch *The Knave of Diamonds in the Russian Avant Garde*, St. Petersburg 2004. Zu den Künstlern siehe Aristarch Lentulow, *Katalog wystawki* (Moskau, 1968) und http://www.foto-a.narod.ru/collection/polonchuk/ropot/ropot_dok_3.htm (abgerufen am 23. Jan. 2013) zu einem Faksimile des Ausstellungskatalogs von 1914.
4 Zitiert nach Norbert Lynton, *Tatlin's Tower. Monument to Revolution*, New Haven, Conn., und London 2009, S. 46. Malewitschs Ansichten über die Kunst findet man auch in seiner Schrift *Suprematismus. Die gegenstandslose Welt*, Ostfildern 1994; siehe daneben Charlotte Douglas, *Kazimir Malevich*, London 1994.
5 Richard Stites, *Revolutionary Dreams*, Oxford 1989, S. 170.
6 *Istorija Moskwy s drewneischich wremjon do naschich dnei w trjoch tomach*, Bd. 3, Moskau 2000, S. 33.
7 Jewgeni Tretjakow, »Otkrytije metro«, *Moskwa* 9 (September 2007), S. 137.
8 *Istorija Moskwy s drewneischich wremjon*, Bd. 3, S. 21 und 27.
9 Zitiert nach Karl Schloegel, *Moscow 1937*, London 2005, S. 18. Im deutschen Original: *Terror und Traum. Moskau 1937*, München 2008, findet sich dieses Zitat nicht (Anm. d. Ü.).

10 Timothy J. Colton, *Moscow. Governing the Socialist Metropolis*, Cambridge, Mass. 1995, S. 56–7.
11 *Istorija Moskwy s drewneischich wremjon*, Bd. 3, S. 23.
12 Ebd., Bd. 3, S. 108. Siehe auch J. N. Westwood, *Endurance and Endeavour. Russian History 1812–1992*, 4. Aufl., Oxford 1993, S. 210–11.
13 W. N. Kutschin (Hg.), *Is istorii stroitelstwa sowetskoi kultury. 1917–1918. Dokumenty i wospominanija*, Moskau 1964, S. 332.
14 RGADA 1239/24/3012, 99–105.
15 RGADA 1239/24/3012, 20 und 28.
16 Westwood, *Endurance*, S. 212. Zum legendären Mut der russischen Soldaten siehe C. Merridale, *Iwans Krieg*, Frankfurt am Main 2006, S. 16–17.
17 RGADA 1239/24/3012, 106.
18 Die anschaulichste Schilderung findet man immer noch in O. Figes, *Die Tragödie eines Volkes. Die Epoche der Russischen Revolution 1891 bis 1924*, Berlin 1998, S. 338–56.
19 Durch den russischen Kalender wird es ungewöhnlich schwierig, diese Ereignisse zu verfolgen. Nikolaus dankte laut dem neuen (und gegenwärtigen) Kalender am 15. März ab, doch damals wurde das Datum in Russland anders berechnet und hinkte zwölf Tage hinter der europäischen Norm her.
20 Allan Monkhouse, *Moscow, 1911–1933*, London 1933, S. 59–61.
21 Eduard M. Dune, *Notes of a Red Guard*, Urbana, Ill. und Chicago 1993, S. 32–4.
22 Dune, *Red Guard*, S. 35.
23 RGADA 1239/24/3230, 2.
24 RGADA 1239/24/3230, 5.
25 RGADA 1239/24/3297, 1–3.
26 RGADA 1239/24/3297, 31.
27 Nahe dem Trubnaja-Platz. Siehe W. S. Kundius' Bericht in Kutschin, *Is istorii*, S. 298–9.
28 Siehe I. E. Grabar, *Pisma, 1917–1941*, Moskau 1977, S. 15. Siehe auch W. P. Lapschin, *Chudoschestwennaja schisn Moskwy i Petrograda w 1917 godu*, Moskau 1983, S. 232. Zur Vorstellung einer Akropolis siehe Jelena Gagarina in *Materialy i issledowanija*, Bd. 15, S. 200; Konstantin Michailow, *Unitschtoschenny Kreml*, Moskau 2007, S. 38.
29 A. S. Schtschenkow (Hg.), *Pamjatniki architektury w Sowetskom Sojuse*, Moskau 2004, S. 14–15.
30 Lapschin, *Chudoschestwennaja schisn*, S. 84–5.
31 Zu einer kurzen Biographie siehe http://www.kreml.ru/ru/history/Refe-renceData/guidance-museum/Trutovskiy (abgerufen am 6. Juni 2012).

32 RGADA 1239/24/3272, 1–2.
33 A. Resis (Hg.), *Molotov Remembers. Conversations with Felix Chuev*, Chicago 1993, S. 98.
34 Zu der Meinung eines konservativen Moskauer Historikers siehe Terence Emmons (Hg.), *Time of Troubles. The Diary of Iurii Vladimirovich Got'e*, London 1988, S. 72–3.
35 Monkhouse, *Moscow*, S. 67.
36 John Reed, *Zehn Tage, die die Welt erschütterten*, Berlin 1957, S. 321.
37 Lapschin, *Chudoschestwennaja schisn*, S. 228.
38 Bischof Nestor Kamtschatski, »Rasstrel Moskowskowo Kremlja«, Repr. *Moskowski schurnal* 4 (1992), S. 24.
39 A. N. Kaschewarow, *Prawoslawnaja Rossiskaja Zerkow i sowetskoje gossudarstwo (1917–1922)*, Moskau 2005, S. 87.
40 Siehe *Nowaja schisn*, 3. November 1917. Zitiert nach Reed, *Zehn Tage*, S. 313.
41 Emmons, *Got'e*, S. 80.
42 Monkhouse, *Moscow*, S. 68.
43 Lapschin, *Chudoschestwennaja schisn*, S. 234.
44 Reed, *Zehn Tage*, S. 323–27.
45 A. Abramow, *U Kremljowskoi steny*, Moskau 1981, S. 34; Kaschewarow, *Prawoslawnaja Rossiskaja Zerkow*, S. 90.
46 Abramow, *U Kremljowskoi steny*, S. 52.
47 Lapschin, *Chudoschestwennaja schisn*, S. 226.
48 Bischof Nestor, »Rasstrel«, S. 27–9.
49 Lapschin, *Chudoschestwennaja schisn*, S. 228.
50 Ebd., S. 231; zu Malewitsch siehe Schtschenkow, *Pamjatniki … w Sowetskom Sojuse*, S. 49.
51 S. W. Mironenko (Hg.), *Moskowski Kreml – zitadel Rossii*, Moskau 2008, S. 218.
52 P. D. Malkow, *Sapiski komendanta Kremlja*, Moskau 1968, S. 118.
53 Grabar, *Pisma*, S. 22–3.
54 Joel A. Bartsch und die Kuratoren des Moskauer Kreml-Museums (Hg.), *Kremlin Gold. 1000 Years of Russian Jewels and Gems*, New York 2000, S. 62.
55 Erlass über die Kreml-Denkmäler, 5. Januar 1918, nachgedruckt in Kutschin, *Is istorii*, S. 55; siehe auch Mironenko, *Moskowski Kreml*, S. 185.
56 Erlass vom April 1918 in Kutschin, *Is istorii*, S. 69.
57 Aussage von W. S. Kundius in Kutschin, *Is istorii*, S. 301–2.

58 Schtschenkow, *Pamjatniki ... w Sowetskom Sojuse*, S. 49; Emmons, *Got'e*, S. 91.
59 Ebd., S. 102.
60 Kutschin, *Is istorii*, S. 63; Schtschenkow, *Pamjatniki ... w Sowetskom Sojuse*, S. 49.
61 Kutschin, *Is istorii*, S. 65.
62 Zu der Kommission siehe Oranowski, »Kreml – Akropol«, in Kutschin, *Is istorii*, S. 317–56.
63 Schtschenkow, *Pamjatniki ... w Sowetskom Sojuse*, S. 17.
64 Mironenko, *Moskowski Kreml*, S. 218.
65 Oranowskis Aussage in Kutschin, *Is istorii*, S. 322.
66 Der Brief ist reproduziert in Kutschin, *Is istorii*, S. 264.
67 Emmons, *Got'e*, S. 121.
68 Kutschin, *Is istorii*, S. 157.
69 W. D. Bontsch-Brujewitsch, *Wospominanija o Lenine*, Moskau 1965, S. 210. Siehe auch Malkow, *Sapiski*, S. 116.
70 Mironenko, *Moskowski Kreml*, S. 185.
71 *Istorija Moskwy s drewneischich wremjon*, Bd. 3, S. 122–3.
72 Robert Service, *Lenin. Eine Biographie*, München 2000, S. 449.
73 Bontsch-Brujewitsch, *Wospominanija*, S. 197.
74 Mironenko, *Moskowski Kreml*, S. 194.
75 Bontsch-Brujewitsch, *Wospominanija*, S. 200–205.
76 Kutschin, *Is istorii*, S. 80.
77 Malkow, *Sapiski*, S. 117.
78 Ebd., S. 116.
79 Ebd., S. 113.
80 Bontsch-Brujewitsch, *Wospominanija*, S. 211.
81 Service, *Lenin*, S. 451–52.
82 Zu dem Lift siehe GARF R-130/2/199, 17; zu den sanitären Anlagen siehe Alexandr Kolesnitschenko, »Mesto propiski: Moskwa«, *Argumenty i fakty*, 17. Juni 2009.
83 Interview, Moskau, September 2008; siehe auch S. O. Schmidt (Hg.), *Moskwa. Enziklopedija*, Moskau 1997, S. 401.
84 Resis, *Molotov Remembers*, S. 98.
85 Schtschenkow, *Pamjatniki ... w Sowetskom Sojuse*, S. 20 und 57.
86 Leo Trotzki, *Mein Leben. Versuch einer Autobiographie*, Berlin 1930, S. 338–39.
87 G. Bordjugow, »Kak schili w Kremle w 1920 godu. Materialy kremljowskoi komissii ZK RKP(b)«, in W. A. Koslow (Hg.), *Neiswestnaja Rossija*,

	Moskau 1992, Bd. 2, S. 267. In dem dort zitierten Material ist von 1112 Personen die Rede, was andere Quellen bestätigen.
88	Mironenko, *Moskowski Kreml*, S. 210. Ungefähr die Hälfte waren Zivilisten, die Übrigen Soldaten oder Angehörige der Sicherheitskräfte. Siehe Bordjugow, »Kak schili w Kremle«, S. 267.
89	Trotzki, *Mein Leben*, S. 336.
90	Ebd., S. 338.
91	GARF R-130/2/160, 203.
92	GARF R-130/2/199, 204; siehe auch Mironenko, *Moskowski Kreml*, S. 210.
93	GARF R-130/2/199, 203.
94	Malkow, *Sapiski*, S. 120.
95	GARF R-130/2/162.
96	Ja. N. Schtschapow (Hg.), *Russkaja Prawoslawnaja zerkow i kommunistitscheskoje gossudarstwo, 1917–1941*, Moskau 1996, S. 39.
97	GARF R-130/2/160, 7.
98	GARF R-130/2/160, 17.
99	Zitiert von T. A. Tutowa in *Materialy i issledowanija*, Bd. 20, S. 305. Zu dem gesamten Vorfall siehe ihren Artikel »Trozkaja protiw Stalina. Pjat pissem k Leninu ob Oruscheinoi palate«, Ebd., S. 298–322.
100	Mironenko, *Moskowski Kreml*, S. 285.
101	Dune, *Red Guard*, S. 86.
102	*Istorija Moskwy s drewneischich wremjon*, Bd. 3, S. 134–5.
103	Trotzki, *Mein Leben*, S. 337. Siehe auch Dune, *Red Guard*, S. 86.
104	Bordjugow, »Kak schili w Kremle«, S. 265 und 270.
105	Tamara Kondratieva, *Gouverner et nourrir. Du pouvoir en Russie, XVI–XXe siècles*, Paris 2002, S. 174.
106	Service, *Lenin*, S. 478.
107	Zitiert in D. Wolkogonow, *Die sieben Führer*, Frankfurt am Main 2001, S. 63.
108	Malkow, *Sapiski*, S. 159–60.
109	Zu den Garagen siehe *Argumenty i fakty*, 23. März 2011 (»Schef w Kreml! Istorii is schisni Garascha ossobowo nasnatschenija«); Malkow, *Sapiski*, S. 109; Mironenko, *Moskowski Kreml*, S. 210; zu dem Delaunay-Belleville siehe auch Sean McMeekin, *History's Greatest Heist*, New Haven, Conn. 2008, S. 39. Der Zar hatte einen ganzen Fuhrpark mit Autos seines Lieblingsmodells besessen, so dass Lenin einige Ersatzgefährte zur Verfügung standen.
110	*Istorija Moskwy s drewneischich wremjon*, Bd. 3, S. 127.

111 Kondratieva, *Gouverner et nourrir*, S. 101; Bontsch-Brujewitsch, *Wospominanija*, S. 225
112 Zu einer Erörterung siehe C. Merridale, *Night of Stone*, London 2000, S. 129.
113 Kutschin, *Is istorii*, S. 25–6. Siehe auch A. Michailow, »Programma monumentalnoi propagandy«, *Iskusstwo* 4 (1968), S. 31–4, und Ebd. 5 (1968), S. 39–42.
114 Malkow, *Sapiski*, S. 218–19.
115 Gegen Juli 1918. Siehe den Bericht der Staatlichen Kontrollkommission in Kutschin, *Is istorii*, S. 105.
116 Michailow, »Programma monumentalnoi propagandy«, *Iskusstwo* 4, S. 34; siehe auch Kutschin, *Is istorii*, S. 32–7, zu Resolutionen, die Lenins Ungeduld widerspiegelten.
117 Zu Gerassimow siehe Stites, *Revolutionary Dreams*, S. 50.
118 Kutschin, *Is istorii*, S. 45.
119 Abramow, *U Kremljowskoi steny*, S. 45. Siehe auch Stites, *Revolutionary Dreams*, S. 87.
120 Außerdem gab es eine Anfrage, das Reservat in der Fastenwoche zu öffnen. Siehe GARF R-130/2/161, 1.
121 Kutschin, *Is istorii*, S. 353–4.
122 GARF R-130/2/157, 3–4.
123 Ebd.; N. A. Kriwowa, *Wlast i zerkow w 1922–1925 gg.*, Moskau 1997, S. 15; Schtschenkow, *Pamjatniki ... w Sowetskom Sojuse*, S. 10.
124 Schtschapow, *Russkaja Prawoslawnaja zerkow*, S. 36, Resolution vom 17. März 1918.
125 Ebd.
126 GARF R-130/2/160, 2; siehe auch Schtschapow, *Russkaja Prawoslawnaja zerkow*, S. 40–41; zum Heiligenkult im Allgemeinen siehe S. A. Smith, »Bones of contention. Bolsheviks and the struggle against relics, 1918–1930«, *Past and Present* 204 (August 2009), S. 155–94.
127 Kutschin, *Is istorii*, S. 37–45, unter Hinweis auf eine Resolution des Rats der Volkskommissare vom 17. Juli 1918.
128 Ebd., S. 45–6 und 164–66, zum Chaos in der künstlerischen Welt.
129 *Istorija Moskwy w schesti tomach*, Moskau 1953, Bd. 6, S. 186, beschreibt das Basrelief am 1. Mai 1919, als es zudem mit realen Palmenzweigen und Bildern von Karl Marx geschmückt wurde.
130 Schtschenkow, *Pamjatniki ... w Sowetskom Sojuse*, S. 8.
131 Kriwowa, *Wlast i zerkow*, S. 30.
132 Ebd.

133 Zitiert in Richard Pipes, *The Unknown Lenin*, New Haven, Conn. 1996, S. 152–5.
134 Kriwowa, *Wlast i zerkow*, S. 50.
135 McMeekin, *Greatest Heist*, S. 83.
136 Ebd., S. 84.
137 Die Zahl belief sich auf weit über 1000. Siehe McMeekin, *Greatest Heist*, S. 83.
138 Schtschenkow, *Pamjatniki ... w Sowetskom Sojuse*, S. 23.
139 Michailow, *Unitschtoschenny Kreml*, S. 114.
140 Darauf bezieht sich Grabars Erklärung vom 26. Juli 1922, *Pisma*, S. 65.
141 Grabar, *Pisma*, S. 179.
142 Schtschenkow, *Pamjatniki ... w Sowetskom Sojuse*, S. 21.
143 Je. Kiritschenko, *Chram Christa Spassitelja w Moskwe*, Moskau 1992, S. 228.
144 Die Überlegungen der so wunderbar betitelten Verewigungskommission lassen sich verfolgen in J. M. Lopuchin, *Bolesn, smert i balsamirowanije W. I. Lenina*, Moskau 1997.

Rote Festung

1 Walter Benjamin, »Moskau«, in *Gesammelte Schriften*, Bd. 4, Frankfurt am Main 1991, S. 320 und 345.
2 *Istorija Moskwy s drewneischich wremjon do naschich dnei w trjoch tomach*, Bd. 3, Moskau 2000, S. 148 (über die Arbeitslosigkeit) und 151 (über die Arbeiterversammlungen).
3 Zu einer Erörterung und zu Illustrationen siehe Catherine Cooke, *Russian Avant-garde. Theories of Art, Architecture and the City*, London 1995.
4 Dies betont Dmitry Shvidkovsky, *Russian Architecture and the West*, New Haven, Conn., und London 2007, S. 364.
5 Zu Baranowskis Arbeiten siehe Ju. A. Bytschkow u. a. (Hg.), *Pjotr Baranowski. Trudy, wospominanija sowremennikow*, Moskau 1996.
6 A. S. Schtschenkow (Hg.), *Pamjatniki architektury w Sowetskom Sojuse*, Moskau 2004, S. 145.
7 S. Dmitrijewski, *Sowetskije portrety*, Berlin 1932, S. 59.
8 Je. Kiritschenko, *Chram Christa Spassitelja w Moskwe*, Moskau 1992, S. 221.
9 Kiritschenko, *Chram*, S. 221, zitiert nach Grabars Artikel in *Stroitelstwo Moskwy* 7 (1925).

10 V. Koslow, »Perwyje snossy«, *Architektura i stroitelstwo Moskwy* 8 (August 1990), S. 27–8.
11 Schtschenkow, *Pamjatniki*, S. 35–6.
12 Zitiert ebd., S. 42.
13 Zu den Verwendungszwecken der Kasaner Kathedrale siehe ebd., S. 166.
14 Ebd., S. 36; siehe auch Timothy J. Colton, *Moscow. Governing the Socialist Metropolis*, Cambridge, Mass. 1995, S. 277; Cooke, *Russian Avant-garde*, S. 202.
15 Schtschenkow, *Pamjatniki*, S. 83.
16 Zitiert in Kiritschenko, *Chram*, S. 224–5.
17 W. Koslow, »Tragedija monastyrei. God 1929«, *Moskowski schurnal* 1 (1991), S. 34; siehe auch Kiritschenko, *Chram*, S. 225.
18 Kiritschenko, *Chram*, S. 225. Geplant war, die gleichen Themen für Ausstellungen im Rüstkammer-Museum des Kreml zu benutzen. Siehe I. Ja. Katschalowa, »Istorija otdela pamjatnikow Kremlja«, *Materialy i issledowanija*, Bd. 14, S. 184.
19 Richard Stites, *Revolutionary Dreams*, Oxford 1991, S. 109–12.
20 Kiritschenko, *Chram*, S. 246.
21 W. A. Koslow (Hg.), *Neiswestnaja Rossija*, Bd. 2, Moskau 1992, S. 337–48, und Kiritschenko, *Chram*, S. 251.
22 Cooke, *Russian Avant-garde*, S. 202–6.
23 Es gibt zahlreiche Darstellungen dieser Entwicklung. Zu einem Überblick siehe Schtschenkow, *Pamjatniki*, S. 35–6.
24 Ebd., S. 43.
25 Shvidkovsky, *Russian Architecture*, S. 369; zu einer Illustration aus den 1940er Jahren siehe Schtschenkow, *Pamjatniki*, S. 210.
26 Sergej Mironenko (Hg.), *Moskowski Kreml. Zitadel Rossii*, Moskau 2008, S. 239.
27 Ebd., S. 294–5.
28 Ebd., S. 295.
29 Katschalowa, »Istorija«, S. 183.
30 Koslow, »Tragedija monastyrei«, S. 38.
31 Mironenko, *Moskowski Kreml*, S. 296.
32 Katschalowa, »Istorija«, S. 183.
33 Koslow, »Tragedija monastyrei«, S. 39.
34 Siehe T. D. Panowa, *Kremljowskije ussypalnizy*, Moskau 2003, S. 198–202.
35 Zum Beispiel werden einige Steine im Diorama gezeigt, das man 2009 im Glockenturm Iwan der Große eröffnete. Allerdings wird in dem Kommentar nicht erwähnt, wie sie dorthin gelangten.

36 Koslow, »Tragedija monastyrei«, S. 39.
37 Prawoslawnyje swjatyni Moskowskowo Kremlja w istorii i kulture Rossii, Moskau 2006, S. 308; Rerberg hatte vorher den Kiewer Bahnhof in Moskau gebaut.
38 Worauf Protestler damals hinwiesen. Siehe *Prawoslawnyje swjatyni*, S. 308.
39 Der Befragte wurde im September 2007 in Moskau interviewt.
40 Mironenko, *Moskowski Kreml*, S. 297.
41 RGASPI 671/1/103, 163.
42 Katschalowa, »Istorija«, S. 184.
43 Colton, *Moscow*, S. 268.
44 Zu der Entscheidung siehe Mironenko, *Moskowski Kreml*, S. 300. Der Antragsteller war Abel Jenukidse. Zu diesem spezifischen Gebrauch von Feuerwerkskörpern siehe *Stoliza* 3 (1991), S. 38-9.
45 A. Voyce, *The Moscow Kremlin. Its History, Architecture, and Art Treasures*, London 1955, S. 67.
46 Mironenko, *Moskowski Kreml*, S. 300.
47 Ebd., S. 302.
48 T. W. Tolstaja, »Musei ›Uspenski sobor‹ Moskowskowo Kremlja. Stranizy istorii«, *Materialy i issledowanija*, Bd. 14, S. 209.
49 Katschalowa, »Istorija«, S. 186, zitiert nach dem Kreml-Archiv.
50 Lidia Schatunowskaja, *Schisn w Kremle*, New York 1982, S. 25.
51 Siehe *Materialy i issledowanija*, Bd. 14, S. 105-10.
52 T. A. Tutowa, »Direktor Oruscheinoi palaty D. D. Iwanow i borba sa sochranenije museinych zennostei w 1922-1929 godach«, *Materialy i issledowanija*, Bd. 14, S. 106-9.
53 Die Praktik wurde *wydwischenije* (»Beförderung«) genannt, und sie lässt die heutige positive Diskriminierung schwächlich erscheinen.
54 M. K. Pawlowitsch, »Oruscheinaja palata Moskowskowo Kremlja w 1930e gody«, *Materialy i issledowanija*, Bd. 14, S. 113-15.
55 M. Dokutschajew, *Moskwa. Kreml. Ochrana.*, Moskau 1995, S. 49.
56 Die sogenannte Kreml-Affäre. Siehe unten, S. 423-425.
57 Pawlowitsch, »Oruscheinaja palata«, S. 116.
58 Ebd., S. 117.
59 Katschalowa, »Istorija«, S. 186.
60 I. I. Schiz, zitiert in I. W. Pawlowa, *Stalinism. Stanowlenije mechanisma wlasti*, Nowosibirsk 1993, S. 77.
61 Stalins Geburtsdatum war nur eines von vielen Geheimnissen, die er durch Lügen verschleierte. Siehe Robert Service, *Stalin. A Biography*, London 2004, S. 13-14.

576 Anmerkungen

62 Zu einer gründlichen Darlegung siehe Pawlowa, *Stalinism*, bes. S. 90–138.
63 Ebd., S. 87.
64 Ebd., S. 90.
65 Mironenko, *Moskowski Kreml*, S. 248; zu späteren Telefonsystemen siehe Kolesnitschenkos einschlägigen Artikel in *Argumenty i fakty*, 16. Februar 2011.
66 Zu Molotows eigenem Kommentar über die Lauschangriffe siehe A. Resis (Hg.), *Molotov Remembers. Conversations with Felix Chuev*, Chicago 1993, S. 224. Zu den Kremlsystemen im weiteren Sinne siehe auch Mironenko, *Moskowski Kreml*, bes. S. 232–48; Tamara Kondratieva, *Gouverner et nourrir. Du pouvoir a la Russie, XVI–XXe siècles*, Paris 2002, S. 173 (mit Zitaten von Angestellten der Präsidentenbibliothek); und Dokutschajew, *Moskwa*, S. 64.
67 Siehe Dmitrijewski, *Sowetskije portrety*, S. 159–63, zu einem Verzeichnis der Polizeitechniken.
68 Boris Baschanow, zitiert in Colton, *Moscow*, S. 162.
69 B. S. Ilisarow, *Tainaja schisn Stalina*, Moskau 2002, S. 152–3, Aussage des Piloten Jakowlew von 1939.
70 Ebd., S. 152.
71 Details nach Mironenko, *Moskowski Kreml*, S. 378–82; siehe auch Pawel Sudoplatow (der unter bedrohlichen Umständen bei Stalin vorsprach), *Spezoperazii. Lubjanka i Kreml 1930–1950 gody*, Moskau 1997, S. 102. Zu Poskrjobyschew und Stalins »Küchenkabinett« siehe auch Pawlowa, *Stalinism*, S. 137.
72 Die Argumentation wird viel ausführlicher entwickelt in Kondratieva, *Gouverner et nourrir*.
73 Pawlowa, *Stalinism*, S. 74.
74 Zu den Einrichtungen im Allgemeinen siehe zum Beispiel Schatunowskaja, *Schisn w Kremle*, S. 42–4, und Pawlowa, *Stalinism*, S. 51–2.
75 Mironenko, *Moskowski Kreml*, S. 210. Zu der späteren Verlegung des Kreml-Geschäfts ins GUM siehe ebd., S. 239.
76 Dmitrijewski, *Sowetskije portrety*, S. 23–4.
77 Schatunowskaja, *Schisn w Kremle*, S. 41; Dmitrijewski, *Sowetskije portrety*, S. 27–8. Zu den Gesprächen siehe ebd., S. 24–5.
78 Konkrete Beispiele findet man in Jenukidses Akten. Siehe RGASPI 667/1/1–59 sowie Dmitrijewski, *Sowetskije portrety*, S. 30.
79 Dmitrijewski, *Sowetskije portrety*, S. 24 und 73.
80 Aussage von Mikojan. Zu den Kindern im Allgemeinen siehe L. Wassiljewa, *Deti Kremlja*, Moskau 1996.

81 Resis, *Molotov Remembers*, S. 210; R. Richardson, *The Long Shadow. Inside Stalin's Family*, London 1994, S. 119.
82 Dmitrijewski, *Sowetskije portrety*, S. 25.
83 Zitiert in Kondratieva, *Gouverner et nourrir*, S. 183.
84 Klemenko, zitiert in Kondratieva, *Gouverner et nourrir*, S. 173.
85 Schatunowskaja, *Schisn w Kremle*, S. 42.
86 Kondratieva, *Gouverner et nourrir*, S. 183.
87 Die Beweisstücke sind über die Memoiren aus jener Zeit verstreut. Siehe zum Beispiel Resis, *Molotov Remembers*, S. 222–5.
88 Zur derartigen Ausnutzung von Frauen siehe Dmitrijewski, *Sowetskije portrety*, S. 163.
89 Ebd., S. 39–40.
90 Mironenko, *Moskowski Kreml*, S. 248.
91 Zu Bedny siehe zum Beispiel RGASPI 667/1/18.
92 Zu dem Zimmer siehe Richardson, *Long Shadow*, S. 122. Zu dem Selbstmord siehe zum Beispiel den Beginn von Simon Sebag Montefiore, *Stalin. Am Hof des Roten Zaren*, Frankfurt am Main 2005.
93 Richardson, *Long Shadow*, S. 123.
94 Sokolowas ursprüngliche Aussage gegen Muchanowa findet sich in RGASPI 671/1/103, 3–19.
95 RGASPI 67/1/103, 24.
96 Zur Ermordung von Kirow siehe S. Dewjatow u. a., »Gibel Kirowa. Fakty i wersii«, *Rodina* 3 (2005), S. 57–63. Hier werden die Ergebnisse der gemeinsamen Mordermittlung von 2004 des russischen Föderalen Sicherheitsdiensts und des Verteidigungsministeriums zusammengefasst.
97 RGASPI 671/1/107, 85–6.
98 In *Istoritscheski archiw* 3 (1995), S. 156–7, werden Jeschows erste Besuche geschildert.
99 Zu einem Beispiel siehe RGASPI 671/1/106, 107.
100 Solche Einzelheiten wurden beispielsweise von einigen Wachmännern gesammelt. Siehe RGASPI 671/1/103, 76.
101 All diese Gerüchte erscheinen in den Akten der Kreml-Affäre. Zu Beispielen siehe RGASPI 671/1/107, 74–86.
102 RGASPI 671/1/106, 85.
103 Zu Petersons Erklärung siehe RGASPI 671/1/103, 163.
104 RGASPI 671/1/103, 157.
105 RGASPI 671/1/105, 105–6.
106 Ilisarow, *Tainaja schisn,* S. 118; Sudoplatow, *Spezoperazii*, S. 440–41.
107 RGASPI 671/1/23, 1.

108 Ebd., 7.
109 Ilisarow, *Tainaja schisn*, S. 92.
110 Zu 1935 siehe R. Medvedev und Zh. Medvedev, *The Unknown Stalin*, London 2003, S. 271. Zu den Teilnehmergruppen siehe Stalins Termine in RGASPI 558/11/1479.
111 Swetlana Allilujewa, *Zwanzig Briefe an einen Freund*, Wien 1967, S. 13.
112 Dokutschajew, *Moskwa*, S. 115.
113 Allilujewa, *Zwanzig Briefe*, S. 54.
114 Ebd., S. 187; siehe auch Dokutschajew, *Moskwa*, S. 49.
115 Nikita S. Chruschtschow, *Chruschtschow erinnert sich*, herausgegeben von Strobe Talbott, Reinbek 1971, S. 302–03.
116 Mehr zu dem Kino in G. Marjamow, *Kremljowski zensor. Stalin smotrit kino*, Moskau 1992.
117 Zu weiteren Details siehe Mironenko, *Moskowski Kreml*, S. 243.
118 Chruschtschow, *Chruschtschow erinnert sich*, S. 304.
119 Colton, *Moscow*, S. 323.
120 Der Befragte wurde im September 2010 in Moskau interviewt.
121 Zu der Suche siehe Dmitrijewski, *Sowetskije portrety*, S. 59, und Mironenko, *Moskowski Kreml*, S. 98.
122 Dmitrijewski, *Sowetskije portrety*, S. 60.
123 Zu der Ausgrabung und den Entdeckungen anderswo siehe *Po trasse perwoi otscheredi Moskowskowo metropolitena imeni L. M. Kaganowitscha*, Leningrad 1936.
124 Stellezkis obsessive Notizen und Tagebucheinträge sind abgedruckt in I. Ja. Stellezki, *Poiski biblioteka Iwana Grosnowo*, Moskau 1999, S. 272–316; zu Schtschussew siehe Mironenko, *Moskowski Kreml*, S. 48–50.
125 Ebd., S. 116.
126 Ein Film über diese Entdeckung wurde 2004 im Rahmen der Fernsehserie »Kreml 9« gezeigt.
127 Siehe Colton, *Moscow*, S. 324.
128 W. Schewtschenko, *Powsednewnjaja schisn pri presidentach*, Moskau 2004, S. 194–5.
129 Ebd., S. 195.
130 Zu der Versammlung im Kreml siehe Medvedev und Medvedev, *Unknown Stalin*, S. 218.
131 Mironenko, *Moskowski Kreml*, S. 306; Je. I. Smirnowa, »Oruscheinaja palata w 1941–1945 godach«, *Materialy i issledowanija*, Bd. 14, S. 127.
132 Smirnowa, »Oruscheinaja palata«, S. 124.

133 Interview in Moskau, September 2010.
134 Dokutschajew, *Moskwa.*, S. 105–6; Smirnowa, »Oruscheinaja palata«, S. 124–6.
135 *Istoritscheski archiw* 5–6 (1995); *Istoritscheski archiw* 2, 3 und 4 (1996).
136 *Istoritscheski archiw* 4 (1996), S. 33.
137 Smirnowa, »Oruscheinaja palata«, S. 127.
138 Ju. Koroljow, *Kremljowski sowetnik. XX wek glasami otschewidzew*, Moskau 1995, S. 12.
139 I. Schmeljow, zitiert in *Moskowski schurnal* 9 (1992), S. 2–3.
140 *Istorija Moskwy s drewneischich wremjon*, Bd. 3, S. 256.
141 Mironenko, *Moskowski Kreml*, S. 356.
142 L. A. Petrow, »Restawrazionnyje raboty w Moskowskom Kremle«, *Architektura i stroitelstwo Moskwy* 10 (1995).
143 Schtschenkow, *Pamjatniki*, S. 403.
144 Ebd., S. 401; I. A. Rodimzewa, *Otscherki istorii Moskowskowo Kremlja*, Moskau 1997, S. 122.
145 Schtschenkow, *Pamjatniki*, S. 403.
146 *Istorija Moskwy s drewneischich wremjon*, Bd. 3, S. 256.
147 Ebd.
148 *Moskowski Kreml*, Moskau 1947.
149 *Kreml i Krasnaja ploschtschad. Albom*, Moskau 1947.
150 P. W. Sytin, *Istorija planirowki i sastroiki Moskwy*, Bd. 1, Moskau 1950, S. 7.

Kremnologie

1 John Steinbeck, *Russische Reise*, Frankfurt am Main 2011, S. 281–82.
2 Ebd., S. 281.
3 A. Adschubei, *Te desjat let*, Moskau 1989, S. 118.
4 Die Episode erscheint in Swetlana Allilujewa, *Zwanzig Briefe an einen Freund*, Wien 1967, S. 19–23.
5 M. K. Pawlowitsch, »Oruscheinaja palata w seredine 1940-x – natschale 1980-ch godow (k istorii exposizii)«, *Materialy i issledowanija*, Bd. 14, S. 132–3; siehe auch *Istorija Moskwy s drewneischich wremjon do naschich dnei w trjoch tomach*, Bd. 3, Moskau 2000, S. 270, wo der andere Baum im Schlossgarten beschrieben wird.
6 Zu Frau Chruschtschowa siehe Larissa Wassiljewa, *Die Kreml-Frauen*,

Zürich 1994, S. 305–06; zu den übrigen siehe Timothy J. Colton, *Moscow. Governing the Socialist Metropolis*, Cambridge, Mass. 1995, S. 364.
7   W. Schewtschenko, *Powsednewnjaja schisn pri presidentach*, Moskau 2004, S. 43, Zitat von Ehrenburg.
8   Pawlowitsch, »Oruscheinaja palata«, S. 132.
9   A. S. Schtschenkow (Hg.), *Pamjatniki architektury w Sowetskom Sojuse* (Moskau, 2004), S. 218.
10 Frederick C. Barghoorn, »The partial reopening of Russia«, *Slavic Review* 16, 2 (April 1957), S. 146 und 158.
11 *Istorija Moskwy s drewneischich wremjon*, Bd. 3, S. 274.
12 L. I. Donezkaja und L. I. Kondraschowa, »Is istorii proswetitelskoi dejatelnosti w Moskowskom Kremle«, *Materialy i issledowanija*, Bd. 14, S. 304.
13 *Kreml Moskwy*, Moskau 1957, S. 30.
14 Der vollständige Text ist online verfügbar. Siehe www.marxists.org/archive/khrushchev/1956/02/24.htm.
15 Zu einem Bericht siehe Dmitri Wolkogonow, *Die sieben Führer*, Frankfurt am Main 2001, S. 143 und 203–11.
16 *Kreml Moskwy*, S. 5.
17 Schewtschenko, *Powsedenewnaja schisn*, S. 31; Interview mit Ju. W. Firsow, Moskau, September 2009.
18 *Kreml Moskwy*, S. 4.
19 Donezkaja und Kondraschowa, »Is istorii proswetitelskoi dejatelnosti«, S. 304.
20 Interview mit Firsow, Moskau 2009.
21 *Meschdunarodny Sowet musejew. Konferenzija komiteta musejew archeologii i istorii, 9–18 sentjabrja 1970*, Leningrad und Moskau 1970, S. 12.
22 *Meschdunarodny Sowet musejew*, Anleitung für Touristenführer, S. 13.
23 Diese Bemerkungen stützen sich auf die Aussagen von Freunden und Kollegen in Moskau, die entweder selbst in den Genuss des beschriebenen Privilegs kamen oder (später) über die wenigen Empfänger spöttelten. Was die Frage des gebührenden Benehmens angeht, so kann ich meine eigenen wiederholten Erfahrungen heranziehen.
24 Donezkaja und Kondraschowa, »Is istorii proswetitelskoi dejatelnosti«, S. 304; Olga Sosnina und Nikolai Ssorin-Tschaikow (Hg.), *Dari woschdjam. Katalog wystawki*, Moskau 2006, S. 302.
25 N. S. Wladimirskaja, »Etapy stanowlenija nautschnoi dejatelnosti museja«, *Materialy i issledowanija*, Bd. 14, S. 283.
26 Er wurde 1957 von dem Verlagshaus Moskowski Rabotschi veröffentlicht.

27 Der Band erschien ebenfalls bei Moskowski Rabotschi und erlebte nach 1957 mehrere Neuauflagen.
28 Zu den Objekten siehe den von Sosnina und Ssorin-Tschaikow herausgegebenen Katalog *Dari woschdjam*, passim.
29 M. M. Gerasimov, *The Face-Finder*, London 1971, S. 187. Siehe auch Gerassimows Schilderung für seine Kollegen, »Dokumentalny portret Iwana Grosnowo«, in *Kratkije soobschtschenija instituta Akademii Nauk SSSR* 100 (1965), S. 139–42.
30 I. A. Rodimzewa, *Is glubiny wekow. Otscherki istorii Moskowskowo Kremlja*, Moskau 1997, S. 124, beschreibt einen Teil der Arbeiten. Zu weiteren Einzelheiten und zu einer Kritik der Projekte dieses Zeitraums siehe W. W. Wladimirskaja, »Restawrazija pamjatnikow architektury Moskowskowo Kremlja. XX wek«, *Materialy i issledowanija*, Bd. 14, S. 331–3.
31 *Meschdunarodny Sowjet musejew*, S. 1.
32 Ebd., S. 8–10. Siehe auch I. L. Bussewa-Dawydowa, *Chramy Moskowskowo Kremlja*, Moskau 1997, S. 15.
33 Der erste Band in der unregelmäßig erscheinenden Reihe von Forschungsartikeln des Kreml-Personals, *Materialy i issledowanija*, kam 1973 heraus. Er hatte kein einheitliches Thema, sondern enthielt Essays über Kreml-Museen, Instandhaltung und individuelle Kostbarkeiten.
34 Der Katalog, mit Farbillustrationen, trug den Titel *Kremlin. An Exhibition from the State Museums of the Moscow Kremlin*, New York 1979. Es dauerte fünf Jahre, die Ausstellung zu organisieren.
35 M. G. Rabinowitsch, *Sapiski sowetskowo intellektuala*, Moskau 2005, S. 241.
36 Ebd., S. 297–8.
37 N. N. Woronin und M. G. Rabinowitsch, »Archeologitscheskije raboty w Moskowskom Kremle«, *Sowetskaja archeologija* 1 (1963), S. 252–72. Sytin hatte bekanntlich mit den Metro-Gräberteams zusammengearbeitet.
38 T. D. Awdussina, »Wystawka ,Archeologija Moskowskowo Kremlja«, *Materialy i issledowanija*, Bd. 14, S. 271.
39 N. S. Wladimirskaja (Scheljapina) (Hg.), *Archeologitscheskaja wystawka musejew Kremlja. Katalog*, Moskau 1983, passim.
40 Zu der Garnison siehe A. Korschakow, *Boris Jelzin. Ot rassweta do sakata*, Moskau 1997, S. 39.
41 Schewtschenko, *Powsednewnaja schisn*, S. 193.
42 Zum Telefonsystem der 1960er Jahre siehe J. Patrick Lewis, »Communications output in the USSR. A study of the Soviet telephone systems«, *Soviet Studies* 28, 3 (Juli 1976), S. 406–17.

43 Die Geschichte über die britische Beteiligung hörte ich von K. A. (Tony) Bishop, CMG, OBE, dem amtlichen Dolmetscher auf Londoner Seite; zum abgestuften Telefonzugang siehe Korschakow, *Boris Jelzin*, S. 129.
44 S. W. Mironenko (Hg.), *Moskowski Kreml – zitadel Rossii*, Moskau 2008, S. 51.
45 C. Cooke, »Manhattan in Moscow«, *Domus* 840 (September 2001), S. 95.
46 W. A. Winogradow (Hg.), *Moskwa 850 let*, Bd. 2, Moskau 1997, S. 140; Colton, *Moscow*, S. 371.
47 Ebd., S. 366. Ich erinnere mich aus meiner eigenen Studienzeit an das Schwimmbad, ein riesiges Freiluftbecken, das selbst durch die kältesten Moskauer Winter hindurch beheizt wurde.
48 Mark Frankland, *Child of My Time*, London 1999, S. 31–3.
49 Konstantin Michailow, *Unitschtoschenny Kreml*, Moskau 2007, S. 264.
50 A. Resis (Hg.), *Molotov Remembers. Conversations with Felix Chuev*, Chicago 1993, S. 187.
51 Interview mit Ingenieur P., September 2009.
52 Michailow, *Unitschtoschenny Kreml*, S. 251.
53 W. W. Wladimirskaja, »Restawrazija«, *Materialy i issledowanija*, Bd. 14, S. 330; Michailow, *Unitschtoschenny Kreml*, S. 250.
54 M. W. Possochin u. a., *Kremljowski dworez sjesdow*, Moskau 1974, S. 8.
55 Zu den Dimensionen siehe ebd., S. 50–60.
56 Michailow, *Unitschtoschenny Kreml*, S. 44.
57 Possochin, *Kremljowski dworez*, S. 22.
58 V. A. Koslow, S. Fitzpatrick und S. Mironenko, *Sedition*, New Haven, Conn. 2011, S. 113 und 136.
59 Wolkogonow, *Die sieben Führer*, S. 266.
60 Zu den Frauen siehe Wassiljewa, *Die Kreml-Frauen*, S. 345–46. Hier wird auch auf seine Vorliebe für die Jagd und gutes Essen eingegangen.
61 Michail Gorbatschow, *Erinnerungen*, Berlin 1995, S. 180.
62 A. S. Gratchev, *La Chute du Kremlin*, Paris 1994, S. 26.
63 Ebd., S. 28.
64 J. N. Westwood, *Endurance and Endeavour. Russian History 1812–1992*, 4. Aufl., Oxford 1993, S. 427.
65 Wolkogonow, *Die sieben Führer*, S. 362.
66 Gratchev, *La Chute*, S. 61.
67 Siehe Wolkogonow, *Die sieben Führer*, S. 330.
68 W. Kostikow, *Roman s presidentom. Sapiski press-sekretarja*, Moskau 1997, S. 39.

69 Dies war eine weitere Episode, die mir der Dolmetscher K.A. (Tony) Bishop, CMG, OBE, 2006 schilderte.
70 Die Bezeichnung war auch ein Wortspiel mit den »Kommandohöhen« der Wirtschaft.
71 Mironenko, *Moskowski Kreml*, S. 383–4.
72 Mironenko, *Moskowski Kreml*, S. 48–50; Wolkogonow, *Die sieben Führer*. Zum damaligen kläglichen Zustand des Kathedralenplatzes siehe W.W. Wladimirskaja, »Restawrazija«, S. 333.
73 Siehe zum Beispiel Ju. Koroljow, *Kremljowski sowetnik. XX wek glasami otschwidzew*, Moskau 1995.
74 Gorbatschow, *Erinnerungen*, S. 120.
75 Anatoly S. Chernyaev, *My Six Years with Gorbachev*, herausgegeben von Robert D. English und Elizabeth Tucker, University Park, Pa. 2000, S. 52.
76 Zu einer vortrefflichen Untersuchung der Nachkriegsmentalität siehe Donald J. Raleigh, *Soviet Baby Boomers. An Oral History of Russia's Cold War Generation*, New York 2011.
77 Wolkogonow, *Die sieben Führer*, S. 308.
78 Wassiljewa, *Die Kreml-Frauen*, S. 343.
79 Mervyn Matthews, *Privilege in the Soviet Union*, London 1978, S. 36–40.
80 Wolkogonow, *Die sieben Führer*, S. 444.
81 B.D. Moros (Hg.), *Raissa. Wospominanija, dnewniki, interwjui, statji, pisma, telegrammy*, Moskau 2000, S. 49. Die Situation bereitete den Gorbatschows offensichtlich Verdruss. Siehe auch Gorbatschow, *Erinnerungen*, S. 175–76.
82 *Powsednewnaja schisn*, S. 122–4; Interview mit S. Mikojan, Moskau, September 2007.
83 Schewtschenko, *Powsednewnaja schisn*, S. 125.
84 Chernyaev, *Six Years*, S. 28.
85 Colton, *Moscow*, S. 524.
86 Schewtschenko, *Powsednewnaja schisn*, S. 135; Matthews, *Privilege*, S. 38–42.
87 Der Skandal, seit Jahren Moskauer Küchengespräch, wurde schließlich angeprangert in der *Moskowskaja prawda*, 10.–16. September 1986.
88 Schewtschenko, *Powsednewnaja schisn*, S. 135.
89 Wolkogonow, *Die sieben Führer*, S. 330.
90 Ebd., S. 309.
91 Gorbatschow, *Erinnerungen*, S. 214.
92 Wolkogonow, *Die sieben Führer*, S. 383–84.
93 Ebd., S. 371.

94 Ebd., S. 401; Schewtschenko, *Powsednewnaja schisn*, S. 195.
95 Gorbatschow, *Erinnerungen*, S. 267.
96 Chernyaev, *Six Years*, S. 19.
97 Gorbatschow, *Erinnerungen*, S. 270.
98 Chernyaev, *Six Years*, S. 64.
99 Igor Korchilov, *Translating History*, New York 1997, S. 59.
100 A. Grachev, *Final Days. The Inside Story of the Collapse of the Soviet Union*, Boulder, Col. 1995, S. xi; siehe auch Rodric Braithwaite, *Across the Moscow River. The World Turned Upside Down*, London 2002, S. 54.
101 Chernyaev, *Six Years*, S. 202.
102 Korchilov, *Translating History*, S. 123.
103 Chernyaev, *Six Years*, S. 234.
104 Ebd., S. 165.
105 Gratchev, *La Chute*, S. 56.
106 Chernyaev, *Six Years*, S. 147–8.
107 Schewtschenko, *Powsednewnaja schisn*, S. 38.
108 Wolkogonow, *Die sieben Führer*, S. 502.
109 Chernyaev, *Six Years*, S. 159.
110 Wie David Remnick es ausdrückte: »Als die Geschichte nicht mehr als Parteiinstrument diente, war die Partei zum Untergang verurteilt.« *Lenin's Tomb. The Last Days of the Soviet Empire*, London 1994, S. 7.
111 Wolkogonow, *Die sieben Führer*, S. 494.
112 Gorbatschow, *Erinnerungen* S. 282.
113 Chernyaev, *Six Years*, S. 131.
114 Wolkogonow, *Die sieben Führer*, S. 501.
115 Zitiert in einem Interview mit Jonathan Steele, *Guardian*, 16. August 2011: www.guardian.co.uk/world/2011/aug/16/gorbachev-guardian-inter view (abgerufen am 15. Mai 2012).
116 Schewtschenko, *Powsednewnaja schisn* S. 39–40; Wolkogonow, *Die sieben Führer*, S. 509.
117 Braithwaite, *Moscow River*, S. 190–91.
118 Die Übersetzung stammt aus Braithwaite, *Moscow River*, S. 177.
119 Gorbatschow, *Erinnerungen*, S. 468–69.
120 Boris Jelzin, *Auf des Messers Schneide. Tagebuch des Präsidenten*, Berlin 1994, S. 43.
121 Gorbatschow, *Erinnerungen*, S. 1042.
122 Chernyaev, *Six Years*, S. 352.
123 Jelzin, *Auf des Messers Schneide*, S. 61–62.
124 Ebd., S. 74.

125 Chernyaev, *Six Years*, S. 378.
126 Gorbatschow, *Erinnerungen*, S. 1086.
127 *Iswestija*, 23. August 1991, S. 1. Ein paar Tage später, am 27. August, verlangte dieselbe Zeitung »Normalität« im Namen ihrer Leser.
128 Jelzin, *Auf des Messers Schneide*, S. 130.
129 Darauf gibt es direkte Hinweise von Gorbatschow. Siehe sein *Über mein Land. Russlands Weg ins 21. Jahrhundert*, München 2000, S. 202–03.
130 Jelzin, *Auf des Messers Schneide*, S. 130.
131 Ebd.
132 *Iswestija*, 27. August 1991.
133 Schewtschenko, *Powsednewnaja schisn*, S. 40.
134 Chernyaev, *Six Years*, S. 380.
135 Wolkogonow, *Die sieben Führer*, S. 508.
136 Korschakow, *Boris Jelzin*, S. 119.
137 Kostikow, *Roman s presidentom*, S. 131.
138 Ebd., S. 37.
139 Grachev, *Final Days*, S. 56–9.
140 Korschakow, *Boris Jelzin*, S. 119; Gorbatschow, *Über mein Land*, S. 199.
141 Grachev, *Final Days*, S. 56–9.
142 Gorbatschow, *Über mein Land*, S. 199; Jelzin, *Auf des Messers Schneide*, S. 113–16.
143 Zu dem Koffer selbst, einem von drei Exemplaren, siehe Schewtschenko, *Powsednewnaja schisn*, S. 59–60.
144 Jelzin, *Auf des Messers Schneide*, S. 129.
145 Grachev, *Final Days*, S. 181.
146 Jelzin, *Auf des Messers Schneide*, S. 128.
147 Zitiert in Gorbatschow, *Über mein Land*, S. 211.
148 Das Foto wurde überall auf der Welt veröffentlicht. Siehe *Iswestija*, 26. Dezember 1991.
149 Grachev, *Final Days*, S. 191. Gratschow zog später nach Paris, weshalb er in seinem Buch 200 Francs als Preis nannte.

Normalität

1 A. Grachev, *Final Days. The Inside Story of the Collapse of the Soviet Union*, Boulder, Col. 1995, S. 194; W. Schewtschenko, *Powsednewnaja schisn pri presidentach*, Moskau 2004, S. 42; Boris Jelzin, *Auf des Messers Schneide*, Berlin 1994, S. 131.

2 *Iswestija*, 2. Januar 1992.
3 Die Knappheiten und die Überteuerung hatten lange vor Jelzins Machtübernahme begonnen. Siehe Otto Lazis, *Iswestija*, 2. Januar 1992. Zur Auslandshilfe und den Gründen dafür siehe »IMF Approves Stand-by Credit for Russia«, IMF-Pressemitteilung vom 11. April 1995, verfügbar unter https://www.imf.org/external/np/sec/pr/1995/pr9521.htm (abgerufen am 26. Aug. 2011).
4 Paul Klebnikov, *Godfather of the Kremlin. Boris Berezovsky and the Looting of Russia*, New York und London 2000, S. 33.
5 Klebnikov, *Godfather*, S. 36. Der Zusammenbruch der russischen Bevölkerung war das Thema mehrerer internationaler Kolloquien Mitte der 1990er Jahre. Zu einer Analyse siehe N. G. Bennett u. a., »Demographic implications of the Russian mortality crisis«, *World Development* 26 (1998), S. 1921–37.
6 Insbesondere zum Bank-of-New-York-Skandal siehe »Russia misled IMF on loan«, *Washington Post*, 1. Juli 1999.
7 Zu detaillierten statistischen Angaben siehe Richard Sakwa, *Russian Politics and Society*, 4. Aufl., Abingdon und New York 2008, S. 36–8.
8 Auch diese Angelegenheiten werden umrissen in Sakwa, *Russian Politics*, S. 30.
9 Siehe Otto Lazis sowie Sergej Taranow, beide in der *Iswestija* vom 4. Mai 1993.
10 Die alte kommunistische Parteizeitung *Prawda* war ein sogenanntes rotbraunes Organ, wie ihre Berichterstattung über die 1.-Mai-Demonstrationen zeigt.
11 Wjatscheslaw Kostikow, *Roman s presidentom. Sapiski press-sekretarja*, Moskau 1997, S. 173, wo der Herausgeber von *Argumenty i fakty*, Wladislaw Starkow, zitiert wird. Zu einer Darstellung der Ereignisse siehe Sakwa, *Russian Politics*, S. 52.
12 Wladimir Snegirjow, in *Rossiskaja gaseta*, 3. Oktober 2003.
13 Zur Zusammensetzung dieser Menschenmengen und zu ihren Motiven siehe Michael Urban, »The politics of identity in Russia's postcommunist transition. The nation against itself«, *Slavic Review* 53, 3 (Herbst 1994), S. 734. Die liberale Presse bezeichnete sie als »Hurrapatrioten«. Siehe *Iswestija*, 21. September 1993, S. 1 und 4.
14 Die höchsten Angaben nennen mehrere tausend. Die Zahl 147 wird zitiert in Sakwa, *Russian Politics*, S. 52, und ist niedrig bemessen, denn sogar die Staatsanwaltschaft sprach von insgesamt 249 (148 innerhalb des Weißen Hauses und 101 auf den Straßen).

15 *Iswestija*, 5. Oktober 1993, S. 1.
16 Jelzin, *Auf des Messers Schneide*, S. 267; zur Frage der medizinischen Versorgung siehe David Satter, *Darkness at Dawn. The Rise of the Russian Criminal State*, New Haven, Conn., und London 2003, S. 61. Eine völlig andere Darstellung der Ereignisse, aus rotbrauner Perspektive, lieferte die *Prawda*, 25. September 1993 (»Rossija protiw diktatury«).
17 Zitiert von Robert Conquest, *Washington Post*, 10. Oktober 1993.
18 *Washington Post*, 16. Oktober 1993.
19 Zitiert von Lilia Schewzowa, in A. Brown und L. Shevtsova (Hg.), *Gorbachev, Yeltsin, Putin. Political Leadership in Russia's Transition*, Washington, D. C. 2001, S. 69.
20 Laut Wassili Pribylowski: »Die Idee der Macht war seine Ideologie.« Siehe David Satter, *It was a Long Time Ago, And It Never Happened Anyway*, New Haven, Conn., und London 2011, S. 158.
21 Zitiert in Andrew Jack, *Inside Putin's Russia*, London 2004, S. 227.
22 Brown und Shevtsova, *Gorbachev, Yeltsin, Putin*, S. 76.
23 Die russische Verfassung ist online verfügbar unter www.constitution.ru.
24 Die Entscheidungen werden untersucht in Schewtschenko, *Powsednewnaja schisn*, S. 52–62.
25 Der Sponsor des Vorschlags war Juri Luschkow. Siehe Kostikow, *Roman s presidentom*, S. 263.
26 Zu einer Erörterung siehe Brian D. Taylor, *State Building in Putin's Russia*, Cambridge 2011, bes. S. 294–8. Siehe auch Edward Lucas, *Der Kalte Krieg des Kreml. Wie das Putin-System Russland und den Westen bedroht*, München 2008, S. 63–64.
27 Zu Gorbatschow und John Major siehe Rodric Braithwaite, *Across the Moscow River. The World Turned Upside Down*, London 2002, S. 217.
28 Boris Jelzin, *Mitternachtstagebuch. Meine Jahre im Kreml*, Berlin und München 2000, S. 121; ich bin K. A. (Tony) Bishop, CMG, OBE, dankbar für die andere Seite der Geschichte, die er mir im Juli 2006 beschrieb.
29 Die BBC berichtete im Detail über das Ereignis. Siehe http://news.bbc.co.uk/1/hi/world/europe/133725.stm (abgerufen am 31. Jan. 2013).
30 Jelzin, *Mitternachtstagebuch*, S. 295.
31 Ju. A. Bytschkow u. a. (Hg.), *Pjotr Baranowski. Trudy, wospominanija sowremennikow*, Moskau 1996, S. 142.
32 Ruslan Armejew, »Kasanski sobor wosroschdjon!«, *Moskowski schurnal* 1 (1994), S. 2.
33 Zu einer Analyse des Märchenelements im damaligen Moskauer Umbau siehe Benjamin Forest und Juliet Johnson, »Unravelling the threads of

history. Soviet-era monuments and post-Soviet national identity in Moscow«, *Annals of the Association of American Geographers* 92, 3 (September 2002), S. 524–47.

34 L. G. Georgjan (Hg.), *Podgotowka k prasdnowaniju 850-letija osnowanija Moskwy. Sbornik statei opublikowannych w gasetach Moskwy i podmoskowja w 1995–1997 gg.*, Frjasino 1997, S. 53.

35 Dmitri Sidorov, »National monumentalization and the politics of scale. The resurrection of the Cathedral of Christ the Savior in Moscow«, *Annals of the Association of American Geographers* 90, 3 (September 2000), S. 561.

36 Sidorov, »National monumentalization«, S. 561.

37 Ju. Luschkow, *My deti twoi, Moskwa*, Moskau 1996, S. 193.

38 Alexandr Korschakow, *Boris Jelzin. Ot rassweta do sakata. Posleslowije*, Moskau 2004, S. 456.

39 Zoe Knox, »The symphonic ideal. The Moscow patriarchate's post-Soviet leadership«, *Europe-Asia Studies* 55, 4 (Juni 2003), S. 586.

40 Sidorov, »National monumentalization«, S. 565.

41 Dies ist das erste Kriterium für die Auswahl von Weltkulturerbe-Stätten, und es wurde im Fall Moskaus speziell erwähnt. Zu einem vollständigen Verzeichnis siehe http://whc.unesco.org.en/criteria/.

42 Der Beschluss der UNESCO wurde auf ihrer 14. Sitzung im Dezember 1990 gefasst.

43 Der Kontrast zum nahe gelegenen Kolomna, dessen Kremlmauern im besten Pastiche-Stil wiederaufgebaut wurden, ist eklatant.

44 Konstantin Michailow, *Unitschtoschenny Kreml*, Moskau 2007, S. 245.

45 www.nkj.ru/archive/articles/13604 (*Nauka i schisn 4* (2008), die Erinnerungen von A. Graschtschenkow, einem früheren Mitarbeiter des Kreml-Museums (abgerufen am 25. Aug. 2011).

46 Michailow, *Unitschtoschenny Kreml*, S. 244.

47 *New York Times*, 16. September 1999.

48 *The Economist*, 16. September 1999.

49 *New York Times*, 27. August 1999.

50 Eine Tatsache, die sein früherer Direktor im September 2007 in einem Gespräch in Moskau beklagte.

51 Jelzin, *Mitternachtstagebuch*, S. 92.

52 Schewtschenko, *Powsednewnaja schisn*, S. 38.

53 Unter den beteiligten Firmen war Martolini und Maioli mit Sitz im historischen Handwerkerviertel von Florenz.

54 *Nesawissimaja gaseta*, 17. November 1998.

55 Die Geschichte wird wiederholt in einer Charakterisierung von Borodin in der *New York Times*, 1. Juli 2001.
56 Eine gute Schilderung findet man in David Satter, *Darkness at Dawn*, S. 57–9.
57 *Corriere della Sera*, 25. August 1999.
58 *New York Times*, 8. September 1999. Turovers Glaubwürdigkeit als Zeuge wurde später in Frage gestellt. *Moscow Times*, 6. März 2001.
59 *New York Times*, 13. April 2001.
60 *Moscow Times*, 16. April 2001.
61 Zu weiteren Einzelheiten siehe die Unternehmens-Website www.mabetex. eu, auf der Besucher sein Versprechen »Wir erbauen die Zukunft« unter die Lupe nehmen können.
62 Grigori Smolizki, »Moskowski Kreml mogut iskljutschit is spiska Junesko«, *Iswestija*, 10. August 2012, verfügbar unter http://izvestia.ru/news/532590.
63 *Moscow Times*, 18. März 2002.
64 *Express gaseta online*, 3. November 2006, verfügbar unter http://www.eg.ru/daily/sports/8410 (abgerufen am 25. Aug. 2011).
65 Zum vollständigen Text in englischer Übersetzung siehe http://news.bbc.co.uk/1/hi/world/monitoring/584845.stm.
66 Shevtsova in Brown und Shevtsova, *Gorbachev, Jelzin, Putin*, S. 93.
67 Shevtsova in Lilia Shevtsova und Andrew Wood, *Change and Decay. Russia's Dilemma and the West's Response*, Washington, D. C. 2011, S. 42.
68 Es gibt viele Darstellungen der angeblich vom FSB inszenierten Bombenanschläge, die den Zweiten Tschetschenienkrieg auslösten. Zu einer neueren Zusammenfassung siehe Satter, *Long Time Ago*, S. 301.
69 Zu den amtlichen Zahlen siehe Hans-Henning Schröder, »What kind of political regime does Russia have?«, in Stephen White (Hg.), *Politics and the Ruling Group in Putin's Russia*, Basingstoke 2008, S. 20.
70 Taylor, *State Building*, S. 293.
71 Anders Aslund, »The hunt for Russia's riches«, *Foreign Policy 152* (Jan.–Feb. 2006), S. 47.
72 Beträge zitiert von Lilia Schewzowa in Shevtsova und Wood, *Change and Decay*, S. 102.
73 http://valdaiclub.com/politics/37000.html, zitiert von Clifford Gaddy und Fiona Hill, »Putin and the Uses of History«, Waldai-Diskussionsclub, 10. Januar 2012, S. 4.
74 Bezeugt von dem verstorbenen britischen Dolmetscher K. A. (Tony) Bishop, interviewt im Juli 2006.

75 Zu einer Berichterstattung in englischer Sprache siehe Andrew Osborns Artikel im *Daily Telegraph*, 14. Februar 2011, verfügbar unter http://www.telegraph.co.uk/news/worldnews/europe/russia/8323981/Vladimir-Putin-has-600-million-Italianate-palace.html.
76 Jelzin, *Auf des Messers Schneide*, S. 237.
77 Gaddy und Hill, »Putin and the Uses of History«, S. 2.
78 Zu einem Kommentar siehe Satter, *Long Time Ago*, S. 188.
79 Dies betont Arkady Ostrovsky, »Enigma variations«, *The Economist*, 29. November 2008, S. 3–18. Siehe auch Satter, *Long Time Ago*, S. 212–15.
80 Lilia Shevtsova, *Putin's Russia*, Washington, D. C. 2003, S. 169–70.
81 http://www.heraldscotland.com/kremlin-funded-blockbuster-casts-putin-in-a-tsar-role-1.829539 (abgerufen am 15. Jan. 2013).
82 *Nesawissimaja gaseta*, 26. Oktober 2007 (»Russki tresch«).
83 »Ljubim li my Moskwu?«, *Moskowskaja prawda*, 30. August 2007.
84 *Gibel imperii. Wisantiski urok* (ein auf dem Film basierendes Buch wurde 2008 vom Exmo Verlag veröffentlicht). Ich danke Sergej Iwanow dafür, dass er mich im Jahr 2009 durch eine Vorlesung in London mit diesem Material bekannt machte.
85 »Uroki istorii. Rabota s nazionalnoi idejei«, *Nesawissimaja gaseta*, 30. Dezember 2008.
86 Zu dem geplanten Lehrbuch von Alexander Filippow siehe *Nowaja gaseta*, 24. September 2007, »Posledni pisk istorii gossudarstwa rossiskowo«, und die kritischen Bemerkungen von Juri Afanasjew (»Eta kniga – sledka s sowestju«). Zu seinem Schicksal siehe auch Satter, *Long Time Ago*, S. 212.
87 Die Statuen beschrieb K. A. Bishop für mich. Zu Putins Vorliebe für Pjotr Stolypin sowie über die Zurschaustellung historischer Gestalten, die Mitgliedern des Waldai-Clubs 2005 im Kreml auffiel, siehe Gaddy und Hill, »Putin and the Uses of History«, S. 1–2.
88 Die Episode, *Neiswestny Kreml*, wurde 2004 gesendet.
89 »Alexandra Newskowo predlagajut w pokrowiteli FSB«, http://news.bbc.co.uk/go/pr/fr/-/hi/russia/newsid_7629000/7629205.stm (abgerufen am 26. Sept. 2008).
90 Das Buch, dessen Herausgeber Sergej Mironenko war, trug den Titel *Der Moskauer Kreml. Russlands Zitadelle (Moskowski Kreml – zitadel Rossii)*.
91 marker.ru/news/3124 (abgerufen am 2. Sept. 2011).
92 Diese und andere Kommentare sind zugänglich unter autotravel.ru/otklik.php/3490.
93 http://valdaiclub.com/history/a162860813.html (abgerufen am 31. Jan. 2013).
94 »Na baschnjach Kremlja obnarusheny ikony«, *Iswestija*, 5. Mai 2010.

Weiterführende Literatur

In diesem Buch werden 900 Jahre der Geschichte des russischen Staates behandelt, und eine Bibliographie, die sämtliche Quellen aufführt, wäre eine gewaltige und wahrscheinlich unüberwindliche Herausforderung für den Leser. Ich mache vollständige Literaturangaben in den Anmerkungen, während ich hier allgemeinere Hinweise für die weitere Lektüre liefere, wobei ich mich hauptsächlich auf im Englischen (und gelegentlich im Deutschen) verfügbare Texte beschränke.

Allgemein

Die Gruppe mutiger Autoren, die den gesamten Zeitraum der russischen Geschichte behandeln, ist klein, aber bedeutend. Zu den besten allgemeinen Werken zählen Geoffrey Hoskings *Russia and the Russians. A History from Rus to the Russian Federation* (London 2001) und James A. Billingtons *The Icon and the Axe. An Interpretive History of Russian Culture* (New York 1966). Bei den Vorbereitungen zu diesem Buch habe ich auch W. Bruce Lincolns *Between Heaven and Hell. The Story of a Thousand Years of Artistic Life in Russia* (New York 1998), Nicholas Riasanovskys *Russian Identities. A Historical Survey* (Oxford 2005) sowie Mark D. Steinbergs und Nicholas Riasanovskys zweibändiges Werk *A History of Russia*, 7. Aufl. (Oxford 2005) herangezogen. Michael Cherniavskys *Tsar and People. Studies in Russian Myths* (New York 1969) war eine Inspiration für mich, ebenso wie Nikolaj Berdjaevs viel ältere Arbeit *Die russische Idee. Grundprobleme des russischen Denkens im 19. Jahrhundert und zu Beginn des 20. Jahrhunderts* (o. O. 1983). Zu einem gleichermaßen ehrgeizigen Werk, das ermutigenderweise von einem Experten für die mittelalterliche und die frühneuzeitliche russische Welt geschrieben wurde, siehe Marshall Poe, *The Russian Moment in World History* (Princeton, NJ 2003). Lesern mit einem Interesse an Kontroversen wird auch Richard Pipes' Klassiker *Rußland vor der Revolution. Staat und Gesellschaft im Zarenreich* (München 1977) gefallen, in dem der Gedanke des Patrimonialstaats für Russland entwickelt wird. Hingegen werden in einem glänzenden kollektiven Projekt, der *Cambridge History of Russia* (mehrere Bände, 2006–2008), sehr neue Forschungen in zugänglicher Form vorgestellt. Viele der individuellen Essays zitiere ich anderswo in dieser Übersicht.

Die allgemeineren historischen Darstellungen des Kreml sind enttäuschender. Die am ernstesten zu nehmende englische Fassung ist Arthur Voyces *The Moscow Kremlin. Its History, Architecture and Art Treasures* (London 1955). Zu üppigeren Illustrationen (doch weniger Text) siehe David Douglas Duncan, *Der Kreml. Seine Schätze und seine Geschichte* (Düsseldorf 1980). Laurence Kellys Sammlung von Auszügen, *Moscow. A Travellers Companion* (London 1983), enthält einen Abschnitt über den Kreml, der Einblicke in die mit der Festung verbundenen Mythen ermöglicht. Zur Architektur Moskaus im Allgemeinen siehe auch Kathleen Berton Murrell, *Moscow. An Architectural History* (London 1977). William Craft Brumfields *History of Russian Architecture* (Cambridge 1993) ist die beste generelle Einführung in die Thematik, und Dmitry Shvidkovskys *Russian Architecture and the West* (New Haven, Conn., und London 2007) enthält viel wertvolles neues Material in einem wunderschönen Band. Es gibt mehrere allgemeine Geschichten der russischen Kunst; das klassische englischsprachige Werk, in drei Bänden, ist George Hamiltons *Art and Architecture of Russia* (Harmondsworth 1954). Einen der zugänglichsten Überblicke liefert Tamara Talbot Rice, *Die Kunst Russlands* (Zürich 1965). Ikonen werden auf erhellende Weise behandelt von John Stuart, *Ikons* (London 1975), und Oleg Tarasov, *Icon and Devotion. Sacred Spaces in Imperial Russia* (London 2002). Was die orthodoxe Kirche betrifft, präsentiert Timothy Ware, *The Orthodox Church* (London 1997), die beste allgemeine Einführung.

Mittelalterliches Russland

Eine der klarsten Einführungen in die Geschichte der Rus ist Simon Franklins und Jonathan Shepards *The Emergence of Rus 750–1200* (London und New York 1996). Die ersten Kapitel von Janet Martins wunderbarem *Medieval Russia, 980–1584* (Cambridge 2007) behandeln auch die frühe Rus. Die byzantinische Verbindung wird anschaulich dargestellt in Dmitri Obolensky, *The Byzantine Commonwealth* (London 1971), und John Meyendorff, *Byzantium and the Rise of Russia. A Study of Byzantino-Russian Relations in the Fourteenth Century* (Cambridge 1981). Omeljan Pritsaks *The Origin of Rus* (Cambridge, Mass. 1981) ist wichtigen Debatten über die Händler aus dem Norden gewidmet. Zu Bogoljubski siehe Ellen S. Hurwitz, *Prince Andrej Bogoljubskij. The Man and the Myth* (Florenz 1980).

Einen traditionellen Überblick über das frühe Moskowien enthält John Fennells zweibändiges Werk *The Crisis of Medieval Russia, 1200–1304* (London 1983) und *The Emergence of Moscow, 1304–1359* (London 1968). Im Unterschied dazu legt D. G. Ostrowski mit *Muscovy and the Mongols. Cross-Cultural Influences on the Steppe Frontier* (Cambridge 1998) eine erfrischende Ansicht über die dauerhafte Rolle der mongolischen Kultur vor. Auf seine Mühlen gießen auch G. A. Fyodorov-Davydov, *The Culture of Golden Horde Cities* (Oxford 1984), C. J. Halperin, *Russia and the Golden Horde. The Mongol Impact on Russian History* (London 1987), und sogar Michel Roublev, »The Mongol tribute«, in M. Cherniavsky (Hg.), *The Structure of Russian History* (New York 1970), S. 29–64. Zu der Rolle des Handels sowie zu einer Erörterung der internationalen Netzwerke der Region siehe Janet Martin, *Treasure of the Land of Darkness. The Fur Trade and its Significance for Medieval Russia* (Cambridge 1986).

Zu einer Einführung in die heilige Architektur der orthodoxen Welt siehe Cyril Mango, *Byzanz, Weltgeschichte der Literatur* (Stuttgart 1986). Der Einfluss der mongolischen Eroberung auf das Bauwesen in der Moskauer Region wird untersucht von David B. Miller, »Monumental building as an indicator of economic trends in Northern Rus' in the late Kievan and Mongol periods, 1138–1462«, *American His-*

torical Review 94 (1989), S. 360–90; derselbe Autor äußert sich über die berühmteste russische Ikone in »Legends of the icon of Our Lady of Vladimir. A study of the development of Muscovite national consciousness«, *Speculum* 43, 4 (Oktober 1968), S. 657–70. Die künstlerischen Bande zwischen der byzantinischen und der frührussischen Kunst werden erforscht in Robin Cormacks nützlicher Einleitung zu *Byzantine Art* (Oxford 2000).

Renaissance

Die einzige englische Biographie Iwans III. ist John Fennells *Ivan the Great of Moscow* (London 1961); auch Iwans Herrschaftszeit hat keine große Zahl englischsprachiger Spezialisten angezogen. Zu einer allgemeinen Übersicht über die Ära siehe Robert O. Crummey, *The Formation of Muscovy, 1304–1613* (London und New York 1987). Zu verschiedenen Aspekten der Entwicklung von Iwans Hof siehe Gustave Alef, »The adoption of the Muscovite two-headed eagle. A discordant view«, *Speculum* 41 (1966), S. 1–21, und G. P. Majeska »The Moscow coronation of 1498 reconsidered«, *Jahrbücher für Geschichte Osteuropas* 26 (1978), S. 353–61.

Iwan der Schreckliche hat mehr Beachtung gefunden, etwa durch Isabel de Madariagas Biographie *Ivan the Terrible. First Tsar of Russia* (New Haven, Conn., und London 2005). Heutzutage stammen die durchdachtesten Schriften über Iwan den Schrecklichen und dessen Zeit von Sergei Bogatyrev, und als Einleitung könnte sein Kapitel »Ivan the Terrible« in Maureen Perrie (Hg.), *The Cambridge History of Russia*. Bd. 1: *From Early Rus' to 1689*, dienen. Zur Krönung siehe auch D. B. Miller, »The coronation of Ivan IV of Moscow«, *Jahrbücher für Geschichte Osteuropas* 15 (1967), S. 559–74. Iwans verdrossene Korrespondenz mit seinem früheren Höfling Andrej Kurbski erschien auf Deutsch als *Der Briefwechsel Iwans des Schrecklichen mit dem Fürsten Kurbskij 1564–1579* (Leipzig 1921), aber siehe auch Edward L. Keenan, *The Kurbskii-Groznyi Apocrypha* (Cambridge, Mass. 1971), zu der Theorie, dass das Ganze eine Fälschung sein könnte. Zu Iwans Gesundheit beachte man Charles Halperin, »Ivan IV's insanity«, *Russian History* 34 (2007), S. 207–18, und Edward L. Keenan, »Ivan IV and the King's Evil. Ni maka li to budet?«, *Russian History* 20 (1993), S. 5–13; zu seinem Image und seiner späteren Reputation siehe Maureen Perrie, *The Image of Ivan the Terrible in Russian Folklore* (Cambridge 1987).

Der Aufbau der moskowitischen Elite wird untersucht von Gustave Alef, *Rulers and Nobles in Fifteenth-Century Moscow* (London 1983), Nancy Shields Kollmann, *Kinship and Politics. The Making of the Muscovite Political System* (Stanford, Cal., 1987) sowie Ann Kleimola, »The changing condition of the Muscovite elite«, *Russian History* 6, 2 (1979), S. 210–29. Die gesamte Frage der Sklaverei, die für große Staatsprojekte damals eine so große Rolle spielte, wird erforscht in Richard Hellie, *Slavery in Russia, 1450–1725* (Chicago 1982), und das verwandte, doch technischer orientierte Thema der Hofsprache in Marshall Poe, »What did Russians mean when they called themselves ›Slaves of the Tsar‹?«, *Slavic Review* 57, 3 (1998), S. 585–608. Zur Struktur von Iwans neuer Bürokratie siehe Peter B. Brown, »Muscovite government bureaus«, *Russian History* 10, 3 (1983). Kunst, Religion und Hofideologie behandelt Daniel Rowland in zwei Artikeln: »Moscow – the third Rome or the new Israel?«, *Russian Review* 55 (1996), S. 591–614, und »Two cultures, one throne room«, in Valerie A. Kivelson und Robert H. Greene (Hg.), *Orthodox Russia* (University Park, Pa., 2003), S. 33–57. Michael Fliers Essay im selben Band (»Till the end of time. The apocalypse in Russian historical experience before 1500«) bietet Einblick in die Mentalität jener Zeit; siehe auch seinen Essay über das Palmsonntagsritual, »Breaking the code. The image of the tsar in the Muscovite Palm Sunday ritual«, in Michael S. Flier und Daniel Rowland (Hg.), *Medieval Russian Culture*, California Slavic Studies 2 (1994) S. 213–42.

Zu den Erzählungen europäischer Reisender siehe *Travels to Tana and Persia by Josafa Barbaro and Ambrogio Contarini* (London 1873), wo Contarinis Erfahrung mit dem Moskau Iwans III. beschrieben wird. Die Eindrücke von Jenkinson und anderen sind gesammelt in Lloyd E. Berry und Robert O. Crummey (Hg.), *Rude and Barbarous Kingdom. Russia in Accounts of Sixteenth-Century English Voyagers* (Madison, Wisc., 1968). Heinrich von Stadens lebendige Abhandlung über das Moskowien Iwans III. erschien unter dem Titel *Aufzeichnungen über den Moskauer Staat* (Hamburg 1930), und Possevinos Bericht wurde ins Englische übersetzt als *The Moscovia of Antonio Possevino, SJ* (Pittsburgh, Pa., 1977).

Zeit der Wirren

Was die englischen Quellen angeht, so erfuhr ich am meisten von Chester S. L. Dunning, *Russias First Civil War. The Time of Troubles and the Founding of the Romanov Dynasty* (University Park, Pa., 2001), einer gedankenvollen und zum Denken anregenden Studie zum frühneuzeitlichen Russland. Maureen Perries *Pretenders and Popular Modernism in Early Modern Russia* (Cambridge 1995) war ebenfalls erhellend, und das Kapitel über Boris Godunows Laufbahn in Band 1 der *Cambridge History of Russia*, das sie redigierte und übersetzte (A. P. Pavlov, »Fedor Ivanovich and Boris Godunov«, S. 264–85), ist sehr aufschlussreich.

Der geachtetste russische Historiker für die Zeit der Wirren ist S. F. Platonow, dessen zuverlässige, doch überholte Darstellung auf Englisch als *Time of Troubles* (Lawrence, Kans., 1985) vorliegt. Zwei Biographien Boris Godunows, eine von Platonow (Gulf Breeze, Fl., 1973) und eine weitere von Ruslan Skrynnikow (Gulf Breeze, Fl., 1982), sind auf Englisch erhältlich, genau wie Skrynnikows anschauliche Abhandlung *The Time of Troubles. Russia in Crisis, 1604–1618* (Gulf Breeze, Fl., 1988).

Die Reisenden, durch deren Berichte meine Darstellung illustriert wurde, haben ein eigenes Kapitel verdient. Am farbigsten sind Jacques Margeret, *The Russian Empire and the Grand Duchy of Moscow. A Seventeenth-century French account* (Pittsburgh, Pa., 1983); Isaac Massa, *A Short History of the Peasant Wars in Moscow under the Reigns of Various Sovereigns down to the Year 1610* (Toronto 1982); Stanislaw Zolkiewski, *Expedition to Moscow. A Memoir* (London 1959), und Adam Olearius, *Vermehrte Newe Beschreibung Der Muscowitischen vnd Persischen Reyse* (Tübingen 1971).

Leser mit einem Interesse an Karten können ihm nachgehen in Valerie Kivelsons *Cartographies of Tsardom. The Land and its Meanings in Seventeenth-Century Russia* (Ithaca, NY, 2006). Der wirtschaftliche Hintergrund der Wirren ist eines der Themen von Richard Hellie, *Enserfment and Military Change in Muscovy* (Chicago und London 1971); ähnliche Probleme werden untersucht in Marshall Poe und Eric Lohr (Hg.), *The Military and Society in Russian History, 1350–1917* (Leiden 2002).

Moskowien der Romanows

Ich kann mir keine unterhaltsamere Einführung vorstellen als die Aufzeichnungen Pauls von Aleppo, die vollständig auf Englisch vorliegen als *The Travels of Macarius, Patriarch of Antioch. Written by His Attendant Archdeacon, Paul of Aleppo, in Arabic*, 2 Bde. (London 1836). Die Geschichte der Epoche wird nüchterner untersucht in Paul Dukes, *The Making of Russian Absolutism, 1613–1801* (London 1982), und Robert O. Crummey, *Aristocrats and Servitors. The Boyar Elite in Russia, 1613–1689* (Princeton, NJ, 1983). Die Details der Religion, die am Hof der Romanows eine so bedeutende Rolle spielte, werden erklärt von Paul Bushkovitch, *Religion and Society in Russia. The Sixteenth and Seventeenth Centuries* (New York 1992), während sich sowohl P. Meyendorff, *Russia, Ritual and Reform. The Liturgical Reforms of Nikon in the Seventeenth Century* (New York 1991), als auch G. Michels, *At War with the Church. Religious Dissent in Seventeenth-Century Russia* (Stanford, Cal., 1999), dem Großen Schisma widmen. Zu den gruseligen Folgen siehe Michael Cherniavsky, »The Old Believers and the New Religion«, *Slavic Review* 25, 1 (März 1966), S. 1–39.

Das Thema von Lindsey Hughes' Buch *The Romanovs* (London 2008) liegt auf der Hand, und Philip Longworth liefert eine Biographie von Alexej Michailowitsch: *Alexis, Tsar of all the Russias* (London 1984). Die Eindrücke von Alexejs Arzt Samuel Collins erschienen unter dem Titel *The Present State of Russia. A Letter to a Friend at London, by an Eminent Person residing at the Czar's Court* (London 1671).

Alexejs Gesetzbuch lässt sich einsehen in Richard Hellie (Hg.), *The Muscovite Law Code (Ulozhenie) of 1649* (Irvine, Cal., 1988), und die Auswirkungen der Leibeigenschaft auf die Bauern, damals und später, werden erörtert in David Moon, *The Russian Peasantry, 1600–1930* (London und New York 1999), sowie in Jerome Blums älterem, prächtigem *Lord and Peasant in Russia from the Ninth to the Nineteenth Centuries* (Princeton, NJ, 1961). Während dieses Buch entstand, wurde einer der aufschlussreichsten Augenzeugenberichte vom moskowitischen Hof, den der abtrünnige Grigori Kotoschichin am schwedischen Hof schrieb, zum ersten Mal vollständig ins Englische übersetzt; die Veröffentlichung wird erheblich zur allgemeinen Einschätzung dieser geheimnisvollen Welt beitragen.

18. Jahrhundert

Lindsey Hughes' Biographie von Sofia, *Sophia, Regent of Russia* (New Haven, Conn., und London 1990), bleibt eine der besten auf Englisch verfügbaren, und ihre Biographie von Peter, *Peter the Great. A Biography* (New Haven, Conn., und London 2004), sowie das umfassendere *Russia in the Age of Peter the Great* (New Haven, Conn., und London 1998) sind Vorbilder an Wissenschaftlichkeit und schriftstellerischer Klarheit. Zu weiteren Werken über ihn siehe Robert K. Massies preisgekröntes *Peter der Große. Sein Leben und seine Zeit* (Frankfurt am Main 1984). Auch Katharina hat viele Biographen gefunden, in jüngerer Zeit u. a. Isabel de Madariaga, *Katharina die Große. Das Leben der russischen Kaiserin* (Berlin 2006), und Simon Dixon, *Catherine the Great* (London 2009). Mit den Herrschern nach Peters Tod beschäftigt sich E. V. Anisimov, *Five Empresses. Court Life in Eighteenth-century Russia* (Westport, Va., 2004).

Unter den informativsten neuen Forschungsarbeiten über diese Ära ragt Ernest A. Zitsers *The Transfigured Kingdom* (Ithaca, NY, und London 2004) wegen seiner Betrachtungsweise von Peters wüstem Hof heraus. Eine traditionellere Arbeit, welche die Entwicklung des Hofzeremoniells und der russischen Souveränität seit Peters Herrschaft behandelt, ist Richard Wortmans beeindruckendes *Scenarios of Power. Myth and Ceremony in Russian Monarchy*, das nun zumeist in einer einbändigen Ausgabe (Princeton, NJ, 2006) verfügbar ist. Zur Politik am Beginn von Peters Herrschaft siehe Paul Bushkovitch, *Peter the Great. The Struggle for Power* (Cambridge 2001).

Der plötzliche Wandel des Architekturstils ist das Thema von James Cracraft, *The Petrine Revolution in Russian Architecture* (Chicago, Ill., 1988), und Albert J. Schmidt, *The Architecture and Planning of Classical Moscow* (Philadelphia, Pa. 1989). Zu Cracrafts späteren Bänden zählt *The Petrine Revolution in Russian Imagery* (Chicago, Ill., 1997), in dem er viele Themenstränge aus seinem Werk über russische Gebäude fortsetzt. Katharinas Passionen gehören zu den Themen, die Dmitry Shvidkovsky in seinem Buch über Charles Cameron, *The Empress and the Architect. British Architecture and Gardens at the Court of Catherine the Great* (New Haven, Conn., und London 1996), behandelt. Zu einem allgemeineren Überblick siehe Lindsey Hughes, »Russian culture in the eighteenth century«, in Dominic Lieven (Hg.), *The Cambridge History of Russia*, Bd. 2: *Imperial Russia 1689–1917* (Cambridge 2008), S. 67–91.

19. Jahrhundert

Das 19. Jahrhundert begann mit den Napoleonischen Kriegen und endete kurz vor der Revolution, womit die potentielle Lektüre gewaltig ist. Eine Einführung in den Krieg von 1812 bietet Adam Zamoyskis *Napoleons Feldzug in Russland* (München 2012), in dem viele russische Quellen verwendet werden. Daria Olivier, *The Burning of Moscow 1812* (London 1966), ist eine spezifischere Darstellung der Leiden Moskaus. Von den auf Englisch und Deutsch vorliegenden Memoirenbänden (ein ganzes Buch wäre nötig, um die französischen und russischen Werke zu nennen) ist der beste wahrscheinlich Paul Philippe de Ségur, *Napoleon und die Große Armee in Russland* (Bremen 1965). Eine andere direkte Quelle ist General Armand de Caulaincourt, Herzog von Vicenza, *Mit Napoleon in Rußland* (Bielefeld 1938).

Die konservative intellektuelle Atmosphäre Moskaus wird untersucht in Alexander M. Martin, *Romantics, Reformers, Reactionaries. Russian Conservative Thought and Politics in the Reign of Alexander I* (DeKalb, Ill., 1997). Martins Essay in der *Cambridge History of Russia* (»Russia and the legacy of 1812«, Bd. 2, S. 145–61) ist ein weiterer vorzüglicher Ausgangspunkt für die Beschäftigung mit der Kultur des Zeitraums, genau wie Rosamund Bartlett, »Russian culture 1801–1917«, in demselben Band, S. 92–115. Zur Romantik – besonders zu ihrer Betrachtung der Landschaft – siehe Christopher D. Ely, *This Meager Nature. Landscape and Identity in Imperial Russia* (DeKalb, Ill., 2002). Die romantisch-nationalistische Bewegung um die Mitte des Jahrhunderts ist Gegenstand von Cynthia Hyla Whittaker (Hg.), *Visualizing Russia. Fedor Solntsev and Crafting a National Past* (Leiden und Boston, Mass., 2010), sowie einer großen Ausstellung in der New York Public Library, *Russia Imagined*, von März–Juni 2007 (Katalog von Wendy Salmond [New York 2006]). Die beste Einführung in die Musik jener Zeit ist Richard Taruskins *Defining Russia Musically* (Princeton, NJ, 1997).

Der Slawophilismus wird brillant abgehandelt in dem klassischen Werk von Andrzej Walicki, *The Slavophile Controversy. History of a Conservative Utopia in Nineteenth-Century Russian Thought* (Oxford 1975), und die Ursprünge der russischen Geschichtswissenschaft lassen sich nachvollziehen durch Anatole G. Mazour, »Modern Russian historiography«, *Journal of Modern History* 9, 2 (Juni 1937), S. 169–202, und durch spätere individuelle Forschungen wie A. G. Cross, *N. M. Karamzin. A Study of His Literary Career* (London 1971).

Die Untersuchung des Hofes von Nikolaus I. wäre unvollständig ohne die Einführung durch den Marquis de Custine und sein *Russland im Jahre 1839* (Leipzig 1843). Eine Biographie zu Nikolaus selbst bietet W. Bruce Lincoln, *Nicholas I. Emperor and Autocrat of All the Russias* (London 1978), eine zu Alexander II. bietet W. E. Mosse, *Alexander II and the Modernization of Russia* (London 1958). In der angespannteren Welt des späteren 19. Jahrhunderts dient Anna Geifmans *Russia Under the Last Tsar. Opposition and Subversion, 1894–1917* (Oxford 1999) als gute Einleitung in die Politik der Andersdenkenden.

Zu 1905 siehe Sidney Harcave, *First Blood. The Russian Revolution of 1905* (London und New York 1964), während sich John Klier, *Imperial Russias Jewish Question, 1855–1881* (Cambridge 1995), sowie S. Hoffmann und E. Mendelsohn, *The Revolution of 1905 and Russias Jews* (Philadelphia, Pa., 2008) dem offiziellen (und inoffiziellen) Antisemitismus widmen. Was Biographien zu Nikolaus II. betrifft, so beginne man mit D. C. B. Lieven, *Nicholas II. Emperor of All the Russias* (London 1993), oder Marc Ferro, *Nikolaus II. Der letzte Zar. Eine Biographie* (Zürich 1991). Die einschlägige Literatur ist umfangreich.

Revolution

Utopia stellt eine wunderbare Thematik dar, und die russische Version hat wunderbare Historiker angezogen. Zu einer Einführung siehe Richard Stites, *Revolutionary Dreams* (Oxford 1989), das die ganze Spannweite des utopischen Denkens abdeckt. Semjon Kanatschikows Erinnerungen, herausgegeben von Reginald Zelnik (*A Radical Worker in Tsarist Russia. The Autobiography of Semen Ivanovich Kanatchikov* [Stanford, Cal., 1986]), sind ein Zeugnis von der Basis, ähnlich wie Eduard M. Dunes *Notes of a Red Guard* (Urbana, Ill., 1993). Avantgardistische Malerei ist das Thema von John E. Bowlt (Hg.), *Russian Art of the Avant-Garde. Theory and Criticism 1902–1934* (New York 1976 und 1988); die Gruppe Karo-Bube wird in einer Einführung mit dem Titel *The Knave of Diamonds in the Russian Avant-Garde* (St. Petersburg 2004) behandelt. Malewitsch ist Gegenstand einer umfassenden Literatur, und seine eigenen Ansichten spiegeln sich wider in *The Non-Objective World*, herausgegeben von Howard Dearstyne (Mineola, NY, 2003). Zu kritischen Biographien siehe Charlotte Douglas, *Kazimir Malevich* (London 1994), und A. S. Shatskikh, *Black Square. Malevich and the Origins of Suprematism* (New Haven, Conn., 2012).

Die Atmosphäre im Moskau des frühen 20. Jahrhunderts wird überzeugend eingefangen in Karl Schlögels *Terror und Traum. Moskau 1937* (Frankfurt am Main 2011). An dieser Stelle muss auch Timothy J. Colton, *Moscow. Governing the Socialist Metropolis* (Cambridge, Mass., 1995), vorgestellt werden, dessen Stärken die Sowjetzeit und besonders die erste Hälfte des 20. Jahrhunderts sind. Zur Architektur siehe Catherine Cooke, *Russian Avant-Garde. Theories of Art, Architecture and the City* (London 1995).

Eine vollständige Bibliographie von Schriften über die Revolution selbst würde einen weiteren Band erfordern. Dieser liegt zum Glück bereits vor in Form von *The Russian Revolution and Civil War, 1917–1921. An Annotated Bibliography*, zusammengestellt und herausgegeben von Jonathan D. Smele (London 2003). Die beste Darstellung der Februarrevolution in Petrograd enthält Orlando Figes, *Die Tragödie eines Volkes. Die Epoche der russischen Revolution 1891 bis 1924* (Berlin 1998); die Moskauer Revolution wird behandelt in Diane Koenker, *Moscow Workers and the 1917 Revolution* (Princeton, NJ, 1981). Zu einer (verbitterten) alternativen Auffassung, der eines Moskauer konservativen Intellektuellen, siehe Terence Emmons (Hg.), *Time of Troubles. The Diary of Iurii Vladimirovich Got'e* (London 1988), während sich John Reed in *Zehn Tage, die die Welt erschütterten* (Berlin 1971), stets positiv über Lenin und dessen Revolution äußert.

Was Lenin selbst betrifft, so dürfte Robert Service, *Lenin. Eine Biographie* (München 2000), in naher Zukunft schwerlich übertroffen werden. Leo Trotzki, *Mein Leben. Versuch einer Autobiographie* (Frankfurt am Main 1981), beschreibt die Aktionen der Bolschewiki innerhalb und außerhalb des Kreml. Im Bereich der allgemeineren Literatur zur Sowjetregierung stellte Dmitri Wolkogonows Buch *Die Sieben Führer. Aufstieg und Untergang des Sowjetreichs* (Frankfurt am Main 2001) eine Zäsur dar, weil der Autor Zugang zu Archivmaterial erlangte, das niemand je gesehen hatte (und das, in manchen Fällen, Normalsterbliche nie wieder zu Gesicht bekommen werden).

Die bolschewistische Kampagne gegen die Kirche steht im Mittelpunkt einer Reihe neuerer Untersuchungen. Auf die Heiligen konzentrieren sich Robert H. Greene, *Bodies Like Bright Stars. Saints and Relics in Orthodox Russia* (DeKalb, Ill., 2010), und S. A. Smith, »Bones of contention. Bolsheviks and the struggle against relics, 1918–1930«, *Past and Present* 204 (August 2009), S. 155–94. Sean McMeekin, *His-*

tory's Greatest Heist (New Haven, Conn., 2008), geht auf die Beschlagnahme von Vermögenswerten ein, darunter die der Kirche und vermögender Einzelpersonen (sowie des zaristischen Staates). Zu einem von mehreren Augenzeugenberichten über die Hungersnot, die als Vorwand für manche dieser Maßnahmen diente, siehe C. E. Bechhofer, *Through Starving Russia, being the record of a journey to Moscow and the Volga provinces, in August and September 1921* (London 1921).

Sowjetrussland

Die Geschichte der teilweisen Zerstörung des Kreml in den späten 1920er Jahren ist nie detailliert in englisch- oder deutschsprachigen Quellen erzählt worden. Die besten Einführungen in diese Ära sind folglich die, welche sich im größeren Rahmen mit Stalin und dem Stalinismus befassen. Zu dem Ersteren sollte man mit Simon Sebag Montefiore, *Der junge Stalin* (Frankfurt am Main 2007) beginnen, um dann in Gesellschaft von Donald Rayfield, *Stalin and His Hangmen. An Authoritative Portrait of a Tyrant and Those Who Served Him* (London 2005), oder Robert Service, *Stalin. A Biography* (London 2004), zu dem reifen Diktator fortzuschreiten. Oleg Khlevniuk, *Master of the House. Stalin and his Inner Circle* (New Haven, Conn., 2009), erweitert die Darstellung mit Hilfe neuen Archivmaterials. Rosamund Richardson, *The Long Shadow. Inside Stalins Family* (London 1994), bietet eine einzigartige Schilderung des Familienlebens im Kreml und ergänzt die Erinnerungen von Stalins Tochter Swetlana Allilujewa, *Zwanzig Briefe an einen Freund* (Frankfurt am Main 1969). Larissa Wassiljewas Bestseller *Die Kreml-Frauen* (Zürich 1994) präsentiert eine alternative, wenn auch informelle Sicht der Führerschaft.

Die Politik der Ära ist ausgiebig behandelt worden, besonders seit der kürzlichen Freigabe vieler Sowjetarchive. Zu den faszinierenderen Schilderungen der hohen Politik gehören J. Arch Getty und Oleg Naumov, *The Road to Terror. Stalin and the Self-Destruction of the Bolsheviks* (New Haven, Conn., 1999) und *Stalinist Terror. New Perspectives* (Cambridge 1993). Zu weiteren Essays siehe S. Fitzpatrick,

Stalinism. New Directions (London 2000), und David L. Hoffmann, *Stalinism. The Essential Readings* (Oxford 2003). Eine klassische Darstellung, deren Lektüre sich noch heute lohnt, ist Roy Medwedew, *Das Urteil der Geschichte. Stalin und Stalinismus* (Berlin 1992). Zur stalinistischen Gesellschaft beginne man mit Sheila Fitzpatricks brillantem *Everyday Stalinism. Ordinary Life in Extraordinary Times* (Oxford 1999) und lese auch Stephen Kotkin, *Magnetic Mountain. Stalinism as a Civilization* (London 1995). Die sowjetische Nachkriegspolitik ist das Thema von Yoram Gorlizki und Oleg Khlevniuk, *Cold Peace. Stalin and the Soviet Ruling Circle, 1945–1953* (Oxford 2004).

John Steinbecks Bericht von 1949, *Russische Reise* (mit Bildern von Robert Capa) (Zürich 2013), wurde etliche Male nachgedruckt, und Mark Franklands Abhandlung *Child of My Time* (London 1999), die einen längeren Zeitraum behandelt, enthüllt noch einiges mehr ... Zu einer ausgezeichneten Untersuchung der Nachkriegsmentalität siehe Donald J. Raleigh, *Soviet Baby Boomers. An Oral History of Russias Cold War Generation* (New York 2011), in welcher der Autor der Nachkriegsgeneration bis in die Gegenwart folgt. Zu Chruschtschow siehe William Taubman, *Khrushchev. The Man and His Era* (London 2003), sowie Sergei Khrushchev, *Die Geburt einer Supermacht. Ein Buch über meinen Vater* (Klitzschen 2003).

In den 1960er Jahren begannen Sowjetführer, ihre eigenen Memoiren zu schreiben, vornehmlich Nikita Chruschtschow: *Chruschtschow erinnert sich* (Hamburg 1971) und *Chruschtschow erinnert sich. Die authentischen Memoiren*, herausgegeben von Strobe Talbott (Reinbek bei Hamburg 1992). Zu Gorbatschow siehe seinen Bestseller *Perestroika. Die zweite russische Revolution. Eine neue Politik für Europa und die Welt* (München 1989) sowie seine *Erinnerungen* (Berlin 1995).

Eine der besten Beschreibungen des dramatischen Endes der Sowjetunion ist David Remnicks *Lenins Tomb. The Last Days of the Soviet Empire* (London 1994). Zu Insiderberichten siehe auch A. Grachev, *Final Days. The Inside Story of the Collapse of the Soviet Union* (Boulder, Col., 1995), und Rodric Braithwaite, *Across the Moscow River. The World Turned Upside Down* (London 2002).

Demokratisches Russland

Boris Jelzin schrieb (oder unterzeichnete zumindest) eine Menge Memoiren, von denen die meisten ins Englische und Deutsche übersetzt wurden. Die wichtigsten sind, in chronologischer Folge, *Aufzeichnungen eines Unbequem*en (München 1990), *Auf des Messers Schneide. Tagebuch des Präsidenten* (Berlin 1994) und *Mitternachtstagebuch. Meine Jahre im Kreml* (Berlin u. a. 2000).

Wer eine ausgewogenere Analyse sucht, könnte mit A. Brown und L. Shevtsova (Hg.), *Gorbachev, Yeltsin, Putin. Political Leadership in Russias Transition* (Washington, DC 2001), beginnen, während Richard Sakwas Lehrbuch *Russian Politics and Society*, 4. Aufl. (London 2008), den Hauptkontext liefert. Was die Dilemmas von Jelzins Russland betrifft, so behandeln zwei Artikel von Michael Urban in Kapitel 12 aufgeworfene Fragen. Zu weiteren Einzelheiten siehe seine Beiträge »The politics of identity in Russias Postcommunist transition. The nation against itself«, *Slavic Review* 53, 3 (Herbst 1994), S. 733–65, und »Remythologising the Russian state«, *Europe-Asia Studies* 50, 6 (September 1998), S. 969–92. Zu einer kurzen Untersuchung des organisierten Verbrechens siehe Joseph L. Albini u. a., »Russian organized crime. Its history, structure and function«, *Journal of Contemporary Criminal Justice* 11, 4 (Dezember 1995), S. 213–43. Eine ebenfalls lesenswerte Darstellung, diesmal mit einem biographischen Schwerpunkt, stammt von Paul Klebnikow, *Der Pate des Kreml. Boris Beresowski und die Macht der Oligarchen* (Düsseldorf 2001).

Putins Regime wird bereits in zahlreichen bemerkenswerten Studien behandelt, darunter David Satter, *Darkness at Dawn. The Rise of the Russian Criminal State* (New Haven, Conn., und London 2003), Andrew Jack, *Inside Putin's Russia* (London 2004), und Edward Lucas, *Der Kalte Krieg des Kreml. Wie das Putin-System Russland und den Westen bedroht* (München 2008). Zu einer Auswahl wissenschaftlicher Ansichten siehe Stephen White (Hg.), *Politics and the Ruling Group in Putin's Russia* (Basingstoke 2008). Brian D. Taylor, *State Building in Putin's Russia* (Cambridge 2011), ist eine besonders scharfsinnige Untersuchung des schwachen, neuen russischen Staates, dessen Probleme auch in Lilia Shevtsova und Andrew Wood, *Change and Decay. Russia's Dilemma and the West's Response* (Washington, DC 2011), unter die Lupe genommen werden.

Zum Missbrauch der Geschichtsschreibung durch das gegenwärtige russische Regime siehe David Satter, *It was a Long Time Ago, And It Never Happened Anyway* (New Haven, Conn., und London 2011). Die Architektur ist ein spezielleres Thema, aber ich wurde inspiriert durch Benjamin Forest und Juliet Johnson, »Unravelling the threads of history. Soviet-era monuments and post-Soviet national identity in Moscow«, *Annals of the Association of American Geographers* 92, 3 (September 2002), S. 524–47, und Dmitri Sidorov, »National monumentalization and the politics of scale. The resurrection of the cathedral of Christ the Savior in Moscow«, *Annals of the Association of American Geographers* 90, 3 (September 2000). Zur Zerstörung historischer Moskauer Gebäude siehe Edmund Harris (Hg.), *Moscow Heritage at Crisis Point*, 2. Aufl. (Moskau 2009).

Dank

Ohne die großzügige Hilfe des Leverhulme Trust, durch dessen Major Research Fellowship ich von meinen Lehrpflichten freigestellt wurde und das daneben etliche Reisen und Recherchen ermöglichte, hätte ich dieses Buch nicht schreiben können. Eine derartige Finanzierung, die liebenswürdig vergeben und überaus dezent verwaltet wird, ist sowohl eine Rettung als auch eine wirkliche Inspiration. Ich bin den Kuratoren zutiefst verpflichtet, ebenso wie den Freunden, die meinen Antrag unterstützten, besonders Emma Rothschild, Stephen A. Smith und dem mittlerweile verstorbenen Tony Judt. In einem frühen Stadium der Arbeit hielt ich mich, ebenfalls dank Tony Judt, als Gaststipendiatin am Remarque Institute der New York University auf – eine anregende Erfahrung, für die ich auch Jair Kessler und Katherine E. Fleming verpflichtet bin.

Im Lauf der eigentlichen Forschung empfing ich von so vielen Personen fachkundige Hilfe sowie Rat und Trost, dass es unmöglich ist, sie alle zu nennen. Speziellen Dank schulde ich Jelena Gagarina und ihren Mitarbeitern im Museumsreservat und der Bibliothek des Kreml. Andrej Batalow, der Direktor der Museen des Kreml, bedachte mich freigebig mit seiner Zeit und seinen Kenntnissen, und auch Tatjana Panowa, der Direktorin der Kreml-Archäologie, habe ich zu danken. Bei meinen vielen Besuchen in Moskau wurde ich herzlich empfangen vom enthusiastischen Personal der Staatlichen Historischen Bibliothek und mehrerer wichtiger Archive, darunter dem des Staatsarchivs der Russischen Föderation und des Archivs für alte Urkunden. Ich stehe auch in der Schuld der Staatlichen (Lenin-) Bibliothek der Russischen Föderation, des Staatlichen Historischen Archivs, des Staatsarchivs der Wirtschaft und des Schtschussew-Museums für Architektur. Meine Moskauer Kollegen und Freunde waren entgegenkommend wie immer, und ich möchte besonders Sergo Mikojan, Stepan Mikojan, Pawel Palaschtschenko, Wsewolod Pimenow und Sergej Romanjuk erwähnen.

In den vergangenen Jahren musste ich so viele seltene Bücher und Sammlungen lesen, dass die Mitarbeiter der Bodleian Library in Oxford, vornehmlich diejenigen in der Upper Reserve und der Taylorian Slavonic Library, seit der Beendigung dieses Manuskripts einen willkommenen Rückgang ihres Arbeitspensums bemerkt haben dürften. Es war eine Ehre, meiner Lektüre in einer solchen Gesellschaft nachzugehen, und auch dem Personal der British Library, der Library of the School of Slavonic Studies am University College London, der London Library und der Cambridge University Library möchte ich meinen Dank ausdrücken. Daneben bin ich den Mitarbeitern der New York Public Library (vor allem der beliebten Slavic and Baltic Division), insbesondere Edward Kasinec, verpflichtet. Das Personal des Hillwood Museum und der Hillwood Library in Washington empfing mich 2007 sehr freundlich, und ich bedanke mich in erster Linie bei Scott Ruby, der mich nicht nur mit der Sammlung bekannt machte, sondern auch einige seiner unveröffentlichten Funde mit mir teilte.

Das Projekt führte mich weit über meine gewohnten Forschungsgebiete hinaus – dies war ein großer Teil seines ursprünglichen Reizes –, was zur Folge hatte, dass ich Lesern mit fachspezifischen Kenntnissen über einzelne Bereiche besonderen Dank schulde. Das gilt für die Freundlichkeit von Alla Aronowa, Sergej Bogatyrjow, Anna Pikington, Donald Rayfield und Jonathan Shepard, die jeweils Teile des Entwurfs lasen und mir detaillierte und sehr großzügige Kommentare lieferten. Natürlich trägt keiner von ihnen die geringste Verantwortung für meine Fehler, genauso wenig wie die vielen anderen, die einzelne Aspekte des Buches mit mir durchsprachen. In diesem Zusammenhang danke ich Brigid Allen, Jill Bennett, Kathleen Berton Murrell, Sir Rodric Braithwaite, Clementine Cecil, Robert Dale, Simon Dixon, Vladimir Faekov, Baron Hennessy of Nympsfield, Jeremy Hicks, Valerie Holman, Geoffrey Hosking, Baron Hurd of Westwell, Ira Katznelson, Igor Kortschilow, Wladimir Koslow, Sue Levene, Kate Lowe, Sir Rodrick Lyne, Isabel de Madariaga, Anne McIntyre, Philip Merridale, Nicola Miller, Serena Moore, Sergej Orlenko, Tina Pepler,

W. F. Ryan, Andreas Schönle, Simon Sebag Montefiore, Jon Smele, Nikolai Ssorin-Chaikov, Jelena Stroganowa, Katherine Townsend, Tamar de Vries Winter und Richard Wortman. Die Mitglieder des Online-Diskussionsforums »Early Slavists« lieferten zahlreiche neue Anhaltspunkte, und zu danken habe ich auch dem verstorbenen Tony Bishop, der nie erfuhr, wie ich seine unterhaltsamen Anmerkungen verwendet habe. In einem anderen, etwas späteren Stadium leistete mir Octavia Lamb fachkundige Hilfe beim Aufspüren etlicher Illustrationen, und Charlotte Ridings half mir, den abschließenden Text vorzubereiten.

Wie es üblich ist, sämtlichen Beteiligten zu danken (und dies sehr aufrichtig), so entspricht es auch den Gepflogenheiten, alle von jeglicher Verantwortung für das Buch selbst auszunehmen. Im Fall meiner größten Verbindlichkeiten kann diese Freisprechung jedoch nur technischer Art sein, denn einige Personen haben sich so sehr für mich eingesetzt, dass das Buch ohne sie schlicht nicht existieren würde. Zwei begabte Lektoren, Sara Bershtel von Metropolitan und Simon Winder von Penguin, führten ihre ungeheure Energie ins Feld und bombardierten mich mit Fragen, wobei sie dem Text gleichzeitig eine neue Stimmigkeit und einen besseren Fluss verliehen. Allerdings hätten sie nie ein Manuskript zu Gesicht bekommen, wäre nicht Peter Robinson zugegen gewesen, der mir großzügig erlaubte, seine Pflichten als Literaturagent neu zu definieren, so dass sie neben seiner unermüdlichen Unterstützung in intellektueller, praktischer und moralischer Hinsicht auch gesundheitsschädliche Lektüremengen einschlossen. Ihnen allen danke ich und hoffe, dass das fertige Buch ihre sehr unterschiedlichen Arten von Kreativität widerspiegelt. Am dankbarsten bin ich jedoch wie immer Frank Payne. Es war klar, dass diese Reise nicht leicht sein würde, aber er hielt sie nicht nur bis zum Ende durch, sondern verliebte sich in ihrem Verlauf sogar in Moskau. Möge es noch viele Moskaus geben.

Abkürzungsverzeichnis

AHR American Historical Review
AI Akty istoritscheskije, sobrannyje i isdannyje Archeografitscheskoju komissijei, 5 Bde. (St. Petersburg 1841–42)
CHR Cambridge History of Russia. Bd. 1: *From Early Rus' to 1689*, herausgegeben von Maureen Perrie (Cambridge 2006); Bd. 2: *Imperial Russia 1689–1917*, herausgegeben von Dominic Lieven (Cambridge 2008)
DAI Dopolnenija k aktam istoritscheskim, sobrannym i isdannym Archeografitscheskoju komissijei, 12 Bde. (St. Petersburg 1846–75)
GARF Staatsarchiv der Russischen Föderation
JbfGO Jahrbücher für Geschichte Osteuropas
JMH Journal of Modern History
Materialy i issledowanija
  Federalnoje gossudarstwennoje utschreschdenije Gossudarstwenny istoriko-kulturny musei-sapowednik ›Moskowski Kreml‹«, Materialy i issledowanija, bisher 20 Bde. (Moskau 1973–)
PSRL Polnoje Sobranije Russkich Letopissei, mehrere Bände russischer Chroniken (Repr., Moskau 1965 und 1997)
PSS Polnoje sobranije sakonow Rossiskoi Imperii s 1649 goda, 46 Bde. (St. Petersburg 1830)
RGADA Russisches Staatsarchiv für alte Urkunden
RGASPI Russisches Staatsarchiv für sozio-politische Geschichte
RGIA Russisches Staatliches Historisches Archiv
SEER Slavonic and East European Review
SIRIO Sbornik Imperatorskawo Russkawo Istoritscheskawo Obschtschestwa, 148 Bde. (St. Petersburg 1867–1916)

Abbildungsnachweis

1. Staatliche Tretjakow-Galerie, Moskau
2. Foto Frank Payne
3. Kreml-Museen/Giraudon
4. Staatliche Tretjakow-Galerie, Moskau
5. Yale Center for British Art/The Bridgeman Art Library
6. Foto Frank Payne
7. akg-images
8. Pictorial Press Ltd/Alamy
9. akg-images/RIA Nowosti
10./11. Staatliches Schtschussew-Museum für Architektur, Moskau
12. Deutsches Historisches Museum, Berlin/DHN/Bridgeman Art Library
13. Staatliche Tretjakow-Galerie, Moskau
14. Anatoli Sapronenkow/Getty Images
15./16. Slavic and Baltic Division, The New York Public Library, Astor, Lenox and Tilden Foundations
17. Fine Art Images/Getty Images
18. Photoshot
20. Corbis
21. Mit freundlicher Genehmigung der Autorin (Sammlung C. Merridale)
22. Musée d'Orsay/Giraudon/Bridgeman Art Library
23./24. Getty Images
25. Ullstein Bild/Imagno
26. Staatliche Tretjakow-Galerie, Moskau
27. Jewgeni Kaldai/Corbis
28. Foto Frank Payne
29. Getty Images
30. AFP/Getty Images
31. Natalia Wolkowa/Shutterstock

Register

1612 (Film) 504
Afanassi, Metropolit von Moskau und ganz Russland 131
Afghanistan 458, 465, 467, 480, 502
Agapetus 108
Alberti, Leon Battista 63
Alexander I., Zar 272, 276, 291, 297, 302, 313, 321, 334
Alexander II., Zar 319–322, 324f., 385, 402
Alexander III., Zar 20, 322–325, 334, 349, 384
Alexander Newski (Film) 430
Alexander von Litauen 72
Alexander von Twer 52f., 56f.
Alexandergarten 291, 428, 434, 491
Alexandra Fjodorowna, Kaiserin von Russland 354
Alexandria 37, 218
Alexandrowskaja sloboda 130, 132f., 135f., 141, 456
Alexej (Sohn Peters des Großen) 231, 243, 248f.
Alexej Alexejewitsch (Sohn von Zar Alexej Michailowitsch) 219
Alexej Michailowitsch, Zar 30f., 186, 197, 202–206, 208f., 213, 216–225, 231, 234, 243, 258, 269, 305f., 320, 378, 391
Alexi, Metropolit von Kiew und ganz Russland 59, 387f., 403
Alphabetreform 247, 274
Altgläubige/Altgläubigkeit 216, 219, 223f., 238
Amsterdam 143, 226
Amwrossi, Metropolit und Erzbischof von Moskau 261
Andrej Iwanowitsch (Bruder Wassilis III.) 104f.
Andropow, Juri 458, 461, 464f.
Anissimow, A. I. 405f.

Annibale, Pietro 96
Ansicht Moskaus von der Steinbrücke 229
Antisemitismus 332, 345
Arbeitertag, 1. Mai 385, 408, 485
Archangelsk 115, 195, 242
Argamakow 313
Armand, Inessa 378
Arsenal Peters des Großen 93, 97, 148, 202, 240, 247, 257, 259f., 284, 287f., 363, 366, 369, 462
Arsenal-Eckturm 93, 96, 428
Arseni, Archimandrit 370
Asow 231, 233, 235
Astrachan 65, 127
August II. von Polen und Sachsen 242
Augustus, Kaiser von Rom 109, 157
Awgustin, Metropolit und Erzbischof von Moskau 294
Awwakum, Pope 216
Bachtschissarai, Krim 88
Bakunin, Michail 311
Ballets Russes 350
Baltsch, Tatjana 418
Baranowski, Pjotr 396ff., 490f.
Barghoorn, Frederick 440
Barozzi, Giacomo da Vignola 255
Bartenew, Pjotr 340,
Bartenew, Sergej 340ff., 344, 346
Baschenow, Wassili 258–264, 320
Basilius der Selige 127
Basilius-Kathedrale 7, 8, 127, 161, 215, 232, 275, 312, 351, 363, 397f., 435
Basmanow, Pjotr Fjodorowitsch 173f.
Batalow, Andrej 163
Batjuschkow, Konstantin 268
Batu Khan (Mongolenführer) 45
Bauman, Nikolai 346
Beauvais, Frankreich, Kathedrale von Saint Pierre 78

Bechbulatowitsch, Simeon 137
Bedny, Demjan 376, 419
Beethoven, Ludwig van 388
Behrs, Sofia 328
Beklemischew-Turm 91, 96
Belarus 204, 480
Beloussow, Brüder 323
Beloweschtschaja Puschtscha, Naturschutzgebiet, Belarus 480
Belski, Bogdan 106, 144 148
Benjamin, Walter 17, 394
Benois, Alexander 360
Beresowski, Boris 497
Berija, Lawrenti 428, 438 f.
Berliner Mauer 469
Bessarion von Nicäa, Kardinal 80, 83
Bessemer, Henry 321
Bilibin, Iwan 360
Billington, James 23
Blaeu, Joan 143–146, 162
Blair, Tony 503
Blanqui, Auguste 388
Bode, Baron 301, 303, 307
Bogatyrjow, Sergej 134
Bogoljubski, Andrej 41, 58, 76, 114
Bojaren 53, 55, 59, 94, 106 f., 111, 119, 122–125, 128, 130 ff., 144 ff., 148, 150 ff., 157 ff., 161, 164, 168, 176, 178 f., 181–184, 191, 205, 207 f., 218, 221, 224, 231, 236, 243, 249, 251, 301, 304, 320, 323, 341, 458
Boldin, Waleri 473
Bolghar, Handelsstraßen 34
Bologna 64, 82 ff., 210
Bolschaja Ordinka (Große Hordenstraße) 50
Bolschewiki 23 f., 294, 361, 363, 365 f., 368, 370, 374, 377, 379, 383, 386 ff., 390, 392, 401 f., 406, 492
Bolschoi-Theater 407
Bontsch-Brujewitsch, Wladimir 372, 418 f.
Bonumbre von Ajaccio, Kardinal 81
Boris, Zar von Russland siehe Godunow, Boris
Borodin, Pawel 495–499, 508
Borodino, Schlacht von 279
Borowizki-Tor 24, 92, 118, 201, 283, 306 f., 318, 337, 427
Botkin, Familie 352
Bowe, Ossip 293, 295

Brände im Kreml: (1337) 54; (1343) 54; (1365) 59; (1445) 74; (1470) 75; (1473) 77; (1493) 93, 97; (1547) 111; (1571) 138; (1619) 194; (1626) 194; (1682) 225; (1701) 240, (1737) 257
Braque, Georges 351
Breschnew, Leonid 455–461, 463 ff., 474, 506
Breschnewa, Galina 463
Brest-Litowsk, Vertrag von 381
Brown, »Capability« 259
Bruegel, Pieter der Ältere 121
Brunelleschi, Filippo 79
Brussilow, General 371
Bucharin, Nikolai 413, 420, 426
Buckingham Palace 489
Bugrow, Nikolai 368
Bulganin, Nikolai 455
Burbulis, Gennadi 478
Bürgerkrieg: (1433–47) 60, 65, 74, 101; (1606–12) 30, 169, 175, 187; (1918–21) 372, 374 f., 378, 381, 389 f., 395, 413, 443
Bush, George H. W. 468, 473
Byron, George Gordon, Lord 388
Capa, Robert 437 f.
Carcano, Alevisio de 87, 94
Ceaucescu, Nicolae 472
Chamzow, A. I. 444
Chancellor, Richard 115, 125
Chasaren 35
Chasbulatow, Ruslan 494
Cherson (Schwarzmeerhafen) 36
China 115, 382, 452
Chlebnikow, Sergej 507
Chodorkowski, Michail 496
Chopin, Frédéric 388, 466
Choresm 34, 45
Chotinenko, Wladimir 504
Chowrin, Familie 78 f., 118, 144
Chowrin, Wladimir 74 f., 78
Christ-Erlöser-Kathedrale, Moskau 52, 303, 323, 384 f., 400, 406, 451, 492 f.
Christian V. von Dänemark 242,
Chruschtschow, Nikita 427, 439, 441 f., 444, 447, 450–457, 469, 480, 492
Chruschtschowa, Nina Petrowna 439
Churchill, Sir Winston 429, 431
Collins, Samuel 192 f., 200, 218 f., 232
Conrad, Christopher 241

Contarini, Ambrogio 99, 118
Corriere della Sera 498
Corvinus, Matthias 84
Custine, Marquis de 17, 28, 291, 297–300, 307 f.
Dabelow, Christoph Christian Freiherr von 338
Daniil Alexandrowitsch, Fürst von Moskau 48 f., 51, 55, 140
Daniil, Metropolit von Moskau 106
Daniilowitschi 109, 141, 148, 164
Darwin, Charles 321
Del Ponte, Carla 497 f.
Denikin, Anton 382
Deptford, London 235
Derschawin, Gawrila 259, 268
Descartes, René 187
Deutschland 195, 203, 229, 256, 273, 381
Devlet-Girai, Khan 134, 138 f.
Diaghilev, Sergej 350
Die unbekannte Geschichte Russlands 1945–2006, Schulbuch 505
Dionissi, Metropolit von Kiew und ganz Russland 151 f.
djaki 120, 122, 196
Dmitri Donskoi 59, 62, 75, 252, 336, 404, 430
Dmitri I. (»Pseudo-Dmitri«) 167, 177, 179, 183
Dmitri Iwanowitsch (Sohn Iwans des Schrecklichen) 102 f., 140 f., 157, 166–170, 193, 224, 252, 286, 290
Dmitri Solunski, heiliger 75
Dnepr 32, 35, 37 f., 41, 45 f., 56, 66, 72, 156, 239, 244, 278, 456
Dolgoruki, Clan 243
Dolgoruki, Ju. A. 224
Donskoi-Kloster 263
Dostojewski, Fjodor 309
Dreifaltigkeitskloster des heiligen Sergius 130, 231, 239
Dreifaltigkeits-Turm 386
Dreikönigsfest auf der Moskwa 77, 99 f., 227
Druckerpressen 267
Dschingis Khan 45
Dserschinski, Felix 380, 383
Duma 339, 344 f., 352, 355 f., 362, 498

Dune, Eduard 357
Dunning, Chester 166 f.
Düsseldorf 321
Dwina, Fluss 115
Eisenbahn 292, 303
Eisenstein, Sergej 108
El Lissitzky 395
Elektrifizierung 443
Elisabeth I., Königin von England 21
Elisabeth II., Königin 489
Elisabeth, Kaiserin von Russland 255, 269, 275, 302
Engels, Friedrich 388, 449
England 21, 38, 99, 115 f., 118, 138, 151, 186 f., 191, 195, 203 f., 273
Englischer Club 399
Entschlafens-Kathedrale 19, 57 ff., 75, 77, 87, 99, 103, 104, 110, 112, 114, 127, 137, 153, 159, 163, 173, 180, 184, 213, 217 f., 246, 249, 252, 280, 287, 289, 311, 324, 327, 329, 333, 342, 347, 366, 385, 386 f., 409, 454, 508
Eremitage-Museum, St. Petersburg 360
Erlöser-Kloster 89
Erlöser-Tor *siehe* Frolow-(Erlöser)-Tor
Erlöser-Turm 94, 198, 239, 386, 442, 445, 451, 482
Erster Weltkrieg 333, 346, 371, 382
Erzengel-Kathedrale (Kathedrale des Erzengels Michael) 58, 74, 88, 110, 142, 169, 175, 202, 209, 252, 262, 339, 405, 409
Eugen IV., Papst 70
Fabergé, Carl 311
Facettenpalast 19, 90, 92, 110, 118, 186, 194, 226, 250, 258, 269, 287 f., 304, 323, 375, 407
Falken/Falknerei 25, 51, 85 f., 220
Feodossia Fjodorowna 158, 302
Feofil, Erzbischof von Nowgorod 68, 73
Ferrara, Konzil von 70
Filaret *siehe* Romanow, Fjodor Nikititsch
Filipp I., Metropolit von Moskau 75–78, 81–83, 85, 87
Filipp II., Metropolit von Moskau 133, 135
Finnen, frühe Siedler 33, 36, 242
Fioravanti, Andrej 84
Fioravanti, Aristotele 83 ff., 87 ff., 97, 118, 156, 333, 335, 434, 508

Fjodor I., Zar 129, 140, 147f., 150f., 153, 156f., 159, 163, 170
Fjodor II., Zar 168f.
Fjodor III., Zar (Fjodor Alexejewitsch) 223f.
Florenz, Italien 70ff., 79, 82, 496
Florinski 417
Folter 121, 168, 223
Fontainebleau 248
Frankland, Mark 17
Frankreich 220, 265, 268, 270, 273, 276f., 279, 285, 287ff., 290, 294, 297, 301, 341, 351, 440, 514
Franz Ferdinand, Erzherzog 353
Friede von Nystad 244
Friedrich III., Kaiser des Heiligen Römischen Reiches 95
Frjasin, Anton 91
Frjasin, Bon 87, 89, 161
Frjasin, Marko 90f.
Frolow-(Erlöser-)Tor 75, 92, 116, 199, 207, 226, 232, 290, 337, 432, 438, 458
FSB (Föderaler Sicherheitsdienst) 501, 506f., 513
Gagarin, Juri 442
Galileo Galilei 187
Galloway, Christopher 196–200, 210, 230
Geheimpolizei *siehe* Tscheka; FSB; GPU; KGB
Genghis Khan *siehe* Dschingis Khan
Gennadi, Erzbischof von Nowgorod 94
Gerassimow, Alexander 430
Gerassimow, Michail (Dichter) 385
Gerassimow, Michail Michailowitsch (Rechtsanthropologe) 445
Geronti, Metropolit 87
Gesellschaft der Kunstliebhaber 350
Gesellschaft für Geschichte und russische Altertümer 274
Gewerkschaftsbewegung 312
Gian-Battista della Volpe 80, 82
Gil, Stepan 375
Gilardi, Dementi 293
Glasnost 467ff., 480
Glinka, Michail 308
Glinka, Sergej 274, 289, 330
Glinskaja, Anna 112
Glinskaja, Jelena 103, 105, 158, 249, 404
Glinski, Michail 105

Gobi, Wüste 45
Godunow, Boris 144, 146f., 148, 150–159, 161–165, 167ff., 171, 178f., 183f., 192f., 195f., 275, 278, 318, 320, 434, 448
Godunow, Fjodor Borissowitsch 162, 168
Godunow, Semjon 161, 169
Godunowa, Irina 147, 151, 158
Godunowa, Maria 146, 168
Godunowa, Xenia 171
Goethe, Johann Wolfgang von 268
Goldene Horde 17, 45, 49f. 52, 57, 60, 64, 67, 234
Golizyn, Familie 173, 177, 299, 330, 397f., 401, 427
Golizyn, Wassili 225, 231, 243, 246, 396
Golowina, Fürstin 269f.
Gontscharowa, A. A. 444
Gorbatschow, Michail 21, 429, 456, 461, 463, 465–482, 489
Gorbatschowa, Raissa 462
Gorki, Maxim 360, 463
Gosiewski, Alexander 180–183
GPU (Geheimpolizei) 413f.
Grabar, Igor 359f., 365ff., 391f., 395f., 409, 434, 464, 514
Graf, Wilim 199
Graham, Thomas 487
Gramotin, Iwan 193
Grande Armée 156, 256, 277, 281, 287
Graphic (Zeitung) 349
Gratschow, Andrej 467, 479, 481
Gratschow, Pawel 500
Grek, Maxim 337
Grippe-Epidemie 382
Grischin, Viktor 466, 470
Gromyko, Andrej 459, 466
Gropius, Walter 395
Großfürstentum Wladimir 41–45, 48f., 51f., 56ff., 60, 65, 76, 78, 85, 87f., 109, 149, 155, 254, 280
Gulag 415, 439
GUM 326, 401, 416, 463
Habsburger Dynastie 160, 191, 232, 235, 240f., 248
Hals, Frans 145
Hansebund 67f.
Heiliger Dmitri von Uglitsch *siehe* Dmitri Iwanowitsch

Register

Heiliges Römisches Reich 45, 95, 250, 273
Heinrich VIII. von England 124, 140
Herculaneum, Wiederentdeckung 254
Herder, Johann Gottfried 268
Hermogen, Patriarch von Moskau und ganz Russland 176, 180 ff., 188
Herzen, Alexander 311
Himmelfahrts-Kloster/Frauenkloster 5, 7, 59, 75, 293, 327, 377, 404
Hitler, Adolf 156
Hughes, Lindsey 239
Hungersnot: (1569–70) 238, 149; (1601–02) 164 f.; (1921) 389 f., 410; (Ukraine, 1932–33) 423
Ikonographie 19, 55, 72, 101, 129, 483
Ilf und Petrow 402
Iljuschin, Viktor 478
Ilmensee 35 f.
Internationaler Frauentag, 1917 356
Internationales Jugendfestival, Moskau, 1957 441, 444
Isfahan, Persien 160, 320
Isidor, Metropolit von Kiew und ganz Russland 70 f.
Islam 126 f., 326
Iswestija (Zeitung) 390, 400, 476
Italien 25, 64, 79–90, 95 ff., 118, 139, 143, 162, 197, 232, 241, 255, 258, 268 f., 286, 291, 293, 317, 335
Iwan Alexejewitsch (Bruder und Mit-Zar von Peter dem Großen) 224, 227, 231, 252
Iwan der Große (Glockenturm) 24, 89, 121, 144, 161 f., 220, 262, 286 ff., 293 f., 323, 349, 366, 371, 510
Iwan der Schreckliche (Film, 1944) 430
Iwan I., »Kalita« 30 f., 38 f., 52–60, 66, 69, 73, 75, 77, 89, 114, 146, 179, 183, 252, 337, 510
Iwan III. 62–69, 72 f., 75–97, 99, 101 ff., 113, 122, 135, 149, 162, 172, 197, 226, 243, 259, 292, 337, 340, 413
Iwan IV., »der Schreckliche« 19, 23, 27, 94 f., 101, 104–121, 124, 126–142, 144–149, 151 f., 154, 157, 160 f., 166 ff., 170 f., 175, 184, 189, 200, 216, 231, 238, 247, 250, 252, 275, 338 f., 404, 409, 427, 430, 437, 445 f., 456, 483, 508

Iwan Iwanowitsch (Sohn Iwans des Schrecklichen) 102, 127, 141 f.
Iwanow, Dmitri 410
Iwanow-Schiz, I. A. 407
Jackson, Michael 493
Jagoda, Genrich 418
Jakob I. von England 21, 162, 195, 320
Japan 343
Jaroslawl 199
Jegotow, I. W. 315, 318, 454
Jekaterinburg: Ermordung der Zarenfamilie Romanow, *siehe auch* Swerdlowsk 381, 430, 470
Jelena Glinskaja 103, 105, 112, 158, 249, 404
Jelena Iwanowna 72
Jelena Scheremetjewa 141
Jelena Stepanowna von der Moldau 102
Jelisaweta Fjodorowna (Frau von Großfürst Sergej Alexandrowitsch) 344
Jelzin, Boris 458, 470 f., 473–491, 493, 495–504, 506
Jelzina, Jelena 498
Jelzina, Naina 489
Jelzina, Tatjana 498
Jenkinson, Anthony 99 ff., 116, 128 f., 186
Jenukidse, Abel 409, 417 f., 420, 423 f.
Jeremia, Patriarch von Konstantinopel 152 f.
Jermolin, Wassili 75, 78, 90
Jeschow, Nikolai 420 f., 423 f.
Jewdokia Donskaja 59, 336, 404
Joassaf, Patriarch von Moskau und ganz Russland 106
Jofan, Boris 451
Jonah, Metropolit von Moskau und ganz Russland 71–74, 77, 88
Jow, Metropolit von Moskau und erster Patriarch der russisch-orthodoxen Kirche 152 f., 159, 169
Jungfrau von Wladimir (Ikone) 44
Junker 363, 371
Juri von Moskau 51
Juri Wassiljewitsch (Bruder Iwans des Schrecklichen) 104 f., 110
Kabardino-Balkarien 484
Kaganowitsch, Lasar 407
Kaiserliche Russische Archäologische Gesellschaft 333 f., 336 f., 347
Kalinin, Michael 404, 418

Register 617

Kalitnikowo, Ziegelfabrik 86
Kaljajew, Iwan 344, 384
Kalka, Fluss 44f.
Kalter Krieg 447, 450, 468, 506
Kamenew, Lew 376, 413, 420f., 423
Kamenewa, Olga 376
Kapelle der Iberischen Jungfrau 399
Kaplan, Fanja 381
Kapuscinski, Ryszard 98
Karakorum (Hauptstadt des Mongolenreiches) 45f., 49
Karamsin, Nikolai 62, 272, 315, 322, 341, 346; *Geschichte des russischen Staates* 274; *Aufzeichnung über das alte und neue Russland* 274, 308
Karl XII. von Schweden 242
Karo-Bube (Künstlervereinigung) 351, 359, 366
Kasachstan 499
Kasakow, Matwej 261, 263f., 270, 293, 300, 399
Kasan, Khanat 65, 96, 126ff., 278
Kasaner Kathedrale, Moskau 296, 397, 398, 491
Kasi-Girai (Tatarenführer) 150, 159
Katharina I., Kaiserin, gekrönt von Peter dem Großen 249, 251f.
Katharina II., Kaiserin von Russland (Katharina die Große) 229, 253f., 256–266, 266–272, 298f., 391, 506
Kathedrale des Erlösers am Walde 137, 257, 407
Katholische Inquisition 170,
Kavalleriegebäude 330, 341, 366, 369, 374, 376, 380
Kernwaffensystem, sowjetisches 480
KGB 445, 458, 461, 464ff., 473ff., 501
Kiew 32, 35, 37–42, 44ff., 56, 58, 61, 66, 71f., 115, 126, 140, 169, 204, 212, 222, 279, 447
Kirche der Gewandniederlegung 88, 434
Kirche der heiligen Katharina 293
Kirche des heiligen Johannes von der Leiter 58
Kirche Johannes des Vorläufers 337
Kirche Konstantins und Jelenas 92
Kirill-Beloserski-Kloster 208
Kirow, Sergej 411, 421, 428

Kitai-Gorod, Moskau 96ff., 111, 155, 179, 183, 221, 240, 253, 288, 401
Klassenkampf (Zeitschrift) 398
Kljasma, Fluss 39, 41, 66
Kljutschewski, Wassili 308, 310, 341
Kohl, Helmut 468
Kollektivierung 398
Kolli, Nikolai 453
Kolomenskoje 220, 258, 260, 317, 320, 507
Kolomna 96, 130
Kolywan (Tallinn) 82
Komissarschewskaja, Vera 388
Kommissariat für Innere Angelegenheiten (NKWD) 413, 420, 422, 506
Kommunismus 312, 440, 452, 488
Kommunistische Partei: Hammer-und-Sichel-Emblem 409, 488; 17. Parteitag 412, 423; 20. Parteitag 441; ZK-Gebäude 457
Komsomol 469
Kon, Fjodor (Architekt) 155f.
Kongress der Volksdeputierten der UdSSR 469, 471
Kongresspalast 401, 453
Konjonkow, S. T. 389
Konstantin der Große 92, 109
Konstantin Nikolajewitsch, Großfürst 316
Konstantin XI. Palaeolog 79
Konstantinopel 34–39, 44, 69–73, 79ff., 107, 110, 152, 338
Konstantinow, Antip 197
Kontschalowski, Pjotr 359
Konyschew, Pawel 506
Konzil von Ferrara-Florenz 70f., 79
Korb, Johann Georg 232–236, 240, 248
Kosaken 150, 168, 176f., 179, 183, 190, 192, 343, 346, 356
Koschewnikow, *Russisches Archiv* (Zeitschrift) 326, 340
Kossygin, Alexej 455
Kostikow, Wjatscheslaw 458
Kostof, Spiro 62
Krassin, Leonid 392
Kreml-9 (Fernsehserie) 506
Kremlenagrad (Karte) 143, 145, 161, 163
Kreml-Kommissionsgeschäft 368
Kriminalität 227, 414, 482, 489, 502
Krim-Khanat 65, 96
Kriwzow, Iwan 76

Krupskaja, Nadeschda 443
Krutizkoje-Residenz 490
Kubismus 389
Kurbski, Andrej 337
Kusnezow 377
Kutafja-Turm 386, 440, 508
Kutusow, Michail 279, 281, 287, 414
Lamberti da Montagnana, Alevisio 88
Larionow, Samson 250
Lazarett für Offiziere, im Kreml 354 f.
Lazis, Otto 486
Le Corbusier 395
Le Figaro 350
Lef (Zeitschrift) 389
Lefort, Franz 233 ff., 237, 241
Leibeigene 208, 214, 246, 267, 272, 277, 297, 322, 331
Leiden, Niederlande 338
Lenin, Wladimir Iljitsch 18, 138, 263, 290, 361 f., 372–376, 378–381, 383 ff., 387–391, 403 f., 406, 414, 416, 428, 431, 434, 436, 439, 441, 443 ff., 452 f., 455, 461, 465, 469, 483, 496
Lenin-Bibliothek 138, 263, 403, 406
Leningrad 297, 411, 421, 433 siehe auch St. Petersburg
Leningradskaja, Hotel 451
Lentulow, Aristarch 366, 385
Leo der Jude 88, 102
Leonidow, Iwan 401
Lermontow, Michail 505
Litauen 65 ff., 72, 123, 134, 150 f., 156, 166, 169, 469, 472
Livland 65, 170
London 115 f., 187, 329, 349, 429, 457, 459, 467, 483
Lopez, Jennifer 500
Lopuchina, Jewdokia 235
Löwen, im Kreml 115, 138, 220
Lübeck 82
Lubjanka-Gebäude 412, 421, 424, 458
Ludwig XIV. von Frankreich 189
Lunatscharski, Anatoli 363, 367 f., 378, 384, 388, 298, 403, 417
Luschkow, Juri 492–495, 510
Mabetex Project Engineering 496
Majakowski, Wladimir 360
Makari, Metropolit von Moskau und ganz Russland 107–114, 125 f., 129 f., 159, 215, 218, 250
Makarius III., Patriarch von Antiochien 215, 218
Malewitsch, Kasimir 351, 359, 366, 385
Malinowski, A. F. 314
Malinowski, Pawel 364, 368 f., 373, 376, 378, 388
Malkow, Pawel 373, 376 f., 381, 386 f., 407
Malvern, England 450
Margeret, Jacques, *The Russian Empire and the Grand Duchy of Muscovy* 145, 160, 170 f., 173, 175, 179, 181
Maria Nagaja 140, 157
Maria von Twer (Frau Iwans III.) 102
Mariä-Schutz-und-Fürbitte-Kathedrale am Graben siehe Basilius-Kathedrale
Marina Mniszeck (Frau Dmitris I.) 172
Marx, Karl 312, 385, 388, 416, 430, 449, 461
Marxistische Bewegung 311, 353, 383, 411, 423
Maslow, Kuprijan 412
Massa, Isaac, *A Short History of the Peasant Wars in Moscow* 145, 147, 152, 158 ff., 162–165, 171, 173 f., 176, 192
Matisse, Henri, *La Danse* 359
Matlock, Jack (US-Botschafter) 473
Matorin (Künstler) 436
Matwejew, Artamon 225
Mayo, Graf von 304
Medici, Lorenzo di 81
Medwedew, Dmitri 505
Mehmet II. 84
Melnikow, Konstantin 395
Mendelsohn, Erich 395
Mengli-Girai 65, 88
Menschikow, Alexander 240
Merian, Matthäus 202
Merw 34, 45
Mestnitschestwo 124, 188, 223
Metro siehe U-Bahn
Metropolitan Museum, New York 447
Meyerberg, Augustin 199
Michail von Twer 51, 56, 125
Michalkow, Nikita 504
Michelangelo 259
Mikojan, Nami 418
Mikojan, Sergo 425 f.

Miloslawski, Familie 222
Miloslawski, Ilja 205
Minin, Kusma 182, 190, 296
Mironow, Sergej 500
Mitrofan, Patriarch von Konstantinopel 71
Mitterrand, François 468
Mniszeck, Jerzy 171 f.
Mniszeck, Marina 172
Molotow, Wjatscheslaw 376, 417, 439, 452
Molotow-Ribbentrop-Pakt 480
Monachitin, Sergej 411
Mongolenherrschaft in Russland 49, 58, 63, 403
Mongolische Horde siehe Goldene Horde
Monkhouse, Allan 357, 362
Monomach, Mütze des 109, 179, 318, 320, 508
Monomach, Wladimir 41, 109
Mons, Anna, Mätresse Peters des Großen 235
Morea, Despotat 79 f.
Morosow, Boris 205–208, 352
Mortier, Marschall 287
Moskauer Archäologische Gesellschaft 333 f., 336 f., 347
Moskauer Architektengesellschaft 333
Moskowien 23, 58, 65, 67, 80, 95, 158, 164, 177, 181, 190, 209, 243 f., 252, 264, 265, 270, 295, 301 f., 311, 313, 320, 327, 495, 509
Moskowskaja prawda (Zeitung) 505
Moskowskije wedomosti (Zeitung) 345
Moskwa, Fluss 32 ff., 38, 94 ff., 99 f., 122, 136, 153, 171, 185, 197, 220, 227, 237, 259 f., 303, 325, 419, 473, 510
Mosprojekt (Bauunternehmen) 495
Mstislawski, Fjodor 151
Mstislawski, Iwan 132, 144, 147, 150 f.
Muchanowa 421, 423
München 183
Murow, Jewgeni 513
Muscovy Company, London 115
Musik, russische 63, 92, 223, 232 f., 271, 281, 292, 298, 340, 359, 439, 504
Mussorgski, Modest 147
Napoleon Bonaparte 89, 156, 256, 273 f., 276–280, 282–287, 296 f., 307, 315, 318, 371, 391, 430

Narwa, Estland 242
Naryschkin, Iwan 225
Naryschkina, Natalia 222, 224, 248
Nasarbajew, Nursultan 472, 499
Nationalhymne, russische 489, 504
Nationalismus, Aufstieg im postkommunistischen Russland 495
Neglinnaja, Fluss 32, 92 ff., 96, 133, 137, 201, 291, 448, 508
Nerl, Fluss 41
Nestorchronik 35
Neujahrsfeiern 439, 442, 500 f.
Neu-Jerusalem, Kloster 213, 217
Neujungfrauenkloster siehe Nowodewitschi-Kloster
New York Times 350, 495
Newa, Fluss 228, 242, 244
Newski, Alexander 47 f., 114, 125, 151, 296, 317, 396, 430, 507
Newski, Wladimir 403 f.
Niederländische Ostindien-Kompanie 143
Nikola-Gostunski-Kirche 293
Nikolai Alexandrowitsch (Sohn Alexanders II.) 322
Nikolaus I., Zar 20, 27, 297, 302, 306, 310, 315, 318 f., 321, 325, 331, 343, 408
Nikolaus II., Zar 310, 324 f., 332 f., 342 f., 345 f., 350, 353, 355 f., 484, 490, 506
Nikolaus-Palast 300, 320, 343, 363, 376
Nikolski-Turm 293
Nikon, Metropolit und Patriarch 213–218, 246
Nischni Nowgorod 96, 182, 278, 296, 315, 380
NKWD (Kommissariat für Innere Angelegenheiten) 413, 420, 422, 506
Nora, Pierre 22
Nord-Ossetien 484
Nöteborg (Festung) 242
Nowgorod 35, 38, 41, 47 f., 53 f., 64, 67 f.,73, 76, 86, 94, 96, 113, 117, 134, 135, 138, 149, 177, 181, 213, 242, 433, 474, 511
Nowodewitschi-Kloster 159, 399, 420
Nürnberg 82
Odojewski-Maslow, Fürst 341, 458 f.
Ogurzow, Baschen 197 ff.
Oka, Fluss 66, 139
Olearius, Adam 181, 207 f., 212

Olenin, Alexej 314, 316
opritschnina/opritschniki 132f., 135–139, 146, 148
Oranowski, Jewgeni 369f., 374, 387f.
Orthodoxer Kalender 101, 109, 226, 309
Osmanisch-Türkisches Reich 69
Ossipow 247
Ostej (zeitweiliger Herrscher von Moskau) 60
Otrepjew, Grigori *siehe* Dmitri I.
Owen, David 459
Pacolli, Behgjet 498f.
Paissein, Iwan 202
Palaschtschenko, Pawel 429, 492
Palast der Sowjets 400, 451
Palladio, Andrea 255
Palmsonntag, Zeremonie im Kreml 128f., 180, 270, 365
Panowa, Tatjana 429
Papierproduktion, in Moskau 268
Pariser Weltausstellung 319
Paschkow-Haus 263
Pasternak, Boris 352
Patrikejew, Iwan Jurjewitsch 122, 144
Pauker, Karl 424f.
Paul I., Zar 262, 269–272, 275, 305
Paul II., Papst 79f., 84
Paul von Aleppo 185, 187, 190, 197203, 209, 213f., 216f., 218
Pawlow, Valentin 474
Peking 300, 452
Pelzhandel 34, 36, 67
Perejaslawl 46
Perestroika 21, 467, 470
Perowskaja, Sofia 388
Perry, John 266
Pest 70, 138, 149, 209f., 261, 345
Peter I., Zar (Peter der Große) 20, 198, 222, 224–252, 254f., 257, 259, 264, 265, 271, 274, 281, 291, 298, 309, 313, 323, 334, 341f., 347, 391, 397, 462, 506
Peter III., Zar 256f.
Peter Petrowitsch (Sohn Peters des Großen) 249
Peter, Metropolit von Kiew und ganz Russland (der »Wundertäter«) 30f., 39, 56–60, 77, 111, 306
Peterson, Rudolf 407, 420, 422ff., 427

Peter-und-Paul-Kathedrale, St. Petersburg 391
Petrograd 355–358, 360, 362ff., 367, 372, 385, 390 siehe auch St. Petersburg
Petrowna-Solowaja, Praskowja 141
Petrowski, Boris 464
Petrowski-Palast 284
Philip, Herzog von Edinburgh 489
Picart, Pieter 229
Picasso, Pablo 351, 440
Pichoja, Rudolf 488
Pickering, Thomas 487
Pimen, Erzbischof von Nowgorod 135
Pipes, Richard 511
Piscator, Johannes 202
Platon, Metropolit von Moskau 264, 300
Plechanow, Georgi 311
Pleschtschejew, Lewonti 205–208
Podgorny, Nikolai 455
Pogodin, Michail 334
Pokrowski-Kloster 141
Polen 17, 65, 73, 108, 165f., 170, 172f., 175, 177f., 180–184, 191f., 201ff., 218, 225, 242, 265, 332, 381, 504, 514
Polen-Litauen 134, 150, 156, 166, 169
Politbüro 18, 403, 406, 408, 426, 457f., 461f., 464–467, 470ff.
Poljakow, Leonid 451
Polowzer (Stamm) 40, 47, 332
Polozki, Simeon 222
Polytechnische Ausstellung, 1872 334
Pomeranzew, N. N. 404
Pomeschtschiki 68, 149
Pompeji, Wiederentdeckung von 254
Ponomarjow, Lew 487
Poppel, Nikolaus 95
Poscharski, Dmitri 182, 190f., 296, 491
Poskrjobyschew, Alexander 414, 418
Possevino, Antonio 139, 141f.
Possochin, M. W. 453, 454
Potanin, Wladimir 496
Poteschny-Palast 222, 269, 278
Praskowejewka 503
Preobraschenskoje 220, 222, 226, 230f., 233, 235ff., 245
Presnja-Teiche 291
Prikasy 120, 125, 132f., 135f., 144, 162, 188,

194, 221, 240, 245, 260, 324, 329, 341, 348, 512
Prokopowitsch, Feofan 249
Pronski, Michail 209
Prosorowski, Clan 243
Provisorische Regierung, 1917 356, 361, 370
Pskow 54, 73, 78, 82, 85, 88, 113, 242, 433, 447
Pugin, Augustus 317
Pulci, Luigi 81
Puschkin, Alexander 277, 308
Putin, Wladimir 20, 22, 499-505
Putsch, sowjetischer 474-478, 486 f.
Quarenghi, Giacomo 296
Rabinowitsch, Michail 447 ff.
Radischtschew, Alexander 389
Rastrelli, Francesco Bartolomeo 255, 259, 269
Rat der Volkskommissare 374, 380
Ravel, Maurice 350
Reagan, Ronald 468
Reed, John 364 f.
Rerberg, I. I. 406
Revolution, 1905 332, 344, 346, 353, 356
Revolution, 1917 21, 355 ff., 358, 360, 362, 365 f., 372-376, 383-386, 390 f., 393 ff., 397, 404, 409, 419, 431 f., 443, 458, 470, 489, 504, 512 f.
Rhos *siehe* Rus
Richter, F. F. 317
Riga, Lettland 241, 244, 338
Rjabzew, Oberst 363
Rjapolowski, Semjon Iwanowitsch 122
Rjasan 44 f., 150, 180
Rjurikiden-Dynastie 35, 38, 48 f., 109, 140, 157, 169, 172, 183, 193, 508
Robespierre, Maximilien de 271, 388
Rom, Kapitolinischer Hügel 255, 260
Romanow, Alexej Michailowitsch *siehe* Alexej Michailowitsch, Zar
Romanow, Fjodor Nikititsch (»Filaret«), eingesetzt als Patriarch 163 f., 174 f., 191 f., 196, 210 f., 213, 238, 288, 293
Romanow, Michail *siehe* Michail Fjodorowitsch, Zar
Romanow, Nikita 208
Romanow-Dynastie 30, 146, 191 ff., 196, 274, 311, 316, 320, 381

römischer Katholizismus 66, 80
Romodanowski, Fjodor 235 ff., 247
Rossi, Karl 293
Rossija (Fernsehsender) 20, 505
Rostoptschin, Fjodor 279 ff., 289 f.
Rote Armee 18, 382, 412
Rote Garden 362, 369
Rote Treppe 407, 495
Roter Platz 17, 92 ff., 97, 232, 238, 240, 264, 275, 280, 291, 293, 295 f., 326, 335, 364 f., 384, 386, 397 ff., 431 f., 435, 451, 460, 463, 488, 491, 494, 499, 508
Rubljow, Andrej 29, 74
Rudolf II., Kaiser des Heiligen Römischen Reiches 160
Rumänien 354, 472
Rumjanzew, Nikolai 310
Rus 35-39, 41, 43-49, 51, 56, 66, 69, 71, 109, 125 f., 204, 337, 345
Russische Föderation 484, 490
Russisches Archiv (Zeitschrift) 326, 340
Russisch-japanischer Krieg 343
Russisch-orthodoxe Kirche 36 ff., 69-73, 144, 152 f., 185 f., 209-218, 226, 238 f., 245 f., 319, 386-393, 399 f., 508
Rüstkammer-Museum 306, 318, 330, 370, 409-412, 430, 432, 444, 454
Rykow, Alexej 413
Rylski, I. W. 434
Sabelin, Iwan 306 f., 339 f., 344 f., 435; *Die Geschichte der Stadt Moskau* 339 f.; *Das häusliche Leben der moskowitischen Zaren* 330-337
Saburowa, Alexandra 141
Saburowa, Solomonia 103
Sacharjina-Jurjewa, Anastasia Romanowna 111
Sacharjin-Jurjew, Nikita Romanowitsch 111
Salomon, Zirkus 359
Saltykow, Clan 243
Saltykowa, Praskowja 225
Samarkand 45
Samoilow, Kirill 199
Sapieha, Lew 160
Sarai (Hauptstadt der mongolischen Goldenen Horde) 50 ff., 58, 64
Saraisk 96
Sawidowo (Jagdrevier) 461, 463

Schaljapin, Fjodor 360
Scharutin, Trefil 197
Schatunowskaja, Lidia 416
Schechtel, Fjodor 335, 351
Schein, Alexej Semjonowitsch 235 f.
Scheljapina, N. S. 449
Scheremetjew, Familie 144, 146
Scheremetjewa, Jelena 141
Scherwud, Leonid 389
Scherwud, Wladimir 335
Schestunow, Familie 146
Schewkunow, Tichon 505
Schewzowa, Lilia 487, 501
Schiller, Friedrich 268
Schirinowski, Wladimir 500
Schochin, Nikolai 335
Schoenebeck, Adriaan 229, 240
Schternberg, Pawel Karlowitsch 363
Schtschelkalow, Andrej 152 f.
Schtschukin, Sergej 359 f.
Schtschussew, Alexej 263, 392, 428, 436
Schuiski, Wassili Iwanowitsch *siehe* Wassili IV., Zar
Schuiski, Andrej Michailowitsch 106
Schuiski, Familie 106, 131, 151, 173
Schuiski, Iwan Wassiljewitsch 105, 147, 150 ff., 173
Schukow, Georgi 18, 432
Schurin, Oleg 491
Schwarzes Meer 38, 41, 70, 415, 453
Schwarzhunderter (rechtsextreme Selbstschutzgruppe) 345
Schweden 47, 134, 150, 177, 184, 202, 241 f., 244, 392
Schweiz 183, 233, 497 ff.
Ségur, Philippe-Paul de, Comte 282, 284 f., 287, 289
Serbien 353
Sergej Alexandrowitsch, Großfürst, Generalgouverneur von Moskau 325, 332, 339, 343, 384, 404
Sforza, Francesco 92, 95
Sibir, Khanat 65
Sibirien 381, 430, 484, 497
Siena, Italien 81
Sigismund III., König von Polen-Litauen 170, 175, 177 f., 180 f., 191
Silvester, Mönch 113

Sinowjew, Grigori 413, 420, 423, 425
Sixtus IV., Papst 81, 84
Sizki, Familie 144
Sjuganow, Gennadi 501
Skawronska, Marta *siehe* Katharina I.
Skopin-Schuiski, Michail 177
Skrjabin, Alexander 351
Skuratow, Juri 497 ff.
Skuratow, Maljuta 133, 146
Slawen, Ankunft in Moskau 33–36
Smolensk, Festung 66, 113, 155 f., 178, 181, 203 f., 232, 277 ff.
Snegirjow, Iwan 299, 306, 329 ff.
Snegirjow, W. F. 444
Sofia Alexejewna, Regentin (1682–1689) 225, 231, 234, 237, 246, 249
Sofia Palaeolog 79–84, 95, 103, 117, 172, 247, 337, 339, 404
Solari, Pietro Antonio 87, 89 f., 92 f., 97, 118
Solnzew, Fjodor 299, 316 ff., 330, 334, 509
Solowjow, Sergej 308, 310
Sophie Friederike Auguste von Anhalt-Zerbst, Prinzessin, *siehe* Katharina II.
Sotow, Nikita 233 f.
sowjetische Filmbranche 430
sowjetische Siegesparade, 1945 432
Sowjetkunst 385
Sowjets (Räte) 356, 361
Sowjetunion *siehe* Union der Sozialistischen Sowjetrepubliken (UdSSR)
Sozialrevolutionäre Partei 344
Sretenski-Kathedrale 275
St. Petersburg 18, 19, 227 f., 240, 242, 244, 248 ff., 250, 253, 255 f., 258 f., 262 f., 265 f., 272 f., 277, 279, 293 f., 296, 298, 302 f., 309, 314, 320, 322, 324, 327, 333, 343, 345, 353–358, 360, 362 ff., 367, 372, 383, 390, 397, 499, 501
Staatliches Historisches Museum 334
Staden, Heinrich von 120, 133, 137 ff.
Stalin, Josef 18, 20, 27, 64, 108, 198, 222, 294, 308, 376, 378, 380, 398 f., 402, 406–409, 411, 413 f., 417, 419–439, 441 f. 444 f., 447, 449 ff., 454–458, 460 ff., 468, 480, 483, 486, 491, 494, 501, 504 ff., 508 ff., 512, 514
Stalina, Nadeschda Allilujewa 419 f., 422, 426

Stalina, Swetlana Allilujewa 417, 420, 426
Stalingrad 437
Ständeversammlung 136, 190, 208
Stanislawski, Konstantin 351
Staraja Moskwa (Gremium) 397
Stein, Gertrude 350
Steinbeck, John 437 ff.
Stellezki, I. 427
Strawinski, Igor 350
Strelizen *(strelzy)* 126, 150, 154, 174, 202 f., 206, 208, 214, 224–228, 231, 234–238, 251
Stroganow-Dynastie 289, 299
style moderne 351
Subalowo (Landgut) 380, 420
Subow, Alexej 229, 243
Subow, Iwan 229
Sucharew-Turm 239, 312, 397 f.
Suchow, D. P. 403 f., 430
Susdal 41, 149, 155
Suslow, Michail 455
Swenigorod 113
Swerdlow, Jakow 407
Swerdlow-Saal, im Kreml 407
Swerdlowsk (früher Jekaterinburg) 430, 432, 470, 484
Swiblow-Turm 91, 197
Synodaler Chor 327
Sytin, Pjotr Wassiljewitsch 64, 397, 435 f., 448

Taler, John 195 ff., 436
Tamerlan 60, 64
Taruskin, Richard 298
Tataren 76, 98, 100, 126, 137 f., 150, 299, 332
Tatischtschew, Wladimir 254
Tatlin, Wladimir 359, 385, 387
Telepnjow-Obolenski, Iwan Owtschina 105
Terem-Palast 196 f., 199, 201, 219, 251, 304, 508
Terrorismus 501
Textilproduktion, in Moskau 268
Thatcher, Margaret 468
The Economist 495
Theophanes der Grieche 29, 74
Thon, Konstantin 302 ff., 317 f., 330, 336, 397, 494
Tichon, Patriarch 389
Till, Karolina 419

Times (Zeitung) 348
Tmutorokan (Schwarzmeerhafen) 36
Tochtamysch (Mongolenführer) 60
Tokmakow, *Historische Beschreibung jeder Krönung der russischen Zaren, Kaiser und Kaiserinnen* 347
Tolbusin, Semjon 84
Tolstoi, Lew 290 f., 308, 385; *Anna Karenina* 328
Tomski, Michail 413
Towstucha, Iwan 414
Trachaniot, Juri 81, 95
Trachaniotow, Pjotr 205, 208
Tremer, Eduard 337 f.
Trepow, Dmitri Fjodorowitsch 345 f.
Tretjakow, Pawel 310
Tretjakow, S. N. 324
Tretjakow-Galerie, Moskau 29 f., 359, 430, 507
Trotzkaja, Natalia Sedowa 402, 410
Trotzki, Leo 346, 375, 379, 381 f., 390, 413, 423, 501
Trubezkoi, Dmitri 182, 190 f., 283
Trutowski, W. K. 360, 370
Tschaikowski, Pjotr Iljitsch 308, 323, 385
Tschasow, Jewgeni 464
Tschebrikow, Viktor 464
Tschechow, Anton: *Der Kirschgarten* 352; *Die Möwe* 388
Tscheka (Geheimpolizei) 373, 383, 413, 506 f.
Tscheljadnin-Fjodorow, Iwan Petrowitsch 133
Tscherkasski, Familie 146
Tschernenko, Konstantin 465 f.
Tschernigow 46, 66, 260
Tschernjajew, Anatoli 466 f., 470, 473, 478
Tschernobyl, Nuklearkatastrophe 467, 480
Tschetschenien 484
Tschistoi, Nasari 205, 207
Tschudow-(Wunder-)Kloster 59, 68, 71, 94, 151, 167, 178, 181 f., 218, 258, 260 f., 264, 280, 327, 329, 331, 377, 391, 397, 403, 405, 410
Tschudow-Palast 300
Tula 96, 150, 155, 382
Turgenew, Iwan 288, 330
Turover, Felipe 498

Twer 49, 51–54, 56–60, 64, 134f., 155, 255, 259f., 263, 330
U-Bahn (Metro) 138, 352, 428f., 431, 453, 478, 493
Uchtomski, Dmitri Wassiljewitsch; Architekturschule 254, 263, 293
UdSSR *siehe* Union der Sozialistischen Sowjetrepubliken
Uferpalast 118
Ugudei (Sohn Dschingis Khans) 46
Uhren und Uhrmacherei 197, 199
Ukraine 69, 72, 201, 204, 212, 215, 238, 243, 381, 423, 437, 440, 456, 480
UNESCO 494f., 499
Ungarn 46, 50, 79, 84
Union der Sozialistischen Sowjetrepubliken (UdSSR) 431, 440ff., 446, 455, 457f., 462, 469, 471–474, 477, 479f., 488, 490
Universität Moskau 254, 264, 267, 274, 309, 325, 450f., 510
USA *siehe* Vereinigte Staaten von Amerika
Usbek (Mongolenkhan) 52f., 55, 57
Uschakow, Simon 26, 29f., 38, 44, 57, 60, 62, 114, 157, 201, 323, 391; Pflanzung des Baumes der russischen Herrschaft 29f.
Ustinow, Dmitri 458, 465
Uwarow, Alexej 334, 336, 369
Uwarow, Sergej 298
Venedig 82, 84, 87f., 90, 99, 200
Vereinigte Staaten von Amerika 25, 381, 389, 392, 431, 451, 462, 473
Verkündigungs-Kathedrale 26, 74, 88f., 111, 113, 245f., 449, 508f.
Versailles 220, 248, 355
Vierter Kreuzzug 44, 70
Viollet-le-Duc, Eugène 317
Vitruvius 255
Volkskommissariat für die Erhaltung Historischer und Künstlerischer Denkmäler 368
Volpe, Gian-Battista della 80, 82
Voltaire 261, 388
Voyce, Arthur 408
Waldai-Club 511
Walujew, Pjotr Stepanowitsch 275f., 294, 307, 314f.
Wasnezow, Apollinari 326, 400

Wasnezow, Viktor 326, 342, 346, 350, 384
Wassili II. Wassiljewitsch, Zar 64–67, 69, 71f., 74
Wassili III. Iwanowitsch, Zar 66, 94, 96, 102–105, 111, 113, 115, 127, 140, 107, 215
Wassili IV., Zar (Wassili Schuiski) 105, 173–178, 192, 194
Wedenin, Alexander 448
Wedomosti (Zeitung) 267, 345
Weiße Stadt 155, 221, 240
Weißrussland 204, 212, 215, 222
Weltman, Alexander 299f.
Weltwirtschaftskrise,1930er 401
Wesnin, Leonid 386
Wesnin, Viktor 386
Wettermann, Johannes 338
Wettrüsten 465
Wien 235
Wikinger 35ff., 86
Wilhelm III. von England 235
Wilna, Litauen 66f., 72, 218, 277, 472
Winogradow, N. D. 385
Winterpalais, St. Petersburg 228, 255f., 361
Wiskowaty, Iwan 115, 120f., 136,
Witberg, Alexander 296f., 303, 392
Witte, Graf 345
Wjatitschi 33
Wladimir (Stadt) 39–45, 48f., 51f., 56ff., 60, 65, 76, 78, 85, 87f., 155, 254, 280
Wladimir Monomach 41
Wladimir von Kiew 37–40, 71, 109, 115, 325
Wladimir von Stariza 133
Wladislaw von Polen 177–180, 182, 191
Wlassik, Nikolai 414, 418
Wodoswodnaja-Turm 275
Wolga 33ff., 38f., 41, 45, 50, 65f., 127, 135, 149, 182, 278, 280, 452
Wolkogonow, Dmitri 456, 462, 464, 468
Woronin, Nikolai 448f.
Woroschilow, Kliment 430, 444
Woskressenskoje 213, 216
Wren, Christopher 259
Yannisaari (Insel) 242
Zarizyno 263
Zeit der Wirren 178, 185, 189, 202, 204, 221, 238, 247, 310, 491, 504, 509
Zolkiewski, Stanislaw 179f.